A Autorização

Centro de Investigação de Direito Privado

A Autorização

2016 · 2.ª Edição

Pedro Leitão Pais de Vasconcelos
Doutor em Direito
Professor da Faculdade de Direito da Universidade de Lisboa

A AUTORIZAÇÃO
AUTOR
Pedro Leitão Pais de Vasconcelos EDITOR
EDIÇÕES ALMEDINA, S.A.
Rua Fernandes Tomás, n°s 76-80
3000-167 Coimbra
Tel.: 239 851 904 · Fax: 239 851 901
www.almedina.net · editora@almedina.net
DESIGN DE CAPA
FBA.
PRÉ-IMPRESSÃO
EDIÇÕES ALMEDINA, S.A. IMPRESSÃO E
ACABAMENTO
DPS - DIGITAL PRINTING SERVICES, LDA

Junho, 2016
DEPÓSITO LEGAL
411529/16

Os dados e as opiniões inseridos na presente publicação são da exclusiva responsabilidade do(s) seu(s) autor(es).
Toda a reprodução desta obra, por fotocópia ou outro qualquer processo, sem prévia autorização escrita do Editor, é ilícita e passível de procedimento judicial contra o infrator.

BIBLIOTECA NACIONAL DE PORTUGAL – CATALOGAÇÃO NA PUBLICAÇÃO
VASCONCELOS, Pedro Leitão Pais de, 1972-
A AUTORIZAÇÃO – 2ª ed. – (Monografias)
ISBN 978-972-40-6560-1
CDU 347

"Nel linguaggio giuridico la parola autorizzazione è usata di frequente ma con un significato amplissimo, impreciso, privo di contenuto.

Io mi propongo in questo articolo di esporre le linee di un istituto che chiamo *autorizzazione*, usando così la parola in un senso tutto tecnico per designare una figura giuridica tipica, autonoma, individualizzata, un vero e proprio «negozio autorizzativo». La figura della autorizzazione nel senso anzidetto è completamente ignota alla nostra dottrina ed è pure appena e malamente abbozzata nella dottrina tedesca."

NATTINI – 1912.[1]

"Pode dizer-se que está ainda por fazer, não só entre nós, mas também lá fora, o estudo sistemático e geral da figura da autorização, reflexo aliás do desprezo a que tem sido votado o negócio jurídico unilateral, esquecido perante a realidade mais rica e complexa do contrato.

Trata-se, não obstante, de um conceito de transcendente importância na teoria do direito privado, que ainda peca por grande infixidez, não só quanto à compreensão e extensão, mas até quanto ao vocábulo que o exprime.

A ideia central de autorização gira em torno de um acto unilateral pelo qual alguém permite ou dá poder a outrem para desenvolver determinada actividade."

PESSOA JORGE – 1961.[2]

---

[1] *Il Negozio Autorizzativo*, em Rivista del Diritto Commerciale e del Diritto Generale delle Obbligazioni, Vol. X, parte I, págs. 485-491, Casa Editrice Dottor Francesco Vallardi, Milano, 1912, cit. "*Il Negozio*", pág. 32.
[2] *O Mandato sem Representação*, Ática, Lisboa, 1961, cit. "*O Mandato*", pág. 387.

I
Introdução

Numa investigação anterior, subordinada ao tema da procuração irrevogável,[3] entre os negócios que tipicamente constituíam uma relação subjacente à procuração irrevogável, abordámos também a autorização. A sua análise levantou um conjunto de problemas que na altura apenas foi possível focar levemente. Vimos então que era uma figura pouco estudada pela Doutrina,[4] com grande indefinição na Lei[5] e com poucas referências na jurisprudência. A análise então efetuada permitiu-nos identificar a figura do seguinte modo: um ato voluntário, tipicamente unilateral, do qual resulta, direta ou indiretamente, legitimidade para praticar atos, sem contudo constituir aquele que é autorizado na obrigação de os praticar.

Existem várias referências na Lei à autorização. No entanto, não existe nenhuma autorização que tenha estatuído na Lei uma disciplina legal de tal modo completa que possa ser usada como base de construção de um regime geral da autorização. Mesmo considerando as previsões legais de consentimento – termo usado frequentemente com o mesmo significado de autorização – continuamos a deparar-nos com a falta de um regime geral da figura.

---

[3] PEDRO LEITÃO PAIS DE VASCONCELOS, *A Procuração Irrevogável*, 2ª ed., Almedina, Coimbra, 2016, cit. "*Procuração*", em especial págs. 83-88.
[4] Também PESSOA JORGE, *Do Mandato*, cit., pág. 387, comenta o pouco estudo da figura.
[5] PESSOA JORGE, *Do Mandato*, cit., pág. 388, indica serem usadas pela Lei (na vigência do anterior Código Civil) como sinónimo de autorização, ou para referir figuras próximas, os termos *consentimento, licença, dispensa, assistência, outorga, permissão, ratificação, confirmação, aprovação e outras*, fazendo uma distinção – parcial – entre os vários casos.

A dispersão das previsões que contemplam a autorização – incluindo as que se referem a consentimento – a falta de um regime legal, a parca jurisprudência e o pouco estudo doutrinário, não podem ser lidas como uma irrelevância da figura, antes exigindo a sua análise.[6] Não é possível partir de um regime legal geral para estudar a autorização, pois não existe um regime geral e as parcelas de regime que estão dispersas pela Lei não são suficientes, nem têm uma integração sistemática suficiente para permitir construí-lo. Não é sequer possível partir do conjunto das referências legais à autorização e ao consentimento,[7] pois os termos não apresentam um significado unívoco.[8]

Inicia-se o estudo com um problema específico: as limitações de direitos de personalidade previstas no art. 81º do Código Civil. Este é um caso paradigmático, não só pela fundamental importância que os direitos de personalidade têm, mas outrossim pelo modo do seu funcionamento, em especial no que respeita à legitimidade para uma pessoa agir no âmbito dos direitos de personalidade de outrem.

Impõe-se em seguida uma análise da legitimidade, efeito principal da autorização. A autorização é fundamentalmente um ato de concessão de legitimidade, pelo que a análise deve principiar por este ponto, de modo a se poder confirmar a relação entre a autorização e a legitimidade e as suas características.

---

[6] O mesmo sucede com outras figuras, como por exemplo, a liberalidade – FERREIRA DE ALMEIDA, *A Doação e a Dádiva*, Themis, Ano IX, nº 17, 2009, págs. 5-18, cit. "*Doação*", pág. 6 – que são geralmente alvo de desinteresse dos juristas.

[7] NATTINI, *Il Negozio*, cit., pág. 487, considera que a figura da autorização não é resultado dos casos legais (que indica a págs. 485-486) mas da Doutrina, e que a construção da figura deve partir dos efeitos da declaração de autorização. CARRARO, *Contributo alla Dottrina dell'Autorizzazione*, em *Rivista Trimestrale di Diritto e Procedura Civile*, Ano I, Giuffrè, Milano, 1947, págs. 282-314, cit. "*Contributo*", pág. 288, afirma expressamente a impossibilidade da tentativa de reconstrução do conceito de autorização com base nas normas do Código Civil italiano que contenham referências à figura. Segundo o Autor, o estudo da autorização apenas pode ser feito sem se partir da Lei, embora reconheça que essa é, provavelmente, a razão das grandes divergências em tema de negócio autorizativo.

[8] Sobre a importância da terminologia para o Direito, ANTÓNIO MARQUES DOS SANTOS, *Algumas Considerações sobre o Direito e a Língua ou A Ignorância dos Juristas não Aproveita a Ninguém*, separata da *Scientia Iuridica*, setembro-outubro 2001, Tomo L, nº 291, cit. "*Algumas Considerações*", págs. 1-39.

Esta passagem da legitimidade à autorização implica a análise da fronteira da legitimidade; a análise da passagem da atuação ilegítima para a atuação legítima; a determinação do que sucede quando o agente não tem legitimidade e do que é necessário para que a tenha e da sua relação com a autorização.

Procede-se então à análise da autorização nas suas duas modalidades principais – a autorização constitutiva e a autorização integrativa – que se distinguem conforme o âmbito de eficácia. Na primeira, possibilita-se a legitimidade de uma pessoa para agir sobre a esfera jurídica alheia; na segunda possibilita-se a legitimidade de uma pessoa para agir sobre a sua própria esfera jurídica. Procuramos, com base nas semelhanças e diferenças de ambas, estabelecer os traços principais dos respetivos regimes jurídicos.

Verificámos também, durante a investigação já referida,[9] existir alguma indistinção entre a autorização, o mandato e a procuração.[10] O mesmo sucede entre a autorização, a aprovação e a ratificação. É a falta de estudo da autorização que permite essa indistinção entre figuras próximas, devido a partilharem algumas características comuns. Porém, e conforme veremos ao longo do presente estudo, a autorização é autónoma relativamente ao mandato e à procuração, como também o é relativamente à aprovação e à ratificação. O estudo da autorização permitirá proceder a uma clara distinção entre a autorização, o mandato e a procuração, por um lado, e a autorização, a aprovação e a ratificação, pelo outro.

Foi aqui excluído o tratamento temático das figuras próximas, pela dispersão que provocaria em relação ao tema central, e porque foram já objeto de estudo desenvolvido pela Doutrina. São apenas abordadas com vista a um esforço de distinção que nos permita uma melhor compreensão dos limites do âmbito material da autorização.

Procurou-se ainda abordar casos que, em conjunto, podem auxiliar às tarefas de qualificação e de integração, quer porque a sua estrutura ajuda

---

[9] Pedro Leitão Pais de Vasconcelos, *A Procuração*, cit., págs. 83-88.
[10] A título de mero exemplo, Guilherme Alves Moreira, *Instituições do Direito Civil Português*, Vol. I, Parte Geral, Imprensa da Universidade, Coimbra, 1907, cit. "*Instituições*", págs. 449-454 e Vaz Serra, *Contratos a Favor de Terceiro, Contratos de Prestação por Terceiro*, em Boletim do Ministério da Justiça, nº 51, págs. 29-230, Lisboa, 1955, cit. "Contratos *a Favor de Terceiro*", pág. 30.

a atingir estes objetivos, quer porque o mero reconhecimento ou qualificação de uma realidade como autorização permitem construir uma massa crítica de casos dos quais resultem indícios para futuras qualificações. À semelhança do que sucedeu já com outras figuras jurídicas, o objeto da presente investigação é uma interrogação e a tentativa de encontrar uma resposta com o maior grau de compreensão que possamos alcançar.

O que é a autorização?

II
O problema

Na ordem jurídica existe uma multidão de situações jurídicas,[11] tanto ativas como passivas, com estruturas que operam no Direito. Algumas incluem na sua estrutura outras, pelo que as situações jurídicas podem ser mais ou menos complexas. A diferença entre um simples poder[12] e um direito subjetivo (como, por exemplo, o direito de propriedade) é paradigmática das diferenças de grau de complexidade.

As situações jurídicas com maior relevância na Doutrina, e mesmo na prática, são os direitos subjetivos, os poderes, as faculdades, e as expectativas – do lado ativo – e os deveres, as sujeições, os ónus e os encargos – do lado passivo.

A generalidade das situações pode ser explicada por estas figuras, cujos mecanismos são aptos para desempenhar um grande número de funções e fins, e que são conhecidas dos juristas.

No entanto, existem situações que escapam às figuras típicas referidas. As situações jurídicas não têm de obedecer a um necessário regime de tipicidade. Antes, existem tantas situações jurídicas como as situações reais que mereçam relevância jurídica. Tal como as situações do mundo

---

[11] No sentido de *situação humana [...] valorada pelo Direito* – MENEZES CORDEIRO, *Tratado de Direito Civil*, Vol. I, 4º edição, Almedina, Coimbra, 2012, cit. "*Tratado I*", pág. 863 – mas agora numa visão técnica das mesmas e não, tanto, da sua componente concreta.

[12] Ou poder elementar, na terminologia de OLIVEIRA ASCENSÃO, *Direito Civil, Teoria Geral*, Vol. III, *Relações e Situações Jurídicas*, Coimbra Editora, Coimbra, 2002, cit. "*Direito Civil, Vol. III*", cit., pág. 58.

real são frequentemente próximas umas das outras, a ponto de se poderem agrupar em casos típicos, também no Direito existem situações típicas. Porém, para além das típicas há outras situações jurídicas. Estas são mais percetíveis em determinadas situações que, pela sua especialidade, exigem mecanismos jurídicos particulares.

Não é possível proceder a uma análise de todas as hipóteses de situações jurídicas. No entanto, pode proceder-se à análise de uma situação jurídica específica e paradigmática, que não é explicável pelo recurso aos vários tipos de situações jurídicas, para procurar identificar e delimitar o problema. Tal não significa que o problema seja o dessa concreta figura, mas antes que essa concreta figura é um bom exemplo do problema; é um bom ponto de partida para o estudo da autorização.

Para que seja um bom exemplo, a figura a escolher deve ser, não só central no Direito, como de grande relevância, devendo ainda permitir uma boa identificação do problema. Para tanto, a melhor opção parece ser a de recorrer à limitação de direitos de personalidade, prevista no art. 81º do Código Civil, manifestação mais conspícua da autorização.

1. Exemplo do problema: limitação de direitos de personalidade

Os direitos de personalidade são a figura jurídica mais sensível do Direito.

Mais do que na própria personalidade jurídica – que é essencial – é nos direitos de personalidade que se pode aferir o nível de respeito da Ordem Jurídica pela Pessoa.[13] A personalidade jurídica implica o respeito, receção e integração da pessoa real no Direito,[14] mas esta é ainda uma operação abstrata. É a pessoa enquanto ideia abstrata que é respeitada,

---

[13] Sobre a evolução histórica deste reconhecimento, PAIS DE VASCONCELOS, *Direito de Personalidade*, Almedina, Coimbra, 2006, cit: *"Direito de Personalidade"*, págs. 5-46 e MENEZES CORDEIRO, *Os Direitos de Personalidade na Civilística Portuguesa*, em *Estudos em Homenagem ao Prof. Doutor Inocêncio Galvão Telles*, Vol. I, págs. 21-45, Almedina, Coimbra, cit. *"Direitos de Personalidade"*, cit., *passim* e *Tratado de Direito Civil*, Vol. IV, 3ª edição, Almedina, Coimbra, 2011, cit. *"Tratado IV"*, págs. 23-96.

[14] GOMES DA SILVA, *Esboço de uma Concepção Personalista do Direito*, Separata da *Revista da Faculdade de Direito da Universidade de Lisboa*, Vol. XVII, Lisboa, 1965, cit. *"Esboço"*, págs. 98-137; LEITE DE CAMPOS, *A Génese dos Direitos da pessoa*, em *Nós – Estudos sobre o Direito das Pessoas*, págs. 13-55, Almedina, Coimbra, 2004, cit. *"A Génese"*, em especial págs. 54-55; PAIS DE VASCONCELOS, *Teoria Geral do Direito Civil*, 8ª edição, Almedina, Coimbra, 2015, cit: *"Teoria Geral"*, págs. 10-15.

recebida e integrada no Direito. É a qualidade[15] "pessoa" que é recebida e não tanto as concretas características das pessoas.

Sendo embora da maior importância para o Direito, o conceito de personalidade jurídica mantém-se num nível de grande abstração. A personalidade jurídica não integra no seu conteúdo a vida, o corpo, a psique, o nome, a reputação, nem nenhum elemento concreto das pessoas. Apenas integra a referência à pessoa. A uma pessoa valiosa, é certo, mas apenas o conceito e não a realidade.

A personalidade jurídica é o resultado da integração no Direito da pessoa ôntica, correspondendo à qualidade de ser pessoa no Direito, mas nada protege, nem nada tutela. Apenas estabelece a suscetibilidade de a pessoa ser protegida pelo Direito. A personalidade jurídica é um mecanismo fundante, mas não é um mecanismo operacional.

Os direitos de personalidade são o primeiro mecanismo jurídico de proteção das pessoas enquanto pessoas.[16] Por um lado, reconhecem poderes e protegem bens pessoais,[17] que consistem em elementos concretos da pessoa.[18] Não ideias, ou qualidades, mas características da pessoa física e social. A sua vida, o seu corpo, a sua mente, o seu nome, a sua reputação, entre outros.[19]

Por outro lado, de um ponto de vista de ordenação sistemática, são os mecanismos mais próximos da pessoa. Os mecanismos do Direito estão todos eles, de um modo ou outro, relacionados com as pessoas. Os direitos de personalidade são caracterizados por a sua relação ser integral. Não existe uma ligação entre os direitos de personalidade e a pessoa que se possa dizer mais ou menos estreita, como sucede nas outras situações.

---

[15] Pais de Vasconcelos, "*Direito de Personalidade*", cit., pág. 5.
[16] Gomes da Silva, *Esboço*, cit., págs. 150-151. Sobre normas de proteção da personalidade, em particular no que respeita à responsabilidade civil, Adelaide Menezes Leitão, *Normas de Protecção e Danos Puramente Patrimoniais*, Almedina, Coimbra, 2009, cit. "*Normas*", págs. 535-562.
[17] Pais de Vasconcelos, *Direito de Personalidade*, cit., pág. 53 e Menezes Cordeiro, *Tratado IV*, cit. págs. 99-101.
[18] Menezes Cordeiro, *Tratado IV*, cit. págs. 99-101.
[19] Sobre a relação entre pessoa, personalidade jurídica e direitos de personalidade, Paulo Cunha, *Lições*, cit., págs. 122-123.

Os direitos de personalidade são na pessoa.[20] Integram a pessoa na sua vertente jurídica. São inerentes à pessoa.[21] O Direito, ao integrar a pessoa, protege-a através dos direitos de personalidade. Assim, a pessoa no Direito, não só pode agir, como é por este protegida.[22]

A integração da pessoa no Direito não é neutra. Nem o pode ser. Na sua essência, a pessoa ôntica é ser enquanto o Direito é dever ser. As diferentes essências implicam a necessidade de adaptação. Como tal, não só o conceito de personalidade jurídica é diferente do conceito de personalidade natural, como a proteção real da pessoa é diferente da proteção jurídica da pessoa.[23] A proteção jurídica da pessoa é feita pelos direitos de personalidade, mas de um modo específico.

O Direito opera através de valores, princípios[24] e normas. A proteção jurídica da pessoa resulta deste sistema. O Direito não recebe a proteção da pessoa; o Direito cria um sistema de proteção da pessoa que lhe é próprio. Ao criar esse sistema de proteção não pode nunca afastar-se da pessoa ôntica. Mas não está vinculado à pessoa ôntica. Embora tenha de proteger a pessoa ôntica – sob pena de perder o contacto com a realidade – essa proteção pode ser regulada pelo Direito, desde que mantenha duas características base: que proteja a pessoa ôntica e que o faça de modo juridicamente eficiente. Como tal, o Direito deve regular, através

---

[20] Segundo LEITE DE CAMPOS, *Lições de Direitos da Personalidade*, 2ª ed., Coimbra Editora, Coimbra, 1995, cit. *"Lições"*, pág. 38, *são expressão e tutela jurídicas da estrutura e das funções da pessoa, do seu ser e da sua maneira-de-ser.*

[21] Segundo MENEZES CORDEIRO, *Tratado IV*, cit. págs. 108-109, são duplamente inerentes, embora aceite o destaque negocial de *parcelas figurativas*, nas limitações voluntárias.

[22] MARIA HELENA DINIZ, *Curso de Direito Civil Brasileiro*, 1º volume, *Teoria Geral do Direito Civil*, 15ª ed., Editora Saraiva, São Paulo, 1999, cit. *"Teoria Geral"*, pág. 100 configura os direitos de personalidade como *permissões dadas pela norma jurídica, a cada pessoa, de defender um bem que a natureza lhe deu, de maneira primordial e direta,* embora considere que os direitos de personalidade decorrem da personalidade – pág. 99.

[23] TEIXEIRA DE ABREU, *Lições de Direito Civil Português*, T. I, França Amado – Editor, Coimbra, 1898, cit. *"Lições"*, pág. 9-10, sobre a distinção entre a proteção física e jurídica da pessoa.

[24] No sentido de preceitos axiológicos dotados de elevado grau de abstração – BARBAS HOMEM, *O Justo e o Injusto*, Associação Académica da Faculdade de Direito de Lisboa, Lisboa, 2001, cit. *"O Justo"*, pág. 37 – que carece sempre de ser concretizado (apesar da materialização das ideias que traduzem) – KARL LARENZ, *Metodologia da Ciência do Direito*, 3ª ed., tradução da 6ª edição alemã por José Lamego, Fundação Calouste Gulbenkian, Lisboa, 1997, cit. *"Metodologia"*, pág. 674.

dos seus mecanismos próprios o modo como deve ser protegida a pessoa. Para tanto recorre a valores, princípios e normas, mas, mantendo sempre como fim necessário a proteção eficaz da pessoa ôntica.[25]

A principal regulamentação jurídica dos direitos de personalidade está no Código Civil nos arts. 70º a 81º. Nestas disposições o Direito protege a personalidade, recorrendo para tal ao direito subjetivo. Aí estatui-se um direito subjetivo de personalidade, que protege não só contra ofensas, mas também ameaças de ofensa. Para alguns bens de personalidade mantém-se mesmo após a morte.

Não cabe nesta investigação proceder à análise temática do regime dos direitos de personalidade, nem das questões que são levantadas, nomeadamente no que respeita à existência ou não de um direito geral da personalidade. A questão relevante para a presente investigação não consiste no recurso ao direito subjetivo como mecanismo de proteção jurídica da pessoa por meio dos direitos de personalidade, mas antes a possibilidade destes direitos serem limitados voluntariamente e no modo como tal sucede.

A principal disposição legal relevante a este respeito é o art. 81º do Código Civil. Segundo este preceito, as limitações voluntárias ao exercício dos direitos de personalidade contrárias à ordem pública são nulas (nº1), e mesmo quando permitidas são livremente revogáveis, apenas havendo lugar à obrigação de indemnizar os prejuízos causados às legítimas expectativas da outra parte (nº2).

Apesar da limitação pela ordem pública ser profundamente relevante para os direitos de personalidade, é a permissão da celebração de negócios de limitação dos direitos de personalidade que constitui o problema com o qual se inicia a presente investigação. Isto é, saber em que consiste tal limitação, como se produz e qual o seu objeto.

Podem ser analisados vários modos de limitação dos direitos subjetivos. Um deles consiste em transmitir parte do direito a um terceiro. A transmissão parcial de um direito provocaria, do ponto de vista do titular originário, a sua limitação. Nos direitos de personalidade isso implica-

---

[25] Em sentido equivalente, PAULO OTERO, *Personalidade e Identidade Pessoal e Genética do Ser Humano: Um Perfil Constitucional da Bioética*, Almedina, Coimbra, 1999, cit. *"Personalidade e Identidade"*, pág. 44.

ria a sua limitação. Sucede, porém, que não é possível transmitir direitos de personalidade, nem no todo nem em parte.[26]

Os direitos de personalidade tutelam a pessoa. No conjunto, tutelam a integralidade da pessoa. A transmissibilidade de elementos de direitos de personalidade permitiria um inadmissível desfasamento entre a realidade e o Direito. Os direitos de personalidade tutelam elementos concretos de pessoas concretas. Não tutelam ideais, nem realidades abstratas. A imagem de uma pessoa é a sua imagem física. A integralidade física da pessoa é a do seu corpo. A vida de uma pessoa é a sua própria vida. O bom nome e reputação de uma pessoa são as que ela tem para si e na sociedade. Não é possível remover estas parcelas de realidade[27] e imputá-las a outra pessoa. E não é possível entregar a um terceiro o direito subjetivo que abrange estes bens. Tal equivaleria a entregar a um terceiro o domínio jurídico sobre uma determinada pessoa. Não um direito de crédito a que a pessoa atuasse de determinado modo, mas um domínio jurídico sobre os elementos ônticos dessa mesma pessoa. O terceiro passaria a ser dono da vida, do corpo, do nome e dos demais elementos que compõem a pessoa. Embora a pessoa mantivesse onticamente a sua identidade e características, juridicamente o domínio dessas características pertenceria a outra pessoa. Seria um terceiro a decidir qual o uso a dar a determinado bem pessoal, ou se defendia ou não esse bem de uma agressão. Por outro lado, a pessoa em causa deixaria de, juridicamente, poder usar esse bem, por exemplo, o seu corpo. Se o fizesse agiria contra o Direito, acarretando com as devidas consequências. E nesse caso, também não se poderia proteger de agressões através do Direito.

Em suma, a limitação dos direitos de personalidade não pode resultar da sua transmissão, pois os direitos de personalidade são intransmissí-

---

[26] ADRIANO DE CUPIS, Os Direitos de Personalidade, Livraria Morais, Lisboa, 1961, cit. "Direitos de Personalidade", pág. 59.

[27] MARTÍNEZ DE VELASCO, La Exteriorización de los Actos Jurídicos: su Forma y la Protección de su Apariencia, Bosch, Barcelona, 1990, cit. "La Exteriorización ", págs. 173-175, em estudo que abrange quer a chamada renúncia abdicativa, quer a chamada renúncia translativa, defende a irrenunciabilidade dos direitos de personalidade, por não se tratar de verdadeiros direitos subjetivos, mas antes de qualidades das pessoas que integram a sua capacidade jurídica e que, como tal, são inseparáveis da pessoa. No mesmo sentido, FÁTIMA GALANTE, Da Tutela da Personalidade, do Nome e da Correspondência Confidencial, Quid Juris, 2010, cit. "Da Tutela", págs. 94-95.

veis.[28] O resultado de uma limitação voluntária de um direito de personalidade não pode nunca consistir na perda – mesmo que parcial – desse direito por parte da pessoa em causa.[29] Importa no entanto analisar a possibilidade de limitar os direitos de personalidade através da comunicação do direito a um terceiro, passando a esfera jurídica do terceiro a integrar, também, esse direito. Nesta situação, a pessoa em causa manter-se-ia como titular do direito de personalidade, mas outrem teria um direito a usar também esse bem. Embora aquela se mantivesse titular do direito de personalidade, o direito conflituante deste último importaria uma limitação substantiva do direito de personalidade.

O problema é semelhante ao acima analisado. Embora não se verificasse uma efetiva transmissão do direito de personalidade para um terceiro, este passaria a ser titular de um direito que incidiria sobre um bem de personalidade alheio, em comunhão. Ou seja, teria o domínio jurídico de um bem de personalidade alheio. Seria uma solução puramente formal afirmar que a pessoa se mantinha titular do direito de personalidade e que, como tal, não se veria em situação desvantajosa. Os direitos de personalidade não são meros *nomina*. Antes são direitos subjetivos que incidem diretamente sobre bens de personalidade. Se um terceiro for titular de um direito subjetivo que incida diretamente sobre bens de personalidade de outrem, terá um direito de personalidade sobre pessoa alheia. O problema substancial é o mesmo que se verifica na transmissão de direitos de personalidade. O reconhecimento jurídico de um direito de personalidade sobre pessoa alheia implica o domínio jurídico de uma pessoa sobre outra pessoa. Assim sendo, esta última poderia continuar a usar os seus bens de personalidade e a protegê-los, pois manter-se-ia como titular do direito de personalidade. Mas, a par disso, haveria uma outra pessoa que também seria titular de bens de personalidade daquele. Este outrem teria um domínio jurídico, por exemplo, sobre a sua imagem, sobre o seu corpo, sobre o seu nome, ou pelo menos sobre parcelas

---

[28] Heinrich Ahrens, *Curso de Direito Natural ou de Philosophia do Direito Segundo o Estado Actual da Sciencia em Allemanha*, tradução de Francisco Candido de Mendonça e Mello, Typographia da Viuva Rodrigues, Lisboa, 1844, cit. "Curso", pág. 129; Adriano de Cupis, *Direitos de Personalidade*, cit., pág. 59.
[29] Neste sentido Pais de Vasconcelos, *Teoria Geral*, cit., pág. 13.

de bens de personalidade e poderia, com o suporte do Direito, usar e agir sobre esses bens.[30]

Não pode ser admitido que uma pessoa domine juridicamente bens de personalidade de outrem. Isso equivaleria ao domínio pessoal ou à escravatura.[31] As pessoas teriam formalmente personalidade jurídica, mas poderiam ser objeto de negócios jurídicos, pelo que, substancialmente, seriam coisas.

Nunca deve ser admitida a possibilidade de criar situações jurídicas de domínio pessoal por mera vontade da pessoa.[32] Este problema existe independentemente da natureza da posição ativa. Quer o terceiro tenha um direito subjetivo, quer tenha qualquer outra situação ativa, esta nunca poderá incidir diretamente sobre os bens de personalidade de outrem. Em particular, no que respeita ao poder. Esta figura é normalmente tratada como a estrutura mais típica de posição ativa, funcionando como base para muitas outras figuras.

O poder sobre os bens de personalidade apenas pode pertencer à pessoa em quem esses bens são integrados. Mas não pode, como princípio fundamental, o Direito reconhecer, nem atribuir, qualquer poder a uma pessoa sobre bens de personalidade de outra. Este princípio apenas deve sofrer limitações em casos excecionais, nos quais a pessoa não consegue realmente beneficiar desses bens, sendo necessário que outrem exerça um poder sobre bens de personalidade alheios no interesse do respetivo titular (como sucede, por exemplo, em algumas incapacidades naturais), ou que tenham tal gravidade em face de outros princípios, que estes imponham solução diversa (por exemplo: aprisionar alguém por ter cometido um crime). Fora de situações excecionais, não se pode admitir que uma pessoa disponha de um bem de personalidade de outrem, no

---

[30] O problema, a nível formal, seria ainda mais complexo, pois verificar-se-ia um caso de comunhão, com todas as dificuldades inerentes.

[31] O que é *radicalmente inadmissível*, nas palavras de Oliveira Ascensão, *Direito Civil, Teoria Geral*, Vol. I, *Introdução, As Pessoas, Os bens*, Coimbra Editora, Coimbra, 2ª edição, 2000, cit. *"Direito Civil, Vol. I"*, pág. 48.

[32] A questão é particularmente relevante no âmbito do Direito do Trabalho – ROSÁRIO RAMALHO, *Contrato de Trabalho e Direitos Fundamentais da Pessoa*, em *Estudos em Homenagem à Professora Doutra Isabel de Magalhães Collaço*, vol. II, págs. 393-415, Almedina, Coimbra, 2002, cit. *"Contrato de Trabalho"*, em especial pág. 414 e CAPELO DE SOUSA, *O Direito Geral de Personalidade*, Coimbra Editora, Coimbra, 1995, cit. *"O Direito Geral"*, cit., pág. 523.

sentido de ser seu para dele fazer como quiser. Ou seja, juridicamente, os bens de personalidade não podem estar na disponibilidade de terceiros.

No Direito, a atuação sobre bens de personalidade alheios apenas deve resultar, como regra, de mecanismos jurídicos que não impliquem a integração desse bem na esfera jurídica de um terceiro. O terceiro não pode dominar o bem, nem dele dispor. O que poderá é agir sobre esse mesmo bem, mas sempre com base em figuras jurídicas que, conseguindo embora servir de suporte a tal atuação, não causem domínio sobre o bem em questão.

Tendo em consideração estas limitações, importa analisar a possibilidade de os direitos de crédito operarem como instrumentos de limitação dos direitos de personalidade. Os direitos de crédito não incidem sobre os bens em si, mas sobre o comportamento do titular desses bens, sobre o seu exercício, razão pela qual não levantam os problemas acima referidos. Por um lado, a pessoa mantém sempre a titularidade do direito de personalidade, não se verificando, pois, uma separação entre a pessoa e o titular deste direito. Por outro lado, o terceiro não domina juridicamente o bem de personalidade, nem dele dispõe, apenas pode exigir juridicamente que a pessoa atue de determinado modo. O direito do credor não incide nunca sobre os bens de personalidade, antes incidindo sobre uma prestação do titular do direito de personalidade.

Os direitos de crédito podem vincular o titular do direito de personalidade a atuar de determinado modo, mas na maior parte das configurações esta estrutura seria inútil para a limitação dos direitos de personalidade. O credor não poderia agir sobre a imagem, nome, reputação, etc.; apenas poderia exigir que o titular do direito de personalidade o fizesse. Um direito de crédito com esta estrutura não provoca qualquer limitação aos direitos de personalidade, nem mesmo permite ao terceiro agir sobre o bem de personalidade.

Existem porém configurações creditícias que podem ser relevantes. Assim sucede, por exemplo, no direito de crédito a que o titular do direito de personalidade não use comercialmente a sua imagem, ou que não reaja negativamente ao uso da sua imagem diretamente pelo credor, suportando essa atuação. Trata-se de obrigações de facto negativo. Embora se possa falar ainda de direitos de crédito, não são comuns. São direitos de crédito raros.

A AUTORIZAÇÃO

O conteúdo negativo pode resultar tipicamente de duas prestações: uma pura omissão ou uma suportação ou tolerância (obrigação de *pati*). Na obrigação de omissão, o devedor obriga-se a não fazer algo. Na obrigação de *pati*, o devedor obriga-se a não reagir se o credor fizer algo, não exercendo os mecanismos de tutela que estão ao seu dispor, assim suportando a atuação do credor. Do lado ativo, o credor pode exigir que o devedor não faça algo, ou que o devedor não reaja negativamente a atuações suas, quando normalmente o poderia fazer.

Apesar das diferenças relativamente à generalidade dos direitos de crédito, também estes são irrelevantes para a limitação dos direitos de personalidade. A vinculação do titular dos direitos de personalidade a não os usar ou a tolerar[33] que use os respetivos bens, não limita os direitos de personalidade. O direito de personalidade continua com exatamente o mesmo conteúdo, limites e todas as outras características. O problema é o mesmo que se verifica com a generalidade dos direitos de crédito: a eficácia do direito de crédito não se produz sobre o direito de personalidade, mas sobre a atuação do titular do direito de personalidade.

No entanto, a vinculação do devedor a praticar os factos negativos e a possibilidade de recurso aos meios judiciais para tutelar o correspondente direito de crédito cria uma aparência de limitação do direito do devedor como consequência da relação obrigacional. Contudo, é apenas uma aparência que decorre da normal possibilidade de execução específica das obrigações ou de outros meios alternativos, como seja a sanção pecuniária compulsória.

A efetiva limitação do direito de personalidade não decorre da obrigação do titular de suportar a atuação do credor. Resulta, sim, da efetiva suportação pelo titular da atuação do credor. Na normalidade das situações obrigacionais, a distinção esfuma-se no meio dos mecanismos de tutela das obrigações. Mas, no caso das limitações de direitos de personalidade, a sua livre revogabilidade exclui esses mecanismos de tutela. Não é possível executar especificamente uma obrigação de suportação de uso de direito de personalidade alheio, nem recorrer a outros meios

---

[33] Que corresponde, em ambos os casos, a uma obrigação negativa – MARÍA JOSÉ FERRER DE SAN-SEGUNDO, *La Obligacíon*, cit, pág. 61 e MARIA HELENA DINIZ, *Curso de Direito Civil Brasileiro*, 2º volume, *Teoria Geral das Obrigações*, 13ª ed., Editora Saraiva, São Paulo, 1999, cit. *"Obrigações"*, pág. 106.

que, na prática, promovam essa execução específica. Fazê-lo equivaleria, mais uma vez, à criação de situações de domínio pessoal por vontade das partes, o que não deve ser admitido em caso algum.

Assim, no âmbito da questão das limitações voluntárias dos direitos de personalidade e na sua relação com as obrigações de *pati*, é possível identificar o que provoca a efetiva limitação daqueles. Não é a vinculação do titular do direito de personalidade a suportar, a tolerar, o comportamento do seu credor. É, antes, a efetiva tolerância do titular perante o comportamento do credor.

Como se viu, a limitação do direito de personalidade não pode resultar de uma obrigação, pois a obrigação não incide nem sobre o direito de personalidade, nem sobre os bens de personalidade. Como tal, mesmo na obrigação de suportar, o credor apenas pode exigir que o devedor não reaja negativamente; por exemplo, nada fazer contra uma situação em que o credor use uma imagem do devedor numa campanha publicitária. Mas, se este decidir deixar de suportar essa atuação, o credor sofrerá as consequências negativas de usar essa imagem, pois o direito de personalidade manterá o seu conteúdo integral. No entanto, se o devedor cumprir essa obrigação suportando o comportamento do credor, embora este comportamento consista numa intromissão nos direitos de personalidade do devedor, este não lançará mão dos meios de tutela ao seu dispor. Na prática, o credor conseguirá usar os bens de personalidade do devedor, sem ter um direito que incida sobre estes e sem sofrer a reação de meios de proteção do titular ao seu alcance, pois este decide não os exercer.

A não reação do titular é importante, mas ele sempre poderia ter reagido, pois o direito de personalidade não foi limitado. Há uma suportação da atuação de outrem, mas esta não provoca uma limitação dos direitos de personalidade. O titular dos direitos de personalidade optou por não reagir contra a intromissão do terceiro, mas podia tê-lo feito. E podia porque os seus direitos de personalidade não sofreram qualquer limitação. Aliás, se não tivesse a possibilidade de reagir, não se estaria perante uma suportação. Ou seja, a limitação não decorre do dever de tolerância, mas da efetiva tolerância.

Tudo isto é patente nas limitações voluntárias dos direitos de personalidade, pois nestas o credor não pode forçar juridicamente a efetiva tolerância. Como tal, as obrigações de *pati* não são um modo de limitação voluntária dos direitos de personalidade, mas permitem identificar um mecanismo que o pode fazer, que se traduz no ato devido pelo titular, ou seja, na tolerância.

Mas, mantêm-se o problema de saber o que é limitado, nos direitos de personalidade, pela tolerância. A limitação dos direitos de personalidade tem de produzir-se de tal modo que o seu titular não possa reagir, mesmo que o quisesse fazer. Ou seja, limitação dos direitos de personalidade tem de produzir-se nos seus meios de tutela.

Os direitos subjetivos podem ser mais ou menos complexos, mas, em regra, na sua estrutura têm pelo menos dois elementos componentes. Um elemento é composto por poderes que lhes atribui a sua característica ativa. Isto, porém, não impede que o direito subjetivo inclua também outros elementos ativos ou passivos, e mesmo deveres. Mas pode afirmar-se, com alguma segurança, que integrará preponderantemente poderes, pois de outro modo dificilmente poderia ser uma situação ativa.

O outro elemento é composto pelos meios de tutela, defesa ou garantia.[34] Estes variam conforme o conteúdo do direito, podendo ser gerais para todos os direitos subjetivos, ou específicos de um particular direito subjetivo. Pode mesmo verificar-se uma cumulação de meios de tutela gerais e específicos.

O que caracteriza a estrutura interna dos direitos subjetivos é a relação entre todos os seus elementos, em particular entre os elementos estruturais ativos e os seus meios de defesa. No cerne do direito subjetivo encontram-se os poderes, que caracterizam ativamente o direito subjetivo, e os demais elementos acessórios diretamente relacionados com o bem jurídico sobre o qual ele incide. Na periferia deste conjunto situam-se os meios de tutela, que protegem os demais elementos.

---

[34] Podendo ainda ser ativos (*instrumentos de garantia e realização de uma posição jurídica*) ou passivos (*de defesa dessa posição*) – Teixeira de Sousa, *O Concurso de Títulos de Aquisição da Prestação – Estudo Sobre a Dogmática da Pretensão e do Concurso de Pretensões*, Almedina, Coimbra, 1988, cit. "*O Concurso*", pág 58. Sobre alguns meios de tutela, Almeida Costa, *Direito das Obrigações*, 12ª ed., Almedina, Coimbra, 2009, cit. "*Obrigações*", págs. 153-157; Marcelo Rebelo de Sousa e Sofia Galvão, *Introdução ao Estudo do Direito*, 5ª ed., Lex, Lisboa, 2000, cit. "*Introdução*", págs. 274-283 e Maria Luísa Duarte, *Introdução ao Estudo do Direito, Sumários Desenvolvidos*, reimp, Associação Académica da Faculdade de Direito de Lisboa, Lisboa, 2006, cit. "*Introdução*", págs.107-120.

Os direitos subjetivos de personalidade integram poderes relativos aos bens de personalidade e os correspondentes meios de tutela, que abrangem os meios comuns a todos os direitos subjetivos[35] e os específicos dos direitos de personalidade.

A limitação dos direitos de personalidade referida no art. 81º do Código Civil não incide sobre a sua parte central – sobre a estrutura de poderes. Uma limitação que incidisse sobre a parte central de um direito de personalidade faria com que o titular deixasse de ter poderes jurídicos relativamente ao respetivo bem de personalidade. Ou seja, não teria domínio jurídico sobre elementos da sua própria personalidade, não podendo dispor desses elementos; e como já foi referido, tal situação seria inadmissível. A pessoa tem de ter, e manter, o domínio jurídico sobre os elementos que compõem a pessoa.

Por exemplo, uma limitação do direito à imagem – nomeadamente permitindo-se a utilização da imagem por outrem em publicidade – não implica uma diminuição dos conteúdos úteis da própria imagem, nem do conteúdo dos usos que o titular pode fazer dela. O titular continua a ter o direito à imagem e a poder usá-la e usufrui-la. Na limitação do direito ao nome, ou mesmo ao bom nome, mantém-se o nome e o bom nome, o seu uso, aproveitamento, etc.

Por uma pessoa ter limitado um direito de personalidade, esse direito não deixa de ter os poderes e demais posições ativas que tinha anteriormente.[36] A limitação dos direitos de personalidade incide sobre os meios de tutela, defesa ou garantia. O titular do direito de personalidade limita voluntariamente os meios de tutela, de modo a que não reajam em face duma intervenção do terceiro sobre o bem de personalidade abrangido.

O titular do direito de personalidade mantém a titularidade deste, mas os meios de tutela do direito de personalidade deixam de reagir negativamente a determinadas atuações por parte do terceiro, sem que

---

[35] Sobre alguns meios de tutela, GOMES DA SILVA, *Conceito e Estrutura da Obrigação*, reimp., Centro de Estudos de Direito Civil, Lisboa, 1971, cit. *"Conceito e Estrutura"*, págs. 39-74.
[36] Segundo J. DIAS MARQUES, *Noções Elementares de Direito Civil*, 7ª edição, com a colaboração de Paulo de Almeida, Lisboa, 1992, cit. *"Noções"*, pág. 13, nota 1, a limitação não incide sobre a titularidade do direito de personalidade, mas sobre o seu exercício.

aquele esteja vinculado a adotar determinado comportamento.[37] Como tal, mesmo que o titular quisesse recorrer aos meios de tutela para reagir a determinada atuação de certa pessoa, não o lhe é possível fazê-lo. Quanto às restantes atuações, ou às restantes pessoas, os meios de tutela manteriam as características normais.

O titular não beneficia dos meios de tutela pelo que, mesmo que quisesse, não o poderia fazer. Trata-se de uma limitação de um direito, que incide sobre uma parte muito específica desse direito.

É uma verdadeira limitação por duas razões. Por um lado, altera os limites do direito, na sua componente de meios de tutela[38]; por outro lado, não é uma exclusão, pois os meios de tutela continuam a integrar a estrutura do direito subjetivo, apenas não reagindo a determinados atos praticados por certa pessoa, mesmo que o titular o queira. A limitação dos direitos de personalidade provoca uma abstenção de reação dos meios de tutela desses direitos relativamente a determinados atos. Porém, em face de outros atos, já não se verifica essa limitação, pelo que aqueles meios de defesa se mantêm ativos.

Não se trata, pois, de uma obrigação de uma pessoa agir, ou não, de determinado modo, nem de uma não atuação voluntária. É o próprio direito dessa pessoa que sofre uma modificação, uma limitação direta do conteúdo de um direito subjetivo. Esse direito subjetivo passa a ter um conteúdo diferente, e o titular deixa de ter, em parte, as vantagens que anteriormente tinha. O titular é o mesmo e o direito subjetivo é o mesmo. Mas o conteúdo do direito subjetivo é diferente. As vantagens inerentes ao direito subjetivo sofrem uma modificação estrutural.

As limitações voluntárias de direitos de personalidade constituem, portanto, um exemplo de uma figura jurídica fora do comum. Resultando de uma atuação do próprio titular do direito de personalidade,[39] não provocam um domínio do terceiro sobre bens de personalidade, nem

---

[37] Sobre a distinção entre a obrigação negativa e a limitação não obrigacional aos poderes de disposição – MARIA ÁNGELES EGUSQUIZA, *La Configuración Jurídica de las Obligaciones Negativas*, Bosch, Barcelona, 1990, cit. *"La Configuración"*, págs. 60-65.

[38] ADRIANO DE CUPIS, *Direitos de Personalidade*, cit., págs. 53-55.

[39] DAVID DE OLIVEIRA FESTAS, *Do Conteúdo Patrimonial do Direito à Imagem – Contributo para um Estudo do seu Aproveitamento Consentido e Inter Vivos*, Coimbra Editora, Coimbra, 2009, cit. *"Do Conteúdo"*, págs. 295-297, considera a limitação do direito de personalidade como um ato unilateral de exercício do direito de autodeterminação.

fazem com que estes fiquem na disponibilidade desse terceiro.[40] Antes provocam uma efetiva limitação do direito de personalidade de tal modo que uma atuação do terceiro sobre um bem de personalidade não sofre qualquer reação juridicamente negativa.

Os atos praticados por quem beneficia de uma limitação de direitos de personalidade de outrem podem ser juridicamente eficazes, produzindo os seus efeitos típicos licitamente, isto é, o terceiro que beneficia de uma limitação de direitos de personalidade de outrem tem legitimidade para praticar atos no âmbito dessa limitação de modo lícito e eficaz. Dito de outro modo, as limitações de direitos de personalidade a favor de um terceiro, quando válidas e eficazes, legitimam o terceiro para praticar atos no âmbito da limitação, o que determina a abordagem da questão central da legitimidade.

---

[40] E assim asseguram o respeito pela dignidade da pessoa humana – sobre a relação entre consentimento e respeito pela dignidade da pessoa humana, BARBAS HOMEM e PEDRO CARIDADE DE FREITAS, *Ensaios Clínicos*, em *Estudos em Homenagem ao Prof. Doutor Inocêncio Galvão Telles*, Vol. IV, págs. 341-354, cit. *"Ensaios Clínicos"*, págs. 352-354.

III
Liberdade, titularidade e legitimidade

1. Legitimidade e capacidade

É usual estudar-se a legitimidade[41] em ligação com outros conceitos, como sejam a capacidade[42] e a titularidade.[43] Esta ligação entre legitimidade, capacidade e titularidade é intuitiva. A legitimidade não é titularidade, nem capacidade de exercício, mas encontra-se intimamente ligada a estes conceitos ou a elementos fundantes de ambos. É frequente distinguir-se os três conceitos, tratando-os como diferentes realidades. Esta distinção é correta, pois são efetivamente realidades diferentes, mas não são independentes. E, nas três figuras indicadas, a relação entre as três, que se manifesta intuitivamente, não pode ser descurada.

Normalmente, deparamos com duas distinções separadas. Uma delas distingue entre legitimidade e capacidade,[44] consistindo, em suma, na

---

[41] Dita substancial ou material, por oposição à legitimidade processual.
[42] Com a qual esteve primeiro confundida – OLIVEIRA ASCENSÃO, *Direito Civil, Teoria Geral*, VOL. II, *Acções e Factos Jurídicos*, Coimbra Editora, Coimbra, 2ª edição, 2003, cit. *"Direito Civil, Vol. II"*, cit., pág. 106.
[43] MENEZES CORDEIRO, *Tratado de Direito Civil*, Vol. V, 2ª edição, Almedina, Coimbra, cit. *"Tratado V"*, cit. pág. 25, ao expor a evolução do conceito de legitimidade em Itália, identifica a figura como ficando *entre a capacidade e a titularidade*.
[44] PAIS DE VASCONCELOS, *Teoria Geral*, cit., págs. 87 e 88. MANUEL DE ANDRADE, escrevendo em 1960, traduz ainda a novidade que o conceito de legitimidade tinha no Direito nacional, que se manifesta numa distinção ainda superficial entre capacidade e legitimidade, *Teoria Geral da Relação Jurídica*, 3ª reimpressão, Almedina, Coimbra, 1972, cit. *"Teoria Geral"*, vol. II, págs. 119-120. CARLOS ALBERTO DA MOTA PINTO, *Teoria Geral do Direito Civil*, Coimbra Edi-

afirmação de serem dois pressupostos diferentes do negócio jurídico. A capacidade corresponderia a um pressuposto subjetivo do negócio relativo a qualidades do agente; a legitimidade corresponderia a um pressuposto subjetivo-objetivo do negócio, que resultaria de uma relação com o seu objeto ou de uma posição do sujeito perante o objeto.

Outra distinção é a que se verifica entre legitimidade e titularidade,[45] e consiste, sumariamente, na afirmação, como princípio, da coincidência entre ambas,[46] mas com exceções.

Deste princípio de coincidência entre titularidade e legitimidade resultariam duas consequências: por um lado, a regra segundo a qual, salvo situações especiais, é ao titular que cabe a legitimidade para agir ou afetar uma determinada situação jurídica; por outro, a existência de duas modalidades de legitimidade: uma legitimidade ordinária, que corresponderia à legitimidade do titular da situação jurídica afetada, e uma legitimidade extraordinária, que corresponderia aos casos de legitimidade de não titulares.[47]

Em suma, procede-se a uma efetiva separação conceitual da legitimidade relativamente à capacidade, afirmando-se a essencial diferença entre as duas figuras. E assumindo-se, embora, a diferença entre as duas, não deixa de se reconhecer a existência de uma relação estreita entre

---

tora, Coimbra, 2005, 4ª ed., cit. *"Teoria Geral"*, págs. 260-261, apenas aborda a legitimidade por comparação com a capacidade. CALDENTEY, *Legitimación y Aparencia Jurídica*, Bosch, Barcelona, 1952, cit. *"Legitimación"*, págs. 15-19.

[45] PAIS DE VASCONCELOS, *Teoria Geral*, cit., págs. 87-88.

[46] LINA BIGLIAZZI GERI, UMBERTO BRECCIA, FRANCESCO D. BUSNELLI e NATOLI, *Diritto Civile, 1.2., Fatti e Atti Giuridici*, UTET, Torino, 1986, cit. *"Diritto"*, pág. 548, afirmam que *la titolarità del diritto costituisce il fondamento primo della legittimazione a disporre come un'activitá negoziale*.

[47] Também chamadas, respetivamente, legitimidade direta e legitimidade indireta, como faz MENEZES CORDEIRO, *Tratado V*, cit., pág. 31 e ORLANDO GOMES, *Contratos*, 18ª edição, Editora Forense, Rio de Janeiro, 1999, cit. *"Contratos"*, págs. 47-48. O Autor considera que a legitimidade indireta resulta da representação e da autorização. Também BADENAS CARPIO, *Apoderamiento y Representación Voluntaria*, Aranzadi, Pamplona, 1998, cit. *"Apoderamiento"*, págs. 73-74, associa a legitimidade indireta à autorização. A diferenciação entre legitimidade direta e indireta só raramente é relevante para os concretos regimes jurídicos. Em geral, é indiferente para a ineficácia do ato, se esta decorre de falta de legitimidade direta ou indireta.

legitimidade e titularidade, da qual resulta, afinal, o dito princípio de coincidência entre ambas.[48]

A legitimidade e a capacidade são dois conceitos diferentes, mas é a razão que conduz a essa intuitiva relação entre ambas que é relevante. Não é o estrito conceito de capacidade de exercício, mas sim algo que se observa na capacidade que provoca esta associação intuitiva entre ambas.

A capacidade é tradicionalmente dividida em duas classes: a capacidade de gozo e a capacidade de exercício.[49] A capacidade de gozo encontra-se ligada à titularidade, traduzindo-se na concreta suscetibilidade de ser titular ou na medida dessa titularidade. A capacidade de exercício está relacionada com o exercício das posições jurídicas de que se é titular. Alguém que seja capaz de exercício pode exercer pessoal e livremente as posições de que é titular, enquanto o incapaz de exercício não o pode, sendo necessário recorrer a outrem para o fazer.

Verificando-se uma incapacidade de gozo falta a titularidade. Uma pessoa não pode ser titular de uma situação jurídica que não respeite, ou não seja suportada, pela sua capacidade de gozo. Assim, por exemplo, uma pessoa singular não pode praticar um ato de fusão com outra pessoa. A questão da capacidade de gozo está ligada à titularidade, pelo que nada de novo traz à análise.

Quanto à incapacidade de exercício, a ocorrer ela implicará que a pessoa incapaz não poderá exercer uma posição de que é titular. A pessoa é titular dessa posição, pelo que o problema não se verifica no que respeita à titularidade. No entanto, não a pode exercer pessoal e livremente, ou não a pode exercer pessoalmente, ou ainda, podendo exercê-la pessoalmente, não a pode exercer livremente. Nos dois primeiros casos, o exercício é feito por outra pessoa; no terceiro é-o pelo próprio titular, mas assistido por outrem ou ficando, de qualquer outro modo, a atuação do titular dependente da atuação de um terceiro. Em qualquer dos casos, o incapaz de exercício não é livre de praticar atos de exercício da sua posição jurídica

---

[48] PAULA COSTA E SILVA, *As Operações de Venda a Descoberto de Valores Mobiliários*, Coimbra Editora, Coimbra, 2009, cit. "*Venda a Descoberto*", pág. 57.
[49] Por todos CASTRO MENDES, *Direito Civil (Teoria Geral)*, volume I, Associação Académica da Faculdade de Direito de Lisboa, Lisboa, 1978 (reimp. 1995), cit. "Direito Civil I (1978)", págs. 124-125.

Existem várias incapacidades de exercício, com diferentes regimes, e diferentes razões de ser, mas todas têm a mesma característica, que consiste numa restrição da liberdade. A incapacidade de exercício é caracterizada por provocar uma restrição à liberdade da pessoa, sem que isso afete a sua titularidade.[50]

Por exemplo, na incapacidade de exercício do menor de dez anos para vender um automóvel, este, embora possa ser o proprietário, não pode vendê-lo. O menor não sofre qualquer limitação à suscetibilidade de ser titular do direito de propriedade de automóveis, mas no que respeita à sua venda, já não tem liberdade de o fazer. E não tem legitimidade para praticar esse ato, cabendo essa legitimidade aos seus representantes legais.

Dentro dos limites do âmbito das respetivas incapacidades, o incapaz de gozo não é titular, enquanto o incapaz de exercício não é livre.

É este binómio atingido pelas duas incapacidades – titularidade e liberdade – que provoca a ligação intuitiva entre capacidade e legitimidade.

A legitimidade é correntemente definida como uma posição, situação ou relação em que alguém se encontra e que lhe permite agir no Direito sobre determinado bem ou interesse. Existe alguma variação doutrinária, especialmente no que respeita à questão da legitimidade ser relacional, situacional ou posicional, mas no restante a doutrina encontra-se genericamente estabilizada.

2. A evolução da ideia de legitimidade

A) O TRABALHO DE CARNELUTTI E DA DOUTRINA ITALIANA

É em regra atribuído a CARNELUTTI o primeiro passo decisivo no desenvolvimento do conceito de legitimidade substantiva. Este passo consistiu, fundamentalmente, na importação do conceito de legitimidade vigente no Direito Processual Civil[51] (*legitimazione ad agire*) para o Direito Civil (*legitimazione*).[52] Não se tratou, no entanto, de uma mera importação acrítica. Muito pelo contrário. CARNELUTTI procedeu a uma importante ope-

---

[50] PAIS DE VASCONCELOS, *Teoria Geral*, cit., págs. 85-87.
[51] Sobre a evolução do conceito processual de legitimidade – JUAN MONTERO AROCA, *De la Legitimación en el Proceso Civil*, Bosch, Barcelona, 2007, cit. *"Legitimación"*, págs. 45-54.
[52] Sobre a relevância da distinção entre a legitimidade substantiva e processual – PAULA COSTA E SILVA, *Repensando a Transmissão da Coisa ou Direito em Litígio*, Coimbra Editora, Coim-

ração de adaptação do conceito de legitimidade, que permitiu todo o seu posterior desenvolvimento.

Em 1920,[53] no primeiro volume das suas Lições de Processo Civil, CARNELUTTI distingue direito subjetivo de interesse protegido. No direito subjetivo, o interesse prevalece sobre um interesse oposto (de outrem) através da atribuição de um poder à vontade do titular do interesse prevalecente. No interesse protegido, verifica-se apenas uma imposição de uma vinculação[54] ao titular do interesse oposto (de outrem), assim se protegendo o interesse prevalecente, mas sem que seja atribuído um poder à vontade do beneficiário[55] que lhe permita dominar os meios de tutela do interesse.

Em 1922,[56] já no segundo volume das suas Lições de Processo Civil, CARNELUTTI, ao tratar da legitimidade processual *(legittimazione ad agire)*, definiu-a como a *particolare situazione, in quanto abilita il cittadino ad agire nel processo*. Embora reconheça a ligação entre legitimidade e interesse, considera que pode existir interesse sem legitimidade e legitimidade sem interesse, em casos especiais. Conclui que devem ser considerados interessados, não só aqueles que são titulares de um interesse na lide, mas ainda aqueles que tenham, relativamente à lide, certa relação ou contacto.[57] Prossegue tratando os problemas da capacidade processual,[58] da assistência processual,[59] da autorização processual,[60] da representação processual,[61] da substituição processual e de outras matérias conexas.[62]

---

bra, 2009, cit. *"Transmissão da Coisa"*, págs. 153-197 e JUAN MONTERO AROCA, *Legitimación*, cit., págs. 479-490.
[53] CARNELUTTI, *Lezioni di Diritto Processuale Civile, Vol. I, Introduzione, Parte Prima*, reimpressão da primeira edição de 1920, CEDAM, Padova, 1926, cit. *"Lezioni I"*, págs. 42-50.
[54] No sentido de um dever de respeito.
[55] CARNELUTTI, *Lezione I*, cit., págs. 44-45.
[56] CARNELUTTI, *Lezioni di Diritto Processuale Civile, Vol. II, La Funzione del Processo do Cognizione, Parte Prima*, reimpressão da primeira edição de 1922, CEDAM, Padova, 1926, cit. *"Lezioni II"*, pág. 205.
[57] CARNELUTTI, *Lezione II*, cit., pág. 210.
[58] CARNELUTTI, *Lezione II*, cit., págs. 210-218.
[59] CARNELUTTI, *Lezione II*, cit., págs. 218-223.
[60] CARNELUTTI, *Lezione II*, cit., págs. 223-230.
[61] CARNELUTTI, *Lezione II*, cit., págs. 230-238.
[62] CARNELUTTI, *Lezione II*, cit., págs. 238-243 no que respeita à substituição e págs. 243-295 relativamente às demais matérias conexas.

A AUTORIZAÇÃO

No que respeita à autorização processual, considera a autorização processual como uma das técnicas a que o legislador processual recorre (a par, por exemplo, da assistência processual) para tutelar os interesses de determinadas pessoas (incapazes e pessoas coletivas). A autorização opera na esfera interna, constituindo uma condição de eficácia da vontade do autorizado.[63] A autorização é prévia e externa ao processo, sendo necessária para que o interessado possa recorrer a juízo.[64]

Assim, a principal diferença entre direito subjetivo e interesse protegido, resulta do papel da vontade na proteção do interesse. Na estrutura do direito subjetivo existe um interesse tutelado, mas para além deste, existe ainda um elemento de vontade que permite dominar os meios de tutela desse interesse, o que não sucede no mero interesse tutelado. Da conjugação entre interesse e vontade no direito subjetivo, resulta a autarcia do indivíduo na sociedade.[65]

Em 1926,[66] em obra sobre o dano e o crime, CARNELUTTI procede a uma distinção entre a ação e o direito subjetivo. Considera, no entanto, que, tão importante quanto a distinção entre ambas as figuras, é o reconhecimento dos pontos de contacto (soldaduras) entre ambas. Ação e direito subjetivo, embora não sejam o mesmo, nem se possa integrar uma como elemento da outra, contêm ligações que, se forem desconsideradas, implicariam a perda de sentido dos conceitos.

Segundo afirma, *il collegamento tra diritto subbiettivo e azione si stabilisce sul terreno della «legittimazione ad agire»*,[67] pois a ação pertence apenas ao titular do interesse que através dela se pretende proteger e não a qualquer pessoa. Só o titular do interesse tem ação. Procede, pois, a uma análise relacional entre direito subjetivo, interesse tutelado,[68] ação cível e ação penal.

Como defende,[69] se é típico do direito subjetivo que o interessado possa ou não agir, a existência de casos nos quais tem ação quem não é o

---

[63] CARNELUTTI, *Lezione II*, cit., pág. 228.
[64] CARNELUTTI, *Lezione II*, cit., pág. 228.
[65] CARNELUTTI, *Lezione I*, cit., pág. 47.
[66] CARNELUTTI, *Il Danno e il Reato*, impressão do segundo milhar (primeira edição em 1926), CEDAM, Padova, 1930, cit. *"Il Danno"*, págs. 120-122.
[67] CARNELUTTI, *Il Danno*, cit., pág. 122.
[68] Que já havia feito em *Lezione I*, cit., págs. 42-50, e para onde remete.
[69] CARNELUTTI, *Il Danno*, cit., pág. 123.

interessado (titular do direito subjetivo) são incompatíveis com a noção de direito subjetivo. Pois, tanto quanto parece resultar do seu pensamento, um mero titular de um interesse protegido, não tendo um poder de, através da sua vontade, decidir como usar ou não os meios de tutela, não devia ter ação, pois tal implica que seja ele a decidir fazer atuar um meio de tutela. Como tal, a ligação entre ação e direito subjetivo não é caracterizada por ser necessário ser titular do direito subjetivo para se ter ação. Antes, é a titularidade do interesse que perfaz a ligação com a ação. O titular do direito subjetivo tem ação, porque é o titular do interesse subjacente ao direito subjetivo. Como tal, à medida que a legitimidade processual se alarga a sujeitos diversos do interessado (titular do direito subjetivo), passa-se a ação a pouco e pouco do campo do direito subjetivo para o do simples interesse protegido. Assim sucede por vezes na ação penal (*querela*), em que o lesado, embora tenha apenas um interesse (pois a ação pertence ao Ministério Público), pode autorizar ou não a ação.[70] A ação judicial não é, como tal, o direito subjetivo em ação.

CARNELUTTI recorre ao conceito de legitimidade, para, através da ligação entre este conceito e o direito subjetivo, identificar qual o elemento da estrutura do direito subjetivo que é relevante para a ação – o interesse – concluindo que pode haver ação sem direito subjetivo, mas com interesse protegido. Considera que sucede o mesmo no Direito Penal pois, apesar de a ação pertencer ao Ministério Público, sendo os particulares meros interessados, estes podem ter, em algumas situações, influência determinante sobre a possibilidade de o Ministério Público exercer a ação penal. Em suma, estabelece ligações entre: legitimidade processual civil, legitimidade processual penal, direito subjetivo, interesse meramente tutelado e conceito de interesse.

Em 1931, já no sétimo volume das suas Lições de Processo Civil, CARNELUTTI afirma que a eficácia de um ato pode depender, para além das qualidades da pessoa, da posição em que esta se encontra no conflito, ou relativamente ao conflito, de interesses sobre o qual o ato incide.[71] Separa este conceito, dos conceitos de capacidade e de competência, fazendo, no entanto, uma ligação entre a função desempenhada pela competên-

---

[70] CARNELUTTI, *Il Danno*, cit., págs. 124-128.
[71] CARNELUTTI, *Lezioni di Diritto Processuale Civile, Vol. VII, Processo di Esecuzione, III*, CEDAM, Padova, 1931, cit. "*Lezioni VII*", pág. 231.

cia no Direito Público e a desempenhada pela legitimidade no Direito Privado.[72]

Em artigo publicado em 1932 sobre alguns problemas processuais da simulação,[73] CARNELUTTI afirma que a legitimidade processual pertence ao titular do interesse para o qual se pretende a tutela. Mas que o conceito de interesse em agir é diverso do de interesse relevante para o direito subjetivo. Para efeito de legitimidade o que releva é o conceito substantivo de interesse e não o conceito de interesse em agir. Só o interessado (substancialmente) tem direito, tem legitimidade para agir, e só relativamente aos seus interesses.

Em 1933, em obra de Direito Penal, ao tratar da estrutura do crime, aborda o que chama legitimidade criminal (*legittimazione al reato*),[74] considerando que existe uma ligação entre a eficácia penal e determinadas posições ocupadas pelos sujeitos.[75] Estas posições, e não qualidades, que constituem um elemento subjetivo do crime são definidas como *una posizione dell'agente nel conflitto di interessi risolto dalla lege penale*[76].

Considera que o mesmo modo de ser do sujeito pode, conforme os casos, assumir vestes de qualidade ou de posição, ou seja, pode ser relativa à capacidade ou à legitimidade.[77] Distingue então, com base no Código Penal, conforme as posições são jurídicas de Direito Público, jurídicas de Direito Privado, ou de facto (sociais).[78] Estas posições, quando condicionam a eficácia penal, podem ser constitutivas, impeditivas ou modificativas[79] da eficácia.

---

[72] CARNELUTTI, *Lezione VII*, cit., pág. 234.
[73] CARNELUTTI, *In Tema de Legittimazione ad Agire per Accertamento di Simulazione di un Contratto di Riassicurazione*, em *Stuti di Diritto Processuale*, vol. 3, (primeira publicação do artigo na *Rivista di Diritto Processuale Civile*, 1932, II, pág. 92), CEDAM, Padova, 1939, cit. "*In Tema*", págs. 123-125.
[74] CARNELUTTI, *Teoria Generale del Reato*, CEDAM, Padova, 1933, cit. "*Reato*", págs. 116-135.
[75] CARNELUTTI, *Reato*, cit., págs.116-117. Refere-se expressamente a posições previstas no Código Penal como *chiunque, il cittadino, il pubblico ufficiale, la moglie* e *il marito*.
[76] CARNELUTTI, *Reato*, cit., pág. 117.
[77] CARNELUTTI, *Reato*, cit., págs.117-118.
[78] CARNELUTTI, *Reato*, cit., págs.120-124.
[79] E estas, por sua vez, podem ser modificativas, agravantes ou atenuantes, segundo CARNELUTTI, *Reato*, cit., págs. 126-127.

Ao reconhecer que certos crimes só podem ser praticados por determinadas pessoas, considera que os sujeitos são identificados pela sua posição, tratando-se de uma questão de legitimidade criminal[80].

Mas, suspendendo o que seria o normal percurso de uma Teoria Geral de Direito Penal, usa as páginas seguintes[81] para procurar saber se este conceito de legitimidade criminal é específico de Direito Penal, ou se é algo que pertence à Teoria Geral do Direito.[82] Começa por se questionar se *questo fenomeno della rilevanza costitutiva, impeditiva o modificativa della posizione dell'agente si osservi anche in altre zone del diritto*[83] de tal modo que se deva ser incluída na Teoria Geral do Direito.

CARNELUTTI inicia a análise com o reconhecimento de a dependência da eficácia do ato em face da posição do agente ser algo conhecido no Direito Público, e em particular no Direito Processual, sob o nome de *compentenza*[84]. Assim, por exemplo, embora um juiz possa ser capaz ou incapaz[85] relativamente a todas as ações em geral, só terá ou não competência relativamente a uma concreta ação ou decisão judicial, dependendo da sua posição relativamente a essa ação ou decisão.

Seguidamente, afirmando que este problema mereceu pequena atenção em matérias que ultrapassem a decisão judicial, aborda-o no âmbito do negócio, em particular pelo pedido que considera ser o protótipo do negócio processual. Começa por referir que existe um *modo di essere del soggeto*[86], que não a capacidade, a influenciar a eficácia do ato: em regra, embora *Tizio* seja capaz, não pode pedir a condenação judicial de *Caio*, por uma dívida que este tenha perante *Sempronio*, uma vez que *Tizio* não está na posição necessária perante a lide para que esta seja eficaz, ao passo que *Sempronio* já ocupa essa posição. Esta é uma questão de legitimidade, que é paralela à da competência do juiz.

Procede então a uma ampliação da problemática, deixando para trás a limitação ao pedido (enquanto negócio jurídico) e alargando-a ao Direito

---

[80] CARNELUTTI, *Reato*, cit., pág. 130.
[81] O texto não preenche cinco páginas completas.
[82] CARNELUTTI, *Reato*, cit., págs.130-135.
[83] CARNELUTTI, *Reato*, cit., págs. 130-131.
[84] CARNELUTTI, *Reato*, cit., pág. 131.
[85] *Capaci o incapaci* no original – CARNELUTTI, *Reato*, cit., pág. 131.
[86] CARNELUTTI, *Reato*, cit., pág. 132.

Privado em geral. Por exemplo, CARNELUTTI afirma que a representação não é mais do que um *complesso di fenomeni di legittimazione*[87]. E, na mesma linha, que também na ineficácia da extinção de negócios por pessoas que não são partes, e na venda de coisa alheia, os problemas são de legitimidade. E ainda no que respeita aos atos devidos, e até mesmo no domínio dos atos ilícitos existem questões de legitimidade.

Começa por afirmar que, sendo um ato jurídico, os efeitos da tutela dos interesses subjacentes a esse ato podem depender da posição do agente relativamente a esses interesses.[88] Cria então uma categoria geral de legitimidade que inclui figuras parcelares como a legitimidade penal, a legitimidade em atos ilícitos, a legitimidade em atos devidos e a legitimidade negocial. Conclui, por fim, que a legitimidade consiste na idoneidade do agente para determinar com o seu ato certos efeitos jurídicos em razão da sua posição relativamente ao conflito de interesses a que o ato se refere.[89]

Mais tarde, em 1935, CARNELUTTI aplica o conceito de legitimidade à compra e venda de ações próprias. Ao analisar posições que se fundam na falta de poderes dos administradores, na falta de capacidade da sociedade, conclui que o problema consiste na particular situação da sociedade em face do objeto da venda, porque se trata *delle «sue azione»*,[90] e extrai duas conclusões. Por um lado, conclui que o problema da proibição de compra e venda de ações próprias é uma questão de legitimidade, por outro lado, numa perspetiva mais geral, conclui que uma moderna teoria do contrato não pode ser construída sem ter em mira, a par da capacidade, também a legitimidade.[91]

Em 1938, num artigo sobre a legitimidade do falido,[92] defende que as limitações impostas ao falido não consistem em questões de capacidade,

---

[87] CARNELUTTI, *Reato*, cit., pág. 133.
[88] CARNELUTTI, *Reato*, cit., pág. 134.
[89] CARNELUTTI, *Reato*, cit., pág. 135.
[90] CARNELUTTI, *Legittimazione a Comprare*, em *Rivista del Diritto Commerciale e del Diritto Generale delle Obbligazione*, Ano XXXIII, Parte Prima, págs. 502-505, Casa Editrice Dr. Francesco Vallardi, Padova, *1935*, cit. "*Legittimazione a Comprare*", págs. 503-504.
[91] CARNELUTTI, *Legittimazione a comprare*, cit., pág. 504.
[92] CARNELUTTI, *Legittimazione processuale del Fallito*, em *Rivista di Diritto Processuale Civile*, Vol., XV, parte II, págs. 281-289, CEDAM, Padova, 1938, cit. "*Legittimazione*".

mas de legitimidade.[93] Procede então à abordagem da questão da posição processual do falido e do curador de um ponto de vista da legitimidade e não da capacidade.[94]

Dois anos volvidos, em 1940, CARNELUTTI associa a legitimidade à qualidade de parte na situação jurídica. A legitimidade pode ser ativa ou passiva conforme, nessa situação jurídica, a parte na situação jurídica seja ativa ou passiva. E pode ser unilateral ou bilateral, conforme para a eficácia do ato seja suficiente a atuação de uma parte, ou seja necessária a atuação de ambas.[95]

Distingue ainda entre a legitimidade direta ou indireta, conforme a situação na qual se funda a legitimidade. Se a legitimidade decorrer da posição da parte na situação inicial, será direta. Mas, se a posição da parte da qual resulta legitimidade se fundar numa situação conexa ou a ela ligada, será indireta, sendo as manifestações mais importantes a representação e a substituição. A legitimidade indireta consiste na idoneidade de uma pessoa, por ato seu, modificar uma situação jurídica de outrem. Segundo afirma, esta ligação entre a representação e a substituição e a legitimidade nasce no Direito Processual.[96]

A distinção operada por CARNELUTTI entre legitimidade direta e indireta demonstra que a sua teoria da legitimidade já não está ligada ao interesse. Para ele, na representação o agente atua necessariamente no interesse de outrem, enquanto na substituição o faz no seu próprio interesse. Em ambas, porém, há legitimidade indireta, pois os sujeitos são idóneos para, com o seu ato, afetar eficazmente a situação jurídica. A legitimidade já não depende de se ser ou não titular do interesse, mas de se ser ou não

---

[93] CARNELUTTI, *Legittimazione*, cit., págs. 283-284. Contrapõe a sua opinião à opinião de ARTURO COLONNA, *Intervento del Fallito nei Giudizi Fallimentari (art. 699 Cod. Comm.)*, em *Rivista di Diritto Processuale Civile*, Vol., XV, parte II, págs. 136-150, CEDAM, Padova, 1938, cit. "*Intervento*", págs. 137-145, que escreve no mesmo volume da *Rivista di Diritto Civile*, defendendo expressamente uma opinião contrária à de CARNELUTTI, defendendo aquele que as limitações impostas ao falido são uma questão de capacidade e não de legitimidade para agir.
[94] CARNELUTTI, *Legittimazione*, cit., págs. 284-289.
[95] CARNELUTTI, *Teoria Geral do Direito*, tradução da 1ª edição italiana, de 1940, por Rodrigues Queiró e Artur Anselmo de Castro, Arménio Amado Editor, Coimbra, 1942, cit. "*Teoria Geral*", págs. 365-366.
[96] CARNELUTTI, *Teoria Geral*, cit., págs. 366-367.

A AUTORIZAÇÃO

sujeito da situação jurídica afetada, ou de uma situação jurídica conexa e que possibilite afetar aquela de modo eficaz.

Em 1951, na sua Teoria Geral, CARNELUTTI trata a legitimidade, por um lado, numa perspetiva estática, no âmbito das combinações entre relações jurídicas,[97] e, por outro lado, numa perspetiva dinâmica, como pressuposto dos atos jurídicos.[98]

Distingue as relações complexas em coletivas (que designa como *status giuridico*) e compostas (que refere como *qualificazione giuridica*)[99]. As relações de qualificação – que são as que interessam para a análise que faz da legitimidade – consistem em casos nos quais uma relação é pressuposto de outra relação.

A relação qualificante é a principal, e dela depende a relação qualificada, que é secundária. Quando é necessária a simultaneidade das duas relações – qualificante e qualificada – dá-se legitimidade (*legittimazione*). São situações em que uma relação jurídica existirá, ou a sua eficácia dependerá, conforme exista em simultâneo outra relação. Em ambas as relações existe um sujeito comum, que as unifica.

No que respeita à relação entre capacidade e legitimidade, enquanto a capacidade é um modo de ser da pessoa, a legitimidade respeita à relação e só indiretamente à pessoa. A legitimidade, diferentemente da capacidade, é um modo de ser jurídico mais do que natural. Prosseguindo na distinção entre legitimidade e capacidade, faz referência à representação e substituição, ao exercício de direitos de outrem e ao exercício de poderes para tutela de interesses de outrem.[100] Seguidamente, faz referência à assistência e à sub-rogação. Começa por concluir que o critério da distinção entre legitimidade e capacidade resulta de uma relação jurídica depender de uma situação natural ou jurídica. Se depender de uma situação jurídica e não natural, é legitimidade e não capacidade.

Exemplifica a ineficácia da atuação em nome alheio sem poder de representação, que constitui uma questão de legitimidade. Enquanto a nulidade dos atos praticados por mandatário menor ou interdito, resulta

---

[97] CARNELUTTI, *Teoria Generale del Diritto*, 3ª ed., Soc. Ed. Del "Foro Italiano", Roma, 1951, cit. "*Teoria Generale*", págs. 176-188.
[98] CARNELUTTI, *Teoria Generale*, cit., págs. 238-240.
[99] CARNELUTTI, *Teoria Generale*, cit., pág. 176.
[100] CARNELUTTI, *Teoria Generale*, cit., pág. 186.

duma questão de capacidade. Considera, no entanto, que se existirem dois procuradores que devam agir conjuntamente, mas tendo apenas agido um, o problema é de capacidade, pois falta a atuação de um procurador e, portanto, é um problema natural e não jurídico. Ou seja, falta uma parte da situação natural da qual depende o poder de representação.

No que respeita à perspetiva dinâmica do Direito, relativamente aos pressupostos da prática dos atos, distingue entre capacidade para agir e legitimidade para agir.[101] Enquanto a capacidade para agir consiste na idoneidade natural da pessoa para ser sujeito de relações jurídicas que se desenvolvem no ato, a legitimidade para agir consiste na idoneidade do agente para ser sujeito da relação, que se desenvolve no ato.[102]

Este conceito de legitimidade desenvolvido por CARNELUTTI foi atentamente seguido por outros autores.

Em 1927, PUGLIATTI, analisando o conceito de direito subjetivo de CARNELUTTI, afirma que a aquisição de natureza jurídica por um elemento de facto depende do *principio di legittimazione*[103]. Segundo afirma, todos os atos de disposição resultam de dois elementos: uma faculdade ou poder de disposição e uma concreta manifestação de vontade que põe em movimento o poder de disposição.[104] A faculdade de disposição, por sua vez, é o resultado da sobreposição de dois elementos heterogéneos. O primeiro, que se refere ao sujeito, é uma manifestação da sua personalidade e liberdade jurídica e consiste numa capacidade de agir concreta do sujeito. O segundo é o direito subjetivo.[105]

Estes dois elementos constituem o reflexo subjetivo e objetivo do princípio da legitimidade[106] que resulta da norma jurídica.[107] A faculdade

---

[101] CARNELUTTI, *Teoria Generale*, cit., págs. 236-240.
[102] CARNELUTTI, *Teoria Generale*, cit., pág. 238-239.
[103] PUGLIATTI, *L'Atto di Disposizione e il Trasferimento dei Diritti*, em *Studi sulla Rappresentanza*, (primeira publicação do artigo em 1927 em *Annali dell'Instituto di Scienze Giuridiche, Economiche, Politiche e Sociali della R. Università di Messina, I*), Giuffrè, Milano, 1965, cit. "L'Atto", págs. 3-4, nota 2.
[104] PUGLIATTI, *L'Atto*, cit., pág. 5.
[105] PUGLIATTI, *L'Atto*, cit., pág. 5.
[106] PUGLIATTI, *L'Atto*, cit., pág. 8.
[107] PUGLIATTI, *L'Atto*, cit., pág. 9.

de disposição não é uma entidade autónoma,[108] sendo antes aquilo que é necessário para que o ato de disposição seja legítimo, em respeito pelo princípio da legitimidade emanado da norma jurídica e com fundamento no qual o ato de transferência adquire juridicidade.[109]

Embora se refira a um *principio di legittimazione* não recorre a qualquer conceito geral de legitimidade, antes limitando-se a exigir a faculdade de disposição para a prática de atos desta natureza. Limita a sua posição aos atos de disposição, sem que chegue a admitir a existência de uma figura geral de legitimidade. Embora considere que a faculdade de disposição não consiste num conceito jurídico com autonomia, consistindo meramente na expressão da existência dos elementos objetivos e subjetivos necessários à validade da disposição, afirma que, quando o ato de disposição for praticado com fundamento na faculdade de disposição, este será legítimo produzindo uma transferência válida.[110]

Em 1932, BETTI publica uma obra de Direito Processual Civil, esclarecendo *ab initio*[111] que não é uma obra completa, destinando-se apenas a desenhar a lógica do processo e a fazer luz sobre os princípios do Direito Processual Civil, e termina recomendando aos leitores a consulta de outras obras, entre as quais as Lições de Direito Processual Civil de CARNELUTTI[112]. Considera que a legitimidade processual depende de uma relação entre o sujeito processual e a relação processual litigiosa, ou seja, resulta da sua particular posição na relação processual litigiosa. Esta legitimidade consiste num poder-ónus que é paralelo no campo processual, ao que sucede no campo substantivo com o poder de dispor, e que não se deve confundir com a capacidade de disposição.[113] Ambos estes poderes podem ser reconduzidos a uma categoria, a que chama *competenza nor-*

---

[108] O escopo principal do artigo consiste na crítica das opiniões que consideram a faculdade de disposição como algo autónomo relativamente ao direito subjetivo que resultaria da capacidade.

[109] PUGLIATTI, *L'Atto*, cit., pág. 32

[110] PUGLIATTI, *L'Atto*, cit., págs. 31-32

[111] BETTI, *Diritto Processuale Civile, Apunti delle Lezioni Tenute nell'Anno 1931-1932*, Giuffrè, Milano, 1932, cit. *"Diritto 1932"*, pág. 5.

[112] Refere-se ao sétimo volume (*Lezioni VII*, cit.) – no qual também é tratada a questão da legitimidade substancial – que foi publicado em 1931.

[113] BETTI, *Diritto 1932*, cit., págs. 209-210.

mativa[114], e que consiste em um sujeito poder determinar a sorte de uma relação jurídica, quer praticando atos de disposição substanciais, quer agindo em juízo. Considera ainda que a legitimidade apresenta algumas afinidades com a competência em Direito Público.

Em 1936, na sua nova edição da obra de 1932, BETTI em lugar da expressão *competenza normativa*, recorre às expressões *competenza dispositiva* e *legittimazione* em sentido amplo.[115] E analogamente[116] ao que sucede nos negócios jurídicos em que a legitimidade é requisito de eficácia, também no negócio processual a legitimidade processual é um requisito de fundo.

Em 1943, defende que a eficácia vinculativa dos negócios resulta do reconhecimento da autonomia privada pela Ordem Jurídica e que exige uma coincidência entre o sujeito do negócio e a titularidade do interesse regulado por este.[117] Esta coincidência do sujeito do negócio com a titularidade dos interesses por ele afetados exprime a essência da autonomia privada, de tal modo que se a possibilidade de praticar atos em substituição de outras pessoas não sofresse limitações, cessaria a autonomia privada.[118] Esclarece que tal afirmação não implica a impossibilidade de celebrar negócios em substituição de outras pessoas, mas apenas que se levantam, antes de mais, problemas de legitimidade.[119]

Para BETTI o problema da legitimidade consiste em procurar saber quem (e perante quem) pode celebrar o negócio de modo a que este possa provocar os efeitos jurídicos conformes à sua função e compatíveis com a intenção prática das partes.[120] De acordo com a autonomia privada, estes efeitos devem ficar limitados à esfera jurídica das partes, pelo que a sua produção depende da posição das partes relativamente à matéria do negócio.

---

[114] BETTI, *Diritto 1932*, cit., pág. 210.
[115] BETTI, *Diritto Processuale Civile Italiano*, 2ª ed., Foro Italiano, Roma, 1936, cit. "*Diritto 1936*", pág. 158.
[116] *Cum grano salis* nas palavras de BETTI, *Diritto 1936*, cit., pág. 159.
[117] BETTI, *Teoria General del Negocio Jurídico*, 2ª ed., tradução da primeira edição de 1943 por A. Martin Perez, Editorial Revista de Derecho Privado, Madrid, 1959, cit. "*Teoria General – 1943*", págs. 48-49.
[118] BETTI, *Teoria General – 1943*, cit., págs. 68-69.
[119] BETTI, *Teoria General – 1943*, cit., pág. 69
[120] BETTI, *Teoria General – 1943*, cit., pág. 177.

Define a legitimidade como a competência para provocar ou suportar os efeitos jurídicos da regulamentação de interesses que se pretendeu atingir. Esta resulta ordinariamente, ou normalmente, da coincidência entre o sujeito do negócio e o sujeito dos interesses afetados pelo negócio. Com base nesta coincidência, BETTI confirma que a legitimidade se funda na autonomia privada.

Mas este princípio de coincidência nem sempre se verifica.

Por vezes, apesar de se verificar a referida coincidência, o titular do interesse não tem legitimidade.[121]

Mas há também situações de legitimidade excecional, ou de segundo grau, nos quais quem não é sujeito dos interesses se encontra, apesar disso, legitimado para agir. Nestas pode suceder que o legitimado atue com fundamento num direito próprio[122] para proteção dos seus próprios interesses, ou que o legitimado atue com fundamento num mero poder perante os outros, para proteção do titular do interesse ou de terceiros.[123]

Pode ainda haver legitimidade excecional, que não se funda nem num direito próprio do legitimado, nem num poder perante os outros. Resulta, então, de mecanismos de tutela da confiança de terceiros de boa fé na aparência de legitimidade da pessoa que celebra o negócio (legitimidade aparente).[124]

Em 1950, BETTI[125] considerando a ilegitimidade como um conceito indispensável no Direito Civil mantém a ligação da legitimidade à autonomia privada e à titularidade, considerando-a como *una posizione de competenza, caratterizata o dal potere di porre in essere atti giuridici che abbiano un dato oggeto o dall'attitudine a risentirne gli effetti, in virtú di una relazione, in cui la parte si trova o si pone com l'oggetto del negozio.*[126]

---

[121] Por exemplo no caso da mulher casada e do falido – BETTI, *Teoria General – 1943*, cit., pág. 178.
[122] Por exemplo, o marido que age sobre bens do dote da mulher casada e o credor que aceita a herança do seu devedor no caso de este não o fazer – BETTI, *Teoria General – 1943*, cit., págs 178-178.
[123] Por exemplo, a representação – BETTI, *Teoria General – 1943*, cit., pág. 179.
[124] Por exemplo a atuação do herdeiro aparente. BETTI, *Teoria General – 1943*, cit., pág. 180.
[125] BETTI, *Teoria Generale del Negozio Giuridico*, Reimpressão da 3ª reimpressão da 2ª edição de 1950, Edizione Scientifiche Italiane, Nápoles, 1994, cit. *"Teoria Generale"*, págs. 209-239.
[126] BETTI, *Teoria Generale*, cit., pág. 211.

Prossegue afirmando que não concorda com a posição de CARNELUTTI, segundo a qual – afirma BETTI[127] – capacidade e legitimidade seriam duas formas de aptidão para praticar atos jurídicos, distinguindo-se por a capacidade ser uma aptidão natural e a legitimidade ser uma aptidão adquirida.[128] Defende que a sua teoria é mais coerente com o sistema jurídico positivado, dando como exemplo os menores e os interditados que, sendo situações muito semelhantes, de acordo com o sistema positivado, seriam consideradas – de acordo com a teoria de CARNELUTTI – a primeira como uma questão de capacidade e a segunda de legitimidade.[129]

Desenvolve seguidamente o seu pensamento sobre capacidade e legitimidade. Ambas são consideradas como pressupostos do negócio, mas enquanto a capacidade é um pressuposto subjetivo, a legitimidade é considerada como um pressuposto subjetivo-objetivo. Define a legitimidade como a competência para obter ou para suportar os efeitos jurídicos do regulamento de interesses que se tem em vista, que resulta de uma específica posição do sujeito, a respeito dos interesses que se trata de regulamentar. Ou seja, trata-se de saber por quem e com quem o negócio é corretamente concluído, a fim de poder produzir os efeitos jurídicos conformes à sua função e, por outro lado, aderentes ao regulamento de interesses pretendido pelas partes.[130] No fundo, a questão consiste em saber quem deve intervir na celebração do negócio para que este possa ser perfeito, produzindo os efeitos pretendidos.

---

[127] BETTI, *Teoria Generale*, cit., pág. 211. Na nota 2 cita a pág. 179, da 2ª edição da Teoria Geral de CARNELUTTI.
[128] Numa referência à legitimidade como pressuposto negocial numa perspetiva estática, defendida por CARNELUTTI em 1951, na sua Teoria Geral.
[129] Embora, um ano depois da obra citada de BETTI (*Teoria Generale*), CARNELUTTI, na terceira edição da sua Teoria Geral (cit., *Teoria Generale*, págs. 187-188), afirme que a questão do interdito é de capacidade e não de legitimidade, afirma que a falta de um procurador (no caso em que seja necessária a atuação conjunta de dois procuradores) é uma questão de capacidade e não de legitimidade, pois essa falta verifica-se numa situação natural (falta de uma pessoa) que é necessária ao bom funcionamento da representação.
[130] BETTI, *Teoria Generale*, cit., págs. 220-221.

3. Liberdade

A análise da legitimidade deve ser iniciada pela liberdade. Como afirma MENEZES CORDEIRO, *a legitimidade opera como uma noção civil central*,[131] pelo que o conceito de legitimidade deve partir da pessoa para a situação em causa, e não o oposto.[132] A liberdade é inerente à pessoa[133] enquanto a titularidade da situação não o é.

O estudo deve apoiar-se na base do sistema – na pessoa[134] – para, a partir desta base e com fundamento nela, se construir um raciocínio lógico-jurídico que mantenha sempre a ligação com a substância da pessoa. Só assim se respeita a dignidade da pessoa humana.[135] Mas para tanto é necessário saber o que há de especial na pessoa com relevância para a presente análise.

Como afirma BRAZ TEIXEIRA,[136] a pessoa é mais do que uma categoria natural e biológica. É mais do que um ser vivo que age no mundo e que, inevitavelmente, o transforma e é por ele transformado. O Homem não é um simples animal que se superioriza aos demais meramente por um maior grau de inteligência ou de domínio sobre a suas escolhas. Não é

---

[131] MENEZES CORDEIRO, *Tratado V*, cit., pág. 32. No mesmo sentido, PAIS DE VASCONCELOS, *Teoria Geral*, cit., pág. 14, que usa o termo autonomia, como uma manifestação jurídica da liberdade.

[132] MENEZES CORDEIRO, *Tratado V*, cit., pág. 32.

[133] PAIS DE VASCONCELOS, *Teoria Geral*, cit., págs. 14-15.

[134] ARTHUR KAUFMANN, *A Problemática da Filosofia do Direito ao Longo da História*, em *Introdução à Filosofia do Direito e à Teoria do Direito Contemporâneas*, tradução da 6ª edição por Marcos Keel e Manuel Seca de Oliveira com revisão e coordenação científica de António Manuel Hespanha, Fundação Calouste Gulbenkian, Lisboa, 2002, cit. "*A Problemática*", pág.207.

[135] Sobre a dignidade da pessoa humana, JORGE MIRANDA, *A Dignidade da Pessoa Humana e a Unidade Valorativa do Sistema de Direitos Fundamentais*, em *Tratado Luso-Brasileiro da Dignidade Humana*, 2ª ed., Quartier Latin, São Paulo, 2009, cit. "*A Dignidade*", págs. 168-176; ANDREIA GOMES, *A Dignidade da Pessoa Humana e o seu Valor Jurídico Partindo da Experiência Constitucional Portuguesa*, em *Tratado Luso-Brasileiro da Dignidade Humana*, 2ª ed., Quartier Latin, São Paulo, 2009, cit. "*A Dignidade*", págs. 24-37; ANDRÉ RAMOS TAVARES, *Princípio da Consubstancialidade Parcial dos Direitos Fundamentais na Dignidade do Homem*, em *Revista da Faculdade de Direito da Universidade de Lisboa*, págs. 313-331, vol. XLVII, nºs1 e 2, Coimbra Editora, Lisboa, 2006, cit. "*Princípio*", em especial págs. 315-330; VASCO DUARTE DE ALMEIDA, *Sobre o Valor da Dignidade da Pessoa Humana*, em *Revista da Faculdade de Direito da Universidade de Lisboa*, vol. XVVI, nº1, Coimbra Editora, Lisboa, 2005, cit. "*Dignidade*", págs. 623-648; EDUARDO VERA-CRUZ, *Curso Livre de Ética e Filosofia do Direito*, Principia, 2010, cit. "*Ética*", pág. 211.

[136] *Sentido e Valor*, cit., em especial págs. 103-140.

uma vítima do determinismo.[137] O que diferencia o Homem dos restantes animais é o seu espírito, sem que tal signifique o abandono das demais características do Homem. O Homem é composto pelo seu corpo, pela sua psique e pelo seu espírito,[138] que operam em conjunto, como uma unidade.

O que caracteriza o espírito do Homem é a liberdade.[139]

A liberdade em sentido do *conhecimento orientado para a verdade* e do *agir, norteado pela Justiça, pelo Bem e pelos demais valores éticos*[140] como necessária ao *desenvolvimento humano integral*[141]. O espírito humano é liberdade permanentemente dinâmica, no *sentido do conhecimento e da avaliação, escolha e decisão*[142]. O espírito é permanentemente *instantâneo*, é *actualidade pura*[143].

Através do espírito, o indivíduo humano transforma-se na pessoa. A individualidade de cada Homem, com as suas características que, sendo-lhe próprias, são análogas às dos demais homens, é superada através do espírito que lhe permite conhecer os valores, princípios e ideais, e assim agir no mundo.[144]

O Homem é capaz de conhecer os valores, os princípios, os ideais e de determinar a sua conduta de acordo com eles. E é, por isso mesmo, uma pessoa, uma categoria axiológica. Não é um mero indivíduo, um sujeito, um agente da vida, mas um *actor et autor*[145], fazendo uso da liberdade na

---

[137] Pico della Mirandola, *On the Dignity of Man*, Bobbs-Merril, Indianapolis, 1977, cit. "*On the Dignity of Man*", págs. 4-7; Del Vecchio, *Lições de Filosofia do Direito*, tradução da 7ª edição italiana por António José Brandão, revista por Cabral de Moncada, 2ª ed., Arménio Amado, Coimbra, 1951, cit. "*Lições*", págs. 413-415.

[138] Que, segundo Delfim Santos, *Direito, Justiça e Liberdade, A Propósito do Congresso Internacional de Filosofia em Amesterdão*, em Boletim do Ministério da Justiça, nº 10, 1949, cit. "*Direito*", pág. 17, é o órgão da liberdade.

[139] Braz Teixeira, *Sentido e Valor do Direito – Introdução à Filosofia Jurídica*, 2ª ed., INCM, Lisboa, 2000, cit. "*Sentido e Valor*", pág. 110 e Delfim Santos, *Direito*, cit., pág. 17. Sobre a liberdade do ser humano, Pierre Karli, *O Cérebro e a Liberdade*, tradução de Fátima e Carlos Gaspar, Instituto Piaget, Lisboa, 1995, cit. "*O Cérebro e a Liberdade*", em especial págs. 301-348.

[140] Braz Teixeira, *Sentido e Valor*, cit., pág. 110.

[141] Bento XVI, *Caritas in Veritate*, Libreria Editrice Vaticana, Vaticano, 2009, cit. "*Caritas*", §17.

[142] Braz Teixeira, *Sentido e Valor*, cit., pág. 111.

[143] Braz Teixeira, *Sentido e Valor*, cit., pág. 112.

[144] Braz Teixeira, *Sentido e Valor*, cit., págs. 115-116.

[145] Braz Teixeira, *Sentido e Valor*, cit., pág. 116.

sua atuação e criação. O Homem não é arrastado pela liberdade, antes recorre a ela para modelar o seu comportamento no caminho para a auto-realização.

No que respeita ao Direito, a liberdade é axiologicamente fundamental enquanto valor. Não só como elemento do Direito, mas também como elemento prévio ao Direito. Como valor puro, antes de ser recebido pelo Direito, de ser transformado em valor jurídico, e dele serem retirados princípios, normas e atos.[146]

Na atuação – jurídica ou não – da pessoa, existe sempre imanente uma questão do nível de relevância da liberdade, que opera como critério de identificação da atuação com a pessoa ou com o Homem. Com a pessoa enquanto caracterizada pelo espírito, ou com o Homem enquanto ser humano, com corpo e psique, mas sem espírito. Só a atuação identificada com o espírito é atuação da pessoa, é atuação que resulta das qualidades que compõem a pessoa:[147] uma atuação da personalidade.

A liberdade da pessoa é universal. É do ser humano. Mesmo que nem todas as concretas pessoas a consigam manifestar, ou não exista aparência de exercício da liberdade, são igualmente caracterizadas por serem livres. Mesmo que não tenham vontade, têm liberdade.[148]

No exercício da sua liberdade, a pessoa interage com outras pessoas, que, por sua vez, também se realizam através da liberdade. Esta multidão de pessoas, que interage entre si, partilha várias características, entre elas a essencial liberdade. A sociedade de pessoas é uma entidade viva em si, resultante da interação das pessoas e das estruturas por estas criadas no exercício da liberdade dentro da sociedade. A liberdade é, como tal, um elemento fundamental da pessoa e da vida em sociedade, constituindo um elemento prévio e externo ao Direito. A liberdade permite à pessoa

---

[146] Como *autodeterminação*, na terminologia de Sousa Ribeiro, *O Problema do Contrato – As Cláusulas Contratuais Gerais e o Princípio da Liberdade Contratual*, Almedina, Coimbra, 1999, cit. "*O Problema*", págs. 22. Sobre a evolução do nível de recepção da liberdade em Portugal no Medioevo, Isabel Banond, *Liberdade e Medioevo Jus-Político Português no Contexto do Pensamento Político Internacional*, em Revista da Faculdade de Direito da Universidade de Lisboa, Vol. XLVIII, págs. 67-119, Coimbra Editora, Coimbra, 2007, cit. "*Liberdade e Medioevo*", págs. 67-119 (em especial 117-119).

[147] Sobre a personalidade jurídica como a qualidade de ser pessoa, e as suas consequências, Pais de Vasconcelos, *Teoria Geral*, cit., págs. 33-116.

[148] Sobre a relação entre vontade e liberdade – Braz Teixeira, *Sentido e Valor*, cit., pág. 110.

manter a sua independência. Embora se integre numa sociedade, mantém-se independente, como um ente próprio, não se perdendo ou dissolvendo no coletivo.[149]

Em sociedade, em concreto, o exercício da liberdade de uma pessoa é delimitado pelo exercício da liberdade dos outros.[150] Não a liberdade enquanto valor, num plano axiológico, mas as manifestações da liberdade. A liberdade axiológica de todos é compatível. É o exercício da liberdade por todos que é incompatível consigo mesmo, sendo lógica e praticamente impossível. Como tal *a liberdade de cada um deve encontrar o seu limite natural na ideia de compatibilidade com a liberdade dos outros*[151].

O Direito funciona como um meio de, a partir do valor *Justiça*, o Homem *alcançar uma adequada ordenação da sua conduta social, com o fim de coordenar o exercício da liberdade de cada um com a liberdade dos restantes*[152].

A passagem da liberdade do exterior para o interior do Direito é imposta pela pessoa. A liberdade, sendo uma característica fundamental da pessoa, é recebida e respeitada pelo Direito como elemento da pessoa. O Direito funda-se na pessoa livre e autodeterminada, respeitando essa liberdade e autonomia. O Direito reconhece[153] e recebe o valor da liberdade enquanto valor puro, apoiando-se nele, e noutros valores,[154] para com base na estrutura valorativa fundamental constituir vários princípios e normas jurídicas.[155]

---

[149] PAULO OTERO, *Direito Constitucional Português, Vol. I, Identidade Constitucional*, Almedina, Coimbra, 2010, cit. "*Direito Constitucional I*", págs. 42-43.
[150] DEL VECCHIO, *Lições*, pág. 418, esclarece que se trata não da pessoa enquanto indivíduo empírico, mas da *universalidade do sujeito*, enquanto valor que se sobrepõe ao sujeito individual e que pode impor ao sacrifício deste.
[151] DEL VECCHIO, *Lições*, pág. 425,
[152] BRAZ TEIXEIRA, *Sentido e Valor*, cit., págs. 136-137.
[153] E não absorve – OLIVEIRA ASCENSÃO, *Direito Civil, Vol. II*, cit., pág. 82.
[154] Por exemplo, a solidariedade – BRONZE, *Lições de Introdução ao Direito*, Coimbra Editora, Coimbra, 2002, cit. "*Introdução*", pág. 45.
[155] A receção da liberdade real (do mundo do ser) pelo Direito (do mundo do dever ser), não é integral nem é neutra. A relação de equivalência entre a liberdade real e a liberdade jurídica é analógica. Nem tudo o que pode ser reconduzido à liberdade no mundo real é relevante para o Direito. Assim, por exemplo, a liberdade de pensamento (íntimo) é irrelevante para o Direito, a menos que seja exteriorizada, pelo que esta área da liberdade não é recebida pelo Direito (é uma área fora do Direito). No entanto, na realidade há liberdade de pensamento (íntimo). A liberdade que é recebida e reconhecida pelo Direito é essencialmente a liberdade

A liberdade enquanto valor é um ideal abstrato puro,[156] não sofrendo restrições nem limitações. A sua natureza e conteúdo não são afetados pela coexistência de outros valores, sendo indemne à sua existência. Os valores não existem, não são; os valores valem.[157] O valor liberdade é, enquanto tal, absoluto. Mas tal apenas sucede com a liberdade enquanto valor fundamento, pois esta é um conceito estático. Dinamicamente, a liberdade, enquanto valor, é um ente operacional que interage com outros valores de modo a criar uma estrutura valorativa, através de princípios e normas que traduzem a interação de valores. Os princípios existem, como fundamento. Não valem, mas fundam. Resultam dos valores, que não existem, mas valem. A dinamização dos valores importa a criação do princípio. O conteúdo característico do valor, quando passa a ser, assume-se como princípio, a partir do qual nasce o demais.[158]

Os valores interagem uns com os outros de um modo unidirecional, através de emanações, sem que se verifique uma modificação do valor base em si. A interação entre valores não acarreta ampliações, restrições, nem modificações do seu conteúdo fundamental ou de qualquer outra característica. Como elementos ideais[159] – como absoluto – a interação entre os valores é não invasiva, verificando-se apenas de dentro do valor para fora, mas sem que os conteúdos que se podem retirar do valor impliquem uma amputação do valor.

---

de ação (ativa ou passiva). Não há uma absorção da liberdade real pelo Direito, mas um reconhecimento – OLIVEIRA ASCENSÃO, *Direito Civil, Vol. II*, cit., pág. 82. No mesmo sentido, G. B. FERRI, *Interpretazione, Autonomia Privata e Realtà Sociale*, em *Rivista del Diritto Commerciale e del Diritto Generale delle Obbligazione*, Ano XCIII, parte Prima, págs 715-736, Casa Editrice Dr. Francesco Vallardi, 1995, Padova, cit. *"Interpretazione"*, pág.719.

[156] JUAN JOSÉ GARCÍA FAÍLDE, *En Torno al Consentimiento Matrimonial*, em *Relevância Jurídica do Consentimento Matrimonial*, Universidade Católica Editora, Lisboa, 2001, cit. *"En Torno"*, págs. 20-21.

[157] BRAZ TEIXEIRA, *Sentido e Valor*, cit., pág. 111, nota 12.

[158] Sobre a estrutura dos princípios, JOSÉ LAMEGO, *Discussão sobre os Princípios Jurídicos*, em *Revista Jurídica*, nº4, págs. 103-119, Associação Académica da Faculdade de Direito de Lisboa, Lisboa, Out./Dez. 1985, cit. *"Princípios"*, em especial págs. 106-119.

[159] Sobre os valores no plano sensível e no plano ideal, SOARES MARTINEZ, *Filosofia do Direito*, Almedina, Coimbra, 1991, cit. *"Filosofia"*, págs. 271-275.

Tal como sucede com os demais valores,[160] a liberdade interage com outros valores, sem que o seu conteúdo enquanto valor se modifique. Poderá, para quem assim o entenda, acompanhar a evolução histórico-cultural, a evolução da sociedade e a evolução do Homem, ou, segundo outro ponto de vista, manter-se imutável, como originária de fonte superior eterna e imutável, mas não muda pela interação operativa com outros valores.

Estaticamente, todos os valores se encontram num mesmo nível qualitativo. Todos valem, sem ser. Não existe uma relação hierárquica entre valores estaticamente considerados, uma vez que não são. Enquanto unidades estáticas, sem interagir com outros valores, todos são qualitativamente iguais – todos são valor.

É no momento da interação, que a dinâmica criada revela o tipo de relação que se constrói num caso concreto. É então possível observar como os valores interagem, qual o peso específico de cada valor em determinados princípios e normas. Mas, este momento – o momento do ser – é já o princípio e não o valor. É no princípio que se identifica o equilíbrio de valores que criou o princípio. Mas os valores, enquanto tais, mantêm-se como absoluto.

Embora os valores estejam todos intrinsecamente ligados num único sistema valorativo, para o presente estudo, interessa a compatibilização do valor da liberdade com o valor do respeito pela personalidade individual. O respeito pela personalidade individual decorre da igualdade axiológica de todas as pessoas.[161] Sendo todos *pessoa*, todos devem ser respeitados. A igualdade e a liberdade de todas as pessoas são intrínsecas ao Homem.[162] Da interação entre liberdade e respeito pela personalidade individual de todos e de cada um, resulta o reconhecimento e respeito pela liberdade de todos de um modo compatível com a vida em socie-

---

[160] Nomeadamente, a par da justiça: a *ordem, a paz, o respeito pela personalidade individual, a solidariedade e a segurança* – Braz Teixeira, Sentido e Valor, cit., pág. 288.
[161] Em sentido equivalente, Ronald Dworkin, *Taking Rights Seriously*, Duckworth, 7ª ed., Londres, 1994, cit. *"Taking Rights"*, págs. 272-278.
[162] John Locke, *Dois Tratados do Governo Civil*, tradução de Miguel Morgado, Edições 70, Lisboa, 2006, cit. *"Dois Tratados"*, págs. 247-249; Maria Glória Garcia, *Princípio da Igualdade: Da Uniformidade à Diferenciação ou A Interminável História de Caim e Abel, Dois Irmãos Marcados pela Diferença*, em Estudos Sobre o Princípio da Igualdade, Almedina, Coimbra, 2005, cit. *"Princípio da Igualdade: Da Uniformidade"*, pág. 8.

dade, compatibilidade que constitui um dos dados fundamentais no respeito pela personalidade individual da pessoa tendo em conta a sua característica de ser social.

Nesta dialética de reconhecimento e proteção da liberdade de uma multiplicidade de entes individuais, e todos eles merecedores de respeito, a liberdade de um único não pode ser fundamento suficiente para lhe permitir agir de modo incompatível com a liberdade dos outros, pois sendo todos igualmente merecedores de respeito na sua individualidade, os outros têm também a mesma liberdade, merecedora do mesmo respeito. Por outro lado, a plena e absoluta igualdade de todos impede a plena e absoluta liberdade de todos.[163] A plena liberdade individual é incompatível com a vida em sociedade, pois não é possível compatibilizar todas as plenas liberdades.[164] Para que liberdade e individualidade sejam ambas respeitadas é necessário que a liberdade de cada um seja compatibilizada com a liberdade de cada um dos outros e que a igualdade abstrata de todos reflita as limitações necessárias ao respeito pela liberdade.[165] Só assim se respeita a liberdade de todos e de cada um.[166]

Da compatibilização, exigida pela vida em sociedade, entre os valores da liberdade e da igualdade[167] de respeito pela personalidade individual

---

[163] *Nenhuma liberdade é absoluta*, conforme afirma Oliveira Ascensão, *Direito Civil, Vol., I,*. cit., pág. 12, mas referindo-se a um nível concreto de liberdade, fora do âmbito dos valores.

[164] No mesmo sentido – embora sem uma referência expressa à igualdade, mas com recurso à mesma ideia fundamental – Oliveira Ascensão, *Direito Civil, Vol. II*, cit., págs. 81-82, defende a necessidade de integração entre os ordenamentos autónomos de todos os indivíduos.

[165] Sobre a relação entre a liberdade e a igualdade, Paulo Otero, *Instituições Políticas e Constitucionais*, Vol. I, Almedina, 2007, cit. *"Instituições"*, págs. 87-94 e Maria Glória Garcia, *Princípio da Igualdade: Da Uniformidade*, cit., em especial págs. 10-14.

[166] Immanuel Kant, *Metafísica dos Costumes, Parte I, Princípios Metafísicos da Doutrina do Direito*, tradução de Artur Mourão, Edições 70, Lisboa, 2004, cit. *"Metafísica"*, págs. 36-37. Sobre a relevância da igualdade como modificadora da liberdade, no âmbito da autonomia privada, em matéria de contratos, Sousa Ribeiro, *O Problema*, cit.

[167] Heinrich Ahrens, *Curso*, cit., pág. 154, defende que *a egualdade, a liberdade e a sociabilidade sam como as tres qualidades fundamentaes e constitutivas da personalidade humana*. Também é patente em Menezes Cordeiro, *Do Contrato de Franquia («Franchising»)*, ROA, Ano 48, 1988, págs. 63-84, cit *"Franquia"*, págs. 63-64, *a necessidade de compatibilização politico-social entre liberdade e igualdade para que surja a autonomia privada*.

nasce[168] o princípio da autonomia privada.[169] Esta é, aliás, uma das principais emanações do valor liberdade para o universo dos princípios.[170] Por sua vez, uma das principais emanações do valor do igual respeito pela personalidade individual para o mundo dos princípios é o princípio da igualdade.[171]

A) A LEGITIMIDADE EM PORTUGAL

Em 1945, TABORDA FERREIRA inclui a legitimidade entre o substrato do negócio jurídico, a par da capacidade e da possibilidade do objeto.[172] A legitimidade é, tal como a capacidade, uma qualidade do sujeito que decorre de *um conjunto de qualidades e de posições no mundo do Direito, concretamente necessária para a realização do acto*[173]. Dela decorre a suscetibilidade *de estabelecer determinada auto-regulamentação vinculativa de interêsses*[174]. Dis-

---

[168] Contra, LUIGI FERRI, *L'Autonomia Privata*, Giuffrè, Milano, 1959, cit. "*L'Autonomia*", em especial págs. 38-40 e 220-228, para quem a autonomia privada é sinónima de poder de disposição, sendo concedida pelo Estado.

[169] Sobre a integração da liberdade e da igualdade na autonomia privada, CARLOS ALBERTO DA MOTA PINTO, *Teoria Geral*, cit., págs. 58-60. MENEZES CORDEIRO, *Tratado de Direito Civil*, Vol. II, 4ª edição, Almedina, Coimbra, 2014, cit. "*Tratado II*", pág. 40, numa perspectiva mais funcional, define autonomia privada como uma *permissão genérica atuação jurígena*. Segundo JOAQUIM BRITO, *Philosophia do Direito*, 2ª ed., Imprensa da Universidade, Coimbra, 1871, cit. "*Philosophia*", pág. 127, *a ideia de liberdade é indissoluvelmente unida à ideia de autonomia, e a autonomia da vontade consiste em esta se determinar sómente pela lei, que encontra gravada a sua essencia, com inteira independencia de influencias estranhas*.

[170] Mas não o único. O princípio da liberdade contratual funda-se, aliás, na mesma combinação de valores – como afirma CLAUS-WILHELM CANARIS, *A Liberdade e a Justiça Contratual*, em *Contratos: Actualidade e Evolução*, págs. 49-66, Coimbra Editora, Porto, 1997, cit. "*A Liberdade*", pág. 56 – sendo muito próxima da autonomia privada, mas com um âmbito especial de operação, limitado aos contratos (podendo ser considerado como abrangendo uma parte do âmbito do princípio da autonomia privada).

[171] Sobre o princípio da igualdade e a sua relação com os valores que o integram, MARIA GLÓRIA GARCIA, *Princípio da Igualdade: Fórmula Vazia ou Fórmula "Carregada" de Sentido?*, em *Estudos Sobre o Princípio da Igualdade*, Almedina, Coimbra, 2005, cit. "*Princípio da Igualdade: Fórmula*", em especial pags. 49-63. Também o princípio da paridade resulta principalmente do valor da igualdade – sobre o princípio da paridade OLIVEIRA ASCENSÃO, *Direito Civil, Vol. I*, cit., págs. 14-15 e PAIS DE VASCONCELOS, *Teoria Geral*, cit., págs. 23-25.

[172] TABORDA FERREIRA, *Da Causa, no Acto Jurídico e na Atribuição Patrimonial*, polic., Lisboa, 1945, "*Da Causa*", pág. 35.

[173] TABORDA FERREIRA, *Da Causa*, cit., pág. 35.

[174] TABORDA FERREIRA, *Da Causa*, cit., pág. 35.

tingue-se da capacidade que resulta de *um conjunto de qualidades abstractamente necessárias para a realização do acto*[175], consistindo na suscetibilidade de direitos e obrigações.

Afirma seguir a teoria da legitimidade de CARNELUTTI que foi introduzida em Portugal por INOCÊNCIO GALVÃO TELLES,[176] reafirmando-o em 1946.[177]

Em 1947, INOCÊNCIO GALVÃO TELLES inclui a legitimidade nos requisitos de validade do negócio, a par da capacidade e da possibilidade do objeto.[178] Começa por tratar da capacidade. Ao iniciar o estudo da legitimidade, afirma expressamente que esta é distinta da capacidade e que, apesar de não ter merecido a atenção devida e de ter sido confundida com a capacidade, *esta confusão é um êrro que se deve combater*[179].

INOCÊNCIO GALVÃO TELLES, desenvolve então a legitimidade seguindo as teorias de CARNELUTTI[180] embora adaptadas ao direito positivo nacional. Tal como este último, parte do Direito Processual para o negócio jurídico, mas distingue a legitimidade não só da capacidade mas ainda da possibilidade do objeto. Critica alguma confusão terminológica no Código Civil, no qual foram usados outros termos para fazer referência à legitimidade.[181] Afirma que, em princípio, a consequência da ilegitimidade é a nulidade do negócio, pois não existe um prazo para a arguir.

No que respeita ao regime da legitimidade, distingue entre legitimidade direta e indireta.

A primeira pertence ao titular do interesse que o negócio visa regular. Resulta da identidade entre os sujeitos e os interesses no negócio jurídico, que é pressuposto do princípio da autonomia privada. Na expressão

---

[175] TABORDA FERREIRA, *Da Causa*, cit., pág. 35.
[176] Nas lições ao 5º ano jurídico de 1944-1945 – TABORDA FERREIRA, *Da Causa*, cit., pág. 35, nota 1.
[177] TABORDA FERREIRA, *Do Conceito de Causa dos Actos Jurídicos*, Tip. Silvas, Lisboa, 1946, "*Do Conceito*", pág. 58, nota 1.
[178] INOCÊNCIO GALVÃO TELLES, *Dos Contratos em Geral*, 1ª ed., Coimbra Editora, Coimbra, 1947, cit. "*Contratos – 1947*", pág. 240.
[179] INOCÊNCIO GALVÃO TELLES, *Contratos – 1947*, cit., pág. 244.
[180] Este é, aliás, o único Autor citado em matéria de legitimidade, na única citação feita nesta matéria (*Contratos – 1947*, cit., nota 1, pág. 250).
[181] Um dos casos criticados é o do art. 646º do Código Civil que refere *autorização* quando se trata de um problema de legitimidade – *Contratos – 1947*, cit., 246.

do Autor, *cada um em sua casa é rei, e está nisto o fundamento e justificação da liberdade dos contraentes, que dentro de certos limites podem dar aos seus interêsses e relações a regulamentação que lhes parecer mais vantajosa, sem invadir esfera alheia*[182].

Aprecia ainda a questão da legitimidade na sua relação com o chamado poder de disposição, criticando a discussão sobre o poder de disposição. Afirma que o poder de disposição integra o direito ou poder jurídico a que se refere; é parte integrante desse direito; está ínsito nesse direito.[183]

Considera necessária legitimidade para a prática de atos dispositivos, vinculativos ou aquisitivos. Mas já no que respeita ao pagamento, não exige legitimidade pois, segundo o art. 767º do Código Civil, qualquer pessoa pode proceder ao pagamento, mesmo que não seja interessada.[184]

Já na legitimidade indireta, esta resulta de uma conexão de interesses, e não na titularidade do interesse pelo agente. Este pratica o ato no exercício de um poder ou direito conexo com interesses alheios, regulamentando esses interesses.[185] Como exemplo mais característico de legitimidade indireta aponta a representação.

Distingue então entre legitimidade de direito e de facto, conforme resulte da titularidade de um poder ou da mera aparência dessa titularidade a que a Ordem Jurídica dê importância. Dá como exemplo de legitimidade de facto a aquisição *a non domino*[186]. E distingue entre legitimidade originária e superveniente, conforme seja contemporânea ao ato, ou posterior a este. Como exemplo de legitimidade superveniente apresenta a venda de coisa alheia, se o vendedor adquirir a coisa dentro dos limites estatuídos pela Lei.[187]

Em 1947-1978, INOCÊNCIO GALVÃO TELLES aprofunda a ligação entre a legitimidade e a autonomia privada[188] – *a legitimidade é um reflexo da*

---

[182] INOCÊNCIO GALVÃO TELLES, *Contratos – 1947*, cit., pág. 244.
[183] INOCÊNCIO GALVÃO TELLES, *Contratos – 1947*, cit., págs. 247-248.
[184] INOCÊNCIO GALVÃO TELLES, *Contratos – 1947*, cit., pág. 248
[185] INOCÊNCIO GALVÃO TELLES, *Contratos – 1947*, cit., pág. 249.
[186] INOCÊNCIO GALVÃO TELLES, *Contratos – 1947*, cit., págs. 249-250.
[187] INOCÊNCIO GALVÃO TELLES, *Contratos – 1947*, cit., págs. 250-252.
[188] INOCÊNCIO GALVÃO TELLES, *Teoria Geral da Relação Jurídica*, apontamentos coligidos pelos alunos Fernando Manuel Mendes Leal e Fernando Pessoa Jorge, Vol. II, polic., Lisboa, 1947-1948, cit. "*Teoria Geral*", págs. 144-146.

autonomia da vontade ou, antes, representa um limite a essa autonomia[189]. Não diverge substancialmente do que afirmara em *Dos Contratos em Geral*, mas a par da legitimidade direta e indireta, refere-se ainda à ilegitimidade do titular do interesse.[190]

Em 1962, INOCÊNCIO GALVÃO TELLES aprofunda a distinção entre capacidade e legitimidade, a propósito das relações entre os cônjuges.[191] Afirma que, embora em 1947 tenha defendido que as chamadas *incapacidades conjugais* eram efetivas incapacidades, após melhor reflexão entende que não podem ser consideradas como tal sem mais, sob pena de não ser possível distinguir estruturalmente entre capacidade e legitimidade.

Coloca então a questão: *se o acto interessa directamente à pessoa (como no caso das relações matrimoniais), mas a pessoa não pode celebrá-lo livremente, onde está o obstáculo? Na falta de capacidade ou na falta de legitimidade?* Distingue então conforme a proibição tenha um fim de proteção do próprio sujeito – em que é uma questão de capacidade – ou tenha um fim de proteção de interesses alheios ou gerais – em que se trata de legitimidade.

Em 2002, INOCÊNCIO GALVÃO TELLES retoma a crítica à teoria que não distingue a legitimidade do poder de disposição, apontando mais um argumento: o poder de disposição *não se identifica com a "legitimidade", que o transcende, pois esta não se restringe aos actos dispositivos: é extensível aos "negócios jurídicos em geral"*[192]. Defende ainda que se deve distinguir entre os termos *legitimidade* e *legitimação*, considerando que o primeiro é o termo correto em português. O segundo termo, que é reportado ao *acto de tornar legítimo*, resulta da influência da língua jurídica italiana *que usa "legitimazione" tanto no sentido de "acto de tornar legítimo" como no sentido de "legitimidade"*[193].

Em 1948, MAGALHÃES COLLAÇO aprofunda o estudo nacional sobre o assunto,[194] fazendo já referência expressa aos novos desenvolvimentos iniciados por CARNELUTTI, recorrendo ao conceito de autonomia

---

[189] INOCÊNCIO GALVÃO TELLES, *Teoria Geral*, cit., págs. 145.

[190] INOCÊNCIO GALVÃO TELLES, *Teoria Geral*, cit., págs. 147.

[191] INOCÊNCIO GALVÃO TELLES, *Dos Contratos em Geral*, 2ª ed., Coimbra Editora, Lisboa, 1962, cit. "*Contratos – 1962*", págs. 286-278, nota 1.

[192] INOCÊNCIO GALVÃO TELLES, *Dos Contratos em Geral*, 4ª ed., Coimbra Editora, Coimbra, 2002, cit. "*Contratos – 2002*", pág. 400, nota 369.

[193] INOCÊNCIO GALVÃO TELLES, *Contratos – 2002*, cit., pág. 400, nota 370.

[194] *Magalhães Collaço, Da Legitimidade no Acto Jurídico*, polic., Lisboa, 1948, cit. "*Da Legitimidade*", págs. 5-11. Em 1948, a Parte I da obra foi ainda publicada com alterações (no texto e na

privada. Considera que os sujeitos agem juridicamente com base na sua autonomia privada, usando o contrato e a autonomia contratual como exemplo. Os códigos do séc. XIX reconhecem a autonomia privada e esta opera como a base da dinâmica jurídica. Os sujeitos agem no Direito (em especial em matérias patrimoniais) com base na sua autonomia privada, mas sempre limitados pela esfera jurídica dos demais sujeitos. A necessária coexistência de liberdade implica – explícita ou implicitamente – o respeito pela *esfera de domínio alheio*[195]. Esta autonomia privada era limitada pela titularidade dos interesses. Segundo afirma: *só o pressuposto da coincidência entre o sujeito dos interesses regulamentados pelo acto jurídico e o sujeito deste delimita praticamente a autonomia privada, entendida como verdadeira competência normativa*[196].

Considera curioso[197] que, tendo as legislações privadas sido fundadas nestas bases, a questão não tenha merecido atenção e relevância concreta. Em especial no que respeita à atuação sobre esfera alheia e a uma unificação da questão. Só caso a caso, e face a desvios à coincidência entre a titularidade e a autoria do negócio jurídico, é que a doutrina se interessou pelo assunto. Foi estudada a personalidade, a capacidade, a legalidade, mas a legitimidade ficou oculta sob os demais assuntos. Só quando as respostas começaram a não ser adequadas às questões é que a legitimidade começou a ser estudada.

Analisando em concreto a legitimidade, a Autora procede a uma clara separação entre a legitimidade, a capacidade e a licitude do objeto.[198] Considera, então, que *a legitimidade se define como aquela relação entre o sujeito e o objeto que se requer para que esse sujeito possa praticar com perfeição determinado acto*[199]. Defende, ainda, que não se trata de um poder autónomo. Antes depende da titularidade que *vem traçar as fronteiras de actuação*[200]. A legitimidade não tem autonomia como modo de produção de efeitos jurídicos; é a titularidade de uma situação na qual se funda a *competência normativa*

---

ordenação dos capítulos, embora não no fundamental da opinião) no Boletim do Ministério da Justiça, nº 10, págs. 20-112.
[195] MAGALHÃES COLLAÇO, *Da Legitimidade*, cit., pág. 6.
[196] MAGALHÃES COLLAÇO, *Da Legitimidade*, cit., pág. 8.
[197] MAGALHÃES COLLAÇO, *Da Legitimidade*, cit., págs. 8-9.
[198] MAGALHÃES COLLAÇO, *Da Legitimidade*, cit., págs. 47-51.
[199] MAGALHÃES COLLAÇO, *Da Legitimidade*, cit., pág. 85.
[200] MAGALHÃES COLLAÇO, *Da Legitimidade*, cit., pág. 110.

A AUTORIZAÇÃO

do sujeito que provoca a legitimidade.[201] Não aceita, como tal, a legitimidade como um poder de disposição autónomo,[202] ligando-a à titularidade e à autonomia privada.[203]

Na segunda parte da sua obra aborda o tema da legitimidade indireta, que caracteriza como pressupondo cumulativamente que o poder ou dever sejam exercidos por quem não é o seu titular e que os efeitos do ato sejam imputados ao titular. Como tal, não considera como legitimidade indireta a assistência, na qual uma pessoa carece de autorização ou aprovação para poder agir, mas na qual não há substituição do sujeito do direito ou dever.[204]

MANUEL DE ANDRADE[205], já em 1953,[206] afirmando seguir CARNELUTTI, considera a legitimidade[207] como resultante de uma posição do sujeito perante os outros. Aborda a questão numa perspetiva negocial, considerando que os sujeitos do negócio devem ser os mesmos sujeitos da relação ou esfera jurídica a ser atingida pelos efeitos que o negócio se destina a produzir. Procurando distinguir a legitimidade da capacidade, recorre ao critério do objeto do interesse protegido, conforme a proibição de atuação tutela um interesse alheio, ou um interesse do próprio sujeito proibido de agir.

PESSOA JORGE,[208] em obra publicada em 1961, seguindo GALVÃO TELLES, associa expressamente legitimidade, autonomia privada e titularidade. Segundo entende, do princípio da autonomia privada resulta que *só é possível realizar actos jurídicos sobre determinada esfera com a colaboração da vontade do respectivo titular*[209]. Integra, como tal, na própria autonomia

---

[201] MAGALHÃES COLLAÇO, *Da Legitimidade*, cit., pág. 110.
[202] MAGALHÃES COLLAÇO, *Da Legitimidade*, cit., págs. 102-110.
[203] MAGALHÃES COLLAÇO, *Da Legitimidade*, cit., pág. 111.
[204] MAGALHÃES COLLAÇO, *Da Legitimidade*, cit., págs. 174-175. Na nota 2, da pág. 181, defende que a autorização não é um caso de legitimidade indireta, tal como não o é o exercício pelo próprio titular.
[205] MANUEL DE ANDRADE, *Teoria Geral*, cit., vol. II, págs. 116 e segs.
[206] Como se retira do prefácio de FERRER CORREIA e RUI DE ALARCÃO à *Teoria Geral da Relação Jurídica* (constante na 3ª reimpressão – 1972 – do primeiro volume), este contributo de MANUEL DE ANDRADE será do ano de 1953.
[207] O Autor defende o uso do termo legitimidade, em lugar de legitimação, por se tratar de um termo com uso *legal e doutrinal antigo e constante, Teoria Geral*, cit., vol. II, pág. 118.
[208] *O Mandato*, cit., págs. 370-379.
[209] PESSOA JORGE, *O Mandato*, cit., pág. 371.

privada uma ligação estrutural à titularidade. Embora faça referência à autonomia privada, associa a legitimidade à titularidade. A ilegitimidade exprimiria *apenas o facto de o agente não ser titular da esfera sobre a qual se devem (ou deveriam) projectar os efeitos do acto*[210]. E, embora por vezes o próprio titular não possa praticar determinados atos, sendo estes ineficazes se o fizer, esta ineficácia não resulta de ilegitimidade do titular, mas da violação de um *obstáculo à actuação jurídica eficaz*[211].

Distingue, no entanto, a legitimidade da capacidade de exercício. Considera que a capacidade de exercício respeita ao ato, enquanto a legitimidade respeita aos efeitos. Como tal a capacidade de exercício deve existir no momento do ato, enquanto a legitimidade pode ser posterior.[212]

Defende ainda uma *capacidade de actuação jurídica*, que afirma tratar-se da capacidade de exercício mas numa perspetiva de causa de efeitos jurídicos.[213] Considera que esta *capacidade de actuação no mundo do direito*,[214] funda-se na vontade do agente, e imprime *energia para produzir efeitos jurídicos*[215], exceto se houver circunstâncias que impeçam tal eficácia. Defende, como tal, a existência de algo inerente à pessoa – a vontade – que é suficiente para a eficácia jurídica, exceto se se verificarem factos que o impeçam. Entre estas circunstâncias, que podem ser várias, encontra-se a ilegitimidade[216] que resulta da atuação ser dirigida a uma esfera jurídica que não a do agente. Como tal, a eficácia jurídica estaria dependente da cumulação entre titularidade (legitimidade) e energia (vontade) do agente.

Em 1966/1967 CARLOS ALBERTO DA MOTA PINTO, termina o capítulo relativo à capacidade negocial com a análise da legitimidade. Enquanto a capacidade é um modo de ser, uma qualidade do sujeito em si, a legitimi-

---

[210] PESSOA JORGE, *O Mandato*, cit., pág. 377.
[211] PESSOA JORGE, *O Mandato*, cit., pág. 377.
[212] PESSOA JORGE, *O Mandato*, cit., pág. 372.
[213] Afirma que esta capacidade não se *confunde* com a legitimidade, sendo esta, antes, confundível com o poder de disposição – PESSOA JORGE, *O Mandato*, cit., págs. 375-376, nota 155.
[214] PESSOA JORGE, *O Mandato*, cit., pág. 376.
[215] PESSOA JORGE, *O Mandato*, cit., pág. 376.
[216] O Autor dá mais relevância efetiva à ilegitimidade do que à legitimidade.

dade supõe uma posição do sujeito perante o conteúdo do ato. É um *modo de ser para com os outros*[217].

Em regra, têm legitimidade os sujeitos dos interesses a afetar com o negócio. Pode, no entanto, ter legitimidade uma outra pessoa, por exemplo na representação legal ou voluntária, na subrogação dos credores e nos poderes do cônjuge administrador. Sucede ainda que, por vezes, uma pessoa *não pode celebrar livremente negócios que incidiriam sobre a sua esfera jurídica*[218], por razões de proteção de interesses alheios, como por exemplo, ilegitimidades conjugais, ilegitimidade do falido e proibição de venda de pais a filhos, carecendo de uma autorização.

Considera que, contrariamente à incapacidade de exercício que gera uma anulabilidade, a ilegitimidade gera consequências diversas: nulidade, anulabilidade e ineficácia.[219]

Em 1968 CASTRO MENDES distingue legitimidade de capacidade,[220] por esta corresponder a uma qualidade jurídica da pessoa, enquanto aquela consiste numa *relação entre a pessoa e o direito ou vinculação que está em jogo no negócio jurídico, relação essa que justifica (legitima) que a pessoa possa por sua vontade interferir com esse direito ou vinculação*[221].

Funda o regime da legitimidade no regime da venda de coisa alheia, considerando ser esse o caso central de ilegitimidade. Deste regime retira que a consequência da ilegitimidade é a nulidade *absoluta* do ato, mas que pode ser sanada pela obtenção superveniente de legitimidade.

Distingue conforme a legitimidade é direta ou indireta. A primeira resulta de uma relação entre o agente e o direito sobre o qual versa o

---

[217] CARLOS ALBERTO DA MOTA PINTO, *Teoria Geral da Relação Jurídica*, Almedina, Coimbra, 1966/1967, cit. "*Relação Jurídica*", págs. 157-158.
[218] CARLOS ALBERTO DA MOTA PINTO, *Relação Jurídica*, cit., pág. 158.
[219] CARLOS ALBERTO DA MOTA PINTO, *Relação Jurídica*, cit., pág. 159. O Autor manteve a opinião na obra seguinte – *Teoria Geral do Direito Civil*, Coimbra, 1973, cit. "*Direito Civil*", págs. 484-486.
[220] Já em 1967, no primeiro volume da obra, a propósito da falência, havia avançado alguns elementos de distinção (nomeadamente quanto às diferentes consequências da incapacidade e da ilegitimidade), mas remetendo o tratamento do assunto mais para diante – CASTRO MENDES, *Direito Civil (Teoria Geral)*, volume I, Associação Académica da Faculdade de Direito de Lisboa, Lisboa, 1967, cit. "*Direito Civil I (1967)*", págs. 192-196.
[221] CASTRO MENDES, *Direito Civil (Teoria Geral)*, volume III, Associação Académica da Faculdade de Direito de Lisboa, Lisboa, 1968, cit. "*Direito Civil III (1968)*", pág. 416.

negócio; a segunda resulta de uma relação entre o agente e uma pessoa em relação com o direito sobre o qual versa o negócio.

Em 1978 define legitimidade como a suscetibilidade de *certa pessoa exercer um direito ou cumprir uma obrigação, resultante, não das qualidades ou situação jurídica da pessoa, mas das relações entre ela e o direito ou obrigação em causa*[222].

Em 1975 CARVALHO FERNANDES considera a legitimidade como um elemento autónomo da estrutura do negócio jurídico, definindo-a no seguimento de MAGALHÃES COLLAÇO como a relação entre o agente e o objeto da atuação necessária à perfeição do ato.[223]

Em 1979 CARVALHO FERNANDES abandona a opinião perfilhada, adotando como principal influência CASTRO MENDES[224]. Distinguindo a legitimidade da capacidade, considera que a capacidade é *condição para que as pessoas possam agir validamente no Direito*[225]. No entanto, o problema da validade da atuação não se esgota na capacidade, sendo também relevante a legitimidade.

Distingue ainda a legitimidade da titularidade, considerando que existe apenas uma coincidência parcial entre ambas, sendo figuras autónomas.[226] Define, então, a legitimidade como *a susceptibilidade de certa pessoa exercer um direito ou cumprir uma vinculação resultante de uma relação existente entre essa pessoa e o direito ou a vinculação em causa*[227].

Como principal causa de legitimidade aponta a titularidade, embora com exceções, podendo o titular não ter legitimidade e podendo haver legitimidade sem titularidade.[228] Nesta última situação, a legitimidade pode resultar da Lei ou de um ato de vontade do titular – chamando-se legitimidade indireta. Face à falta de uma previsão legal genérica da consequência da ilegitimidade, que defende resultar das diversas causas de

---

[222] CASTRO MENDES, *Direito Civil I (1978)*, cit., pág. 127.
[223] CARVALHO FERNANDES, *Teoria Geral do Direito Civil*, vol. III., polic., Lisboa, 1975, cit., "*Teoria Geral III (1975)*", págs. 288-290.
[224] CARVALHO FERNANDES, *Direito Civil (Teoria Geral)*, vol. I., polic., Lisboa, 1979, cit., "*Teoria Geral I (1979)*", pág. 180, nota 1.
[225] CARVALHO FERNANDES, *Teoria Geral I (1979)*, cit., pág. 177.
[226] CARVALHO FERNANDES, *Teoria Geral I (1979)*, cit., págs. 177-179
[227] CARVALHO FERNANDES, *Teoria Geral I (1979)*, cit., pág. 180.
[228] CARVALHO FERNANDES, *Teoria Geral do Direito Civil*, vol. I., 5ª ed., Universidade Católica, Lisboa, 2009, cit. "*Teoria Geral – I*", pág. 143.

ilegitimidade, indica como regime típico a nulidade do negócio entre os seus autores. Exemplifica a diferença entre a capacidade de exercício e a legitimidade recorrendo a uma venda, conforme seja feita por um menor titular ou por um maior não titular. Na primeira situação, sendo o menor titular tem legitimidade, embora não tenha capacidade; na segunda, não sendo o maior titular, não tem legitimidade, embora tenha capacidade.[229]

Em 1980 TEIXEIRA DE SOUSA[230] considera que a legitimidade *se refere à ação destinada a alterar uma certa situação jurídica, só indirectamente dizendo respeito ao sujeito ou ao acto jurídico*. Liga a legitimidade à eficácia do ato, mas não como algo inerente, interno, ao ato. Afirma que se trata de um elemento exterior ao ato, que condiciona a sua potencial eficácia. A falta de legitimidade importa a invalidade do ato, por *se exteriorizar como uma não correspondência entre o acto realizado e o seu tipo legal* e *a circunstância da ilegitimidade se comportar como uma carência intrínseca do próprio acto*[231]. A legitimidade *apenas se interessa pelas mutações das situações jurídicas*[232].

Divide a legitimidade em direta e indireta, conforme pertença a sujeitos que sejam titulares do objeto do ato ou não. E em originária e superveniente, conforme se verifica no momento da prática do ato ou posteriormente.

Em 1983/1984 OLIVEIRA ASCENSÃO[233] ligava a legitimidade de um modo muito próximo à titularidade das situações sobre as quais se pretende agir. Reconhecia haver um princípio de coincidência entre legitimidade e titularidade, mas que podia haver legitimidade sem titularidade e titularidade sem legitimidade.

A legitimidade não consistia num poder mas numa expressão desse poder, que resultava genericamente da titularidade de uma situação jurídica ou da própria esfera jurídica se não existisse uma norma proibitiva, ou de uma *concreta autorização* legal se não existisse titularidade.[234]

---

[229] CARVALHO FERNANDES, *Teoria Geral – I*, cit., pág. 144.
[230] TEIXEIRA DE SOUSA, *A Legitimidade Singular em Processo Declarativo*, em *Boletim do Ministério da Justiça*, 292, págs. 53-116, 1980, cit. "*A Legitimidade*", pág. 55.
[231] TEIXEIRA DE SOUSA, *A Legitimidade*, cit., pág. 56.
[232] TEIXEIRA DE SOUSA, *A Legitimidade*, cit., pág. 56.
[233] *Direito Civil, Vol. II*, cit., págs. 107-113.
[234] OLIVEIRA ASCENSÃO, TEORIA GERAL DO DIREITO CIVIL, vol. III, tít., IV, polic., Lisboa, 1983/1984, cit. "*Teoria Geral, Vol. III, tít. IV*", págs. 63-74

Em 2003 OLIVEIRA ASCENSÃO[235] considera a legitimidade como um *pressuposto do reconhecimento da autonomia privada*[236].

A legitimidade consiste numa suscetibilidade de atuar em relação a situações jurídicas de que se é titular, como modo de exprimir a autonomia privada, para concluir que mais do que situações jurídicas, a relação se verifica entre o sujeito e a esfera jurídica afetada. Chega a esta conclusão através do reconhecimento de casos nos quais não existe uma situação jurídica, antes sendo criada uma nova situação jurídica. Nestes, não havendo uma prévia situação jurídica não é possível afirmar que a legitimidade do agente decorra da titularidade da situação jurídica afetada (pois esta ainda não existe). Assim sucede, como defende, na legitimidade para casar. Desta conclusão extrai que não existe uma coincidência perfeita entre titularidade (da esfera jurídica afetada) e legitimidade, pois tanto existem situações em que o titular da esfera jurídica afetada não tem legitimidade, como em que a pessoa com legitimidade não é o titular da esfera jurídica afetada.[237]

Afirma, como o havia feito em 1983/1984, que a legitimidade não é um poder, antes exprimindo um *poder de agir, resultante genericamente da titularidade de uma situação genérica ou da própria esfera jurídica (não havendo regra proibitiva), ou ainda de uma concreta autorização legal, nos casos em que aquela titularidade falha*[238]. A legitimidade é relevante no âmbito da autonomia privada, exprimindo uma especial relação com as situações jurídicas que são atuadas e operando, deste modo, como um pressuposto de reconhecimento da autonomia privada.

Ao abordar a questão da legitimidade reconhece existir uma relação entre esta, a titularidade e a autonomia privada. Entende que a legitimidade depende da titularidade e implica um reconhecimento da autonomia privada. Considera, no entanto, existirem situações especiais em que o titular não tem legitimidade, ou que tem legitimidade quem não é titular.[239] Como se referiu, entende que *a legitimidade não é um novo poder [...]*

---

[235] *Direito Civil*, Vol. II, cit., págs. 107-113.
[236] OLIVEIRA ASCENSÃO, *Direito Civil*, Vol. II, cit., pág. 109.
[237] OLIVEIRA ASCENSÃO, *Direito Civil*, Vol. II, cit., págs. 109-110.
[238] OLIVEIRA ASCENSÃO, *Direito Civil*, Vol. II, cit., pág. 111.
[239] Nomeadamente em casos a que chama de *legitimidade de facto* – OLIVEIRA ASCENSÃO, *Direito Civil*, Vol. II, cit., págs. 112-113.

ela exprime um poder de agir[240]. A legitimidade seria, como tal, o resultado de algo que a precede; mas também seria um pressuposto de algo que lhe sucede. Resultado do poder de agir sobre a esfera jurídica afetada e pressuposto do reconhecimento da autonomia privada no agir das partes.

No que respeita às consequências da falta de legitimidade, associando esta à defesa do dono do negócio, (do titular da situação jurídica sobre a qual alguém age sem legitimidade) e embora afirme que esta pode ser conseguida por vários modos (nulidade, ineficácia ou outros regimes aplicáveis ao ato praticado sem legitimidade), considera que a ineficácia[241] é consequência suficiente para proteção do titular contra atos praticados por terceiros sem legitimidade.[242]

Segundo MENEZES CORDEIRO a legitimidade *opera como uma noção civil central*, que deve partir da pessoa.[243]

Em MENEZES CORDEIRO é clara, e expressa, a ligação entre a legitimidade, a autonomia privada e a titularidade das situações jurídicas. Em 1987 expunha a questão da legitimidade do seguinte modo:

> A celebração de um negócio jurídico pode implicar a constituição, a modificação, a transmissão ou a extinção de situações jurídicas, relativas a determinados bens. Quando isso suceda, além da <u>permissão genérica</u> de produção de efeitos jurídicos – a autonomia privada – deve haver uma <u>permissão específica</u> de dispor do concreto bem em jogo – normalmente um direito subjectivo.
>
> A <u>legitimidade</u> exprime a coincidência entre as duas permissões.[244]

Em 2005, posição que mantém em 2015,[245] começa por defini-la como *a qualidade de um sujeito que o habilite a agir no âmbito de uma situação jurídica considerada*,[246] como uma *qualidade do sujeito reportada a determinada situa-*

---

[240] OLIVEIRA ASCENSÃO, *Direito Civil, Vol. II*, cit., pág. 111.
[241] Aceitando, no entanto, que a falta de legitimidade seja sanada pela *legitimidade superveniente* – OLIVEIRA ASCENSÃO, *Direito Civil, Vol. II*, cit., pág. 112.
[242] OLIVEIRA ASCENSÃO, *Direito Civil, Vol. II*, cit., pág. 112.
[243] MENEZES CORDEIRO, *Tratado V*, cit., pág. 32.
[244] MENEZES CORDEIRO, *Teoria Geral do Direito Civil*, 2º vol., Associação Académica da Faculdade de Direito de Lisboa, Lisboa, 1987, cit. "*Teoria Geral – II*", pág. 346.
[245] MENEZES CORDEIRO, *Tratado V*, cit., págs. 27-36.
[246] MENEZES CORDEIRO, *Tratado de Direito Civil Português*, Vol. I, Tomo IV, Almedina, Coimbra, 2005, cit. "*Tratado – I – T. IV*", pág. 15.

ção jurídica[247]. Associa a legitimidade às pessoas, quer no que respeita à liberdade das pessoas de agir, quer no que respeita às situações jurídicas de que as pessoas beneficiam.[248] Distingue então a legitimidade da titularidade (ativa e passiva)[249] e da capacidade (de gozo e de exercício).

MENEZES CORDEIRO analisa a legitimidade do ponto de vista dos factos legitimadores, que divide em positivos e negativos, conforme sejam atributivos de legitimidade ou privativos de legitimidade. Como principal facto positivo, nas situações ativas, indica a titularidade. Como regra, o titular de uma situação *tem legitimidade para desencadear os diversos exercícios que ela faculte*.[250]

No entanto, mesmo a titularidade não torna inútil a formulação de um juízo concreto de legitimidade, pois existem situações em que o titular não tem legitimidade. Nestas verificam-se factos negativos que, operando sobre a titularidade, afastam a legitimidade. Embora em regra exista legitimidade, a verificação de um facto negativo faz com que esta não se verifique. Para impedir a ilegitimidade será necessário um novo facto legitimador, a que chama autorização e que pode ser necessária *para a protecção do próprio agente, para a protecção da contraparte ou de terceiros* e ainda *perante a pluralidade de interessados*.[251]

À autorização, em regra prévia ao ato, contrapõem-se temporalmente, a confirmação, a ratificação o reconhecimento e o consentimento, posteriores ao ato. MENEZES CORDEIRO procede então a um excurso, integrado com o conceito de legitimidade, desde o Direito Romano, às figuras alemãs da *Zustimmung* (consentimento), *Einwilligung* (autorização), *Genehmigung* (ratificação), *Verfügung* (disposição) e *Ermächtigung* (autorização para disposição), como modo de demonstrar as potencialidades da legitimidade.[252]

Na falta de um regime geral sobre a legitimidade no Código Civil, aponta o art. 892º do Código Civil, como regra básica relativa à legitimi-

---

[247] MENEZES CORDEIRO, *Tratado – I – T. IV*, cit., pág. 20.
[248] MENEZES CORDEIRO, *Tratado – I – T. IV*, cit., pág. 15.
[249] A que chama adstrição – *Tratado – I – T. IV*, cit., pág. 118.
[250] MENEZES CORDEIRO, *Tratado V*, cit., págs. 32.
[251] MENEZES CORDEIRO, *Tratado V*, cit., págs. 33.
[252] MENEZES CORDEIRO, *Tratado V*, cit., págs. 35-55.

dade. Desta regra retira a nulidade dos atos de transmissão de bens feridos por ilegitimidade, não a aplicando já ao cumprimento de obrigações.[253]

Considera que a legitimidade, para além da estática das situações jurídicas, traduz a *dinâmica da actuação das pessoas*,[254] constituindo *uma instância de compatibilização entre as diversas posições subjectivas*.[255] Declarando seguir CARVALHO FERNANDES, considera que a legitimidade se traduz na suscetibilidade de agir que resulta de determinada relação entre o sujeito e o Direito, e não na relação em si. *A legitimidade, mostra-se ligada ao sujeito e corresponde a uma prerrogativa de pessoas*,[256] que *deve ser construída através da interacção do sistema com o sujeito*.[257]

É necessário identificar o âmbito de permissões genéricas de que o sujeito é titular para apurar se cobrem todo o espectro de atuações e fins pretendidos. Estas podem ter várias causas, podendo ou não ser relevantes conforme a situação concreta, pelo que não é possível limitá-las à partida. Por outro lado, verificada a titularidade de permissões específicas com um âmbito de cobertura suficiente, será necessário determinar se não existem factos legitimadores negativos. E, se existirem – o que retiraria a legitimidade –, é ainda preciso confirmar se estão presentes outros instrumentos que conduzam o sistema a admitir como legitimidade da atuação.[258]

PAIS DE VASCONCELOS, distinguindo legitimidade e capacidade, considera que a legitimidade *é a particular posição da pessoa perante um concreto interesse ou situação jurídica que lhe permite agir sobre eles*[259] e resulta de uma *relação privilegiada entre a pessoa que age e os concretos, interesses ou situações sobre as quais ela está habilitada a agir*.[260]

Normalmente, mas não necessariamente, a legitimidade coincide com a titularidade. As situações principais de legitimidade do agente sem titularidade são constituídas pela representação e pela autorização, mas

---

[253] MENEZES CORDEIRO, *Tratado V*, cit., págs. 33-34.
[254] MENEZES CORDEIRO, *Tratado V*, cit., pág. 35.
[255] MENEZES CORDEIRO, *Tratado V*, cit., pág. 35.
[256] MENEZES CORDEIRO, *Tratado V*, cit., pág. 35.
[257] MENEZES CORDEIRO, *Tratado V*, cit., pág. 36.
[258] MENEZES CORDEIRO, *Tratado V*, cit., págs. 32-36.
[259] PAIS DE VASCONCELOS, *Teoria Geral*, cit., pág. 87.
[260] PAIS DE VASCONCELOS, *Teoria Geral*, cit., pág. 87.

não são as únicas (assim sucedendo, por exemplo, nas letras e na gestão de negócios).[261]

Segundo defende, em regra, a consequência da ilegitimidade consiste na ineficácia do ato, embora possa ter outras consequências, como sucede na venda de bens alheios. Na falta de um regime legal específico recorre aos regimes da representação sem poderes e venda de bens alheios (civil e comercial), como base para analogia na construção do regime jurídico da legitimidade.[262]

Em geral, e como foi já referido, a legitimidade é relacionada com a titularidade, tentando tratar-se aquela a partir desta.[263] Mas a legitimidade também é relacionada com a liberdade.[264] Ambos os elementos são relevantes para a legitimidade. Por exemplo, ao titular que não tem liberdade para agir falta a legitimidade; o não titular, apesar de livre, não tem legitimidade.

4. Autonomia privada

Segundo o princípio da autonomia privada,[265] e na sua pureza, cada um pode atuar livremente, limitado apenas pela liberdade dos outros[266]. Pode, como tal, autovincular-se, mas não pode heterovincular.[267] Esta limitação à liberdade do sujeito pela liberdade dos outros é imanente ao próprio princípio.[268] Um princípio não pode ter uma estrutura tal, que a

---

[261] PAIS DE VASCONCELOS, *Teoria Geral*, cit., págs. 285-286, embora considere que, agindo ambos – o representante e o autorizado – sobre situações do titular legitimados para o efeito, só na autorização é que o agente juridicamente relevante é um terceiro, uma vez que na representação é – juridicamente – o titular quem atua.
[262] PAIS DE VASCONCELOS, *Teoria Geral*, cit., págs. 382-383.
[263] Assim o faz, por exemplo, OLIVEIRA ASCENSÃO, *Direito Civil, Vol. II*, cit., pág. 109.
[264] Segundo MENEZES CORDEIRO, *Tratado V*, cit., pág. 34, *a legitimidade complementa, no plano do exercício, as esferas de liberdade representadas pelas situações jurídicas.*
[265] Fundamental na distinção entre Direito Privado e Direito Público – MENEZES CORDEIRO, *Da Boa Fé no Direito Civil*, Almedina, Coimbra, 1997, cit. "*Boa Fé*", pág. 374 e nota 429.
[266] Neste sentido IMMANUEL KANT, *Metafísica*, cit., págs. 36-39.
[267] WOLFGANG THIELE, *Die Zustimmungen in der Lehre vom Rechtsgeschäft*, Carl Heymanns, Köln – Berlin – Bonn – München, 1966, cit. "*Die Zustimmungen*", pág., 23 e PAULA COSTA E SILVA, *Acto e Processo – O Dogma da Irrelevância da Vontade na Interpretação e nos Vícios do Acto Postulativo*, Coimbra Editora, Coimbra, 2003, cit. "*Acto*", págs. 211-212.
[268] A ligação estrutural entre liberdade, igualdade e autonomia privada é patente em MENEZES CORDEIRO, *Tratado I*, cit. págs. 951-953.

sua implementação implique a sua própria destruição. Não pode ser a sua própria Némesis. Se o princípio da autonomia privada consistisse numa pura emanação da liberdade, a liberdade de uns colidiria com a liberdade dos outros, criando uma situação de conflito de liberdades entre todos que conduziria inexoravelmente à inexistência de liberdade para todos.[269]

Não é possível compatibilizar todas as esferas de liberdade sem as restringir, mantendo em simultâneo o respeito pela igualdade. A restrição da liberdade de um em benefício da liberdade de outro implicaria uma violação da igualdade. A não restrição da liberdade de todos implicaria uma violação da liberdade de todos os outros. Torna-se, portanto, necessário proceder à restrição da liberdade de todos, respeitando-se a igualdade de todos.[270] Esta restrição da liberdade está patente no princípio da autonomia privada, que, como já referimos, postula que cada um possa atuar livremente, limitado apenas pela liberdade dos demais.[271] É assim que garantindo ainda o respeito simultâneo pela liberdade e pela igualdade, se consegue de igual sorte uma compatibilização da liberdade de todos. Na estrutura valorativa interna do princípio da autonomia privada, a influência do valor liberdade é limitado em resultado da compatibilização com o valor da igualdade.[272] Assim, o princípio da autonomia privada não é uma mera transposição para o nível dos princípios do valor da liberdade, antes sendo um princípio que resulta de uma compatibilização de valores entre a liberdade e a igualdade – embora com grande influência da liberdade.[273]

Do princípio da autonomia privada resulta o reconhecimento normativo da autonomia privada do sujeito. Esta é limitada, externamente, por outros princípios e valores, pois o princípio da autonomia privada não tem uma vigência absoluta. Embora este princípio postule que cada um

---

[269] THOMAS HOBBES, *Leviathan*, cit., pág. 268.
[270] Neste sentido DWORKIN, *Taking Rights*, cit., pág. 266, para quem o compromisso entre liberdade e igualdade é uma necessidade e JORGE MIRANDA, *A Dignidade*, cit., págs. 173-174.
[271] Sobre o conteúdo e restrições à liberdade e à igualdade – CAPELO DE SOUSA, *O Direito Geral*, cit., págs. 256-293.
[272] Conforme afirma JOAQUIM BRITO, *Philosophia*, cit., pág. 226, ao tratar o que chama *direito de liberdade, a liberdade requer a egualdade de condições na dignidade da pessoa e dos misteres*.
[273] Já DWORKIN, *Taking Rights*, cit., pág. 272-278, na análise do binómio liberdade/igualdade dá um peso preponderante à igualdade sobre a liberdade. Afirma expressamente (pág. 272) que *the central concept of my argument will be the concept not of liberty but of equality*.

pode atuar livremente, limitado apenas pela liberdade dos outros, tal não significa que a liberdade de atuação de um sujeito esteja apenas limitada pela liberdade dos outros.[274] Este é um limite estruturalmente interno ao princípio, enquanto princípio.

Externamente, existem outros princípios que vigoram a par do princípio da autonomia privada e que podem limitar a sua concretização no sujeito, em especial no seu âmbito e nível de eficácia.[275] Ao nível normativo e da concreta liberdade de atuação do sujeito verifica-se a possibilidade de limitação proveniente da Lei, da Moral, da Ordem Pública e da Natureza.[276] Como tal, o princípio da autonomia privada e a autonomia privada de um sujeito têm conteúdos diferentes.[277] A autonomia privada, que principia pela compatibilização da liberdade com a igualdade, concretiza-se no sujeito através das várias interferências externas à sua estrutura, quer provenientes de outros princípios, quer ainda da Lei, da Moral, da Ordem Pública e da Natureza. Daqui resulta que a delimitação do campo de atuação da autonomia privada de um sujeito é algo que apenas em concreto se pode definir em face das inúmeras interferências que sofre e que evoluem permanentemente. Só em concreto é possível conhecer as características da liberdade de vinculação de cada sujeito e da atuação que lhe corresponderá.[278] A autonomia privada, na tradicional conceção que a vê como um *poder de dar-se um ordenamento*,[279] ou uma *liberdade que as pessoas têm de se regerem e vincularem a si próprias*,[280] varia de instante para instante, em especial no que respeita ao nível de relevância da liberdade. No entanto, abstraindo das limitações externas provenientes

---

[274] Neste sentido LEITE DE CAMPOS, *O Direito e os Direitos da Personalidade*, em *Nós – Estudos sobre o Direito das Pessoas*, págs. 109-133, Almedina, Coimbra, 2004, cit. *"O Direito"*, em especial págs. 126-133.
[275] No sentido da existência de vários limites na autonomia privada – PEDRO DE ALBUQUERQUE, *Autonomia da Vontade e Negócio Jurídico em Direito da Família (Ensaio)*, em *Cadernos de Ciência e Técnica Fiscal*, 146, Centro de Estudos Fiscais, Lisboa, 1986, cit. *"Autonomia"*, págs. 17-20.
[276] PAIS DE VASCONCELOS, *Teoria Geral*, cit., pág. 368-376.
[277] DORI KIMEL, *From Promise do Contract, Towards a Liberal Theory of Contract*, Hart, Oxford, 2005, cit. *"From Promise to Contract"*, págs. 126-135.
[278] RODOLFO SACCO, *Autonomia nel Diritto Privato*, em *Digesto delle Discipline Privatistiche*, I, págs. 517-523, UTET, Torino, 1987, cit. *"Autonomia"*, págs. 517-518.
[279] OLIVEIRA ASCENSÃO, *Direito Civil, Vol. II*, cit., págs. 80.
[280] PAIS DE VASCONCELOS, *Teoria Geral*, cit., pág. 14-15.

da Lei, da Ordem Pública e da Natureza, é possível identificar o campo dentro do qual opera a autonomia privada, a área de abrangência da autonomia privada. Este campo, ou área, é delimitado pela titularidade.

5. Titularidade

A titularidade é uma figura complexa, uma vez que não é um verdadeiro conceito jurídico. É, antes, um pseudo-conceito. Em si, a titularidade não traz nada de novo relativamente a outros conceitos jurídicos. Não é mais um conceito. Sendo embora de criação puramente jurídica,[281] consiste apenas no *nomen* atribuído à imputação de uma posição a um sujeito, no âmbito de determinada situação jurídica. Uma pessoa é titular de uma posição jurídica quando é o sujeito da situação jurídica na qual se integra essa posição, independentemente de esta ser ativa ou passiva.[282] Ser titular é o mesmo que ser sujeito numa situação jurídica, ou ocupar uma posição jurídica.[283] Ser titular é ter título jurídico.[284]

No entanto, a sua importância é fundamental. Por um lado, a titularidade apenas se verifica quando a situação é jurídica. Não existe titularidade de situações que se verifiquem exclusivamente no mundo real, sem serem reconhecidas pelo Direito. Por outro lado, a titularidade não é abstrata, mas sim concreta. A titularidade verifica-se perante posições jurídicas concretas, com todas as suas características, natureza, conteúdo e regime.

A titularidade traduz, deste modo, uma concreta interação entre a pessoa e o Direito. Já não apenas a pessoa do mundo físico, a pessoa biológica

---

[281] Oliveira Ascensão, *Direito Civil, Vol. II*, cit., pág. 109.

[282] Embora seja possível, como faz Menezes Cordeiro, *Tratado V*, cit. pág. 30, distinguir em sentido estrito entre titularidade – em situações ativas – e adstrição – em situações passivas. Mas em ambos os casos verifica-se titularidade (*lato sensu*) da posição jurídica. Para a presente análise é mais relevante a titularidade *lato sensu*, pelo que se referirá esta figura, sem se operar a distinção ente os dois casos: de titularidade e de adstrição.

[283] Manuel de Andrade, *Teoria Geral*, cit., vol. I, pág. 36, considera titularidade a relação de pertinência que liga o sujeito e um direito subjetivo. Maria de Assunção Oliveira Cristas, *Transmissão Contratual do Direito de Crédito, do Carácter Real do Direito de Crédito*, Almedina, Coimbra, 2005, cit. "*Transmissão*", págs. 472-474, refere-se à titularidade em três sentidos distintos, concluindo que o termo designa *a relação existente entre o direito subjectivo e o seu sujeito, exprimindo a pertença do direito à pessoa* – pág. 473.

[284] Natalino Irti, *Sul Concetto di Titolarità (Persona Fisica e Obbligo Giuridico)*, Rivista di Diritto Civile, XVI, págs. 501-531, CEDAM, Padova, 1970, "*Titolarità*", págs. 517-518.

e espiritual, mas a pessoa enquanto parte do Direito, enquanto elemento operacional do funcionamento do Direito, ou seja, enquanto sujeito de situações jurídicas concretas. Ao fazê-lo, a titularidade reflete não só a natureza jurídica da posição do sujeito (a existência de causa de juridicidade), mas também a relação de pertença que liga aquela pessoa àquela situação jurídica, com elementos integrantes de uma estrutura complexa. Em abstrato, a pessoa faz parte da realidade jurídica e das estruturas que a compõem. Em concreto, uma pessoa que esteja envolvida em determinada situação (jurídica), ocupa uma certa posição nessa situação relativamente aos restantes elementos da mesma, posição essa que importa a aplicabilidade de determinado regime jurídico. A titularidade da posição jurídica traduz, deste modo, a ligação entre aquela concreta pessoa e aquela concreta situação.

Através da titularidade pode delimitar-se o campo formado pelo conjunto de todas as posições que uma pessoa ocupa no Direito, independentemente de serem ativas, passivas ou neutras. Este conjunto, formado pela titularidade global de uma pessoa, constitui a esfera jurídica,[285] cujo conteúdo sempre pode variar, atendendo à dinamicidade de que esta realidade é dotada, com novos elementos que se acrescentam, outros que se suprimem e outros ainda que se modificam[286]; não porém a sua existência, tendo todas as pessoas a sua esfera jurídica como parte do seu ser jurídico.

O que temos aqui é a pessoa, já não como mero dado pré-jurídico,[287] que o Direito se limita a reconhecer e receber, mas a pessoa após o momento do reconhecimento e receção pelo Direito, quando o conceito pré-jurídico de pessoa se conjuga com o Direito e é já um dado jurídico, não é mais a entidade axiológica que era, sendo agora uma entidade mais complexa, integrando tudo o que já era antes do reconhecimento pelo Direito, e tudo o que o Direito lhe acrescenta. O Direito não pode modificar o conceito pré-jurídico de pessoa, pois este não é criado pelo Direito, é por ele tão só reconhecido e recebido.[288] O reconhecimento e

---

[285] PAIS DE VASCONCELOS, *Teoria Geral*, cit., pág. 90.
[286] CARVALHO FERNANDES, *Teoria Geral*, cit., págs. 146-147; PAIS DE VASCONCELOS, *Teoria Geral*, cit., pág. 90.
[287] Ou pré-legal, na terminologia de OLIVEIRA ASCENSÃO, *Direito Civil, Vol. I.*, cit., pág. 37.
[288] PAIS DE VASCONCELOS, *Teoria Geral*, cit., págs. 10-15.

receção da pessoa pelo Direito, a sua integração no Direito, provoca uma interação entre pessoa e Direito, o que implica que o conceito jurídico operacional de pessoa não seja idêntico ao conceito axiológico de pessoa. O conceito jurídico operacional de pessoa é fundamentalmente composto pelo conceito axiológico, ao qual está sujeito. No entanto, não se limitando ao conceito axiológico de pessoa, o conceito jurídico operacional de pessoa integra também outros conceitos que são secundários ao conceito axiológico, mas que são fundamentais para a atuação jurídica da pessoa. Estes conceitos secundários são fundamentalmente jurídicos, isto é, são de criação jurídica. O Direito não pode modificar o conceito axiológico de pessoa, mas pode modificar estes últimos, embora sempre respeitando o conceito básico de pessoa.[289] O resultado desta interação forma a personalidade jurídica. *A personalidade jurídica é uma consequência e não uma causa da intervenção do Direito na tutela do ser humano*[290].

Uma das mais conspícuas manifestações da personalidade jurídica é a esfera jurídica. Esta consiste num modo de olhar para a pessoa, não apenas como Homem, mas também para os reflexos jurídicos da existência de uma pessoa: para as situações jurídicas que lhe são inerentes, quer por serem inerentes à pessoa enquanto tal, quer por terem sido constituídas ou adquiridas segundo os modos reconhecidos pelo Direito.

---

[289] O Direito não pode, em caso algum, considerar como não pessoa jurídica uma pessoa humana, mesmo que seja um inimigo. Tanto a experiência teórica, como a experiência prática não deixam qualquer espaço para dúvidas sobre as consequências dos seres humanos sem personalidade jurídica. A existência de regimes que permitem atos contra a pessoa não importam a falta de personalidade do ser humano. Importam antes o reconhecimento que em certas situações se torna necessário agir de determinado modo contra pessoas, enquanto pessoas. Retirar a personalidade ao ser humano, só porque se reconhece a existência de regimes jurídicos excecionais, implica remover toda e qualquer limitação a esses regimes. Nomeadamente, sendo o ser humano uma pessoa, a prática de atos com fundamento nesses regimes deve sempre respeitar o princípio do mínimo dano; caso o ser humano não fosse considerado como uma pessoa, não existiriam limites à atuação. Neste sentido AUGUSTO SILVA DIAS, *Os Criminosos são Pessoas? Eficácia e Garantias no Combate ao Crime Organizado*, em *Tratado Luso-Brasileiro da Dignidade Humana*, 2ª ed., Quartier Latin, São Paulo, 2009, cit. *"Os Criminosos"*, págs. 826-836 e VALÉRIA DIEZ SCARANCE FERNANDES GOULART, *"Indignidade" da "Pessoa" Humana, Direito Penal do Inimigo e Aspectos Correlativos*, em *Tratado Luso-Brasileiro da Dignidade Humana*, 2ª ed., Quartier Latin, São Paulo, 2009, cit. *""Indignidade""*, págs. 976-987.

[290] PAULO OTERO, *Personalidade: um Repensar do seu Início?*, em *Tratado Luso-Brasileiro da Dignidade Humana*, 2ª ed., Quartier Latin, São Paulo, 2009, cit. *"Personalidade"*, pág. 1060.

Por conseguinte, a esfera jurídica integra dois elementos: a pessoa e as posições jurídicas de que ela é titular. Trata-se de um certo modo de olhar para a pessoa do ponto de vista abstrato da sua interação com o Direito, tomando em consideração o reflexo da pessoa que é regulado pelo Direito, ou seja, como já se disse, o conjunto das situações jurídicas de que a pessoa é titular.[291]

A Ordem Jurídica reconhece esta titularidade e tutela-a como parte integrante da pessoa jurídica. As posições jurídicas que compõem a esfera jurídica, ou são inerentes à pessoa na sua qualidade de pessoa, ou foram integradas na esfera jurídica de um modo admitido pelo Direito.

A titularidade jurídica não está necessariamente dependente do conceito axiológico de pessoa que é recebido pelo Direito. Nem todas as posições que uma pessoa entende como suas, fora do Direito, são relevantes, por si, para o Direito. Apenas as que são inerentes à pessoa como dado pré-jurídico é que são recebidas pelo Direito como parte integrante da pessoa. As outras posições apenas integram a esfera jurídica se respeitarem o Direito, sendo por ele justificadas. Nestas, é o Direito que determina o que pertence a cada um, embora o faça tendo em consideração a realidade e a pessoa.[292]

Dentro do âmbito definido e delimitado pela esfera jurídica de uma pessoa, a autonomia privada não sofre qualquer auto-restrição estrutural. Limitada ao estrito âmbito da esfera jurídica, o exercício da autonomia privada da pessoa ainda não afeta outras pessoas. Enquanto a atuação autónoma da pessoa se mantiver dentro da sua própria esfera jurídica, não é limitada pela liberdade de terceiros. Nestas situações, em que a autonomia privada não sofre influências externas, a titularidade estabelece a abrangência da liberdade de atuação permitida pela autonomia privada. A pessoa pode atuar livremente dentro dos limites da sua titularidade. Por outro lado, só a pessoa titular é que pode atuar livremente sobre a posição objeto da titularidade.

Regra geral, dentro do campo da titularidade a autonomia privada é plena. Ou seja, se apenas considerarmos uma pessoa e a situação de que é

---

[291] PAIS DE VASCONCELOS, *Teoria Geral*, cit., pág. 90.
[292] Sobre a questão, VICENTE PAIVA, *Reflexões Sôbre os Sete Primeiros Títulos do Livro Único da Parte I do Projecto do Codigo Civil Portuguez do Sr. António Luiz de Seabra*, Imprensa da Universidade, Coimbra, 1859, cit. "*Reflexões*", págs. 33-36.

titular, abstraindo de tudo o mais, a liberdade de atuação é plena.[293] Mas isto não significa que a mera titularidade de uma posição jurídica permita toda e qualquer atuação que o titular possa pretender realizar sobre o objeto. A titularidade não se limita a traduzir uma ligação entre a pessoa e o objeto, pois uma vez que a titularidade é referente a uma posição jurídica concreta e determinada, ela abrange também o conteúdo jurídico de conformação da atuação juridicamente admissível. Conforme a natureza e o regime jurídico da posição de que o sujeito é titular, a titularidade permitirá ou não determinada atuação. Assim, a titularidade não estabelece um mero limite externo, antes conformando a dinâmica jurídica que eventualmente se desenvolverá dentro do campo definido pelos seus limites. A titularidade não o é apenas de um determinado bem jurídico, é-o também de uma posição jurídica, a qual incluirá então a possibilidade de praticar determinados atos, sobre certo bem. Abrangidos pela titularidade são apenas os atos cuja prática se mostre possível no âmbito de uma determinada posição jurídica.

Esta característica da titularidade é estruturalmente independente da natureza do objeto da titularidade. Independentemente de a titularidade se referir a um direito subjetivo, a uma faculdade, a um poder, a uma obrigação, a um dever, a um ónus, ou a qualquer tipo específico de situação jurídica e das inerentes posições subjetivas, é a natureza, o conteúdo e o regime jurídico da posição que conformam e modelam a possibilidade de atuação dentro do campo definido pela ligação com o objeto. A titularidade define os limites e o modo do dever ser.

No entanto, apesar da relevância da titularidade, esta figura apresenta-nos uma dimensão estática da possibilidade de atuação do sujeito. A titularidade opera simultaneamente como uma fronteira externa e interna, mas não como um mecanismo ativo que provoque efetivamente modificações no mundo do Direito. A titularidade conforma a atuação, mas não a forma. As pessoas não atuam porque são titulares de uma determinada posição. As pessoas atuam porque são livres. O elemento dinâmico que estruturalmente desempenha um papel ativo no estabelecimento da atuação é a liberdade, enquanto elemento da autonomia privada. A titu-

---

[293] Sousa Ribeiro, *O Problema*, cit., pág. 53.

laridade da situação jurídica apenas opera para delimitar e conformar o âmbito de atuação decorrente da liberdade do sujeito.

Assim, enquanto para estabelecer uma simples ligação entre o sujeito e o objeto é suficiente a titularidade abstrata – sem atender ao conteúdo da titularidade –, para a interação concreta entre a liberdade e a titularidade já é essencial a definição do concreto regime e natureza da fonte da titularidade, de modo a que possam ser conhecidos os precisos contornos dos limites à liberdade de atuação. Como tal, é a titularidade que estabelece a relação entre a pessoa e o objeto e que determina os contornos da relação. Mas é a liberdade que torna a relação especial, que a torna dinâmica, que permite à pessoa atuar juridicamente sobre o objeto.[294]

6. Legitimidade

Da conjugação entre liberdade e titularidade resulta a ligação entre a dinâmica de atuação e a potência de atuação. É, portanto, deste conjunto formado pela titularidade e pela liberdade que resulta quem é a pessoa que, de acordo com o Direito, pode atuar de determinado modo e sobre que objeto o poderá fazer. Ou seja, quem tem legitimidade.[295] A legitimidade traduz assim o resultado da especial relação que se estabelece entre pessoa e objeto, e que possibilita à pessoa (com fundamento na autonomia privada) atuar sobre o objeto (de que é titular e nos limites dessa titularidade). A legitimidade resulta, pois, da operação conjunta da liberdade e da titularidade que estabelecem uma especial relação entre o

---

[294] Como diz MAGALHÃES COLLAÇO, *Da Legitimidade*, cit., pág. 70, *quem não tem na mão a pedra não pode lançá-la: possui a força, mas essa força não tem objecto sobre que se exerça*. HEINRICH AHRENS, *Curso*, cit., pág. 154, define a liberdade como *uma esfera pessoal de ação*.

[295] Também MENEZES CORDEIRO, *Tratado V*, cit. págs. 32-33, considera que a titularidade (e adstrição) de uma situação jurídica é meramente estática, mas que a existência de legitimidade implica um elemento dinâmico, que se harmoniza e unifica no momento do exercício. Embora não faça uma ligação expressa entre titularidade e liberdade, a exigência de *ausência de delimitações negativas ao exercício pretendido* parece pressupor a exigência de liberdade do titular, contanto que de uma perspetiva diferente, pois afirma que *a legitimidade complementa, no plano do exercício, as esferas de liberdade representadas pelas situações jurídicas*. BADENAS CARPIO, *Apoderamiento*, cit., pág. 69, considera que a legitimidade pertence em regra ao titular, como resultado do dogma da autonomia privada e do princípio do livre desenvolvimento da personalidade, razão pela qual uma intervenção alheia que consista no exercício de um próprio poder de autodeterminação é, em regra, ilegítima.

agente e o objeto.[296] Especial, pois é desta relação que resulta a possibilidade de atuação jurídica sobre o objeto.

O conteúdo da atuação possível depende da estrutura da posição de que o sujeito é titular. Pode resultar de uma posição ativa ou passiva e a estrutura desta pode ser mais ou menos complexa. Conforme a concreta natureza e conteúdo da estrutura da posição de que o sujeito é titular, este poderá praticar ou não determinados atos de acordo com o Direito. A legitimidade opera como um mecanismo interno do Direito,[297] que pode resultar quer de figuras complexas (como o direito de propriedade), quer de figuras mais simples (como o poder de aceitar a proposta negocial).

A legitimidade é, como tal, uma consequência. É um ponto de chegada de um processo lógico-jurídico de análise da relação entre o sujeito e o objeto, pois só se a relação for a correta para o ato a praticar é que existirá legitimidade. A legitimidade não é algo de novo que resulte dessa relação, é o nome que se dá a um dos efeitos da relação. Mas a legitimidade é ainda, e pelas mesmas razões, um ponto de partida no que respeita à análise da eficácia jurídica da atuação. Uma vez que a legitimidade traduz a especial relação que permite a uma pessoa atuar sobre um determinado objeto, esta é um pressuposto da prática lícita e eficaz de atos jurídicos.[298] A existência de legitimidade significa que a potência da atuação jurídica pretendida pelo sujeito sobre o objeto está dentro dos limites jurídicos, de tal modo que, se agir, o ato produzirá os efeitos típicos.

Resultando a legitimidade da conjugação entre a titularidade da posição jurídica e a liberdade do agente, a falta de qualquer uma destas provoca ilegitimidade, o que impede que o ato seja lícito e provoque os seus efeitos jurídicos. A falta de titularidade (independentemente de faltar a titularidade de uma qualquer posição jurídica relativa ao objeto, ou de se verificar que existe titularidade de uma posição jurídica sobre o objeto, mas cujo conteúdo não abrange a possibilidade de praticar o ato pretendido) faz com que a liberdade não tenha um campo no qual atuar. Como tal, mesmo que o ato seja praticado no mundo real, o Direito não lhe

---

[296] MENEZES CORDEIRO, *Tratado V*, cit., págs. 32-33.
[297] Ou, como afirma MENEZES CORDEIRO, *Tratado V*, cit., pág. 32, *opera como uma noção civil central*.
[298] Sobre a relevância da relação entre eficácia e licitude, OLIVEIRA ASCENSÃO, *Direito Civil, Vol. II*, cit., págs. 24-25.

reconhece efeitos, pois não reconhece um qualquer campo no qual a ação se pudesse verificar. Por conseguinte, o ato incidirá sobre um campo que o Direito não permite, sendo contrário ao Direito e, como tal, ilícito.[299]

Por sua vez, a falta de liberdade para a prática do ato impede a eficácia jurídica do ato, pois, muito embora exista um campo de atuação jurídica, tendo em conta a privação dessa liberdade, o Direito não reconhece a ação. Quando tal sucede, o ato real não produz, no mundo do Direito, as suas mudanças típicas,[300] ou seja, é ineficaz. Como as limitações à liberdade pessoal são impostas pelo Direito, aquela atuação violará o Direito e, como tal, será também ela ilícita.

Contrariamente, havendo legitimidade, a atuação poderá ter as consequências jurídicas pretendidas, pois o Direito reconhecerá então a unidade existente entre a ação (que resulta da dinâmica da liberdade) e o seu campo de atuação (delimitado pela titularidade), por ser praticada pela pessoa que se encontra na posição que o Direito exige para o efeito. Este ato será praticado dentro do que o Direito exige, pelo que, nesta matéria, será lícito.[301]

A legitimidade é a condição de licitude e de eficácia jurídica por excelência,[302] traduzindo a passagem do mundo do ser para o mundo do dever ser no que respeita à possibilidade jurídica de atuação concreta sobre um objeto determinado. Sem legitimidade, uma atuação materialmente eficaz sobre um determinado objeto não beneficia do pleno reconhecimento da Ordem Jurídica e não produz por isso os efeitos jurídicos típicos da atuação. Poderá não reconhecer quaisquer efeitos, reconhecer apenas alguns efeitos, não atribuir a estabilidade normal aos efeitos a que haja lugar, ou atribuir efeitos diferentes dos pretendidos, mas não reconhecerá os efeitos que se verificariam se houvesse legitimidade. Embora no mundo do ser a atuação possa produzir efeitos naturalísticos, a falta de

---

[299] OLIVEIRA ASCENSÃO, *Direito Civil, Vol. II*, cit., pág. 28. FERNANDA PALMA, *A Justificação por Legítima Defesa como Problema de Delimitação de Direitos*, Associação Académica da Faculdade de Direito de Lisboa, Lisboa, 1990, cit. "*A Justificação*", pág. 71.
[300] Sobre a eficácia como mudança no Direito numa perspetiva normativa, MENEZES CORDEIRO, *Tratado II*, cit., págs. 77-82.
[301] Embora possa ser ilícito por questões que não são relevantes para a legitimidade.
[302] CALDENTEY, *Legitimación*, cit., págs. 2-5, considera a legitimidade como um dos pressupostos legais (por oposição aos voluntários) de eficácia jurídica, a par de outros pressupostos como a capacidade do sujeito, o objeto do negócio e a causa (pág. 3, nota 14).

legitimidade implica o não reconhecimento dessa atuação no mundo do dever ser (embora possa ter relevância como "não-dever-ser"). Apesar de o ato ser praticado no mundo do ser, no mundo do dever ser tudo se passa como se o ato não tivesse sido praticado,[303] pelo que o ato não produz os efeitos jurídicos típicos. Juridicamente, faltando a liberdade de atuação, ou o campo no qual essa liberdade seria exercida, não é possível ao sujeito atuar eficazmente ou de modo plenamente eficaz. Faltando liberdade de atuação, falta a dinâmica jurídica que permite mudar o mundo jurídico. Não se mudando o mundo jurídico, não há novos efeitos, pelo que o ato real é juridicamente ineficaz.[304] Faltando um campo dentro do qual a liberdade de atuação possa ser exercida, a dinâmica jurídica não atua sobre algo, não tem um objeto de incidência, pelo que nenhuma mudança provoca no mundo do Direito.[305] Assim, o ato eventualmente praticado no mundo real não produz efeitos como ato no mundo jurídico.

A legitimidade é um ponto de partida para a eficácia do ato, e para a determinação do que é necessário para a eficácia do ato. Através do juízo de legitimidade é possível saber quem é a pessoa correta para praticar certos atos juridicamente eficazes sobre determinados objetos de tal maneira que os mesmos se possam ter por juridicamente eficazes. Não significa isso que a eficácia jurídica não possa ser impedida pela verificação de outra causa. No entanto, é através da análise da legitimidade que se pode saber quem é a pessoa correta para praticar o ato[306].

O caso do insolvente é bem exemplificativo, pois, uma vez declarado insolvente, pode ver algumas das situações jurídicas de que é titular

---

[303] Embora tenha sido praticado, pelo que o problema não é de inexistência.

[304] CALDENTEY, *Legitimación*, cit., págs. 5-7, no que respeita à legitimidade para praticar atos sobre património alheio, considera que, para além de o ato ser ineficaz, é irrelevante no que respeita ao titular do património alheio. Ou seja, o ato não produz efeitos relativamente ao titular do património a que era dirigido, isto é, não vincula o titular desse património. Segundo defende, ineficácia e irrelevância são duas categorias distintas, não sendo necessariamente coincidentes.

[305] E a dinâmica real da atuação é operada com violação do Direito, pelo que o ato, para além de ineficaz, é ilícito.

[306] A legitimidade pode ainda operar como índice de respeito pela autonomia privada numa ordem jurídica. A estreita ligação entre legitimidade, titularidade e autonomia privada, que se encontram dinamicamente relacionadas, permite verificar qual o nível de respeito pela autonomia privada, através da maior ou menor coincidência entre titularidade e legitimidade. Quanto maior for a sua coincidência, maior será o respeito pela autonomia privada.

modificadas no seu conteúdo, perdendo poderes de administração e disposição. Embora mantenha a titularidade da situação jurídica, o âmbito da titularidade deixa de incluir a possibilidade de prática de atos de alienação e administração sobre bens que integram o seu património. Deixa, em consequência, de ter legitimidade para praticar os respetivos atos. Mas, na insolvência qualificada, o insolvente pode ser declarado inabilitado[307] e pode ser inibido de exercer o comércio. Nestas situações é a liberdade do insolvente que é limitada, perdendo em resultado a autonomia privada nesse domínio de atividade e deixando de ter legitimidade para os atos nele abrangidos.

Diferente é a situação do titular que transmite a sua posição jurídica a outrem. Ao transmitir a posição jurídica deixa de ser titular. No entanto, mantém exatamente o mesmo nível de autonomia privada que tinha. Sucede apenas que não é titular de uma posição jurídica sobre a qual possa fazer incidir a autonomia privada, pelo que não tem legitimidade para praticar atos sobre essa posição.

A legitimidade é, deste modo, o resultado da coincidência numa pessoa da titularidade de uma posição jurídica que integra a possibilidade jurídica de praticar determinado ato sobre certo objeto e a autonomia privada suficiente para a prática desse ato.

Não se trata de uma definição de legitimidade, mas antes daquilo que é necessário para que a mesma exista. Considerando que a legitimidade se afere ato a ato e que, mesmo numa única pessoa, quer o conteúdo da titularidade, quer o nível da autonomia privada, podem variar ao longo do tempo (de instante a instante), é fácil concluir que a legitimidade é um conceito extremamente dinâmico. É uma questão da maior impor-

---

[307] PINTO DUARTE, *Efeitos da Declaração de Insolvência quanto à Pessoa do Devedor*, em *Novo Direito da Insolvência*, separata da *Revista Themis*, edição especial, Lisboa, 2005, cit. *"Efeitos"*, págs. 145-146, considera inadequada a opção do legislador pela aplicação da inabilitação ao insolvido. Já no domínio do anterior código (CPEREF) OLIVEIRA ASCENSÃO, *Efeitos da Falência sobre a Pessoa e Negócios do Falido*, separata da Revista da Ordem dos Advogados, ano 55 – III, Lisboa, 1995, cit. *"Efeitos"*, pág. 647, e CARVALHO FERNANDES, *Efeitos Substantivos da Declaração de Falência*, separata de *Direito e Justiça*, vol. IX, tomo II, 1995, cit. *"Efeitos"*, pág.32, afirmavam que *o falido não é um incapaz proprio sensu*. Foram já proferidos quatro acórdãos do Tribunal Constitucional a julgar este preceito inconstitucional.

tância saber como e quando é que há legitimidade. Questão esta que se aborda de seguida.[308]

7. Legitimidade e factos legitimadores

A legitimidade é, como vimos, o resultado da integração na mesma pessoa da titularidade de uma posição jurídica cujo conteúdo inclua a possibilidade de praticar certo ato e da autonomia privada que, através da liberdade, conceda dinâmica jurídica de atuação para a prática do ato.

Em regra todas as pessoas são livres. A liberdade da pessoa, embora não sendo atualmente posta em causa como conceito integrante da pessoa, pode ser restringida, não tendo todas as pessoas a liberdade de praticar todos os atos. No entanto, a falta de liberdade não é uma característica da pessoa; é a liberdade que é uma característica da pessoa. As restrições à liberdade são sempre algo de novo e imposto à pessoa.

A liberdade encontra-se de tal modo ligada à pessoa, que em regra a legitimidade é identificada, a título principal, com a titularidade.[309] Usualmente considera-se que tem legitimidade quem é titular. Mas a regra geral (ou princípio) de coincidência entre a titularidade e a legitimidade é apenas a consequência de se presumir que a pessoa tenha liberdade suficiente para a prática do ato. A liberdade é de tal modo natural à pessoa, que a sua existência passa despercebida, apenas se fazendo notar quando falta. Esta característica repete-se no juízo de legitimidade. No entanto, a liberdade – enquanto elemento da autonomia privada – é fundamental à legitimidade, tal como o é a titularidade. A falta de qualquer uma delas implica a falta de legitimidade, do mesmo modo que a existência de ambas implica a legitimidade.

A falta de titularidade pode resultar de total ausência de uma posição jurídica sobre o objeto da atuação como pode também resultar de a

---

[308] Em todo o exercício jurídico existe uma questão de legitimidade. No entanto, só raramente essa questão exige uma análise específica. Na maioria dos casos não existem problemas concretos que exijam uma análise da legitimidade, ou os que existem são mais complexos, e absorvem a questão de legitimidade numa questão mais abrangente – por exemplo um caso de nulidade – de tal modo que por vezes não se procede a uma análise autónoma da questão de legitimidade, ficando esta oculta por outras questões.

[309] MENEZES CORDEIRO, *Tratado V*, cit. págs. 32-33, parece considerar a legitimidade como decorrendo a título principal da titularidade, verificando-se aquelas se não houver uma *delimitação negativa ao exercício pretendido*.

posição jurídica não integrar a possibilidade de praticar o ato pretendido, quer por nunca a ter integrado, quer por ter sofrido uma alteração que lhe retirou essa parte do conteúdo.

A limitação da autonomia privada por falta de liberdade jurídica é sempre imposta, nunca sendo naturalmente originária (embora o possa ser cronologicamente originária). Mesmo quando se verifica uma falta de liberdade natural, a limitação da liberdade jurídica dessas pessoas resulta de uma imposição, que restringe a autonomia privada por comparação com a autonomia privada da generalidade das pessoas.

A classificação da legitimidade em ordinária e extraordinária[310] não corresponde à distinção da pessoa que tem legitimidade conforme seja titular ou não. Todas as pessoas que têm legitimidade são titulares de uma situação jurídica que inclui a possibilidade de praticar o ato.[311] Mas, para determinados efeitos, é útil dividir a titularidade em duas classes, conforme resulte ou não de um ato de outro titular. Assim, a legitimidade extraordinária de uma pessoa é a que resulta da titularidade de uma situação que deriva de um ato praticado por uma pessoa com legitimidade ordinária; ou seja, uma titularidade de segundo nível. Esta classificação não traduz diferenças estruturais na legitimidade – em ambas é necessária liberdade e titularidade. Apenas traduz diferenças na causa da titularidade e, eventualmente, no seu regime, natureza e conteúdo. O âmbito da legitimidade poderá, por essa razão, ser diferente, mas a estrutura fundamental é a mesma.

A legitimidade depende da titularidade e liberdade. E, como tal, depende dos factos que causam, modificam ou extinguem a liberdade e a titularidade: os factos legitimadores.[312]

Uma vez que a legitimidade se encontra dependente da reunião de titularidade e de liberdade, a constituição, extinção e modificações que se possam verificar em cada uma delas poderão vir também a afetar a legi-

---

[310] Ou direta e indireta – MENEZES CORDEIRO, *Tratado V*, cit. pág. 31.
[311] Pode, no entanto, suceder que essa situação não seja a mais típica relativamente ao bem objecto da atuação. A situação jurídica cuja titularidade permite legitimidade para usar um bem é o direito de propriedade. Mas não só o direito de propriedade inclui a possibilidade de usar o bem, havendo muitas outras situações jurídicas, com outras naturezas, que incluem essa possibilidade.
[312] Sobre os factos legitimadores, MENEZES CORDEIRO, *Tratado V*, cit. págs. 32-33.

timidade. Deste modo, a não verificação de factos legitimadores positivos que importem a existência de titularidade ou de liberdade, ou a verificação de factos legitimadores negativos que restrinjam ou excluam a titularidade ou a liberdade são relevantes para a legitimidade.

A) FACTOS LEGITIMADORES POSITIVOS

Aos factos que têm como efeito a legitimidade dá MENEZES CORDEIRO o nome de factos legitimadores positivos[313]. Para que se verifique legitimidade é necessário que ocorram factos legitimadores positivos, tanto relativos à titularidade como à liberdade. Só a reunião de ambos importa legitimidade para a prática do ato.

Os factos legitimadores positivos podem operar originariamente, constituindo legitimidade, cancelando factos legitimadores negativos, cancelando os efeitos provocados por factos legitimadores negativos, ou constituindo legitimidade apesar e independentemente do facto legitimador negativo.[314]

No primeiro caso, a verificação dos factos legitimadores positivos implica a existência de titularidade de uma posição jurídica suficiente e da liberdade necessária para a prática do ato.

No segundo caso, o facto legitimador positivo provoca a extinção de um facto negativo que impedia a legitimidade que existiria na falta desse facto. Extinto esse facto, ficam apenas a operar os factos legitimadores positivos que já existiam, razão pela qual estes voltam a produzir legitimidade.

No terceiro caso, o facto positivo opera na mesma relação na qual operou o facto legitimador negativo, mas cancelando os efeitos deste, sem no entanto atuar diretamente sobre o facto negativo. O facto positivo corrige as consequências que o facto negativo causou na titularidade ou na liberdade do sujeito. Se o facto negativo operou sobre a liberdade, limitando-a, o facto positivo repõe a amplitude necessária para a obtenção de legitimidade; se operou sobre a titularidade, restringindo-a, o facto positivo corrigirá esse efeito. Existindo embora um facto negativo que se mantém

---

[313] MENEZES CORDEIRO, *Tratado V*, cit. págs. 32-33.

[314] PESSOA JORGE, *O Mandato*, cit., págs. 377-379, ao defender a autorização como um facto permissivo que afasta a ilegitimidade, entre muitos outros factos permissivos, recorre a uma técnica semelhante.

em vigor, as consequências deste na relação entre o sujeito e o objeto são inutilizadas pelo facto positivo. O facto negativo pode mesmo continuar a existir, mas deixa de provocar consequências na relação entre o sujeito e o objeto que lhe retirem a legitimidade que normalmente teria. Claro está que, resultando a falta de legitimidade de vários factos negativos, poderá, ou não, ser necessária a verificação de vários factos legitimadores positivos, dependendo dos efeitos destes.

No quarto caso, os factos positivos operam independentemente de todos os demais factos positivos ou negativos. Neste, os factos positivos criam uma nova relação entre o sujeito e o objeto. A relação originária entre o sujeito e o objeto que resultava de outros factos positivos continua afetada pelas consequências da verificação de factos negativos, pelo que, com base nessa relação, resultante da titularidade dessa posição jurídica e da liberdade do sujeito para atuar nesse âmbito, não há legitimidade. Nestes casos há uma causa de legitimidade inteiramente nova.

Numa análise lógica, a legitimidade é sempre adquirida e nunca originária pois para que exista é necessário que previamente se reúnam e relacionem a liberdade e a titularidade que, juntas, permitirão àquele sujeito praticar o concreto ato sobre o objeto definido. Mesmo a legitimidade dita originária verifica-se ato a ato, e resulta da reunião da titularidade com a liberdade, no momento da prática do ato. Existe, como tal, uma sequência lógica de passos que conduzem à aquisição de legitimidade. No entanto, esta sequência lógica nem sempre é fácil de identificar ao nível temporal, pois não segue uma linha temporal com uma sequência pré-definida e autonomizável.

As classificações de legitimidade em inicial e superveniente, originária e adquirida e ordinária e extraordinária, não são estruturais. São classificações para auxílio da ciência, enunciando situações típicas. Na realidade toda a legitimidade é adquirida em concreto, momento a momento, e caso a caso. A legitimidade é sempre efémera, não é um estado mas antes um momento, um instante. É sempre concreta, nunca geral e abstrata.[315] E é sempre relativa a um ato.[316]

---

[315] FALZEA, Voci di Teoria Generale del Diritto, Giuffrè, Milano, 1970, cit. "Voci", pág. 174.
[316] Segundo MENEZES CORDEIRO, Tratado V, cit. págs. 21-26, a questão da legitimidade é relativa ao exercício jurídico.

A legitimidade é sempre momentânea. Mesmo quando é duradoura (no caso de o ato também o ser), é continuamente momentânea ao longo desse período de tempo.

Pode, claro, afirmar-se que haverá maior probabilidade estatística de o proprietário de uma árvore ter legitimidade para colher um fruto do que um não proprietário. Mas a legitimidade apenas poderá ser aferida para a colheita concreta de cada fruto. Só nesse momento se saberá se há ou não legitimidade, e isto quer no que respeita ao proprietário, quer no que respeita ao não proprietário.

Os factos legitimadores positivos podem conceder ou ampliar a liberdade, a titularidade, ou ambas. Na maioria das situações, os factos legitimadores positivos atribuem titularidade. Efetivamente, no âmbito do Direito Privado são em muito menor número as situações em que uma pessoa necessita de um facto legitimador que atue sobre a sua liberdade, pois é mais raro que alguém sofra de restrições que afetem a sua autonomia privada (que se traduzam em limitações de liberdade). Normalmente, a falta de legitimidade verifica-se por falta de titularidade de uma posição jurídica que crie aquela relação especial com o objeto de atuação que inclua a possibilidade de praticar determinado ato sobre esse objeto.

A menor frequência dos factos legitimadores positivos que incidam sobre a liberdade[317] não implica a sua menor relevância. Os factos legitimadores que afetam a liberdade têm tanta relevância como os que afetam a titularidade, pois apenas da conjugação dos dois resulta legitimidade. Têm, pois, enorme relevância e importância, quer teórica quer prática, não só porque influenciam a legitimidade para a prática de atos, mas também porque, dentro da estrutura da autonomia privada, incidem sobre a liberdade, valor fundamental da Ordem Jurídica. É, por isso, fundamental analisar as fontes destes factos.

i. Factos legitimadores positivos e autonomia privada

Os factos legitimadores positivos que afetam a autonomia privada são aqueles que concedem ou ampliam a liberdade (enquanto elemento da autonomia privada), e que o fazem de um modo relevante para a legitimidade.

---

[317] E, reflexamente, sobre a autonomia privada do sujeito.

A primeira questão que surge relativamente a estes factos é, pois, a de saber qual a sua causa.

Onticamente, as pessoas singulares são livres. Uma liberdade que, no início da vida, é incipiente, mas depressa se desenvolve e se estrutura numa liberdade mais complexa e estável. O direito reconhece, recebe e respeita esta liberdade, de modo mais ou menos próximo à sua realidade ôntica.

Como tal, nas pessoas singulares, o nascimento é o principal[318] facto legitimador positivo a afetar a autonomia privada, pois é este facto que causa a liberdade jurídica que integra a autonomia privada.

De modo análogo, nas pessoas coletivas é a constituição o principal facto legitimador positivo a afetar a autonomia privada. As pessoas coletivas são organizações de pessoas singulares a quem a Ordem Jurídica atribui personalidade jurídica. Embora existam onticamente como organizações e, por vezes, com natureza institucional, não são pessoas reais com a dignidade e valor das pessoas singulares. Não são fundantes do Direito, pelo que este não reconhece necessariamente a sua personalidade. A personalidade jurídica das pessoas coletivas tem uma origem jurídica, não é o reflexo do reconhecimento da personalidade ôntica.

Enquanto nas pessoas singulares o reconhecimento da sua personalidade implica o reconhecimento da sua liberdade, já nas pessoas coletivas a questão é diferente. A liberdade é uma característica natural das pessoas físicas, mas tal já não é assim com as pessoas coletivas. A liberdade natural que nestas onticamente se verifica é a das pessoas que integram a sua estrutura organizativa. O Direito não tem de a reconhecer nem de a receber como algo próprio da pessoa coletiva. Antes, a sua liberdade é constituída e atribuída pela Ordem Jurídica. Tal como sucede com a sua personalidade jurídica, a sua liberdade é constituída e atribuída pela Ordem Jurídica, e pode ser constituída com um âmbito mais ou menos amplo. Deste modo, ela é livremente definível no plano estritamente jurídico, o que não sucede (nem pode suceder) nas pessoas singulares.

---

[318] Independentemente de se entender que a pessoa e a personalidade jurídica, se iniciam antes do nascimento, a liberdade apenas se torna juridicamente relevante com o nascimento e com a inerente interação social, pelo que não entraremos aqui nesta questão.

A AUTORIZAÇÃO

Deste modo, nas pessoas coletivas, é a constituição da personalidade jurídica a ser o principal facto legitimador positivo do ponto de vista da respetiva autonomia privada.[319]

A ampliação da autonomia privada verifica-se em reação a uma limitação da autonomia privada.[320] Verificando-se um facto legitimador negativo que afete a autonomia privada,[321] o conteúdo da autonomia privada pode ser reposto por um facto legitimador positivo, quer este provoque a cessação dos efeitos negativos daquele facto legitimador, quer proceda a uma ampliação autónoma ou independente daquele facto.

Nas pessoas singulares, a ampliação da autonomia privada apenas pode ter fonte heterónoma. Esta é uma questão fundamental para o Direito. Ninguém pode dominar pessoalmente a liberdade de outrem, mesmo que para efeitos da sua ampliação. O domínio pessoal da liberdade de uma pessoa por outra, é juridicamente inadmissível, implicando uma violação dos princípios da dignidade da pessoa humana e da igualdade.

Os factos legitimadores positivos que afetam a autonomia privada têm sempre causa heterónoma. Não é possível a um ato de uma pessoa, só por si, causar e suportar efeitos de modificação da Ordem Jurídica que se traduzam numa modificação do nível de liberdade jurídica de outrem, mesmo que tal importe uma melhoria desse nível. Qualquer ato nesse sentido necessita de um suporte heterónomo. Será sempre um ato de soberania, não se admitindo atualmente que essa soberania seja pessoal.

---

[319] A autonomia privada das pessoas coletivas é análoga, mas não idêntica, à das pessoas singulares. Por um lado, a liberdade das pessoas coletivas é atribuída juridicamente. Por outro lado, não existe uma igualdade valorativa entre as pessoas coletivas. Existem mesmo grandes diferenças entre pessoas coletivas, especialmente se forem consideradas todas as pessoas coletivas, incluindo de direito privado e de direito público. Como tal, a autonomia privada das pessoas coletivas decorre da interação entre uma liberdade e uma igualdade que são análogas, mas não iguais, à liberdade e igualdade das pessoas singulares. No entanto, o presente estudo apenas incide sobre pessoas coletivas de direito privado, pelo que o grau de analogia face à autonomia privada singular é bastante alto.

[320] Embora nas pessoas coletivas essa liberdade possa ser ampliada a níveis superiores ao originário, uma vez que o próprio nível originário de liberdade é definido pelo Direito, podendo ser mais ou menos elevado. Nas pessoas singulares, embora o nascimento opere como principal facto legitimador positivo com relevância sobre a autonomia privada, simultaneamente verifica-se uma restrição à sua autonomia privada decorrente do regime da incapacidade por menoridade (resultante da sua idade).

[321] Que será analisado abaixo.

Nas pessoas coletivas, importa aferir se a analogia existente conduz ou não à mesma solução. A autonomia privada das pessoas coletivas resulta da sua personalidade jurídica e é inerente a esta. Não se trata de um reconhecimento de uma liberdade prévia ao Direito, mas antes de uma atribuição pela Ordem Jurídica. Importa agora saber se é possível, por ato autónomo, proceder a ampliações da autonomia privada.

No que respeita a ampliações da autonomia privada para além do que foi concedido pela Ordem Jurídica a resposta deve ser negativa. A Ordem Jurídica atribui determinada autonomia privada às pessoas coletivas, e não pode esta atribuição ser ampliada para além dos seus limites por um ato de autonomia.

No que respeita à reposição da autonomia privada em reação a uma restrição, a resposta está intimamente ligada à possibilidade de se limitar a autonomia privada por ato de autonomia. Se isso for possível, também será possível repor o seu nível.

Embora esta matéria seja relativa aos factos legitimadores negativos, adianta-se aqui parcial e sumariamente as conclusões, por razões de sistemática, retomando-se o assunto *infra*.

A liberdade de uma pessoa coletiva não pode ser nem restringida, nem ampliada, por um ato de autonomia. Um ato da própria pessoa coletiva não limita o âmbito da sua liberdade. Pode vinculá-la a agir de determinado modo, mas não modifica a sua liberdade. Mesmo uma modificação do objeto social, ou uma limitação aparente da liberdade constante dos seus estatutos, não limita efetivamente o âmbito da autonomia privada da pessoa coletiva. Pode implicar consequências para os titulares dos seus órgãos, mas o nível de liberdade de atuação da pessoa coletiva mantém-se. A autonomia privada da pessoa coletiva apenas pode ser restringida por ato heterónomo, tal como sucede com as pessoas singulares. E apenas pode ser reposta por ato heterónomo.

Como tal, os factos legitimadores positivos que afetam a autonomia privada têm sempre causa heterónoma, quer se refiram a pessoas singulares ou coletivas. Estes factos operam, quer diretamente através da Lei, quer através da criação de mecanismos de base legal que podem exigir atos praticados por outras pessoas de acordo com essa Lei.

Por exemplo, na celebração de contrato de trabalho por menor que não tenha completado dezasseis anos ou não tenha completado a escolaridade mínima obrigatória, de acordo com o regime do art. 70º, nº 2 do

A AUTORIZAÇÃO

Código do Trabalho, o contrato que seja por este celebrado diretamente só é válido se autorizado por escrito pelos seus representantes legais.

Apesar de o menor sofrer uma incapacidade de exercício, nos termos do art. 123º do Código Civil, pode celebrar o contrato diretamente, sendo para tal necessário que seja assistido pelos seus representantes legais. A idade do menor, que provoca a sua incapacidade de exercício, é um facto legitimador negativo, que incide sobre a autonomia privada, limitando a sua liberdade de atuação. Um menor incapaz não vê a sua liberdade de atuação natural reconhecida juridicamente como sucede com um maior. Se atuar, os efeitos da sua atuação, os efeitos da sua liberdade posta em movimento, não serão reconhecidos como sucederia se fosse maior, pelo que os efeitos que a sua atuação natural produz no mundo do Direito não serão o que se produziriam se não se verificasse o facto legitimador negativo. O menor incapaz não tem legitimidade para praticar os atos, pois sofre uma restrição à sua autonomia privada. Embora possa ser o titular das posições jurídicas sobre as quais pretende atuar, falta-lhe o elemento dinâmico da equação necessária para o estabelecimento da legitimidade. No entanto, o menor pode atuar pessoalmente, celebrando ele próprio o contrato de trabalho, se existir uma autorização dos representantes legais. Esta autorização não concede diretamente legitimidade ao menor. Opera apenas como um elemento integrador da previsão da norma do art. 70º, nº 2 do Código do Trabalho. Preenchida a previsão, a Lei exclui a limitação à autonomia privada do menor que resulta do art. 123º do Código Civil. O menor continua a ser menor e continua a ser incapaz de exercício. No entanto, a Lei exclui a limitação à sua liberdade jurídica para a prática daquele ato, por existir um facto legitimador positivo: ter sido concedida autorização.

Por exemplo, no art. 313º, nº1, do Código do Trabalho, o encerramento temporário da empresa ou de estabelecimento impede o empregador – singular ou coletivo – de praticar vários determinados atos. O empregador mantém-se como titular das posições jurídicas afetadas por esta norma. No entanto, segundo o nº 2 da mesma disposição, e no que respeita aos atos referidos nas als. d) a g) do n º1, a proibição cessa em caso de declaração expressa nesse sentido escrita por dois terços dos trabalhadores abrangidos pelo encerramento. O nº 1 do art. 313º do Código do Trabalho limita a liberdade do empregador e, como tal, o âmbito da sua autonomia privada na situação de encerramento da empresa ou estabelecimento. A declaração dos trabalhadores é relevante para a previsão da norma do nº 2 da mesma disposição, que opera como facto legitimador positivo. O restabelecimento da liberdade de praticar o ato não resulta da declaração dos trabalhadores, mas antes da norma do nº 2 do art. 313º do Código do Trabalho.

A questão da eventual admissibilidade de factos legitimadores positivos com eficácia ao nível da autonomia privada (agindo sobre a liberdade ou sobre a igualdade) com natureza de negócios jurídicos deve merecer resposta negativa. São muitos os conceitos e definições de negócio jurídico e os modos como se procede à distinção entre atos jurídicos negociais e não negociais. Não compete à presente investigação debruçar-se sobre esta matéria. Mas o problema é geralmente colocado no que respeita à eficácia jurídica. Se o ato provocar, por si, uma modificação da Ordem Jurídica, considera-se que é um negócio jurídico. Se do ato não resultar essa modificação, resultando antes de outra fonte, tratar-se-á de um simples ato não negocial, que poderá ser uma ação ou não.[322]

A questão que agora releva é colocada por FERREIRA DE ALMEIDA como de auto-suficiência do ato. Se o ato for auto-suficiente para provocar os efeitos jurídicos (a modificação da Ordem Jurídica) será um negócio; mas se não for auto-suficiente, se necessitar de algo mais, será um ato. Este critério da auto-suficiência permite uma boa perceção do problema com que agora nos deparamos. Saber se os efeitos resultam do ato *ex lege* ou *ex voluntati*. Ou, do outro ponto de vista, se o ato é suficiente para os efeitos, ou se precisa da Lei. Estes atos carecem sempre de Lei. Só através de figuras de base legal, e com fundamento na sua imposição heterónoma, é possível modificar a autonomia privada, nomeadamente restabelecendo o seu nível normal.

Não se trata de uma maior eficácia em face do conteúdo do ato. Por vezes, os efeitos associados ao ato são de tal modo mais amplos, ou simplesmente diferentes, do conteúdo significativo e da vontade ínsita ao ato, que não é possível considerar que resultam do ato. Como tal, a prática do ato importa uma modificação da Ordem Jurídica que tem origem

---

[322] Conforme a relevância positiva da finalidade do agente – OLIVEIRA ASCENSÃO, *Direito Civil*, Vol. II, cit., págs. 9-16 (em especial, pág. 14) e 491.

fora do ato. O problema não é necessariamente este.[323] Mesmo que do ato e seu respetivo conteúdo se pudesse retirar uma vontade do seu autor de ampliar a autonomia privada da outra pessoa, não se poderia imputar a eficácia jurídica ao ato.

Como vimos, a liberdade, como elemento estrutural da autonomia privada, não é nunca pertença pessoal de um terceiro. Nas pessoas singulares a possibilidade de conformação direta do nível de liberdade de uma pessoa não pode nunca ser pertença de uma outra pessoa. Esta situação traduziria uma superioridade jurídica estrutural de umas pessoas sobre outras, nas quais um grupo de pessoas dominaria a liberdade de outro grupo, o que implicaria uma violação juridicamente inadmissível do princípio da igualdade e do respeito pela dignidade da pessoa. Equivaleria a criar um sistema de domínio pessoal, próximo da escravatura. A maior ou menor liberdade de uma pessoa não pode resultar da vontade de um terceiro. Esse domínio, a existir, apenas pode resultar do Direito, e, normalmente terá por fonte a Lei. O domínio não é pessoal, mas sim normativo. A pessoa que, na prática, domina a outra não atua por sua conta, mas antes por conta ou da pessoa que sofre a restrição da autonomia privada, ou por conta do Direito (quer para seu benefício, quer para benefício da comunidade). Como tal, embora a Lei possa atribuir a uma determinada pessoa poderes que produzem efeitos sobre a autonomia privada de outrem, esses poderes não são pessoais do titular assim instituído legalmente, pois que este apenas os exerce no âmbito de um regime de origem externo e heterónomo. A causa é a Lei e não a vontade pessoa do titular desses poderes. Numa pessoa coletiva, a liberdade não pertence nem à própria nem a outrem. É atribuída pela Ordem Jurídica, e apenas por ela pode ser modificada. A mera vontade não pode modificar o que não pertence ao seu âmbito. Apenas poderá afetar indiretamente a liberdade na medida em que opera como elemento da previsão dessa norma cuja estatuição vem provocar precisamente essa modificação.

Por esta razão os factos legitimadores, positivos ou negativos, com influência sobre a autonomia privada não podem ter natureza negocial. Tal não significa que a vontade não tenha relevância. Os atos jurídicos

---

[323] O problema da vinculação heterónoma com base na autonomia privada – WOLFGANG THIELE, *Die Zuzstimmungen*, cit., pág. 23 – não chega a colocar-se, embora numa análise puramente estrutural, pudesse ser apreciado.

podem ter relevância sobre a autonomia privada de terceiros, mas apenas indiretamente, pois carecem da soberania da Lei. A vontade pode operar, isso sim, como elemento da previsão de normas jurídicas de fonte legal. Estas exigem na sua previsão a prática de um ato jurídico. É da soberania da Lei e não da vontade do ato que resulta a modificação da autonomia privada, muito embora o ato jurídico, e a inerente vontade, sejam relevantes.

Os atos jurídicos podem ser relevantes para efeitos de modificação do nível de autonomia privada de pessoas, mas sem que produzam esse efeito.

ii. Factos legitimadores positivos e titularidade

Contrariamente ao que sucede com os factos legitimadores que afetam a autonomia privada, os factos legitimadores que afetam a titularidade podem ter fontes heterónomas, como a Lei, e autónomas, como o negócio jurídico. Quer a Lei, quer o negócio jurídico, podem conceder a titularidade de posições jurídicas.

A Lei pode atribuir diretamente a titularidade de uma posição jurídica suficiente para, em conjunto com a autonomia privada, constituir legitimidade. Mas, também pode atribuir a titularidade de uma posição jurídica que, para ser perfeita, exija a prática de um ato por um terceiro, constituindo um caso misto. Embora a titularidade tenha sido atribuída, foi retirada a liberdade de agir no âmbito dessa titularidade. Ou seja, resolve-se o problema da falta de titularidade, mas cria-se um novo problema de falta de liberdade que carece de ser resolvido, sendo para tal necessário um ato do terceiro.

Em algumas situações, a falta de titularidade que impede a constituição de legitimidade pode ser sanada por um facto legitimador positivo de natureza negocial. Nestas, o negócio jurídico atribui ao agente a titularidade de uma posição jurídica que, em conjunto com a autonomia privada desse sujeito, lhe permite adquirir a legitimidade necessária para a prática do ato.

O negócio jurídico pode atribuir uma posição jurídica, independentemente da sua natureza. Não é relevante se se trata de um direito subjetivo, um poder, uma obrigação, ou outra posição jurídica. Interessa apenas que essa posição seja apta para criar a necessária relação com o objeto, estabelecendo um campo de atuação para a autonomia privada do agente. É o conteúdo – não a natureza – da posição jurídica, e o respetivo âmbito de abrangência, que são relevantes do ponto de vista da legitimidade.

Normalmente, refere-se que o poder é a situação ativa com a estrutura mais simples.[324]

Para GOMES DA SILVA[325], o poder consiste na *disponibilidade dum meio para atingir determinado fim ou um conjunto de fins, cuja utilização o direito regula de modo unitário*. Esta noção, que o próprio indica corresponder a uma *acepção técnica* de poder, não traduz no entanto a plenitude da complexidade da figura, como aliás o Autor parece também afirmar.[326] As infindáveis combinações envolvendo diferentes modalidades e graus de disponibilidade de diferentes meios para atingir diferentes fins, implicam que a substância do poder é algo de muito maior do que parece resultar da – aparente – simplicidade e pureza do conceito, que resulta apenas da clareza do Autor. Esta é uma noção da estrutura correspondente a uma situação ativa a que chama poder. A opção pelo termo resulta de uma análise da vontade e do comportamento do Homem no que respeita à relevância que têm na produção de efeitos jurídicos e ainda da influência histórica do termo. Substancialmente, GOMES DA SILVA analisa o que é necessário para que uma pessoa consiga provocar efeitos jurídicos, recorrendo frequentemente aos termos *conseguir* e *dominar* para explicar a sua análise do poder. De tal modo que, para si, ter poder é o mesmo que conseguir produzir efeitos e implica domínio sobre o meio a que se recorre para produzir esses efeitos. No entanto, a mera disponibilidade de meios tanto conduz à possibilidade de atuação como ao poder de atuação. Por outro lado, o domínio de meios implica, necessariamente, um poder sobre esses meios. Quando, como afirma, *ao alcance da sua vontade se acham meios de que legitimamente possa usar para atingir um fim*[327], não se está perante um poder, mas perante uma possibilidade. O facto de *os meios estarem em condições de ela* (a pessoa) *os empregar, de para ela serem utilizáveis*,

---

[324] E, enquanto tal, mais perfeito ou mais próximo da perfeição, por influência da chamada navalha de Occam (*entia non sunt multiplicanda sine necessitate*) – JOÃO DUNS ESCOTO, *Tratado do Primeiro Princípio*, tradução de Mário Santiago de Carvalho, Edições 70, 1998 (obra original de c. 1298-1308), cit."*Tratado*", pág. 72.

[325] GOMES DA SILVA, *O Dever de Prestar e o Dever de Indemnizar*, Livraria Cruz, Lisboa, 1944, cit. "*O Dever de Prestar*", cit., pág. 48.

[326] GOMES DA SILVA, *O Dever de Prestar*, págs. 28-33 e *Esboço*, cit., pág. 155.

[327] GOMES DA SILVA, *O Dever de Prestar*, cit., pág. 26 e *Esboço*, cit., pág. 155.

não corresponde ao poder de recorrer aos meios, mas à possibilidade de a eles recorrer. A sua noção de poder inclui não só o poder mas também a possibilidade,[328] pelo que consiste numa noção de poder *lato sensu*. *Stricto sensu*, o poder implica um domínio[329] sobre o bem, no sentido de ser a estrutura operacional do domínio.[330] Só quem domina tem poder. Quem não domina, não tem poder, embora possa ter algum grau de disponibilidade sobre os meios. Se houver meios ao seu alcance, a que consegue recorrer para atingir fins, tem uma possibilidade de produzir efeitos jurídicos. A possibilidade (jurídica) consiste numa mera disponibilidade de meios, que não contrarie o Direito, sem que, porém, exista um domínio sobre esses meios.[331] A estrutura mais simples de situação ativa, que se possa considerar como típica, é a possibilidade, e não o poder. Não é necessário ser titular de um poder para se ter legitimidade, basta ser titular de uma possibilidade, quer de uma simples possibilidade, quer de

---

[328] Traduz-se numa aptidão, mais do que num poder. Sobre o poder como aptidão para afectar bens jurídicos, EMMANUEL GAILLARD, *Le Pouvoir en Droit Privé*, Economica, Paris, 1985, cit. "*Le Pouvoir*", págs. 22-53.

[329] No sentido de *preponderar, prevalecer, exercer influência, mandar soberanamente* – PAULA COSTA E SILVA, *Sociedade Aberta, Domínio e Influência Dominante*, em *Revista da Faculdade de Direito da Universidade de Lisboa*, Vol. XLVIII, págs. 39-66, Coimbra Editora, Coimbra, 2007, cit. "*Sociedade Aberta*", pág. 46. O domínio incide diretamente sobre o seu objeto e pode variar de nível de intensidade. Tipicamente quando se fala em domínio pretende-se significar o domínio exclusivo de uma pessoa diretamente sobre o objeto de determinada situação jurídica. A questão é mais aparente no âmbito dos Direitos Reais, nomeadamente em MANUEL HENRIQUE MESQUITA, *Obrigações Reais e Ónus Reais*, Almedina, Coimbra, 1990, cit. "*Obrigações Reais*", que afirma que *o núcleo de qualquer relação real é, sem sobre de dúvida, pelo menos no plano dos efeitos prático-económicos que visa produzir, o domínio ou soberania de uma pessoa sobre uma coisa* (pág. 56) e *visando os direitos reais, no plano funcional, delimitar o poder de cada um sobre as coisas ou, por outras palavras, atribuir aos respectivos titulares a plena soberania (caso da propriedade) ou determinada soberania (caso dos direitos reais limitados) sobre uma coisa* (pág. 58). O Autor aprofunda a questão a págs. 74 e segs. Sobre a figura do domínio, também, RICARDO ARONNE, *Propriedade e Domínio, Reexame Sistemático das Noções Nucleares de Direitos Reais*, Renovar, Rio de Janeiro, 1999, cit. "*Propriedade*", em especial págs. 55-142.

[330] MANUEL HENRIQUE MESQUITA, *Obrigações Reais*, cit., pág. 73.

[331] ANTÓNIO JOSÉ DE BRITO, *O Possível e o Real*, em *Valor e Realidade*, INCM, 1999, cit. "*O Possível*", págs. 93-113, não aceita a equiparação da possibilidade à não contrariedade, mas a análise que faz é do possível absoluto e não do possível jurídico. Num juízo relativo de possibilidade, em face de um ordenamento pré-existente, a equiparação da possibilidade à mera não contradição é suficiente, embora já não o seja num juízo absoluto de possibilidade, em que essa equiparação resultaria num círculo vicioso como afirma – pág. 94.

uma situação mais complexa que inclua essa possibilidade. Se a prática desses atos estiver incluída no âmbito de atuações possíveis segundo o conteúdo da posição jurídica, o seu titular não terá falta de legitimidade por falta de titularidade.[332]

O âmbito da possibilidade de atuação é, como tal, da maior relevância. Esta possibilidade pode resultar de vários conteúdos, mas o que importa é que esse conteúdo provoque o reconhecimento e a aceitação do ato pelo Direito.

B) FACTOS LEGITIMADORES NEGATIVOS

Aos factos que têm como efeito excluir a legitimidade dá MENEZES CORDEIRO o nome de factos legitimadores negativos[333]. São factos que provocam uma legitimidade negativa, ou seja, impedem que a legitimidade se verifique.

Estes factos não necessitam de incidir simultaneamente sobre ambas – autonomia privada e titularidade. Por vezes a perda de legitimidade resulta de um facto que afeta exclusivamente a autonomia privada, sem que a titularidade da posição jurídica sofra qualquer restrição. Mas pode também suceder que a falta de legitimidade resulte de um facto que produz os seus efeitos ao nível da titularidade sem que se trate de um problema de autonomia privada. A falta de legitimidade pode, no entanto, resultar de questões relacionadas com ambas: autonomia privada e titularidade.

i. Factos legitimadores negativos e autonomia privada

Há situações nas quais o agente é o titular de uma posição jurídica que inclui a prática do ato, mas em que não tem liberdade para o praticar. Ou seja, a sua autonomia privada sofre uma restrição de tal modo que, embora seja ele o titular da situação jurídica, esta não está abrangida pela sua autonomia privada. Os factos que provocam esta limitação ao campo de abrangência da autonomia privada serão, então, factos legitimadores negativos com relevância sobre a autonomia privada.

A autonomia privada não é absoluta, nem tem um conteúdo estático. Embora seja um dos princípios mais importantes da Ordem Jurídica, são

---

[332] Necessitando, no entanto, de suficiente liberdade para poder agir.
[333] *Tratado de Direito Civil Português*, vol. I, Tomo IV, Almedina, Coimbra, 2005, pág. 20.

inúmeras as restrições que limitam essa liberdade de atuação do sujeito que é inerente à autonomia privada.

Ao limitar a liberdade de atuação, mesmo que o sujeito mantenha a titularidade, fica sem a mesma possibilidade de atuação. Mantém-se a configuração do elemento estático do binómio autonomia privada/titularidade, mas restringe-se o elemento dinâmico. Como tal, embora o sujeito seja titular da situação jurídica sobre a qual pretende agir, falta-lhe a potência jurídica de atuação. O sujeito fica juridicamente paralisado, pois a mera titularidade, sendo estática, não tem ação; não tem em si a potencialidade de se transformar em ação pois não é dinâmica.

A questão das restrições à liberdade é uma das questões que sempre surge na tentativa de compatibilização do mundo do Direito com o mundo ontologicamente real. Neste mundo do ser, a liberdade pode, e é muitas vezes, cerceada em maior ou menor grau. Tal sucede, normalmente, através da violência e da aplicação de força física, ou outros meios idóneos. Mas, no mundo do Direito, no mundo do dever ser, o cerceamento da liberdade deve obedecer ao Direito, e apenas sucederá dentro dos limites dessas regras. Assim, mesmo que no mundo do ser se verifique um cerceamento efetivo da liberdade ou da igualdade (por exemplo, uma situação de escravatura imposta pela força), no mundo do dever ser a pessoa mantém a sua liberdade e igualdade, com a correspondente autonomia privada. A limitação jurídica da liberdade, por seu lado, provoca uma incompatibilidade com o campo de liberdade real, pelo que a prática de um ato que esteja ao alcance da liberdade ontológica, mas não seja abrangido pela liberdade jurídica de atuação, não será plenamente reconhecido pelo Direito. É, pois, importante determinar como se pode proceder à restrição da autonomia privada, ou seja, qual a natureza dos factos legitimadores negativos com relevância sobre a autonomia privada.

Os factos com aptidão para limitar a autonomia privada devem respeitar o Direito. No que respeita às pessoas singulares, não podem colocar em causa a essencial dignidade da pessoa humana. Já nas pessoas coletivas, as limitações ao Direito são mínimas.

A restrição à autonomia privada pode resultar quer de uma limitação da liberdade quer de uma limitação da igualdade.[334] Qualquer uma

---

[334] Por exemplo, no que se refere à condição jurídica dos estrangeiros.

implica restrições a valores fundamentais do ordenamento jurídico, com todos os limites inerentes.

No que respeita a fontes heterónomas de restrições à autonomia privada, não se levantam grandes problemas. É possível, através de uma fonte heterónoma, proceder a restrições quer à liberdade quer à igualdade de alguém, desde que as mesmas se situem dentro dos limites da Ordem Jurídica. Através da Lei, o Estado pode impor restrições à autonomia privada, mediante disposições que afetarão a liberdade ou a igualdade. As exigências constitucionais, e outras aplicáveis, impõem limites, mais ou menos aprofundados, mas não o proíbem em absoluto.

Como tal, é possível limitar a autonomia privada através da Lei ou de outras fontes, de natureza heterónoma, como sejam a Moral, a Ordem Pública e a Natureza.[335] Qualquer uma pode provocar restrições à autonomia privada.

Um dos factos legitimadores negativos com relevância sobre a autonomia privada é a incapacidade de exercício.

Usualmente distingue-se legitimidade de capacidade, em especial da capacidade de exercício. As figuras são efetivamente diferentes. Na incapacidade de exercício, a pessoa não pode exercer pessoalmente as posições de que é titular, carecendo de quem a represente ou assista na prática dos atos. O incapaz de exercício é-o em abstrato, sem que, em regra, haja necessidade de apreciarmos atos concretos, antes categorias de atos. Opera como uma qualidade da pessoa.

Na ilegitimidade, a pessoa ou não é titular de uma posição jurídica que inclua a possibilidade de praticar o ato pretendido, ou não tem um nível suficiente de autonomia privada, podendo ainda verificarem-se ambas as situações. É um juízo que apenas em concreto se pode fazer, em face de um ato específico e pontual. Só considerando a concreta posição da pessoa perante a situação jurídica sobre qual pretende agir é que será possível aferir da sua legitimidade. Mas, não obstante estas figuras difiram entre si, elas não são dicotómicas. Ou seja, os problemas não são ou de capacidade ou de legitimidade. Muito pelo contrário.

---

[335] Pais de Vasconcelos, *Teoria Geral*, cit., págs. 375-376 e Luísa Neto, *O Direito Fundamental à Disposição Sobre o Próprio Corpo (A Relevância da Vontade na Configuração do seu Regime)*, Coimbra Editora, Coimbra, 2004, cit. *"Direito Fundamental à Disposição"*, págs. 306-316.

A incapacidade de exercício impede que alguém exerça pessoalmente posições jurídicas de que é titular; não restringe a sua titularidade, mas sim a sua liberdade. Ou seja, um incapaz não é livre de praticar certos atos. Sofre restrições na sua liberdade que, por sua vez, afetam a sua autonomia privada. Um incapaz não pode fundar na sua autonomia privada a celebração pessoal de um negócio, pois o Direito não lhe reconhece essa liberdade.

A falta de liberdade do incapaz é resultado da incapacidade de exercício, mas afeta necessariamente a legitimidade. Em regra, um incapaz de exercício não tem legitimidade para praticar pessoalmente os atos. Se o fizer, os atos praticados sofrerão as consequências da sua falta de legitimidade, atendendo à falta de autonomia privada suficiente. Por vezes, a limitação da liberdade é menor, podendo o incapaz praticar os atos pessoalmente mas com a assistência ou sem a oposição de outrem. Mas, mesmo nesta situação, não tem legitimidade para, só por si, praticar o ato com os efeitos típicos.

Como tal, incapacidade de exercício e legitimidade não são figuras dicotómicas, mas sim complementares. A legitimidade é também influenciada pela capacidade de exercício, em resultado da relevância da capacidade sobre a liberdade de atuação e, por isso, da concreta autonomia privada do sujeito.

A incapacidade de exercício resulta da Lei, em regra derivando de uma incapacidade natural, e, excecionando as restrições impostas pela Moral, Ordem Pública e Natureza, o espaço de liberdade efetivo de cada um resulta do confronto entre a sua autonomia privada e a heteronomia pública decorrente da Lei. São inúmeras as leis que restringem, ou mesmo retiram, a liberdade do indivíduo, por um sem número de razões, normalmente associadas à proteção do próprio ou do Bem Comum pelo Estado. Estas restrições limitam a autonomia privada e, em consequência disso, podem limitar ou mesmo excluir a legitimidade daquele que, de outro modo, teria legitimidade para atuar.

A questão que está em apreciação consiste em saber se é possível proceder a restrições à autonomia privada de fonte autónoma. Ou seja, saber se é possível que um negócio jurídico seja um facto negativo com relevância sobre a autonomia privada.

Esta questão deve ter resposta negativa. Um negócio jurídico não tem aptidão para restringir a autonomia privada, pois é ele mesmo exercício da autonomia privada. O exercício da autonomia privada através de um negócio jurídico tem, naturalmente, consequências ao nível da vinculação do agente, e estas poderão restringir o seu modo de agir. Mas não restringem a autonomia privada, pois o titular mantém o nível de liberdade e de igualdade que tinha anteriormente. O conteúdo do negócio jurídico, por exemplo, ao vincular o agente à realização de uma prestação, faz com que este fique adstrito juridicamente a efetuá-la, a que seja possível exigir a sua realização, mesmo judicialmente, e pode implicar a responsabilização do agente por danos causados pela não realização da prestação, mas com isso não se lhe retira a legitimidade para praticar o ato contrário. Por exemplo, como regra, a celebração de um contrato-promessa de compra e venda não retira ao promitente vendedor a legitimidade para alienar a coisa, muito embora tal possa implicar a violação do contrato-promessa.[336] Mesmo quando alguém se obriga a não praticar determinado ato ou a não celebrar determinado negócio também aí não existe uma limitação da autonomia privada. O agente continua a ter liberdade para o fazer, embora o ato possa constituir um incumprimento e o agente possa vir a sofrer consequências negativas.

ii. Factos legitimadores negativos e titularidade

Como vimos, a legitimidade pode faltar por questões relativas à titularidade. Sendo a titularidade a estabelecer os limites de incidência da autonomia privada, se ela faltar, ou se for restringida, o sujeito não tem objeto sobre o qual exercer autonomia privada. Nestas situações, embora o sujeito possa estar dinamicamente habilitado a agir, a potência de atuação não tem um objeto definido e delimitado sobre o qual possa vir a recair a atuação pretendida; não há um campo sobre o qual fazer incidir a dinâmica jurídica de atuação.

Como vimos também, a verificação de um facto legitimador negativo, ao restringir ou excluir um ou ambos os elementos do binómio autonomia privada/titularidade, impede a legitimidade. A restrição de um dos dois elementos não tem por efeito uma mera restrição da legitimidade. Não existe legitimidade restringida. O sujeito ou tem legitimidade para a prática do ato ou não a tem. Pode, efetivamente, ser mais fácil ou mais

---

[336] No caso do contrato-promessa com eficácia real a problemática é diversa e não cabe abordá-la.

difícil ao sujeito obter a legitimidade de que carece para praticar o ato pretendido, mas, enquanto não a adquirir, a sua legitimidade não está suspensa, restrita ou condicionada; a sua legitimidade não existe *(tercium non datur)*.

A legitimidade apenas pode ser efetivamente determinada em concreto, caso a caso, ato a ato. Embora o estudo da legitimidade exija algum nível de abstração e de distanciamento do plano concreto, tal não significa que ela opere efetivamente em abstrato. Um sujeito não tem maior ou menor legitimidade, e não tem mais ou menos potencial legitimidade. Não é possível determinar um nível de legitimidade de um sujeito sem a apreciar em concreto. Pode haver titularidade e autonomia privada que, num determinado momento seriam suficientes para que o sujeito tivesse legitimidade se praticasse o ato; mas não se sabe se se manterão até ao momento da prática do ato, nem se sabe se o ato irá ser praticado, pelo que um juízo sobre legitimidade futura implica sempre uma projeção futura de factos presentes, com uma inerente abstração do juízo de legitimidade.

Por outro lado, não existe uma esfera de legitimidade de um sujeito que abranja todas as legitimidades possíveis. Não existe uma legitimidade da pessoa. Existe sim uma legitimidade de uma pessoa concreta para praticar um ato concreto sobre um objeto concreto num momento concreto. Um sujeito ou tem legitimidade para praticar um ato ou não a tem. Poderá ser, em concreto, mais fácil ou mais difícil ao sujeito obter ou perder a legitimidade, mas o sistema de apreciação é sempre binário, não admitindo uma graduação de legitimidade.

As variações da titularidade são frequentes, especialmente quando comparadas com as variações de liberdade. Verificam-se na transmissão da posição jurídica, mas também sem que a posição seja efetivamente transmitida.

Para o juízo de legitimidade é necessário que o agente seja o titular de uma posição jurídica que inclua no seu conteúdo a possibilidade de prática do ato que pretende realizar. Mas isso nem sempre sucede. Por vezes, o agente é titular de uma posição jurídica sobre determinado bem, mas que não inclui o ato que se pretende praticar. Embora possa ser referido como o titular do bem, não é titular de uma posição jurídica que estabeleça, quanto à prática do ato em causa, um âmbito de incidência para a autonomia privada.

A AUTORIZAÇÃO

Estas variações podem resultar da Lei, Moral, Ordem Pública e Natureza, como também de atos negociais.

Em regra, é possível através de um negócio jurídico proceder a alterações no conteúdo da posição jurídica de que se é titular, de tal modo que o âmbito da titularidade deixe de incluir a prática de determinados atos. Não se trata de uma restrição à autonomia privada, mas antes de uma restrição à titularidade com efeitos sobre a legitimidade. Não é a liberdade que é restringida, é a posição de que se é titular. A dinâmica potencial que resulta da liberdade existe, mas não tem onde se manifestar ou materializar; em suma, não há onde se verificar o agir jurídico. Falta uma posição jurídica sobre a qual incidir. Como tal, embora se possa verificar uma aparência de restrição à autonomia privada, o que se verifica efetivamente é, na realidade, uma restrição à titularidade com reflexos sobre a legitimidade e, como tal, sobre a ação.

Por conseguinte, podem verificar-se factos que restringem ou extinguem uma posição jurídica e que, ao fazê-lo, acarretarão a falta de legitimidade para a prática de atos.

IV
Da legitimidade à autorização

1. Legitimidade
Como vimos, para que haja legitimidade é necessário que a autonomia privada e a titularidade sejam suficientes. A falta de qualquer um dos dois elementos, no grau ou com o âmbito adequados, importará a falta de legitimidade.

A questão que foi possível detetar relativamente às limitações voluntárias de direitos de personalidade corresponde a um problema de titularidade. Da análise dessa questão resultou que estas limitações eram causadas por um negócio jurídico, o qual provocava, de modo que falta apurar, a legitimidade de um terceiro para agir sobre bens de personalidade do titular.

Como se vê, o problema que aqui temos não diz respeito à autonomia privada desse terceiro. Vamos presumir que este não sofre limitações especiais ao âmbito da sua autonomia privada. O problema consiste em saber qual a posição jurídica de que este é titular e que, em conjunto com a sua autonomia privada, provoca a legitimidade. Qual a sua estrutura e regime.

Normalmente, para procurar uma resposta a uma questão deste tipo, inicia-se a busca por essa figura paradigmática do Direito que é o direito subjetivo. No entanto, uma vez que se recorreu à questão das limitações dos direitos de personalidade, já se concluiu que a posição jurídica do autorizado não constitui um direito subjetivo, nem mesmo um poder.

A questão é complexa, pois o poder é normalmente referido como a situação jurídica estruturalmente mais simples. Sendo constituído pela disponibilidade de meios para atingir um fim,[337] o poder é uma situação jurídica apta a produzir efeitos legitimadores. Se uma pessoa tiver um poder de praticar determinado ato, ou se for titular de uma situação jurídica que inclua tal poder, e desde que a sua autonomia privada abranja essa prática, terá legitimidade para o praticar. No entanto, na análise dos direitos de personalidade, concluímos já que não é admissível um poder de alguém sobre bens de personalidade de outrem.

O problema prende-se com a disponibilidade sobre o bem de personalidade de outrem. No caso do poder, o titular dispõe desse bem. Se alguém dispõe de bens de personalidade de outrem, domina juridicamente essa pessoa (pelo menos em parte). Contudo, esse tipo de domínio de uma pessoa sobre outra pessoa não pode ser admitido. Sempre se poderia afirmar que se trata de um mero modo de expressão, e que nos direitos de personalidade o terceiro não disporia efetivamente dos bens de personalidade. Mas, o problema não é terminológico. Substancialmente, não se pode admitir que uma pessoa possa dominar bens de personalidade de outrem. Não se pode admitir um poder de agir sobre bens de personalidade de outrem. Isto não significa que não se possa admitir a possibilidade de agir sobre esses bens. Mas para tanto não é necessário um poder. Possibilidade de atuação e poder de atuação não são sinónimos, nem formal, nem substancialmente.

A questão que resulta da análise das limitações voluntárias aos direitos de personalidade não consiste em saber quando é que alguém pode agir sobre bens de personalidade alheios, mas quando é que é possível a alguém agir sobre bens de personalidade alheios sem que com isso chegue a dominá-los.

Para a análise desta possibilidade é necessário indagar onde se encontra a fronteira da possibilidade de atuação sobre bens jurídicos alheios, por mais difusa que essa fronteira seja, o que se faz seguidamente.

2. Inação

O Direito protege a titularidade. Sendo alguém titular de uma determinada situação jurídica, o Direito protege essa situação e a própria titularidade através de vários mecanismos.

---

[337] GOMES DA SILVA, *O Dever de Prestar*, cit., pág. 48.

Se uma pessoa praticar um ato sobre um bem alheio, o Direito reage. Por um lado, o ato é considerado ilícito, pois viola a titularidade alheia. Por outro lado, podem existir vários meios de proteger essa posição, com efeitos vários. E, para além do mais, o ato é ilegítimo.

No entanto, há várias situações nas quais a reação fica significativamente nas mãos do titular. A mera ilicitude e ilegitimidade de um ato não implicará, por vezes, consequências de maior. Se uma pessoa se sentar, para descansar, sobre uma viatura automóvel de um terceiro, viola o direito de propriedade dessa pessoa. O ato é ilícito. A pessoa não tem legitimidade para praticar esse ato. Mas se o proprietário da viatura nada fizer, nada acontece que produza efeitos reais. O proprietário pode exigir que a pessoa saia de cima da viatura. Ao fazê-lo estará a exercer elementos do seu direito de propriedade. Mas também pode não o fazer, não sofrendo o agente qualquer efetiva reação juridicamente negativa.

Este exemplo, que poderá ser apelidado de académico, é contudo aplicável a uma multidão de situações da vida, com grande relevância prática. A violação de qualquer direito com meios de defesa que exijam a iniciativa do titular não leva a consequências negativas de maior no que respeita ao agente, exceto se o seu titular tomar a iniciativa de recorrer aos meios de tutela ao seu dispor.

O que sucede quando o titular nada faz perante uma violação da sua situação jurídica? O que sucede quando se verifica a inação do titular em face da violação da sua situação jurídica?

A inação consiste num comportamento passivo. Mas é mais do que um comportamento passivo, a inação é omissiva.[338] Diante de uma determinada situação, em que uma pessoa pode ou não reagir, a inação consiste na não reação, na não prática de um ato reativo. A inação é, nesta perspetiva, uma mera omissão de reação defensiva de posições jurídicas.[339] O titular de uma posição jurídica, podendo ou não reagir a uma determinada situação (por exemplo uma violação de um seu direito de propriedade), nada faz.

---

[338] Béatrice Thullier, *L'Autorisation, Étude de Droit Privé*, L.G.D.J., Paris, 1996, cit. *"L'Autorisation"*, pág. 31, vê-a como uma abstenção.
[339] Oliveira Ascensão, *Direito Civil, Vol. II*, cit. págs. 37-39, aborda também o tema da omissão, mas no que respeita à sua relação com o silêncio.

A inação pode ser consciente ou inconsciente. O titular pode não reagir porque não tem conhecimento da violação da sua situação jurídica, porque não sabe que é titular da situação jurídica, porque não sabe que tem ao seu dispor meios de proteção dessa situação jurídica, porque querendo reagir não pode ou não o consegue fazer, porque não quer ainda reagir, porque está a preparar-se para reagir, porque está a procurar quem o apoie na reação, ou por qualquer outra razão. A consciência ou inconsciência da inação é indiferente para a não reação. Mesmo a voluntariedade ou não do comportamento é irrelevante. Apenas é relevante a mera omissão de reação. O que releva é que o titular não reagiu.

A irrelevância da consciência e da voluntariedade da inação implica a sua inabilidade para suportarem um conteúdo significativo que decorra do comportamento omissivo do titular. A inação não tem conteúdo significativo próprio. Não significa que o agente aceite ou não a situação, se é conforme ou não com a mesma, que vá ou não exercer determinadas posições jurídicas, sobre atos já passados, em curso, ou futuros. Simplesmente não há ação humana, mas apenas um mero comportamento passivo e omissivo, que se traduz num nada, que como nada que é, não inclui um conteúdo significativo próprio.[340]

Embora não tenha conteúdo significativo próprio, pode ser-lhe atribuído um pelo Direito, que é o que se passa, por exemplo, com a caducidade e com a prescrição. Mas, mesmo nestes exemplos clássicos, a consequência não resulta apenas da inação, antes sendo relevante, em conjunto com a inação, mais um conjunto de factos, mormente o decurso de um prazo mais ou menos alargado, em conjunto com preocupações de estabilidade e segurança jurídica.

A inação do titular pode implicar, na prática, a não reação contra a atuação do terceiro. Este consegue realmente praticar o ato. E pode conseguir, na prática, não sofrer consequências jurídicas negativas decorrentes desse ato. Mas a inação do titular não provoca a possibilidade jurídica

---

[340] O que a distingue da inércia que, traduzindo-se numa abstenção do titular semelhante a uma inação, se caracteriza por significar um desinteresse do titular na proteção da sua posição jurídica – ULDERICO BISEGNA, *Tolleranza (Atti di)*, em *Novissimo Digesto Italiano*, XIX, UTET, Torino, 1973, cit. *"Tolleranza"*, pág. 403 – e da questão da omissão da prática de atos devidos – PEDRO NUNES DE CARVALHO, *Omissão e Dever de Agir em Direito Civil*, Almedina, Coimbra, 1999, cit. *"Omissão"*, em especial págs.85-96.

de atuação. O ato é ilícito e, apesar de não existirem consequências negativas com relevo prático, a Ordem Jurídica continua a proteger a situação jurídica do titular. A violação dessa situação continua a ser ilícita, não sendo aceite pelo Direito. O facto de alguém simplesmente omitir uma reação não constitui na esfera jurídica da pessoa, que realmente beneficia dessa reação omissiva, uma posição jurídica cuja titularidade possibilite a atuação.

A inação, só por si, não dá lugar à possibilidade jurídica de atuação. E não pode dar. De outra forma, o Direito nada protegeria. Bastava a alguém violar um direito alheio, para logo ser possível fazê-lo, apenas havendo proteção jurídica quando o titular da posição violada reagisse negativamente em simultâneo com a prática do ato violador. Ora isto é o oposto do Direito, é a tutela da violação e não a tutela da titularidade. Seria protegido quem agisse sobre os bens jurídicos e não quem fosse seu titular. Se o titular quisesse beneficiar da proteção teria de agir em simultâneo, ou perderia a tutela.

Como tal, a mera inação do titular, em face de um ato de terceiro que viole a sua situação jurídica, embora possa até nem implicar consequências negativas de relevo ou efetivas para quem pratique o ato, não possibilita juridicamente essa atuação.

Mas, o que sucederá se o titular, em face dessa mesma situação, a tolerar.

3. Tolerância

A tolerância é, tal como a inação, um ato passivo quanto à sua prática.[341] O titular de uma situação jurídica não reage à sua violação por um comportamento de terceiro, tendo ao seu dispor a possibilidade de o fazer,[342]

---

[341] A tolerância enquanto ato e não enquanto valor; enquanto *toleration* e não enquanto *tolerance* – sobre a distinção Hans Oberdiek, *Tolerance, Between Forbearance and Acceptance*, Rowman & Littlefield Publishers, Maryland – Oxford, 2001, cit. *"Tolerance"*, em especial págs. 23-35. O recurso à *tolerantia* como ato pode ser atribuída a Cícero, na sua *Paradoxa ad Marcum Brutum* (*Paradoxa Stoicorum*) escrita *circa* 46 ac (paradoxo IV, 27) como ato que traduz a virtude de suportar algo de negativo (Mark O. Webb, Cicero's Paradoxa Stoicorum: A New Translation with Philosophical Commentary, Texas, Estados Unidos da América, 1985, cit. " Paradoxa Stoicorum", págs. 26 (inglês) e 67 (latim).

[342] GIANLUCA SICCHIERO, *Tolleranza*, em *Digesto delle Discipline Privatistiche*, XIX, págs. 371--385, UTET, Torino, 1999, cit. *"Tolleranza"*, págs. 372-374.

nomeadamente para fazer cessar esse comportamento ou o sancionar.[343] Mas, enquanto na tolerância o titular tolerante está sempre consciente do comportamento do terceiro e da sua própria possibilidade de reação, não reagindo voluntariamente,[344] na inação o titular tanto pode estar, como não estar, consciente disso. A consciência da violação e da possibilidade de reação é essencial à tolerância, mas já não o é à inação.

No que respeita ao elemento omissivo, a tolerância é confundível com a inação.[345] Em ambas, o titular da situação jurídica violada, podendo reagir, não o faz.[346] Como tal, um observador externo, quando exposto a uma não reação do titular, tipicamente pode supor estar tanto perante uma inação como perante uma tolerância. No entanto, a tolerância, incluindo uma omissão de reação – tal como a inação –, tem conteúdo significativo – no que difere da inação que é desprovida de conteúdo significativo.

Aquele que tolera, encontra-se numa situação na qual, sabendo da violação e podendo reagir, decide suportar voluntariamente essa situação.[347] Não só pode tolerar ou não, escolhendo se reage à atuação do ter-

---

[343] Neste sentido, ALESSANDRA SALOMONI, *La Rappresentanza Voluntaria*, CEDAM, Padova, 1997, cit. "*La Rappresentanza*", pág. 263 e BÉATRICE THULLIER, *L'Autorisation*, cit., pág. 29.
[344] BÉATRICE THULLIER, *L'Autorisation*, cit., pág. 31, considera como critério distintivo entre a tolerância e a inação (abstenção), a voluntariedade do comportamento na primeira. Também RUI PINTO, *Direitos Reais de Moçambique*, Almedina, 2006, cit. "*Direitos Reais*", pág. 509, considera a vontade do tolerante como essencial à tolerância.
[345] GIANLUCA SICCHIERO, *Tolleranza*, cit., pág. 374.
[346] ULDERICO BISEGNA, *Tolleranza*, cit., pág. 401, exige na tolerância que esta tenha origem numa esfera exterior ao Direito, consistindo a tolerância numa manifestação de relações familiares, de cortesia, de amizade e, em geral, de boa vizinhança (o Autor aborda a tolerância no âmbito dos direitos reais). Embora se possa reconhecer que normalmente (ou, pelo menos, frequentemente) os atos de tolerância estejam relacionados com situações como as descritas, estas não são impeditivas da qualificação, operando como meros índices do tipo.
[347] Segundo MENEZES CORDEIRO, *Direitos Reais*, Reprint 1979, Lex, Lisboa, 1993, cit. "*Direitos Reais*", pág. 399, *os actos de mera tolerância são aqueles que são praticados com referência a uma coisa, no âmbito de uma autorização expressa ou tácita, do titular de um direito sobre ela, sem constituição de qualquer direito*. Embora refira uma autorização, não parece que o faça num sentido técnico, mas apenas para significar que a tolerância do titular é voluntária. Pronuncia-se no mesmo sentido em *A Posse: Perspectivas Dogmáticas Actuais*, reimp. da 3ª ed., Almedina, Coimbra, 2004, cit. "*A Posse*", pág. 60. Sobre a tolerância no caso específico da representação, RUI ATAÍDE, *A Responsabilidade do "Representado" na Representação Tolerada – Um Problema de Representação sem Poderes*, AAFDL, Lisboa, 2008, cit. "*A Responsabilidade*", em especial págs. 228-248.

ceiro ou não, como, acima de tudo, opta por não o fazer, conformando-se com a atuação tolerada. O tolerante conhece e suporta pacientemente[348] o ato do terceiro.

A tolerância não é, pois, um nada. Ela implica uma tomada de posição efetivamente voluntária relativamente aos atos praticados pelo agente sobre a situação jurídica do tolerante.

A tolerância só pode existir numa situação de desequilíbrio, pois para que alguém possa tolerar tem de estar numa posição superior relativamente à pessoa cuja ação é tolerada. Nem que seja por poder decidir livremente se tolera ou não o comportamento do outro, sem que este o possa forçar a tolerar. Uma tolerância forçada nunca é uma tolerância; pode ser o cumprimento de um dever, de uma obrigação, de um ónus, o resultado de uma sujeição, mas nunca uma tolerância.

Uma tolerância é sempre consciente. Se uma pessoa não tiver conhecimento da violação da sua situação jurídica não se pode conformar com ela. Se, nesse caso, não reagir, verifica-se uma inação, podendo sempre vir a reagir no futuro, mesmo quanto aos factos passados.[349] Ao tolerar consciente e voluntariamente, o seu comportamento é relevante para o Direito. A distinção fundamental relativamente à inação consiste, pois, no significado dessa não atuação.

A inação mesmo quando voluntária, não implica uma aceitação do comportamento alheio, nem mesmo uma conformação com o mesmo, mas a mera falta de reação, a mera omissão de reação. Ao contrário, a tolerância implica necessariamente a vontade de se conformar com a situação tolerada. Não significa que o tolerante concorde com a situação, que a faça sua, que se associe à mesma, ou mesmo que a aceite.[350] No entanto, conforma-se com a situação, não reagindo contra a mesma.

A tolerância implica uma permissão ou, melhor, uma possibilitação, embora sem aceitação ou concordância, mas sendo antes praticada passi-

---

[348] No sentido de mera *scientia e patientia* – GIANLUCA SICCHIERO, *Tolleranza*, cit., págs. 372--373.
[349] GIANLUCA SICCHIERO, *Tolleranza*, cit., pág. 376.
[350] As motivações da tolerância podem ser muito variadas. Sobre o assunto, HANS OBERDIEK, *Tolerance*, cit., em especial págs. 37-56.

vamente.[351] É este conteúdo significativo que a distingue essencialmente da inação.

A tolerância tem pois conteúdo significativo, ao contrário da mera inação que não tem um conteúdo significativo próprio, apenas existe; e não o tendo mostra-se irrelevante como elemento ativo e dinamizador do Direito, embora não deixe de ter relevância jurídica.

Outra diferença entre a tolerância e a inação é o nível de negociabilidade. No que respeita à inação, a falta de conteúdo significativo, de vinculatividade e de eficácia implica que o seu nível de negociabilidade seja extremamente baixo. De tal modo baixo, que não só não é possível qualificá-la como um negócio jurídico, como se torna problemático aplicar-lhe o regime dos negócios jurídicos considerando a escassa analogia com estes.

Na tolerância a questão é mais complexa, pois o problema existe em dois níveis: por um lado, a tolerância, ao consistir numa não reação jurídica voluntária e consciente, implica a não atuação dos mecanismos de tutela da situação que exijam a reação do titular; por outro lado, o significado de conformação com a situação em causa poderá determinar, direta ou indiretamente, outras consequências.

No que respeita ao primeiro nível, a tolerância tem um nível de negociabilidade idêntico ao da inação. Consistindo num não exercício voluntário de mecanismos jurídicos, a falta de efeito desses mecanismos não é imputável diretamente à vontade do tolerante, mas ao próprio modo de funcionamento dos mecanismos. A falta de eficácia de um determinado mecanismo jurídico que resulte exclusivamente de este não ter sido usado não é um negócio jurídico. É um não exercício voluntário de posições jurídicas.

---

[351] Numa perspetiva diferente BÉATRICE THULLIER, *L'Autorisation*, cit., págs. 33-38, que considera não se verificar na tolerância qualquer permissão. Para esta Autora, um ato permissivo provoca a não aplicabilidade de uma norma proibitiva ao ato praticado pelo que este nunca é ilícito; contrariamente, na tolerância, a norma é aplicável ao ato, mas o tolerante opta por não o fazer. Como tal, o ato tolerado é ilícito (a Autora chama-lhe também irregular), embora sem consequências negativas, enquanto que o ato permitido é lícito. A aplicação da norma é de facto descartada, mas juridicamente mantém-se aplicável. O tolerante pode sempre exigir a aplicação da norma, pelo que a tolerância é, na sua essência, um ato precário.

Já o conteúdo significativo da tolerância pode implicar algo mais. A questão principal consiste em saber se a vontade do tolerante é a causa eficiente[352] de algum efeito, ou não.

Para tanto torna-se necessário analisar o modo de operação da tolerância e os seus efeitos: o que sucede quando alguém tolera?

A tolerância funda o seu modo de operação na disponibilidade sobre as posições jurídicas de que se é titular e que merecem proteção jurídica. O titular de uma posição jurídica, na medida em que possa dispor da mesma, pode decidir qual o nível de defesa da posição jurídica que pretende usar.

O Direito protege posições jurídicas através de vários mecanismos, que operam de modos muito díspares. No entanto, têm uma característica comum: a proteção da posição jurídica e a ligação a essa proteção. Normalmente a proteção jurídica é atribuída ao titular da posição jurídica, como parte integrante da própria posição, a quem caberá decidir se a usa ou não. E, dentro dos limites do mecanismo de tutela, poderá usar mais ou menos elementos dessa tutela. Poderá mesmo não usar e eventualmente renunciar a determinados mecanismos, no todo ou em parte.

O titular da posição jurídica encontra-se normalmente na posição exigida pelo Direito para ter legitimidade para afetar essa posição, incluindo os próprios mecanismos de defesa.

A exigência de legitimidade não é um específico meio de defesa de posições jurídicas contra agressões de terceiros. No entanto, a ilegitimidade traduz reflexamente a impossibilidade de agir sobre a situação jurídica, evitando que pessoas, que o Direito não reputa como as corretas, possam afetar com plena eficácia e licitude situações jurídicas. Ao fazê-lo, concretiza uma barreira de proteção das posições jurídicas de uma pessoa. Embora a existência de legitimidade apenas possa ser aferida em concreto, essa barreira funciona efetivamente, pois as violações das posições jurídicas também só podem ser verdadeiramente aferidas em concreto. Como tal, embora a legitimidade não tenha a natureza de mecanismo abstrato de defesa da esfera jurídica, implica uma efetiva defesa de todas as concretas posições jurídicas do sujeito, contra atos concretos de terceiros destinados a afetá-las.

---

[352] Sobre a causa eficiente, OLIVEIRA ASCENSÃO, *Direito Civil, Vol. II*, cit., pág. 80.

A questão que se coloca consiste em saber quais os efeitos da tolerância sobre a legitimidade.

Ao tolerar o comportamento do terceiro que não é titular, a pessoa que tolera decide voluntariamente não permitir a atuação dos mecanismos de defesa jurídica ao seu dispor.

Os mecanismos de defesa incluem todos os mecanismos e figuras jurídicas que provoquem uma efetiva tutela da posição jurídica, independentemente da sua natureza e da sua função típica, desde que esteja na sua disponibilidade. Existem meios de defesa que têm como função típica a defesa de uma posição jurídica, como sucede com o direito de ação, especialmente nas providências cautelares. Mas existem mecanismos no Direito que não têm como função a proteção de uma específica posição jurídica, mas que face ao modo geral como operam, aos seus efeitos, ou a qualquer característica que tenham, provocam algum nível concreto de proteção.

Os meios de defesa podem agir antes de qualquer agressão, simultaneamente com a agressão, posteriormente à agressão, ou em combinação de tempos de reação. É indiferente para a sua qualificação como meio de defesa. Naturalmente que os mais típicos, como a sanção, ou o direito de ação, são mais fáceis de identificar. Mas a atipicidade do meio de defesa não implica a sua não qualificação, apenas dificulta a sua análise e eventualmente a sua aplicação. Assim, por exemplo, os limites de velocidade nas vias públicas operam eficazmente como meios de defesa do direito de propriedade dos bens que nelas se encontrem e circulem. No entanto, quando se analisa o direito de propriedade não se associa o estudo dos limites de velocidade nas vias públicas.[353]

Os meios de defesa, mais ou menos típicos, são fundamentais para qualquer posição jurídica. Sem a existência de meios de defesa das posições jurídicas a Ordem Jurídica perderia as suas características fundamentais. É difícil, se não mesmo impossível, conceber uma posição ativa[354] que, sendo jurídica, não beneficie de qualquer meio de defesa.[355]

---

[353] Para além de estes não estarem na disponibilidade dos outros proprietários e condutores.

[354] E, mesmo no que respeita a situações jurídicas passivas, estas também podem beneficiar de meios de proteção.

[355] Se não beneficiar, a posição não é jurídica ou não é ativa.

Embora possam existir normas sem sanção, a sanção não é o único meio de defesa das posições jurídicas.

A expressão *meios de defesa* pretende significar todo o conjunto de mecanismos que compõem a tutela jurídica. Quer integrem a tutela privada,[356] quer integrem a tutela pública, quer consistam em mecanismos automáticos do Direito. Naturalmente que para o presente estudo são mais importantes os mecanismos de defesa que integram a tutela privada e os que, integrando a tutela pública, estejam na disposição do sujeito. Mas, em última análise, todos são relevantes, nem que seja para estabelecer o limite máximo de alcance da vontade.

O tolerante pode ter legitimidade para diminuir ou mesmo desativar totalmente as defesas que protegem uma sua posição jurídica. Nomeadamente quando a sua autonomia privada não sofra restrições, sendo titular da posição jurídica cujas defesas pretende restringir e em que a posição jurídica inclua essa possibilidade de atuação sobre os específicos meios de defesa afetados. Só em face à concreta posição jurídica e perante um concreto ato, é possível aferir se aquele sujeito o pode fazer. Mas, em abstrato, é possível apreciar o conteúdo típico da situação jurídica de modo a determinar se este inclui ou não a disponibilidade sobre os meios de defesa. Se nem em abstrato se verificar a disponibilidade, também não se verificará em concreto legitimidade. Já se essa disponibilidade existir em abstrato, poderá suceder que, perante um ato concreto, o seu titular possa legitimamente afetar os meios de defesa da situação. Tendo legitimidade para tal, ao tolerar, os mecanismos de defesa da posição jurídica ficam inativos, não reagindo à atuação do tolerado.

Este efeito da tolerância é meramente interno, apenas afeta diretamente a esfera jurídica do tolerante. É um ato voluntário de uma pessoa sobre a sua própria esfera jurídica em que os únicos efeitos diretos incidem sobre os meios de defesa da posição jurídica do tolerante. Internamente a posição jurídica do tolerante fica modificada.

Externamente, a tolerância tem, no entanto, outro efeito, mas que é meramente reflexo.

No que respeita ao tolerado, o que o impedia de atuar sobre a esfera jurídica do titular da posição era a sua falta de legitimidade. Enquanto

---

[356] MENEZES CORDEIRO, *Tratado V*, cit. págs. 436-438.

não tolerado, o terceiro não tinha legitimidade pois, embora não sofresse qualquer restrição à sua liberdade, verificava-se a falta de titularidade de uma posição jurídica cujo âmbito incluísse a posição que pretendia afetar.

O problema da legitimidade do tolerado é relativo à titularidade e não à autonomia privada. A questão consiste em procurar saber se o tolerado é titular de alguma posição jurídica que, em conjunto com o nível de liberdade decorrente da sua autonomia privada, constitua legitimidade para praticar o ato tolerado, especialmente tendo em consideração que existe outro titular de uma posição jurídica sobre o mesmo bem jurídico.

A possibilidade de agir sobre determinado elemento da realidade jurídica pode pertencer a mais do que uma pessoa. Para tanto, é necessário que o sujeito seja titular de uma posição jurídica cujo âmbito possibilite a prática de determinado ato. Sucede, por vezes que duas, ou mais, pessoas são titulares de posições jurídicas que lhes permitam praticar atos sobre o mesmo elemento da realidade jurídica.

Por vezes, as posições desses sujeitos são idênticas, verificando-se uma comunhão (de mão comum ou contitularidade).[357] Mas, outras vezes, as posições são muito diferentes, sendo apenas parcialmente coincidentes, não existindo uma comunhão de uma situação jurídica por vários sujeitos, mas antes a coexistência de diversas situações jurídicas, da titularidade de vários sujeitos, mas que incluem no seu âmbito a possibilidade de praticar o mesmo ato. Estas poderão ter a mesma natureza ou naturezas diferentes, sendo apenas relevante que, face ao seu conteúdo e objeto, possibilitem a prática do ato.

Como tal, é possível a existência de diferentes posições jurídicas que permitem a prática de atos com a mesma eficácia concreta, e que ao serem praticados podem incidir sobre as demais posições jurídicas.

Assim, por exemplo, são titulares de posições jurídicas que possibilitam juridicamente entrar num prédio rústico, o titular do direito de propriedade, o titular de servidão de passagem, o arrendatário, o caçador cuja peça caiu no terreno, e o proprietário do enxame que para ele fugiu. Todos podem ter legitimidade para entrar no prédio rústico. Mas, embora o acesso pelo caçador afete o direito de propriedade, o acesso do perseguidor do enxame não afeta o acesso do caçador, nem do titular da servidão.

---

[357] OLIVEIRA ASCENSÃO, *Direito Civil*, Vol. II, cit., págs. 132-139.

A possibilidade de coexistência de várias situações jurídicas diferentes que incluem no seu âmbito a possibilidade de praticar atos sobre um mesmo objeto é algo de normal e que se resolve caso a caso, em concreto, considerando o seu âmbito de eficiência típica no que respeita à afetação de outras situações jurídicas.[358] Pode ser necessária a atuação de todos os titulares de posições jurídicas relativas ao mesmo bem, ou não, dependendo do concreto conteúdo dessas posições jurídicas e do nível de possibilidades que incluem e do modo como se relacionam.

Se a pessoa que pretende praticar um determinado ato não for titular de uma posição que inclua no seu âmbito essa possibilidade, não terá legitimidade para tal. A dinâmica da sua liberdade não consegue atingir a posição pretendida, pois falta a titularidade de uma situação que estabeleça um âmbito de operação dessa liberdade. A atuação, embora possa ser um exercício da liberdade do agente, não tem um objeto de incidência que seja aceite pela Ordem Jurídica. Pode suceder que uma pessoa ao agir afete uma posição jurídica de outrem, caso em que a sua legitimidade depende de ser titular de uma posição jurídica que inclua a possibilidade de agir sobre a posição do outro sujeito.

Mas, se não tiver legitimidade para praticar o ato afetando a posição jurídica do outro, os meios de defesa jurídica da posição afetada reagem negativamente. O ato praticado será ilegítimo e ilícito.

A tolerância muda tudo isto.

A tolerância desativa os meios de defesa da posição jurídica, fazendo com que a atuação do terceiro não sofra as consequências negativas da reação desses meios. O titular tolera que outrem afete a sua esfera jurídica, desprotegendo-a relativamente à atuação de determinada pessoa. Ao fazê-lo, a barreira de proteção da situação jurídica deixa de o proteger da atuação dessa pessoa. E deixa de proteger por vontade do titular tolerante.

A liberdade do agente, que normalmente não consegue atingir o âmbito da situação jurídica do titular, passa a conseguir fazê-lo. Em consequência disso, o concreto âmbito eficiente da liberdade do agente é ampliado.

---

[358] Sobre questão semelhante, BAPTISTA VILLELA, *Revisitando as Universalidades,* em *Estudos em Homenagem ao Professor Doutor Inocêncio Galvão Telles*, vol. IV, págs. 21-42, Almedina, Coimbra, 2003, cit. *"Universalidades"*, págs. 28-29.

A AUTORIZAÇÃO

Não se trata de um aumento da liberdade do agente. A liberdade do agente é-lhe imanente e, na sua essência, é plena. Mas a integração da liberdade na autonomia privada, impõe a influência da igual liberdade dos demais, e provoca uma limitação da liberdade de cada um, como modo de compatibilizar a liberdade de todos. O concreto espaço de liberdade da pessoa, mesmo tomando apenas em consideração os limites estruturais da autonomia privada enquanto princípio (liberdade e igualdade), é limitado pela igual liberdade dos demais. Como tal, a simples liberdade de um não pode fundar a afetação da liberdade do outro. Se o procurar fazer, o Direito reagirá negativamente. Não só valorativamente, considerando o ato ilícito, mas também eficientemente, considerando-o ilegítimo.

Mas, a tolerância do outro – do titular da situação que é afetada pelo ato do agente –, ao limitar voluntariamente a reação dos meios de defesa da situação jurídica afetada, faz com que o ato do agente não seja valorado negativamente pela Ordem Jurídica, e não sofra a reação negativa dos meios de defesa da situação jurídica.

O ato tolerado é lícito e legítimo.

Em suma, o tolerante permite que a atuação do terceiro passe a barreira de proteção jurídica exterior que defende a sua esfera jurídica conseguindo atuar dentro dela, sem sofrer as consequências negativas que normalmente se verificariam. O titular mantém essa qualidade,[359] mas a situação jurídica deixa de beneficiar de tutela face a determinada atuação por parte de certa pessoa.

Por seu lado, o tolerado passa a beneficiar de uma situação na qual, ao agir sobre a esfera jurídica do tolerante, não sofre consequências negativas. Esta situação é criada pelo próprio titular da situação jurídica afetada, dentro do Direito, e com eficácia jurídica. Ou seja, com valia jurídica fundada na liberdade do titular tolerante, e com eficácia jurídica, resultante da não reação jurídica negativa.

O tolerante, ao tolerar, provoca uma determinada modificação na sua situação jurídica cujo beneficiário reflexo é o tolerado, e que, em conjunto com a liberdade característica da autonomia privada do tolerado, permite a este ter legitimidade para atuar. O tolerado passa a beneficiar reflexamente de uma situação jurídica com o conteúdo modificado pela

---

[359] Nas palavras de OLIVEIRA ASCENSÃO, *Direito Civil, Reais*, 5ª ed., Coimbra Editora, Coimbra, 2000, cit. *"Reais"*, pág. 89, *a tolerância não piora a condição de quem a pratica.*

restrição imposta aos meios de tutela. Passa a ser titular de uma posição jurídica, embora diferente da do tolerante. Isto é, não age com fundamento numa situação equivalente à do titular – por exemplo, um direito de propriedade –, mas com base na posição que resulta da tolerância.[360]

Esta posição jurídica resulta indiretamente da posição jurídica do tolerante. Diretamente, ela resulta do modo de operação da liberdade, que com base na efetiva tolerância, provoca a constituição da posição jurídica de beneficiário de tolerância; esta, em conjunto com a sua própria autonomia privada, permite-lhe ter legitimidade para o ato.

Como tal, o conteúdo da posição de tolerado depende não só do conteúdo da tolerância, como do nível de autonomia privada que lhe assista, e ainda do modo de funcionar da legitimidade. Indiretamente, depende do conteúdo concreto da posição jurídica originária e da autonomia privada do titular, isto é, da legitimidade deste para produzir o efeito suspensivo dos seus meios de defesa.

Ao permitir que um terceiro possa afetar a sua esfera jurídica, o titular não transfere para o terceiro a sua posição jurídica, nem lhe concede um poder autónomo de agir sobre a sua posição jurídica. O terceiro não passa a dispor dos bens jurídicos do titular, dominando-os e agindo sobre estes como entender. A tolerância apenas abre caminho para uma atuação do terceiro que é feita na esfera jurídica do titular, com fundamento na sua própria vontade jurídica, limitando-se a permitir que a atuação do terceiro incida sobre a sua esfera jurídica. A aquisição desta posição jurídica pelo terceiro não tem causa imediata no ato de tolerância em si, do mesmo modo, por exemplo, que o poder de ocupar um bem abandonado não tem causa no abandono. Apenas sucede que a tolerância, tal como o abandono, causa uma situação jurídica que tem efeitos reflexos sobre a constituição de outra situação jurídica, cuja causa é autónoma.

Tanto a tolerância como o abandono criam uma situação na qual um determinado bem jurídico deixa de ser protegido pelo Direito, por ação do seu titular. No abandono, o titular provoca a extinção da totalidade da sua posição jurídica, incluindo os meios de tutela. Na tolerância, o titular provoca a mera desativação dos meios de tutela perante determinados atos, conquanto se mantenha ainda titular da situação (incluindo os

---

[360] Em sentido semelhante, MANUEL RODRIGUES, *A Posse, Estudo de Direito Civil Português*, 3ª ed., Almedina, Coimbra, 1980, cit. *"A Posse"*, pág. 200.

meios de defesa, que apenas sofrem uma modificação na reatividade em face dos atos em causa, mantendo-se, no demais, eficazes).

O terceiro cujo ato é objeto da tolerância é, como tal, titular de uma posição jurídica de beneficiário de tolerância – tolerado –, e é essa posição que lhe permite atingir a esfera jurídica do titular sem reação negativa do Direito. Não se trata da titularidade de uma posição que atribua um poder de atuação próprio e autónomo na esfera do tolerante, mas antes de uma posição que inclui a possibilidade da dinâmica, resultante da autonomia privada do tolerado, atravessar os meios de defesa da esfera jurídica do tolerante sem ser por eles afetado, assim praticando um ato legítimo e lícito.

Também não se trata de uma atribuição de legitimidade que resulte diretamente da vontade do tolerante. Embora a vontade do tolerante seja relevante para a obtenção de legitimidade, esta é uma consequência reflexa da tolerância. O tolerante não concede legitimidade ao tolerado. A legitimidade é um mecanismo da Ordem Jurídica, não sendo uma verdadeira situação jurídica. A tolerância opera como facto legitimador positivo, mas a causa direta do efeito legitimador não é a vontade do tolerante; trata-se antes de um resultado do modo de funcionamento da Ordem Jurídica globalmente considerada. A tolerância tem, como tal, um grande nível de negociabilidade, quando se toma em consideração o seu efeito legitimador reflexo.

Sendo um ato que apenas produz efeitos diretos na esfera do tolerante, a tolerância pode cessar a qualquer momento por mera vontade do tolerante. É juridicamente vinculante para o tolerante, mas é momentânea, dura enquanto dura, instante a instante.

Enquanto durar, os atos praticados ao seu abrigo beneficiam reflexamente do seu efeito. Contudo a tolerância não impede o recurso aos meios de defesa. A qualquer momento, o titular pode reagir negativamente contra a atuação do terceiro recorrendo aos meios de tutela ao seu dispor. Não existe, como tal, qualquer estabilidade da tolerância. O que tiver sido tolerado é lícito e legítimo, mas a tolerância nada diz quanto ao futuro. Não é necessário extinguir a tolerância para se poder recorrer aos meios de defesa, basta agir defensivamente para se deixar de tolerar. O que não significa que na cessação da tolerância não se deva respeitar os princípios e as regras gerais de Direito, nomeadamente a boa fé.

A tolerância é sempre simultânea com a prática do ato. Tolera-se um ato praticado enquanto o mesmo está a ser praticado, ou enquanto se verificam os seus efeitos. Não é anterior à prática do ato, pois nesse momento nada há a tolerar. Não é posterior à cessação do ato ou dos seus efeitos, pois nesse momento nada já há a tolerar. É, pois, um ato reativo do titular que, perante uma determinada atuação de outrem, decide tolerá-la.

Não se pode qualificar a tolerância como um típico negócio jurídico. Na tolerância existe um comportamento, mas não existe uma declaração típica. Haverá, quando muito, um comportamento não declarativo, mas hábil para transmitir vontade. Existe uma comunicação de vontade de tolerar. Ou seja, traduz-se num não exercício dos meios de defesa da situação jurídica, com preclusão dessa possibilidade relativamente a factos já tolerados, mas sem essa preclusão face a novos factos, ou continuação no futuro dos mesmos factos.

É um ato jurídico que provoca efeitos diretamente na esfera jurídica do seu autor e que, numa perspetiva dualista, comparando com a inação, poderia tender a ser qualificado como um negócio jurídico. No entanto, trata-se de uma figura com muito pouca negociabilidade. O efeito legitimador tem causa na tolerância, o que é característico dos negócios jurídicos, mas apenas de um modo reflexo, o que já não é característico. E, acresce que a vinculatividade da tolerância é de tal modo fraca e instável, que se situa na fronteira do minimamente exigível para que se possa autonomizar a tolerância do comportamento que lhe dá causa. A vontade da instabilidade é de tal modo característica da tolerância, que torna difícil qualificar a vontade como sendo dirigida a um negócio, como sendo uma verdadeira vontade negocial.

A tolerância é vinculativa juridicamente – o que é típico dos negócios jurídicos – mas de modo instável – o que não é típico dos negócios jurídicos.

A tolerância é juridicamente eficiente e, como tal, vinculante, mas não no que respeita à sua manutenção e efeitos futuros.[361] O tolerante não se pretende vincular a tolerar. A tolerância mantém-se enquanto for querida, e extingue-se quando o tolerante quiser,[362] uma vez que este não renuncia aos seus meios de defesa, nem se vincula a não os usar futu-

---

[361] BETTI, *Teoria Geral*, cit., tomo I, págs. 154-155 e tomo III, pág. 265.
[362] LUÍSA NETO, *Direito Fundamental à Disposição*, cit., págs. 357-358.

ramente. Nem mesmo consente que o terceiro atue. Pode, a qualquer momento, deixar de tolerar, usando os meios de defesa da sua posição jurídica.[363]

Por outro lado, a característica autonomia do negócio jurídico em face da declaração (ou declarações) que lhe dá causa tem pouca correspondência na tolerância. Enquanto um negócio jurídico nasce das declarações que o suportam, sendo os efeitos jurídicos causados pelo negócio jurídico, na tolerância os efeitos resultam diretamente do comportamento adotado pelo tolerante. Extrair do comportamento do tolerante uma declaração tácita, para nela fundar um negócio jurídico consistiria numa inversão metodológica.

O tolerante nada quer declarar, nem por palavras, nem por comportamentos. O tolerante apenas tolera. Embora o faça consciente e voluntariamente, e de modo juridicamente eficaz, nada declara, nem tacitamente. Não se pode falar de um verdadeiro negócio jurídico autónomo do comportamento, que seja causa dos efeitos, e que necessite de se extinguir para fazer cessar os efeitos.

A tolerância exige a prática logicamente prévia do ato tolerado. Consistindo numa omissão de reação, esta só pode ocorrer se já existir um ato a tolerar.

Não é tolerância a situação na qual o titular declara previamente que irá tolerar. Mesmo que tolere, só há tolerância com a prática do ato, sendo irrelevante[364] se prometeu ou não que iria tolerar. As situações de tolerância nascem, como tal, da iniciativa do tolerado e não do tolerante. Embora seja o tolerante que provoca a tolerância, é o tolerado que inicia a situação, ao praticar o ato que virá a ser tolerado.

Como já referido, a tolerância é momentânea, e se duradoura no tempo, é continuamente momentânea. A tolerância não é declarada, nem é revogada. É um misto entre negócio e ato de exercício de posição jurídica – é um *acto jurídico misto*.[365] Tanto pode ser qualificado como um negócio muito pouco negocial, como se pode qualificar como um ato

---

[363] Neste sentido BÉATRICE THULLIER, *L'Autorisation*, cit., págs. 36-38.
[364] Para a qualificação do comportamento.
[365] MARCOS BERNARDES DE MELLO, *Teoria do Fato Jurídico (Plano da Existência)*, 8ª ed., Editora Saraiva, São Paulo, 1998, cit. *"Teoria – Existência"*, pág.132.

(*stricto sensu*) muito negocial. É uma ação muito próxima do negócio, mas sem que possa ser qualificada como um negócio jurídico.[366]

Se for um negócio jurídico, constituindo outros conteúdos para além da pura e simples tolerância,[367] não é uma tolerância.

No entanto, e é o que interessa especialmente para a matéria em análise, ela estabelece já a possibilidade de atuação de uma pessoa sobre bens jurídicos de outrem. O tolerado não dispõe dos bens jurídicos do titular, mas consegue agir sobre os mesmos de um modo juridicamente admissível. Não tem um poder jurídico de agir sobre esses bens, mas uma possibilidade de o fazer. O tolerado consegue agir sobre bens alheios com base nos reflexos da atuação do titular tolerante sobre a sua própria esfera jurídica, e ficando sempre dependente desses reflexos.

Já não é uma situação como a da inação, em que o beneficiário não tem[368] possibilidade de agir, mas consegue fazê-lo. O tolerado tem essa possibilidade.[369]

A fronteira do comportamento juridicamente admissível fica, como tal, entre a inação e a tolerância. É um campo difuso e difícil de definir. A passagem da inação para a tolerância é gradativa,[370] mas os pólos da série gradativa estão tão próximos, que a passagem é muito estreita. No entanto, o significado dessa passagem é fundamental. De um lado da fronteira (verificando-se uma inação) o ato é ilícito e ilegítimo; do outro lado (verificando-se uma tolerância) ele é lícito e legítimo.

No que respeita ao exemplo da limitação dos direitos de personalidade, não se pode concluir que a tolerância seja uma figura apta a dar

---

[366] MIRRABELI, *L'Atto*, em especial págs. 63-69 e 299-300.
[367] Por exemplo, sujeitando a tolerância a um termo ou a uma condição.
[368] Incluída na situação jurídica de que é titular.
[369] Tem um possível (mais do que uma possibilidade enquanto mera categoria lógica), por contraposição a um poder, sendo ambas constituintes da potência de atuação – PETER KING, *Duns Scotus on Possibilities, Powers and the Possible*, in Potentialität und Possibilität, Modalaussagen in Der Geschichte Der Metaphysik, Fromann-Holzboog, 2001, cit. *"Possibilities"*, págs. 179-199.
[370] Passagem que se refere à distinção entre as figuras da inação e tolerância. Embora se possa falar em ideais abstratos perfeitamente distinguíveis (conceitos), nos casos concretos, o juízo de qualificação permite identificar casos com maior ou menor proximidade a ambas as figuras (tipos), o que exige o recurso ao método tipológico. Sobre o método tipológico, PAIS DE VASCONCELOS, *Contratos Atípicos*, 2ª ed., Almedina, Coimbra, 2009, cit. *"Contratos Atípicos"*, págs. 85-110.

resposta às questões colocadas. Embora a tolerância seja um mecanismo adequado para limitar os direitos de personalidade, é, em face da sua natureza e estrutura, muito limitada.

O regime da limitação voluntária dos direitos de personalidade pode operar associado a uma tolerância, mas não é esse o mecanismo para que foi construído.

É possível, por exemplo, que uma pessoa use a imagem de outrem valendo-se da tolerância desta última. Nesta situação, a pessoa ao ser informada que a sua imagem está a ser usada por uma organização de caridade, sem a intervenção da sua vontade, decide nada fazer, dizendo a quem o informou para "deixar estar, que não faz mal", e assim se conformando com essa atuação. Ou então, se um vizinho decidir organizar uma grande festa em sua casa, fazendo muito barulho a noite toda, não deixando descansar quem quer que seja, outro vizinho, para manter as boas relações de vizinhança, e sabendo que se trata de um acontecimento esporádico – por exemplo uma festa de casamento – decide nada fazer para impedir a festa. Nestes dois casos a tolerância provoca uma limitação dos direitos de personalidade.

Mas a tolerância não é a figura típica de limitação dos direitos de personalidade que justifica o regime do Código Civil. A que o justifica é constituída, ao invés, por um negócio jurídico. Só com base num negócio jurídico é que o terceiro (agente) pode ter qualquer expectativa merecedora de tutela, assim se podendo justificar o regime do Código Civil. Nunca com base na mera tolerância.[371]

A tolerância nada provoca para além da possibilidade de atuação lícita e legítima. A tolerância é um ato puro: ou se tolera ou não se tolera. Não se tolera contra um pagamento, não se tolera apenas durante algum tempo, não se promete tolerar, não se aceita compensar por não se ter tolerado ou se ter deixado de tolerar. A integração, com a tolerância, de conteúdos negociais importa a não qualificação do ato como tolerância, pelo menos

---

[371] Pois não existirá um mínimo de vínculo que possa suportar uma previsão de manutenção da situação – sobre a expectativa, MARIA RAQUEL REI, *Da Expectativa Jurídica*, separata da *Revista da Ordem dos Advogados*, págs. 149-180, ano 54, I, Lisboa, 1994, cit. *"Da Expectativa"*, págs. 149-179.

a partir do momento dessa integração. Poderá ser, ou passar a ser, um negócio jurídico, mas não será, ou deixará de ser, uma tolerância.[372]

A tolerância é, por isso, da maior importância para a compreensão da possibilidade de atuação, mas não é um negócio jurídico, com todas as aptidões típicas desta figura.

4. Precário

A tolerância é precária.[373]

O precário é uma figura que já vem desde o Direito Romano. Na sua estrutura original, dava-se *precarium*[374] quando alguém pedia, rogava, ao proprietário de um bem se o podia usar, sem um termo definido, mas comprometendo-se a devolver esse bem logo que lhe fosse pedido.[375] A figura romana evoluiu ao longo dos séculos, tendo sofrido profundas modificações,[376] e mantendo sempre estreitas ligações com figuras como o comodato, a posse, a detenção[377] e a tolerância.[378] Mas a evolução da

---

[372] GIANLUCA SICCHIERO, *Tolleranza*, cit., págs. 372-379.
[373] Esta é uma afirmação frequente na Doutrina – BÉATRICE THULLIER, *L'Autorisation*, cit., pág. 36; EDUARDO DOS SANTOS, *Curso de Direitos Reais, I*, polic., Lisboa, 1983, cit. "*Reais*", pág. 318. Com a mesma afirmação, mas expressamente limitada à questão da posse, CARVALHO FERNANDES, *Lições de Direitos Reais*, 5ª ed., em *Quid Juris?*, Lisboa, 2007, cit. "*Reais*", pág. 288.
[374] Ou *precario rogatio* – PAOLO BONETTI, *Precario (Diritto Romano e Intermedio)*, em *Novissimo Digesto Italiano*, XIII, págs. 557-558, UTET, Torino, 1966, cit. "*Precario*", pág. 557. PIERLUIGI ZANNINI, *Comodato, Precario, Comodato-Precario: Maneggiare com Cura*, em *Rivista di Diritto Civile*, LII, nº1, págs. 83-92, CEDAM, Padova, 2007, "*Commodato*", págs. 83-92, NICOLA STOLFI, *Diritto Civile, Vol. IV, I Contratti Speciali*, UTET, Torino, 1934, cit. "*I Contratti*", págs. 397-398.
[375] SANTOS JUSTO, *Direito Privado Romano*, cit., págs. 104-105; JAIME DE GOUVEIA, *Direitos Reais*, Livraria Morais, Lisboa, 1935, cit. "*Direitos Reais*", págs. 178-179; PAOLO BONETTI, *Precario*, cit., pág. 557.
[376] Por exemplo, em Itália, o precário é uma variante do comodato, não tendo termo final e devendo a coisa ser devolvida logo que seja pedido pelo comodante, que é regulada pelo art. 1810 do Código Civil italiano – FRANCO CARRESI, *Precario (Diritto Civile)*, em *Novissimo Digesto Italiano*, XIII, págs. 558-560, UTET, Torino, 1966, cit. "*Precario*", pág. 559 e STEFANO BAZZANI, *Precario*, em *Digesto delle Discipline Privatistiche*, XIV, págs. 146-148, UTET, Torino, 1996, cit. "*Precario*", pág. 146.
[377] O art. 1253º do Código Civil é uma manifestação desta ligação.
[378] STEFANO BAZZANI, *Precario*, cit., págs. 146-148; PAOLO BONETTI, *Precario*, cit., págs. 557-558; FRANCO CARRESI, *Precario*, cit., págs. 558-560;.

figura vai além de uma figura relativa a coisas; ela evoluiu como figura geral de Direito, abrangendo imóveis, móveis e direitos.[379]

HENRI LECOMPTE, afirma que *l'acte de tolérance présentait de sérieuses analogies avec le précaire romain qui lui, cependant, devait être toujours concédé expressément et contratuellement.*[380] Já MANUEL RODRIGUES afirma que correspondem ao *precarium os atos que forem expressamente permitidos pelo proprietário da coisa sobre que se praticaram, quer a permissão seja dada por palavras, quer resulte de factos praticados pelo proprietário do prédio que tenham o valor de traduzir uma concessão*.[381]

Em Portugal o precário tem sido analisado no âmbito do conceito de detenção.[382] Esta questão, apesar do seu grande interesse, ultrapassa o âmbito da presente tese. O que releva é o precário como figura geral de Direito e não a manifestação do precário na detenção.

Segundo OLIVEIRA ASCENSÃO o precário é uma categoria de situações jurídicas,[383] as situações precárias, que são caracterizadas por a sua subsistência estar dependente da vontade de outra pessoa,[384] não tendo um termo definido previamente.[385] Mas esta característica não traduz a essência do precário, sendo apenas uma decorrência dessa essência.

A essência do precário consiste na possibilidade de uma pessoa intervir numa situação jurídica de outra (por exemplo, usando uma coisa doutrem), mas permanecendo a atuação sob o domínio desta. Tem-se precário quando se tem legitimidade para agir sobre uma situação, mas com base numa posição que não se domina.

O problema da atuação sem domínio no Direito é antiga e foi alvo de vivos e acesos debates. Entre estes avulta o debate entre JOÃO XXII

---

[379] STEFANO BAZZANI, *Precario*, cit., pág. 146.
[380] HENRI LECOMPTE, *Essai sur la Notion de Faculté en Droit Civil*, Recueil Sirey, Paris, 1930, cit. *"Faculté"*, pág. 46.
[381] MANUEL RODRIGUES, *A Posse*, cit., pág. 196.
[382] E, em particular, com a teoria dos atos facultativos.
[383] OLIVEIRA ASCENSÃO, *Direito Civil, Vol. III*, cit., págs. 17-18.
[384] OLIVEIRA ASCENSÃO, *Direito Civil, Vol. III*, cit., págs. 17-18, inclui entre a classificação das situações jurídicas, as situações precárias, como sendo caracterizadas por a sua subsistência estar dependente da livre vontade de outrem.
[385] CUNHA GONÇALVES, *Da Propriedade e da Posse*, Ática, Lisboa, 1952, cit. *"Da Propriedade"*, págs. 188-189, no que respeita à posse precária, afirma que esta *é, por natureza, de indefinida duração* (pág. 189).

e MIGUEL DE CESENA, como resulta em *Opus Nonaginta dierum* de GUILHERME DE OCKHAM[386]. O simples uso de bens pelos Franciscanos, como defendido pelos Miguelistas,[387] sem que tal implique domínio, direito ou ação, é uma figura estruturalmente precária. Corresponde a uma atuação legítima mas precária, sem *actio*, podendo ser terminada por terceiros a qualquer momento, e não podendo ser judicialmente defendida. Assim, os frades menores não teriam um direito sobre a própria roupa que lhes teria sido concedida por outrem, mas apenas uma possibilidade de uso precário da mesma, podendo a concessão da roupa e a inerente possibilidade de a usar ser livremente revogada pelo concedente sem que nada pudessem fazer para impedir essa revogação.[388]

A essência do precário consiste, pois, na possibilidade de um terceiro intervir, sem se diminuir a posição do titular de qualquer modo que ultrapasse a mera possibilidade de atuação daquele. A posição do titular apenas sofre as modificações estritamente decorrentes da possibilidade de outra pessoa agir. Por outro lado, a posição desta pessoa apenas é modificada por essa mera possibilidade de atuação (e, naturalmente, pela atuação assim possibilitada). São apenas essas as modificações no mundo do Direito.

De resto, o tolerante não sofre qualquer desvantagem por tolerar e o tolerado não ganha qualquer vantagem da tolerância.

A precariedade da tolerância decorre da sua estrutura e das modificações que opera na Ordem Jurídica. Estas modificações são de tal modo ténues e instáveis que o melhor termo para as referir é afirmar que são precárias.

São precárias quanto à sua essência, à sua eficácia e à sua vigência. Precário é o mínimo necessário para a correção de uma atuação, para a licitude e eficácia da atuação, enfim, para a legitimidade. A estrutura precária é constituída pela limitação dos meios de tutela de uma situação

---

[386] GUILHERME DE OCKHAM, *Opus nonaginta dierum* (JOHN KILCULLEN e JOHN SCOTT, *A Translation of William of Ockham's "Work of Ninety Days"*, The Edwin Mellen Press, Lewinston – Queenston -Lampeter, 2001), cit. "OND".

[387] GUILHERME DE OCKHAM, *OND*, cit., em especial nos capítulos 2 e 3 (págs. 54-98) e, mais adiante, nos capítulos 56 a 64 (págs. 396-434).

[388] Independentemente de se manter um direito natural irrenunciável à roupa em caso de (e durante) extrema necessidade – GUILHERME DE OCKHAM, *OND*, cit., págs. 417-418 – o que era considerado como uma questão diversa da utilização precária.

jurídica de modo a que estes não reajam a determinada atuação de um terceiro, e por isso, o precário corresponde à posição de quem beneficia dessa limitação.

O tolerado tem um precário.

A ligação entre tolerância e precário advém do facto de a tolerância dar origem a um precário. Mas, importa saber se o precário apenas resulta da tolerância – confundindo-se com esta –, ou se pode resultar de outras figuras – sendo então uma figura autónoma.

Na tolerância, o precário resulta de um comportamento voluntário e significativo do titular. É uma ação, mas não é um negócio. Pode colocar-se então a questão de saber se o precário pode resultar de um negócio jurídico. A resposta deve ser afirmativa. Como se viu, o titular pode decidir nada fazer de um modo voluntário e consciente. Por maioria de razão, se uma pessoa pode limitar os seus meios de defesa através da tolerância, também o pode fazer negocialmente, provocando uma limitação vinculativa dos meios de defesa.

Assim, enquanto o negócio for eficaz, o titular fica vinculado a esse efeito, deixando de ter ao seu dispor meios de defesa da posição jurídica relativamente aos atos abrangidos. Já não é uma situação como a que se verifica na tolerância, na qual o efeito sobre os meios de tutela da situação jurídica é permanentemente instantâneo. No negócio jurídico limitador dos meios de tutela, é este a fonte da paralisação dos meios de tutela. Como tal, enquanto este negócio produzir os seus efeitos, verificar-se-á a restrição dos meios de defesa.[389] Naturalmente que, para celebrar este negócio jurídico, o titular necessita de legitimidade. Deverá ter a autonomia privada suficiente e ter a possibilidade de o fazer, decorrente do conteúdo da situação jurídica de que é titular. Se tiver legitimidade, poderá através de um negócio jurídico limitar os meios de defesa da situação jurídica, de modo a paralisá-los diante da prática de atos por terceiros.

Este é aquele negócio jurídico a que, tipicamente, faz referência o regime das limitações voluntárias dos direitos de personalidade.

É um negócio jurídico cujo efeito é limitativo, e que provoca uma modificação do direito subjetivo de tal modo que um terceiro consegue

---

[389] BETTI, *Teoria Geral*, cit., T. I, págs. 154-155, em tema de consentimento do ofendido, distingue entre o consentimento preventivo de carácter autorizativo e o comportamento passivo de simples tolerância, conforme o nível de vinculatividade da atuação.

agir sobre o bem de personalidade alheio, sem que fique a dominá-lo.[390]
Ao terceiro é possível agir, mas não tem um poder de atuação. Esta possibilidade de atuação, que resulta reflexamente da limitação dos meios de defesa do direito de personalidade, confere ao terceiro legitimidade para agir sobre o respetivo bem de personalidade.

Este negócio jurídico provoca, em suma, legitimidade para agir em esfera jurídica alheia.

Este negócio provoca um precário.[391]

A este negócio chama Nattini autorização:

> *L'autorizzazione è una dichiarazione di voluntà com cui una persona (autorizzante) rende possibile e lecito che un'altra persona (autorizzato) compiendo, senza avervi nè diritto, nè obligo, negozi giuridici o atti materiali, alteri la sfera giuridica pertinente ad esso autorizzante.*[392]

5. Autorização

Foi em 1858 que pela primeira vez se identificou a autorização como uma figura autónoma. Jhering[393], na mesma obra em que identificou a distinção entre a representação e o mandato, assim marcando toda a evolução da teoria da representação, identificou ainda uma outra figura: a autorização. Aliás, tal como sucedeu com a representação, limitou-se a identificar a figura, não lhe dando um tratamento mais desenvolvido. Embora tenha prometido um estudo dedicado à autorização, nunca o elaborou.

---

[390] Aurelio Candian, *Atto Autorizzato, Atto Materiale Lecito, Atto Tollerato, Contributto alla Teoria dell'Atto Giuridico*, em *Scritti Giuridici in Onore di Carnelutti*, vol. III, págs. 453-485, CEDAM, Padova, 1950, cit. "*Atto Autorizzato*", pág. 469, considera que o autorizado adquire um direito
[391] Tal como o faz a tolerância, mas por uma via não negocial. Exemplificativo da ligação entre a tolerância e o consentimento do titular é a posse, ou melhor, a inabilidade de ambas as situações provocarem posse – Chiara Tenella Sillani, *Possesso e Detenzione*, em *Digesto delle Discipline Privatistiche*, XIV, págs. 8-41, UTET, Torino, 1996, cit. "*Precario*", pág. 40. Rodolfo Sacco, *Possesso (dir. priv.)*, em *Enciclopedia del Diritto*, XXXIV, págs. 491-519, Giuffrè, Varese, 1985, cit. "*Possesso*", págs. 511, coloca como hipótese que a exclusão da posse nos casos de tolerância seja devida a uma regra geral de Direito, segundo a qual a ingerência num património com o consentimento do titular não importa constituição de posse.
[392] Nattini, *Il Negozio*, cit., pág. 487.
[393] *Mitwirkung für Fremde Rechtsgeschäfte*, em *Jherings Jahrbücher für die Dogmatik des bürgerlichen Rechts*, Bd.I, págs. 274-350, 1857, e Bd. II, págs. 67-179, 1858, cit. "*Mitwirkung*", pág. 113.

Em 1906, Zitelmann[394] defendeu a natureza negocial da autorização, mas sempre com apoio em preceitos legais do BGB.[395] Ainda hoje a *praxis* que se mantém na Alemanha assenta na subsunção a preceitos do BGB.[396]

Em 1910, Nattini publica uma obra sobre a procuração.[397] Na única vez que faz uma referência à autorização em sentido técnico,[398] critica alguma doutrina italiana que traduz o termo alemão *Vollmacht* pelo termo italiano *autorizzazione*. Afirma que em Itália o termo tem um significado demasiado extenso e, como tal, com pouco conteúdo, para se poder usar convenientemente. Defende que a melhor tradução alemã para o termo *autorizzazione* é o termo *Ermächtigung* e que, por se tratar de uma questão sem relevância em Itália, se limita a remeter para a doutrina alemã.

Distingue procuração de mandato, criticando fortemente a doutrina francesa, cuja relevância na altura em Itália era muito importante,[399] e segue expressamente a doutrina alemã sobre a matéria.[400] Ao tratar a procuração irrevogável,[401] recorre a exemplos de negócios, que qualifica como mandatos, nos quais o mandatário não está obrigado a agir, tendo o direito de agir.[402]

---

[394] Zitelmann, *Ausschluss der Widerrechtlichkeit*, Archiv für die civilistische Praxis, 99, 1906, cit., "Ausschluss", I (48).

[395] Ansgar Ohly, *"Volenti non fit Iniuria" Die Einwilligung im Privatrecht*, Mohr Siebeck, Tübingen, 2002, cit. *"Einwilligung"*, pág. 201.

[396] Como se poder retirar, por exemplo, de Flume, *Allgemeiner Teil des Bürgerlichen Rechts, Zweiter Band, Das Rechtsgeschäft*, 3ª ed., Springer, Berlin – Heidelberg – New York, 1979, cit. *"Das Rechtsgeschäft"*, pág. 905, de Larenz/Wolf, *Allgemeiner Teil des Bürgerlichen Rechts*, 9ª ed., C. H. Beck, München, 2004, cit. *"Allgemeiner Teil"*, §51.III, pág. 936 e de Brox, *Allgemeiner Teil des BGB*, 23ª ed., Carl Heymanns, Köln – Berlin – München, 1999, cit. *"Allgemeiner Teil"*, págs. 222-223. Sobre o assunto, com maior desenvolvimento, Ansgar Ohly, *Einwilligung*, cit., em especial págs. 201-214.

[397] *La Dottrina*, cit.

[398] Nattini, *La Dottrina Generale della Procura, La Rappresentanza*, Società Editrice Libraria, Milano, 1910, cit. *"La Dottrina"*, págs. 4-5, nota 2.

[399] Em 1910 o Código Civil em vigor no Reino da Itália era o de 1865, que se baseava em vários códigos estrangeiros, incluindo o Código Napoleónico – Pasquale del Giudice, *Storia del Diritto Italiano, Vol. II, Fonti: Legislazione e Scienza Giuridica dal Secolo Deciosesto ai Giorni Nostri*, reimpressão da edição de 1923, Sauer & Auvermann KG/Livreria O. Gozzini, Frankfurt/Main e Firenze, 1969, cit. *"Storia"*, págs. 275-280.

[400] Começando com Jhering, e Laband – *La Dottrina*, cit., págs. 10-11.

[401] Nattini, *La Dottrina*, cit., págs. 275-302.

[402] Nattini, *La Dottrina*, cit., pág. 289.

Volvidos apenas dois anos sobre a publicação da sua obra sobre a procuração, em 1912, Nattini publica um artigo dedicado exclusivamente à autorização.[403]

Começa por observar que o termo *autorização* é usado frequentemente com um significado de tal modo amplo e impreciso que acaba por não ter um conteúdo útil. Propõe-se então estabelecer as linhas gerais de uma figura, a que chama *negozio autorizzativo*, que afirma tratar-se de uma figura nova em Itália e pouco e mal estudada na Alemanha.[404] Afirma concordar com parte da doutrina alemã, quando considera que da autorização não resulta qualquer obrigação para o autorizado, mas apenas uma *facoltà di intromettersi nella sfera giuridica dell'autorizzante*.[405]

Após proceder à sua definição[406] – como supra referido –, defende que pode operar relativamente a atos materiais – tornando-os lícitos – e a atos jurídicos – tornando-os possíveis[407] e lícitos.

Nattini procede, seguidamente, à distinção da autorização relativamente ao mandato, à aprovação de atos de incapazes pelo curador e à procuração. Quanto a esta última afirma que a procuração não é uma subespécie de autorização. Defende ainda que a procuração é um negócio entre o representado e o terceiro, enquanto a autorização é um negócio entre o autorizante e o autorizado; a procuração regula exclusivamente as relações entre representado e terceiro, enquanto a autorização regula exclusivamente as relações entre autorizante e autorizado. Sumariza dizendo que a procuração é fonte da representação enquanto a autorização é um dos negócios que podem estar subjacentes àquela. A autorização, segundo afirma, é apenas um negócio que legitima e regula a atuação de uma pessoa em relação a outra, sendo independente da questão da legitimidade.[408]

---

[403] Nattini, *Il Negozio*, cit.
[404] Nattini, *Il Negozio*, cit., pág. 483.
[405] Nattini, *Il Negozio*, cit., pág. 486.
[406] Nattini, *Il Negozio*, cit., pág. 487.
[407] No sentido de juridicamente eficazes, enquanto atos de intromissão em esfera jurídica alheia.
[408] Nattini, *Il Negozio*, cit., pág. 488. Note-se que esta obra é anterior aos trabalhos de Carnelutti sobre a legitimidade.

Quanto aos efeitos da autorização, recorre à figura da ratificação pelo proprietário à venda de um bem seu por terceiro. Considera que ambos os negócios têm o mesmo efeito, mas em momentos distintos. A autorização é prévia ao ato, ao passo que a ratificação lhe é posterior.

O escrito de Nattini teve como mérito uma clara autonomização da autorização como um tipo negocial geral,[409] em vez de nela se ver apenas uma figura de base legal. O Autor critica ainda as posições que tentam construir a autorização a partir de casos positivados, e as consequências dessas construções. Vê nela uma figura geral de Direito que deve ser construída de um modo científico, partindo da declaração do autorizante e dos seus efeitos. Aliás, começa o seu estudo por indicar algumas autorizações previstas legalmente, mas logo afirma que estas não apresentam dificuldades, pois o efeito vem indicado na Lei. É nas autorizações que não têm previsão legal que o problema se coloca e é este problema que o motiva a escrever o seu estudo.

O percurso argumentativo que segue é muito diverso do modo como na Alemanha se colocava – e coloca – o problema da *Ermächtigung*. Atribui a Rudolph von Jhering a autonomização negocial da autorização previamente à entrada em vigor do BGB. Segue, em linha gerais, as opiniões sobre a autorização, mas não se apoia em qualquer fundamento de base legal. A construção do Autor é puramente dogmática, de base científica, recorrendo aos casos positivados na Lei apenas para confirmar os resultados a que chega. Recorre a exemplos para procurar dar resposta aos mesmos, apreciando as declarações proferidas e os seus efeitos no Direito. Não sofre, como tal, das limitações de uma construção como a alemã, que se apoia na interpretação do §185 do BGB, o que se pode ver, nomeadamente, no afastamento de Nattini relativamente ao conceito de poder de disposição,[410] central à discussão alemã sobre o §185 do BGB.

---

[409] A autonomia negocial da autorização é também defendida por Wolfgang Thiele, *Die Zustimmungen*, cit., págs. 253-254.
[410] Von Thur, *Derecho Civil, Teoria General del Derecho Civil Aleman*, vol. II2, (tradução por Tito Ravà), Depalma, Buenos Aires, 1947, cit. "*Derecho Civil – II – 2*", págs. 37-46, considera que quem quiser produzir efeitos numa determinada esfera jurídica, para além das condições intelectuais que integram a capacidade de exercício, deve estar em certa relação com essa esfera jurídica. Como os atos dispositivos produzem os efeitos mais importantes, deve considerar-se este caso como a regra e denominar poder de disposição à relação entre quem

Por conseguinte, o principal mérito de NATTINI foi o de ter procedido à autonomização da autorização sem recurso a um regime jurídico positivado, como o do BGB,[411] assim permitindo o desenvolvimento de uma figura geral de Direito, independentemente de uma previsão legal.[412]

---

dispõe e o património sobre o qual dispõe. Embora tenha uma clara noção do problema da legitimidade, qualifica o mecanismo como um poder autónomo. Ao fazê-lo, limita a legitimidade à titularidade desse poder por parte da pessoa que é titular da situação jurídica e que sobre ela pretende agir. O poder de disposição, como qualquer outra situação jurídica, pode ser necessário à legitimidade, mas a limitação à titularidade deixa sem resposta os casos de legitimidade sem titularidade (prática de atos eficazes por quem não é titular) CALDENTEY, *Legitimación*, cit., págs. 20-26, procede a uma clara distinção entre legitimidade e poder de disposição, criticando o recurso ao conceito de poder de disposição como figura equivalente à legitimidade. BIANCA, *Diritto Civile, III, Il Contratto*, Giuffrè, Milano, 1987, cit. "*Contratto*", págs. 65-68, considera a legitimidade como o poder de disposição de uma pessoa sobre certa situação jurídica. REMÉDIO MARQUES, *Acção Declarativa à Luz do Código Revisto*, 2ª edição, Coimbra Editora, Coimbra, 2009, cit. "*Acção Declarativa*", pág. 361, considera que a legitimidade *traduz o poder de disposição atribuído pelo direito substantivo ao autor do acto jurídico*.

[411] Na Alemanha, a questão coloca-se no âmbito de uma figura geral de consentimento regulada no BGB, nos §§ 182 a 185. A figura é de tal modo ampla, que inclui todos os atos cuja prática por uma pessoa sejam necessários para que um ato de outra pessoa seja eficaz. Inclui a procuração, a ratificação, a confirmação, a autorização, e outros casos de atos envolvendo um consentimento. Embora a doutrina alemã afirme uma distinção da autorização em face da procuração (muito por causa da existência de um regime jurídico específico da representação no BGB – inserido sistematicamente logo antes do regime do consentimento) –, a autorização consiste numa figura muito próxima da procuração. Para além do recurso (apenas terminológico na maioria das vezes) à autorização para referir a procuração, verifica-se também entre ambas uma estreita relação dogmática. A tal ponto que em ambos os casos – procuração e autorização (no caso a autorização para dispor – *Ermächtigung* – regulada no §185) – se considera a existência de um poder. No primeiro caso, o poder de representação e no segundo caso o poder de dispor (poder para atuar em nome próprio na esfera do autorizante, dispondo das posições jurídicas deste). Também na Suíça, seguindo de perto a doutrina alemã, CAROLE VAN DE SANDT, *L'Acte de Disposition*, Éditions Universitaires Fribourg Suisse, Fribourg, 2000, cit. "*La Rappresentanza*", em especial, págs. 173-174.

[412] CARRARO, *Contributo*, cit., págs. 300-301, critica a receção acrítica da teoria alemã da autorização feita por parte da Doutrina italiana, que não dá relevância à inexistência em Itália de uma norma equivalente ao §185 do BGB. Nas suas palavras (pág. 300): *non può non suscitare perplessità quella dottrina italiana, che ha concesso facilmente cittadinanza presso di noi all'autorizzazione, prendendo di peso il concetto dal mondo giuridico tedesco, senza tuttavia dare il giusto rilievo alla mancanza, nell'ordinamento italiano, di una norma equivalente ao §185 BGB*. Para o Autor, um dos problemas da autorização consiste em saber se é possível reconhecer por via geral a autorização (sem recurso a regimes legalmente positivados) – pág. 289. MENEZES CORDEIRO, *Tratado*

NATTINI vê ainda a autorização como um negócio que legitima e disciplina o ato de uma pessoa perante outra,[413] e isto vários anos antes de CARNELUTTI ter procedido aos desenvolvimentos sobre a legitimidade. A ligação criada entre autorização e legitimidade ficava ainda a aguardar os desenvolvimentos desta última, para poder atingir toda a sua utilidade como figura geral de Direito. NATTINI, no entanto, libertou a autorização para o mundo do Direito, e esta deixou de ser uma especial figura legal, para passar a ser uma figura geral de Direito.

A autonomização da autorização como figura jurídica *proprio sensu*,[414] permite uma análise mais específica da mesma. A desnecessidade de um regime legal permite à autorização desenvolver-se sem limitações artificiais de fonte legal. E é a ligação à legitimidade que lhe dá o critério de estudo.

NATTINI está para a autorização, como LABAND está para a procuração, como JHERING para o interesse ou como GOMES DA SILVA para o poder.

Não se pode contudo negar que a autorização sempre levantou, *ab initio*, várias questões relativas à sua identificação.

BETTI, no último capítulo e culminando a sua Teoria Geral[415], ao tratar a figura geral do consentimento,[416] refere-se a uma autorização em

---

V, cit., págs. 51-55, usa o caso do §185 do BGB para *demonstrar as potencialidades dogmáticas e sistemáticas da nossa legitimidade* (pág. 55).
[413] NATTINI, *Il Negozio*, cit., pág. 483.
[414] Em lugar de ser uma mera parcela de regime de outras figuras.
[415] BETTI, *Teoria Generale*, cit., págs. 588-593.
[416] Que inclui a representação, a substituição, a ratificação, a adesão ao contrato a favor de terceiro, a adesão dos credores ao acordo de assunção de dívidas pelo devedor com terceiros, a aceitação do indicado para pagar dívida de terceiro, o consentimento para o subcontrato, a autorização ao procurador para celebrar negócio consigo mesmo, a autorização do proprietário de prédio rústico para o arrendatário efetuar benfeitorias, a aceitação de determinadas condições nos contratos de adesão, a autorização do contrato estimatório, entre outros – BETTI,*Teoria Generale*, cit., pág. 588-589. Já no que respeita à representação, havia advertido que esta não se confunde com a autorização que é uma figura mais ampla – págs. 565-568.

sentido amplo[417] (e à aprovação),[418] que considera vir conferir legitimidade ao autorizado para intervir na esfera do autorizante, excluindo os obstáculos que impedem a atuação em esfera jurídica alheia. Segundo defende, apesar de poder ter uma função gestória, normalmente a autorização tem uma função negativa, que se traduz no evitar do conflito entre as duas esferas jurídicas, assim excluindo a ilicitude do ato autorizado,[419] pelo que, ato contínuo, este se tornaria legítimo. Por conseguinte, esta figura apresenta-se com grande utilidade social, podendo considerar-se como uma função da autonomia privada destinada a facilitar a convivência social.

Entende ainda que, apesar de o Código Civil italiano de 1942 não incluir uma norma geral como a do § 185 do Código Civil alemão,[420] com base na disponibilidade que cada um tem dos seus interesses, é possível excluir a ilicitude de uma atuação de terceiro sobre a sua esfera jurídica (e interesses) através de uma prévia autorização ou de uma subsequente aprovação. E ao mesmo tempo que distingue entre o ato prévio de consentimento – autorização – e o ato posterior de consentimento – aprovação –, considera também dever distinguir-se a autorização da mera tolerância.[421]

Foi PESSOA JORGE quem em 1961, no âmbito da sua tese sobre o mandato sem representação, procedeu a um dos mais aprofundados estudos nacionais sobre a autorização[422]. Nela defende a eficácia direta do mandato sem representação, não exigindo para tanto a dupla transferência

---

[417] BETTI considera que esta foi recebida do *iussum* romano pela pandectística – *Teoria Generale*, cit., pág. 566, nota 9. PAOLO GRECO, *Delegazione (Diritto Civile)*, em *Novissimo Digesto Italiano*, V, UTET, Torino, 1960, cit. "Delegazione", pág. 333. considera que o *iussum* correspondia mais a uma ordem, do que a uma permissão, mas que evoluiu de modo a também abranger esta. Também MÁRIO TALAMANCA, *Delega (Diritto Romano)*, em *Enciclopedia del Diritto*, XI, págs. 918-923, Giuffrè, Varese, 1962, cit. "Delega", pág. 918, expõe o assunto no Direito Romano como sendo um único.
[418] Como modalidades de consentimento.
[419] BETTI, *Teoria Generale*, cit., pág. 591.
[420] E apesar de tal norma civil se poder deduzir do regime penal do consentimento do lesado – BETTI, *Teoria Generale*, cit., pág. 590.
[421] BETTI, *Teoria Generale*, cit., pág. 590.
[422] PESSOA JORGE, *O Mandato*, cit., págs. 369-412 – embora o capítulo da autorização se situe a págs. 387-404, a sequência lógica da argumentação inicia-se a págs. 369 e segue até ao final da obra em paralelo com o mandato, e como elemento integrante deste.

A AUTORIZAÇÃO

dos atos praticados pelo mandante *pelo menos no que respeita a efeitos reais*.[423] Coloca, então, a questão de saber qual o fundamento da eficácia direta de um ato praticado em nome próprio sobre esfera jurídica alheia, considerando então que se trata de uma questão que se insere no âmbito da figura da legitimidade.

Começa por defender que o princípio da autonomia privada significa que *só é possível realizar actos jurídicos sobre determinada esfera com a colaboração da vontade do respectivo titular*.[424] Liga, assim, autonomia privada e titularidade no que respeita à possibilidade de atuação sobre uma esfera jurídica: a autonomia privada exige, para a prática do ato, a intervenção da vontade do titular. Não a sua atuação necessária, mas a sua intervenção no ato. Conclui que à vontade do titular é reconhecida a possibilidade de produzir efeitos jurídicos sobre a própria esfera jurídica. Ou seja, ao titular cabe o poder de afetar a sua esfera jurídica. É neste poder de celebrar eficazmente concretos atos jurídicos que consiste a legitimidade.

Concebe, como tal, a legitimidade como um poder[425] que, conforme os efeitos, pode ter várias configurações: poder de disposição, poder de aquisição, poder de vinculação e poder de liberação – aliás, ao abordar o poder de disposição, Pessoa Jorge defende ainda que este não é um elemento integrante do direito subjetivo, nem o poderia ser.

Procurando saber em que consistem esses poderes, defende que não são verdadeiros poderes, pois *não são fontes produtoras dos efeitos jurídicos*.[426] É a vontade que é fonte dos efeitos e não os poderes; os poderes *exprimem tão-somente a ausência de circunstâncias impeditivas da produção dos efeitos jurídicos*.[427]

Para o Autor, a *energia* para produzir efeitos jurídicos vem da vontade. É a vontade que lhe permite dispor, adquirir, vincular, liberar. Os poderes apenas significam que nada impede a vontade do sujeito de causar os efeitos. Ou seja, para que uma pessoa pratique eficazmente um ato

---

[423] Pessoa Jorge, *O Mandato*, cit., págs. 369-370.
[424] Pessoa Jorge, *O Mandato*, cit., pág. 371 – contraposta à ideia de apenas o titular poder afetar a própria esfera jurídica.
[425] *Concebido como fonte de energia ou eficácia jurídica* – Pessoa Jorge, *O Mandato*, cit., pág. 372.
[426] Pessoa Jorge, *O Mandato*, cit., pág. 376.
[427] Pessoa Jorge, *O Mandato*, cit., pág. 376

jurídico, necessita de uma vontade que lhe dê energia, e de um poder que traduza a inexistência de circunstâncias que impeçam a eficácia.

Assim sucede também, por exemplo, quando os efeitos do ato praticado por uma pessoa se dirigem a esfera alheia. Esta é uma circunstância geral que impede a eficácia da vontade, pelo que o agente não tem um poder, faltando-lhe então legitimidade. Se agir, o ato não produzirá efeitos.

Mas, segundo PESSOA JORGE, quando é a Lei a impedir a atuação do próprio titular já não se trata de um problema de legitimidade.

A vontade das pessoas é, como tal, plenamente capaz de produzir efeitos jurídicos, exceto se existirem circunstâncias impeditivas. Quando estas circunstâncias não existem, diz-se que a pessoa tem um poder, pois pode exercer eficazmente a sua vontade. A causa dos efeitos é a vontade e não o poder. A pessoa tem um poder quando não é limitado no exercício da sua vontade.

Quando exerce a vontade sem limitação (com poder) tem legitimidade; quando algo impede a sua vontade de ser eficaz, não tem legitimidade.

Terminada a análise da relação entre autonomia privada, titularidade e legitimidade, o Autor inicia a análise da autorização. Para PESSOA JORGE a autorização não atribui um poder autónomo, mas levanta a circunstância que impedia a vontade de ser causa dos efeitos.

A causa da eficácia é, como sempre, a vontade. Sucede apenas que esta estava limitada por uma determinada circunstância que foi levantada pela autorização. Ao ser levantada essa limitação, a vontade recupera a sua eficácia natural.

O afastamento de um facto impeditivo da eficácia da vontade pode resultar da Lei, mas pode também resultar *dum acto do titular da esfera jurídica afectada, o qual, como senhor exclusivo desta, pode «permitir» que ela seja invadida pela actividade de outrem*.[428]

Liga a legitimidade à titularidade da esfera jurídica afetada e não à titularidade de situações jurídicas específicas. É a esfera jurídica de uma pessoa e a proteção dessa esfera jurídica que impedem a vontade de outrem de a poder afetar eficazmente. Não é a proteção de situações jurídicas de uma pessoa que impede a vontade de outrem de afetar essa situação, mas

---

[428] PESSOA JORGE, *O Mandato*, cit., págs. 377-378.

uma característica inerente à pessoa globalmente considerada: a autonomia privada. É a autonomia privada de uma pessoa que impede a vontade de outrem de produzir efeitos sobre a sua esfera jurídica. O princípio da autonomia privada provoca uma barreira protetora da esfera jurídica de cada pessoa, que opera no seu interesse.[429]

Quando o titular da esfera jurídica autoriza a atuação de um terceiro, retira a barreira protetora que resulta da autonomia privada e que impedia a vontade do terceiro de produzir efeitos na esfera jurídica do titular. É assim que a sua vontade consegue atingir a esfera jurídica do autorizante produzindo aí os seus efeitos.

A barreira protetora que resulta do princípio da autonomia privada consiste em apenas ser juridicamente possível afetar eficazmente uma esfera jurídica com a colaboração do seu titular. Sem a colaboração do titular, a vontade do agente fica impedida de atingir a esfera jurídica do titular. A autorização consegue levantar o impedimento à vontade do agente, porque consiste num modo de o titular colaborar voluntariamente. Assim, a existência de uma autorização do titular da esfera jurídica implica ainda o respeito pelo princípio da autonomia privada e, como tal, é do mesmo princípio que antes resultava uma barreira à vontade do agente que agora resulta a sua possibilidade de atuação eficaz.

O agente pode afetar a esfera jurídica do titular com fundamento na sua própria vontade, e não com base num poder autónomo concedido pelo autorizante. Pode agir porque a autonomia privada do titular não o impede, mas age com fundamento na sua própria vontade.

O autorizado tem a possibilidade de agir, mas não tem um poder. Um poder implica uma força, e não uma simples possibilidade.[430] O que o autorizado tem é a possibilidade de exercer a sua vontade de modo eficaz sobre a esfera jurídica do autorizante, porque este levantou a barreira protetora da sua esfera jurídica que resulta do princípio da autonomia privada. A força do autorizado resulta da sua própria vontade e não da autorização. Da autorização resulta a possibilidade de atuação (ou o levantamento da impossibilidade), mas não a atuação.

O poder com base no qual o autorizado age é a sua própria vontade, a sua própria liberdade em conjunto com o precário. Como tal, a auto-

---

[429] PESSOA JORGE, *O Mandato*, cit., pág. 378.
[430] PESSOA JORGE, *O Mandato*, cit., págs. 378-379, nota 158.

rização não diminui a esfera jurídica do autorizante. O autorizado não fica com um poder sobre a esfera jurídica do autorizante que lhe tenha sido transferido ou constituído por este, o que significa, por consequência, que o poder do autorizante (que resulta da sua própria vontade) não resulta diminuído pela autorização.[431]

A autorização libera a operacionalidade do poder da vontade do autorizado, mas não limita o poder da vontade do autorizante. Assim, a legitimidade do autorizante para agir sobre a sua própria esfera jurídica mantém-se inalterada.

Seguidamente, o Autor passa à análise da estrutura do contrato de mandato sem representação e é aí que aborda o tema da distinção entre mandato e procuração, especialmente no que respeita à unilateralidade ou contratualidade do mandato.

A análise de figuras tidas como de mandato unilateral leva-o então a identificar a autorização. Nas palavras do Autor, *este acto unilateral do mandante que conserva, frente ao contrato de mandato, certa autonomia, embora não tão frisante como a da procuração, é justamente a «autorização» concebida como o acto pelo qual se torna possível a actuação do mandatário sobre a esfera jurídica do mandante*.[432]

Aponta de seguida casos nos quais o *mandato* é concedido por ato unilateral: quando, com a concessão do *mandato*[433], o mandatário pode agir lícita e validamente, e quando o *mandante* não pretende que o *mandatário* fique obrigado a agir, mas apenas que lhe seja possível agir.[434]

Após identificar a autorização, dedica-lhe as dezoito páginas seguintes da sua tese.[435] Considera aí que a ideia central da autorização consiste

---

[431] PESSOA JORGE, *O Mandato*, cit., pág. 379.
[432] PESSOA JORGE, *O Mandato*, cit., pág. 385.
[433] Ou seja, sem que o mandatário o aceite.
[434] PESSOA JORGE, *O Mandato*, cit., págs. 385-386. A páginas 399-400, retoma o tema da distinção entre autorização e proposta de mandato, defendendo uma autonomia não integral de ambas. Em certos casos apenas se verifica uma autorização, mas noutros casos, como o autorizante quer assegurar-se da prática do ato autorizado, esta é uma proposta de mandato. Assim, enquanto estiver pendente a proposta de mandato esta já opera como autorização; logo que aceite, a atuação para além de autorizada torna-se obrigatória. Também BIANCA, *Contratto*, cit., pág. 71, defende o mandato sem representação como uma modalidade de autorização.
[435] PESSOA JORGE, *O Mandato*, cit., págs. 387-404.

num *acto unilateral pelo qual alguém permite ou dá poder a outrem para desenvolver determinada actividade*,[436] sendo usada terminologia variada.[437]

PESSOA JORGE distingue vários sentidos nos quais a Lei usa o termo autorização, mas centra-se num único sentido: *acto pelo qual o titular de uma esfera jurídica permite que outrem desenvolva uma actividade de ingerência nessa esfera.*[438]

Refere a repartição tradicional entre autorização constitutiva e autorização integrativa, mas discorda da mesma.

Caracteriza a autorização integrativa como aquela que não atribui ao autorizado um direito ou uma faculdade, mas apenas lhe permite exercer um direito ou faculdade de que já era titular.

Refere que se costuma afirmar que, no caso da autorização constitutiva, resulta para o autorizado um poder que este anteriormente não tinha.[439] O autorizado teria um poder (que resultaria da autorização) e seria nele que se fundaria a sua legitimidade. Mas, tendo em conta o que já antes afirmara no que respeita à relação entre autorização e legitimidade, e que reitera, mesmo nos casos chamados de autorização constitutiva o efeito do ato consiste em permitir ao autorizado exercer um direito

---

[436] PESSOA JORGE, *O Mandato*, cit., pág. 387.
[437] Refere como exemplificativos os termos *autorização, consentimento, licença, dispensa, assistência, outorga, permissão, ratificação, confirmação* – PESSOA JORGE, *O Mandato*, cit., pág. 388.
[438] PESSOA JORGE, *O Mandato*, cit., pág. 389.
[439] Ainda hoje a questão da constituição ou transferência de um poder se mantém atual. VINCENZO FARINA, *L'Autorizzazione a Disporre in Diritto Civile*, Edizioni Schientifiche Italiane, Nápoles, 2001, cit. *"L'Autorizzazione"*, pág. 269, embora analisando apenas a autorização para alienação (*autorizzazione a disporre*), considera que da autorização do titular resulta a possibilidade de atuação do autorizado sobre a esfera jurídica do autorizante, mas que resulta de uma transferência do poder de disposição do titular (do direito de propriedade) para o autorizado – pág. 272 – fundada numa atomização dos elementos integrantes do direito de propriedade – págs. 272-273. Desta resulta a existência de vários estatutos de propriedade conforme os vários casos possíveis. Não procede a uma distinção entre o poder de disposição e o ato de disposição, considerando que o poder de disposição corresponde aos atos de disposição que a autonomia privada permite ao proprietário (só, ou autorizado por terceiro). Defende que o poder de disposição é uma decorrência da autonomia privada e não um elemento da situação jurídica de que um sujeito é titular – pág. 281. Em sentido semelhante, ROCÍO DIÉGUEZ OLIVA, *Eficacia Real y Obligacional de la Representación Indirecta*, Tirant lo Blanch, Valencia, 2006, cit. *"Eficacia"*, págs. 211-217.

ou uma faculdade de que já era titular: a autorização apenas levanta o impedimento que recaía sobre a vontade do autorizado.

Segundo o Autor, é a titularidade da vontade que permite a uma pessoa agir. Só não pode, em regra, agir sobre a esfera jurídica alheia por ser impedido pela barreira imposta pelo princípio da autonomia privada e que protege a esfera jurídica dos demais. Se o titular da esfera jurídica autorizar a atuação, essa barreira de proteção é levantada e a vontade do autorizado passará a poder afetar a esfera jurídica alheia. Como tal, a autorização é integrativa pois limita-se a possibilitar ao autorizado o exercício das faculdades que resultam da sua própria vontade.

A autorização não constitui na esfera do autorizado um novo poder que venha a fundar a atuação deste. A autorização levanta a barreira que impedia a vontade do autorizado de atingir a esfera do autorizante, possibilitando assim a sua atuação. Segundo o Autor entende, a autorização dada pelo titular possibilita o exercício da vontade do autorizado, mas não constitui um poder de atuação, ou seja, considera todas as autorizações como integrativas e não como constitutivas.[440]

Seguidamente, aborda a relação entre interesse e autorização. Afirma que a autorização tanto pode ser no interesse do autorizante como no interesse do autorizado, e que, quando no interesse do autorizado, pode conferir *a este o «direito» de se utilizar de bens do autorizante* ou pode atribuir-lhe *uma simples «faculdade», no sentido de poder precário e gratuito*.[441]

Como regra, quando o autorizado fica com um direito, a autorização integra-se num contrato, perdendo a sua autonomia. Mas quando apenas é *facultada* a atuação, a autorização mantém a sua autonomia.

Quando as partes não querem que o autorizado possa deduzir qualquer pretensão contra o autorizante, quando não querem que este tenha um direito, normalmente exprimem a sua intenção dizendo que se *concede o gozo da coisa «a título gratuito e precário»*.[442] Quando a autorização é no interesse do autorizado, fica este com a obrigação de suportar e pagar as despesas; quando é no interesse do autorizante, essa obrigação corre por este.

---

[440] PESSOA JORGE, *O Mandato*, cit., págs. 390-394.
[441] PESSOA JORGE, *O Mandato*, cit., pág. 394.
[442] PESSOA JORGE, *O Mandato*, cit., pág. 395.

A autorização, afirma, pode ser para a prática de atos jurídicos ou de atos materiais, e pode ser anterior ou posterior à prática do ato autorizado (correspondendo a última à ratificação e aprovação).

No que respeita à eficácia da autorização, esta provoca *inter partes* a licitude da atuação autorizada. Já no âmbito dos efeitos externos, em particular no caso da autorização para alienar, coloca a questão de saber se a autorização é suficiente para que o autorizado tenha legitimidade para, por exemplo, vender um bem alheio em nome próprio. O Autor expõe a diferença entre a posição que aceita essa legitimidade – em particular a posição alemã fundada no §185 do BGB – e a posição que a rejeita – indicando, desta feita, a posição italiana, resultante da inexistência em Itália de uma disposição como a do § 185 do BGB e conclui defendendo ser possível entre nós uma tal eficácia, em particular com fundamento no art. 645º do Código Civil de Seabra, que considera equivalente ao §185 do BGB.

Em consequência, uma pessoa poderia conceder autorização a outra para vender um bem próprio e o autorizado, vendendo essa coisa, agiria em nome próprio. Considera esta solução como a mais justa, uma vez que seria profundamente injusto que o autorizante viesse depois alegar falta de legitimidade do autorizado para vender a coisa. Assim, defende que a autorização produz efeitos internos e externos, ficando o autorizado com legitimidade para a prática destes atos.[443]

Termina a sua tese sobre o mandato sem representação afirmando que quase todo o conteúdo normalmente atribuído ao contrato de mandato é, em verdade, resultado da autorização. Apenas resulta especificamente do mandato a obrigação do mandatário praticar os atos, tudo o mais tem causa na autorização. Ou seja, um mandato consiste numa autorização para a prática de atos que o autorizado está obrigado a realizar; o mandato é uma autorização com obrigação de atuação.[444]

Em geral, a autorização é estudada a propósito de casos nos quais a Lei exige a concessão de uma autorização a favor do titular de uma posição jurídica para que este a possa exercer,[445] de casos nos quais o titular

---

[443] Pessoa Jorge, *O Mandato*, cit., pág. 400-404.
[444] Pessoa Jorge, *O Mandato*, cit., págs. 405-407.
[445] Menezes Cordeiro, *Tratado V*, cit., pág. 33, considera a autorização como o facto legitimador positivo necessário para a obtenção de legitimidade por um titular que tenha sofrido

de uma situação jurídica concede a outrem uma autorização para que este possa agir sobre a sua esfera jurídica,[446] ou a propósito de ambos os casos.[447]

A questão da autorização apenas pode ser devidamente tratada com base na autonomia privada e na titularidade, e ainda no modo como a integração destas duas figuras é relevante para a legitimidade.[448] A legi-

---

o efeito de um facto legitimador negativo (guardando o termo consentimento para os casos de autorização para intervenção em esfera jurídica alheia – pág. 119). BÉATRICE THULLIER, *L'Autorisation*, cit., em especial pág. 68, considera que o sistema de autorização consiste na imposição de uma limitação de atuação ao titular, que apenas poderá agir se obtiver a autorização de um terceiro. A Autora – a págs. 84-85 – afirma ainda que a autorização apenas é necessária nos casos em que se pressupõe a prévia titularidade do agente, e não nos casos em que o agente carece de titularidade de uma situação jurídica que pretenda exercer, pois só naqueles casos a autorização se destina a evitar os efeitos de uma proibição de exercício (que, segundo a Autora, define os atos permissivos no âmbito dos quais esta inclui a autorização).

[446] NATTINI, *Il Negozio*, cit., págs. 485-491, embora faça referência a ambos os casos, apenas considera como verdadeira autorização a concedida a um terceiro para atuação sobre situações jurídicas do autorizante; CARRARO, *Contributo*, cit., em especial págs. 282 e 311, que exclui do estudo as autorizações concedidas ao próprio titular para praticar atos em nome próprio sobre o seu património (pág. 285), pois estas autorizações não têm um significado nem de permissão, nem de aprovação. LUÍS MENEZES LEITÃO, *A Responsabilidade do Gestor Perante o Dono do Negócio no Direito Civil Português*, Almedina, Coimbra, 2005, cit. "*A Responsabilidade*", cit., pág. 201.

[447] LARENZ/WOLF, *Allgemeiner Teil*, cit., §§51 págs. 930-938. ENNECCERUS/NIPPERDEY, *Derecho Civil (Parte General)*, Vol. II, Parte II, 39ª ed, tradução de Blas Pérez Gonzalez e José Alguer, Bosch, Barcelona, cit. "*Derecho – II – II*", §204, págs. 774-784; HÜBNER, *Allgemeiner Teil des Bürgerlichen Gesetzbuches*, de Gruyter, Berlim – Nova Iorque, 1984, cit. "*Allgemeiner Teil*", §50.I, págs. 518-520. RIERA AISA, *Autorización*, em *Nueva Enciclopedia Jurídica*, tomo III, págs. 157--168, Francisco Seix, Barcelona, 1951, cit. "*Autorización*", em especial págs. 157-165.

[448] Alguns Autores (por todos, VON THUR, *Derecho Civil – II – 2*, cit., págs. 37-46, e LARENZ/WOLF, *Allgemeiner Teil*, cit., §51.III, pág. 936-938) defendem que a autorização provoca a constituição de um poder de disposição na esfera do autorizado. O poder de disposição ocupa, segundo estes, a função desempenhada pela legitimidade. Mas a questão não é meramente terminológica. Poder de disposição e legitimidade não são sinónimos. Antes, o poder de disposição é uma fase prévia na evolução da legitimidade. A questão do poder de disposição – ainda ativa em alguns países – cria dificuldades próprias na apreciação do problema; a discussão tem duas variantes: o poder de disposição pode ser visto como uma situação jurídica (normalmente considerada como elemento do direito subjetivo, discutindo-se então a possibilidade da sua autonomização) ou como um elemento da capacidade do sujeito. A dificuldade do poder de disposição (quando se tenta usar esta figura com funções equivalentes às da legitimidade) prende-se com a ligação intuitiva com o sujeito e o objeto do ato (aquilo a

timidade não é apenas relevante para a autorização por permitir compreender o seu funcionamento, ela permite também classificar o universo da autorização em duas classes. A tentativa de tratar a questão da autorização como se de apenas uma classe se tratasse não permite uma cabal resposta às várias questões que podem surgir. Só reconhecendo que existem duas classes de autorização é que essas questões podem ter respostas com utilidade teórica e prática. A tentativa de unificação numa única figura, sem distinção em duas classes conforme o modo como se relacionem com a legitimidade, conduz a dificuldades de regime insuperáveis.

Por outro lado, a ligação da autorização à legitimidade permite tratar as questões desta com base em critérios jurídicos substanciais, mantendo sempre a sua autonomia em face de outras figuras que lhe são, pelo menos historicamente, próximas.[449]

A autorização é uma figura única, quando considerada do ponto de vista da sua relevância para a legitimidade; mas é composta por duas classes, por duas autorizações, quando é considerada do ponto de vista das suas características e regime. A autorização opera como uma única figura no que respeita ao efeito legitimador; mas a composição da estrutura da legitimidade (autonomia privada – titularidade) implica que a autorização opere de modo diferente consoante o elemento da estrutura da legitimidade que ela venha a afetar. A fundamentação dogmática da autori-

---

que se poderia chamar um pressuposto subjetivo-objetivo do ato); mas, em regra, em vez de se tentar uniformizar a subjetividade e objetividade num único pressuposto do ato, tenta-se optar apenas por um, divergindo em regra os autores entre integração no direito subjetivo ou na capacidade. Estas opções impedem o bom funcionamento da figura, tornando-a inadequada para se compreender a autorização. Na Alemanha, onde esta questão é mais patente, pode justificar-se a tentativa de reconduzir o problema ao poder de disposição ao §185 do BGB (relativo à disposição por terceiro autorizado) e ao nome da figura que dele resulta (*Ermächtigung*). Daqui a doutrina alemã retira que, nos casos do §185 do BGB, a atuação do terceiro é feita com base num poder de disposição. Sobre as dificuldades que o recurso ao §185 do BGB cria no estudo da autorização, CARRARO, *Contributo*, cit., em especial págs. 289-302. HÜBNER, *Allgemeiner Teil*, cit., §50.I, págs. 518-520, e MEDICUS, *Allgemeiner Teil des BGB*, 3ª ed., C. F. Müller, Heidelberg, 1988, cit., "*Allgemeiner Teil*", §60, nº 998, pág. 370, faz a ligação entre a *Zuständigkeit* (competência) e a *Legitimierung* (legitimação), tal como CARNELUTTI já vinha fazendo desde 1931 – CARNELUTTI, *Lezione VII*, cit., pág. 231.

[449] Em especial da procuração. Veja-se o caso da Alemanha, onde, apesar da existência de regimes jurídicos diferentes no BGB, se verifica em certos casos alguma indistinção entre procuração e autorização.

zação é una,[450] mas com dois regimes. Como tal, é tão relevante o estudo da autorização como o das autorizações.[451]

---

[450] Embora, por exemplo, AURICCHIO, *Autorizzazione, Diritto Privato*, em *Enciclopedia del Diritto*, IV, págs. 502-509, Giuffrè, Varese, 1959, cit. "*Autorizzazione*", pág. 506, considere que os dois casos de autorização correspondem a fenómenos totalmente diversos.
[451] Das duas classes de autorização.

V
As autorizações

A autorização é o nome dado aos atos especificamente destinados a provocar legitimidade.[452]

Partindo do problema das limitações voluntárias dos direitos de personalidade foi possível identificar uma autorização que provoca a constituição de uma posição jurídica num terceiro, que seja suficiente para haver legitimidade – um precário. Mas, como vimos, a falta de legitimidade pode resultar também da falta de suficiente autonomia privada.

A autorização, para ser um ato especificamente destinado a provocar legitimidade, tem de agir em ambos os níveis relevantes: o da titularidade e o da autonomia privada. O fim último desse ato é sempre o mesmo, constituir legitimidade de alguém para agir – sobre a esfera jurídica alheia ou sobre a sua própria esfera jurídica. Mas o modo como essa legitimidade resulta do ato pode implicar modificações ao nível da autonomia privada ou da titularidade do autorizado. É por esta razão que tradicionalmente são referidas duas classes[453] de autorização: a autorização constitutiva e a autorização integrativa.[454]

---

[452] BADENAS CARPIO, *Apoderamiento*, cit., pág. 70. LUÍS MENEZES LEITÃO, *A Responsabilidade*, cit., pág. 207, relaciona a figura com a legitimidade. BIANCA, *Contratto*, cit., págs. 68-71, qualifica a autorização como um ato permissivo que remove um limite à eficácia ou validade.

[453] A classe ordena exaustivamente um conjunto de objetos em torno de determinados critérios – PAIS DE VASCONCELOS, *Contratos Atípicos*, cit., págs. 161 a 164.

[454] PESSOA JORGE, *Do Mandato*, cit., págs. 390-394; AURICCHIO, *Autorizzazione*, cit., págs. 503-508.

Como veremos, ambas se incluem na noção de autorização, pois o critério fundamental de qualificação é o efeito de legitimidade. Trata-se apenas de uma classificação dicotómica conforme a autorização opere ao nível da autonomia privada ou da titularidade.

Como classificação, apresenta a maior utilidade. Autonomia privada e titularidade são dois conceitos muito diferentes e embora se relacionem de vários modos, nomeadamente na legitimidade,[455] as suas diferenças justificam plenamente um estudo autónomo de ambas as classes. O comum resultado – a legitimidade – não significa que ambas percorram o mesmo trilho. É necessário analisar as figuras para procurar saber o que há de comum e de diferente entre ambas.

1. Autorização constitutiva

A autorização constitutiva[456] é o ato destinado especificamente a provocar, em conjunto com a autonomia privada do autorizado, a aquisição de legitimidade por este, através da paralisação dos meios de defesa da situação jurídica do autorizante e da reflexa constituição, na esfera jurídica do autorizado, de uma posição jurídica de beneficiário dessa paralisação, o que possibilita a sua atuação.[457]

A falta de legitimidade para atuar que resulte de falta de titularidade sobre a situação objeto da atuação pretendida pode ser resolvida através da aquisição de uma posição jurídica que incida sobre o objeto pretendido e cujo conteúdo inclua a possibilidade de prática do ato pretendido. Em geral, a posição cuja titularidade é necessária pode ser mais ou menos

---

[455] E na capacidade, sendo a capacidade de gozo relativa à titularidade enquanto a capacidade de exercício é relativa à autonomia privada para praticar pessoalmente o ato.

[456] MENEZES CORDEIRO, *Tratado V*, cit. pág. 119, chama consentimento à autorização para agir em nome próprio sobre esfera jurídica alheia, figura que equivale, em parte, à autorização constitutiva.

[457] PESSOA JORGE, *O Mandato*, cit., pág. 394, considera a autorização constitutiva como sendo efetivamente integrativa. No entanto, esta afirmação resulta apenas de não proceder à distinção dos efeitos de ambas as figuras, antes considerando apenas que se trata de casos de remoção de obstáculos à atuação do agente. Segundo defende, a autorização *constitutiva* não constitui um *poder de ingerência na esfera jurídica do autorizante*. É, antes, um *ato permissivo*. No entanto, quer se trate de um poder, quer se trate de uma permissão, verifica-se sempre a constituição da situação jurídica inerente. Como tal, é de manter o *nomen* autorização constitutiva para estes casos de autorização, por ser o que melhor exprime as características da figura.

complexa, desde que inclua a possibilidade de prática do ato relativo ao objeto em causa. Por exemplo, a aquisição do direito de propriedade sobre um automóvel, por alguém que não sofra uma restrição ao nível da autonomia privada, implica a aquisição de legitimidade para usá-lo para fazer uma viagem. No entanto, o direito de propriedade, tal como muitas outras figuras, é muito complexo, e nem sempre traduz a vontade das pessoas interessadas. Tal como sucede no direito de propriedade, existem muitas situações jurídicas de cuja titularidade pode resultar legitimidade para a prática de atos. A autorização constitutiva difere de todas essas situações por, tipicamente, dela apenas resultar a legitimidade. É a figura mais simples da qual resulta uma situação vinculativa que importa a constituição de legitimidade. A autorização constitutiva apenas produz, em conjunto com a autonomia privada do agente, os efeitos estritamente necessários à constituição de legitimidade.[458] Tipicamente não produz outros efeitos, nem tem outros conteúdos. Não integra ónus, poderes, direitos, sujeições, deveres, obrigações[459] ou outras situações.[460] Apenas provoca uma restrição aos meios de defesa da situação jurídica que possibilita ao autorizado agir sobre esta.[461]

---

[458] E assim beneficia das consequências da simplicidade, por oposição ao recurso a figuras mais complexas e que, em situações concretas, não só não têm razão de ser como podem ser anti-económicas. Sobre a relevância económica da simplicidade e complexidade dos negócios jurídicos – FERNANDO ARAÚJO, *Teoria Económica do Contrato*, Almedina, Coimbra, 2007, cit. "*Teoria*", pág.189-192.
[459] Não resulta da autorização constitutiva uma obrigação do autorizante suportar (com a inerente prestação de *pati*) a atuação autorizada, uma vez que ao autorizar o ato, deixa de poder exercer os meios de defesa ao seu dispor. Na obrigação de suportar um ato alheio, o obrigado pode recorrer aos meios de defesa, mas está obrigado a não o fazer, enquanto na autorização não pode recorrer a esses meios. Sobre esta modalidade de obrigações, PESSOA JORGE, *Lições de Direito das Obrigações*, Associação Académica, Lisboa, 1975-1976, cit. "*Obrigações*", págs. 62-63.
[460] PESSOA JORGE, *O Mandato*, cit., págs. 394-396, defende que no caso equivalente à presente autorização constitutiva, apenas é *facultada certa actividade, sem que lhe seja atribuído um direito perante o autorizante*. Assim, permite-se que o autorizado *goze a coisa em proveito próprio mas sem poder deduzir pretensão alguma contra o autorizante*, afirmando ainda que *o autorizante não tem, neste caso, o dever de proporcionar o gozo da coisa*. MARGARIDA LIMA REGO, *Contrato de Seguro e Terceiros*, Coimbra Editora, Coimbra, 2010, cit. "*Contrato de Seguro*", pág. 694, inclui a autorização nas *situações em que a incumbência jurídica não consta de contrato,*
[461] MIGUEL GALVÃO TELLES, *Direitos Absolutos e Relativos*, em *Estudos em Homenagem ao Prof. Doutor Joaquim Moreira da Silva Cunha*, Faculdade de Direito de Lisboa, Lisboa, 2005, cit. "*Direitos Absolutos*", pág. 658, considera que nos chamados direitos absolutos existe contra-

A AUTORIZAÇÃO

Os atos do autorizado, que a serem praticados previamente à autorização sofreriam as consequências dos meios de defesa da posição afetada – nomeadamente ilegitimidade e ilicitude e respetivos regimes jurídicos –, passam a conseguir atingir a esfera jurídica do autorizante sem sofrer estas consequências negativas e produzindo os seus efeitos típicos.

Importa agora analisar mais de perto a autorização constitutiva, nomeadamente no que respeita à sua natureza, constituição, conteúdo e extinção.

A) NEGOCIABILIDADE DA AUTORIZAÇÃO CONSTITUTIVA

Uma das questões tradicionais no estudo de qualquer figura jurídica consiste em saber se é um negócio jurídico ou um mero ato jurídico. A questão da negociabilidade é fundamental para o conhecimento de grande parte das figuras jurídicas.

Se a autorização constitutiva for um negócio jurídico, importa saber se é um contrato ou um negócio unilateral. A tradicional classificação dos negócios em unilaterais e multilaterais permite, como qualquer classificação, um ordenamento do conhecimento de modo a facilitar não só o trabalho dos estudiosos do Direito, mas também o de todos os que com ele têm de trabalhar. Acresce ainda que existem algumas disposições legais específicas para determinados negócios jurídicos unilaterais. Assim, a importância da unilateralidade ou multilateralidade de um negócio resulta não só da tradição doutrinária, mas também das poucas, mas importantes, disposições legais que lhe são aplicáveis. Isto vale em particular no art. 457º do Código Civil. Esta disposição estatui uma limitação à vinculatividade das promessas unilaterais de prestações.[462] Ou seja, apenas vinculam as promessas de prestação que tenham como fonte um contrato, ou um negócio unilateral que a Lei estatua como fonte de obrigações. Nos negócios unilaterais cujo conteúdo inclua promessas de

---

posto um dever genérico de abstenção das demais pessoas e entende que a autorização provoca uma limitação deste dever.

[462] Sobre a problemática da promessa, CHARLES FRIED, *Contract as Promise, A Theory of Contractual Obligation*, Harvard University Press, Cambridge – London, 1981, cit. "*Contract as Promise*", *passim*.

prestações, mas que não beneficiem de uma disposição legal permissiva, aquelas não serão juridicamente vinculativas.[463]

Mas a questão da contratualidade não é apenas relevante no que respeita às obrigações. É, antes de mais, um problema de respeito pela liberdade e igualdade das pessoas, que se ultrapassa fazendo intervir essas pessoas no negócio. É uma questão de respeito pela autonomia privada. Como princípio geral, apenas é possível, através da declaração de vontade de uma pessoa, constituir situações passivas numa outra esfera jurídica com a vontade do seu titular. No que respeita a situações ativas, apenas é possível constituí-las através da declaração de vontade de uma pessoa, se o seu titular puder renunciar às mesmas.

A questão de saber se a autorização constitutiva é ou não um negócio jurídico já foi respondida *supra*. A autorização constitutiva opera uma limitação dos meios de defesa de uma situação jurídica por vontade do seu titular.

A estrutura da autorização constitutiva mais simples é muito semelhante à da tolerância, constituindo um precário. Através desta modalidade de autorização (que é o caso estruturalmente típico), o autorizante limita-se a impedir o funcionamento dos meios de defesa da sua posição jurídica perante uma determinada atuação de outra pessoa. Os efeitos desta autorização resultam do exercício da posição jurídica do autorizante, por este mesmo, sendo dirigidos exclusivamente à sua própria esfera jurídica, apenas se verificando nos seus meios de defesa.

Por sua vez, o autorizado beneficia reflexamente das alterações que o autorizante provoca na sua esfera jurídica. Este benefício constitui uma posição jurídica ativa, de que o autorizado fica titular – o precário.

Ao afirmar-se que se constitui uma posição jurídica na esfera do autorizado, não se quer significar que tenha havido uma transmissão de uma posição jurídica, ou uma criação de uma posição jurídica diretamente na esfera jurídica do autorizado por parte do autorizante. A alteração que se verifica na esfera jurídica do autorizado é um mero reflexo da alteração que se verifica na esfera jurídica do autorizante, que, esta sim, tem causa na autorização. A declaração de vontade de autorização não produz efei-

---

[463] Sobre as promessas unilaterais de prestação, por todos, ENRICO CAMILLERI, *Le Promesse Unilaterali*, Giuffrè, Milano, 2002, *"Le Promesse"*, em especial, págs. 29-83, e ADOLFO DI MAJO, *Le Promesse Unilaterali*, Giuffrè, Milano, 1989, cit. *"Le Promesse"*, *passim*.

tos na esfera jurídica do autorizado. A posição ativa do autorizado resulta do simples funcionamento da Ordem Jurídica, enquanto tal, e não da declaração de vontade do autorizante.

A vontade do autorizado é irrelevante para a perfeição da autorização,[464] pois, como vimos, a autorização constitutiva simples apenas provoca a restrição aos meios de defesa da posição jurídica do autorizante, o que sucede independentemente da vontade do autorizado. Não é necessária a vontade do autorizado para o autorizante conseguir restringir os seus meios de defesa da sua própria esfera jurídica.[465]

Na medida em que o ato de uma pessoa apenas tenha efeitos diretos sobre a sua própria esfera jurídica, ela poderá, em regra, praticá-lo livremente.

Quanto aos efeitos reflexos, estes não têm a sua causa eficiente no ato praticado pelo sujeito, mas nas consequências que a Ordem Jurídica associa ao ato, independentemente da autonomia privada daquele. Estes efeitos reflexos escapam ao ato enquanto manifestação da liberdade da pessoa, fundando-se na soberania da Ordem Jurídica. Não são atos heterodeterminantes de uma pessoa, mas efeitos soberanos do Direito associados a um ato de autodeterminação.

Por outro lado, a posição jurídica de autorizado é ativa e não passiva. Esta situação jurídica – o precário – é a situação ativa mais fraca, de entre o universo das situações jurídicas ativas. Consiste numa vantagem, pois o autorizado pode, mas sem ficar vinculado, praticar mais atos do que poderia sem a autorização. Estruturalmente, a liberdade que integra a sua autonomia privada passa a ter um campo mais amplo e espaçoso onde incidir. Não tem mais liberdade, mas a liberdade que tem (e já tinha) atinge mais situações, possibilita a prática de mais atos.

Sendo o precário apenas um reflexo da restrição dos meios de defesa do titular, e nada mais, não beneficia de meios de tutela próprios. O autorizado beneficia de uma situação jurídica de outrem, mas os únicos meios de defesa integram a situação jurídica beneficiante, não o precário, que não tem, de seu, quaisquer meios de defesa jurídica. O precário permite

---

[464] O que é característico dos negócios unilaterais – MENEZES CORDEIRO, *Tratado II*, cit. págs. 90-93.
[465] GIUSEPPE MIRABELLI, *L'Atto non Negociale nel Diritto Privato Italiano*, Casa Editrice Dott. Eugenio Jovene, Napoli, 1955, cit. *"L'Atto"*, págs. 115-116.

a atuação lícita e legítima sobre uma situação jurídica alheia, mas não lhe assistem meios de defesa próprios.

O autorizado é livre de agir ou não, não estando vinculado, portanto, a fazê-lo. Naturalmente que apenas o poderá fazer lícita e legitimamente dentro dos limites da autorização. Se o ato violar a autorização não beneficiará do seu efeito reflexo e será, por isso, ilegítimo e ilícito.[466] Sendo uma situação ativa que apenas resulta reflexamente da autorização, não é necessária uma declaração de vontade concordante do autorizado. Como tal, tipicamente[467] a autorização constitutiva é um negócio unilateral.[468]

Mas poderá a autorização constitutiva ser um contrato? Um negócio unilateral não se transforma num contrato por merecer uma declaração de concordância do declaratário. Essa declaração é irrelevante para o negócio, e essa irrelevância resulta do seu conteúdo e efeitos.[469] Assim, por exemplo, uma procuração não se transforma num contrato só porque o procurador declarou concordar com a mesma. A procuração fica perfeita independentemente de o procurador ou o terceiro concordarem ou não com a mesma.

O mesmo se diga com a sujeição de um negócio unilateral, por via negocial, à concordância de outrem. A natureza unilateral ou contratual de um negócio resulta da necessidade de concordância de uma ou mais pessoas. Esta necessidade é imposta pela relevância dos efeitos do negócio.

Se a declaração de uma pessoa for dirigida a provocar efeitos diretos na esfera de outra pessoa, sem que aquela tenha legitimidade para o fazer, carecerá da intervenção da pessoa titular da esfera afetada. Só com a intervenção de ambas se reunirá a legitimidade necessária para afetar as duas esferas jurídicas. Se ambas puderem ser consideradas como partes distintas, o negócio será um contrato. Caso contrário, será um negócio unilateral pluripessoal; unilateral mas subjetivamente complexo.

---

[466] Exceto se operar outro facto legitimador positivo.
[467] Na medida em que apenas constitua um precário, como efeito reflexo da limitação dos meios de defesa da posição jurídica do autorizante.
[468] Luís MENEZES LEITÃO, *A Responsabilidade*, cit., pág. 201.
[469] ENZO ROPPO, *O Contrato*, tradução de Ana Coimbra e M. Januário C. Gomes, Almedina, Coimbra, 1988, cit. "*O Contrato*", págs. 73-75.

A AUTORIZAÇÃO

Quando resultar do conteúdo de um negócio[470] que apenas fica perfeito com a aceitação por certa pessoa, o negócio é desde logo perfeito, mas a sua eficácia fica condicionada a essa aceitação. Este negócio mantém-se como um negócio unilateral, mas sujeito a condição suspensiva da concordância dessa pessoa. Não é um contrato.

A questão agora consiste, como se disse, em procurar saber se pode haver autorizações constitutivas contratuais, ou se são sempre unilaterais. Os negócios unilaterais sofrem algumas limitações legais, nomeadamente no que respeita à sua aptidão para ser fonte de obrigações. Como regra, os negócios unilaterais apenas podem constituir obrigações nos casos estatuídos na Lei, pelo que um negócio jurídico unilateral atípico não poderá ter conteúdo obrigacional.[471] Para se atingir um tal efeito é necessário que o negócio não seja unilateral, mas antes um contrato.

Quando apenas se pretende constituir um precário não é necessário celebrar um contrato. Uma autorização unilateral pode constituir um precário. Mas, se uma pessoa pretender mais do que simplesmente possibilitar a outrem agir sobre a sua esfera jurídica, pondo em vigor outros conteúdos, poderá ser necessário celebrar um contrato. Dependendo dos conteúdos que se pretende conciliar com a autorização, poderá então ser necessário celebrar um contrato, ou, ao invés, poderá ser suficiente a outorga de um negócio unilateral.

Quando a autorização é um contrato, ao verificar-se a intervenção de ambas as partes no negócio, o âmbito potencial criativo é muito maior. Deixa de haver as limitações que incidem sobre os negócios unilaterais, nomeadamente no que respeita à constituição de posições jurídicas obrigacionais por efeito do negócio. Num contrato entre autorizante e autorizado, o negócio pode ser a causa da constituição de posições jurídicas na esfera de ambos, o que é substancialmente diferente do que sucede com a autorização constitutiva unilateral que, diretamente, apenas pode constituir diretamente posições jurídicas na esfera do autorizante. O contrato de autorização constitutiva pode ser construído com base numa autoriza-

---

[470] Que não careça da intervenção de outrem para poder ser perfeito, nomeadamente por apenas produzir efeitos diretos na esfera do declarante.
[471] Também não pode, em regra, constituir situações passivas em esfera alheia, por falta de legitimidade do declarante. Só nos casos em que este seja titular de uma posição jurídica, que inclua a possibilidade de heterodeterminar, é que tal poderá suceder.

ção unilateral à qual são adicionados conteúdos tipicamente contratuais. Neste caso, embora se trate de um contrato, a legitimidade do autorizado resulta de uma restrição dos meios de defesa do autorizante, para a qual a natureza contratual do negócio é indiferente.

A autorização constitutiva estruturalmente típica não é senão um negócio unilateral que constitui um precário. O contrato de autorização constitutiva poderá limitar-se a constituir um precário, a par de outros elementos, mas, sendo celebrado um contrato de autorização constitutiva, a limitação dos meios de defesa do autorizante pode ser integrada num conjunto unificado de elementos estruturais, de tal modo que a posição do autorizado deixe de ser um mero precário. Da autorização poderá, então, resultar para o autorizado a titularidade de um direito subjetivo de intervenção direta na esfera jurídica do autorizante, sem necessidade de mais colaboração do titular, nem possibilidade de este reagir contra essa intervenção. Tudo dependerá da estrutura e substância da posição que, da autorização, resulte para o autorizado.

Na autorização constitutiva estruturalmente típica, o autorizado é apenas titular de um precário, que resulta reflexamente dos efeitos que a autorização provoca na esfera do autorizante. Mas, se resultar da autorização, por exemplo, a possibilidade de o autorizado exercer a sua posição contra o autorizante e com meios de defesa próprios, este obterá uma disponibilidade própria sobre a situação jurídica do autorizante, que ultrapassa, em muito, um mero precário. Neste caso, da autorização constitutiva, mais do que uma mera possibilidade de atuação (precário), resulta um poder de atuação, com meios de defesa próprios, sendo em consequência constituindo na esfera jurídica do autorizado um verdadeiro direito subjetivo.[472]

Assim sucede, por exemplo, com o chamado "pacto de preenchimento" de títulos de crédito, através do qual uma pessoa autoriza outrem

---

[472] Pessoa Jorge, *O Mandato*, cit., pág. 394, considera também que a autorização pode conferir um direito ou uma faculdade *no sentido de poder precário e gratuito*. Quando resultar de uma autorização constitutiva um direito subjetivo relativo a uma coisa, este poderá, eventualmente, ser um direito pessoal de gozo – José Andrade Mesquita, *Direitos Pessoais de Gozo*, Almedina, Coimbra, 1999, cit. *"Direitos"*, em especial págs. 50-60.

a preencher um título de crédito por determinado valor.[473] Nestes casos, pode resultar da autorização de preenchimento um verdadeiro direito subjetivo a preencher o título de crédito, ou um mero precário. Tudo dependerá da estrutura de interesses inerente ou subjacente a essa autorização.

No fundo, em vez de o titular da posição jurídica se limitar a desativar os seus meios de defesa, podem os dois acordar na constituição de um direito na esfera jurídica do autorizado que lhe permita interferir na esfera jurídica do autorizante. Este direito, de que é titular o autorizado, permite-lhe em conjunto com a sua autonomia privada a aquisição de legitimidade para intervir sobre posições jurídicas do autorizante. Este direito subjetivo de origem contratual, dependendo do seu conteúdo pode ser mais ou menos complexo. Podendo incluir poderes de gozo ou fruição, de crédito e mesmo poderes potestativos. Tudo depende do conteúdo acordado pelas partes.

Sendo titular de um direito subjetivo próprio, o autorizado pode eventualmente exercê-lo contra o próprio autorizante, sendo a sua posição tutelada com meios de proteção próprios. Esta diferença relativamente à estrutura autorizativa da autorização constitutiva unilateral (mesmo quando integrada num contrato) implica um regime em muito diferente.

Assim, quando a autorização constitutiva é um contrato, há que distinguir entre duas modalidades: a autorização constitutiva da qual resulta um precário associado a outros conteúdos que, estes sim, exigem que o negócio seja um contrato e a autorização constitutiva da qual resulta um direito subjetivo de intervenção na esfera do autorizante. Esta última modalidade de contrato de autorização constitutiva provoca também uma limitação dos meios de defesa da situação do autorizante, mas essa limitação fica integrada numa posição mais complexa – num direito subjetivo – perdendo, por isso, a sua autonomia. No entanto, este contrato deve ainda ser qualificado como autorização constitutiva. O negócio continua a ser, na sua essência, dirigido a constituir legitimidade a favor do autorizado para agir na esfera do autorizante. Já não é o caso típico – pre-

---

[473] Sobre a relação entre autorização e pacto de preenchimento de títulos de crédito, JANUÁRIO GOMES, *O (in)sustentável peso do aval em livrança em branco prestado por sócio de sociedade para garantia de crédito bancário revolving*, in Cadernos de Direito Privado, nº 43, julho/setembro de 2013, págs. 15-46, cit. *"Aval em Livrança"*, págs. 45-46.

cário –, mas uma evolução do caso típico que pela sua proximidade deve ainda ser considerado como uma autorização.

Embora existam muitos negócios que provocam esta legitimidade, o que diferencia esta modalidade de contrato de autorização constitutiva é a especificidade do objeto da atuação do autorizado. Este, embora atue com fundamento numa posição jurídica própria, age sobre uma esfera jurídica alheia. E essa é a essência da autorização constitutiva: a constituição de legitimidade para a heterodeterminação. No caso típico, a legitimidade para a heterodeterminação é precária, enquanto no caso ora em análise, não o é, apoiando-se num direito subjetivo; mas continua a ser um negócio especificamente destinado à constituição de legitimidade.

Nesta modalidade de autorização constitutiva contratual verifica-se uma posição de vantagem do autorizado que lhe atribui o domínio direto de um bem jurídico de um terceiro. Não se trata já de uma mera posição reflexa, mas de uma posição verdadeiramente sua. É ainda qualificável como uma autorização, mas já com algum nível de atipicidade. Não é a figura típica de autorização constitutiva, mas ainda é qualificável como tal.

O direito subjetivo de intervir em esfera jurídica alheia resultante de um contrato de autorização constitutiva apresenta ainda como especificidade a sua falta de autonomização. Embora a titularidade do direito subjetivo seja do autorizado, mantém-se sempre dependente da autorização, não sendo autonomizável. Se fosse plenamente autonomizável da autorização constitutiva (após a constituição), este deixaria de ser um negócio especificamente destinado a constituir legitimidade. Passaria a ser um negócio com um determinado fim principal, que também constituiria legitimidade. Enquanto for possível identificar o fim do negócio como sendo principalmente a constituição de legitimidade, é possível qualificar o negócio como sendo uma autorização constitutiva, embora o grau de tipicidade seja variável. No momento em que esse fim seja meramente acessório, ou instrumental, estar-se-á perante um outro negócio jurídico que também constitui legitimidade.

Assim, por exemplo, um contrato de aluguer constitui um direito de crédito do qual resulta, também, legitimidade para usar a coisa. Mas esta legitimidade não é o núcleo central do contrato, antes sendo uma decorrência natural do contrato e da relação por ele criada. Mas, quando uma pessoa apenas permita a outrem usar uma coisa, sem se obrigar a proporcionar o gozo dessa coisa, e mesmo que a autorize a usá-la com exclusividade podendo impedir o uso por outrem, já estaremos perante uma autorização constitutiva.

Como tal, a autorização constitutiva tanto pode ter natureza de negócio unilateral como contratual, embora tipicamente seja unilateral.

Em consequência, é na autorização constitutiva unilateral que se deve centrar o estudo da autorização constitutiva, sem descurar a autorização constitutiva contratual.

B) OUTORGA DA AUTORIZAÇÃO CONSTITUTIVA

A outorga da autorização constitutiva levanta algumas questões, sendo a primeira a da legitimidade para o fazer.

A questão foi já abordada, mas não é despicienda. A legitimidade para outorgar uma autorização constitutiva depende, como foi referido, de um nível de autonomia privada e de titularidade suficientes. No que respeita à autonomia privada, é necessário que não exista uma norma que limite ou impeça a sua outorga. Para que a autonomia privada seja suficiente basta que não sofra restrições relativamente ao seu nível normal.

No que respeita ao nível de titularidade, a questão é mais complexa. A titularidade necessária é a de uma situação jurídica que inclua no seu conteúdo os meios de defesa que se pretende paralisar. Relevante não é propriamente o nível, o tipo ou a amplitude dos poderes de gozo ou fruição que a titularidade abarca. Face ao modo de funcionamento da autorização constitutiva, paralisando os meios de defesa, é por estes que se deve aferir se existe um suficiente nível de titularidade. Do que se trata é de indagar, em concreto, sobre os meios de defesa de determinada situação jurídica que abrange um certo objeto. É aos meios de defesa enquanto elementos integrados no conjunto da situação jurídica que se deve recorrer para aferir do nível suficiente de titularidade. Embora a autorização constitutiva opere sobre os meios de defesa, a legitimidade que decorre reflexamente para o autorizado incide sobre o objeto da situação jurídica. Como tal, não basta que alguém seja titular dos meios de defesa, é também necessário que seja titular de uma situação jurídica com determinado objeto, e a mesma inclua o domínio sobre os respetivos meios de defesa. É o objeto da situação jurídica que irá estabelecer o âmbito de incidência da autonomia privada do autorizado. A paralisação dos meios de defesa faz com que a dinâmica de atuação do autorizado (fundada juridicamente na sua própria liberdade) consiga atingir esse objeto, assim se criando uma relação especial entre o autorizado e o objeto da atuação. O autorizado é livre de agir, e, nestas circunstâncias consegue agir.[474]

Não basta, como tal, ser-se titular,[475] de uma situação jurídica que apenas atribua legitimidade para praticar atos sobre o objeto, ou que apenas atribua legitimidade para usar os meios de defesa correspondentes. É necessário ser-se titular de uma situação jurídica que inclua todos os mecanismos jurídicos necessários não só para praticar atos sobre o objeto, mas também para poder usar ou beneficiar dos meios de defesa. Só uma pessoa que seja titular de uma situação jurídica com esta configuração poderá ter legitimidade para outorgar uma autorização constitutiva.

Deste modo, um autorizado não tem legitimidade para outorgar uma autorização constitutiva – que se poderia chamar de segundo nível – em benefício de um terceiro para agir sobre o mesmo objeto. Embora a situação jurídica de que é titular – a de beneficiário de uma autorização – lhe atribua legitimidade para praticar atos sobre o objeto, não lhe atribui legitimidade para afetar os meios de defesa da situação jurídica que integra esse objeto.

Uma outra questão é a relativa à legitimidade para a outorga da autorização constitutiva quando se verifica contitularidade da situação jurídica. Numa análise puramente dogmática, havendo vários titulares, a legitimidade para a outorga de uma autorização constitutiva exigiria, não só que todos tivessem um nível suficiente de autonomia privada e titularidade, mas também que todos a outorgassem. Assim reunida a totalidade dos titulares da situação jurídica, a dinâmica de atuação do autorizado poderia então incidir sobre toda a situação jurídica. Contrariamente, a falta de um único contitular faria com que não fossem paralisados os meios de defesa, pois haveria, pelo menos, um contitular que ainda beneficiaria dos meios de defesa. Como tal, o agente sofreria a reação dos meios de defesa da posição jurídica, para tutela desse titular que não havia autorizado a atuação. Deste

---

[474] Nas palavras de PESSOA JORGE, *O Mandato*, cit., pág. 378, *é como se alguém abrisse a porta de sua casa para deixar entrar outra pessoa; esta entraria movida pelo próprio poder: não foi o facto de abrir a porta que lhe deu força para entrar.*

[475] PEDRO FERREIRA MÚRIAS, *Regulações do Dono, uma Fonte de Obrigações*, em *Estudos em Homenagem à Professora Doutora Isabel de Magalhães Collaço*, vol. II, págs. 255-293, Almedina, Coimbra, 2002, cit. "*Regulações*", pág. 269-270, embora numa perspetiva diferente, também associa a concessão da autorização à titularidade da situação a afetar.

A AUTORIZAÇÃO

modo, o agente não beneficiaria reflexamente da paralisação dos meios de defesa, não tendo legitimidade. Embora quase todos os contitulares tivessem outorgado a autorização constitutiva, esta não produziria efeito pois a legitimidade para a outorga exigiria a atuação de todos, sem exceção.

A solução seria diferente se a autorização constitutiva fosse outorgada para a prática de atos apenas sobre a quota dos titulares autorizantes e não sobre o objeto da situação em regime de contitularidade. Embora a situação jurídica global tivesse vários titulares, cada quota apenas teria um único titular, pelo que apenas seria necessária a autorização dos titulares das quotas a afetar, e não necessariamente de todos os contitulares.

No entanto, para aferir da legitimidade para outorga de uma autorização constitutiva sobre uma situação jurídica em contitularidade não é necessária a construção dogmática de um regime. Havendo contitularidade, o art. 1404º do Código Civil manda aplicar analogicamente o regime da compropriedade.

Embora a letra da disposição se refira à comunhão de outros direitos, esta deve ser interpretada como aplicável, com as devidas alterações, à comunhão de quaisquer outras situações ativas, sejam elas direitos ou não. Como tal, o regime geral da legitimidade para outorgar uma autorização constitutiva que incida sobre uma situação jurídica em comunhão é a que resulta da aplicação analógica do regime da compropriedade. É portanto necessário proceder à análise deste regime na perspetiva da outorga de uma autorização constitutiva.

Em regra, a outorga de uma autorização constitutiva é um ato de administração da posição jurídica. Trata-se não só de um exercício da posição jurídica, mas ainda de um exercício não transmissivo, e que não onera a situação. Por outro lado, em regra, a outorga de uma autorização constitutiva é um ato corrente. Serão mais raras as autorizações constitutivas que, atendendo ao seu conteúdo e limites, possam ser qualificadas como atos de administração extraordinária. Em regra, o que se autoriza são atos correntes. Assim sendo, e regra geral, a outorga de uma autorização constitutiva é um ato de mera administração, que encontra a sua disciplina no art. 1407º do Código Civil,[476] cujo nº 1 estatui uma aplicação analógica do regime do art. 985º do Código Civil, mas impondo exigências adicionais.

---

[476] Não se deve aplicar o art. 1406º do Código Civil pois, embora os efeitos diretos da autorização constitutiva unilateral se produzam internamente, ela é efetivamente destinada à cons-

Segundo o regime do art. 985º, na falta de convenção, todos os contitulares têm igual poder de outorgar uma autorização constitutiva. Ou seja, todos têm igual poder para paralisar os meios de defesa da situação jurídica. Verifica-se um igual nível de titularidade em todos os contitulares, não havendo contitulares com especiais poderes relativamente aos demais.

É, no entanto, possível aos contitulares acordarem uma modificação destes poderes. Podem acordar quais são os contitulares administradores, se todos ou se apenas alguns. E é ainda possível que sejam acordados diferentes poderes para diferentes categorias de atos. Esta possibilidade pode provocar alterações no que respeita à distribuição dos poderes entre os vários contitulares com influência para a outorga da autorização constitutiva. Por acordo, pode haver contitulares com poderes para outorgar autorizações constitutivas e outros desprovidos desses poderes e pode haver contitulares que possam paralisar os meios de defesa e outros que não o possam fazer.

Como tal, a legitimidade para outorgar uma autorização constitutiva em situações de contitularidade depende, antes de mais, da existência e do conteúdo de um eventual acordo entre os contitulares relativamente à administração do objeto da situação. Apenas terão legitimidade para outorgar uma autorização constitutiva os contitulares administradores com poderes para esse ato.[477] Estes poderão ser todos os contitulares ou apenas alguns. Por conseguinte, os contitulares não administradores não têm legitimidade para outorgar a autorização constitutiva por falta de titularidade suficiente. Se a outorgarem, o seu ato será ineficaz.

Como regra geral, qualquer contitular administrador tem legitimidade para outorgar uma autorização constitutiva. Mas, se outro contitular administrador se opuser, será necessária uma decisão da maioria dos contitulares administradores (art. 985º, nº2 do Código Civil) que representem pelo menos metade do valor total das quotas (art. 1407º, nº 1 do

---

tituição de legitimidade de um terceiro. O art. 1406º do Código Civil regula o uso da coisa diretamente por um dos contitulares. Não se destina a usos que importem a constituição de legitimidade de terceiros para agirem sobre a situação jurídica. Apenas regula usos de um contitular quando exclusivamente em relação com os outros contitulares, e não com terceiros. Estes casos são regulados pelo art. 1407º do Código Civil.

[477] E que não sofram restrições à autonomia privada.

Código Civil). Sendo aprovada a outorga, esta poderá ser feita por apenas um contitular administrador. Se não for possível reunir a maioria legalmente exigida, poderá qualquer contitular recorrer a tribunal (art. 1407º, nº2 do Código Civil). Como tal, a legitimidade para outorgar uma autorização constitutiva em situações de contitularidade pode pertencer à totalidade, a parte, ou mesmo a um único contitular. Pode ainda suceder que alguns contitulares não tenham legitimidade para outorgar a autorização.

Como se pode concluir, este regime, que é aplicável a situações de contitularidade, é profundamente diferente do regime de legitimidade na titularidade singular. Não só no que respeita à ligação entre legitimidade e titularidade, mas também no que respeita às consequências da falta de legitimidade, como se verá de seguida.

A falta de legitimidade para a prática de um ato tem, em regra, como consequência a ineficácia do ato.[478] A falta de legitimidade de quem pratica o ato, significa que este não se encontra na posição que o Direito exige para o reconhecer ou lhe atribuir efeitos. Faltando autonomia privada, o sujeito não consegue imprimir aos seus atos naturais a dinâmica duma atuação jurídica. Como tal, qualquer eventual atuação real que ocorra não é correspondida juridicamente. Não sendo reconhecida a atuação como juridicamente correta, o ato não produz os efeitos típicos. Faltando titularidade, a atuação que tem lugar não incide sobre a situação jurídica, e, por isso, esta situação não sofre os efeitos tipicamente decorrentes desta atuação. Assim, a consequência geral da falta de legitimidade é a ineficácia do ato. E assim sucede, em regra, na falta de legitimidade numa situação de titularidade, simples ou em comunhão. Concretamente, existem vários casos especiais nos quais a falta de legitimidade é cominada com a nulidade ou anulabilidade do ato. Sendo a legitimidade uma figura central do Direito, são muitos os atos com consequências negativas nos quais, para além de outros problemas, existe um problema de legitimidade. Como tal, o regime geral é fundamentalmente supletivo, sem que isto signifique uma menor importância ou relevância da legitimidade ou do seu regime. Sucede apenas que em algumas situações o problema é

---

[478] Sobre o conceito de ineficácia, MANUEL DE ANDRADE, *Teoria Geral*, cit., vol II, págs. 411 e segs; MENEZES CORDEIRO, *Tratado II*, cit. págs. 911-932; ANTONIO CATAUDELA, *I Contratti*, G. Giappichelli Editori, Torino, 1990, cit. "*I Contratti*", pág. 141-146.

puramente de legitimidade, enquanto noutras já existem problemas complexos que envolvem vários elementos, entre eles a legitimidade.

Assim, por exemplo, no caso da falta de legitimidade para outorgar a autorização constitutiva em situações de contitularidade, as consequências variam entre a ineficácia e a anulabilidade. Segundo o art. 1407º, nº 3 do Código Civil, se a autorização constitutiva for outorgada contra a oposição da maioria legalmente exigida dos contitulares será anulável, dando lugar à responsabilização do contitular autorizante pelo prejuízo a que der causa. Para que tal suceda, é necessário que um ou mais contitulares administradores decidam outorgar a autorização constitutiva, e que um ou mais contitulares administradores se oponham. Seguidamente é tomada uma decisão de oposição à outorga da autorização constitutiva pela maioria dos contitulares administradores, que, em conjunto, devem ser titulares da maioria das quotas da situação em contitularidade. Se, mesmo assim, o contitular administrador outorgar a autorização constitutiva, então esta será anulável.

Como se pode facilmente concluir, é uma situação complexa e exigente. De tal modo que o seu âmbito de abrangência é bastante limitado. O mais provável é que a autorização constitutiva seja outorgada por contitulares não administradores, ou por contitulares administradores contra a oposição de outros, mas antes de qualquer decisão dos restantes. Nestes casos, de acordo com o art. 1407º do Código Civil, o ato já não seria anulável, mas ineficaz. Importa analisar esta discrepância de consequências, de modo a se poder confirmar ou infirmar a adequação da mesma.

O problema no art. 1407º, nº 3 do Código Civil surge, antes de mais, numa perspetiva interna à contitularidade, pela violação por um dos contitulares administradores da decisão da maioria. No momento da outorga da autorização constitutiva, os restantes contitulares – pelo menos a maioria deles – já tomaram conhecimento desta vontade do seu consorte de outorgar uma autorização constitutiva e já decidiram contra a mesma. O mais certo é que o assunto já tenha sido debatido entre os contitulares, ou, pelo menos, terá já havido oportunidade para o fazerem. Por outro lado, o contitular que outorgou a autorização constitutiva terá, em princípio, tomado conhecimento da decisão de oposição. Todo este procedimento faz com que os demais consortes (ou pelo menos os que integram a maioria legalmente exigida) estejam alerta para a possibilidade de o ato vir a ser outorgado contra a decisão de oposição. Podem não se aperceber logo, mas, pelo menos, sabem que um contitular tem vontade de praticar o ato e que não o pode fazer. E, dependendo da profundidade do debate que tenha havido, poderão ter mesmo informações sobre qual a intensidade da vontade do agente, e sobre as suas verdadeiras intenções.

Caso fosse outorgada a autorização constitutiva sem legitimidade, esta seria ineficaz. No entanto, a opção do legislador incidiu sobre a anulabilidade. A opção implica, por um lado, um juízo de valor negativo sobre o ato. Nas situações do art. 1407º, nº 3 do Código Civil, o contitular que age opta por um comportamento que claramente viola a vontade da maioria. Já foi tomada uma decisão de oposição à outorga da autorização constitutiva mas, ainda assim, o ato foi praticado. Não se trata meramente de vir a praticar um ato sem legitimidade. Existe algo mais, algo com um conteúdo valorativo claramente negativo. Como tal, a invalidade deste ato é plenamente justificada. Mas, por outro lado, embora falte legitimidade, não se justifica a ineficácia plena do ato. Os demais contitulares administradores já sabiam de antemão que o agente pretendia praticar o ato, embora pudessem não saber que pretendia praticar o ato mesmo contra a oposição da maioria. Encontram-se numa posição em que é adequado exigir a sua diligência no acompanhamento da situação. Não basta decidir pela oposição ao ato, é necessário que procurem saber se o ato foi ou não praticado. Não podem limitar-se a decidir a oposição e depois desinteressar-se. Sendo anulável, os contitulares administradores terão de pedir a anulação do ato no prazo de um ano a partir da prática do ato (uma vez que o vício se verifica plenamente no momento da prática). Se a autorização constitutiva for durável, a anulação pode ser pedida na sua pendência, sem limite de prazo.

Por outro lado, no art. 1407º, nº 3 do Código Civil, não existem preocupações de proteção de terceiros. As preocupações são puramente internas à contitularidade, pois os atos abrangidos são de mera administração, podendo ou não existir terceiros. Contrariamente, por exemplo, à venda de bens alheios, na qual existe sempre um terceiro, e uma preocupação de proteção não só do terceiro, mas também do tráfego jurídico em geral, no art. 1407º, nº 3, podem não existir terceiros. Este regime é aplicável a atos de administração, quer sejam puramente internos à contitularidade quer afetem terceiros. A consequência da violação não pode, como tal, fundar-se em preocupações de proteção de terceiros, nem mesmo da generalidade das pessoas. Não existe uma preocupação de ordem pública, mas apenas de ordem privada. Como tal, é plenamente justificada a anulabilidade do ato.

Se o ato for praticado por um titular não administrador, não se justifica a limitação temporal que caracteriza a anulabilidade. É muito mais provável que, numa situação destas, os demais contitulares não tenham conhecimento da prática do ato, pois não houve uma decisão de oposição da maioria. Por outro lado, não se verifica estruturalmente um comportamento que mereça um juízo de valor negativo. Há falta de legitimidade para a prática do ato; mas a mera ilegitimidade não implica necessariamente um valor negativo do ato. O ato é negativo no sentido de faltar legitimidade para a sua prática e ser ineficaz. Mas não se trata de uma questão de valor do comportamento. Estruturalmente não é possível afirmar que se justifique uma valoração negativa, pois não se sabe quais as características da prática do ato. Apenas se sabe que não havia legitimidade. No caso anterior, sabe-se estruturalmente que alguém queria praticar um ato, que outrem se opôs, que a maioria decidiu opor-se e que, mesmo contra a maioria, o ato foi praticado. Mas agora apenas se sabe que o ato foi praticado por quem não tinha legitimidade. Nada mais. Como tal, a outorga de uma autorização constitutiva por um contitular não administrador é ineficaz.

O outro caso analisado é o de o ato ser praticado após a oposição de um contitular administrador, mas antes de ser tomada uma decisão pela maioria. Pode já existir algo de valorativamente negativo no comportamento do agente, pois este pode saber que alguém se opõe ao ato. Mesmo que saiba que alguém se opôs à prática do ato, se o ato for praticado, o valor negativo não é tão grave como sucede no caso do artº 1407º, nº 3 do Código Civil. Não é o mesmo praticar um ato contra a vontade de um contitular ou contra a vontade da maioria legalmente exigida, composta pela maioria dos contitulares representando a maioria das quotas. Particularmente porque, antes da decisão ser tomada não se sabe ainda qual será o seu sentido. Assim, embora o ato seja desvalioso, não justifica a aplicação analógica do art. 1407º, nº3, do Código Civil, pois o grau de semelhança entre o desvalor de ambos os atos não é suficiente.

Por outro lado, a opção pela anulabilidade do ato nos casos em que este fosse praticado antes mesmo de ser tomada a decisão da maioria, iria beneficiar o agente. A ineficácia tem consequências mais gravosas que a anulação do ato, pois, embora não envolva necessariamente um juízo de valor, não carece de ser declarada, é de conhecimento oficioso e não tem limite de tempo. Não faria, pois, sentido proceder a uma aplicação analógica do art. 1407º do Código Civil a atos praticados contra a oposição de um único contitular, antes de ser tomada a decisão da maioria. Estes atos serão ineficazes, por ilegitimidade.

O regime da legitimidade para outorga da autorização constitutiva faz com que esta possa ser um negócio unipessoal ou multipessoal. Mesmo na autorização constitutiva unilateral típica, o número de pessoas que integram a parte pode ser mais ou menos elevado.[479]

Se apenas existir um titular, a autorização será unipessoal. Mas se existirem vários titulares, como vimos já, poderá ser necessária a intervenção de todos ou de apenas parte para efeito de obtenção de legitimidade. Se a autorização constitutiva for contratual será necessariamente multilateral, mas mesmo assim a parte autorizante poderá ser, em si, multipessoal – subjetivamente complexa.

Analisada a legitimidade para a outorga da autorização constitutiva, importa agora analisar o momento da outorga e o eventual processo de negociação, mais ou menos complexo, que o proceda.

Na autorização constitutiva unilateral unipessoal típica não existe necessariamente uma negociação. Sendo a outorga feita por uma única pessoa, essa é livre de outorgar como bem entender, sem necessitar de negociar com quem quer que seja. Por sua vez, as autorizações constitutivas contratuais seguem o regime comum à generalidade dos contratos, não se justificando uma análise mais detalhada.

Na autorização constitutiva unilateral multipessoal já a questão é diferente. Embora se trate de um negócio unilateral, existe um processo de negociação. Neste, existem no mínimo tantas declarações de vontade quanto o número de pessoas necessárias para a obtenção de legitimidade. Pode mesmo existir um número superior de declarações de vontade, uma vez que nos negócios unilaterais pluripessoais pode existir um processo de negociação entre as várias pessoas que compõem a parte única.

Embora, por efeito da característica paradigmática que o contrato tem na teoria do negócio jurídico, apenas se costume falar de proposta e aceitação a propósito dos contratos, é possível que um mecanismo análogo

---

[479] Como sucede, em geral, com todos os negócios unilaterais – MENEZES CORDEIRO, *Tratado II*, cit. Pág. 90.

seja empregue em negócios unilaterais, quando o autor do negócio for plural.

Para que uma autorização constitutiva pluripessoal esteja perfeita é necessário que todos os sujeitos emitam a sua declaração de vontade, o que sucede quando é emitida de uma só vez uma declaração de vontade conjunta, ou então quando cada um emite uma declaração de vontade autónoma, mas que se integra num conjunto.

Entre os vários autorizantes de uma única autorização pode haver um processo de barganha prévio, isto é, podemos deparar-nos com propostas, contra-propostas, aceitações e mais uma variedade de declarações de vontade, mais ou menos profusas. Embora o esquema proposta/aceitação esteja especificamente desenhado para o contrato com uma pessoa em cada parte, este é apenas a situação típica. Nos negócios unilaterais multipessoais, sendo o declarante uma parte subjetivamente complexa, é também necessário uma concordância de vontade entre todas as pessoas que perfazem a única parte.[480] Sucede apenas que essa concordância de vontades é dirigida à celebração de um negócio no qual todas as pessoas integram a mesma parte. Não existe um acordo na aceção tradicional do termo, mas existe um acordo entre todas as vontades, pois todas têm de estar em concordância.

O processo negocial real pode ser contraposto, com pessoas em posições efetivamente antagónicas, discordantes, ou contrapostas, mas juridicamente o processo não é contraposto. Do ponto de vista da estrutura jurídica em construção, as declarações de vontade de todas as pessoas devem seguir num único sentido, de modo a serem compatíveis como se de uma única se tratasse.

Como tal, embora a estrutura da negociação na autorização constitutiva unilateral multipessoal não seja tão complexa como a do contrato, é mesmo assim bastante mais complexa do que na autorização constitutiva unilateral unipessoal.

Outra questão que importa analisar relativamente à outorga da autorização constitutiva, é o da determinação do momento da perfeição do

---

[480] Sobre as partes subjetivamente complexas, Luís VASCONCELOS ABREU, *A Parte Subjectivamente Complexa, Uma Aproximação ao seu Conceito e Regime de Direito Substantivo*, em *Estudos em Honra do Professor Doutor Oliveira Ascensão*, Vol. I., págs. 357-378, Almedina, Coimbra, 2008, cit. "*A Parte*", págs. 357-377.

negócio. Na autorização constitutiva contratual, este momento é o do acordo de vontades. Mas na autorização constitutiva unilateral a situação terá de ser diferente.

Para tanto é necessário saber se a autorização constitutiva unilateral se funda numa declaração recipienda ou não recipienda. Tradicionalmente refere-se que as declarações são recipiendas ou não conforme tenham ou não um destinatário. MENEZES CORDEIRO afirma ainda que normalmente *as declarações que visem integrar um negócio contratual são recipiendas, ao passo que as atinentes a negócios unilaterais – que se prendem, por definição, a uma única vontade – operam por si.*[481] As declarações contratuais normalmente têm um destinatário – a contra-parte.

No entanto, nos negócios unilaterais, a existência ou não de um destinatário é mais difícil de identificar. Não existindo uma contraparte no negócio, a mera existência de outras pessoas que serão afetadas pelo negócio não implica necessariamente que se trate de destinatários da declaração e, acima de tudo, que se justifique que a declaração apenas se transforme em negócio jurídico plenamente eficaz após a interposição dessa pessoa no mecanismo de criação do negócio (independentemente de se seguir a teoria da expedição, receção ou conhecimento).

Na autorização constitutiva, e para a questão que agora nos interessa, podemos identificar dois casos que justificam uma análise separada: uma autorização constitutiva unilateral com autorizado certo (por exemplo, incluindo-se na autorização a identificação da pessoa autorizada); uma autorização constitutiva unilateral subjetivamente genérica (autorizando-se a generalidade das pessoas).

No primeiro caso, é conhecida a identidade do autorizado. O problema consiste em saber se este pode ser considerado como destinatário da declaração. O autorizado é, claramente, um beneficiário último da autorização e, como tal, da declaração que causa a autorização. Em resultado reflexo da autorização, o autorizado adquire a titularidade de uma posição jurídica ativa que não tinha antes da autorização. Acresce que o autorizante, ao limitar a autorização a favor do autorizado, quer que seja este a beneficiar do efeito desta.

---

[481] MENEZES CORDEIRO, *Tratado II*, cit, pág. 142.

No entanto, a mera existência de uma pessoa que recolhe benefícios da declaração (ou, melhor, do negócio dela decorrente), mesmo que esta seja especificamente querida pelo declarante como beneficiária do negócio, não significa, só por si, que se trate do destinatário da declaração e que esta apenas possa produzir efeitos no momento em que a declaração atinja determinada posição relativamente a essa pessoa.

Para tanto é necessário que a própria declaração careça da interligação com essa pessoa para produzir efeitos. Mas, na autorização constitutiva unilateral, apenas se atua sobre a esfera jurídica do autorizante. É na esfera jurídica deste que se verifica o efeito limitador dos meios de defesa da posição jurídica, sendo o precário um mero efeito reflexo.

A autorização constitutiva consiste num modo de exercício de uma posição jurídica que se traduz na limitação dos meios de defesa dessa posição jurídica. Todo este mecanismo é interno à esfera jurídica do autorizante e não carece de qualquer intervenção, ou mesmo interligação com o autorizado. Em última análise, o que a autorização constitutiva unilateral faz é limitar a atuação dos meios de defesa da esfera jurídica do autorizante, em vista duma eventual atuação do autorizado.

Atendendo ao modo como a autorização constitutiva funciona, esta poderá, então, produzir os seus efeitos com a mera declaração, não carecendo de qualquer intervenção ou interligação do autorizado. A mera declaração do autorizante é suficiente para produzir os efeitos da autorização sobre os seus meios de defesa, pois é dirigida à sua própria esfera jurídica. Após a produção dos efeitos sobre os meios de defesa do autorizante, o autorizado passa automaticamente a beneficiar reflexamente dessa limitação.

Acresce que não se pode exigir, como regra, que a possibilidade de alguém limitar os seus meios de defesa fique dependente de um terceiro. Mesmo que o nível de dependência seja tão ténue como sucede no presente caso. Como tal, a autorização constitutiva unilateral deve ser considerada como um negócio não recipiendo, produzindo efeitos com a mera declaração do autorizante.

No segundo caso – autorização constitutiva outorgada a favor de uma generalidade indefinida de pessoas – estamos também perante um negócio não recipiendo. Mas a fundamentação é mais simples, uma vez que não existem pessoas determinadas que pudessem ser destinatários da declaração.

Em conclusão, a autorização constitutiva unilateral, independentemente do número e da determinação dos beneficiários, é um negócio não recipiendo, pelo que se torna perfeito com a mera declaração.

Assim, a autorização constitutiva unilateral unipessoal torna-se perfeita com a declaração. Mas se for pluripessoal, o momento da perfeição é o da emissão da última declaração em concordância com todas as demais declarações das pessoas que constituem a parte e cuja intervenção seja necessária. Só com a concordância da última pessoa necessária para a legitimidade é que a autorização constitutiva é outorgada. É irrelevante para este efeito se a declaração é conjunta, ou se existe uma declaração de uma pessoa que inclua o conteúdo da autorização constitutiva, limitando-se as demais a dar o seu acordo, ou se há várias declarações que pouco a pouco se aproximam umas das outras até um momento em que é possível integrá-las numa única declaração fonte da autorização constitutiva. Mas é fundamental que os titulares da posição jurídica, cujos meios de defesa são paralisados, emitam declarações de vontade nesse sentido, e que as declarações de vontade sejam concordantes.

As declarações podem ser expressas ou tácitas. As declarações tácitas apresentam uma complexidade que lhes é própria, e cujo estudo não compete a esta investigação. No entanto, a relação entre a autorização constitutiva e as declarações tácitas já justifica um estudo mais detalhado.

No que respeita à autorização constitutiva unilateral, pode levantar-se a questão de a outorga ser expressa ou tácita.[482]

O primeiro problema no que respeita à autorização constitutiva tácita é de qualificação, em especial por contraposição tipológica sequencial com a inação e com a tolerância. A sequência tipológica – inação – tolerância – autorização – é progressiva, passando-se gradativamente de uma figura para a seguinte, sem que se verifique uma fronteira precisa, mas antes difusa,[483] o que vem dificultar a qualificação concreta, especialmente nas situações intermédias.

---

[482] Sobre a distinção entre declaração expressa e tácita – PAULO MOTA PINTO, *Declaração Tácita e Comportamento Concludente no Negócio Jurídico*, Almedina, Coimbra, 1995, cit. "*Declaração Tácita*", em especial págs. 515-523.

[483] Sobre a lógica difusa, precisão e graduação, LOTFI A. ZADEH, *Fuzzy Sets*, em *Information and Control*, 8, 1965, págs. 338-385, cit. "*Fuzzy Sets*".

Quando as declarações são expressas, a relação entre o conteúdo da declaração e o fim pretendido facilita a tarefa. Mas se forem tácitas a tarefa é mais problemática. Em especial, porque o resultado típico da outorga de uma autorização constitutiva tácita é extremamente semelhante a uma situação ou de silêncio, ou de omissão de ação. Ambas aparentam uma omissão total de reação ao comportamento do terceiro, pelo titular da situação afetada, sendo problemático saber se não é uma mera não reação, ou se essa não reação tem um significado, e qual o seu significado.

Os comportamentos factuais externos típicos da inação, da tolerância e da autorização são extremamente semelhantes. E, em certas situações e momentos, idênticos.

Nos três casos, o comportamento factual típico da respetiva figura, implica uma não reação do titular da situação afetada perante uma atuação de outrem. Este atua sobre uma posição jurídica de outrem que não reage. Se o titular não tiver conhecimento da atuação do terceiro, a sua não reação apenas pode ser qualificada como inação. A tolerância e a autorização, implicando necessariamente uma tomada de decisão de não atuação, exigem previamente o conhecimento da atuação ou da intenção de atuação do terceiro. Tipicamente, não se tolera a atuação que não se sabe que existe, como não se autoriza uma atuação que não se sabe que alguém pretende efetuar. Assim, a omissão de reação a uma atuação desconhecida de terceiro deve, em princípio, ser qualificada como uma mera inação e não como uma tolerância ou uma autorização.

A situação é diferente se o titular da posição jurídica afetada pelo comportamento do terceiro tiver conhecimento dessa atuação. A não reação pode eventualmente corresponder a um comportamento típico de qualquer uma das três figuras: inação, tolerância ou autorização. No entanto, as consequências são muito diferentes: se for uma inação, a não reação não significa a legitimidade nem licitude da atuação, pelo que o titular pode reagir mesmo em relação a factos passados; se for uma tolerância, já não pode agir perante factos passados, mas pode deixar de tolerar factos futuros; se for uma autorização, os factos anteriores à mesma sofrem de ilegitimidade e ilicitude (exceto se se verificar uma ratificação ou uma aprovação tácita dos atos), mas já não os posteriores à autorização (pelo menos aqueles que sejam praticados até ao momento da extinção da autorização).

Tendo o titular conhecimento da atuação e caso se limite a nada fazer, embora esse comportamento seja compatível com qualquer uma das três figuras, o grau de proximidade típica é maior com a inação do que com qualquer das duas outras figuras. Esta atuação pode ocorrer como resultado de qualquer uma das três figuras, mas aquela em que o nível de coincidência de elementos é maior é a inação. Aliás, na inação, não se pode sequer falar de semelhança, mas antes de igualdade. Já no que respeita à tolerância, verifica-se uma semelhança, que é menor no caso da autorização. Assim, quando apenas se verifica uma não reação numa situação na qual o titular sabe que o terceiro está a atuar sobre a sua esfera jurídica, deve considerar-se que se trata de uma mera inação e não de uma tolerância ou de uma autorização.

Para que se verifique uma autorização constitutiva unilateral tácita é necessário que do comportamento do titular possa ser retirada, com toda a probabilidade, uma expressão indireta de vontade de autorizar previamente os atos: da vontade de desativar os meios de defesa da posição jurídica afetada de modo a possibilitar a futura prática desses atos e não apenas de não exercer meios de defesa perante um ato já praticado.

A mera omissão de comportamento, quando desacompanhada de qualquer outro elemento, não pode deixar de ser qualificada como um mero silêncio, sem conteúdo declarativo.[484] A mera omissão de reação do titular não pode ser qualificada nem como tolerância, nem como autorização constitutiva unilateral, mesmo tendo em consideração que essa seria a consequência típica factual de ambas. São necessários elementos qualificadores[485] que completem e reforcem a estrutura típica da autorização.

A mera omissão de reação apenas poderá ser indiciária de ter sido celebrada uma autorização constitutiva unilateral com fundamento no art. 218º do Código Civil, sendo para tal necessário Lei, uso ou convenção nesse sentido.

Nos outros casos serão necessários elementos qualificadores da omissão que possibilitem a qualificação como autorização. Serão situações nas quais não se verifica uma mera omissão de reação, havendo outros elementos que permitem considerar que se trata de uma declaração tácita.

---

[484] Paulo Mota Pinto, *Comportamento Concludente, cit.*, págs. 631 e segs., em especial pág. 637.
[485] Paulo Mota Pinto, *Comportamento Concludente, cit.*, pág. 642.

Uma das situações mais típicas de outorga tácita de autorização constitutiva é a outorga de uma procuração desacompanhada de um outro negócio expresso que constitua a sua relação subjacente.

c) Conteúdo da autorização constitutiva

Como vimos, na sua configuração típica, a autorização constitutiva provoca a paralisação dos meios de defesa de uma situação jurídica, constituindo reflexamente um precário na esfera do autorizado, que, em conjunto com a sua autonomia privada, lhe atribui legitimidade para agir na esfera do autorizante.

O elemento central do conteúdo da autorização constitutiva é, naturalmente, o elemento autorizador. É este o elemento que provoca a limitação dos meios de defesa e normalmente ele decorrerá de expressões como autorizar, permitir, consentir, deixar, ou outras análogas. Só raramente se encontrará, num concreto negócio, uma declaração expressa de limitação dos meios de defesa. Quando muito, poder-se-ão encontrar negócios onde, prevendo a prática de determinados atos, se declare, além disso, que esse comportamento não sofrerá consequências negativas ou, eventualmente, que se conceda a outrem legitimidade para praticar certo ato. Mas o mais normal é o recurso a expressões simples como as acima referidas para indicar uma autorização.

Este elemento autorizador é, em regra, limitado. Ou seja, não se autoriza todo e qualquer ato. Pode, teoricamente, ser questionada a admissibilidade de autorização de prática de todos os atos por todas as pessoas sobre todas as situações jurídicas de uma pessoa. Tal, poderia corresponder a uma suspensão de toda a tutela jurídica que estivesse na disponibilidade de uma pessoa, que apenas ficaria protegida por meios fora da sua disponibilidade. Este problema – chamemos-lhe uma autorização *omnibus* – consiste num problema de vontade e discernimento. Em especial de discernimento quanto ao futuro.

Em todos os negócios que se projetem no futuro existe sempre um certo nível de incerteza. As pessoas não conhecem o futuro, apenas podendo fazer previsões falíveis sobre o mesmo, e este nível de incerteza é aceitável, porque natural.

Certamente, é possível – e corrente – celebrar negócios que se projetam no futuro, mas nestes negócios o futuro é previsto dentro de determinados limites de possibilidade de variação ou segundo os normais padrões de variação tal como são comummente aceites. Caso os factos futuros não ocorram como previsto, o negócio e os regimes jurídicos supletivamente aplicáveis são aptos para a resolução dos problemas que essa falta de coincidência provoque. São paradigmáticos de figuras que estão especialmente destinadas a resolver problemas decorrentes da diferença entre a previsão do futuro feita pelas partes e a sua real concretização, o regime dos negócios aleatórios e o regime da alteração de circunstâncias.

O problema surge quando as partes pretendem vincular-se a situações que não previram, nem poderiam prever, ou seja, quando se estão a vincular com base no desconhecimento, efetivo e potencial, não tendo conhecimento do *quid* a que se vinculam, nem podendo ter.

A vinculação negocial exige sempre uma determinada ligação à vontade. E sem conhecimento,[486] pelo menos de uma realidade potencial, não há uma correta vontade negocial. Uma autorização para todas as pessoas praticarem todos os atos sobre todas as situações jurídicas do autorizante,[487] levanta a questão de saber se há um discernimento suficiente dos atos autorizados para que o Direito a permita. Não se trata de uma limitação imposta pela Lei, Moral, Ordem Pública ou Natureza, é antes uma limitação imposta pela própria autonomia privada. A liberdade imanente à autonomia privada é reconhecida e respeitada pelo Direito. Mas não há liberdade quando se atua sem discernimento, e haverá pouca liberdade quando se atua com pouco discernimento.

Na autorização constitutiva típica a questão tem contornos diversos dos demais negócios. Desta apenas resulta um precário, de tal modo que o nível baixo de discernimento é acompanhado, em paralelo, por um nível baixo de vinculação. Perante a precariedade da situação, o autorizante não necessita de prever a situação futura. Independentemente do que suceder no futuro, o autorizante poderá sempre extinguir o precário. Como tal, e face à questão agora apreciada, é admissível a outorga de uma autorização constitutiva *omnibus*, sabendo que o autorizante pode pôr-lhe termo em qualquer momento. A autorização *omninus* pode ser admitida, desde que precária, embora seja com certeza muito rara. O normal é que sejam autorizados atos concretos, ou categorias de atos, ou a

---

[486] Ou, melhor, sem discernimento.
[487] Que estejam na sua disponibilidade.

generalidade de atos sobre determinadas situações, ou a generalidade de atos praticados por determinada pessoa.

O autorizante é livre de estabelecer os limites que entender. Pode, nomeadamente, estabelecer limites no que respeita ao tipo de atos a praticar, aos fins dos atos a praticar, à identidade do autorizado.

A limitação da autorização constitutiva determina, reflexamente, os limites da legitimidade do autorizado. Se alguém autorizar outrem a colher frutos de uma árvore, o autorizado não tem legitimidade para colher frutos de outras árvores. Ou se alguém autorizar outrem a usar uma sua imagem numa campanha com fim de angariar fundos para uma organização de solidariedade social, o autorizado não terá legitimidade para usar essa imagem com fim de obter lucros para si.

No que respeita ao concreto âmbito dos meios de defesa desativados pela autorização constitutiva, este pode resultar expressa ou tacitamente do negócio. O mais corrente será que resultem tacitamente, uma vez que não é normal uma pessoa declarar expressamente que paralisa este ou aquele meio de defesa. O comportamento normal consistirá, pois, em declarar quais os atos que autoriza ficando tacitamente desativados todos os meios de defesa na disponibilidade do autorizante e que poderiam reagir contra o ato autorizado. Pode, contudo, ser feita uma referência expressa dos concretos meios de defesa abrangidos pelo negócio. Mesmo neste caso é, no entanto, necessário saber se os meios de defesa abrangidos pelo negócio são efetivamente desativados, ou se o declarante apenas se obriga a não os usar, o que pode implicar não a constituição de legitimidade a favor do beneficiário, mas apenas uma vinculação do titular a não recorrer a determinado meio de defesa. Seria um outro negócio, que não uma autorização constitutiva, embora com semelhanças com esta, nomeadamente um negócio com uma obrigação de suportação. Pode, ainda, ocorrer uma situação intermédia, na qual é feita referência expressa a um meio de defesa que é desativado, resultando tacitamente a desativação de outros meios de defesa.

Ainda no que respeita ao conteúdo da autorização constitutiva, em especial no que respeita ao ato autorizado, podem ser autorizados atos jurídicos ou atos materiais.[488] A classificação dos atos em materiais ou

---

[488] Pessoa Jorge, *O Mandato*, cit., págs. 396-397.

jurídicos não estabelece uma dicotomia perfeita, pois se um ato for puramente material, não será juridicamente relevante, e se for puramente jurídico, não será ato. No entanto, é uma classificação tradicional e, mesmo com as limitações conhecidas, apresenta utilidade para o Direito.

Esta questão, que até certo ponto pode apresentar relevância para a representação voluntária e para o mandato, é irrelevante para a autorização constitutiva.

Na representação voluntária e no mandato, a questão central prende-se com a imputação dos efeitos jurídicos de determinados atos. Na representação voluntária, pretende-se que os efeitos dos atos praticados pelo procurador se produzam diretamente na esfera do representado. No mandato sem representação, obrigam-se as partes a proceder à transferência desses efeitos da esfera jurídica do mandatário para a esfera do mandante.

A autorização constitutiva opera de um modo diferente de ambas as figuras. O autorizado age com fundamento na posição do autorizante. O autorizado exerce mecanismos que integram a situação jurídica da titularidade do autorizante, resultando a legitimidade daquele reflexamente da autorização constitutiva.

Ele – autorizado – apenas tem um precário e apenas pode exercer posições de outrem – o autorizante. O autorizado não exerce uma posição autónoma sua; não age na sua esfera jurídica.

O autorizado, com fundamento no precário de que é titular, exerce uma posição que integra a esfera do autorizante, agindo na esfera do autorizante e verificando-se os efeitos do exercício na esfera que integra a posição afetada – a do autorizante. Não se está perante uma situação na qual se atua numa esfera jurídica sendo então necessário que os efeitos sejam transferidos – mediata ou imediatamente – para outra esfera (do *dominus*). Antes, o que sucede é uma substituição subjetiva, mas mantendo-se a mesma posição. A posição que é exercida é a do autorizante, e é nela que os efeitos se verificam. O autorizado apenas tem legitimidade para a exercer, mas não para recolher os efeitos do seu exercício. Como tal, os efeitos da atuação autorizada verificam-se na esfera do autorizante.

Não quer isto dizer que o autorizado não retire benefício dessa atuação. Se não beneficiasse de qualquer modo provavelmente não agiria. Mas os benefícios que retira não devem ser confundidos com os efeitos jurídicos do exercício.

Assim, por exemplo, se o proprietário de um pomar autoriza alguém a praticar tiro no seu terreno, usando as maçãs como alvo, o autorizado retira o benefício de poder praticar um desporto no qual tem gosto. Mas os efeitos jurídicos da destruição física de cada maçã verificam-se diretamente na esfera do proprietário. É a esfera jurídica do proprietário do pomar que sofre a diminuição do conteúdo da sua situação jurídica, e não a do autorizado que a sofre, com a correspondente transferência dos ditos efeitos então para a esfera do *dominus*.

De um modo figurativo, o autorizado age dentro da esfera jurídica do autorizante, pelo que os efeitos se verificam logo dentro dessa esfera. Não se trata de atos praticados fora da esfera jurídica do autorizado para os quais seja necessário um mecanismo de integração na esfera do *dominus*. Os atos são, *ab initio*, praticados dentro da esfera deste.

Há, contudo, efeitos que se verificam na esfera jurídica do autorizado, mas trata-se de efeitos que não decorrem diretamente dos atos praticados.

Os efeitos dos atos praticados que se verificam na esfera do autorizado são os da legitimidade e licitude do comportamento que adotou e do proveito que retirou desse comportamento. Assim, por exemplo, se se enriqueceu com o ato praticado, é seu o enriquecimento; se danificou o património do *dominus* com o ato praticado, não é responsável por esse dano. Por exemplo, numa autorização de pastagem, em que o proprietário autoriza outrem a pastorear um rebanho no seu terreno, o autorizado tem legitimidade para fazer pastar o seu rebanho em terreno alheio a título precário e, com isso, o autorizado obtém a vantagem de poder alimentar o seu rebanho sem custos. O autorizante fica sem o pasto, mas com o terreno limpo, com menor risco de incêndio e mais fértil. Os efeitos jurídicos que se produzem na esfera do autorizante são os relativos à perda de titularidade do pasto. Os efeitos jurídicos que se produzem na esfera do autorizado são os do consumo do pasto decorrente pelo rebanho.

O autorizado pratica o ato licitamente, tem legitimidade para o fazer e não deverá responder a qualquer título por ter entrado em terreno alheio colhendo o pasto e fazendo-o seu. Um ato praticado no Direito – independentemente de poder ser qualificado como ato material ou ato jurídico – carece sempre de legitimidade para que possa ser lícito. Mesmo os chamados atos materiais incidem sobre situações jurídicas carecendo o seu autor de legitimidade para os praticar. Podem, como tal, ser autorizados quer atos materiais, quer atos jurídicos, quer combinações dos dois em diferentes graus de integração. A este elemento da autorização constitutiva, que provoca reflexamente a legitimidade para agir licitamente sobre património alheio, pode chamar-se o elemento autorizativo.

Acessoriamente ao elemento autorizativo, o conteúdo da autorização constitutiva pode integrar outros elementos. O elemento autorizativo, só por si, não exige que a autorização constitutiva seja contratual. No entanto, estes outros elementos poderão exigi-lo pelos efeitos que produzem. Uma autorização constitutiva que resulte de uma declaração unilateral é limitada no que respeita a outros elementos de conteúdo. No que respeita a elementos de conteúdo típicos, dois casos que importa apreciar são a condição e o termo.

É possível sujeitar uma autorização constitutiva a termo inicial ou final, certo ou incerto, como também é possível sujeitá-la a condições suspensivas ou resolutivas.

Estes elementos do negócio não exigem que a autorização constitutiva seja contratual. Ambos afetam a eficácia da autorização constitutiva e, como tal, apenas afetam diretamente a esfera jurídica do autorizante. Não têm efeitos diretos na esfera do autorizado. No que respeita aos efeitos reflexos, ao influenciarem a eficácia da autorização constitutiva e – tipicamente – da posição de precário do autorizado, limitam a eficácia do negócio, pelo que por maioria de razão, não sendo necessário o acordo do autorizado para uma autorização constitutiva sem termo ou sem prazo, também não será necessário no caso de estes elementos se verificarem.

No que respeita às limitações legais relativas à constituição de obrigações através de negócios unilaterais legalmente atípicos, uma vez que nem a condição nem o termo constituem obrigações, estes não são abrangidos pelos referidos limites. Como tal, a vigência da autorização constitutiva unilateral pode ser sujeita a termo ou condição.

A sujeição a condição da autorização constitutiva permite, por exemplo, que a eficácia desta fique dependente de o autorizado praticar determinado facto. A autorização constitutiva fica sujeita a uma condição suspensiva inicial, ficando, na prática, dependente de uma atuação do autorizado.

No entanto, o ato a praticar pelo autorizado opera como um ato jurídico externo, não importando uma alteração na sua esfera jurídica. Ou seja, a exigência da prática de um ato pelo autorizado não o vincula a agir, nem importa intromissão na sua esfera jurídica. Pelo contrário, é a esfera jurídica do autorizante que será afetada diretamente pela verificação ou não da condição.

Assim sucede, por exemplo, quando outorgada uma autorização constitutiva que fique sujeita à condição suspensiva inicial de o autorizado entregar determinada quantia ao autorizante.

O caso pode causar alguma perplexidade pela aparência de constituir uma obrigação de o autorizado pagar um preço ou, pelo menos, de ficar vinculado a um modo. No entanto tal não sucede. O autorizante, ao sujeitar a autorização constitutiva unilateral a esta condição não está a vincular o autorizado a entregar o dinheiro. O autorizado não está obrigado a entregar a quantia; entrega se quiser; se não quiser não entrega. Esta autorização não pode fundar a exigência de entrega dessa quantia. A autorização apenas se torna eficaz com a entrega da quantia, pelo que enquanto a quantia não for entregue a autorização não produz efeitos e o autorizado não terá legitimidade para praticar o ato pretendido, mas o autorizado é livre de entregar, ou não, a quantia. Se se tratasse de uma obrigação de pagar um preço ou de um modo, a autorização seria imediatamente eficaz, podendo-se exigir ao autorizado que pagasse a quantia ou cumprisse o modo. Mas, no caso em análise, nunca é possível exigir ao autorizado a entrega da quantia, embora este também não adquira a legitimidade se não entregar a quantia. A entrega da quantia opera apenas como facto externo do qual se faz depender a eficácia da limitação ou paralisação dos meios de defesa da posição jurídica do autorizante. Mas não existe qualquer vinculação do autorizado a entregar a quantia. Por outro lado, se não entregar a quantia e, apesar disso, praticar o ato ao qual era dirigida a autorização, sofrerá as consequências da falta de legitimidade para a sua prática. É, portanto, possível condicionar a eficácia inicial da autorização à entrega de uma quantia, sem que tal constitua uma obrigação de pagar um preço.[489]

Importa, no entanto, procurar saber se o regime legal da condição é aplicável diretamente às situações de autorização constitutiva da qual

---

[489] Sobre a condição de entregar uma quantia (ou, no caso, de pagamento de um preço), JOÃO GERALDES, *Tipicidade Contratual e Condicionalidade Suspensiva Voluntária*, polic., Lisboa, 2007, cit. *"Tipicidade"*, págs. 191-197.

apenas resulte um precário. No que respeita à aplicabilidade da norma do art. 272º do Código Civil, importa referir que, sendo o autorizado apenas titular de um precário, não é titular de um direito de agir sobre a esfera do autorizante. Como vimos, o precário resulta reflexamente da limitação dos meios de defesa da posição do autorizante, não beneficiando de meios de tutela próprios. Importa uma legitimidade para agir com fundamento na posição do autorizante e, enquanto tal, apenas a posição deste tem meios de defesa.

O autorizante não contrai qualquer obrigação nem aliena um direito sob condição suspensiva. A vinculação do autorizante à autorização constitutiva não é, pois, obrigacional. Este não se vincula a efetuar uma prestação; antes provoca vinculativamente a desativação dos meios de defesa da sua posição jurídica. Por outro lado, e pela mesma razão, o autorizante não aliena qualquer direito.

Em ambos os casos, através da norma do art. 272º do Código Civil, pretende-se proteger a posição de quem é titular de um direito de crédito sujeito a condição suspensiva enquanto esta não se verifica, de tal modo que se impeça a outra parte de praticar atos que inviabilizem o credor expectante. O mesmo sucede, na alienação de um direito sujeito a condição suspensiva, pretendendo-se que o alienante não se aproveite, por exemplo, da pendência da condição para danificar o bem.

Em ambos os casos, a outra parte tem uma expectativa de vir a ser titular do direito de crédito, ou de outro direito (nomeadamente, real), protegendo o regime do art. 272º do Código Civil essa expectativa contra atuações da outra parte.[490] No entanto, no precário não faz sentido a proteção do art. 272º do Código Civil. A proteção da expectativa do precário importaria que se protegesse mais a expectativa (do precário) do que o próprio precário, o que seria uma contradição com o regime do precário.

O precário não inclui meios de defesa perante o autorizante. Este pode continuar a fazer o uso que quiser da situação jurídica de que é titular. O autorizado poderá fazer um uso dessa situação, mas sempre a título precário. Não só quanto à eventual extinção do precário, mas ainda no que respeita à estabilidade e tutela da sua posição. Quando em confronto

---

[490] Nuno Baptista Gonçalves, *Do Negócio sob Condição (Estudo de Direito Civil)*, Edições Castilho, Lisboa, 1995, cit. "*Negócio sob Condição*", págs. 87-94

com a posição do autorizante, a posição do autorizado precário nunca se sobrepõe.

Não faria qualquer sentido limitar a atuação do autorizante na pendência da condição suspensiva para deixar de a limitar logo que verificada a condição. Seria como se, numa autorização para colar um cartaz político na fachada de um imóvel sujeita à condição suspensiva de o político se candidatar, o proprietário não pudesse demolir essa fachada enquanto o político não se candidatasse, mas já o pudesse fazer se o político se candidatasse (e mesmo durante a campanha, já com o cartaz colado).

Numa perspetiva mais textual, pode dizer-se que a posição de precário não tem uma *integralidade* que possa ser comprometida pela atuação do autorizante. E não a tem no sentido do art. 272º do Código Civil – precisamente por ser precária. Se a posição do autorizado tiver *integralidade*, já não será um precário, mas uma diferente posição que justificará uma antecipação da tutela para o momento da expectativa.

Pode ainda levantar-se a questão da aplicabilidade da parte do art. 272º do Código Civil relativa à aquisição de um direito sujeito a condição resolutiva. Impondo esta norma um dever de agir de boa fé de modo a não pôr em causa a integralidade do direito da outra parte, ainda maior será essa exigência se, em vez de um direito, apenas adquirir um precário.

Se um titular de um direito deve agir de boa fé, mesmo considerando que é titular de um direito, justifica-se que o titular de um mero precário, tendo uma posição muito mais fraca, também deva agir de boa fé. A liberdade de atuação do titular do precário não pode ser superior à do titular de um direito. Será sempre mais fraca, mais instável, mais ténue, isto é, mais precária.

Como tal, no precário sujeito a condição resolutiva, o autorizado deve agir de boa fé, de tal modo que não ponha em causa a integralidade da situação jurídica que por si há-de ser afetada.

Esta imposição é uma manifestação do princípio da boa fé,[491] que sempre seria exigível, mesmo que não fosse possível aplicar a norma do art. 272º do Código Civil ao precário. No entanto, vigorando o art. 272º do Código Civil, e sendo possível interpretá-lo no sentido de abranger o precário, deverá aplicar-se ao autorizado titular de um precário.

---

[491] MENEZES CORDEIRO, *Boa Fé*, cit., págs. 454-456.

O mesmo sucede com a norma do art. 273º do Código Civil. O autorizado não só não adquire um direito – apenas um precário – como não tem meios de defesa com o fim de conservação do direito que possa exercer. Os meios de defesa do direito são do autorizante;[492] e o precário não tem meios de defesa próprios. Por outro lado, o autorizante não é nem devedor, nem alienante condicional. Não o é formalmente, nem substancialmente (face ao art. 273º do Código Civil). O autorizante não realiza uma prestação[493] a favor do autorizado, nem lhe transmite algo. Como tal, nada há na titularidade do autorizado que esteja pendente de uma condição resolutiva e que possa justificar a necessidade do art. 273º do Código Civil para fundar a possibilidade de o autorizante praticar atos conservatórios.

Nos casos em apreciação, a limitação dos meios de defesa da posição do autorizante apenas se verifica no que respeita ao ato autorizado. No restante, os meios de defesa da posição do autorizante mantêm o seu nível corrente. Não havendo uma transmissão do bem, e mantendo o autorizante os meios de defesa relativamente a terceiros ou a outros atos do autorizado, sempre poderá agir em defesa do bem jurídico, sem necessidade do art. 273º do Código Civil. Como tal, não se justifica a aplicabilidade do art. 273º do Código Civil à situação agora apreciada.

Importa agora procurar saber se na autorização constitutiva é possível estabelecer um preço, o que apresenta uma grande utilidade prática.

O preço é uma cláusula obrigacional. Por outro lado, o estabelecimento da obrigação de o autorizado pagar um preço afeta negativamente a sua esfera jurídica. O preço levanta problemas a propósito do regime do art. 457º do Código Civil, considerando que se dá a constituição de uma posição de desvantagem na esfera do autorizado.

Para constituir uma posição passiva na esfera de uma pessoa é necessária ou a intervenção dessa pessoa, ou a de uma pessoa titular de uma posição que inclua essa possibilidade. Ou seja, é necessária legitimidade para obrigar. Em regra, essa legitimidade pertence à pessoa que se vincula a realizar a prestação. Como tal, em regra, para que uma autorização constitutiva possa incluir um preço, é necessário que esta seja contratual. Só assim se poderá constituir eficazmente a obrigação de pagar um pre-

---

[492] Dependendo da concreta situação do autorizante que é afetada pela autorização constitutiva.

[493] Por exemplo, a entrega de uma coisa.

ço.[494] Pode, como tal, concluir-se que, por um lado é possível a existência de autorizações constitutivas onerosas, desde que contratuais; por outro lado pode concluir-se que no caso mais típico – o do negócio unilateral – a autorização constitutiva é gratuita.[495]

Como vimos, a autorização constitutiva na sua modalidade mais típica é uma figura estruturalmente muito simples, limitando-se a provocar a constituição reflexa de um precário.

Este precário importa para o autorizado que a sua atuação sobre a esfera jurídica do *dominus* seja legítima e lícita. Mas coloca-se o problema de saber quais serão os critérios de atuação do autorizado. A autorização constitutiva permite comportamentos alheios, mas resultará de uma figura tão simples o modo como esses comportamentos devem ser modelados?

A relevância da questão coloca-se mesmo perante autorizações previstas na Lei. Por exemplo, no art. 1349º do Código Civil, o proprietário de um terreno tem o dever de autorizar a colocação de andaimes. A disposição preocupa-se em criar esta vinculação e em estatuir (no nº 3) que o proprietário tem direito a ser indemnizado pelos prejuízos. Contudo, nada se estatui sobre o regime dessa autorização.

Por um lado, embora o proprietário esteja vinculado a autorizar, tal pode não suceder. Enquanto o proprietário não autorizar, o seu vizinho não pode colocar os andaimes. Pode, quando muito, recorrer a Tribunal para obter a autorização, mas não pode aceder ao terreno sem a devida autorização. No entanto, se a autorização for concedida, qual deve ser o comportamento do autorizado? A autorização em si pode nada dizer; pode limitar-se a autorizar. O proprietário pode, por exemplo, declarar: *autorizo o meu vizinho a colocar andaimes no meu quintal*.

Nestas situações, em que a autorização constitutiva é unilateral e em que não se encontra numa relação com outro negócio jurídico, não resultam critérios de outro negócio. Mas, os critérios de atuação são fundamentais. O autorizado pode agir, e provavelmente irá fazê-lo, pelo que tem necessariamente de ter critérios de atuação. A sua atuação não é anárquica. Pode ser mais ou menos livre, mas é sempre uma atuação jurí-

---

[494] O mesmo sucede com o modo, pois também importa a constituição de uma obrigação – MENEZES CORDEIRO, *Tratado II*, cit., págs. 664-665.
[495] O que não significa que seja necessariamente uma liberalidade – sobre o conceito FERREIRA DE ALMEIDA, *A Doação*, cit., págs. 5-18.

dica, e, como tal, sujeita a critérios jurídicos de atuação, independentemente da sua fonte e natureza. O comportamento do autorizado é apenas modelado pelos princípios e regras gerais de Direito. Princípios como o da boa fé e do mínimo dano irão ter uma grande relevância na conformação da atuação do autorizado. Estes critérios de atuação são impostos heteronomamente pelo Direito, mas não deixam de conformar a atuação do autorizado. Todavia, embora conformem o modo da atuação do autorizado, não chegam a limitar a autorização constitutiva em si mesma.

Os limites que os princípios e regras gerais de Direito impõem limitam-se a modelar o comportamento do autorizado ao nível da sua autonomia privada. O autorizado é titular do precário, podendo, com base na autorização, agir lícita e legitimamente. Mas a conformidade da atuação com o Direito não resulta exclusivamente da autorização. Tal como na generalidade das situações, a sua titularidade não determina, só por si, a licitude da atuação. É importante para essa licitude, mas não de modo exclusivo.

Como tal, mesmo que a autorização seja concedida na sua modalidade mais simples, tal não significa que o autorizado possa fazer tudo o que quiser. A legitimidade e licitude do comportamento do autorizado dentro dos limites da autorização não é de todo e qualquer comportamento, mas apenas daquele comportamento que, para além de respeitar os limites da autorização, respeite os princípios e regras gerais de Direito.

Assim, a autorização simples dada a um vizinho para colocar andaimes no pátio do prédio confinante não significa que este pode ocupar um espaço manifestamente superior ao necessário para o efeito, nem que pode, por exemplo, impedir com os andaimes o acesso a partes do pátio, devendo manter passagens disponíveis.

Contudo, a autorização nem sempre surge na sua modalidade mais simples. É possível, mesmo sem necessidade de intervenção do autorizado na outorga da autorização, que esta provoque limitações de atuação que operem como se fossem critérios de atuação. Ou seja, é possível outorgar uma autorização constitutiva que, sendo unilateral, modele o comportamento do autorizado.

Num caso semelhante, pode o proprietário do terreno autorizar o vizinho a colocar os andaimes, mas com limitações, como, por exemplo: não tapar janelas nem portas, não ocupar mais de 50m^2, não sujar o pátio, ou não colocar publicidade nos andaimes.

Estes elementos do conteúdo da autorização constitutiva operam como limites à autorização e não como obrigações. O autorizado não está obrigado a agir de acordo com os mesmos e, se os violar, não existe qualquer situação de não cumprimento ou cumprimento defeituoso de uma obrigação, não lhe sendo aplicável o respetivo regime. Por outro lado, o autorizante não tem um direito de crédito a que tal seja cumprido. Não o pode exigir.

Mas isto não significa que a inclusão desses critérios seja irrelevante. O autorizado não está obrigado a atuar de determinado modo, mas a sua atuação apenas é legítima e lícita se os respeitar. Assim, se não os respeitar, sofrerá a reação dos meios de defesa da posição jurídica do autorizante. Se, por exemplo, ocupar mais de 50m^2, poderá o autorizante recorrer aos meios de tutela da propriedade.[496] Poderá, por exemplo, reivindicar o espaço e poderá pedir cautelarmente a desocupação do mesmo. O autorizante não agirá contra o autorizado com fundamento num direito de crédito (e respetivo regime jurídico), mas com fundamento nos meios inerentes à sua posição jurídica de titular da situação afetada.

A limitação da autorização constitutiva unilateral com critérios de atuação, que podem ser mais ou menos completos, e mais ou menos determinados, provoca uma correspondente conformação da legitimidade do autorizado e dos critérios de licitude da atuação.

Nos dois casos precedentes a autorização operava autonomamente de qualquer outro negócio. Mas a autorização pode encontrar-se numa situação de união com outro negócio. Pode suceder que a autorização seja outorgada em separado de outro negócio, mas numa relação interna com o mesmo, de tal modo que deste resultem critérios que afetam aquela.

Assim, pode por exemplo ser celebrado um contrato-promessa de compra e venda de um imóvel e em relação com este serem autorizadas determinadas obras. Sendo a autorização concedida com um conteúdo simples, destinando-se a constituir legitimidade do promitente adquirente para iniciar o procedimento camarário necessário à realização das obras, pode suceder que os critérios de atuação do autorizado se encontrem no contrato-promessa e não na autorização. Pode ficar acordado no contrato-promessa que, caso venha a ser autorizada ao promitente adqui-

---

[496] E, eventualmente, da posse, se for o caso.

A AUTORIZAÇÃO

rente a realização de obras no prédio, estas ficam desde logo sujeitas a determinados limites e regras. De um contrato-promessa de compra e venda de um imóvel não resulta, tipicamente, qualquer posição para o promitente adquirente que lhe conceda legitimidade para realizar obras. E, se essa posição não for acordada no contrato, o promitente adquirente não poderá fazê-las. Só com a autorização do proprietário é que o promitente adquirente terá então legitimidade para realizar as obras.

Esta autorização poderá ter um conteúdo simples, consistindo essencialmente no elemento autorizativo. A legitimidade do autorizado é a que resulta da autorização. No entanto, ele pode estar obrigado, com base no contrato-promessa, a apenas agir de determinado modo. Acresce que, o âmbito da autorização e do contrato-promessa podem não ser coincidentes, resultando daí um diferente âmbito de cobertura. Ou seja, o promitente adquirente pode ter legitimidade para fazer certas obras mas estar obrigado a não as fazer.

Nestes casos, em que o autorizado sofre limites à sua atuação, que não têm fonte na autorização mas noutro negócio, a sua atuação pode ser legítima, mas constituir um incumprimento contratual. A situação pode parecer fora do comum, mas não o é. Sucede algo semelhante quando, por exemplo, o proprietário de uma coisa se obriga perante outrem a usá--la de determinado modo. Se a usar de modo diverso incumpre a sua obrigação, mas age legitimamente pois é o proprietário do bem.[497] Nos casos de autorização em apreciação, embora o autorizado possa ficar obrigado a agir de determinado modo – respeitando determinados critérios –, tal não resulta da autorização. E, em consequência, a sua violação não importa a falta de legitimidade do autorizado.

Outra situação é a que resulta da celebração de um contrato misto com autorização, isto é, um contrato que inclui um elemento autorizativo. Tipicamente, a inclusão deste elemento autorizativo pode manter autonomia, ou não, face ao restante contrato.

Embora o conjunto forme uma unidade, havendo um único negócio, pode suceder que do contrato apenas resulte[498] uma situação de precário, ou pode nascer uma outra situação para o autorizado, nomeadamente um direito subjetivo a agir na esfera jurídica alheia.

---

[497] E não sofre qualquer limitação à sua liberdade.
[498] Com relevo para a autorização.

Na primeira situação, embora exista uma unidade negocial, a estrutura do contrato é composta pela integração de duas parcelas de regime: uma que corresponde à matéria contratual propriamente dita, e outra que corresponde ao que seria uma autorização constitutiva unilateral, mas que passou a integrar o contrato. Assim sucede, por exemplo, se logo na celebração de um contrato-promessa de compra e venda de um imóvel for autorizada a realização de obras pelo promitente adquirente, mas correndo por este todos os riscos inerentes, incluindo o risco de não celebração do contrato prometido, ficando as obras a integrar o imóvel sem qualquer compensação e podendo o proprietário mandar parar as obras se o desejar. Embora exista um contrato, a autorização, tal como acordada pelas partes, não vai além de constituir uma situação precária. O promitente adquirente pode iniciar as obras, mas sem que o faça com fundamento numa situação estável. Se quiser iniciar as obras corre os riscos inerentes à precariedade da sua posição.

O mesmo pode suceder, por exemplo, se, num contrato de prestação de serviços de arquitetura, desde logo se autorizar o dono da obra a proceder a modificações ao projeto, podendo embora o arquiteto impedir essas modificações livremente. Também neste caso a legitimidade do cliente para alterar o projeto de arquitetura é de tal modo instável que apenas beneficia de uma situação precária.

No entanto, podem ser acordados critérios de atuação do autorizado no próprio contrato. Embora estas situações apresentem semelhanças com as anteriores – união de negócios – a unificação num único negócio implica um diferente regime. Do contrato misto com autorização podem resultar limites ao próprio elemento autorizativo. Aliás, será do contrato que esses limites resultarão, pois é do contrato que resulta a autorização. Assim, nestes casos do contrato resulta a autorização, o seu conteúdo e limites.

Podem ainda resultar obrigações para o autorizado. Este pode ficar vinculado a agir de determinado modo no exercício autorizado. Tal como nas situações anteriores, estas obrigações podem não importar limites ao elemento autorizativo. Se tal suceder, independentemente da autorização e da inerente legitimidade da atuação, o autorizado está obrigado a agir de certo modo. Violando essa obrigação, embora o ato seja legítimo e, enquanto tal, eficaz, será responsável nos termos gerais. Conseguirá praticar o ato eficazmente, mas respondendo pelo incumprimento da obrigação.

Em concreto poderá ser difícil distinguir os casos em que se pretende limitar a legitimidade do autorizado daqueles em que se pretenda que este tenha legitimidade independentemente de estar obrigado a agir de determinado modo e de responder pela violação dessa obrigação.

No contrato-promessa, poderá suceder que o promitente adquirente fique autorizado a realizar as obras como melhor entender, mas fique meramente obrigado a não destruir um anexo, acordando-se uma cláusula penal para o incumprimento desta obrigação. Se assim for, o promitente adquirente terá legitimidade para destruir o anexo, mas se o fizer responde pelo incumprimento da obrigação. Pode, como tal, apresentar um pedido de demolição de obra. E tem legitimidade para demolir o anexo, mas se proceder a essa demolição antes de adquirir o imóvel, responderá pelo incumprimento da obrigação.

Se, no mesmo caso, o promitente adquirente for autorizado a realizar as obras que entender mas sem poder demolir o anexo, o impedimento de demolição do anexo afeta a legitimidade do autorizado. Se demolir o anexo responderá pela violação do direito de propriedade. Pode, cumulativamente, ficar obrigado a não demolir o anexo. Caso em que existirão dois fundamentos de responsabilidade, a violação do direito de propriedade e a violação da obrigação.

Na situação antecedente o elemento autorizativo, embora integrado no contrato, mantinha autonomia como se fosse unilateral. Mas, o elemento autorizativo pode ser de tal modo integrado com o restante conteúdo do contrato que passe a integrar um direito subjetivo. Não se trata de um direito subjetivo do qual resulte, acessoriamente, legitimidade para agir. Por exemplo, do contrato de aluguer de um automóvel resulta legitimidade para o conduzir. Neste caso, a não reação dos meios de defesa da propriedade resulta do direito subjetivo. Nesta situação o direito subjetivo é caracterizado essencialmente pela não reação dos meios de defesa. Ou seja, é um direito subjetivo que tem como elemento central uma autorização mas que não é precária.[499] Será uma autorização não precária; um verdadeiro direito de agir em esfera jurídica alheia.

Os indícios da existência de um direito de agir podem variar. A previsão expressa do direito não é determinante, pois pode constar textual-

---

[499] Sobre a problemática, GUILHERME DE OCKHAM, *OND*, cit., págs. 396-434.

mente que o autorizado tem direito a agir, mas o sentido de tal declaração ser apenas compatível com uma posição precária. O direito de agir do autorizado traduz-se numa posição complexa incluindo, a par do elemento autorizativo, mecanismos próprios de exercício e defesa da sua posição. É, como tal, necessário procurar no contrato elementos que indiciem essa posição complexa. Nomeadamente, se do contrato resulta uma posição para o autorizado na qual este pode opor ao autorizante a sua possibilidade de atuação; se, numa situação de confronto entre ambos, o autorizado não está sujeito ao autorizante; se o autorizado pode impor a sua vontade à do autorizante; se o autorizante não pode impedir o autorizado de agir; se o autorizante não pode fazer cessar livremente a autorização. Estes indícios não são únicos nem decisivos, só se podendo em concreto determinar se a posição do autorizado corresponde a um direito subjetivo ou não.

No fundo, procura-se saber se a posição do autorizado é de domínio sobre a situação do autorizante, ou se a sua possibilidade de atuação é precária, meramente reflexa da posição deste, e estando sempre dependente do autorizante. Ou seja, saber se o autorizado tem o poder de agir, ou a mera possibilidade de o fazer.

D) A EXTINÇÃO DA AUTORIZAÇÃO CONSTITUTIVA

O momento da extinção da autorização constitutiva é o momento da cessação da legitimidade do autorizado. Tal só não se verificará se existir outro facto legitimador positivo relevante.

Com a extinção da autorização deixa de se verificar a não reação dos meios de defesa da posição jurídica do autorizante, que regressam ao seu nível normal. Extinta a autorização constitutiva, extingue-se a posição que dela resultava, direta ou reflexamente, para o autorizado. Quer seja uma autorização constitutiva que apenas funde um precário, quer da mesma tenha decorrido um direito subjetivo a agir na esfera do titular, a extinção da autorização faz cessar a posição do autorizado. Como tal, se o autorizado praticar o ato (que havia sido autorizado) após a extinção da autorização constitutiva, sofrerá as consequências da falta de legitimidade, sendo um ato ilícito.[500]

---

[500] As concretas consequências dependerão da concreta situação jurídica do ex-autorizante, e do concreto ato praticado pelo ex-autorizado.

A falta de legitimidade do ex-autorizado apenas afeta atos praticados a partir do momento da extinção da autorização constitutiva. Os atos que houverem sido praticados na constância da autorização constitutiva, com legitimidade, não sofrem efeitos da extinção daquela. A legitimidade tem de se verificar no momento (no instante) da prática do ato.

Quando se trate de um ato que se prolongue no tempo, a continuação em execução do ato após a extinção da autorização constitutiva importa a falta de legitimidade para o período do ato posterior àquela extinção. Só a partir do momento da extinção da autorização constitutiva é que o titular da situação jurídica tem ao seu dispor meios de defesa para reagir ao ato, pois até esse momento não beneficiava deles relativamente àquele ato.

A análise da extinção da autorização constitutiva é, como tal, da maior relevância para o estudo da figura. Perante a poliformia da autorização constitutiva, que tanto pode ser um negócio unilateral como um contrato, e que tanto pode causar reflexamente um mero precário como um direito subjetivo, importa analisar o caso estruturalmente mais significativo: a autorização constitutiva unilateral simples. É neste caso que melhor se pode compreender a extinção da autorização constitutiva, uma vez que é neste que a autorização se apresenta com a sua estrutura mais pura, sofrendo menos influências de outras estruturas jurídicas. Tal não significa que não seja também relevante o estudo de algumas questões relativas à extinção de autorizações constitutivas cuja estrutura seja mais complexa. Apenas significa que a análise é centrada na autorização constitutiva unilateral simples, apreciando-se acessoriamente outras modalidades de autorizações constitutivas.

Importa, como tal, analisar os modos de extinção da autorização constitutiva, o que se fará por referência aos modos típicos de extinção de situações jurídicas.

i. Caducidade

A primeira causa de extinção da autorização constitutiva que importa analisar é a caducidade.

Como vimos, a autorização constitutiva pode ficar sujeita a um termo final ou a uma condição resolutiva, sem que isso importe a necessidade de intervenção do autorizado no negócio. Uma autorização constitutiva pode ser unilateral e estar sujeita a termo ou condição que afete a sua eficácia. Pode, por exemplo, alguém autorizar o uso gratuito da sua imagem numa campanha publicitária durante um ano; ou então pode autorizar-se esse uso sob a condição resolutiva do titular – um artista – não ganhar um determinado prémio de arte. Verificado o termo ou a condição, caduca a autorização constitutiva, com as consequências já referidas. A autorização constitutiva não apresenta especialidades de regime por ser sujeita a termo ou condição que difiram de outros negócios, em particular de outros negócios unilaterais. Como tal, a caducidade da autorização constitutiva unilateral por verificação do termo ou condição segue as regras gerais destes elementos negociais típicos.

No entanto, a caducidade não resulta em exclusivo da verificação de termo ou condição, pelo que importa apreciar outras situações.

Um dos problemas a analisar consiste em saber o que sucede se forem integralmente praticados os atos para os quais a autorização constitutiva for outorgada. O que sucede se, por exemplo, à autorização dada por António ao seu vizinho Bento para este abater uma árvore daquele que faz sombra sobre o seu quintal, depois de a árvore ser cortada?

Tipicamente, a autorização constitutiva não constitui obrigações. Mesmo quando o elemento autorizativo integre um direito subjetivo de agir, este não é um direito de crédito, não existindo uma correspondente obrigação. Não é, em consequência, aplicável o regime da extinção das obrigações por cumprimento. Nada há a cumprir. Praticados todos os atos para os quais a autorização constitutiva foi outorgada, esta deixa de apresentar qualquer utilidade objetiva e subjetiva. Tendo sido praticados os atos autorizados, estes não podem ser novamente praticados. Poderão ser praticados outros atos do mesmo género, mas não os mesmos. Como tal, praticados os atos autorizados, a autorização constitutiva deixa de ter conteúdo útil.

A paralisação dos meios de defesa verificou-se apenas relativamente aos atos autorizados, mas já não relativamente a todos os outros atos – mesmo que do mesmo género. Ao serem praticados os atos autorizados, os meios de defesa da situação jurídica regressam ao seu nível de proteção normal, pelo que a prática de novos atos pelo autorizado voltará a sofrer as consequências desses meios. A eficácia da autorização constitutiva cessa automaticamente com a prática dos atos autorizados.

Quando a autorização constitutiva é outorgada para a prática de atos específicos, a prática dos atos autorizados provoca a impossibilidade de prática de novos atos com fundamento na mesma autorização constitutiva. Não se trata de uma sanção, mas de uma impossibilidade lógica.

Regressando ao exemplo da autorização que havia sido concedida para o abate de uma determinada árvore, os meios de defesa do direito de propriedade da árvore, de António, foram suspensos relativamente ao abate daquela árvore por Bento. Mas não foram suspensos relativamente a outras árvores (nem por outras pessoas). Quando Bento abate a árvore, deixa de haver árvore a abater. A autorização deixa de ter conteúdo útil, pois é impossível repetir o abate daquela árvore.

Mesmo que a autorização fosse para o corte de um ramo que fizesse sombra, cortado o ramo este não pode ser novamente cortado. O corte de outros ramos não foi autorizado, pelo que está fora do âmbito da autorização. Esta impossibilidade lógica superveniente implica a caducidade do negócio.[501] Como tal, sempre que forem integralmente praticados os atos autorizados, a autorização constitutiva extinguir-se-á[502] por caducidade.[503] Este regime é aplicável à autorização constitutiva unilateral típica. Quando o negócio que integra a autorização constitutiva contiver outros conteúdos autónomos – quer seja um negócio unilateral quer seja um contrato – é necessário aferir da existência de relações de dependência entre as parcelas de negócio.

Se o negócio não puder subsistir sem a autorização constitutiva, todo o negócio caducará. Mas, se puder subsistir, manter-se-á em vigor apesar de já não se verificar o efeito limitador dos meios de tutela. Assim sendo, embora o negócio se possa manter em vigor, o autorizado deixa de ter

---

[501] ROMANO MARTINEZ, *Da Cessação do Contrato*, 3ª ed., Almedina, Coimbra, 2015, cit. *"Da Cessação"*, pág. 46, inclui este caso na caducidade em sentido amplo.

[502] Também na *agency* (embora o instituto seja mais amplo que a autorização, abrangendo ainda o mandato, a representação e figuras próximas), a prática do ato autorizado provoca a extinção da *authority* – EDWARD SELL, *Agency*, The Foundation Press, Mineola, 1975, cit. *"Agency"*, págs. 190-191 e HAROLD GILL REUSCHLEIN e WILLIAM A. GREGORY, *The Law of Agency and Partnership*, 2ª ed., West Publishing co., St. Paul – Minnesota, 1990, cit. *"Agency"*, pág. 85. F. M. B. REYNOLDS, *Bowstead on Agency*, 15ª ed., Sweet & Maxwell, Londres, 1985, cit. *"Agency"*, pág. 506.

[503] OLIVEIRA ASCENSÃO, *Direito Civil, Vol. III*, cit., pág. 331, refere-se a esta causa de extinção como o *preenchimento do fim*, considerando-a como a causa comum de extinção de negócios. A caducidade é, como afirma (pág. 333), a *causa de extinção automática geral*.

legitimidade para praticar tais atos, isto é, mantém-se o negócio mas não o precário. A vigência do negócio será, então, relevante para outros fins.

Outra causa de caducidade que importa analisar é a da morte do autorizante. Na autorização constitutiva unilateral típica, o autorizante é a única parte no negócio e este apenas produz efeitos diretos na sua própria esfera jurídica.

De acordo com o artº 2025º do Código Civil, extinguem-se por morte de um dos titulares as relações jurídicas em que tal seja imposto pela natureza da relação, pela Lei, ou pela vontade do titular quando na sua disponibilidade. Caso contrário, a relação mantém-se sendo a posição incluída na sucessão – art. 2024º do Código Civil.[504] No que respeita à autorização constitutiva unilateral, interessa especialmente saber se a sua natureza impõe a sua extinção por morte do autorizante.[505]

Tipicamente os negócios que, pela sua natureza, se extinguem por morte de uma das partes são os negócios celebrados *intuitu personae*.[506] Negócios nos quais a modificação subjetiva que a sucessão provocaria não é admitida, por decorrer da sua natureza uma ligação pessoal com alguém que morreu. São negócios que exigem uma ligação com a concreta pessoa, e não com a sua esfera jurídica. Normalmente por razões de qualidades pessoais, intransmissíveis por morte, e que são essenciais ao negócio.

A ligação da autorização constitutiva unilateral com o autorizante é, como vimos, muito forte pois é um negócio unilateral que apenas produz efeitos sobre a sua esfera jurídica. Em regra, a autorização constitutiva unilateral apenas pode ser outorgada pela pessoa que tem legitimidade para afetar os meios de defesa que se pretende desativar. Se a autorização

---

[504] OLIVEIRA ASCENSÃO, *Direito Civil, Sucessões*, 5ª ed. revista, Coimbra Editora, Coimbra, 2002, cit. *"Sucessões"*, págs. 235-243.

[505] A relevância da Lei e da vontade como fundamentos de extinção em caso de morte do autorizante é menor. A autorização constitutiva unilateral é um negócio legalmente atípico, não existindo um regime legal geral que imponha a sua extinção no caso de morte do autorizante. Os casos de autorização constitutiva unilateral previstos na Lei não estão integrados sistematicamente, pelo que será caso a caso que se verifica se a Lei impõe a sua extinção. Quanto à vontade como fundamento da extinção da autorização constitutiva unilateral em caso de morte do autorizante, esta não levanta problemas especiais. O autorizante pode livremente determinar a extinção da autorização com a sua morte.

[506] OLIVEIRA ASCENSÃO, *Sucessões*, cit., pág. 235.

não for outorgada pela pessoa correta, não se verifica o efeito reflexo[507] de legitimação do autorizado para afetar a posição jurídica pretendida.

Assim, a autorização não pode ser outorgada por qualquer pessoa, mas antes por uma pessoa específica. No entanto, em regra a posição de autorizante não está tipicamente ligada a especiais qualidades ou características deste, enquanto pessoa, mas sim à posição que ocupa face aos meios de defesa que se pretende desativar. Como tal, tipicamente a autorização constitutiva unilateral, embora esteja ligada ao autorizado, não é um negócio ligado a especiais qualidades deste,[508] pelo que em regra a sua morte não funda a extinção do negócio. Como ato de exercício da situação jurídica, a autorização constitutiva unilateral deve acompanhar a titularidade da situação jurídica a que se reporta.

Embora tipicamente a autorização constitutiva unilateral não se extinga por morte do autorizante, isso pode suceder. Um dos casos de extinção da autorização constitutiva unilateral por morte do autorizante imposta pela sua natureza, é da autorização que incida sobre meios de defesa de uma posição jurídica que se extinga por morte.

A autorização constitutiva unilateral pode incidir sobre quaisquer meios de defesa de posições jurídicas do autorizante, desde que estejam na sua disponibilidade. O âmbito de situações jurídicas potencialmente abrangidas é muito grande. Entre essas posições, existem casos de posições jurídicas que, pela sua natureza ou por imposição legal, se extinguem por morte do titular. Extinta a posição jurídica, ficam também extintos os concretos meios de defesa dessa posição. Face à natureza da autorização constitutiva unilateral, a extinção da posição jurídica provoca a sua extinção. Deixando de existir a posição jurídica e os inerentes meios de defesa, não é juridicamente possível a manutenção de um negócio cujos efeitos se produzam sobre estes.[509]

---

[507] Sobre a relação entre o negócio jurídico, os seus efeitos próprios e os efeitos reflexos, FERREIRA DE ALMEIDA, *Texto e Enunciado na Teoria do Negócios Jurídico*, Almedina, Coimbra, 1992, cit. "*Texto e Enunciado*", págs. 202-204.

[508] Quando muito, poderá ser outorgada tendo em consideração especiais qualidades do autorizado.

[509] E, por maioria de razão, em caso de autorização constitutiva que resulte num direito subjetivo do autorizado a agir sobre a situação do autorizante, extinta esta situação também se extingue o direito subjetivo do autorizado.

A extinção, resultante da morte do titular, da posição jurídica afetada pela autorização constitutiva provoca a extinção desta.

Assim, em regra a natureza da autorização constitutiva unilateral não implica a sua extinção por morte do autorizante, embora tal possa suceder quando a posição jurídica afetada pela autorização constitutiva unilateral se extinga por morte deste.

A morte do autorizado levanta problemas diferentes.

O autorizado não é parte na autorização constitutiva unilateral, nem esta produz efeitos diretos sobre a sua esfera jurídica. O autorizado apenas é titular de um precário, de uma posição reflexa decorrente da paralisação dos meios de defesa da situação do autorizante.

Coloca-se, então, a questão de saber se a natureza da autorização constitutiva unilateral implica a sua extinção por morte do autorizado, ou se a autorização constitutiva unilateral se mantém em vigor passando os sucessores a beneficiar da mesma e a ter legitimidade para agir.

A autorização constitutiva unilateral pode ser outorgada de modo a paralisar os meios de defesa de determinada posição jurídica do autorizante face à atuação de uma só pessoa, de um conjunto de pessoas, ou da generalidade das pessoas. Quando a autorização constitutiva unilateral é outorgada para a generalidade das pessoas não se coloca o problema da morte do autorizado. Estas autorizações não são nunca celebradas *intuitu personae*.[510] Verifica-se exatamente o oposto: são celebradas sem qualquer ligação a características pessoais do autorizado. Para o autorizante é indiferente quem ocupa a posição de autorizado. Nestas situações nem é possível falar de uma verdadeira sucessão, pois como todas as pessoas podem beneficiar da autorização constitutiva unilateral, os sucessores do autor da sucessão já eram, também eles, autorizados, nada se alterando.

Quando a autorização constitutiva unilateral é outorgada em benefício de certas pessoas, nomeadamente sendo identificado o autorizado, ou indicado um conjunto de pessoas determinável pela reunião de certas características, a questão já é diferente. Embora o autorizado não seja parte no negócio, este pode ter sido outorgado *intuitu personae*. Tudo depende das razões que levaram o autorizante a outorgar a autorização. Se estas razões forem relativas a características pessoais do autorizado,

---

[510] É frequente encontrar à beira de estradas cartazes a declarar que se autoriza a deposição de terras ou de entulhos, por exemplo declarando-se *aceitam-se terras e entulhos*.

por exemplo uma confiança pessoal neste, a morte do autorizado implica a extinção da autorização. O mesmo sucede se as razões que conduziram à outorga da autorização forem relativas a posições jurídicas do autorizado que se extingam com a sua morte.

Mas, se as razões da outorga da autorização se prenderem com posições jurídicas transmissíveis, se a outorga for feita sem considerar as qualidades da pessoa, mas antes a alguém considerando a posição que essa pessoa ocupa numa determinada situação, a sucessão nessa posição implica a manutenção das razões de outorga da autorização.

Neste caso, mantém-se em vigor a autorização, ficando o sucessor do autorizado que suceda na posição que justificou a outorga da autorização com legitimidade para agir.

Se, por exemplo, António autorizar Bento a prolongar o seu jardim numa pequena faixa de terreno daquele, por razões de boa vizinhança, com a morte de Bento o precário transmite-se ao sucessor de Bento na propriedade do jardim. A posição de vizinho passa de Bento ao seu sucessor, mantendo-se a justificação de boa vizinhança com este. Seria diferente se as razões de António fossem a grande amizade pessoal que tinha com Bento. O mesmo pode acontecer no caso de sucessão em funções, sem ser por morte. Por exemplo, se uma pessoa autorizar sem prazo um padre a realizar todos os anos uma festa religiosa numa capela privada em terreno privado, a substituição desse padre por outro na paróquia, não provoca a extinção da autorização.

No entanto, em regra, a autorização constitutiva unilateral é outorgada com fundamento em relações de confiança ou conhecimento pessoal entre autorizante e autorizado, pelo que normalmente se extinguem com a morte do autorizado. Mas, este regime não é necessário, podendo a autorização constitutiva unilateral manter-se em vigor mesmo verificada a morte do autorizado, passando a beneficiar o sucessor do *de cujus*. Não se trata de verdadeira sucessão na posição jurídica decorrente da autorização, mas antes de uma questão de interpretação da autorização. Estas são situações nas quais a identificação do autorizado, embora feita nominativamente, é em verdade funcional.

Outra questão é a relativa à perda superveniente de legitimidade do autorizante. Tal pode suceder, por exemplo, se o autorizante outorgou uma autorização com fundamento no seu direito de propriedade sobre um prédio rústico, tendo posteriormente vendido esse prédio.

A questão coloca-se se o ato autorizado ainda não tiver sido praticado ou, sendo um ato de exercício contínuo ou duradouro, estiver ainda em execução. Tendo já o ato sido integralmente praticado, caducou a autorização constitutiva, como referido *supra*, pelo que a questão não se coloca.

A outorga da autorização funda-se na legitimidade do autorizante que, normalmente, decorre da titularidade da situação jurídica cujos meios de defesa desativa.[511] Se não for titular da situação jurídica no momento da outorga, sofrerá as consequências da ilegitimidade, sendo a autorização ineficaz.[512] Se tiver legitimidade no momento da outorga, a autorização poderá ser eficaz. Os meios de defesa do autorizante, relativos à situação de que é titular, ficam desativados relativamente ao ato autorizado. Mas este é um efeito pessoal e não real. A vinculação é do autorizante e não da posição jurídica. É o autorizante que provoca uma limitação vinculativa dos seus meios de defesa, pelo que, transmitindo a sua posição, deixa de ser titular da situação jurídica cujos meios pretende ver desativados. Assim sucede, por exemplo, se o António autorizar Bento a colher maçãs do seu pomar e, antes de este as colher, vender o pomar a Carlos. Se Bento colher as maçãs após a venda, estará a agir sobre a esfera jurídica de Carlos e não de António, pois no momento da colheita as maçãs serão de Carlos. A existência de uma autorização de António, mesmo que outorgada antes da colheita, não é relevante para paralisar os meios de defesa de Carlos.

Caso o autorizante, após a outorga de uma autorização constitutiva, mas antes da prática do ato autorizado, perca a titularidade da situação jurídica que fundou a outorga, a autorização deixa de ter qualquer utilidade. A autorização caduca por inutilidade superveniente.

O mesmo sucede quando o ato autorizado for de execução contínua ou duradoura, mesmo que já esteja em execução. A parte já executada do ato beneficiou do precário. Mas a parte ainda não executada não é abrangida pelo precário. A autorização constitutiva caduca, sofrendo, em regra, o autorizado as consequências da caducidade da sua situação de precário. Só se a autorização acompanhar a transmissão da situação jurídica é que esta se manterá.

A caducidade da autorização constitutiva pode resultar da perda da titularidade da situação jurídica cujos meios de defesa são desativados,

---

[511] Em conjunto com a autonomia privada do autorizante.
[512] Podendo ainda haver lugar a outras consequências.

ou de qualquer mecanismo que retire ao autorizante legitimidade para desativar os seus meios de defesa. Assim sucede, entre outros casos, com a interdição do autorizante. Embora este se mantenha titular do direito de propriedade, por exemplo, perde a legitimidade para o exercer, pelo que em regra caduca a autorização constitutiva unilateral, extinguindo-se o precário do autorizado.

ii. Revogação

Outro dos modos de extinção da autorização constitutiva que importa analisar é a revogação.

A autorização constitutiva unilateral típica não se encontra associada a qualquer outro negócio ou relação jurídica, sendo livremente revogável pelo autorizante. Trata-se de um negócio unilateral que apenas produz efeitos diretos sobre a esfera jurídica do autorizante e cujos efeitos consistem na paralisação dos meios de defesa da situação jurídica abrangida. Sendo a posição jurídica do autorizado meramente reflexa, nada existe a proteger relativamente a este. A sua posição é a que, a cada momento, resultar reflexamente da autorização constitutiva unilateral. Se esta se extinguir, extingue-se também a sua posição.

A precariedade da posição do autorizado resulta de esta ser o reflexo de um exercício que o autorizante fez da sua posição jurídica. E, tal como a pode exercer outorgando uma autorização constitutiva, também a pode exercer revogando-a. A vontade de autorizar, quando dissociada de qualquer outro elemento, apenas provoca a limitação livremente revogável dos meios de defesa. Se se pretender uma outra configuração, a situação do autorizado deixará de ser precária.

Mas, quando apenas se pretende constituir uma situação precária, esta será livremente revogável, pelo que, o autorizante pode livremente revogá-la.[513]

Sendo livremente revogável, pode levantar-se a questão de saber se a autorização constitutiva unilateral se mantém livremente revogável na pendência de um termo final, por exemplo. A questão pode surgir por influência do regime estatuído no art. 461º, nº 1, *in fine*, do Código Civil para a revogação da promessa pública.

---

[513] Neste sentido também, HEINRICHS, *Palandt, Bürgerliches Gesetzbuch*, 56ª ed., Beck, Munique, 1997, cit. "*Palandt-Heinrichs*", cit., §183, pág. 178.

No entanto, as diferenças entre os dois negócios impõem uma resposta diferente.

A promessa pública é, tal como a autorização constitutiva apreciada, um negócio unilateral. No entanto, diferentemente da autorização constitutiva unilateral, a promessa pública é um negócio obrigacional. A outorga da promessa pública provoca a vinculação do declarante à realização da prestação perante quem praticar os atos constantes da promessa. A aposição de um termo final à promessa pública constitui, na esfera jurídica das pessoas em posição de beneficiar da promessa, uma posição ativa que permite exigir o cumprimento da promessa, quando, durante esse prazo, o facto for praticado ou se verificar a situação prevista. Posição ativa esta que pode ser exercida contra o próprio promitente.

Na autorização constitutiva unilateral não existe uma posição ativa do beneficiário (autorizado) que seja exercível contra o autorizante. O precário é um reflexo de elementos da situação do autorizante. Não é uma posição que pertença ao autorizado, mas antes uma mera possibilidade precária de agir sobre a posição do autorizante.

Na promessa pública, os declaratários têm uma expectativa de vir a ser titulares do direito de crédito. Se a promessa for sujeita a termo, a expectativa resulta reforçada com a aproximação desse termo.

Na autorização constitutiva agora em apreciação, o autorizado não tem uma expectativa de vir a adquirir um direito subjetivo. A sua posição é de precário, e é essa a sua posição final. Tipicamente não irá evoluir para uma posição ativa mais reforçada, como seja o direito subjetivo.

A razão de ser do art. 461º, nº 1, *in fine*, do Código Civil, é fundamentalmente diferente do que se verifica na autorização constitutiva unilateral. Assim, mesmo que a autorização constitutiva unilateral esteja sujeita a um termo final, esta é, em regra, livremente revogável na pendência desse termo. O termo final opera apenas para efeitos de caducidade da autorização constitutiva unilateral, sem que tal implique uma vinculação mais ou menos forte do autorizante, que é sempre livre de revogá-la. O termo é em favor do autorizante[514] e não do autorizado.[515] Assim, se António autorizar Bento a expor pinturas de sua autoria no restaurante daquele

---

[514] Provocando a extinção da autorização constitutiva e assim repondo os meios de defesa da posição do autorizante.
[515] Não significando uma posição irrevogável na pendência do termo.

durante o mês de agosto, pode revogar a autorização ainda durante o mês de agosto. Mas, se nada fizer, a autorização caduca no termo do prazo.

Sendo a autorização constitutiva unilateral típica naturalmente revogável pelo autorizante, importa analisar a possibilidade de renúncia à revogabilidade. A questão, em concreto, surge quando o autorizante, ao outorgar a autorização constitutiva unilateral, declara também renunciar à revogabilidade.

A renúncia é um negócio unilateral. Como tal, é possível integrá-la com a autorização constitutiva unilateral sem que tal importe a contratualização da autorização. O declarante seria o mesmo em ambos os negócios e ambos são negócios unilaterais. Nada impede, pelo menos ao nível da natureza e estrutura de ambos os negócios, uma celebração conjunta ou cumulada.

Como referido, a autorização constitutiva unilateral produz uma restrição ou mesmo paralisação dos meios de defesa de determinada posição jurídica do autorizante. Sendo a autorização constitutiva unilateral, em regra, livremente revogável, a renúncia a essa revogabilidade provocaria uma estabilização da situação de supressão dos meios de defesa.

O autorizante manter-se-ia como titular da posição jurídica em causa, mas não teria meios de defesa face às atuações autorizadas. Pelo menos no que respeita aos atos autorizados, ficaria titular de uma posição jurídica não tutelada, situação esta que já não poderia ser qualificada como mero precário. Se a vigência da autorização estiver dependente da vontade do autorizado, a situação não é precária, correspondendo a um domínio. A posição seria estruturalmente estável e sólida e, mesmo que o autorizado não beneficiasse de meios de defesa idênticos aos da posição sobre a qual pode agir, sempre teria meios de tutela contra o autorizante. A posição seria já um direito subjetivo que, pertencendo ao autorizado, apenas poderia ser extinto de acordo com a sua vontade.

Ou seja, a questão consiste em saber se pode alguém conceder unilateralmente a outrem uma posição jurídica que lhe permita agir sobre a sua esfera jurídica, de modo irrevogável, e se o pode fazer independentemente de o autorizado ter nisso qualquer interesse, ou mesmo que o autorizado não tenha qualquer interesse.

A constituição de um precário para agir sobre a própria esfera jurídica a favor de outra pessoa pode ser útil para vários fins, egoístas ou não. A questão não se coloca quanto à outorga da autorização constitutiva quando desta apenas resulta um precário.[516] Mesmo que se pudesse pôr em causa a relevância dos interesses de ambos, autorizante e autorizado, na outorga do negócio, a livre revogabilidade por parte do autorizante e a não vinculação à prática do ato autorizado por parte do autorizado, evitam qualquer problema. No precário, o problema da eventual falta ou irrelevância de interesse é suplantado pela instabilidade da figura.

A renúncia à livre revogabilidade de uma autorização constitutiva sem que o autorizado tenha nisso qualquer interesse não deve ser admitida. A falta de interesse do autorizado na irrevogabilidade da autorização constitutiva significa que esta característica de regime lhe é inútil; que não apresenta utilidade para qualquer fim.

A autorização constitutiva importa a possibilidade de se agir sobre esfera jurídica alheia. A mera possibilidade de tal suceder é, só por si, um elemento de potencial instabilidade jurídica. No entanto, este risco é admissível se for útil para a vida em sociedade e, em concreto, para o atuar das pessoas. Assim sucede com frequência sendo mesmo difícil de imaginar uma sociedade na qual não fosse possível agir sobre posições jurídicas alheias. Não só nos casos mais paradigmáticos,[517] mas sempre que alguém pratica atos que afetam juridicamente esfera alheia. Assim sucede, por exemplo, em situações que aparentam tal simplicidade que, por vezes, mais parecem ser meras questões de relações sociais, sem ulterior relevância jurídica.

Se António convidar os seus amigos, Bento e Carlos, para almoçar em sua casa, numa primeira apreciação da situação parece tratar-se de uma mera situação de relações sociais, sem relevância jurídica. No entanto, uma análise mais cuidada permite detetar a utilização, por quem não é proprietário, de várias coisas móveis propriedade de António, e a extinção do direito de propriedade sobre os alimentos através do consumo efetuado pelos terceiros. Prosseguindo a análise, pode verificar-se que o consumo efetuado por Bento e Carlos apenas é lícito porque aquele os convidou e, ao fazê-lo, autorizou a permanência em sua casa, o uso de vários bens e o consumo de outros. Se Daniel, sem estar convidado, praticar os mesmos atos, a sua atuação será ilegítima e ilícita, sofrendo a

---

[516] No sentido dado por OLIVEIRA ASCENSÃO, *Direito Civil, Vol. III*, cit. págs, 17-18.
[517] Como, por exemplo, o caso dos procuradores, dos pais em relação aos filhos menores, dos curadores e da gestão de negócios.

reação dos meios de defesa das posições jurídicas de António que sejam afetadas.

Escondidas pela aparente simplicidade da situação encontram-se aqui questões jurídicas de relevo.

Esta possibilidade de se agir em esfera jurídica alheia é fundamental à vida em sociedade e ao desenvolvimento da pessoa. O direito aceita--a como tal. Mas não pode aceitá-la sem limites. Em especial, no caso da renúncia à revogabilidade da autorização constitutiva. Esta aumenta o risco de instabilidade social. Se as pessoas pudessem, só por sua vontade, limitar irrevogavelmente os meios de defesa das posições jurídicas de que são titulares sem mais fundamento, poder-se-ia criar um mundo de servos ou de escravos,[518] em lugar de um mundo de pessoas essencialmente livres. As pessoas poderiam, sem mais, renunciar à tutela do Direito, na parte disponível sem que pudessem repor essa tutela e sem outra razão para além da sua vontade. A admissibilidade geral desta possibilidade criaria graves problemas sociais,[519] e colidiria com a Ordem Pública.

Apenas deve ser admitida a renúncia à revogabilidade ou, em geral, a irrevogabilidade da autorização constitutiva quando tal corresponda a utilidades que não contrariem a Lei, a Moral e a Natureza e, como vimos, a Ordem Pública. Estas utilidades devem corresponder a interesses que sejam juridicamente relevantes.

A irrevogabilidade da autorização constitutiva (incluindo a renúncia à revogabilidade) só pode verificar-se se corresponder a um interesse relevante.[520] O interesse na irrevogabilidade deve resultar negocialmente, podendo resultar da própria autorização constitutiva ou de um complexo formado entre este negócio e outras relações jurídicas.

Na mera renúncia à revogabilidade, em que apenas é outorgada a autorização constitutiva sem conexão com qualquer relação jurídica, apenas o interesse do autorizante é relevante. Este, naturalmente, tem

---

[518] Paulo Otero, *Disponibilidade do Próprio Corpo e Dignidade da pessoa Humana*, em *Estudos em Honra do Professor Doutor Oliveira Ascensão*, vol I, págs. 107-138, Almedina, Coimbra, 2008, cit. *"Disponibilidade"*, pág. 130.

[519] Ou um risco sério de tais problemas sucederem.

[520] Segundo Bianca, *Le Autoritá Private*, Casa Editrice Dott. Eugenio Jovene, Napoli, 1977, cit. *"Autoritá"*, pág. 51, a autorização é irrevogável quando dela resulta um direito, afirmando ainda que é irrevogável no caso de a autorização ser outorgada no interesse de pessoa diversa do autorizante (pág. 52).

interesse na revogabilidade da autorização e não na irrevogabilidade. Mesmo que o autorizante declare renunciar à revogabilidade, mantém sempre interesse em repor o nível de proteção dos meios de tutela da sua situação jurídica. Pode haver um interesse subjetivo na irrevogabilidade, mas sem qualquer correspondência objetiva no negócio que permita a sua relevância.

Como tal, a mera renúncia à revogabilidade da autorização constitutiva unilateral desacompanhada de um interesse relevante na irrevogabilidade não é eficaz. Ou seja, a mera renúncia à revogabilidade, ou declaração de irrevogabilidade, por parte do autorizante não produz a irrevogabilidade da autorização constitutiva.

Para existir um interesse é necessário que o negócio apresente uma utilidade para fins dessa pessoa. Na autorização constitutiva unilateral, tipicamente existe interesse do autorizante na celebração do negócio, pois de outro modo normalmente este não outorgaria a autorização constitutiva unilateral. E normalmente existe um interesse na possibilidade de fazer cessar o mesmo, de modo a remover as limitações decorrentes do negócio.

Mas, a autorização constitutiva pode também apresentar uma utilidade para prosseguir fins do autorizado. Embora a autorização constitutiva unilateral não produza efeitos diretos na esfera jurídica do autorizado, dela resulta a legitimidade deste para agir sobre a esfera jurídica do autorizante. É relativamente a este efeito que deve ser apreciado se existe ou não um interesse do autorizado, e se esse interesse merece proteção ou não, de tal modo que provoque a irrevogabilidade da autorização constitutiva unilateral.

Os interesses do autorizante e autorizado na autorização constitutiva unilateral são diferentes. No que respeita ao autorizante, a utilidade da autorização consiste em permitir a outrem ter legitimidade para praticar atos sobre a sua própria esfera jurídica (do autorizante). Esta utilidade pode existir por assim não ser necessário ao autorizante praticar esses atos, ou por permitir ajudar um amigo, ou por promover uma relação de boa vizinhança ou boas relações comerciais, por exemplo. O autorizante tem pois um interesse em autorizar os atos, de modo a que o autorizado os possa praticar legitimamente.[521]

---

[521] Normalmente, se não tiver interesse não outorgará a autorização constitutiva.

A AUTORIZAÇÃO

No que respeita ao interesse do autorizado, este incide sobre a legitimidade para a prática do ato. Não incide sobre a autorização propriamente dita, nem sobre o precário em si, mas sobre a legitimidade que lhe permite praticar determinado ato.

No entanto, afirmar que o interesse incide sobre a legitimidade, embora seja correto, não permite uma análise concreta dos casos. A utilidade da legitimidade não é formal, é material. Resulta da utilidade que o ato que o autorizado pretende praticar possa implicar para os seus fins. A utilidade substancial é do ato autorizado e não formalmente da legitimidade ou mesmo da autorização constitutiva unilateral. Mas, como vai ser a autorização constitutiva unilateral a provocar a legitimidade (em conjunto com a autonomia privada do autorizado), formalmente é sobre estas duas figuras que incide o interesse.

Para uma análise do interesse do autorizado é necessário analisar os atos autorizados e a sua utilidade.

Para que o autorizado tenha interesse na autorização constitutiva unilateral é necessário que os atos autorizados sejam úteis para atingir fins seus. Os efeitos dos atos devem satisfazer fins do próprio autorizado. Caso contrário, o interesse não é seu. Para tanto, é necessário que os efeitos dos atos autorizados se reflitam diretamente na sua esfera jurídica. Naturalmente que os efeitos desses atos se verificam na esfera jurídica do autorizante – por isso é que é necessária a autorização –, mas podem também produzir efeitos na esfera do autorizado, embora não necessariamente os mesmos efeitos. Para tanto, basta que a produção de efeitos na esfera jurídica do autorizante implique a produção de efeitos sobre a esfera jurídica do autorizado.

A utilidade dos atos deve ainda ser objetiva. Não pode ser uma mera utilidade subjetiva do autorizado. Ou seja, no que toca ao nível de satisfação dos fins que a prática do ato autorizado permite não deve ser aferida subjetivamente, mas antes objetivamente. A utilidade não pode ser aferida por um mero estado psicológico, subjetivo do autorizado, sob pena de grave insegurança.

A utilidade do ato deve ser para fins específicos do autorizado. Não pode relevar um mero interesse geral ou genérico do autorizado na prática dos atos, ou uma simples amizade para com o autorizante. Também não pode ser um mero interesse no bom funcionamento do tráfego jurídico.

Este interesse do autorizado na autorização constitutiva unilateral deve ser, como tal, próprio, direto e específico, resultado da utilidade dos atos autorizados para os fins do autorizado.

Do ponto de vista típico, a autorização constitutiva unilateral é outorgada exclusivamente no interesse do autorizante. Desde logo, esta é uma estrutura que resulta tendencialmente da natureza unilateral da figura. Apenas existindo uma parte no negócio, a probabilidade de este ser outorgado no seu exclusivo interesse é muito maior do que se existirem várias partes. Por outro lado, e ainda tipicamente, a autorização constitutiva unilateral opera sem ligação a outro negócio. É uma mera expressão de vontade do autorizante no que respeita ao exercício de uma posição jurídica sua.

O autorizante, ao outorgar a autorização constitutiva unilateral, está a exercer poderes sobre a posição jurídica de que é titular, tal como sucede em qualquer atuação que traduza, por exemplo, um gozo ou fruição de uma posição jurídica. Sucede apenas que o conteúdo do comportamento não corresponde a um específico aproveitamento das utilidades principais e características do bem objeto da posição jurídica, mas antes na desativação dos meios de defesa dessa posição, de modo a constituir legitimidade a favor de um terceiro. Nestas situações, a autorização constitutiva unilateral não é integrada com outro negócio. Não é outorgada por causa do outro negócio, nem para executar, nem mesmo para facilitar a execução de outro negócio. É expressão da autarcia do autorizante.

Importa, pois, saber o que pode provocar uma alteração da estrutura típica de interesses da autorização constitutiva unilateral, fazendo surgir um interesse com as características referidas, ou seja, um interesse próprio, direto, objetivo e específico na prática dos atos autorizados.

Como referimos já, embora tipicamente a autorização constitutiva unilateral seja outorgada sem ligação com outra relação jurídica, por vezes essa ligação existe. A autorização constitutiva unilateral não precisa de uma relação subjacente. É um negócio completo que pode operar independentemente de outro negócio, mas que também pode operar relacionado com outro negócio. Dependendo da relação em causa, a autorização constitutiva unilateral pode ser influenciada pelo conjunto no qual se integra.

A autorização constitutiva unilateral pode ser outorgada tendo como base outro negócio. São situações nas quais as partes celebram um contrato, sendo ainda outorgada uma autorização constitutiva unilateral. A autorização constitutiva unilateral tanto pode ser outorgada em execução de uma obrigação contratual, como pode ser outorgada para facilitar a execução do contrato sem obrigação de o fazer, ou mesmo como modo de obter certos efeitos que o contrato não consegue provocar.

As razões para a outorga da autorização constitutiva unilateral podem ser as mais variadas, mas agora interessa apenas a ligação entre a autorização constitutiva unilateral e esse negócio. São situações de união de negócios entre a autorização constitutiva unilateral e outros negócios, com uma ligação funcional, independentemente da ligação funcional ter origem num dos contratos, ou de resultar do modo efetivo de funcionamento dos negócios. Normalmente será um contrato obrigacional, no qual é estabelecida a relação substancialmente relevante entre as partes. Este negócio pode mesmo estabelecer os critérios obrigacionais de utilização da autorização constitutiva unilateral. Embora seja possível condicionar e sujeitar a autorização constitutiva unilateral a termo, e estabelecer limites à própria autorização constitutiva unilateral, nas situações em análise é mais frequente que tal esteja acordado no contrato, embora possa também constar da autorização constitutiva unilateral.

Uma união de negócios funcional entre a autorização constitutiva unilateral e um contrato, pode provocar uma alteração da estrutura de interesses da autorização constitutiva unilateral. É nestes casos de união que a estrutura de interesses pode mudar, provocando a irrevogabilidade da autorização constitutiva unilateral. São casos em que a posição negocial do autorizado não se limita à autorização constitutiva unilateral, mas inclui incindivelmente a posição que tem origem no contrato. Embora a autorização constitutiva unilateral seja unilateral, os interesses passam a ser bilaterais, com fonte na união de negócios e não em cada negócio independentemente. E, embora os negócios mantenham a sua individualidade, a relação entre as partes resulta da união e não de dois negócios independentes. Não é uma questão de a autorização constitutiva unilateral se fundar noutro negócio, mas antes da autorização constitutiva unilateral ser influenciada pelo complexo negocial no qual se insere.

Face à aptidão da autorização constitutiva unilateral para operar independentemente de outro negócio, quando opera funcionalmente ligada a outro negócio a sua função resulta do conjunto. Ou, melhor, existe uma função do conjunto que se sobrepõe às funções que resultariam das respetivas partes. Não resulta da própria autorização constitutiva unilateral, nem do negócio com o qual está ligada. Antes resulta da união. É a união de negócios que estabelece a função da autorização constitutiva unilateral. Como tal, nestas situações, é da união de negócios que resulta a estrutura de interesses da autorização constitutiva unilateral.

Se a função que a autorização constitutiva unilateral desempenha na união implicar uma estrutura de interesses partilhada, na qual participe não só o autorizante, mas outras partes nessa união (e mesmo terceiros, mas com fundamento na união de negócios), toda a autorização constitutiva unilateral fica dependente da união, não só no que respeita à sua utilização ou execução, mas também no que respeita à sua modificação e extinção. A utilização da autorização constitutiva unilateral deverá ser feita de acordo com os interesses que resultem da união de negócios, só o podendo ser de modo diferente com o acordo dos interessados. Já no que respeita à modificação e extinção da autorização constitutiva unilateral, esta carecerá do acordo dos interessados. Sem esse acordo, a modificação ou extinção por vontade de apenas parte dos titulares dos interesses relevantes será ilegítima e, como tal, ineficaz.

A causa da irrevogabilidade da autorização constitutiva unilateral é a estrutura de interesses da união de negócios, e não o contrato que integra a união. Mesmo que neste contrato tenha sido acordada a obrigação de não revogar a autorização constitutiva unilateral, tal não determina só por si a irrevogabilidade. Trata-se de uma obrigação de facto negativo, a que é aplicável o regime jurídico das obrigações. Como tal, se a autorização constitutiva unilateral for revogada poderá haver lugar a responsabilidade civil obrigacional, mas a revogação será eficaz. A irrevogabilidade apenas se verificará se a estrutura de interesses o impuser.

Naturalmente, o acordo quanto à constituição de uma obrigação de não revogação da autorização constitutiva unilateral pode influenciar a estrutura de interesses. Mas, só por si, não é determinante. É necessário analisar o conjunto da união de negócios, para identificar esses interesses. Só assim se pode saber se a autorização constitutiva unilateral é irrevogável ou não. A irrevogabilidade, aliás, não necessita de acordo, pelo que este é apenas um indício. Importante, mas não determinante.

Assim pode suceder, por exemplo, se a autorização constitutiva for um instrumento essencial de execução do outro negócio com o qual está unida.[522] Especialmente quando o outro negócio, face ao seu conteúdo e efeitos, não é um facto legitimador positivo, sendo a autorização constitutiva unilateral celebrada para obter esse efeito.

Por exemplo, se António e Bento celebrarem um contrato-promessa de compra e venda de um edifício de António, para que Bento aí instale um hotel. Bento não pode, com fundamento no contrato-promessa, proceder a obras no mesmo. O contrato promessa de compra e venda não é um facto legitimador positivo relevante para o promitente comprador realizar obras no dito imóvel.

Pode verificar-se uma grande dilação temporal entre a data de celebração do contrato-promessa e a celebração do contrato prometido, que pode chegar a ser de vários anos. Nestes casos sucede, por vezes, a outorga de autorizações constitutivas unilaterais para a prática de atos na constância do contrato-promessa. Pode mesmo suceder que no contrato-promessa se prometa a celebração da autorização constitutiva unilateral, e mesmo a sua continuação em vigor durante determinado período (por exemplo, durante a pendência do contrato-promessa).

Mas imaginemos agora que tendo Bento antecipado integralmente o pagamento do preço, António o autoriza a fazer obras, renunciando a revogar a autorização. A autorização constitui legitimidade a favor de Bento para proceder às obras que pretende, tendo este interesse na irrevogabilidade da autorização. Só enquanto se mantiver em vigor é que poderá realizar as obras. Tendo pago integralmente o preço, o seu interesse na realização das obras justifica a irrevogabilidade da autorização constitutiva. Se não puder avançar com as obras antes da celebração do contrato definitivo atrasará o início de laboração do hotel, com as inerentes perdas de produtividade.

O outro caso em análise é o do contrato de autorização constitutiva. Nesta existe um contrato misto, composto pela autorização constitutiva unilateral e pelo restante conteúdo contratual, e não dois negócios unidos.

Quando a autorização constitutiva é um elemento do contrato, a questão deixa de ser a da irrevogabilidade da autorização,[523] mas antes a da

---

[522] Como pode suceder, por exemplo, no pacto de preenchimento de títulos de crédito. Sobre o assunto Januário Gomes, *"Aval em Livrança"*, cit., págs. 45-46.

[523] Ou, melhor, do elemento autorizativo.

irrevogabilidade do contrato. Em regra, os contratos são irrevogáveis unilateralmente *ad nutum*. Como tal, a questão da relevância dos interesses para a revogabilidade do negócio não é, usualmente, tida em conta. Contudo, nos contratos livremente revogáveis a questão coloca-se com a mesma relevância que se verifica nos negócios unilaterais. Em princípio, os negócios unilaterais celebrados por alguém no seu interesse são livremente revogáveis, mas, se os atos forem praticados no interesse de mais de uma pessoa, a revogabilidade dos atos fica dependente da vontade de todos os interessados.

Encontram-se manifestações deste princípio em duas figuras historicamente próximas da autorização: a procuração e o mandato. Tanto o art. 265º, como o art. 1170º do Código Civil, são manifestações desse princípio. Em ambos os negócios, e embora a procuração seja unilateral e o mandato seja um contrato, constitui regra geral a livre revogabilidade do negócio.

Na procuração, a regra da livre revogabilidade resulta da própria natureza unilateral do negócio, que implica que no caso típico o interesse seja do representado.[524]. Por outro lado, o procurador pode renunciar livremente ao poder de representação.

No mandato, a estrutura típica de interesses encontra-se historicamente ligada à da procuração. A estrutura típica de interesses do mandato é a mesma que se verifica na procuração, havendo um único interesse – o do mandante. Em consequência, o mandato é tipicamente revogável pelo mandante. No que respeita à revogabilidade pelo mandatário, esta resulta da norma do art. 1170º, nº 1 do Código Civil, que é ainda uma manifestação da proximidade entre ambas as figuras: procurador e mandatário.[525] Embora os fundamentos possam ser diferentes, as consequências são as mesmas: a livre revogabilidade. Em ambos os negócios a modificação da estrutura de interesses do negócio relativamente ao caso típico, afeta a livre revogabilidade. Se existir um interesse de alguém que não o representado ou o mandante a regra da livre revogabilidade é alterada.

No contrato de autorização constitutiva, pode também colocar-se a questão de saber se este é livremente revogável.

---

[524] PEDRO LEITÃO PAIS DE VASCONCELOS, *A Procuração*, cit., págs. 49 e segs.
[525] JANUÁRIO GOMES, *Em Tema de Revogação do Mandato Civil*, Almedina, Coimbra, 1989, cit. *"Em Tema"*, págs. 99-100.

Como regra a resposta deve ser negativa. Quando, face ao conteúdo do negócio de autorização, seja exigido o acordo de ambas as partes para a sua celebração deve também ser exigido o acordo de ambas as partes para a sua revogação.

Assim, as autorizações constitutivas contratuais serão, como regra, irrevogáveis por vontade de apenas uma parte. A sua irrevogabilidade não decorre, no entanto, da estrutura de interesses mas do regime dos contratos.

Podem, no entanto, as partes celebrar um contrato que seja livremente revogável por uma parte, mas esta livre revogabilidade resulta do acordo e não da estrutura de interesses.

A questão da irrevogabilidade do contrato de autorização constitutiva é, como tal, diversa da irrevogabilidade do mandato. O regime de irrevogabilidade que decorreria da natureza contratual do mandato é alterado pelo regime especial do mandato. Mas o contrato de autorização constitutiva é um negócio legalmente atípico.[526] Como tal, em regra, não beneficia de um regime legal que modique a regra da necessidade de acordo para revogação do contrato.

A regra no que respeita à autorização constitutiva consiste, pois, na sua livre revogabilidade quando seja um negócio unilateral e na irrevogabilidade unilateral quando seja um contrato. Mas esta regra não exclui a irrevogabilidade do negócio unilateral de autorização constitutiva quando é celebrado no interesse do autorizado ou de terceiro.[527] nem a revogabilidade do contrato de autorização constitutiva quando tal resulta do contrato ou do regime que lhe for aplicável.[528]

iii. Resolução

A resolução é um modo de extinção de situações jurídicas que, segundo estipulado na norma do art. 432º do Código Civil pode resultar da Lei ou de convenção. Importa, como tal, analisar a possibilidade de

---

[526] A aplicabilidade do regime do contrato de mandato à autorização constitutiva será analisada a propósito do contrato de autorização gestória.
[527] Caso em que não constituirá um precário. No mesmo sentido, GUILHERME DE OCKHAM, *OND*, cit., capítulo 64 (págs. 433).
[528] OLIVEIRA ASCENSÃO, *Direito Civil, Vol. III*, cit., pág. 336.

resolução da autorização constitutiva quando esta seja um negócio unilateral ou um contrato.

À autorização constitutiva contratual aplica-se o regime geral dos contratos, sendo possível acordar a resolubilidade do negócio e ficando abrangida por casos de resolubilidade de fonte legal. Assim, se por exemplo António autorizar Bento a prolongar um edifício pelo seu terreno, contra o pagamento de um preço, pode resolver o negócio em caso de incumprimento definitivo do pagamento do preço.

No caso da autorização constitutiva unilateral típica, havendo apenas uma parte, não se pode convencionar a resolubilidade. Para o fazer é necessário que a autorização constitutiva seja contratual.

Como tal, se António pretender autorizar Bento a caçar na sua reserva de caça, mas quiser salvaguardar a possibilidade de resolver retroativamente a autorização, necessitará de o acordar com Bento. António e Bento celebram um contrato de autorização constitutiva ficando António com o poder de resolver o contrato retroativamente. Se o fizer, os atos de caça praticados por Bento serão retroativamente considerados como tendo sido praticados sem legitimidade e licitude, aplicando-se as devidas consequências.

Se António pretender limitar-se a autorizar unilateralmente, não poderá resolver retroativamente a autorização. A questão apenas se coloca no que respeita à resolução retroativa. No que respeita à resolução não retroativa, a típica livre revogabilidade da autorização constitutiva unilateral satisfaz o interesse de António na possibilidade de extinção do negócio.

Concluindo, na autorização constitutiva unilateral típica, a resolução não retroativa é uma figura que, não sendo impossível, não é necessária.

Sendo a autorização constitutiva unilateral um negócio unilateral, não é possível convencionar na própria autorização a possibilidade de resolução. A convenção de resolução apenas se justifica nos negócios irrevogáveis, como sucede em regra nos contratos. Só nestes é que se torna necessário acordar modos de extinção do contrato que não sejam limitados pela sua irrevogabilidade.

Nos negócios unilaterais livremente revogáveis nada existe que justifique uma cláusula de resolução. Sendo o negócio livremente revogável, nenhum sentido, nem utilidade, tem uma cláusula de resolução. Esta nunca opera uma modificação do regime jurídico já aplicável ao negócio em si. A parte pode extinguir o negócio – revogando-o. Como regra, a cláusula de resolução nenhum efeito produz sobre o regime de extinção do negócio. É, como tal, ineficaz, não numa perspetiva negativa, mas apenas como constatação de falta de consequências modificativas do *status quo* jurídico. A aposição de uma cláusula de resolução no negócio unilateral revogável apenas pode – se for possível interpretá-la desse modo – operar como uma declaração de limitação da revogação do negócio. Mas, mesmo neste caso, a cláusula não é uma verdadeira cláusula de resolução, mas antes um elemento do regime de revogação do negócio. Na autorização constitutiva típica, sendo esta um negócio unilateral livremente revogável, não há lugar a resolução com fundamento no próprio negócio.

A situação é idêntica na autorização constitutiva unilateral irrevogável. É a unilateralidade da autorização que afeta a sua resolubilidade e não a sua irrevogabilidade. No entanto, nesta o autorizante não poderá recorrer à revogação para provocar *ad nutum* a extinção da autorização constitutiva.

Mas, para que a autorização constitutiva unilateral seja irrevogável tem de se encontrar em conexão com um negócio do qual resulte um interesse relevante do autorizado ou de terceiro, caso em que poderá eventualmente ser resolvido esse negócio, com a consequente extinção da autorização.

No que respeita à resolubilidade fundada na Lei, sendo as autorizações constitutivas normalmente legalmente atípicas, os casos serão raros. No entanto, poderão ser resolvidas com fundamento na Lei de acordo com regimes gerais de resolução, como seja o da resolução por alteração de circunstâncias. No entanto, mesmo estas situações apenas se justificam relativamente às autorizações constitutivas irrevogáveis. Na autorização constitutiva unilateral irrevogável, a resolução incidirá normalmente sobre o outro negócio,[529] o que provocará ou a extinção da autorização constitutiva ou a extinção da sua irrevogabilidade.

---

[529] Pois em regra será neste que serão mais relevantes as circunstâncias em que as partes fundaram a decisão de contratar.

iv. Renúncia

A renúncia[530] é um negócio jurídico unilateral, através do qual o titular de uma posição jurídica ativa a extingue.[531] A questão consiste em saber se é possível ao autorizado renunciar ao efeito da autorização.

No precário o problema resulta do modo de funcionamento da autorização. A autorização constitutiva provoca efeitos na esfera do autorizante, paralisando os seus meios de defesa. Consiste num exercício que o autorizante faz da sua própria posição jurídica e que provoca, reflexamente, a constituição do precário.

Se fosse possível uma renúncia ao precário por parte do autorizado, isso implicaria que este podia por sua iniciativa alterar o estado dos meios de defesa da posição jurídica do autorizante. A renúncia apenas produziria efeitos se repusesse o nível dos meios de defesa da posição jurídica do autorizante, pois enquanto os meios de defesa da posição jurídica se mantiverem desativados, o autorizado tem legitimidade para agir. Como tal, a única maneira para fazer cessar a legitimidade do autorizado seria repor esse nível.

A renúncia ao precário corresponderia a uma atuação do autorizado sobre os meios de defesa do autorizante. Sendo o precário mero reflexo do exercício que o autorizante faz dos seus meios de defesa, apenas agindo sobre esses meios de defesa se pode, reflexamente também, extinguir o precário.

---

[530] MARTÍNEZ DE VELASCO, *La Renuncia a los Derechos*, Bosch, Barcelona, 1986, cit. "*La Renuncia*", págs. 61-63, classifica a renúncia entre abdicativa e translativa. LUIS CARVALHO FERNANDES, *Da Renúncia dos Direitos Reais*, separata de *O Direito*, nº 138, III, Almedina, Coimbra, 2006, cit. "*Da Renúncia*", págs. 477-482, classifica a renúncia em liberatória e abdicativa. PEREIRA COELHO, *A Renúncia Abdicativa no Direito Civil (Algumas Notas Tendentes à Definição do seu Regime)*, Coimbra Editora, Coimbra, 1995, cit. "*A Renúncia*", pág. 33, considera a renúncia translativa (ou atributiva, como lhe chama), como não sendo uma verdadeira renúncia. O presente capítulo corresponde à renúncia abdicativa. O termo renúncia é usado com frequência nos casos da renúncia ao prazo prescricional (existindo mesmo um Acórdão Unificador de Jurisprudência – Ac. STJ de 5 de Maio de 1994), renúncia à gerência de sociedade, renúncia à herança, e em várias outras situações.

[531] PEREIRA COELHO, *A Renúncia*, cit., págs. 14-15, distingue entre os efeitos imediatos da renúncia – a extinção do direito a que se renuncia – e os seus efeitos ulteriores – *a sorte do direito abdicado*. Também sobre a renúncia LUÍSA NETO, *Direito Fundamental à Disposição*, cit., págs. 371-378.

A AUTORIZAÇÃO

Para o fazer o autorizado necessitaria de legitimidade para agir sobre os próprios meios de defesa do autorizante, o que normalmente não sucede.

Assim, o precário não é renunciável. O autorizado é livre de não praticar os atos autorizados, mas não é livre de afetar o nível de eficácia dos meios de defesa da situação do autorizante. Importa analisar os casos em que, face ao complexo que resulte da autorização constitutiva, a posição do autorizante seja um direito subjetivo e não um precário. Quer seja um precário, quer seja um direito subjetivo, o elemento central é o mesmo: a limitação dos meios de defesa da situação jurídica do autorizante que serão afetadas pelos atos do autorizado. A diferença entre o precário e o direito subjetivo não se verifica neste elemento, mas antes nos demais poderes, faculdades e outras situações simples que compõem a posição do autorizado titular de um direito subjetivo. Quando muito, o autorizado poderá renunciar a esses elementos parciais da sua posição jurídica, de tal modo que este deixe de ser um direito subjetivo e passe a ser um precário. No entanto, não pode, em regra, renunciar ao precário.

A irrenunciabilidade por parte do autorizado ao precário não implica violação do princípio da proibição das vinculações perpétuas ou de duração indefinida. Da autorização constitutiva unilateral não resulta qualquer vinculação do autorizado. Este passa a beneficiar de uma modificação que o autorizante provocou na sua própria esfera jurídica e pode agir aproveitando essa modificação. Não está vinculado a agir, nem sequer está vinculado ao negócio em si. Pode agir ou não agir. É livre de o fazer. Mas não pode renunciar à sua posição, pois esta é meramente reflexa.

A situação seria diferente se o autorizado fosse titular de um poder próprio que não fosse mero reflexo do exercício de posições do autorizante sobre as próprias posições. Por exemplo, o poder de representação, sendo constituído por uma procuração, não é um mero reflexo da atuação do representado. Após a constituição, o poder de representação passa a integrar autonomamente e com estabilidade a esfera jurídica do representante. Não se trata de um precário, de um mero reflexo do que sucede na esfera jurídica de outra pessoa.

Assim, se através da autorização se transmitisse ao autorizado um *poder de disposição*, este poderia renunciar ao referido poder. Mas, limitando-se a autorização constitutiva a paralisar os meios de defesa do autorizante, nada é constituído direta e autonomamente na esfera do autorizado.

Como tal, o autorizado não pode renunciar à legitimidade decorrente da autorização constitutiva unilateral.

v. Denúncia

A denúncia é um negócio jurídico unilateral que tem como efeito extinguir outro negócio jurídico. Encontra a sua fundamentação no princípio da proibição de vinculações perpétuas ou de duração indefinida.[532] Este princípio procura evitar restrições definitivas ou indefinidas da liberdade, que a ponham em causa.[533] Se estas vinculações fossem permitidas seria possível, efetivamente, renunciar à liberdade da pessoa, ou pelo menos a parcelas excessivamente largas da liberdade. Evitando-se uma vinculação perpétua, ou de duração indefinida, as restrições à liberdade serão sempre limitadas no tempo, ou, quando não o sejam, são sempre denunciáveis.[534]

Este princípio comporta exceções, normalmente por respeito a outros princípios ou valores. No entanto, o regime geral é o da eficácia do princípio que se transpõe através da possibilidade de denúncia dos negócios jurídicos que importem vinculações perpétuas ou de duração indefinida.

Este princípio é, em geral, referido na sua aplicação a contratos, mais do que a negócios unilaterais. E bem. É nos contratos que a problemática das vinculações perpétuas se sente com maior acuidade. A vinculação perpétua resultante de um negócio jurídico unilateral é muito menos frequente do que a que resulta de um contrato. Para tanto contribui a livre revogabilidade que é mais frequente nos negócios unilaterais do que nos contratos.

No caso da autorização é necessário proceder a uma análise bipartida, pois existem duas situações diferentes nas quais o problema se pode levantar: a autorização revogável e a autorização irrevogável.

---

[532] OLIVEIRA ASCENSÃO, *Direito Civil, Vol. III*, cit., págs. 334-335. Também BRANDÃO PROENÇA, *A Resolução do Contrato no Direito Civil, Do Enquadramento e do Regime*, Coimbra Editora, Coimbra, 2006, cit. "*A Resolução*", págs.40-41, liga a denúncia à problemática dos contratos duradouros.
[533] Assim impedindo a transformação do Homem num mero meio. Sobre o Homem como meio ou fim, DEL VECCHIO, *Lições*, págs. 413-421.
[534] ROMANO MARTINEZ, *Da Cessação*, cit., pág. 217-220; VIDEIRA HENRIQUES, *A Desvinculação Unilateral "Ad Nutum" nos Contratos Civis de Sociedade e de Mandato*, Coimbra Editora, Coimbra, 2001, cit. "*Desvinculação*", págs. 210-218

A AUTORIZAÇÃO

Na autorização revogável, a questão não se coloca, pois a vinculação não viola o princípio da proibição das vinculações perpétuas ou de duração indefinida.

O autorizante, ao outorgar uma autorização, fica vinculado a esta e suporta na sua esfera os atos autorizados. Mas a liberdade de revogação da autorização constitutiva unilateral evita a questão que fundamenta a abrangência e eficácia do princípio da proibição das vinculações perpétuas ou de duração indeterminada. O princípio existe, mas não é aplicável à autorização revogável, o que leva à insuscetibilidade de denúncia da autorização constitutiva unilateral. Nesta situação a autorização não é denunciável, mas antes revogável, devendo, em princípio, interpretar-se qualquer declaração de denúncia como de revogação.[535]

A questão da autorização irrevogável é diferente. Sendo a autorização irrevogável, levanta-se efetivamente o problema da eventual violação do princípio da proibição das vinculações perpétuas. No entanto, a questão não pode ser colocada nos mesmos termos que se fez na autorização constitutiva revogável.

A autorização revogável pode estar ligada a outros negócios, mas pode também operar sem essa ligação. A eventual ligação de uma autorização constitutiva revogável a outro negócio é irrelevante para a questão da denúncia, pois a autorização é livremente revogável. Mas na autorização unilateral irrevogável, a ligação com o outro negócio não pode ser ignorada. É da estrutura de interesses que decorre da união de negócios que resulta a irrevogabilidade, pelo que é essa união que suscita a questão da eventual denunciabilidade da autorização. Embora a estrutura de interesses resulte da união de negócios (e como tal do conjunto de ambos os negócios), é o outro negócio que altera a estrutura de modo a que a autorização constitutiva seja irrevogável. Se o outro negócio não existir, a autorização constitutiva não será irrevogável, pelo que é este o catalisador da alteração relativamente ao caso típico.

O problema é agravado pela incompatibilidade entre a irrevogabilidade e a denunciabilidade. Não faz qualquer sentido afirmar que um negócio é irrevogável, como resultado necessário da estrutura de interesses desse negócio, mas que é livremente denunciável. A união funcional

---

[535] Eventualmente, se a autorização for sujeita a um termo final renovando-se automaticamente, poderá tratar-se de uma denúncia imprópria, para impedir a renovação.

entre a autorização constitutiva unilateral e o outro negócio implica a indenunciabilidade da autorização constitutiva unilateral. A autorização constitutiva unilateral apenas seria denunciável se a sua irrevogabilidade pusesse em causa o princípio da proibição das vinculações perpétuas. Mas isso não sucede.

A extinção do negócio que se encontra em união com a autorização constitutiva unilateral pode, em algumas situações, provocar a extinção da própria autorização constitutiva unilateral. Tudo depende da relação entre ambos os negócios e de se saber se a autorização constitutiva pode vigorar sem o outro negócio. Nestes casos, a extinção do outro negócio determina a extinção da autorização constitutiva unilateral, pelo que o problema da eventual violação do princípio da proibição das vinculações perpétuas apenas se coloca se esse negócio não respeitar o princípio. Se respeitar, não irá vigorar perpetuamente pelo que a autorização constitutiva unilateral também não. Se não respeitar, será então denunciável, e, se o outro negócio for denunciado, dependendo do tipo de relação entre ambos os negócios, a autorização poderá extinguir-se. Como tal, a autorização constitutiva em si não viola o princípio da proibição das vinculações perpétuas.

Se, de acordo com a relação entre a autorização constitutiva e o outro negócio, aquela se mantiver em vigor apesar da extinção deste negócio, também não se verificará uma violação do princípio da proibição das vinculações perpétuas, pois a extinção do outro negócio provoca uma alteração da estrutura de interesses que causou a irrevogabilidade da autorização constitutiva unilateral. A irrevogabilidade da autorização constitutiva unilateral resulta da estrutura de interesses do conjunto da união de negócios. No entanto, como vimos, esse negócio terá sempre uma posição preponderante na parte em que a estrutura de interesses provoca a irrevogabilidade. A extinção do outro negócio, se não provoca a extinção da autorização constitutiva, provocará a extinção da irrevogabilidade. A autorização constitutiva que era irrevogável quando em união de negócios, deixa de ser irrevogável com a extinção do negócio a que estava unida.

Passando a ser livremente revogável, não se coloca a questão da denunciabilidade. Não há violação do princípio da proibição das vinculações perpétuas, pois o autorizante poderá revogar livremente a autorização constitutiva e, assim, desvincular-se.

2. Autorização integrativa

A autorização integrativa[536] é um ato relevante para a obtenção de legitimidade de alguém cuja falta de legitimidade resulta de limitações impostas à autonomia privada, em particular de limitações à liberdade. É um facto legitimador positivo com relevância para a autonomia privada do agente.

Como vimos já, para que se verifique legitimidade para a prática de um ato é necessário que o agente seja titular de uma situação jurídica que inclua no seu conteúdo a possibilidade de praticar o ato sobre o objeto e que disponha de um nível de autonomia privada que lhe permita imprimir dinâmica a essa possibilidade.

Um ato legítimo é o resultado do exercício da autonomia privada do titular. Como tal, quer a falta de autonomia privada, quer a falta de titularidade, impedem a legitimidade.

Na autorização constitutiva que analisámos anteriormente as questões colocavam-se todas ao nível da titularidade dessa situação. Consistiam, em suma, em saber qual a posição jurídica que resultava da autorização constitutiva para o autorizado. Concluímos que a constituição dessa posição (beneficiário da autorização constitutiva) criava na esfera jurídica do autorizado uma possibilidade de atuação sobre determinado objeto, em regra um precário.

Esta possibilidade de atuação que passa a integrar a esfera jurídica do autorizado, embora exista apenas como efeito reflexo das modificações que a autorização constitutiva provoca na esfera jurídica do autorizante, estabelece um âmbito de atuação possível. Dentro desse âmbito o autorizado consegue agir juridicamente.

No entanto, a mera possibilidade de atuação não é suficiente para o ato, pois o ato é sempre dinâmico.

De uma situação jurídica resulta uma potência de atuação. Mas, sem dinâmica a potência não se transforma em ato. Não existe atuação jurídica se nada se fizer, se nada acontecer. Se o comerciante não vender as

---

[536] AURICCHIO, *Autorizzazione*, cit., pág. 504, caracteriza a autorização integrativa por esta remover um limite ao exercício de um direito ou poder que o beneficiário da autorização já tem. A autorização integrativa corresponde, no Brasil, ao *assentimento assistencial* ou *resguardativo* – MARCOS BERNARDES DE MELLO, *Teoria do Fato Jurídico, Plano da Validade*, 2ª ed., Editora Saraiva, São Paulo, 1997, cit. *"Teoria – Validade"*, págs. 110-114.

suas mercadorias, não deixa de ser proprietário das mesmas. Continua a poder vendê-las, mas não há ato. Há potência de venda, mas não há venda.

Ao imprimir dinâmica à potência, ao pôr a potência em ser, verificam-se mudanças no ambiente em que se integra. Não existe atuação sem mudança; mesmo que o ato não produza outros efeitos, a mera verificação da existência do ato é uma modificação do *status quo*.

O ato jurídico resulta sempre de uma ação humana, correspondendo à receção que o Direito faz dessa ação. A receção não é neutra, pois o Direito é uma ordem valorativa de dever ser e isso implica que o ato seja valorado e que seja conforme aos mecanismos do Direito. Ao ato humano, enquanto expressão da liberdade humana, corresponde o ato jurídico enquanto expressão da liberdade jurídica. No entanto, a liberdade humana e a liberdade jurídica não são integralmente coincidentes. E, para além desta falta de coincidência, a liberdade jurídica opera em conjunto com o princípio da igualdade, constituindo um novo mecanismo: a autonomia privada. Como tal, o juízo de correspondência entre liberdades no momento da receção do ato humano pelo Direito, é feito entre a liberdade humana e a autonomia privada. Nem todos os atos humanos respeitam a autonomia privada. Embora estruturalmente a liberdade que integra a autonomia privada apenas seja limitada pela igualdade, são inúmeras as restrições externas à autonomia privada. Estas restrições não são estruturais mas antes pontuais ou conjunturais. Resultam de leis cujas normas estatuem limitações à liberdade de atuação das pessoas em determinados casos referidos na previsão.

Como vimos, pode afirmar-se em abstrato que a pessoa tem estruturalmente um determinado nível de autonomia privada (que corresponde à receção da sua liberdade humana compatibilizada com o princípio da igualdade). Este nível normal da autonomia privada é limitado por várias normas, podendo então ser reposto,[537] em todo ou em parte, de acordo com essas normas.

---

[537] As ampliações da autonomia privada acima do seu nível estrutural normal, apenas podem suceder por modificações da influência do princípio da igualdade. Mas estas sucedem, normalmente, em áreas do Direito que escapam ao conceito de autonomia privada, correspondendo normalmente às áreas de Direito Público.

A autorização integrativa opera como um dos mecanismos a que as normas recorrem, para repor o nível da autonomia privada.

Esta é a razão de ser do *nomen* "autorização integrativa". Ela faz parte de mecanismos legais que integram a autonomia privada no sentido de repor a autonomia privada que foi restringida por determinada norma relativamente à prática de certo ato. Dela resulta a integralidade da autonomia privada para a prática do ato.

A influência da autonomia privada na legitimidade é determinante. A titularidade de uma posição jurídica estabelece o âmbito de atuação possível. Mas sem autonomia privada, qualquer atuação humana que se verifique dentro dos limites desse âmbito não será devidamente reconhecida pelo Direito. Isto não significa que o Direito ignore essa atuação, mas que este não a reconhecerá como uma atuação conforme com o Direito. A reação não será positiva mas negativa.

No que interessa ao presente estudo, a falta de autonomia privada implica que a atuação humana foi praticada por alguém que não podia imprimir dinâmica jurídica; alguém que não pode mudar o mundo jurídico.

Mesmo que a pessoa seja titular de uma situação jurídica que inclua a possibilidade (potência) de praticar o ato, se não puder agir juridicamente, se não puder provocar alterações no mundo do Direito, de pouco serve ser titular pois não poderá agir eficazmente. São casos em que o Direito, embora considere certa pessoa como titular de uma determinada situação jurídica, não lhe permite exercer a sua posição e praticar o ato. Assim, a falta de autonomia privada suficiente para a prática do ato importa a respetiva falta de legitimidade.

Uma norma legal pode limitar a autonomia privada de várias maneiras. Nem sempre sucede uma proibição simples de prática de determinado ato. Por vezes, condiciona-se a prática do ato à verificação de determinados elementos que integram a previsão da norma. Entre os vários elementos possíveis encontra-se a autorização.[538] Ou seja, existe uma norma que limita a autonomia privada do titular, impedindo-o de praticar um ato cuja possibilidade integra a situação jurídica daquele, mas permitindo essa prática se beneficiar de uma autorização integrativa.

---

[538] Neste sentido, WOLFGANG THIELE, *Die Zustimmungen*, cit., págs. 3-4, que considera esta uma de duas modalidades de autorização.

São muitas as normas legais que apenas permitem ao titular de determinada situação jurídica praticar atos, que integram a sua posição jurídica, se lhe for concedida uma autorização por outra pessoa. Nestes casos estamos perante uma autorização integrativa.

A) NEGOCIABILIDADE DA AUTORIZAÇÃO INTEGRATIVA

Tal como sucedeu com a autorização constitutiva, importa saber se a autorização integrativa é um negócio jurídico, ou um mero ato jurídico.

Como vimos, a autorização integrativa é um facto legitimador positivo com relevância para a autonomia privada. Esta característica tem, de imediato, consequências determinantes no que respeita à natureza do ato.

Não é juridicamente admissível que um negócio jurídico afete a liberdade das pessoas e, como tal, a sua autonomia privada. Não nos vamos alargar mais, remetendo para o que já foi referido *supra*. Mas, em suma, tal equivaleria a ignorar o princípio da igualdade, abrindo a possibilidade de existência de situações de domínio pessoal mais ou menos próximas da escravatura ou de situações de servidão.

A qualificação de um ato como negocial ou não é, por vezes, uma tarefa problemática. A delimitação do negócio jurídico – independentemente do conceito que se adote – e a sua diferenciação do mero ato jurídico tem sido um tema sempre sujeito a debate científico, mas, no caso concreto, a tarefa resulta facilitada.

A qualificação negativa da autorização integrativa como negócio jurídico resulta de uma exigência de Ordem Pública. Os casos de autorização integrativa são constituídos por situações nas quais o titular sofre uma restrição à sua liberdade. A outorga de uma autorização integrativa provoca uma reposição do nível de liberdade do titular, suficiente para que este possa ter legitimidade para praticar o ato em questão. Mas o autorizante não domina a liberdade do autorizado. É de Ordem Pública a inadmissibilidade de domínio privado de uma pessoa sobre outra, razão pela qual os efeitos sobre a liberdade do autorizado não têm causa na autorização integrativa, mas antes na Lei. Existe já demasiada experiência sobre as consequências da admissão de situações de domínio pessoal. E esta experiência aponta toda no sentido da grave perigosidade para as pessoas e para a sociedade. Embora as limitações da liberdade sejam necessárias à vida em sociedade, e embora por vezes o mecanismo mais útil seja atribuir a determinada pessoa a possibilidade de afetar a liberdade de outrem, esta possibilidade deve ser limitada não sendo atribuída a uma pessoa como algo que lhe pertença que lhe seja própria. Pode atribuir-se relevância a atos de uma pessoa para afetar a autonomia privada de outrem, mas não se pode atribuir o domínio dessa liberdade, integrando-o na esfera jurídica daquela pessoa, como uma situação de sua titularidade.

Como tal, a autorização integrativa não pode nunca ser um negócio jurídico.[539]

Esta conclusão implica que os efeitos que se verifiquem ao nível da autonomia privada do autorizado e que consistam num aumento do grau de liberdade não resultam da autorização integrativa, sendo esta, no entanto, relevante para esses efeitos.

Estes efeitos têm causa numa norma de fonte legal, que impõe uma modificação heterónoma do nível de autonomia privada do autorizado. A exigência da autorização integrativa é um elemento da previsão dessa norma, necessário para que seja desencadeado o efeito da estatuição.

A autorização integrativa é, como tal, um ato jurídico não negocial.

Face à razão de ser desta qualificação, todas as autorizações integrativas têm previsão legal,[540] embora a terminologia possa variar.

Importa agora saber se as autorizações integrativas são declarações ou meras operações.

O problema que conduz à outorga de uma autorização integrativa consiste na existência de uma norma de fonte legal que exige que um terceiro autorize um ato para que o titular o possa praticar.

As razões que levam a Lei a exigir uma autorização de um terceiro para que o titular possa praticar um ato no âmbito da sua própria posição jurídica podem ser muito variadas. Mas, normalmente, e sem ser exaustivo, podem dividir-se em duas categorias.

Uma categoria é formada pelas situações em que o Direito decide proteger um interesse que um terceiro tenha sobre a situação jurídica do

---

[539] O agente é livre de outorgar a autorização integrativa (embora por vezes tenha de respeitar um poder funcional), mas não é o agente que provoca a modificação do nível de autonomia privada do autorizado (não tem a liberdade de estipular essa modificação), que seria o efeito típico do ato.

[540] A mera previsão legal de autorização não é suficiente para a qualificação desta como integrativa, pois podem existir previsões legais de autorizações constitutivas.

titular.[541] O Direito reconhece que determinada pessoa tem um interesse numa situação de que não é titular, e que decide proteger esse interesse impondo ao titular a necessidade de autorização integrativa por parte do interessado. O interessado não é titular de uma posição. Mas a Lei impede o titular de exercer a sua posição sem autorização integrativa do terceiro. Ou seja, o terceiro fica com um interesse protegido, mas sem ser titular de poderes ou outras situações que permitam agir sobre essa situação.

Outra categoria é formada por situações nas quais a restrição à autonomia privada se destina a proteger o próprio titular. Normalmente, são situações nas quais a pessoa tem efetivamente uma liberdade restringida por determinadas características pessoais, o que leva o Direito a reconhecer a necessidade de proteger essa pessoa. O exemplo típico é constituído pelas incapacidades de exercício. Estas traduzem juridicamente restrições naturalmente verificadas na liberdade ou discernimento do incapaz. Por vezes o nível natural de liberdade ou discernimento, por influência da capacidade natural para querer, entender e agir, não é suficiente para uma plena autonomia privada, mas também não justifica a sua restrição total. Por vezes sucede que o Direito apenas reconhece um nível de liberdade suficiente para que a autonomia privada do incapaz seja hábil para a prática do ato com o controlo externo de outra pessoa. Se essa pessoa autorizar a atuação, o Direito levanta a restrição à autonomia privada do incapaz, permitindo-lhe a obtenção de legitimidade para a prática do ato. Não se trata de proteger um interesse do autorizante ou de um terceiro, mas antes de proteger o próprio autorizado.

A Lei pode considerar suficiente, para o preenchimento da previsão de uma norma, que se verifique um determinado ato jurídico, quer seja uma operação ou uma declaração. A questão não consiste em saber o que é preciso para que a Lei modifique o nível de autonomia privada de uma pessoa, mas saber se pode qualificar-se como autorização integrativa uma operação ou uma declaração.

A questão é de qualificação consistindo, como tal, em saber se há continuidade no regime jurídico, ou se existe um ponto de descontinui-

---

[541] CARLOS ALBERTO DA MOTA PINTO, refere-se expressamente a estes casos como de autorização – *Teoria Geral*, cit. pág. 260.

dade na passagem da operação para a declaração, e da declaração para o negócio.

A qualificação importa, fundamentalmente, para a determinação e concretização dos regimes jurídicos. A qualificação de operações como autorizações integrativas conduz à aplicação, analógica, do regime jurídico das autorizações a operações. Para tanto, é necessário que faça sentido jurídico qualificar uma operação como uma autorização integrativa.

Para que se trate de uma autorização é necessário que o ato seja especificamente destinado a produzir legitimidade. Nesta matéria, é indiferente que o ato seja uma operação ou uma declaração.

Mas, fará sentido qualificar uma operação como uma autorização integrativa?

Quer o negócio jurídico, quer o ato meramente declarativo, têm uma componente fundamental de vontade. A vontade desempenha em ambos um papel de grande influência. Embora não seja o único elemento fundamental, é essencial para a conformação do conteúdo. No negócio é ainda diretamente fundamental para o efeito, enquanto na declaração é apenas indiretamente fundamental para o efeito. O ato (quer seja um negócio ou mero ato) tem um conteúdo significativo e comunicativo.[542] O seu autor transmite uma mensagem para o exterior e é sobre esta mensagem que o juízo jurídico recai. Na operação não há comunicação, nem mensagem. Há um comportamento de alguém que o Direito toma em consideração para a produção heterónoma de certos efeitos, mas independente da vontade do agente. A vontade é relevante para a prática do ato (o ato tem de ser voluntário) mas a vontade não é relevante, nem indiretamente, para os efeitos. O Direito satisfaz-se com a voluntariedade da atuação, no sentido de ter sido querida pelo seu autor, independentemente de não ter conteúdo comunicativo.

Deste ponto de vista, a sequência entre a operação, a declaração e o negócio é contínua.[543] A passagem é gradativa, de um patamar abstrato para o próximo, sendo os patamares qualificativos meramente ideais. Não há uma operação, uma declaração ou um negócio. Os atos serão mais operacionais, mais declarativos ou mais negociais, conforme as suas características específicas e a correspondência do ato concreto com as caracte-

---

[542] Ferreira de Almeida, *Texto e Enunciado*, cit., págs. 267-273.
[543] Lotfi A. Zadeh, *Fuzzy Sets*, cit., pág. 338.

rísticas ideais previstas para os atos abstratos. Pode existir nos atos, algo de operação, algo de declaração e algo de negócio, em graus variáveis.[544]

Mas este raciocínio é meramente dogmático, e apenas seria completo se o Direito fosse o resultado perfeito de operações lógicas de base formal. A realidade é diferente. Embora os raciocínios dogmáticos formais sejam extremamente relevantes, o Direito resulta também da interferência da Lei e de outras fontes.

Como vimos, a principal função da qualificação é dirigida, essencialmente, à concretização do regime jurídico do ato objeto da qualificação. Nesta matéria, é fundamental a norma do art. 295º do Código Civil. Esta norma estatui a aplicação analógica do regime geral dos negócios jurídicos aos atos jurídicos. O problema, no que respeita às operações, consiste no estabelecimento do grau de analogia com o negócio.

Enquanto o negócio jurídico.[545] é um ato voluntário auto-suficiente para os seus efeitos típicos e funda-se numa ou mais declarações (expressas ou tácitas) finalísticas, a mera declaração embora não seja auto-suficiente, funda-se ainda em declarações finalísticas.[546] e a operação, sendo voluntária e finalística, não se traduz em declarações nem é auto-suficiente para produzir efeitos.

A analogia entre as figuras, para efeito do art. 295º do Código Civil, implica a determinação da relevância relativa das características destes atos, em face das normas jurídicas aplicáveis.[547]

O regime geral do negócio jurídico está estruturado sobre a declaração.[548] Ou seja, pressupõe em regra um comportamento de alguém com conteúdo declarativo. Grande parte das normas desse regime apenas são adequadas para declarações, mas não para operações. Apenas serão adequadas para operações – mediante aplicação analógica com graus

---

[544] LOTFI A. ZADEH, *Fuzzy Sets*, cit., pág. 338.
[545] Em abstrato.
[546] Constituindo ação, no sentido de OLIVEIRA ASCENSÃO, *Direito Civil, Vol. II*, cit., pág. 14.
[547] Sobre o problema, FRANCO CARRESI, *Autonomia Privata nei Contratti e negli altri Atti Giuridici*, em *Rivista di Diritto Civile*, III, págs. 265-276, CEDAM, Padova, 1957, "Autonomia Privata", pág. 265-276.
[548] FERREIRA DE ALMEIDA, *Texto e Enunciado*, cit., pág 273; PAULO MOTA PINTO, *Declaração Tácita*, cit., pág 565. Grande parte dos chamados negócios sem declaração, serão negócios com dificuldade de identificação da declaração, e não negócios sem declaração. Normalmente são declarações tácitas, ou atos *stricto sensu*.

de adaptação mais ou menos elevados – as normas do regime jurídico do negócio que se satisfaçam com a voluntariedade do comportamento finalístico da operação, não exigindo declaração. Assim, por exemplo, as normas relativas a vícios de vontade serão relevantes para operações, as normas relativas a vícios na transmissão da vontade já não serão. E as normas relativas à interpretação da declaração serão, em regra, relevantes para interpretação do comportamento.

Existe, como tal, um ponto de ligação entre as operações e as declarações que permite o recurso analógico ao regime jurídico do negócio. No entanto, não existe uma continuidade analógica. Antes verifica-se uma descontinuidade de salto, que se traduz num salto face ao nível de aplicabilidade do regime do negócio jurídico às operações, relativamente à sua aplicabilidade às declarações e aos negócios. Há toda uma parcela do regime legal geral do negócio jurídico que simplesmente não é aplicável às operações pois está especificamente estruturado para declarações. Assim sucede, nomeadamente, com as normas dos arts. 217º a 235º do Código Civil.

Embora se possa identificar uma continuidade linear na qualificação entre operação, declaração e negócio, no que respeita à aplicabilidade do regime jurídico dos arts. 217º a 294º do Código Civil verifica-se uma descontinuidade, especialmente relevante na passagem da operação para a declaração.

A sequência lógica da passagem da operação para a declaração e para o negócio é qualitativamente gradativa. Os atos particulares podem ser mais ou menos próximos de uma típica operação, ou declaração ou negócio. Se fosse possível proceder a uma catalogação de todos os particulares atos, verificar-se-ia que existiam pequenas variações nas suas qualidades que determinam a sua natureza, de particular ato para particular ato. No entanto, enquanto nas declarações (negociais ou não) estas pequenas variações produzem pequenas variações de regime jurídico, a passagem de declaração para operação produz uma variação de regime jurídico de grau muito superior. Nestes casos, a diferença entre qualidades dos particulares atos determina que o grau de proximidade e semelhança granular (valor granular)[549] face ao tipo de referência determine uma alteração da

---

[549] Sobre a granulação, LOTFI A. ZADEH, *Toward a Theory of Fuzzy Information Granulation and*

qualificação, por exclusão do universo de um tipo de referência e integração no universo de outro tipo de referência.

Esta descontinuidade importa um regime jurídico aplicável a uma operação com relevância para obtenção de legitimidade de tal modo diferente de uma declaração de autorização integrativa que não justifica a sua qualificação.

Nenhum significado teria qualificar como autorização integrativa uma operação relevante para o preenchimento da previsão de uma norma que modificasse o nível de autonomia privada de uma pessoa. Embora fosse relevante para a legitimidade, a falta de conteúdo declarativo importa um grau de analogia demasiado baixo para permitir compartilhar existência de um núcleo fundamental de regime jurídico.

Por outro lado, a falta de declaração importa um controlo muito menor do agente sobre o ato, especialmente no que respeita à modelação do seu conteúdo.

A diferença fundamental de regimes jurídicos entre ambos – operação e declaração – não justifica qualificar como autorização integrativa uma mera operação. Tal não significa que não existam pontos de ligação entre uma declaração de autorização integrativa e uma operação relevante para a previsão de uma norma modificadora da autonomia privada de um terceiro. Mas as ligações não permitem a integração dessa operação no conjunto das autorizações.

Note-se que a qualificação como autorização integrativa não se destina à aplicabilidade de um regime geral vigente de fonte legal. Este regime não existe, sendo a regulamentação legal pontual. No entanto, mantém-se a relevância da qualificação, não só por razões científicas, mas ainda por operar com base numa analogia suficiente entre todas as figuras que integram o conjunto difuso, de tal modo que permita a partilha de regime jurídico entre elas. Sabendo-se que duas figuras são autorização integrativa, é mais simples a fundamentação da aplicação intra-típica do regime jurídico de uma figura à outra, por via analógica. Uma grande parte do juízo de analogia está já feito pela qualificação como autorização integrativa. Fica apenas por fazer o aprofundamento do juízo analógico para efeitos de concreta aplicação do Direito.

its Centrality in Human Reasoning and Fuzzy Logic, em *Fuzzy Sets and Systems*, vol. 90, 1997, págs. 111-127, cit. *"Granulation"*.

Em consequência, as autorizações integrativas são sempre declarações não negociais. Mas a qualificação como declaração não negocial, não significa que não tenha elementos negociais.

A vontade do declarante não é auto-suficiente para provocar os efeitos, mas é auto-suficiente para conformar a declaração. Os elementos de conformação da declaração são estruturalmente negociais, embora não sejam bastante para que o ato seja um negócio. Integram-se no ato elementos negociais sem que este passe a ser qualificado como um negócio jurídico.

Assim, podemos ter um termo inicial aposto a uma autorização integrativa. O termo protela a produção de efeitos da declaração de autorização integrativa até determinado momento, mas a autorização mantém-se como uma declaração não negocial, pois os efeitos sobre a autonomia privada do autorizado continuam a ter fonte na Lei. Sucede apenas que, enquanto o termo não se verificar, não há declaração juridicamente eficaz para operar como elemento da previsão da norma. O que se suspende é o efeito da declaração enquanto declaração e não a eficácia jurídica sobre a autonomia privada do autorizado. É uma questão de eficácia declarativa do ato e não de eficácia negocial do ato.

O autor do ato não pode provocar efeitos sobre a autonomia privada do autorizado, mas é livre de conformar a sua própria declaração. Embora não se possa qualificar o ato como negócio, existe algo de negocial neste ato. A possibilidade de conformação do efeito declarativo do ato é tipicamente negocial. É o autor do ato que modela, de acordo com a sua vontade, a eficácia enquanto declaração, se é declarada uma coisa ou outra, se o que declara vai num sentido ou noutro. Como tal, o agente consegue produzir eficácia jurídica, pois o Direito muda com a mera declaração.

Mesmo uma declaração que não seja um negócio jurídico tem algo de negocial no sentido de modificar o Direito por efeito do ato. O que sucede é que o nível de eficácia não é suficiente para a qualificação como negócio. Mas isso não exclui a negociabilidade do ato. O ato comunicativo atinge o primeiro nível de eficácia jurídica, sendo a comunicação qualificada como declaração, mas não provoca o nascimento do negócio com efeitos autónomos. O ato, sendo negocial, não atinge um patamar de negociabilidade que permita a sua integração num determinado paradigma classificativo.

A negociabilidade, enquanto qualidade do ato que se traduz na aptidão para produção de eficácia jurídica, não pode ser confundida com a figura do negócio jurídico. A negociabilidade, existe em graus diferentes em todos os atos. Nos negócios jurídicos o grau é muito elevado. Mas, mesmo assim, nem tudo é negocial num negócio jurídico. Serão raros – será que existem? – atos puramente negociais, nos quais toda a eficácia jurídica encontra causa no ato. Os efeitos resultam sempre de um misto de causas – entre a autonomia da pessoa e a heteronomia pública – que pode ter graus diferentes.[550]

Todas as atuações humanas – juridicamente relevantes – se encontram entre o paradigma classificativo do facto humano e o paradigma classificativo do negócio. Estas são figuras paradigmáticas, são ideias abstratas. A realidade jurídica dos atos é mais ou menos negocial, mais ou menos factual. Um facto humano puro é um negócio em grau zero. A partir daqui o nível de negociabilidade sobe até ao ideal puro do negócio jurídico.[551] A eficácia jurídica, que se traduz na modificação da Ordem Jurídica, pode ter fonte no ato, fora do ato ou em ambos e, independentemente da fonte, pode ser mais ou menos profunda (por alterar mais ou menos a Ordem Jurídica). Mesmo uma pequena declaração de uma pessoa pode alterar a Ordem Jurídica. Basta, para tanto, que tenha relevância para o Direito. Se tem relevância, se é um ente jurídico, a Ordem Jurídica não é igual antes e depois da declaração. Mas, conforme a modificação da Ordem Jurídica que se observe, esta pode ter causa no ato ou fora dele, ou em combinações de elementos.

A autorização integrativa é classificável como um ato declarativo não negocial. Mas o seu nível de negociabilidade pode ser variável. No que respeita à emissão da declaração, seu conteúdo, fim e sentido, é fundamentalmente negocial. No entanto, quanto aos efeitos sobre a autonomia privada do autorizado, é não negocial. Estes ficam dependentes – mais ou menos, conforme o caso – da autorização integrativa, que pode ser o

---

[550] Sobre a relação entre autonomia (liberdade) e heteronomia (norma), G. B. FERRI, *Il Negozio Giuridico Tra Libertà e Norma*, Maggiolo Editore, Rimini, 1990, cit. *"Libertà e Norma"*, em especial págs. 56-78.
[551] Seguindo um padrão difuso, e não binário – LOTFI A. ZADEH, *Fuzzy Sets*, cit., pág. 338 e *Toward Extended Fuzzy Logic – A First Step*, em *Fuzzy Sets and Systems*, Vol. 160, nº. 21, novembro de 2009, págs. 3175-3181, cit. *"Toward FLe"*, em especial, págs. 3175-3178.

único elemento necessário para o preenchimento da previsão da norma – sendo a relevância da autorização integrativa muito alta – ou ser apenas um de muitos elementos necessários para o preenchimento da previsão – tendo uma menor relevância.

O elemento característico da autorização integrativa – a sua contribuição para a legitimidade do autorizado – é classificável como não negocial, pois é intermediada pela Lei. Mas mesmo nesta matéria a autorização integrativa pode influenciar mais ou menos a autonomia privada do autorizado.

Mas, no restante, a negociabilidade da autorização integrativa é mais profunda, podendo ser bastante elevada. Uma vez que a autorização integrativa resulta sempre de uma norma jurídica, só caso a caso é possível aferir o nível de negociabilidade que pode ter. Mas, em geral, pode ter um grande nível de negociabilidade. Pode suceder que o regime jurídico legal de uma específica autorização integrativa não permita, ou limite, os conteúdos negociais que a possam integrar. No entanto, é possível em regra, não só incluir elementos negociais na autorização integrativa, como incluir a própria autorização integrativa num negócio jurídico.

A questão da inclusão da autorização integrativa num negócio jurídico situa-se em dois níveis.

Num primeiro nível encontram-se as autorizações integrativas que são outorgadas no próprio negócio para cuja celebração são necessárias. Estas não modificam de sobremaneira o nível de negociabilidade da autorização integrativa. O ato pode ser um único, mas a inclusão da autorização integrativa no ato autorizado não influencia o regime jurídico da autorização integrativa. O ato autorizado – que inclui a respetiva autorização integrativa – pode mesmo ser um contrato, sem que tal signifique que o conteúdo do contrato modifique a própria autorização integrativa. Tudo sucede como se tratasse de uma união interna de negócios.

A junção da autorização integrativa no próprio ato autorizado facilita a sua interpretação e conhecimento, especialmente no que respeita ao âmbito da autorização. Corresponde, aliás, a uma prática corrente que a autorização surja, por exemplo, como um elemento do contrato. Mas, em regra, não afeta o seu regime, sendo indiferente se autorização integrativa é declarada em conjunto com o ato autorizado ou não.

Num segundo nível encontram-se as autorizações integrativas que fazem parte de um negócio jurídico complexo, mas diferente do ato autorizado. Nestas a autorização integrativa é outorgada como elemento de um negócio destinado a regular a própria autorização integrativa. Esta figura implica já conteúdos negociais que afetam a própria autorização. Nomeadamente pode suceder que a outorga da autorização integrativa seja onerosa, ou implique a constituição, modificação, transmissão ou extinção de outras situações jurídicas. O negócio pode ser celebrado entre o autorizante e o autorizado ou incluir outras pessoas.

Em regra trata-se de um contrato, que inclui a outorga da autorização integrativa e todo um regime acordado pelas partes. A autorização integrativa mantém a sua natureza essencialmente não negocial, mas com um nível de negociabilidade que pode ser de tal modo elevado que o conjunto da figura tem mais de negócio do que de mero ato. Trata-se de um contrato atípico, não no que respeita estritamente ao seu conteúdo, mas antes à sua natureza.[552] É um contrato atípico, com elevado grau de negociabilidade, mas não total. O elemento autorizativo mantém-se não negocial, mas integrado num negócio.

B) OUTORGA DA AUTORIZAÇÃO INTEGRATIVA

Todas as autorizações integrativas têm previsão legal, razão pela qual, comparando com as autorizações constitutivas, é mais provável que beneficiem de um regime legal específico, mesmo que parcial. Este regime pode ser mais ou menos complexo, mas no mínimo corresponde à norma que exige a autorização integrativa e respetivas consequências. As autorizações integrativas são, neste sentido, legalmente típicas quanto à sua existência, mas não são legalmente típicas quanto ao seu regime. Embora sejam legalmente previstas, não existe um tipo legal de referência com o regime jurídico da autorização integrativa. Normalmente a Lei apenas refere a necessidade de autorização, limitando-se a indicar quem necessita de autorização, quem deve prestá-la e para que atos, incluindo, por vezes, uma pequena parcela de regime jurídico.

Não é possível proceder à integração de um regime jurídico geral da autorização integrativa por recurso à análise de todas as autorizações integrativas, pois para além de serem em grande número não existe uma integração sistemática entre os casos que o permita. Este deve ser cons-

---

[552] Encontrando-se entre a *liberdade* dos sujeitos e a autoridade do *ordenamento* – G. B. FERRI, *Il Negozio Giuridico*, CEDAM, Padova, 2002, cit. "*Il Negozio*", pág. 54.

truído dogmaticamente, como um regime supletivo, sendo aplicável às autorizações integrativas na parte não regulada pela Lei.

Tal como sucede na autorização constitutiva, a primeira questão a ser levantada na outorga da autorização integrativa é a da legitimidade para a sua outorga.

Na autorização constitutiva a legitimidade para a outorga pertence, em regra, ao titular da situação jurídica na qual se opera a paralisação dos meios de defesa. Nesta autorização a questão é relativa à falta de titularidade do autorizado de uma situação jurídica que inclua a possibilidade de praticar o ato, e aos efeitos reflexos da autorização com relevância para essa titularidade.

Na autorização integrativa a questão é diferente. A autorização integrativa não produz qualquer efeito ao nível da titularidade, nem mesmo indiretamente. Tudo o que tem a ver com a titularidade mantém-se sem sofrer modificações que possam ser imputadas, direta ou indiferentemente, à autorização integrativa. É relativamente à autonomia privada que a autorização integrativa atua. O problema de legitimidade é relativo não só aos efeitos produzidos, como ainda ao exercício de posições jurídicas. Na autorização constitutiva os efeitos produzem-se na mesma situação jurídica que é exercida com a outorga. Na autorização integrativa os efeitos – da norma – verificam-se na esfera jurídica do autorizado, perante uma atuação verificada na esfera do autorizante.

A outorga da autorização integrativa corresponde a um ato de autonomia enquanto os efeitos decorrem heteronomamente do ato.

O autorizante nunca tem legitimidade para afetar a autonomia privada do autorizado (nem mesmo para a aumentar). Mas este efeito não resulta da declaração daquele. Trata-se antes de um efeito heterónomo que resulta da Lei. A apreciação da legitimidade para a outorga da autorização integrativa deve ser aferida sem consideração pelos efeitos que se verificam na esfera jurídica do autorizado, que não têm fonte naquela, mas apenas com consideração pelos efeitos específicos da própria declaração.

Não se procura saber quem pode afetar o nível de autonomia privada do autorizado, mas saber quem pode emitir uma declaração que a norma considere relevante para levantar a restrição à autonomia privada que havia provocado.

Quando a Lei exige uma autorização integrativa, identifica a pessoa que a deve outorgar. Esta exigência de autorização por parte da Lei, destina-se a proteger certa pessoa que pode ser o autorizante, um terceiro, e mesmo o autorizado. Ao exigir que o autorizante outorgue a autorização integrativa, a Lei faz com que exista um controlo externo da atuação do autorizado, por alguém que a Lei julga ser a pessoa adequada a proceder a esse controlo. A pessoa em causa pode ser alguém cujos interesses são afetados pela atuação pretendida pelo autorizado, ou alguém a quem a Lei atribui a defesa desses interesses. Mas é sempre alguém que se encontra na posição jurídica exigida pela Lei para autorizar, sendo o titular da situação que resulta da exigência da autorização.

Para efeitos de legitimidade para outorga da autorização integrativa, a situação de que se tem de ser titular é a que resultar da norma que afeta a autonomia privada do autorizado. É a titularidade de certa posição numa situação que é relevante para efeito de legitimidade para a outorga da autorização integrativa. Assim, se for necessária uma autorização do cônjuge, pai ou vizinho do autorizado, será a titularidade da situação da qual resulta essa posição que, em conjunto com a autonomia privada, perfaz a legitimidade para a outorga da autorização integrativa.

A falta de titularidade dessa posição por parte de quem outorga a autorização integrativa implica a falta de legitimidade. A consequência da ilegitimidade para outorgar uma autorização integrativa consiste na ineficácia do ato. Se a pessoa que outorga a autorização integrativa não for a pessoa juridicamente própria, a declaração emitida não será relevante para operar como elemento da previsão da norma legal. Não produzirá esse efeito – será ineficaz – não funcionando como facto legitimador positivo. O efeito típico da autorização integrativa – as modificações que esta tipicamente produz na Ordem Jurídica – consistem em ser relevante para o preenchimento da previsão da norma legal. Se não é hábil para produzir esse efeito é ineficaz.

Outra questão relevante no que respeita à outorga da autorização integrativa é a da sua forma. Uma vez que as autorizações integrativas têm previsão legal, será mais frequente a exigência de uma forma legal. Não existe, no entanto, uma regra geral relativa à forma das autorizações integrativas.

O primeiro problema que surge nesta questão prende-se com a aplicabilidade analógica do regime da forma dos negócios jurídicos à autorização integrativa. A falta de forma da autorização integrativa importa a sua nulidade, como sucede em regra nos negócios jurídicos, ou é outra a consequência? A resposta depende do grau de analogia entre a autorização integrativa e um negócio jurídico, em especial no que respeita à forma legal e ao regime da forma aplicável aos negócios jurídicos.

Numa primeira apreciação poderia parecer que não existe analogia suficiente entre a autorização integrativa e os negócios jurídicos que justifique a aplicação do regime do Código Civil.

Os efeitos que esse regime impede nos negócios jurídicos não são produzidos pela autorização integrativa. Por outro lado, qual a razão de ser de considerar inválida uma autorização integrativa que não respeite a forma legalmente exigida? O controlo dos efeitos sobre a autonomia privada do autorizado pertence à norma e não ao ato pelo que considerar desvaliosa a violação da regra de forma pareceria não fazer sentido. A norma exige que a autorização integrativa tenha certa forma. Se não tiver essa forma a previsão não é preenchida e, como tal, a estatuição da norma não produz efeitos. Não existe qualquer perigo para a Ordem Jurídica.

A regra do art. 220º comina com a nulidade a falta de forma legalmente exigida à declaração negocial. Mas relativamente à declaração não negocial, esta apenas será nula se a analogia das situações o justificar.

Normalmente, quando se diz que a declaração negocial é nula, não se está a referir a declaração propriamente dita mas o negócio. Só raramente se estará a fazer referência à declaração negocial (grande parte das normas que exigem determinada forma legal fazem-no por razões respeitantes ao negócio em si e não às respetivas declarações). E, além disso, a ineficácia da nulidade é relativa aos efeitos negociais do ato, e não aos efeitos existenciais do ato. Ou seja, o ato continua a ter alguma eficácia jurídica, pois existe na Ordem Jurídica e pode produzir alguns efeitos como mera declaração (embora não os típicos), pelo que a pode modificar. Se um negócio jurídico não produzisse qualquer eficácia, os negócios nulos não seriam existentes pois não teriam qualquer relevância jurídica. Mas, mesmo nulos, os negócios existem na Ordem Jurídica, pelo que esta resulta modificada.

A questão da nulidade do art. 220º do Código Civil é pois referida à valia do ato no que respeita à sua eficácia típica e não a toda e qualquer eficácia.

Sendo o negócio nulo, ele não produzirá os seus efeitos típicos. Aplicando este regime à autorização integrativa, isto significaria que esta não produziria os seus efeitos típicos que consistem em funcionar como elemento da previsão normativa. Mas, embora estes possam ser os efeitos típicos da autorização integrativa, o problema não é esse. O problema consiste em saber se o autorizado tem legitimidade para praticar o ato quando apenas é outorgada uma autorização integrativa que não respeita as exigências legais de forma.

A analogia entre a autorização integrativa e os negócios jurídicos não se verifica ao nível dos seus efeitos diretos, mas ao nível dos seus efeitos últimos, mesmo que não tenham causa direta no ato propriamente dito. A semelhança que justifica a analogia verifica-se no resultado último de solucionar problemas práticos e não em considerações técnicas relativas ao modo como o problema é resolvido. Como tal, é preciso aferir se o grau de semelhança entre os problemas de forma nas duas situações justifica a aplicação analógica do regime do art. 220º do Código Civil (considerando que, sendo analógica, a aplicação pode implicar grandes mudanças na norma).

No caso do negócio jurídico, como é este a causa dos efeitos, o art. 220º do Código Civil faz com que os efeitos não se produzam. É o art. 220º do Código Civil que impede a eficácia de efeitos que, de outro modo, se verificariam.

Mas o que sucede, por exemplo, quando a Lei exige para a prática de certo ato uma autorização por escrito, e esta for concedida mas sem respeito por essa forma? Nestas situações a pessoa que pretende praticar o ato apenas terá legitimidade se lhe for concedida a autorização por escrito pela outra pessoa indicada pela norma. Se esta não for concedida por escrito, a pessoa que pretende praticar o ato não terá legitimidade.

Como tal, não existe ato que pudesse produzir os efeitos, sendo necessário o art. 220º do Código Civil para impedir essa eficácia. As duas situações têm semelhanças, mas também têm diferenças importantes.

São semelhantes no que respeita a ser exigida uma certa forma pela Lei, no que respeita às razões de ser dessas exigências, e em se estar a lidar com atos voluntários. Mas as diferenças entre a causa autónoma ou heterónoma dos efeitos faz com que a aptidão para produzir efeitos seja bastante diferente.

O negócio jurídico nulo por falta de forma – por exemplo a compra e venda de um imóvel celebrada oralmente – é ainda um negócio, sendo apto a produzir efeitos, embora não os típicos. No exemplo referido, a nulidade impede a eficácia típica, mas o negócio continua a ser qualificado como compra e venda, produzindo modificações na Ordem Jurídica.

Uma autorização integrativa nula por falta de forma não é relevante para a norma legal que a exige. Para efeitos dessa norma tudo sucede como se não tivesse sido outorgada a autorização integrativa. Ou seja, não é possível qualificar aquela concreta declaração como a específica autorização integrativa tal como é exigida pela norma legal.

O problema da falta de respeito pela forma legalmente exigida na autorização integrativa não é um problema específico de validade e eficácia, mas um problema de qualificação. Não sendo qualificada como autorização integrativa, não produz a sua eficácia típica direta, nem a indireta. Ou seja, nos negócios jurídicos normalmente a forma não é um elemento essencial à qualificação, enquanto na autorização integrativa esse é um elemento essencial à qualificação.

Esta combinação de elementos de semelhança e de diferença a propósito da violação das regras legais de exigência de forma nos negócios jurídicos e nas autorizações integrativas permite concluir pela analogia entre ambas as situações, mas não num grau que importe a aplicação do regime geral da nulidade por violação da forma dos negócios jurídicos.

A questão da forma da autorização integrativa é análoga à questão da forma interna dos negócios jurídicos, e não à questão da forma externa.[553] Como tal, a analogia das situações importa a aplicabilidade do regime dos arts. 219º a 223º do Código Civil, mas adaptado à problemática da forma interna.

Por nulidade deverá entender-se não a aplicabilidade do regime dos arts. 285º e seguintes do Código Civil, mas antes a não qualificação do ato como autorização integrativa. A consequência final será a mesma – a falta de legitimidade do autorizado. Todavia, caso se aplicasse o regime da forma externa haveria autorização, embora ineficaz, enquanto com o regime da forma interna nem sequer existe autorização.

Outra questão consiste em saber em que momento a autorização integrativa se torna perfeita. A autorização integrativa tem de ser exteriorizada sob pena de não ser uma declaração, pelo que tem necessariamente

---

[553] Manuel de Andrade, *Teoria Geral*, cit., vol., II, págs. 142; Pais de Vasconcelos, *Teoria Geral*, cit., págs. 620-621.

de ser emitida. Mas atingirá o momento de perfeição enquanto declaração com a mera emissão, ou terá de ser recebida por alguém?

A Lei pode exigir a receção e mesmo o conhecimento da autorização integrativa para a perfeição desta. Porém, o que está agora em análise é o regime geral da autorização integrativa, passível de modificação face a regimes legais específicos.

O problema na autorização integrativa é o de identificar uma pessoa a quem esta seja dirigida de tal modo que, não sendo recebida, não faça sentido a sua eficácia, especialmente se se considerar que a sua eficácia direta é apenas como declaração. Mesmo considerando a eficácia indireta – produzida pela Lei – o problema mantém-se.

A quem é dirigida a autorização integrativa? Ao autorizado? À pessoa com quem o autorizado vai praticar o ato? À pessoa cujo interesse a Lei protege com a exigência da autorização integrativa? Ao notário ou conservador?

A eficácia indireta da autorização integrativa produz-se na esfera jurídica do autorizado, pelo que este tem natural interesse em recebê-la. Mas, quando o ato autorizado for a celebração de um contrato, a outra parte poderá ter o mesmo nível de interesse na legitimidade do autorizado.

Quando a pessoa cujo interesse a Lei protege é um terceiro, através da exigência da autorização integrativa, normalmente a Lei considera que esse terceiro não está em condições de se proteger, pelo que seria indiferente este receber a autorização integrativa.

No que respeita ao notário, conservador, ou outra entidade semelhante, trata-se de alguém que pode ser essencial à prática do ato autorizado. Estas entidades, sem conhecimento da autorização integrativa, não permitirão a sua prática. Mas tal não significa que a autorização integrativa apenas esteja perfeita com a sua receção por estas entidades. A autorização integrativa poderá já ser perfeita e eficaz, mas a prática do ato autorizado ser recusada por desconhecimento da autorização. O problema verifica-se no âmbito do ato autorizado e não da autorização.

A problemática fica, assim, reduzida a saber se não carece de receção ou se, carecendo, deverá ser recebida pelo autorizado ou pela parte com que este contrate (quando for o caso), ou por ambas.

Como vimos, embora a autorização integrativa seja essencialmente uma declaração, o seu grau de negociabilidade pode variar muito. De tal modo que pode mesmo ser um elemento de negócios jurídicos unilaterais ou de contratos. Embora tipicamente seja um ato unilateral, pode também ser um ato multilateral.

Conforme a autorização integrativa seja unilateral ou multilateral, o momento da sua perfeição pode variar. Se a autorização integrativa for um elemento incindível de um contrato fica sujeita ao regime do contrato. A perfeição não será a da autorização integrativa propriamente dita, mas do contrato, seguindo-se o regime geral dos arts. 224º e seguintes do Código Civil.

O problema que foi colocado surge fundamentalmente no que respeita aos casos mais simples de autorização integrativa unilateral. Nestes, a autorização integrativa tem poucos elementos de negociabilidade, sendo simplesmente declarada autorizada a prática do ato, pelo que a sua natureza não negocial é mais relevante que a negocial. Opera quase exclusivamente como elemento da previsão da norma. Mesmo que se possa dizer que é dirigida a esta ou àquela pessoa, funcionalmente é dirigida à Lei. Como tal, bastará a emissão (ou exteriorização), para ser perfeita. A partir desse momento opera como elemento da previsão da norma legal.

Se há ou não legitimidade a partir desse momento é uma questão diferente. A norma pode exigir outros elementos a par da autorização integrativa, pelo que mesmo que esta esteja perfeita pode não haver legitimidade. Mas, se apenas exigir a autorização integrativa, a sua emissão será suficiente, independentemente da receção por qualquer pessoa determinada.

Analogamente aos negócios jurídicos, a autorização integrativa pode ser expressa ou tácita, podendo constar do próprio ato autorizado ou ser outorgada autonomamente. A outorga tácita de autorização integrativa pode resultar de vários comportamentos, sendo o mais corrente a assinatura do ato autorizado pelo autorizante, sem inclusão de qualquer texto que lhe seja imputado. Da mera assinatura do ato, em conjunto com as partes desse ato, sem nada declarar expressamente resulta, com toda a probabilidade, que o autoriza.

Nesta matéria, as regras do Código Civil são especificamente destinadas a declarações, mais do que a negócios jurídicos e, como tal, o nível e proximidade é extremamente elevado. É indiferente para o art. 217º do Código Civil que a declaração seja negocial ou não. Nada resulta do texto da disposição, nem do regime jurídico que exija uma eficácia de segundo nível imputável à declaração. A norma é especificamente dirigida à declaração enquanto declaração, independentemente da sua eficácia. Como tal, a autorização integrativa tanto pode ser declarada expressamente como tacitamente.

c) CONTEÚDO DA AUTORIZAÇÃO INTEGRATIVA

Tal como sucede na autorização constitutiva, a autorização integrativa tem dois conjuntos de elementos de conteúdo. Não se trata de dois elementos autónomos, pois ambos constituem o conteúdo da autorização integrativa, no entanto a autonomização facilita a análise dos dois elementos.

Por um lado, existe o elemento autorizativo que, tal como sucede na autorização constitutiva, é o elemento estruturalmente central da autorização integrativa. Este elemento consiste na declaração de certa pessoa que autoriza, consente, permite, aceita que outrem pratique determinado ato. As expressões podem variar bastante, mas o que releva é que seja possível interpretar a declaração de tal modo que o seu conteúdo seja compatível com a previsão da norma legal que afeta a autonomia privada do autorizado. O elemento autorizativo tem de incluir não só a autorização propriamente dita, mas a indicação do autorizado, e de qual o ato autorizado.

A autorização integrativa não se limita a este conteúdo, podendo o elemento autorizativo ser acompanhado por outros elementos que, em conjunto, modelam o seu conteúdo. Um desses elementos é a aposição ao elemento autorizativo de um termo ou uma condição. A analogia da autorização integrativa face ao negócio jurídico permite a aposição de um termo ou condição, mas a relevância destes incidirá sobre a eficácia declarativa do elemento autorizativo.

Na condição, a analogia da autorização integrativa com os negócios jurídicos importa modificações no que respeita ao regime legal do Código Civil. O art. 272º do Código Civil não é aplicável à autorização integrativa. A disposição aplica-se a contratos que importem a constituição ou transmissão de direito. O fim da norma consiste em proteger a integralidade desse direito na pendência da condição. Face ao regime da condição, é possível que a titularidade do direito se modifique, passando de uma parte para a outra, e é por isso que se impõe ao titular, na pendência da condição, o dever de agir de boa fé, de modo a que não prejudique a integralidade do direito que poderá passar para a outra parte.

Mas na autorização integrativa, apesar de poder ser aposta uma condição ao elemento autorizativo, não existe analogia com as questões que são relevantes para a norma do art. 272º do Código Civil.

A titularidade do direito que resulta, indiretamente, afetado pela autorização integrativa é sempre do autorizado. O autorizante nunca fica titular do direito, nem pode nunca agir sobre ele, pelo que não consegue prejudicar a integralidade do direito na pendência de uma condição suspensiva. Por outro lado, o titular, que poderá agir na pendência de uma condição resolutiva, não poderá prejudicar a integralidade do direito do modo referido na norma, pois mesmo que seja resolvida a autorização integrativa, o direito não passa para a titularidade do autorizante. Isto não quer dizer que não exista um dever geral de agir boa fé, mas apenas que não é aplicável ao elemento autorizativo da autorização integrativa o art. 272º do Código Civil.

No que respeita às normas do art. 273º do Código Civil, poderá haver analogia em algumas situações. A grande diferença com a autorização integrativa consiste em o titular do direito ser o mesmo antes e depois da eficácia da autorização integrativa. Esta apenas afeta a autonomia privada e não a titularidade. Mas poderá haver situações em que a falta de autonomia privada seja análoga à falta de titularidade.

Na situação em que o titular só possa praticar atos sobre um determinado bem do seu património devidamente autorizado, independentemente da natureza desses atos, caso seja concedida uma autorização integrativa sujeita a condição suspensiva, necessária para que o titular possa alienar um bem, pode levantar-se a questão de saber se ele pode praticar atos conservatórios. Nesta hipótese, em regra seria necessária uma nova autorização integrativa para a prática dos atos conservatórios. O que o art. 273º do Código Civil estatui é que, embora o adquirente não seja ainda titular – pois está pendente a condição suspensiva – tem legitimidade para praticar atos de conservação. Na alienação sujeita a condição suspensiva sucede o mesmo: embora o alienante já não seja o titular do direito, tem legitimidade para praticar atos de conservação.

Ambos os casos consistem em situações nas quais alguém que não tem legitimidade para praticar um determinado ato (porque lhe falta a titularidade), mas que poderá vir a ter no futuro (porque poderá vir a ser titular), adquire legitimidade para a prática do ato com base na Lei.

A questão fundamental é análoga à que se pode verificar numa autorização integrativa como a supra referida. O titular não tem legitimidade para praticar os atos de conservação (embora por falta de autonomia privada), mas poderá vir a ter essa legitimidade no futuro (porque poderá beneficiar da autorização). A semelhança entre estas situações torna-se patente se, em vez de se olhar para o texto legislativo, se olhar para a Lei do ponto de vista da legitimidade.

Como tal, a norma do art. 273º do Código Civil pode ser aplicada analogicamente aos casos em que, tendo sido concedida uma autorização integrativa para alienação sujeita a condição suspensiva, a Lei exija uma autorização integrativa para a prática de atos de conservação. Nesta situação, em vez de ser necessária nova autorização integrativa para a prática de atos de conservação poderá o titular praticar esses atos com base na autorização integrativa para alienação sujeita a condição suspensiva nos termos analógicos do art. 273º do Código Civil.

Nos demais casos, o art. 273º do Código Civil não é aplicável à autorização integrativa. Se for necessária uma autorização integrativa para alienar, mas não para a prática de atos de conservação, não será aplicável o art. 273º do Código Civil, pois haverá legitimidade para praticar o ato.

Se a autorização integrativa estiver sujeita a condição resolutiva, não é aplicável o art. 273º do Código Civil, pois o titular tem legitimidade para praticar atos na pendência da condição. Só se a condição se verificar é que a autorização se extingue. No entanto, podem ocorrer duas hipóteses: ou o ato já foi praticado e beneficiou da autorização; ou o ato ainda não foi praticado, e já não beneficiará da autorização. A posição do autorizado na pendência de uma condição resolutiva não é análoga à de quem adquira um direito sujeito a condição resolutiva.

Outra disposição legal que levanta problemas no que respeita à autorização integrativa é a da retroatividade da condição resolutiva. Em regra, a verificação da condição produz efeitos retroativamente. No entanto, se for uma condição resolutiva e o negócio for um contrato de execução continuada ou periódica, a regra será a inversa, não produzindo a condição efeitos retroativamente.

A autorização integrativa pode ser celebrada em conjunto com o ato autorizado, ou previamente ao ato autorizado. Pode ainda ser concedida para um ato específico ou para um conjunto de atos.

A AUTORIZAÇÃO

Nos casos em que a autorização integrativa seja concedida previamente e para um conjunto de atos, ela produzirá efeitos durante algum tempo. Pelo menos durante o tempo necessário para a prática desses atos.

No entanto, apesar de a autorização integrativa poder durar mais ou menos tempo, ela apenas tem de existir eficazmente no momento da prática do ato autorizado. É irrelevante uma autorização integrativa que tenha sido concedida, mas que não vigore no momento da prática do acato autorizado. É nesse momento que tem de se verificar a legitimidade do titular para praticar o ato, pelo que é nesse momento específico que ela deve ser eficaz. Só assim não será se a Lei exigir que a autorização integrativa seja concedida num momento diferente, por exemplo pelo menos um mês antes da prática do ato autorizado. Mas mesmo neste caso, embora se verifique uma dilação temporal entre a concessão da autorização integrativa e a prática do ato, a autorização integrativa deve ser eficaz num momento específico.

A questão consiste em saber quando se está perante uma autorização integrativa que seja análoga aos contratos de execução continuada ou periódica, de modo a se poder concluir quando a retroatividade da condição resolutiva é regra, e quando a regra consiste na não retroatividade.

A execução de um contrato corresponde a transformação da potência em ato dos efeitos do contrato. Se um contrato constituir uma obrigação, a execução corresponde à prática do ato a que uma das partes se obrigou. Enquanto a obrigação é potência, é dever ser que parte do não ser e pretende o ser, a execução é o movimento para o ato, é o movimento que provoca o ser.

Na autorização integrativa não há passagem da potência ao ato. Mas há algo análogo ao movimento que se verifica no contrato e que consiste na mudança que a autorização integrativa provoca na Ordem Jurídica. É sobre a eficácia declarativa da autorização integrativa que deve recair o juízo comparativo com a execução do contrato. Nesta medida, uma autorização integrativa será análoga a um contrato de execução continuada se o seu efeito declarativo se verificar durante um tempo longo (não for instantâneo), e será análogo a um contrato de execução periódico se o efeito declarativo se verificar periodicamente.

O primeiro caso – autorização integrativa continuada – existirá se o ato autorizado for de execução continuada e a norma legal que afeta a autonomia privada do autorizado exigir que a autorização integrativa se mantenha durante toda a execução do ato. Não bastará a emissão da autorização integrativa, sendo ainda necessária a sua manutenção. Serão situações de legitimidade para a prática continuada do ato e não apenas para o início da prática do ato.

O segundo caso – autorização integrativa periódica – existirá se o ato autorizado implicar a prática periódica de vários atos (um contrato de execução periódica, por exemplo, sendo a autorização integrativa necessária para os atos de execução), e a norma legal que afeta a autonomia privada do autorizado exigir que a autorização se mantenha para a prática de todos os atos de execução.

Nestes casos, o efeito da verificação da condição resolutiva não será, em regra, retroativo. Como tal, a autorização integrativa produzirá efeitos declarativos até à verificação da condição resolutiva, pelo que o autorizado terá legitimidade para a prática dos atos autorizados até à verificação da condição, mantendo-se os atos autorizados já praticados.

Nos demais casos, em que, de acordo com o regime geral, a verificação da condição produz efeitos retroativos, importa aferir da compatibilidade deste regime com a norma que exige a autorização. Se a norma não permitir a revogação da autorização integrativa, ou se não permitir a sua cessação com efeitos retroativos, a verificação da condição não terá estes efeitos. Mas, se a norma o permitir, nada há a impedir que, verificada a condição, a autorização integrativa cesse com efeitos retroativos, tudo sucedendo como se não houvesse sido concedida a autorização integrativa.

Já os n.os 2 e 3 do art. 277º, do Código Civil, referindo-se especificamente a situações nas quais haja transmissão do direito na pendência da condição, por efeito do contrato, não têm analogia com a autorização integrativa. Nesta não se verifica transmissão, pelo que a pessoa a quem incumbe o exercício do direito – o titular – é sempre a mesma, antes e depois da verificação da condição.

No termo, a aplicação analógica do regime do Código Civil à autorização integrativa não levanta problemas de maior, modelando a eficácia declarativa do elemento autorizativo.

A par de elementos que modelam o próprio elemento autorizativo, podem ainda existir outros elementos. Mas estes terão um nível de negociabilidade bastante mais elevado, implicando a qualificação da autorização integrativa como um negócio jurídico. Mantém-se a natureza não negocial do elemento autorizativo (e dos elementos que o modelam), mas o conjunto do ato é qualificado como um negócio.

Tanto poderá ser um negócio unilateral ou um contrato, dependendo dos elementos que forem integrados na autorização integrativa.

No caso de ser um contrato, será possível, em regra, às partes acordarem como melhor entenderem. Podem por exemplo, fixar um preço, acordar outras contrapartidas, incluir a transmissão de bens, ou regular outros interesses. No entanto, os conteúdos contratuais acordados não modelam a declaração de autorização integrativa. O autorizante pode fazer várias declarações, ou uma declaração com vários conteúdos. No entanto, não são as partes do contrato que decidem quais os conteúdos relevantes para a autorização integrativa. É a previsão da norma que determina que conteúdos são relevantes para efeitos de aplicação da estatuição. Embora todo o contrato tenha relevância jurídica, nem todo o contrato tem relevância para a aplicação da norma. Só a parte que corresponder à declaração de autorização integrativa é que é relevante para aplicação da norma e, como tal, para a aquisição de legitimidade pelo titular.

Mas as partes podem, independentemente, acordar nesse negócio o que entenderem dentro dos limites do Direito, sem que isso determine uma diferente conformação da autorização integrativa. Para as partes a ligação funcional entre os vários conteúdos do negócio – incluindo a autorização integrativa – é estrutural e fundamental. É, como tal, um único ato, um contrato com natureza e conteúdo mistos. Apenas para efeitos de aplicação da norma é que se procede a uma operação semelhante a uma operação de *dépeçage* do contrato,[554] com autonomização pontual da declaração de autorização integrativa para efeitos de aplicação de diferentes regimes jurídicos.

É possível, por exemplo, celebrar um contrato que integre uma autorização integrativa numa relação sinalagmática com um preço. Podem mesmo ser celebrados contratos de acordo com os quais o autorizante conceda a autorização integrativa e o autorizado se obrigue a agir de determinado modo na prática do ato autorizado. Não se trata de condicionar a declaração. Esta é emitida e produz os seus efeitos, mas o autori-

[554] Ou granulação, na terminologia de Lotfi A. Zadeh, *Granulation*, cit., págs. 111-127.

zado fica obrigado a agir de determinado modo. Mesmo que viole a obrigação, tem legitimidade para praticar o ato, mas sofrerá as consequências do incumprimento da obrigação. É, portanto, uma situação muito diferente da aposição de condições ao elemento declarativo da autorização integrativa, pois nestes casos a condição impede, ou extingue, o efeito declarativo pelo que se mantém a falta de legitimidade do autorizado.

D) EXTINÇÃO DA AUTORIZAÇÃO INTEGRATIVA

O regime geral da extinção da autorização integrativa resulta, fundamentalmente, da interação entre a sua natureza não negocial e o seu nível de negociabilidade. A analogia da autorização integrativa com os negócios jurídicos, no que respeita à extinção, pode justificar a aplicação do respetivo regime jurídico, no todo ou em parte, com as necessárias adaptações.

Os negócios jurídicos extinguem-se por causas que resultam de atos das partes, mas também sem que as partes pratiquem quaisquer atos. Embora a autorização integrativa não seja, essencialmente, um negócio jurídico, importa analisar a sua extinção. A questão apresenta relevância em todos os casos de autorização integrativa, mas em especial nos de dilação temporal entre a outorga da autorização integrativa e a prática do ato autorizado.

Em particular, importa analisar as modalidades mais típicas de extinção de situações jurídicas, em paralelo com o que se fez para a autorização constitutiva, de modo a permitir apreciar as semelhanças e diferenças entre ambas as autorizações.

i. Caducidade

No que respeita à extinção da autorização integrativa, a causa mais relevante consiste na prática do ato autorizado. A questão é semelhante à que se verifica com a autorização constitutiva. Sendo autorizada a prática de um ato, a sua realização importa a sua irrelevância para o futuro. O ato autorizado já foi praticado, e não foram autorizados mais atos. Como tal, aquela autorização já não terá mais relevância, e não apresenta qualquer utilidade. Toda a relevância e utilidade que tinha foram já verificadas.

O autorizado já obteve legitimidade para praticar o ato, e já o praticou. Não havendo mais atos autorizados, aquela concreta autorização já só é relevante para a aplicação da norma jurídica que a exige. Mesmo que o autorizado pretenda praticar outro ato, não se poderá mais valer daquela concreta autorização.

O problema da falta de legitimidade do autorizado só existe em face de um ato concreto que este quer praticar e no preciso momento da prática do ato. O verdadeiro problema da legitimidade surge em concreto e não em abstrato.

A autorização integrativa apenas é relevante juridicamente se houver um problema de falta de legitimidade. Depois de esse problema cessar – com a prática do ato autorizado –, a autorização integrativa deixa de ter relevância jurídica. Claro que se poderia dizer que tendo sido declarada, não há como retirar essa declaração. Mas não se trata de um problema de retirar da realidade uma declaração que foi proferida no passado. Sucede apenas que, não tendo mais qualquer utilidade jurídica, a autorização integrativa deixa de ser juridicamente relevante, pelo que deixa de afetar a Ordem Jurídica. Ou, por outras palavras, extingue-se juridicamente, por caducidade. O mesmo sucede se, apesar de o ato autorizado ainda não ter sido praticado, não mais for praticado. Nomeadamente por se ter tornado impossível praticá-lo, ou por o autorizado ter desistido do ato. De modo semelhante, extingue-se a autorização integrativa nos casos em que o autorizado deixa de precisar da autorização integrativa para praticar o ato.

Se, por exemplo, a autorização integrativa era necessária porque o autorizado era casado, com a extinção do casamento o nível da sua autonomia privada fica reposto, deixando de ser aplicável a norma legal que exigia a autorização integrativa. Uma vez que a autorização integrativa apenas era juridicamente relevante por exigência dessa norma legal, com a inaplicabilidade dessa norma, a autorização integrativa extingue-se juridicamente. O mesmo sucede se a norma legal que exigia a autorização deixar de vigorar. Neste caso, o autorizado vê automaticamente reposto o seu nível de autonomia privada, por levantamento da limitação que havia vigorado. E ainda nas situações de verificação de termo final ou de condição resolutiva, nos termos gerais de Direito. Em todos estes casos, a autorização integrativa extingue-se por caducidade.

Importa ainda analisar os efeitos da morte sobre a autorização integrativa. Este problema surge quando o autorizado ou o autorizante morrem após a perfeição da autorização integrativa, mas antes da prática do ato autorizado. A questão consiste fundamentalmente em saber se a declaração ainda é relevante como facto legitimador positivo.

Quando a posição do autorizante se extingue com a sua morte, deixando de existir qualquer pessoa que ocupe essa posição, a autorização integrativa extingue-se também. Em regra, deixando de haver uma pessoa que ocupe a posição que a norma legal refere, deixa de ser necessária a autorização integrativa para a legitimidade do titular.

Se, por exemplo, for necessária a autorização do cônjuge do titular, a morte daquele faz caducar a autorização. Mas, se for necessária a autorização dos pais do menor para este exercer uma profissão, por morte dos pais passa a ser necessária a autorização do tutor. Se for necessária a autorização de um vizinho, por morte do vizinho passa a ocupar essa posição o seu sucessor.

Nos casos em que, com a morte do autorizante, a sua posição passa a ser ocupada por outra pessoa, quer por sucessão quer por constituição de uma nova posição, importa aferir se, em regra, uma autorização integrativa já concedida se mantém em vigor, ou se caduca.

Embora a autorização integrativa possa ser perfeita num momento anterior ao da prática do ato, é apenas neste momento que ela é relevante. A autorização integrativa deve existir para a prática do ato. A Lei exige que, no momento da prática do ato determinada pessoa – que ocupa certa posição jurídica – autorize essa prática. Antes da prática do ato pode já haver autorização integrativa, mas não há legitimidade. A legitimidade é concreta e não abstrata,[555] pelo que se verifica no momento do ato.

O problema está em que, por exemplo, caso os pais ou o vizinho morram após conceder a autorização, mas antes da prática do ato, não há nesse momento autorização do legal representante do menor, ou do proprietário do prédio confinante. Apenas foi emitida a autorização por pessoas que foram legais representantes do menor, mas não o são no momento da prática do ato; ou de pessoa que foi vizinho, mas não o é no momento da prática do ato. Como tal, em regra, quando o autorizante morrer antes de o ato ser praticado a autorização integrativa caduca.

Poderá, no entanto, a norma permitir a manutenção em vigor da autorização para além da morte do autorizante, nomeadamente nas situações

---

[555] FALZEA, *Voci*, cit., págs. 173-174.

em que se exige que a autorização seja prestada por quem desempenhe determinada função, em lugar de se dar relevância à concreta pessoa que exerça essa função. Assim, na autorização para exercício de profissão por menor, a morte dos pais não provoca a caducidade da autorização integrativa, uma vez que as suas funções – nesta matéria – passam a ser exercidas pelo tutor. A exigência legal da autorização dos pais é feita considerando as funções que estes desempenham, como titulares do poder paternal,[556] e não a sua posição pessoal perante o filho.

Na cessão de quota de sociedade civil, se um dos sócios morrer após autorizar a cessão, a autorização não caduca. A norma do art. 995º do Código Civil exige a autorização do sócio, atendendo à sua posição de sócio,[557] e não à concreta pessoa que foi sócio.

ii. Revogação

A questão da revogação da autorização integrativa só se coloca quando existe uma dilação temporal entre a sua concessão e a prática do ato autorizado, ou quando a execução do ato se prolongue no tempo.

Se, por exemplo, António, curador de Bento, o autorizar a vender um seu automóvel através de contrato escrito, no qual conste expressamente a autorização, não é possível revogar a autorização, pois a concessão da autorização e a prática do ato autorizado ocorrem em simultâneo. Mas, se não ocorrerem em simultâneo, a questão já se coloca.

Tendo sido previamente declarada a autorização integrativa, poderá o autorizante revogar essa sua declaração, ou a mera existência da declaração provoca de imediato a sanação da falta de autonomia privada do autorizado? A ser assim, o momento da eficácia declarativa da autorização integrativa seria também o da sua extinção, pois mal fosse eficaz, de imediato estaria preenchida a previsão da norma legal, e ficaria reposto o nível de autonomia privada do autorizado.

Independentemente de ser possível que este sistema resulte da Lei, a regra geral não é essa. A legitimidade é momentânea, tem de existir

---

[556] Segue-se esta terminologia, por ser a mais correta face ao regime jurídico em causa.
[557] Sobre a posição de sócio, PAIS DE VASCONCELOS, *A Participação Social nas Sociedades Comerciais*, 2ª ed., Almedina, Coimbra, 2006, cit. "*A Participação Social*", *passim* e PAULO OLAVO CUNHA, *Direito das Sociedades Comerciais*, 5ª ed., reimp., Almedina, Coimbra, 2014, cit. "*Direito das Sociedades*", págs. 371-482.

no instante da prática do ato, e apenas é relevante nesse momento. Nos demais momentos apenas se pode falar de uma legitimidade potencial, ou numa expectativa de legitimidade, pois não é possível determinar uma legitimidade efetiva sem o concreto ato a que se refere. Só no ato há legitimidade, ou falta dela.

Como tal, em regra, a autorização integrativa apenas é eficaz como facto legitimador positivo no momento da prática do ato. Pode já ser eficaz como declaração juridicamente relevante em momento anterior, pois será hábil para preencher a previsão da norma legal que irá repor o nível de autonomia privada do autorizado, mas apenas opera como facto legitimador positivo com relevância ao nível da autonomia privada do autorizado no momento do ato.

A problemática da revogabilidade dos negócios unilaterais não obrigacionais está normalmente ligada à questão do interesse. Tendencialmente o negócio será livremente revogável pelo declarante se for outorgado no seu exclusivo interesse, e não será livremente revogável por este se for outorgado no interesse de outrem.

Como normalmente os negócios unilaterais são tipicamente outorgados no interesse do declarante, são em regra livremente revogáveis. A outorga no interesse de outro (mesmo que em conjunto com o interesse do declarante) é sempre um caso especial, frequentemente atípico.

A questão do interesse tem, na autorização integrativa, características diferentes das que se verificam na autorização constitutiva. Sendo sempre figuras legalmente típicas, e resultando a legitimidade da norma legal, e não da autorização integrativa, é a estrutura de interesses que resulta da norma que é relevante para a irrevogabilidade da autorização integrativa e não a estrutura de interesses na autorização integrativa propriamente dita. Os interesses são sempre nos efeitos do ato. Só os efeitos poderão apresentar utilidade para atingir fins das pessoas, pois estes consistem na mudança. Se nada mudar, nada há de novo que possa ser útil.

Na autorização constitutiva, os interesses incidem sobre os efeitos reflexos, que, embora reflexos, resultam da autorização constitutiva. Na autorização integrativa os efeitos resultam da norma de fonte legal. Pode suceder que a norma exija apenas a autorização integrativa, mas pode também suceder que exija o preenchimento de outros elementos da previsão. Como tal, a identificação da estrutura de interesses deve ser feita a partir do regime legal da autorização integrativa e não da declaração propriamente dita. Esta apenas será relevante dentro do que for admitido pelo regime legal de cada autorização integrativa.

No entanto, é possível dividir-se a autorização integrativa em dois casos característicos no que respeita ao interesse:

- casos nos quais a norma legal exige uma autorização integrativa outorgada por alguém para proteção do próprio autorizado, assim incumbindo o autorizante de uma função de proteção de interesses alheios (por exemplo, o curador do inabilitado);
- casos nos quais a norma exige uma autorização integrativa outorgada por alguém para proteção do seu próprio interesse, assim criando uma situação de interesse protegido (por exemplo, a autorização conjugal para alienação da casa de morada de família).

Em ambos os casos o autorizado tem interesse na autorização integrativa. Sem a autorização integrativa não tem legitimidade para agir, pelo que a sua utilidade é manifesta. Se o autorizado pretende praticar o ato necessita da autorização integrativa.

Mas, só no segundo caso tem o autorizante interesse na autorização integrativa. No primeiro, o autorizante desempenha uma função: proteger o autorizado de si mesmo; proteger terceiros de atos do autorizado; proteger a generalidade das pessoas da atuação do autorizado. Não tem, no entanto, um interesse próprio. E, mesmo que o tenha, por exemplo no caso do curador do inabilitado que seja seu pai, esse interesse é irrelevante para a norma legal. Se se aplicasse o regime normal da revogabilidade dos negócios unilaterais à autorização integrativa, esta seria sempre irrevogável no primeiro caso. Pois neste caso o autorizado é sempre interessado no ato. Mas este regime não se pode aplicar, por não existir analogia entre a autorização constitutiva e a autorização integrativa que o permita.

A autorização constitutiva é um negócio jurídico celebrado pelo titular de uma situação jurídica, que afeta diretamente essa situação. Como tal, opera sobre interesses do próprio declarante, provocando mudanças no regime jurídico aplicável a esses interesses. Em algumas situações, pela relação com outros negócios, pode ainda afetar interesses de terceiros, mas, estruturalmente, é um ato de autonomia. A autorização constitutiva funda-se na autonomia privada do autorizante de afetar as posições jurídicas de que é titular. Como ato de autonomia, é reconhecido, regulado e protegido pelo Direito. O fim e a função do negócio são definidos pela autonomia, embora naturalmente sujeitos ao Direito.

A autorização integrativa para proteção de interesses alheios não é um ato de autonomia sobre posições jurídicas próprias. É um ato de controlo de atuação alheia sobre posições alheias, exigido como elemento necessário ao efeito da estatuição de uma norma. O fim e a função da autorização integrativa são definidos pela norma legal, sendo influenciados pelo ato do autorizante.

A diferença de equilíbrios entre autonomia e heteronomia na autorização constitutiva e na autorização integrativa é muito significativa. Na autorização constitutiva opera essencialmente a autonomia, controlada pela norma; na autorização integrativa opera essencialmente a norma, que reconhece alguma relevância à autonomia.

Há, como foi já referido, analogia entre a autorização constitutiva e a autorização integrativa. Ambas são autorização, operando como facto legitimador específico.

Mas não há identidade. A autorização constitutiva opera no âmbito da titularidade e a autorização integrativa opera no âmbito da autonomia privada. E, no que respeita à questão em análise, as diferenças agora apontadas são relevantes para a revogabilidade.

Neste caso, a função da autorização integrativa consiste em proteger outrem, que tanto pode ser o autorizado como um terceiro. O Direito exige a autorização de quem julga estar melhor colocado para proteger esse interesse. Acontece, porém, que neste caso a função da autorização integrativa é sempre proteger o interesse de uma pessoa que não o autorizante. A irrevogabilidade da autorização integrativa nestas situações impediria a proteção a partir do momento da outorga da autorização integrativa. A partir desse momento a atuação do autorizante deixaria de ser considerada relevante para a norma legal. Apenas seria relevante a autorização integrativa já concedida, mas não seria relevante a revogação da autorização integrativa, ou a concessão de outra autorização integrativa (eventualmente com conteúdo diferente).

Ou seja, embora a legitimidade apenas se verifique no momento da prática do ato, um dos elementos necessários a essa legitimidade – a autorização integrativa – seria obtido de modo estável com a sua concessão. Mesmo que entre o momento da outorga da autorização integrativa e o momento da prática do ato autorizado distasse muito tempo, e mesmo que o autorizante emitisse uma declaração de revogação da autorização integrativa, a norma consideraria relevante a autorização integrativa, só porque havia já sido concedida.

Como regra, estes casos de autorização integrativa devem ser livremente revogáveis. O fim da norma é a proteção dos interesses do autorizado ou de um terceiro e não são considerados, em regra, outros interesses.

A livre revogabilidade é o regime geral nas autorizações integrativas para proteção de interesses alheios. Será diferente quando a irrevogabilidade da autorização integrativa resultar do regime jurídico que exige a sua concessão, ou resultar desse regime que são atendidos interesses do autorizante, ou ainda que a mera declaração da autorização integrativa é relevante para ficar estável na Ordem Jurídica independentemente do que lhe suceder após a concessão.

Como tal, mesmo que o autorizante declare que a autorização integrativa é irrevogável ou que renuncie à revogabilidade, e mesmo que um terceiro tenha interesse na autorização integrativa, esta só será irrevogável se tal for possível de acordo com o regime legal que a exige.

Ou seja, comparando com a autorização constitutiva, resulta que a irrevogabilidade exige os mesmos requisitos, acrescido de um que consiste na compatibilidade com o regime que exige a autorização integrativa. Assim, por exemplo, a autorização dos pais para um menor exercer uma atividade profissional (art. 127º, nº1, al. c) do Código Civil) é sempre revogável – mesmo que outrem tenha investido largamente na carreira profissional do menor, tendo um interesse relevante na manutenção da autorização integrativa. A exigência de autorização integrativa para que o menor possa exercer uma atividade profissional (por exemplo, como cantor) tem como função permitir um controlo, momento a momento, sobre o modo como essa atividade afeta o seu desenvolvimento. Como tal, mesmo que da autorização conste que é irrevogável, e considerando que um terceiro (por exemplo, uma agência de espetáculos que organizou uma digressão com vários espetáculos, e com os bilhetes já vendidos) investiu larga quantia, recursos e trabalho, na carreira do menor, os pais devem poder revogar a autorização integrativa se entenderem ser adequado para proteção dos interesses do menor.

Já no caso da autorização do curador para venda de imóvel por parte do inabilitado viciado em estupefacientes, se o comprador tiver um interesse relevante, poderá ser irrevogável. Se o curador vir a minuta do contrato e o aprovar, declarando que o faz irrevogavelmente, a autorização integrativa será irrevogável.

Poderá, no entanto, revogá-la com justa causa se, por exemplo, tomar conhecimento de factos relevantes que não conhecia no momento da concessão da autorização. Por exemplo, se descobrir que o inabilitado pretende gastar todo o dinheiro proveniente do negócio em estupefacientes, quando estava de boa fé convencido que o inabilitado estava em recuperação avançada.

A autorização integrativa para proteção de interesses do próprio autorizante coloca problemas diferentes dos relativos à autorização integrativa para proteção de interesses alheios, pois o autorizante não desempenha qualquer função de proteção de interesses alheios. O Direito decide proteger um interesse do autorizante que, apesar de não ser titular de uma determinada situação jurídica, tem um interesse nessa situação. A proteção é conseguida através da estatuição da necessidade da sua autorização para que o titular possa agir.

Confrontado com a existência de situações nas quais tipicamente um não titular tem interesse nos atos praticados pelo titular, o Direito opta então por, em alguns desses casos, proteger esse interesse. São normalmente interesses que merecem proteção pela importância ou relevância social que têm. O Direito pode optar por várias técnicas. Quando exige uma autorização integrativa, a técnica consiste em limitar a autonomia privada do titular, o que lhe retira legitimidade para praticar o ato. A reposição dessa autonomia – e da legitimidade – fica dependente de a pessoa cujo interesse é protegido autorizar o ato.

Assim, a prática correta do ato fica dependente da vontade do titular e do autorizante. A proteção do interesse do autorizante não lhe atribui um domínio sobre a situação. Este apenas beneficia do regime da autorização integrativa para proteção do seu interesse; não decide quando o ato é praticado, nem como, onde, com quem, ou com que conteúdo.

No entanto, e de modo diferente do que sucede no caso da autorização integrativa para proteção de interesse alheio, é um interesse próprio do autorizante que é protegido. Assim, no caso agora em apreciação, ambos – autorizante e autorizado – veem o seu interesse protegido. O titular (autorizado) é o único que pode praticar o ato, dominando quase integralmente a prático do ato, pelo que tem um grande nível de proteção do interesse. O autorizante não pode praticar o ato, pelo que fica sempre dependente da atuação do titular, mas pode impedir a sua prática. Embora o autorizante não possa praticar o ato para promover os seus fins, pode evitar que estes sejam prejudicados, impedindo a atuação.

Na exigência de autorização integrativa para proteção do autorizante são relevantes dois interesses. Mas, diversamente do que sucede na autorização integrativa para proteção de interesse alheio, um desses interesses é do próprio autorizante. Ou seja, embora se trate de uma autorização integrativa, nesta matéria há uma maior semelhança com uma autorização constitutiva do que com uma autorização integrativa para proteção de interesses alheios.

Sendo a autorização outorgada pelo titular do interesse protegido, e tendo o autorizado também interesse na autorização, esta é naturalmente irrevogável.

Não é aplicável, neste caso, a razão de ser da revogabilidade natural da autorização integrativa para proteção de interesses alheios, pois a função de ambas as autorizações integrativas é diferente. Não é o mesmo agir em proteção de interesse alheio, ou no próprio interesse. E, no que respeita à questão da revogabilidade, esta diferença é essencial. A irrevogabilidade de uma autorização integrativa implica sempre uma limitação muito relevante na proteção do interesse. Essa limitação não se justifica quando o autorizante não é o titular do interesse protegido, pois não lhe cabe dominar o interesse de tal modo que impeça a sua proteção. Mas, nos casos em que o autorizante seja o titular do interesse protegido, essa limitação apenas o afeta a si próprio, pelo que, considerando que o autorizado também tem interesse na autorização integrativa, não se justifica um regime de livre revogabilidade. Como tal, em regra, as autorizações integrativas para proteção do interesse do autorizante são naturalmente irrevogáveis. Mas, isso já não sucederá se para além da proteção do interesse do autorizante, for protegido também o interesse de terceiros.

A autorização para alienação da casa de morada de família permite uma melhor compreensão da questão. A exigência da autorização tem como fim fazer com que para a alienação da casa de morada de família seja necessário que ambos os cônjuges estejam de acordo, assim protegendo a família (face à importância que o domicílio familiar frequentemente tem na estabilidade familiar). Se a família for composta apenas pelos cônjuges, a exigência de autorização integrativa apenas protege o interesse do cônjuge não titular. Tendo concedido a autorização integrativa, e assim sido assegurada a proteção dos seus interesses, esta não pode ser revogada, expecto com justa causa. Mas, se a família incluir mais membros, a exigência de autorização integrativa protege os interesses de todos. O cônjuge não titular age em proteção do seu interesse (juridicamente protegido), e no interesse dos demais membros da família (exercendo uma função de proteção de interesses alheios), sendo a autorização integrativa livremente revogável.

A necessidade social de proteção da estabilidade da família exige que a proteção seja efetiva. Ora, numa situação em que existe um potencial conflito de interesses entre o interesse do autorizante e os interesses dos demais membros da família, seria uma solução de proteção meramente formal, admitir a irrevogabilidade desta autorização integrativa. Neste caso, incluindo a autorização integrativa a proteção de interesses alheios, como vimos já, a regra é a da livre revogabilidade. Seria necessário que resultasse da norma que exige a autorização a possibilidade de a considerar irrevogável. Embora da norma resulte também um interesse juridicamente protegido do autorizante, este é suplantado pela função de proteção de interesses alheios, razão pela qual o paradigma deixa de ser a irrevogabilidade e passa a ser a livre revogabilidade.

iii. Resolução

Outra causa típica de extinção de negócios jurídicos é a resolução. A questão que se coloca consiste em saber se o grau de analogia entre a autorização integrativa e os negócios jurídicos permite a sua resolução.

A questão apenas se coloca na autorização integrativa irrevogável ou quando se pretenda provocar uma extinção retroativa da autorização integrativa. Nos demais casos a livre revogabilidade da autorização integrativa retira utilidade à resolução. E apenas se coloca se a autorização integrativa estiver integrada num contrato, se a norma que a exige estatuir a possibilidade de resolução, ou ainda se a Lei previr figuras gerais de resolução.

As autorizações integrativas unilaterais, não sendo contratos, não podem fundar só por si a possibilidade de resolução. Mas, tendo as autorizações integrativas sempre fundamento legal, a probabilidade de beneficiarem de um regime legal específico que inclua a possibilidade de resolução é maior do que sucede com as autorizações constitutivas.

A AUTORIZAÇÃO

Nos casos em que a autorização integrativa é integrada num contrato, como elemento incindível do mesmo, a resolução do contrato (nos termos gerais de Direito), arrasta a da autorização.

Assim, por exemplo, se for celebrado um contrato-promessa de compra e venda entre António (comprador inabilitado[558]) e Bento, com a possibilidade de este resolver o contrato, e constando do contrato a autorização integrativa de Carlos (curador de António) para a celebração do contrato-promessa e do contrato prometido, a resolução do contrato por Bento é causa de extinção da autorização integrativa: se a resolução for retroativa extinguir-se-ão ambas as autorizações integrativas; se for não retroativa apenas se extinguirá a autorização integrativa para celebração do contrato prometido.

Mas estes não constituem casos específicos de resolução da autorização integrativa, antes constituindo resolução de um contrato que inclui uma autorização integrativa.

A questão pode, no entanto, colocar-se face a autorizações integrativas contratuais. Se António e Bento (pai e filho) celebrarem um contrato oneroso de autorização da venda de um imóvel de António ao seu filho Carlos, segundo o qual António se obriga a pagar a Bento determinada quantia, já se estará perante uma autorização integrativa que, embora seja um contrato, não perde a sua autonomia. Nesta autorização integrativa o elemento autorizativo continua a não ser negocial; é a cláusula de preço e a sua ligação à autorização integrativa que lhe atribuem natureza mista de contrato e ato não negocial.

Se esta autorização integrativa entre pai e filho for celebrada *a retro*, Bento poderá resolver o contrato de autorização integrativa. Mas esta possibilidade decorre da estrutura do ato incluir elementos contratuais que justificam a sua resolubilidade. Não decorre do elemento autorizativo em si, mas do elemento de contrato obrigacional. No entanto, este é um caso de resolução de uma autorização integrativa, embora não seja uma autorização integrativa típica.

Como vimos, quando a autorização integrativa não está integrada num contrato, a sua irrevogabilidade depende em grande medida de se destinar à proteção de interesses alheios ou de interesses próprios.

---

[558] Carecendo de autorização do curador para a celebração de todos os negócios.

Nos casos de autorização integrativa para proteção de interesses alheios, autorizações que em regra são livremente revogáveis, não se justifica a sua resolução não retroativa. Quando não estão integradas num contrato, não pode ser unilateralmente fixada a sua resolubilidade. Como tal, só se decorrer do regime jurídico que a exija é que poderão ser resolvidas. Para tanto será necessário que desse regime resulte, não só que são irrevogáveis, como que podem ser resolvidas.

No entanto, mesmo nestas situações, a resolução não apresentará, em regra, uma utilidade superior à da revogação. A retroatividade da resolução apenas pode operar enquanto a autorização integrativa vigorar. Com a prática do ato autorizado, a autorização integrativa deixa de vigorar. Como tal, a resolução só pode ser declarada antes da prática do ato, quando ainda é possível fazer cessar retroativamente a autorização integrativa, tudo se passando como se esta nunca tivesse sido outorgada.

Mas, entre o momento da outorga da autorização integrativa e o momento da prática do ato, a autorização integrativa não é relevante para a norma que afeta a autonomia privada do autorizado. Só no momento da prática do ato é que a autorização integrativa será relevante, preenchendo a previsão da norma, no todo ou em parte. No que respeita à autorização integrativa propriamente dita, é indiferente se a sua extinção opera retroativamente ou não. Só no que respeita a elementos que lhe forem acessórios é que a retroatividade da resolução poderá ser relevante.

É indiferente que a declaração de autorização integrativa nunca tenha sido outorgada, ou tenha sido outorgada e resolvida retroativamente, ou tenha sido outorgada e resolvida não retroativamente, ou outorgada e revogada. Em qualquer um destes casos, no momento da prática do ato, a autorização integrativa não será eficaz e não será relevante para o preenchimento da previsão da norma. Por esta razão, em nenhum destes casos o autorizado terá legitimidade para praticar o ato.

Mesmo na autorização integrativa para proteção de interesses próprios do autorizante, em que a irrevogabilidade é mais corrente, a questão é idêntica. Apenas é relevante que exista autorização integrativa no momento da prática do ato. Assim, a retroatividade da resolução não apresenta qualquer utilidade específica face a qualquer modo de extinção não retroativa. A resolução tem, como tal, a mesma utilidade de uma revogação.

A resolução é possível quando a autorização integrativa esteja integrada num contrato e assim for acordado, nos casos gerais de Direito, e quando tal resulte do regime jurídico de uma autorização integrativa (nos casos em que exista). Mas apenas será útil se a autorização integrativa for irrevogável. Caso contrário, apenas provoca o mesmo efeito extintivo não retractivo que resulta de uma revogação.

iv. Renúncia

Outra das causas típicas de extinção que importa analisar é a renúncia por parte do autorizado. Mas a renúncia do autorizado levanta problemas específicos, que estão ligados à especificidade da autorização integrativa.

O autorizado necessita da autorização integrativa para obter e legitimidade necessária à prática de determinado ato. Sem a autorização integrativa não tem legitimidade, como resultado da aplicação de uma norma que restringe a sua autonomia privada. A autorização integrativa, como vimos, opera como um ato não negocial, sendo um dos elementos da previsão da norma. A questão pode ser colocada relativamente a autorizações para a prática de atos de execução continuada ou que, de qualquer modo, se prolonguem no tempo ou relativamente a autorizações para atos de execução imediata.

No primeiro caso, a autorização não se extingue com o início da prática do ato autorizado, mas apenas com o seu final. Como tal, durante o período da prática do ato, a legitimidade para o fazer está dependente da vigência da autorização integrativa.

Se, por exemplo, António, menor, pretender exercer uma profissão necessita da autorização dos seus pais. O exercício da profissão sem autorização importa a ilegitimidade para a prática de todos os atos profissionais.[559] A cessação da autorização integrativa na pendência da atividade profissional importa a ilegitimidade para os atos futuros.

Neste caso, se António renunciasse à autorização integrativa, deixaria de ter legitimidade para praticar os atos. No entanto, o problema consiste em que a renúncia não produz efeitos sobre o ato mas sobre a posição jurídica ativa que, desse ato, resulta para o renunciante.

Na autorização integrativa, a admissibilidade de renúncia do autorizado não seria uma causa de extinção. O autorizado não renuncia à

---

[559] Se forem materiais serão ainda ilícitos, e se forem jurídicos serão inválidos.

autorização. Esta é um ato, mas não é uma situação jurídica. O objeto de uma renúncia seria o acréscimo de autonomia privada que resulta da verificação da autorização integrativa e é necessária à legitimidade do autorizado. Ou seja, o autorizado estaria a renunciar a uma parte da sua autonomia privada.

A renúncia à autonomia privada, no todo ou em parte, não pode ser admitida, com fundamento autónomo. Tal importaria a possibilidade de, a pouco e pouco, através de sucessíveis renúncias parciais, as pessoas perderem a autonomia privada e, assim, perderem a liberdade que lhes é fundamental, criando uma categoria de pessoas sem liberdade. Mesmo com fundamento heterónomo, a limitação da autonomia privada não pode ser nunca de modo a implicar a sua irrelevância. Apenas pode ser limitada a autonomia privada por razões juridicamente atendíveis, que normalmente estão ligadas a conflitos de interesses entre a pessoa e a sociedade em geral.

Acresce que a renúncia do autorizado, mesmo que admissível, seria um ato inútil. Cabe ao autorizado decidir se pratica ou não o ato e se o deixa de praticar ou não. Da autorização integrativa não resulta qualquer vinculação do autorizado a praticar o ato, nem é possível a outrem a sua prática. No caso do menor António, é este que exerce uma atividade profissional, e não os pais em sua representação. Como tal, embora a legitimidade dependa dos pais, o domínio da atuação pertence (no restante) a António.

Se António, mesmo após ser declarada a autorização integrativa, e de iniciar a sua atividade profissional, desistir de a exercer e de praticar os atos inerentes, estes não serão praticados.

A solução da renúncia prévia ao ato é idêntica à do primeiro caso. Se António autorizar Maria, com quem está casado no regime de separação de bens, a vender a casa de morada de família (propriedade desta), nenhuma utilidade resulta, para Maria, de renunciar à autorização de António. Se Maria não quiser vender a casa, não vende.

Independentemente dos efeitos que a desistência da prática do ato autorizado possa ter sobre a autorização integrativa, o que releva agora é a inutilidade[560] de se renunciar à autonomia privada como modo de não praticar o ato. Caso o autorizado não pretenda praticar o ato, ou pretenda

---

[560] Independentemente da sua inadmissibilidade, como já referido.

cessar a sua prática, não necessita de renunciar à autorização integrativa. Basta-lhe não o praticar ou cessar a sua prática. Face à liberdade do autorizado praticar ou não o ato, a renúncia não apresenta utilidade, e não é juridicamente admissível[561].

v. Denúncia

Outra causa típica de extinção de negócios jurídicos que importa analisar é a denúncia. Esta opera como mecanismo impeditivo da violação do princípio da proibição das vinculações perpétuas, ou de duração indeterminada. Como tal, apenas se justifica se perante uma vinculação perpétua ou de duração indeterminada. Para que se possa denunciar uma autorização integrativa é, em consequência, necessário que autorização integrativa possa implicar uma vinculação perpétua.

É uma questão que apenas tem razão de ser na autorização integrativa irrevogável. Na autorização integrativa típica o autorizante pode sempre revogá-la, pelo que não existe qualquer vinculação perpétua ou de duração indeterminada. A análise da questão será, como tal, centrada na figura da autorização integrativa irrevogável.

Mas pode ser questionado se neste caso há uma vinculação no sentido do referido princípio.

Normalmente quando se trata da denúncia esta incide sobre negócios que constituem ou modificam posições jurídicas passivas. O princípio da proibição das vinculações perpétuas tem como fim evitar que alguém possa ficar numa situação passiva *ad aeternum* (ou por um prazo excessivamente longo), normalmente como devedor de uma prestação. Mas esta normalidade está ligada apenas ao paradigma dos negócios obrigacionais, não sendo estrutural e podendo ter qualquer natureza.

Numa autorização integrativa irrevogável o autorizante fica limitado juridicamente pela declaração que emitiu não a podendo revogar sem justa causa. Na pendência da autorização integrativa, o autorizado tem legitimidade para praticar o ato, mesmo que o autorizante mude de opinião e pretenda revogar a declaração.

---

[561] Embora se possa interpretar uma declaração de renúncia como uma desistência da prática do ato.

Nos casos de autorização integrativa para proteção de interesses do próprio autorizante este fica juridicamente limitado, não nos seus direitos, mas nos seus interesses.

A proteção que a exigência da autorização integrativa atribui ao interesse do autorizante fica diminuída pela irrevogabilidade. O domínio que o autorizante tem sobre a proteção dos seus interesses deixa de ser tão amplo como seria se a autorização integrativa fosse livremente revogável. A irrevogabilidade da autorização integrativa implica uma vinculação do autorizante à declaração que emitiu, com relevância para a proteção dos seus interesses. Mas esta conclusão levanta duas questões: saber até que ponto uma autorização integrativa irrevogável é ainda irrevogável se puder ser denunciada e saber qual o regime da denúncia.

Para obter uma resposta ao problema da manutenção da irrevogabilidade diante da possibilidade de denúncia é necessário considerar duas ordens de ideias. Por um lado, a irrevogabilidade da autorização integrativa implica, no que respeita ao seu grau de vinculação, uma situação análoga à do contrato. Tal como sucede nos contratos, a autorização integrativa irrevogável não pode ser unilateralmente revogada. Embora existam muitas diferenças entre os contratos e a autorização integrativa irrevogável, nesta matéria o grau de vinculação que ambos provocam é semelhante.

Os contratos podem ser denunciados nos casos em que ponham em causa o princípio da proibição das vinculações perpétuas. O mesmo sucede com a autorização integrativa irrevogável. A irrevogabilidade de uma autorização integrativa para proteção dos interesses do autorizante não cria uma figura inextinguível. Mesmo nestes casos a autorização integrativa pode ser revogada por justa causa, podendo ainda extinguir-se através de outras causas.

O que sucede na denúncia é que existe uma causa que é considerada pelo Direito como justa para a extinção do ato. Mais do que aceite como causa relevante, é imposta como causa relevante. A denúncia é uma figura que traduz influência da heteronomia sobre os atos voluntários. Independentemente do que as pessoas declarem ou acordem, caso se verifique uma violação do princípio da proibição das vinculações perpétuas,[562] aplica-se o regime da denúncia.

---

[562] Que é um princípio de Ordem Pública.

Como tal, a denunciabilidade de um ato que não possa ser livremente revogável por uma parte não significa a livre extinção do ato. O ato é irrevogável, mas a sua irrevogabilidade não impede o funcionamento de outros mecanismos. A denúncia só pode operar se a autorização integrativa, sendo irrevogável, violar o princípio das vinculações perpétuas ou de duração indeterminada.

Se, por exemplo, a autorização integrativa irrevogável para proteção de interesses do autorizante tiver um termo final, ou estiver dependente da vigência de um contrato com termo final, já não será denunciável.

Nas autorizações integrativas para proteção de interesses alheios, já a questão é diferente. A declaração do autorizante não implica qualquer limitação ou desvantagem para os seus interesses. Não se pode falar de vinculação no sentido do princípio da proibição das vinculações perpétuas ou de duração indeterminada. O autorizante, como vimos, exerce uma função de proteção de interesses alheios, do autorizado ou de terceiros. A autorização integrativa afeta os interesses destes, mas não os interesses do autorizante.

No que respeita ao titular dos interesses afetados pela autorização integrativa, estes são afetados de modo positivo e vantajoso. A autorização integrativa é relevante para a obtenção de legitimidade, para possibilitar a prática do ato pelo titular da situação jurídica.

Não importa, também, qualquer vinculação no sentido do princípio da proibição das vinculações perpétuas ou de duração indeterminadas.

Como tal, a denúncia opera apenas nas autorizações integrativas irrevogáveis que sejam um mecanismo de proteção de interesses do próprio autorizante e que violem o princípio da proibição das vinculações perpétuas ou de duração indeterminada. Nestas, o autorizante pode denunciar a autorização integrativa, devendo fazê-lo com um pré-aviso adequado.

VI
Autorização e figuras próximas

1. Autorização e preposição

Tal como sucede com a autorização, a preposição é um negócio quase esquecido pela doutrina e jurisprudência, que em regra apenas é conhecida numa das suas manifestações: o gerente de comércio. No entanto, este é apenas um dos casos de preposição. Sendo um negócio da maior relevância teórica e prática, a preposição apresenta pontos em comum com a autorização, o mandato e a procuração.

Sem se pretender proceder aqui ao estudo da preposição, pode afirmar-se, em suma, que neste negócio alguém é colocado à frente de determinada atividade por outrem, substituindo-o nessa atividade, de tal modo que os efeitos jurídicos da atuação do preposto se verificam na esfera do preponente mesmo que este não declare agir em nome daquele. O preposto substitui o *dominus* na sua atividade, ou numa parcela da sua atividade. Não se trata, porém, de uma substituição na prática de atos ou negócio concretos, mas antes de uma substituição no exercício de uma atividade, de um modo estável.

A afinidade entre autorização e preposição é íntima e antiga.

Já no Direito Romano é possível encontrar essa ligação, entre a *praepositio* (preposição) e o *iussum* (autorização).[563]

---

[563] Sobre a representação, a autorização e a preposição no âmbito do Direito Romano, em particular no que respeita à ligação entre as várias *actiones*, por todos, PEDRO DE ALBUQUERQUE, *A Representação Voluntária em Direito Civil (Ensaio de Uma Reconstrução Dogmática)*, Almedina, Coimbra, 2004, cit. *"Da Representação"*, págs. 119-166, MARIA MICELI, *Studi sulla «Rappresen-*

A *praepositio* consistia no ato do qual resultava que determinada pessoa ficava à frente de um determinado estabelecimento comercial, com publicidade adequada.[564] Este ato não carecia de qualquer forma, sendo suficiente que dele resultasse a vontade de colocar o preposto à frente do negócio.[565] Em suma, consistia na colocação de uma pessoa à frente do navio ou da loja de outrem, através de um ato com determinada publicidade e forma. Através da *praepositio*, o armador do navio (*exercitor*) ou dono de uma loja recorria a outrem para explorar o navio (*magister navis*) ou loja (*institor*), de tal modo que os atos praticados pelo preposto (da embarcação ou da loja), no exercício desse comércio, eram imputáveis ao dono do negócio através, respetivamente, da *actio exercitoria* e (mais tarde)[566] da *actio institoria*.

Originariamente, as pessoas colocadas à frente do navio ou da loja eram servos ou filhos do dono do negócio. No entanto, não existindo então um regime geral de representação, os negócios celebrados por estes não afetariam o *dominus* ou *pater*. Assim, quem negociasse com estes servos ou filhos não teria ação contra o dono do negócio, correndo enormes riscos. Por outro lado, o dono do negócio aproveitava a atividade exercida através de servos e filhos sem correr riscos, mas aproveitando as benesses inerentes.

O problema começou por surgir (e ser resolvido) no comércio marítimo. As grandes distâncias envolvidas, exigiam que a confiança suscitada nos terceiros fosse protegida. De tal modo que, quem contratasse com o *magister navis* (o mestre da embarcação) tivesse ação contra o *exercitor* (armador), desde que os negócios fossem relativos à embarcação e ao seu comércio. De outro modo, poucos aceitariam negociar com o *magister navis*, o que tornaria inviável o comércio das mercadorias, a obtenção de crédito e mesmo a reparação do navio. Para resolver este problema, o Pre-

---

tanza» nel Diritto Romano, Vol. I., Milano, Giuffeè, 2008, cit. "*Studi*", *passim* e PEDRO LEITÃO PAIS DE VASCONCELOS, *A Procuração*, cit., págs. 88-91.

[564] MARIA MICELI, *Studi*, cit., págs. 67 e 68 e MARÍA JOSÉ BRAVO BOSCH, *La Responsabilidad de la Actividad Mercantil Terrestre en el Derecho Romano*, in Anuario da Facultade de Dereito da Unviversidade da Coruña, vol. 10, 2006, págs. 99 a 110, cit: "*Responsabilidad*", págs. 105 e 106.

[565] PAUL HUVELIN, *Études d'Histoire du Droit Commercial Romain (Histoire Externe – Droit Maritime)*, obra póstuma publicada por Henry Lévy-Bruhl, Requeil Sirey, Paris, 1929, cit. "*Études d'Histoire*", pág. 164.

[566] PAUL HUVELIN, *Études d'Histoire*, cit., págs. 176-183.

tor concedeu a *actio exercitoria*, a primeira das *actiones adjecticiae qualitatis*, o que terá ocorrido após a *lex aebutia de formulis* (c. 149 a.C.).[567]

O regime aplicável ao preposto marítimo, ou mestre da embarcação (*magister navis*), que resulta da *actio exercitoria*, funda-se na atribuição a este desta posição ou qualidade, o que seria efetuado através da preposição. Deste modo, a preposição cria um diferente sistema de partilha de riscos,[568] atribuindo ao preponente os riscos da atividade do preposto. Não era ainda uma forma de representação voluntária, tal como hoje a conhecemos, mas era o seu início.

Inicialmente, a *actio exercitoria* foi concedida apenas para os casos em que o *magister navis* era um servo ou filho do *exercitor*. No entanto, terá sido rapidamente ampliada (logo na redação do édito), passando a vigorar duas cláusulas, uma que abrangia os casos de mestres de embarcação que eram filhos ou servos, outra que abrangia os demais casos, incluindo não só os libertos, mas outras pessoas livres.[569]

Após a *actio exercitoria* surgiu a *actio institoria*,[570] que começou por ser apenas concedida pelo Pretor Urbano.[571] A *actio institoria* traduz o mesmo sistema básico da *actio exercitoria*, sendo de certo modo uma sua extensão autonomizada, mas agora abrangendo estabelecimentos terrestres, em vez de navios. Assim, na *actio institoria* o terceiro tem ação contra o dono do negócio relativamente aos negócios celebrados com o preposto (*institor*).

Actio exercitoria e *actio institoria* fundam-se na preposição (*praepositio*), mas eram ambas limitadas ao comércio (marítimo ou terrestre). No entanto, problemas semelhantes ocorriam fora do comércio, com atos não comerciais.[572]

Também eram usados servos e filhos para exercer atividades, mas sem ser no comércio. Esta situação levantava os mesmos problemas que conduziram à concessão da *actio exercitoria* e da *actio institoria*, porque o *domi-*

---

[567] PAUL HUVELIN, *Études d'Histoire*, cit., págs. 160-162 e MARÍA JOSÉ BRAVO BOSCH, *Responsabilidad*, cit., pág. 102.
[568] MARÍA JOSÉ BRAVO BOSCH, *Responsabilidad*, cit., pág. 103.
[569] PAUL HUVELIN, *Études d'Histoire*, cit., págs. 161-162.
[570] PAUL HUVELIN, *Études d'Histoire*, cit., págs. 176-183.
[571] PAUL HUVELIN, *Études d'Histoire*, cit., pág. 177, nota 1.
[572] MARÍA JOSÉ BRAVO BOSCH, *Responsabilidad*, cit., pág. 104.

nus ou *pater* não era responsável pelos negócios e outros atos praticados pelos seus servos e filhos. Por sua vez, os servos e filhos não eram responsáveis pelos atos praticados.

Assim, posteriormente foram concedidas as restantes *actiones adjecticiae qualitatis*:[573] a *actio tributoria*, a *actio quod iussu*,[574] a *actio de peculio* e a *actio de in rem verso* (estas três últimas integrando o *triplex edictum*).[575]

A *actio quod iussu* fundava-se no *iussum*,[576] que correspondia a uma autorização dada pelo *pater familias* a um servo ou filho, para praticar um ato[577] por sua conta.[578] Sempre que um ato fosse praticado *iussu domini* ou *iussu pater*, o *dominus* ou *pater* poderiam ser responsabilizados perante terceiros com quem esses atos fossem praticados, através da *actio quod iussu*. Sendo os atos praticados pelo servo ou filho, com base no *iussum*, tudo sucederia como se o ato tivesse sido praticado diretamente pelo próprio *dominus* ou *pater famílias*.[579]

Assim, a autorização (*iussum*) resolvia um problema análogo ao da preposição (*praepositio*), usado uma solução muito semelhante. Como é natural, existem afinidades entre estas *actionis*, mas, como afirma PEDRO DE ALBUQUERQUE, "Afinidade não significa, porém, similitude total".[580] Continuando a seguir o mesmo Autor, "As relações entre *iussum* e *praepositio* reconhecidas pelas próprias fontes («*quasi iussu eius contrahitur, a quo praepositus est*») não escondem, na verdade, a existência de algumas

---

[573] MARÍA JOSÉ BRAVO BOSCH, *Responsabilidad*, cit., pág. 102.

[574] Embora seja controverso se a *actio quod iussu* não terá surgido ainda antes da *actio exercitoria* e da *actio institoria* – MARÍA JOSÉ BRAVO BOSCH, *Responsabilidad*, cit., pág. 102, notas 11 e 12.

[575] A relação entre estas três *actiones*, que compunham o *editum triplex*, seria extremamente íntima, funcionando em conjunto, segundo MARIA MICELI, de tal modo que, como regra, o servo ou filho que agiam com base no *iussum*, estariam dotados de um *peculio*. No entanto, mesmo nos casos em que seria possível recorrer à *actio de peculio*, a *actio quod iussu* traria mais garantias ao terceiro – MARIA MICELI, *Studi*, cit., págs. 67 e 68.

[576] A. SANTOS JUSTO, *Direito Privado Romano I (Parte Geral)*, Coimbra Editora, Coimbra, 2000, cit. "*Direito Privado Romano I*", pág. 204, nota 1006.

[577] Segundo PAUL HUVELIN, *Études d'Histoire*, cit., pág. 179, o *iussum* apenas seria concedido para a prática de atos concretos e determinados e não para o exercício de uma atividade.

[578] MARIA MICELI, *Studi*, cit., pág. 88 e 91.

[579] MARIA MICELI, *Studi*, cit., pág. 90.

[580] PEDRO DE ALBUQUERQUE, *Da Representação*, cit., pág. 146.

divergências importantes entre as duas figuras".[581] Divergência esta entre ambas as figuras que continua a verificar-se atualmente.

A autorização dirige-se tipicamente a alguém, que dela beneficia; de modo semelhante, em Roma "o *iussum* surge como uma instrução dada a uma pessoa determinada para celebrar um contrato".[582] Por sua vez, a preposição surge mais como um facto: alguém está proposto à frente do negócio. De modo semelhante, em Roma "o *praeponere* [...] reveste-se de um sentido impessoal. Ele não se dirige a ninguém individualmente, mas antes a um *Personenkreis* (círculo de pessoas) que se movimenta no âmbito de um *Kontrahentenkreis* (círculo ou esfera contratual)...".[583] Em suma, e continuando com PEDRO DE ALBUQUERQUE, "O *iussum* tem, segundo a doutrina romanística, a natureza de uma declaração, enquanto o *praeponere* surge como um *factum concludens*...",[584] de tal modo que o problema fundamental da preposição era a proteção da confiança gerada nos terceiros quanto à atuação externa do preposto, por conta do dono do negócio.[585] Ou seja, a *actio institoria* constituía um caso de boa fé objetiva, que traduzia a máxima *neque enim decipi debent contraentes*.[586]

Segundo PAUL HUVELIN, a preposição (*praepositio*) era concedida por razões profissionais, para o exercício contínuo de uma atividade comercial, enquanto a autorização (*iussum*) era concedida apenas para a prática de atos isolados.[587] Por outro lado, subjacente à autorização (*iussum*) estava sempre o poder do *dominus* ou *pater*, enquanto subjacente à preposição (*praepositio*) poderia estar um mandato (*mandatum*), um contrato de trabalho,[588] ou outro regime.

Esta diferença de perspetivas entre o *iussum* e a *praepositio*, tem reflexos na atual diferença entre a autorização e a preposição.

---

[581] PEDRO DE ALBUQUERQUE, *Da Representação*, cit., págs. 146-147.
[582] PEDRO DE ALBUQUERQUE, *Da Representação*, cit., pág. 147.
[583] PEDRO DE ALBUQUERQUE, *Da Representação*, cit., pág. 147.
[584] PEDRO DE ALBUQUERQUE, *Da Representação*, cit., pág. 147. Em sentido semelhante, MARIA MICELI, *Studi*, cit., págs. 319 e 320.
[585] MARIA MICELI, *Studi*, cit., págs. 333 a 362. Necessidade de tutela de confinaça esta que terá dado origem à *actio ad exemplum institoriae* – MARIA MICELI, *idem*.
[586] MARÍA JOSÉ BRAVO BOSCH, *Responsabilidad*, cit., pág. 110.
[587] PAUL HUVELIN, *Études d'Histoire*, cit., págs. 178-179
[588] PAUL HUVELIN, *Études d'Histoire*, cit., págs. 164 e 178-179.

Como referimos, o caso atualmente mais conhecido de preposição é o do chamado "gerente comercial" ou "gerente de comércio". Esta figura surge no Código Comercial, sendo integrado dentro da figura mais ampla do mandato comercial. Contudo o chamado gerente de comércio é um preposto e não um mandatário.

A preposição não é um mandato e nunca o foi. Para a preposição é irrelevante que o preposto esteja ou não obrigado a agir. O que releva é que o preposto esteja colocado (proposto) à frente de uma atividade de outrem, para gerir essa atividade. Se o preposto gere essa atividade porque está obrigado a fazê-lo, ou porque quer fazê-lo sem estar obrigado, ou mesmo porque tem direito a fazê-lo, é uma questão que é irrelevante para a qualificação da preposição.

A obrigação de praticar os atos (gerir a atividade alheia) não é essencial à preposição, o que implica que esta não seja necessariamente um caso de mandato. Apesar da letra da lei e de alguma tradição nacional, o negócio jurídico do art. 248º do Código Comercial não é um contrato de mandato. Contudo, o Código Comercial de 1888 atribuiu a esta figura o *nomem* de mandato, causando uma coincidência de nomes entre ambas as figuras, e uma prática de qualificar o gerente de comércio como um caso de mandato.

A preposição é (e sempre foi) um negócio jurídico diferente do mandato, com uma estrutura complexa, sendo uma das mais antigas fontes de representação voluntária.[589] Embora a preposição surja em várias das *actiones* já referidas, é na *actio institoria* que a preposição ganha mais importância autónoma, em especial quando esta foi ampliada através da *actio ad exemplum institoria*.

A *actio institoria* percorreu todo o percurso da História, surgindo no primeiro Código português, o Código Comercial de 1833, sob a denominação de ação institória, abrangendo os casos de gerentes de comércio (ou institores), regulada nos §§ 902 e 922 a 928. Neste Código, as matérias do mandato comercial e da ação institória são reguladas com autonomia, facilitando a perceção da autonomia entre o mandato e a preposição. Apesar do sistema usado no Código Comercial de 1833, no

---

[589] Pedro de Albuquerque, *Da Representação*, cit., págs. 119-166 e Pedro Leitão Pais de Vasconcelos, *Sociedades Comerciais Estrangeiras*, Almedina, Coimbra, 2015, cit. "Sociedades", págs. 89 a 94.

Código Comercial de 1888, é abandonada a referência à ação institória, mantendo-se apenas a referência ao gerente de comércio, cuja regulação passa a estar integrada com a do mandato.

Apesar da confusão terminológica criada pelo Código Comercial de 1888, preposição e mandato, as figuras são autónomas. Como já referimos, a preposição nasceu mais como algo que resultava de uma situação de facto do que de uma situação de direito. A própria letra do art. 248º do Código Comercial aponta nesse sentido, ao afirmar que é gerente de comércio quem "se achar proposto para tratar do comércio de outrem", sem dar qualquer relevância ao modo como a pessoa se "acha" proposta. Como resulta da letra do art. 248º do Código Comercial, o ponto fulcral não se encontra no negócio celebrado entre o preponente e o preposto, mas antes na situação factual de se estar proposto. O regime é aplicável a quem se encontrar naquela concreta situação, sendo irrelevante a denominação usada. Esta é uma abordagem prática, típica do comércio e do Direito Comercial. No entanto, apesar de ao longo de séculos de evolução o ponto de vista ter sido o da realidade factual de alguém se encontrar proposto para tratar do negócio de outrem, não se deve omitir que esse facto é o resultado de um negócio.

O Direito atribui, nesta matéria, uma grande relevância ao facto de alguém surgir publicamente como gerente de comércio, ou como outro preposto. Porém, sem prejuízo da relevância atribuída à situação de facto, o preposto tem essa qualidade em virtude de um negócio celebrado pelo *dominus*: a preposição. Não é preposto aquele que usurpe essa função, sem vontade do *dominus*. É necessário que a pessoa (o preposto) tenha sido proposto pelo *dominus*. Como tal, apesar de a abordagem ser factual, o substrato é negocial. É preposto quem assim resultar da preposição, mesmo que a preposição resulte com toda a probabilidade do facto de alguém surgir publicamente à frente de uma loja, por exemplo.

O preposto, só por o ser, não está obrigado a agir, nem pode agir, nem tem direito a agir. A preposição, tal como a procuração, é um negócio que carece de uma relação subjacente, mas que consegue funcionar independentemente desta relação como, aliás, foi afirmado por LABAND.[590]

---

[590] PAUL LABAND – *Die Stellvertretung bei dem Abschluß von Rechtsgeschäften nach dem allgemeinen deutschen Handelsgesetzbuch*, em Zeitschrift für das gesamte Handels und Wirtschaftsrecht, Bd, 10, 1866, págs. 183 e segs., cit. *"Stellvertretung"* – ao separar o poder de representação do

Subjacente à preposição, pode efetivamente encontrar-se um contrato de mandato, ou um contrato de trabalho, ou uma autorização, ou qualquer negócio, típico ou atípico, que seja hábil para regular a atuação do preposto.

Autorização e preposição são negócios diferentes, que por vezes se juntam num único contrato misto de preposição autorizativa, ou se juntam numa união de dois negócios: uma preposição e uma autorização. Tal como sucede com a relação entre procuração e mandato, podem existir autorizações sem preposição, autorizações com preposição, e preposições sem autorização. De certo modo, a relação entre a preposição e a autorização e mandato é a mesma que a procuração tem com estas figuras. O que resulta de uma proximidade muito grande entre a preposição e a procuração.

A proximidade entre preposição e procuração é de tal modo relevante que a fonte da teoria da representação voluntária de LABAND não consistiu numa procuração nem num mandato, mas sim numa preposição.[591] O *Prokurist* em que LABAND fundou a sua teoria da representação voluntária, não era nem um procurador, nem um mandatário, mas um preposto, um gerente de comércio.

Assim, é a preposição (e não a procuração, nem o mandato) a fonte de toda a teoria da representação voluntária. Esta é a figura central da origem da teoria da representação, sendo a procuração e o mandato com representação casos derivados.[592] De tal modo que LABAND criou a moderna teoria da representação voluntária com base na figura da *Prokura*,[593] sendo que esta era uma preposição de gerente de comércio e não uma procuração.

A razão de ser da importância da preposição para a teoria da representação voluntária, resulta de esta atribuir poderes de representação, a par da atribuição de poderes de gestão, para toda uma atividade de outrem. Como especialidade, os poderes de representação que resultam da preposição têm a caraterística de não carecer de *contemplatio domini*,

---

mandato, afirmava que o gerente comercial (*Prokurist*) vincula o dono do negócio, independentemente de qualquer mandato que eventualmente exista.
[591] PAUL LABAND, *Stellvertretung*, cit., págs. 183 e segs.
[592] PEDRO LEITÃO PAIS DE VASCONCELOS, *Sociedades*, cit., págs. 89 a 94.
[593] PAUL LABAND, *Stellvertretung*, cit., págs. 183 e segs.

assim escapando à tradicional teoria da representação voluntária, operando mais como um sistema de substituição substantiva.[594] Assim, por exemplo, no caso do gerente de comércio, o preposto substitui o comerciante numa sua atividade comercial, mesmo que não invoque agir em seu nome.

Da preposição resultam poderes de representação a par de poderes de gestão, o que faz com que, no que diz respeito a esta parte do regime jurídico da preposição, esta seja um tipo de autorização. Na versão mais simples da preposição, os poderes de gestão autorizam o preposto a exercer os poderes de representação; contudo, não o obrigam a exercê-los. No entanto, a preposição pode ser um negócio mais complexo. Por exemplo, um negócio que integre elementos de um mandato, ou estando unido a um mandato, ficando o preposto obrigado a exercer esses poderes. Nestes casos, a preposição não é um negócio autorizativo, mas sim um negócio obrigacional.

Em suma, a ideia central do preposto consiste em substituir continuamente o *dominus* na exploração da sua atividade. Mas esta substituição pode ser regulada fundamentalmente com base numa autorização, num mandato num contrato de trabalho, ou noutro tipo de negócio adequado. Ou seja, o preposto pode estar obrigado a agir, ou pode simplesmente estar autorizado a fazê-lo, de tal modo que podem existir preposições autorizativas e preposições obrigacionais.

Um dos casos socialmente típicos de preposições autorizativas é o de titulares beneficiários (*beneficial owners*) de sociedades comerciais (em regra, *offshores*) que, apesar de não surgirem publicamente como sócios, nem como membros dos órgãos de direção, tratam dos negócios da sociedade. Nestes casos, estes *beneficial owners* devem ser considerados como prepostos (gerentes de comércio), com base numa autorização que resulta do negócio complexo e atípico que celebram com a própria sociedade comercial e com a empresa que "fornece" a sociedade e os serviços de "fornecimento" de testas-de-ferro para a posição de sócio público e de membros dos órgãos da sociedade.

---

[594] Acórdão do Supremo Tribunal de Justiça de 6 de janeiro de 1988 (Menéres Pimentel), Acórdão do Tribunal da Relação de Lisboa de 22 de fevereiro de 1990 (Martins da Fonseca) e Acórdão do Tribunal da Relação de Lisboa de 31 de janeiro de 1991 (Mesquita e Mota) – todos *in* www.dgsi.pt.

Nestes casos estamos perante uma preposição autorizativa que está integrada no contrato celebrado com a empresa que "fornece" as *offshore* e os serviços inerentes a este ramo de atividade.

Nem todos os casos de *beneficial owners* são casos de preposto. Em alguns casos, o *beneficial owner* não tem uma atuação externa por conta da sociedade, não tratando do seu comércio. Nestes casos, o *beneficial owner* apenas contacta com a própria sociedade, ou com a empresa que "fornece" a *offshore*, sem ter atuações perante terceiros. Mas, há também casos em que é o *beneficial owner* quem trata pessoalmente dos assuntos da sociedade, de tal modo que se substitui ao órgão de administração da sociedade. Não significa isto que trate de todos os assuntos da sociedade, porquanto alguns assuntos estão reservados a determinados órgãos da sociedade. O preposto só trata do "comércio" da sociedade, não tratando de tudo o que for relativo à sociedade. Claro está que se, para além do comércio da sociedade, tratar de outros assuntos, nem por isso deixará de poder ser um preposto. Não se pode, contudo, excluir a qualificação de alguém como preposto, apenas com argumento no facto de não tratar de todos os assuntos da sociedade.

O preposto de uma sociedade trata de todo o comércio da sociedade, ou de um comércio da sociedade. Como tal, caso o *beneficial owner* de uma sociedade *offshore* esteja proposto para tratar do (ou de um) comércio da sociedade, independentemente da denominação que use, deve ser considerado como um gerente de comércio e, como tal, como um preposto.

O caso do preposto de uma sociedade *offshore* da qual é *beneficial owner* apresenta caraterísticas que podem causar alguma perplexidade ao intérprete. Como é natural, nestes casos, a pessoa que substancialmente domina a sociedade é o *beneficial owner*. As pessoas que surgem publicamente como seus sócios ou administradores não são mais do que testas-de-ferro, controladas, direta ou indiretamente, pelo *beneficial owner*. Nos casos em que o *beneficial owner* é preposto da sociedade, a relação hierárquica concretamente existente é inversa àquela que seria típica. Em vez de ser o comerciante (a sociedade) a determinar a atuação do seu gerente de comércio (preposto), é o gerente de comércio que determina o que fazer, sem estar obrigado perante o comerciante (a sociedade) a agir de um ou outro modo. Nestes casos, em regra, subjacente à preposição não se encontra um mandato, nem um contrato de trabalho, mas antes o contrato celebrado entre o preposto/*beneficial owner*, a sociedade *offshore* e a empresa de "fornecimento" de *offshores*. No que respeita à atuação do *beneficial owner*, este contrato autoriza-a, sem que o obrigue a agir de qualquer modo. De igual modo, em regra, a sociedade *offshore* outorga ao *beneficial owner* uma procuração institória. Uma procuração escrita, por vezes com assinaturas autenticadas, que tem como fim permitir ao *beneficial owner* praticar atos que careçam de determinada forma legal, ou de modo a permitir-lhe provar facilmente os seus poderes. Estas procurações institórias têm como relação subjacente a própria preposição que, por sua vez, tem como relação subjacente o contrato celebrado entre o preposto/*beneficial owner*, a sociedade *offshore* e a empresa de "fornecimento" de *offshores*. Ou seja, nestes casos, o *beneficial owner* é um preposto autorizado, que atua no seu próprio interesse. O que contrasta com o típico gerente de comércio, que exerce a sua atividade com base numa preposição, que tem como relação subjacente um mandato, ou um contrato de trabalho.

Conclui-se, portanto, que preposição e autorização são figuras que, embora diferentes, são próximas. Podendo coexistir nos casos de preposição autorizativa, mas podendo exigir autorizações sem preposição e preposições não autorizativas.

2. Autorização e mandato

Uma das figuras próximas da autorização é o contrato de mandato. Esta proximidade manifesta-se especialmente com a autorização constitutiva. No que respeita à autorização integrativa, não se verifica um grau de proximidade que justifique uma apreciação comparativa. A não negociabilidade estrutural da autorização integrativa afasta as duas figuras, embora não totalmente. Quer no mandato típico, quer na autorização integrativa para proteção de interesses alheios, o agente atua sobre interesses alheios. Mas a diferença entre as duas posições é significativa. As autorizações integrativas são todas legalmente típicas e não negociais no elemento central (a autorização).

A diferença pode ser apreciada no poder paternal. Embora os pais sejam incumbidos da gestão de vários interesses do filho menor, encontrando-se numa situação que tem proximidades com o mandato, não há aqui um mandato. A posição dos pais não resulta da autonomia do filho. O filho não é titular de um direito de crédito sobre os pais, não pode dar instruções aos pais, nenhuma das partes pode extinguir voluntáriamente o poder paternal. Os pais desempenham uma função, não têm uma obrigação.

Embora, quer um mandatário, quer um pai, sejam titulares de posições que incluem a prática de atos por conta alheia, são duas posições distintas.

O mesmo sucede com a autorização integrativa na qual o autorizante desempenha uma função de proteção de interesses alheios ou é titular de um interesse protegido e não tem uma obrigação de prática de atos por conta alheia.

O fraco grau de proximidade entre mandato e autorização integrativa não justifica um aprofundamento das diferenças. É no que respeita às proximidades e diferenças entre mandato e autorização constitutiva que se justifica uma análise mais específica.

Antes de mais, o mandato é um contrato obrigacional,[595] enquanto a autorização constitutiva não é obrigacional e, tipicamente, não é um contrato. A natureza contratual do mandato resulta da constituição estrutural da obrigação de praticar atos. Sendo inerente ao mandato a constituição de obrigações, este necessita do acordo de ambas as partes.

A autorização constitutiva típica não inclui obrigações, afetando apenas diretamente a esfera jurídica do autorizante, é um negócio unilateral. Mas, como vimos, podem ser celebrados contratos de autorização constitutiva o que atenua a distinção relativamente ao mandato. O mandato vincula uma pessoa à prática de um ato enquanto a autorização constitutiva não vincula,[596] apenas possibilita essa prática.[597] Esta é a principal diferença entre ambos os negócios.[598]

---

[595] JANUÁRIO GOMES, *Contrato de Mandato*, reimp., Associação Académica da Faculdade de Direito de Lisboa, Lisboa, 2007, cit. *"Mandato"*, pág. 11.
[596] ANSGAR OHLY, *Einwilligung*, cit., pág., 204.
[597] MARIO STOLFI, *La Procura Irrevocabile*, Rivista di Diritto Civile, XXV, págs. 313-374, Società Editrice Libraria, Milano, 1933, cit. *"La Procura"*, págs. 316-317; VINCENZO FARINA, *L'Autorizzazione*, cit., págs. 132-133 e FRANCO BONIFACIO, *Delegazione (Diritto Romano)*, em *Novissimo Digesto Italiano*, V, págs. 325-327, UTET, Torino, 1960, cit. *"Delegazione"*, pág. 326.
[598] De tal modo que PESSOA JORGE, *O Mandato*, cit., págs. 399-400, levanta a questão de saber se (face à proximidade das figuras) a autorização não constituirá uma proposta de mandato, concluindo negativamente e procedendo à distinção consoante o declarante apenas pretenda permitir a prática do ato ou obrigar à prática do ato.

O mandato cria uma situação negativa na esfera do agente, enquanto a autorização constitutiva cria uma situação ativa. No mandato, as partes acordam que o mandatário fica obrigado a praticar determinado ato. Este ato tanto pode ser um ato que incide diretamente sobre a esfera jurídica do mandante – vender a sua casa, por exemplo com base num mandato com representação – como pode não incidir diretamente – comprar uma casa para o mandante, em nome próprio, por exemplo.

Este misto de proximidade e distinção entre a autorização constitutiva contratual e o contrato de mandato pode ser observado, por exemplo, no Direito Comercial, entre o contrato de comissão[599] e o contrato estimatório.[600]

O contrato de comissão, regulado pelos arts. 266º a 277º do Código Comercial, assenta no tipo do contrato de mandato[601] com algumas modificações, encontrando-se o comissário obrigado perante o comitente a proceder à prática dos atos, normalmente a venda de bens. Mas, no contrato estimatório, o *accipiens* não está obrigado perante o *tradens* a proceder à venda dos bens que recebe. Pode vendê-los, mas não tem a obrigação de o fazer.[602] Em ambos os contratos, o agente vende bens alheios, agindo em nome próprio, mas enquanto no contrato de comissão existe a obrigação de praticar esses atos, no contrato estimatório apenas existe uma autorização de venda. São, no entanto, ambos contratos, pois ambos os negócios criam obrigações.

O contrato de comissão constitui, entre outras, a obrigação de vender os bens; o contrato estimatório constitui a obrigação de pagar o preço

---

[599] Sobre o contrato de comissão, ORLANDO GOMES, *Contratos*, cit., págs. 357-364; CAIO MÁRIO DA SILVA PEREIRA, *Instituições*, cit., págs. 247-249; ELENA LEIÑENA e NEREA IRÁKULIS, *El Régimen Jurídico Unificado de la Comissión Mercantil y el Mandato en el Derecho de Obligaciones y Contratos*, Editorial Dykinson, Madrid, 2006, cit. "*El Régimen*", em especial págs. 67-75.
[600] Sobre o contrato estimatório, MARIA EUGÉNIA RODRIGUEZ MARTÍNEZ, *Contrato Estimatorio y Transmisión de la Propiedad*, Editorial Aranzadi, Pamplona, 2008, cit. "*Contrato Estimatorio*", em especial págs.35-51.
[601] UMBERTO NAVARRINI, *Trattato Elementare di Diritto Commerciale*, Vol. I, 5ª ed. UTET, Torino, 1937, cit. "*Trattato*", pág. 134. PHILLIPPE MALAURIE e LAUREN AYNÈS, *Cours de Droit Civil*, T. IV, *Les Obligations*, 5ª ed., Éditions Cujas, Paris, 1994, cit. "*Cours*", págs. 374-375, consideram o comissário como um representante imperfeito.
[602] Nem mesmo uma obrigação de diligenciar pela venda.

estimado dos bens não devolvidos.[603] Como se pode constatar, o comissário é titular de uma situação passiva (obrigação de venda), enquanto o *accipiens* é titular de uma situação ativa (possibilidade de vender os bens).

Outra questão é a da relevância de ambos os negócios para a legitimidade do agente. Nos casos em que o mandatário pratica atos que não incidem diretamente sobre situações jurídicas do mandante, o mandato é irrelevante para a legitimidade daquele. O mandatário atua com fundamento na sua própria autonomia privada e titularidade da sua própria esfera jurídica onde se irão produzir (em primeira mão) os efeitos do contrato de compra e venda.

A legitimidade de António para comprar uma casa em nome próprio, por sua conta ou por conta de Bento (mandante), resulta dos mesmos factos legitimadores positivos. A legitimidade de António para comprar uma casa não resulta do mandato sem representação. Embora o contrato de mandato o possa obrigar a comprar a casa, a legitimidade não decorre do mandato.

No entanto, apesar de o mandato sem representação[604] ser irrelevante para a legitimidade de o mandatário praticar os atos a que se obrigou, tem plena relevância para a constituição dessa obrigação. O mandato não é um negócio essencialmente legitimador, mas essencialmente obrigacional. Mesmo quando não tem utilidade legitimadora, mantém a sua utilidade funcional central: constituir a obrigação de praticar os atos.

Mas, nos casos em que o mandato é celebrado para a prática de atos que incidem diretamente sobre a esfera jurídica do mandante, a legitimidade do mandatário já resulta da titularidade (passiva) da obrigação de praticar esses atos. Só nestes casos é que o mandato é mais próximo da autorização constitutiva. Nestes casos o mandato é um facto legitimador positivo o que o aproxima da autorização.[605] No entanto, é um facto legitimador diferente de uma autorização constitutiva.

---

[603] No caso do contrato de distribuição, verifica-se frequentemente, a título principal, a obrigação de venda de determinadas quantidades e autorização de venda a partir dessas quantidades, constituindo um caso misto. Sobre o contrato de distribuição, ORLANDO GOMES, *Contratos*, cit., pág. 374.

[604] Para prática de atos que não incidam sobre situações do mandante.

[605] VAZ SERRA, *Gestão de Negócios*, separata do *Boletim do Ministério da Justiça*, nº 66, Lisboa, 1955, cit. "*Gestão de Negócios*", pág. 62, considera que a obrigação de agir supõe uma autorização.

Enquanto a autorização constitutiva opera restringindo os meios de defesa do autorizante e assim criando um precário, o mandato opera criando na esfera jurídica do mandatário a obrigação de praticar os atos referidos. Tanto o precário do autorizado, como a obrigação do mandatário, são situações jurídicas que possibilitam a atuação. Conjugando qualquer uma com a autonomia privada do agente pode resultar a sua legitimidade para agir. O conteúdo da possibilidade de atuação é ditado pelo conteúdo da situação respetiva. Desde que a dinâmica de atuação resultante do exercício da liberdade incida sobre o conteúdo de possibilidade a atuação será legítima.

A proximidade entre ambas as figuras consiste em ambas constituírem situações aptas a fundar[606] legitimidade para agir sobre situações jurídicas alheias. A distinção entre ambas consiste na específica situação jurídica que delas resulta: num caso um precário, noutro caso uma obrigação.

Da obrigação do mandatário resulta a sua legitimidade. Como tal, se atuar não sofre as consequências negativas dos meios de tutela da situação sobre a qual age. Mas isto não significa que o mandato seja causa de uma autorização a par de uma obrigação.

A obrigação, de que é titular o mandatário, inclui no seu conteúdo mais do que uma possibilidade de atuação sobre esfera alheia; inclui a vinculação a fazê-lo. O mandatário está vinculado a praticar um ato que afeta uma situação jurídica do mandante. Esta titularidade desta vinculação à prática de um ato é suficiente para, em conjunto com a sua autonomia privada, lhe conceder legitimidade para agir. Naturalmente que, tendo legitimidade, não sofrerá a reação dos meios de defesa da situação jurídica sobre a qual age.

São várias as situações jurídicas que possibilitam a atuação em esfera jurídica alheia. Mas apenas o precário se limita a estabelecer apenas essa possibilidade. Nos demais casos pode existir um dever, um poder, uma obrigação, um direito, uma faculdade, um ónus, ou outra figura. E não se pode afirmar que estas figuras são constituídas pela união de outras figuras. A coincidência de características não significa a identidade das

---

[606] Em conjunto com o grau de autonomia privada do agente.

figuras; nem significa que sejam compostas pela soma de várias figuras, ou pela modificação de uma figura.

A obrigação do mandatário não é uma autorização somada a uma vinculação. É uma vinculação à realização de uma prestação que pode implicar a atuação sobre situações jurídicas do mandante.

As semelhanças e diferenças entre ambas as figuras tornam-se aparentes nos casos em que se dê a sua cumulação. Por vezes, no âmbito de uma relação de mandato, o mandante outorga autorizações instrumentais ao mandato a favor do mandatário. Ou seja, cumulativamente com a obrigação de praticar determinados atos (típica do mandato), o mandatário pode ficar autorizado a praticar outros atos.

Sucede mesmo que estas autorizações sejam outorgadas no exercício do poder de dar instruções do mandante. Mas, em lugar de o mandatário ficar vinculado a agir de acordo com estas instruções, fica apenas legitimado a fazê-lo. São, como tal, autorizações constitutivas instrumentais ao contrato de mandato, o que pode dificultar a distinção. Porém, atendendo ao conteúdo destas instruções, são identificadas como criando situações ativas na esfera do mandatário em lugar de situações passivas.

São casos de autorização ao mandatário,[607] dentro do mandato. Por vezes provocam uma ampliação da legitimidade do mandatário, face à legitimidade que já decorria da sua obrigação. Para tanto, é suficiente que o âmbito da autorização seja mais amplo do que o âmbito da obrigação.

Mas, noutros casos, estas autorizações funcionam como limitadoras das obrigações do mandatário e incidem sobre o direito de crédito do mandante. Como tal, sem extinguir o direito de crédito do mandante e a correspondente obrigação do mandatário, provocam a possibilidade do mandatário não agir tal como estava obrigado. O mandatário adquire um precário que o legitima a adotar um comportamento que, sem a autorização, corresponderia a uma violação do direito de crédito do mandante. Caso adote esse comportamento não sofre as consequências dos meios de defesa do direito de crédito do mandante, nomeadamente a responsabilidade pelo incumprimento de obrigação.

O mandante pode optar por renunciar em parte à obrigação. Mas nesta situação, o direito de crédito diminui de conteúdo. No caso das autoriza-

---

[607] Neste sentido, LUMINOSO, *Il Conflitto di Interessi nel Rapporto di Gestione*, em *Rivista di Diritto Civile*, LIII, págs. 739-768, CEDAM, Padova, 2007, "*Il Conflitto*", págs. 756-757.

ções ao mandatário, o direito de crédito (e a obrigação correspondente) mantém-se em vigor, tendo o mandatário apenas um precário que pode ser revogado e que não tem meios específicos de defesa.

Mandato e autorização são figuras próximas. Mas a fundamental diferença, entre colocar o agente numa situação passiva ou numa situação ativa, não permite a sua indistinção. E permite o reconhecimento da autorização como meio de reger a relação entre *dominus* e agente, no que respeita à atuação sobre esfera alheia, sem que este fique obrigado a agir.[608]

3. Autorização e procuração

A distinção entre autorização e procuração coloca-se apenas com relevância prática no que respeita à autorização constitutiva.

Tal como sucede no mandato, as diferenças entre uma autorização integrativa e uma procuração são de tal modo importantes que não se justifica proceder à sua distinção detalhada. A proximidade existe, em particular, por exemplo, no que respeita à relação entre a autorização integrativa como instrumento de assistência a incapazes e a representação legal de incapazes.[609] Mas esta proximidade verifica-se com a representação legal e não com a procuração, e só indiretamente a relaciona com a autorização integrativa. Assim, apenas se procederá à distinção da autorização constitutiva em relação à procuração, pelo que se referirá abreviadamente *autorização* em vez de *autorização constitutiva*.

Face ao que foi já escrito sobre a autorização, a distinção com a procuração pode aparentar resultar óbvia.[610] Assim sucede frequentemente

---

[608] Como se verá *infra*.
[609] CABRAL DE MONCADA, *Lições de Direito Civil, Parte Geral*, vol II, 3ª ed., Atlântida, Coimbra, 1959, cit. *"Lições"*, págs. 331-332 (texto e nota 3), considera a autorização integrativa (embora sem usar o termo *integrativa*) como uma figura próxima da representação legal.
[610] MARIO STOLFI, *La Procura*, cit., pág. 317, considera as figuras inconfundíveis, especialmente no que respeita aos seus efeitos perante terceiros. TULLIO ASCARELLI, *Introduccion al Derecho Comercial y Parte General de las Obligaciones Comerciales*, Ediar, Buenos Aires, 1947, cit. *"Introducion"*, págs. 214-215, inclui num conceito amplo de autorização não só atos de Direito Privado como de Direito Público como sejam as autorizações de autoridades públicas para o exercício de certas actividades comerciais.

quando se consideram separadamente as duas figuras, em abstrato.[611] No entanto, é no funcionamento conjunto e prático das duas figuras que as distinções, por vezes, resultam mais complexas.[612] Com o fim de procurar proceder a uma distinção que inclua aspetos abstratos e concretos podem colocar-se algumas questões que em conjunto auxiliam à distinção entre as figuras.

O que acontece se, por exemplo, António assina um documento[613] no qual consta *constituo meu procurador Bento a quem confiro os poderes para vender o meu automóvel, pelo preço e condições que melhor entender?*

A outorga de um negócio unilateral no qual consta que uma pessoa confere a outrem poderes de representação e que a autoriza a usar esses poderes é algo de muito frequente.[614] Usualmente o declarante indica que se trata de uma procuração, fazendo constar esse *nomen* no cabeçalho do documento de suporte.[615] Ao incluir a concessão de poderes de representação no negócio, este é qualificável como uma procuração.

A procuração provoca a constituição na esfera jurídica do procurador de um poder de representação, ou seja, de um poder de agir em nome e representação do dono do negócio. A sua atuação é representativa, agindo em nome do *dominus*, sendo os efeitos dirigidos à esfera deste como se fosse ele a agir.

A atuação representativa tem duas consequências, com fontes diversas. Por um lado, o representante declara que não está a agir em nome

---

[611] Rocco, *Diritto Commerciale, Parte Generale*, S. A. Fratelli Treves Editori, Milano, 1936, cit. "*Diritto*", págs. 309-310, ao apreciar a prática de atos por conta de outrem, relaciona a autorização à prática de atos materiais por conta de outrem, e a procuração às declarações jurídicas por conta de outrem.

[612] *En muchos momentos la idea de autorización, mandato y representación se entrecruzan y son difíciles de distinguir* – Riera Aisa, *Autorización*, cit., pág.160. Orlando Gomes, *Contratos*, cit., pág. 353, refere-se à autorização representativa como a concessão de poderes de representação que se consubstancia, normalmente, na procuração. Bianca, *Autoritá*, cit., pág. 51, considera a procuração como uma modalidade de autorização.

[613] Por uma questão de exposição, serão em regra usadas nos exemplos procurações escritas.

[614] Ferrer Correia, *A Procuração na Teoria de Representação Voluntária*, em *Boletim da Faculdade de Direito*, Vol. XXIV, págs. 253-293, Universidade de Coimbra, Coimbra, 1948, cit. "*A Procuração*", págs. 272-273, refere-se à autorização representativa, como sinónimo de negócio fonte de representação voluntária e que traduz o assentimento do representado à atuação do representante.

[615] Quando o negócio for outorgado por escrito.

próprio nem por sua própria conta, pelo que não pretende que os efeitos dos atos lhe sejam imputados. Esta consequência resulta da própria autonomia privada do procurador. No fundo, o que o procurador está a dizer é que, no que a si próprio respeita, não tem vontade de praticar esse negócio. Assim, o negócio não produz efeitos em relação à sua própria esfera jurídica.

Por outro lado, o representante declara que os efeitos do negócio são dirigidos à esfera do *dominus* agindo em nome dele.[616] O direcionamento dos efeitos à esfera jurídica do *dominus* como se os atos fossem praticados por este tem fonte no poder de representação. É este direcionamento dos efeitos à esfera de um terceiro, como se fosse o terceiro a praticar o ato, que caracteriza especificamente o poder de representação. Celebrado um contrato em representação, é o representado que é parte no mesmo, e não o representante.

Vista a questão deste modo, parece irrelevante a referência que no negócio se faz à autorização do exercício dos poderes de representação. Se António concedeu os poderes de representação é porque, com toda a probabilidade, pretende que o representante os use. Caso contrário provavelmente não os teria concedido.

Tal como configurado este negócio, parece manifesto que o representante tem legitimidade para agir em representação do dono do negócio. Mas, de igual modo como pode suceder que o negócio conceda os poderes de representação e que refira que o representante fica autorizado a exercê-los, pode também suceder que do negócio conste que, embora com poderes de representação, não fica autorizado a exercê-los. O que acontece se alguém outorga um negócio unilateral no qual consta que confere poderes de representação mas não autoriza o seu exercício?

Se, no mesmo exemplo, do documento assinado por António constar *constituo meu procurador Bento a quem confiro os poderes para vender o meu automóvel, mas não o autorizo a celebrar o negócio enquanto não lho disser*?

Deste negócio resulta que o declarante confere a outrem poderes de representação. O declarante quer que outrem possa dirigir atuações por si praticadas à sua esfera jurídica. É este o sentido normal de qualquer expressão de concessão de poderes de representação: o querer que atos

---

[616] Sobre a questão, BEATRIZ FERNÁNDEZ GREGORACI, *La Representación Indirecta*, Aranzadi, 2006, cit. "*Representación*", págs. 92-95.

praticados por uma outra pessoa sejam juridicamente dirigidos à sua própria esfera jurídica podendo assim beneficiar dos mesmos como se houvesse sido o próprio a praticá-los.

A concessão voluntária de poderes de representação pode ser feita por várias razões e com várias funções, mas o fim é sempre o mesmo, a imputação dos atos do representante à esfera do representado. Pode ser porque o representante está ausente, porque não pretende estar junto de determinada pessoa, porque não se sente confiante o suficiente das suas qualidades para ser ele próprio a praticar o ato, porque aceita que o representante tem um interesse na prática do ato, porque assim acordou com o representante, ou por outras razões. Mas a finalidade é só uma: permitir que, não querendo ou não podendo praticar pessoalmente o ato, outrem o pratique beneficiando do direcionamento dos efeitos à sua esfera jurídica.

Sendo assim, que sentido faz conceder o poder de representação e não autorizar o seu uso?

O negócio típico de concessão voluntária de poderes de representação – a procuração – tem um regime legal que, entre outras, inclui normas com exigências formais, razão pela qual a procuração é, em alguns casos, um negócio formal, podendo a forma ser mais ou menos exigente.

De modo a evitar as demoras inerentes à outorga de uma procuração formal, pode o *dominus* decidir outorgar desde logo a procuração. Mas, embora já tenha concedido os poderes de representação, não pretende ainda que o representante os exerça sem mais. A procuração é outorgada antes de ser necessária tão só por razões de economia de tempo.

Pode também suceder que o *dominus* pretenda que outrem tenha poderes para o representar para a eventualidade de tal vir a ser necessário. Mas no momento da outorga da procuração os poderes de representação não são ainda necessários, pelo que não pretende ainda que sejam usados. A procuração é outorgada por razões de cautela.

Pode ainda acontecer que o *dominus*, tendo decidido fazer uma viagem, deixe várias procurações a uma pessoa de sua confiança, para o que for necessário. Mas, querendo manter o controlo sobre a atuação do procurador, não autoriza o exercício do poder de representação. Deste modo, pode decidir caso a caso quando podem ser usadas e transmitir a autorização telefonicamente ao procurador.

As razões que levam alguém a outorgar uma procuração mas a não querer que os poderes de representação sejam logo exercidos podem ser muito variadas. O que releva para a presente análise não é uma tipificação dessas razões, mas o reconhecimento da sua existência.

Tendo sido outorgada uma procuração sem autorização de exercício dos poderes de representação, terá o procurador poderes de representação?

A concessão de poderes de representação é um ato de autonomia. Uma pessoa pode vincular-se a si mesma. Para tanto pratica atos que a vinculam juridicamente. E tal como se pode vincular a si mesma, bastando para tal praticar determinados atos, pode também vincular-se a atos que sejam praticados por terceiros. Não interessa agora analisar toda a evolução e fundamentação da teoria da representação.[617] Apenas releva que uma pessoa pode conceder a outrem um poder que se traduz em conseguir que os atos praticados pelo representante sejam dirigidos ao representado.

Do ponto de vista do procurador, o problema da representação decorre de uma questão relativa à legitimidade.[618] Para que uma pessoa possa dirigir os efeitos da sua atuação à esfera de outrem é necessária a titularidade de uma situação jurídica que inclua essa possibilidade.

Uma das situações que inclui essa possibilidade é o poder de representação. O titular de um poder de representação pode dirigir a sua atuação para outra esfera jurídica que não a sua própria. Caso tenha um grau suficiente de autonomia privada, pode provocar esse efeito; tem legitimidade para, praticando um ato, os efeitos desse ato serem dirigidos à esfera do *dominus*.

---

[617] Sobre o assunto, PEDRO DE ALBUQUERQUE, *A Representação Voluntária em Direito Civil (Ensaio de Uma Reconstrução Dogmática)*, Almedina, Coimbra, 2004, cit. "Da Representação", págs. 43-493.
[618] PAPANTI-PELLETIER, *Rappresentanza e Cooperazione Rappresentativa*, Giuffrè, Milano, 1984, cit. "*Rappresentanza*", pág. 109. SIMONE MAVALGNA, *Sulla Natura*, cit., págs. 302-305, também considera que a declaração do representado – procuração – é uma declaração de legitimação. No entanto, considera que o efeito resulta da Lei, não resultando autonomamente da procuração.

Se a pessoa não for o titular do poder de representação, e agir em nome alheio – representativamente –, não tem legitimidade para afetar a esfera jurídica do representado, pois falta-lhe a titularidade de uma situação jurídica que inclua a prática de atos em nome alheio sobre a esfera do representado. Qualquer ato praticado nestas circunstâncias será, em regra, ineficaz.[619]

A eficácia do poder de representação, aquilo que o exercício do poder de representação muda na Ordem Jurídica, é a possibilidade de agir em nome alheio com o direcionamento dos efeitos da atuação a essa pessoa. Uma atuação na qual o agente, embora pratique pessoalmente os atos, os efeitos são integralmente dirigidos ao representado de tal modo que é o representado a parte nesses atos.

O poder de representação possibilita o direcionamento da plena eficácia do ato a uma pessoa que não o agente. Tudo aquilo que o ato muda na ordem jurídica, incluindo a imputação do próprio ato, é potencialmente dirigido ao representado. É com base nesta potência estática, e com base na dinâmica da autonomia privada do procurador, que a potência é transformada em ação que muda o Direito.

Exercido legitimamente um poder de representação, diferentemente de a plena eficácia ser dirigida a quem praticou o ato – como é regra –, ela é dirigida diretamente para a esfera jurídica do representado que é considerado como a parte na prática do ato.

O mundo do Direito não é igual no caso da atuação em nome alheio com poder de representação, no caso de atuação em nome alheio sem poder de representação e no caso de atuação em nome próprio. Todos estes casos são diferentes, todos estes casos importam diferentes mudanças na realidade jurídica, todos estes casos têm diferente eficácia.

Não havendo um poder de representação, não existe uma potência para pôr em ação. Só pode haver efeito representativo se previamente existir potência de efeito representativo – o poder de representação.

A falta de titularidade de um poder de representação que abranja o ato a praticar, importa a falta de potência de direcionamento dos efeitos a outrem decorrente de uma atuação em nome alheio. Não é logicamente

---

[619] Pedro Grimalt Servera, *Ensayo sobre la Nulidad del Contrato en el Código Civil, Revisión Crítica de la Categoria de la Anulabilidad*, Editorial Comares, Granada, 2008, cit. "*Ensayo*", págs. 115-118, considera que o contrato celebrado em representação sem poderes é inexistente.

possível transformar potência em ação, se a potência não existe. E sem ação não há mudança; não há efeitos.[620] Ou seja, a falta de titularidade do poder de representação causa a ineficácia representativa – os efeitos do ato praticado não são dirigidos à esfera do *dominus,* porque embora tenha sido invocado o nome de outra pessoa como representado, essa invocação não produz o redirecionamento da atuação. A falta do poder de representação não permite que a invocação de atuação em nome alheio produza o seu efeito típico que consiste no direcionamento da atuação para a esfera do *representado*. Assim, a consequência normal da prática de um ato em nome de outrem mas sem poderes de representação consiste em não serem dirigidos efeitos para a esfera do *dominus*.

O não direcionamento dos efeitos da atuação ao agente resulta da sua própria vontade. O agente diz que não quer aqueles efeitos para si; que, pelo que lhe diz respeito, não quer o negócio.[621] No que lhe diz respeito não celebrou um negócio; não provocou efeitos. Tecnicamente o negócio existe, mas não produz mudanças relativamente ao agente. É o direcionamento dos efeitos ao *dominus* que depende do poder de representação. É este direcionamento que é o efeito do poder de representação. É esta a mudança que o poder de representação potencia no mundo do Direito. Se a pessoa for titular do poder de representação e agir dentro do âmbito desse poder, a prática do ato em nome do representado implica que toda a eficácia do ato se verifique na esfera do representado. Se a pessoa não for titular do poder de representação, mas invocar agir em nome alheio, essa invocação não altera o destinatário da eficácia.

Se a pessoa agir em nome próprio, a eficácia é dirigida à sua esfera, a menos que o ato em si seja dirigido a situações jurídicas alheias. Mas neste caso não se verifica uma eficácia plena do ato no titular da esfera jurídica alheia. A parte no ato é o agente, mas este atua em nome próprio sobre situações alheias.

A questão agora colocada consiste em saber o que sucede quando António confere os poderes de representação a Bento mas não autoriza o seu exercício, e Bento pratica um ato invocando agir em representação de

---

[620] Não se dão os efeitos que decorreriam tipicamente do poder de representação. Mas verificam-se outros efeitos, com maior ou menor relevância jurídica.
[621] Ou, melhor, que não quer que o negócio mude nada em relação a si.

António. O poder de representação tal como é atualmente configurado na procuração nasce teoricamente no Direito Comercial,[622] com preocupações de salvaguarda do tráfego jurídico comercial.[623]

---

[622] A teoria da representação fundada na separação face ao mandato operada por LABAND – "*Stellvertretung*", págs. 183 e segs. – central em matéria de representação – foi construída sobre uma preposição comercial (a *Prokura*). Conforme afirma VALERIA DE LORENZI, *La Rappresentanza nel Diritto Tedesco, Excursus Storico sulla Dottrina*, em *Rappresentanza e Gestione*, págs. 72-93, CEDAM, 1992, cit. "*La Rappresentanza*", págs. 76-86, LABAND aborda a questão da representação seguindo os métodos da jurisprudência dos conceitos, procurando proceder a uma análise puramente lógica. Aproveitando o ADHGB de 1861, apoia-se em duas figuras típicas: o gerente comercial (*Prokurist*) e o representante societário. Em ambos os casos – mas especialmente no gerente comercial em que se apoia mais – o ADHGB estabelece o âmbito dos poderes do representante, de modo imperativo, no interesse da proteção do tráfego jurídico e dos terceiros que contratassem com estes representantes. A partir desta figura (e também do representante societário, mas não com tanta relevância), LABAND identifica a possibilidade de haver representação sem mandato e mandato sem representação. A representação e o mandato não são dois lados da mesma relação, mas duas relações distintas. A prova desta realidade resulta da *Prokura* que funciona independentemente de qualquer mandato. O gerente comercial (*Prokurist*) vincula o dono do negócio, independentemente de qualquer mandato que eventualmente exista. Como tal, esta preposição é independente do mandato, sendo o mandato irrelevante para a legitimidade representativa. Efetivamente, no caso da *Prokura*, LABAND tinha plena razão. Com base no regime legal desta figura, a relação de representação não era afetada por qualquer mandato existente entre representante e representado, sendo a eficácia representativa resultante plenamente do regime legal e da outorga da procuração ou da preposição. Após identificar esta separação entre representação e mandato, generaliza-a a toda a representação. Ou seja, parte de dois casos específicos, com regime especial, para concluir que a representação e mandato são relações diferentes; que é possível haver mandato sem representação e representação sem mandato; que, conforme resulta dos casos analisados, o mandato não afeta a representação, sendo a representação independente do mandato. Mas, em lugar de se limitar a afirmar que se trata de duas relações diferentes que podem ser independentes (em certos casos), generaliza estas características, aplicando-a a toda a teoria da representação, como uma necessidade. A teoria da representação de LABAND foi indubitavelmente importante. Por um lado, influenciou largamente Doutrinas e Leis (em especial o BGB – MICHEL PÉDAMON, *Le Contrat en Droit Allemand*, 2ª edição, L.G.D.J., Paris, 2004, cit. "*Le Contrat*", pág.75); por outro lado, é genericamente aceite – e concordamos – que procuração (e poder de representação) e mandato são dois negócios (relações) diferentes. Também é de aceitar que é possível a independência (dita, abstração) da procuração face ao mandato (ou outra relação subjacente). Mas esta abstração não é nem necessária nem absoluta. Pode haver ou não e, havendo-a, pode ser mais ou menos profunda, dependendo do concreto regime que lhe seja aplicável. LABAND, que é mais um publicista do que um privatista, desenvolve a sua teoria com base nos métodos da jurisprudência dos conceitos, de tal modo que não atribui

Havendo procuração há poder de representação e, como tal, há legitimidade.[624] Este sistema é fundamental no Direito Comercial em que

relevância à distinção entre o Direito Civil e o Direito Comercial, não atribui relevância à função do negócio, nem a qualquer circunstância que não seja exclusivamente decorrente do conceito base e da sua evolução puramente lógica – CLIVE MACMILLAN SCHMITTHOFF, *Agency*, cit., pág. 312. A sua teoria, que se houvesse ficado limitada ao Direito Comercial, já seria revolucionária, vê essa característica ultrapassar os limites da compatibilidade ao ser generalizada para o Direito Civil. Ao ver a preposição comercial como um mecanismo formal de legitimação representativa, é o próprio que identifica a semelhança com a teoria dos títulos, referindo que a mesma separação entre legitimidade formal e material se verifica nos títulos de crédito. Mas a teoria da representação de LABAND não é mais do que uma teoria construída com base num diploma estrangeiro (sem que tal retire grau de importância à referida teoria) que teve uma grande influência sobre os regimes da representação e que foi generalizada para o Direito Civil sem consideração pelas fundamentais diferenças entre estes dois ramos de Direito. Embora tenha claras influências sobre os regimes nacionais – Civil e Comercial – da representação, não tem uma influência equiparável à que teve na Alemanha. Sobre o mesmo problema, em Itália, PAPANTI-PELLETIER, *Cooperazione e Rappresentanza*, em *Rappresentanza e Gestione*, CEDAM, 1992, cit. *"Cooperazione e Rappresentanza"*, pág. 30. A teoria da representação de LABAND não vigora no Direito Civil português. No Direito Comercial português, vigora um regime que, em parte, opera como teorizado por LABAND. Não no que respeita à procuração, mas no que respeita à outra figura sobre a qual este apoiou a sua teoria da representação. O representante societário – gerente ou administrador – é titular de um poder de representar a sociedade que é independente da relação subjacente (normalmente um mandato), e cujo âmbito de eficácia representativa perante terceiros é definida imperativamente pela Lei. A chamada "abstração" da procuração, apenas pode ser aferida face a um concreto regime, não sendo uma necessidade, nem mesmo supletiva, da representação.

[623] AGUSTÍN VICENTE Y GELLA, *Introducción al Derecheo Mercantil Comparado*, 2ª ed., Editorial Labor, Barcelona, 1934, cit. *"Introducción"*, págs. 180-184. Sobre a relevância da inscrição da procuração no registo comercial – CARLO IBBA, *Rappresentanza Commerciale, Rappresentanza di Diritto Comune e Registro delle Imprese*, em *Rivista di Diritto Civile*, XLVI, 2ª parte, 145-165, CEDAM, Padova, 2000, *"Rappresentanza"*, em especial págs.161-164.

[624] MARIA HELENA BRITO, *A Representação nos Contratos Internacionais – Um Contributo para o Estudo do Princípio da Coerência em Direito Internacional Privado*, Almedina, Coimbra, 1999, cit. *"A Representação"*, pág. 105. O regime jurídico da *Prokura*, em que LABAND se apoiou, incluía não só a outorga de poderes de representação, mas ainda regras imperativas sobre o seu âmbito que provocam a sua abstração – CLAUDE WITZ, *Droit Privé Alemand, 1. Actes Juridiques, Droits subjectifs*, Litec, Paris, 1992, cit. *"Droit Privé"*, págs- 396-399. Por abstração da procuração não se significa a ausência da relação subjacente, mas a sua irrelevância nas relações com terceiros, que pode ser em maior ou menor grau – neste sentido MARIA HELENA BRITO, *A Representação*, cit., pág. 124. O mesmo sucede nos demais negócios abstratos – SIMONE MALVAGNA, *La Teoria del Negozio Astratto*, Rivista di Diritto Civile, XXVII, págs. 43-63, Società Editrice Libraria, Milano, 1935, cit. *"La Procura"*, pág. 46 e DIOGO JOSÉ PAREDES LEITE DE

a abstração é mais natural. Por exemplo na relevância da teoria dos títulos,[625] verifica-se uma maior compatibilidade sistemática de uma procuração, que seja título do poder de representação, funcionando num regime de abstração, como é típico nos títulos.[626]

Mas a procuração, tal como foi inicialmente configurada por LABAND, é uma procuração de Direito Comercial. A sua estrutura foi identificada no Direito Comercial, atendendo a questões de Direito Comercial, com um regime de Direito Comercial. A procuração que LABAND autonomizou do mandato – num dos grandes feitos da ciência jurídica – é uma procuração comercial. Não é uma figura de Direito Civil, tal como este ramo de Direito é entendido entre nós.

Num sistema de unificação legislativa entre Direito Civil e Direito Comercial, no qual o Código Civil desempenhe as funções de fonte principal de Direito Comercial, a tendência consiste em existir apenas um tipo principal de procuração, cujo regime seja indiferentemente aplicável aos casos civis e comercias. No entanto na nossa Ordem Jurídica, Direito Civil e Direito Comercial não só têm fontes centrais distintas – Código Civil e

---

CAMPOS, *A Subsidiariedade da Obrigação de Restituir o Enriquecimento*, Almedina, Coimbra, 1974, "*A Subsidiariedade*", págs. 243-284.

[625] JOSÉ A. ENGRÁCIA ANTUNES, *Os Títulos de Crédito*, Coimbra Editora, Coimbra, 2009, cit. "*Títulos*", págs. 213-25. Embora não seja exclusiva do Direito Comercial – DANTE CALLEGARI, *I Titoli di Credito nel Diritto Civile*, em *Rivista di Diritto Civile*, XXI, págs. 313-353, Società Editrice Libraria, Milano, 1929, "*I Titoli*", págs. 313-321; WASHINGTON DE BARROS MONTEIRO, *Curso de Direito Civil, 5º volume, Direito das Obrigações, 2ª Parte*, 31ª ed., Saraiva, São Paulo, 1999, cit. "*Obrigações*", págs. 379-385.

[626] Sobre os títulos de crédito, TULLIO ASCARELLI, *Teoria Geral dos Títulos de Crédito*, tradução de Nicolau Nazu, Livraria Académica – Saraiva & Cia., São Paulo, 1943, cit. "*Teoria Geral*", (sobre a abstração em especial, págs. 83-157); MARIO VASELLI, *Documenti de Legittimazioines e Titoli Impropri*, Giuffrè, Milano, 1958, cit. "*Documenti*", págs. 80-81; PAIS DE VASCONCELOS, *Títulos de Crédito*, Associação Académica da Faculdade de Direito de Lisboa, Lisboa, 1999, cit: "*Títulos*", págs. 45-61 e *Direitos Destacáveis – O Problema da Unidade e Pluralidade do Direito Social*, em *Direito dos Valores Mobiliários*, Vol. I, págs. 167-176, Coimbra Editora, Coimbra, 1999, cit: "*Direitos Destacáveis*", págs. 172-173. PAULO OLAVO CUNHA, *Cheque e Convenção de Cheque: Acerca da Preponderância da Subscrição Cambiária sobre a Relação Contratual Existente entre o Banqueiro e o seu Cliente*, Almedina, Coimbra, 2009, cit. "*Cheque*", págs. 195-203. Em especial no que respeita aos valores mobiliários como títulos de crédito – DIOGO NOGUEIRA CELORICO DRAGO, *Actos Abstractos e Circulação de Valores Mobiliários*, em *Direito dos Valores Mobiliários*, VOL. V., Coimbra Editora, Coimbra, 2004, cit. "*Actos Abstractos*", em especial págs. 448-461 e 497-509.

Código Comercial – como são caracterizadas por estruturas de princípios fundamentalmente diferentes. A receção da procuração[627] pelo Direito Civil nacional, importou uma adaptação fundamental à estrutura de princípios que o caracterizam: a atenuação da abstração. A procuração é uma figura de Direito Comercial, estruturada para funcionar abstratamente, mas que no Direito Civil foi adaptada para funcionar causalmente. Nas palavras de CLIVE MACMILLAN SCHMITTHOFF, sobre os efeitos da teoria de LABAND sobre procuração e representação e os diferentes níveis de manifestação dessa teoria em vários casos de representação voluntária, *all forms of authority are abstract, but some are more abstract than others*[628].

No regime civil da procuração, a Ordem Jurídica não reconhece a eficácia do ato celebrado em representação de outrem só com fundamento no poder de representação.[629] Embora o poder de representação seja necessário, como regra não é suficiente para a obtenção de legitimidade para a prática de atos que provoquem eficácia jurídica na esfera jurídica de outrem em Direito Civil.

O regime do Código Civil exige, como regra, que o procurador seja titular do poder de representação e que atue de acordo com a relação subjacente.[630] Ou seja, o facto legitimador positivo consiste no conjunto que resulte da titularidade de um poder de representação e da titularidade de uma posição numa outra relação jurídica, da qual resulte a modelação do exercício desse poder. Só nestes casos haverá legitimidade para praticar o ato em representação.

---

[627] Tal como desenvolvida a partir da teoria de LABAND.
[628] CLIVE MACMILLAN SCHMITTHOFF, *Agency*, cit., pág. 312, refere-se aos casos típicos de representação no Direito alemão: procurador (*Vertreter*), procurador comercial legalmente típico (*Prokurist*), procurador geral comercial (*Generalhandlungsbevollmächtiger*), procurador especial comercial (*Spezialhandlungsbevollmächtiger*), procurador comercial (*Handelsvertreter*), funcionário comercial (*Ladenangesteller*), comissário (*Kommissionär*), intermediário (*Krämermakler*), agente de seguros (*Versicherungsvertreter*), expedidor (*Spediteur*), transportador terrestre (*Frachtfüher*) e o transportador marítimo (*Verfrachter*), considerando que os níveis de abstração divergem de caso para caso.
[629] No sentido da insuficiência da procuração, PEDRO DE ALBUQUERQUE, *Da Representação*, cit., pág. 595, afirmando que a procuração não pode, só por si, valer como autorização.
[630] Em sentido semelhante, MENEZES CORDEIRO, *Tratado V*, cit. pág. 130, afirma que *a lei pressupõe que, sob procuração, exista uma relação entre o representante e o representado, em cujos termos os poderes devem ser exercidos.*

Se faltar a titularidade do poder de representação, o agente não terá legitimidade para praticar o ato em representação, pelo que o ato será parcialmente ineficaz na parte afetada pela ilegitimidade, não sendo os seus efeitos dirigidos à esfera jurídica do dono do negócio. Ou seja, o ato será ineficaz relativamente ao dono do negócio – art. 268º, nº 1 do Código Civil.

Se, embora sendo titular do poder de representação, resulte da relação subjacente que o procurador não pode exercer o poder de representação para praticar esse concreto ato, não terá legitimidade[631] para praticar o ato de tal modo que este seja eficaz na esfera do representado, pelo que a Ordem Jurídica não reconhece eficácia na esfera deste – art. 269º do Código Civil.

Quer nos casos do art. 268º, nº 1 do Código Civil, quer nos casos do art. 269º do Código Civil, há falta de legitimidade para praticar o ato em representação. Ou seja, em regra, se a atuação não for conforme com o poder de representação e com a relação subjacente a esfera do representante não é afetada pelo ato.[632] Esta é a regra geral. Mas tal não significa que não existam outros factos legitimadores positivos. O conjunto entre o poder de representação e a relação subjacente é um dos factos legitimadores positivos relevantes para efeitos de prática de atos com eficácia direta em esfera jurídica alheia. Mas existem mais factos legitimadores positivos com relevância nessa matéria.

O facto legitimador positivo mais patente resulta do regime do art. 269º do Código Civil relativo ao desconhecimento do abuso de representação. A distinção entre representação sem poderes e abuso de representação é, normalmente, apresentada como dicotómica e inconfundível.[633]

---

[631] HELENA MOTA, embora com uma posição de fundo semelhante, termina concluindo também que a questão no abuso de representação pelo procurador é de legitimidade, *Do Abuso de Representação – Uma Análise da Problemática Subjacente ao Artigo 269º do Código Civil de 1966*, Coimbra Editora, Coimbra, 2001, cit. *"Do Abuso"*, pág. 176.

[632] RUI DE ALARCÃO, *Breve Motivação do Anteprojecto sobre o Negócio Jurídico na Parte Relativa ao Erro, Dolo, Coacção, Representação, Condição e Objecto Negocial*, Boletim do Ministério da Justiça, nº 138, págs. 71-122, 1964, cit. *"Breve Motivação"*, págs. 122-123, após tratar a questão da representação sem poderes como um problema de eficácia e legitimidade, equipara-lhe o abuso de representação.

[633] MARIA HELENA BRITO, *A Representação*, cit., pág. 154; HELENA MOTA, *Do Abuso*, cit., pág. 161.

O próprio Código Civil contribui para essa distinção regulando cada situação num artigo próprio (embora com remissão parcial).

Mas a norma do art. 269º do Código Civil, com o fim de proteger terceiros[634] que confiam que o procurador está a exercer os poderes de representação tal como resulta da relação subjacente (ou seja, que confiam na aparência[635] de respeito pela relação subjacente[636]), considera a confiança na aparência resultante do desconhecimento do abuso,[637] em conjunto com a procuração, como um facto legitimador positivo.

O facto legitimador positivo é, também neste caso, um conjunto. Mas agora entre a titularidade do poder de representação (que inclua a possibilidade de praticar aquele concreto ato) e a proteção da confiança do terceiro que resulta heteronomamente do art. 269º do Código Civil.

Segundo o art. 269º do Código Civil o conjunto destes factos é um facto legitimador positivo com relevância ao nível da titularidade do procurador. Se o procurador se encontrar numa situação como esta, e se

---

[634] Neste sentido, LORENZO MOSSA, *Abuso*, cit., págs. 255-256, considera que é a proteção do terceiro que justifica o efeito representativo nos casos de abuso de representação.

[635] Em regra, em Direito Civil, a aparência não é um facto legitimador positivo por si. Neste sentido PESSOA JORGE, *A Protecção Jurídica da Aparência no Direito Civil Português*, polic., Lisboa, 1951-1952, cit. *"Aparência"*, págs. 106-113. A aparência apenas será um facto legitimador positivo nos casos especiais em que tal for imposto pelo Direito, normalmente através da Lei – neste sentido, JOSÉ IGNÁCIO CANO MARTINÉZ DE VELASCO, *La Exteriorización*, cit. págs. 60-61. Frequentemente estes casos tutelam, não a aparência, mas a confiança na aparência. Como tal, o regime regra da representação, no caso de abuso, não é o da legitimidade representativa, mas o da ilegitimidade representativa, sendo a possibilidade de imputar o ato diretamente à esfera do representado, estatuído no art. 269º do Código Civil (se a outra parte desconhecia o abuso e não tinha dever de conhecer), um caso especial. Sobre o conceito de aparência, ELEONORA RAJNERI, *Il Principio dell'Apparenza Giuridica*, Università degli Studi di Trento, Trento, 2002, cit. *"Apparenza"*, em especial págs. 119-122.

[636] Não é tutelada a confiança na aparência da legitimidade, mas apenas a confiança na aparência de respeito pela relação subjacente. Caso o procurador não tenha legitimidade por falta de autonomia suficiente, por exemplo por falta de capacidade, não será aplicável a norma do art. 269º.

[637] A letra da lei refere-se ao conhecimento ou dever de conhecimento do terceiro. No entanto, a questão fundamental é a do desconhecimento do abuso, pois só neste caso o terceiro é protegido. A redação da disposição de uma perspetiva positiva ou negativa, é uma mera técnica legislativa, relevante, mas não determinante, para a interpretação – RAÚL GUICHARD ALVES, *Da Relevância Jurídica do Conhecimento no Direito Civil*, Universidade Católica Portuguesa, Porto, 1996, cit. *"Da Relevância"*, págs. 25-25.

tiver um nível de autonomia privada suficiente para a prática do ato em representação,[638] terá legitimidade para o praticar.

A legitimidade para a prática de atos em representação voluntária, no âmbito do Direito Civil, depende tanto do respeito pelo poder de representação como do respeito pela relação subjacente.[639] Esta é, estruturalmente, tão importante quanto o poder de representação. Na prática, face ao regime do art. 269º do Código Civil, o poder de representação é mais importante para a eficácia representativa do ato, pois pode haver legitimidade sem respeito pela relação subjacente.[640]

No Direito Comercial é quase indiferente para a legitimidade se o procurador respeita ou não a relação subjacente. Só se o terceiro conhecer efetivamente o abuso no momento da prática do ato é que o abuso será relevante.[641] Não é suficiente que devesse conhecer o abuso, como sucede no regime civil.

No Direito Comercial, o desrespeito pela relação subjacente é tornado irrelevante, em benefício da proteção da confiança e do tráfego jurídico comercial.[642] Para ter legitimidade o procurador apenas necessita de respeitar o poder de representação. Mas, para agir lícita e legitimamente

---

[638] Nível de autonomia privada que será mais fácil de obter no que respeita às incapacidades de exercício face ao regime do art. 263º do Código Civil.

[639] MENEZES CORDEIRO, *Tratado V*, cit. págs. 86-87, embora de uma perspetiva diferente, também integra a posição de procurador com a posição que este ocupa na relação subjacente para retirar dessa unidade a possibilidade de atuação. Considera que a unidade das duas posições se traduz num direito subjetivo protestativo funcional, no exercício do qual se verifica a atuação representativa. PEDRO DE ALBUQUERQUE, *Da Representação*, cit., págs. 1186—1201 (em especial, págs. 1186, 1188, 1196 e 1997), considera que o poder de representação consiste num poder potestativo funcionalmente dependente da relação subjacente. JAQUES GHESTIN, CHRISTOPHE JAMIN e MARC BILLIAU, *Traité de Droit Civil, Les Efects du Contrat*, 2ª ed., LGDI, 1994, cit. "*Traité*", pág. 641, consideram que o efeito da falta de poderes e do abuso de poderes de representação é o mesmo – ineficácia representativa – pois em ambos os casos se viola o poder concedido.

[640] O que não significa que o ato do representante seja lícito.

[641] Como sucede, por exemplo, no art. 249º do Código Comercial. Este é um caso em que se verifica essencialmente abstração do poder de representação face à relação subjacente – neste sentido, RAÚL GUICHARD ALVES, *Notas sobre a Falta e Limites do Poder de Representação* em *Revista de Direito e Estudos Sociais*, XXXVII, págs. 3-54, Lex, Lisboa, 1995, cit. "*Notas*", pág. 40.

[642] Sobre a relação entre aparência, confiança e segurança (por um lado) e a procuração (por outro), MANUEL CARNEIRO DA FRADA, *Teoria da Confiança e Responsabilidade Civil*, Almedina, Coimbra, 2004, "*Teoria da Confiança*", págs. 49-52, nota 40, e págs. 52-61.

continua a necessitar de respeitar o poder de representação e a posição que resulta do negócio subjacente.

As razões de proteção do tráfego jurídico comercial apenas operam para provocar a abstração da procuração.[643] Apenas retiram à relação subjacente a relevância para a legitimidade no que respeita à eficácia representativa. Ou seja, ao direcionamento dos efeitos para a esfera jurídica do *dominus*. Não afetam a relevância da relação subjacente no que respeita aos efeitos da própria relação subjacente. É desta que resulta a legitimidade para o procurador afetar a situação do *dominus* em tudo o que não seja abrangido pela necessidade de proteção do tráfego jurídico comercial (pelo âmbito da abstração).

Se o procurador agir em abuso de representação, não terá legitimidade para interferir em situações jurídicas do *dominus*. Caso o faça a sua atuação será ilegítima e ilícita, sofrendo as consequências dos meios de defesa dessa situação. Mas, no que respeita à atuação perante terceiros, verifica-se direcionamento dos efeitos do ato praticado para a esfera do *dominus*. Com base no regime abstrato da procuração, em Direito Comercial, o procurador apenas tem legitimidade para dirigir os efeitos do ato representativo para a esfera do *dominus* independentemente de agir no âmbito da relação subjacente, no que respeita aos efeitos que se verifiquem exclusivamente entre *dominus* e terceiro que não conheça efetivamente o abuso. A relação subjacente mantém-se relevante para toda a restante legitimidade. Mas no Direito Civil, em que a relevância da relação subjacente é maior, é também maior a importância de definir se determinado negócio pode constituir uma relação subjacente.

A prática de um ato representativo por quem, sendo titular do poder de representação e agindo dentro desse poder, não esteja autorizado a praticar esse ato, constitui um abuso de representação. No Direito Civil, em que a legitimidade representativa depende, em regra, do respeito pelo poder de representação e pela posição resultante da relação subjacente, o abuso de representação importa a ineficácia do ato representativo. O agente é titular do poder de representação – não sendo um caso de representação sem poder – mas a falta de respeito pela relação subjacente

---

[643] ANTONIO GORDILLO, *La Representación Aparente (Una Aplicación del Principio General de Protección de la Aparecia Jurídica)*, Universidad de Sevilla, Salamanca, 1978, cit. *"Representación"*, págs. 67-80.

provoca a falta de titularidade de uma situação juridicamente suficiente para, em conjunto com a autonomia privada, constituir legitimidade. A relação subjacente é, como tal, essencial ao normal exercício representativo. Importa, como tal, aferir da relevância da autorização para operar como relação subjacente à procuração.

A procuração concede o poder de representação. No entanto, não modela o seu exercício. A procuração é um negócio incompleto. A procuração limita-se a constituir o poder de representação, sem regular o seu exercício nem ter critério para tanto. Para que o negócio jurídico possa constituir uma relação subjacente é necessário que deste resultem critérios de exercício do poder de representação.

Como vimos, a autorização limita os meios de defesa de situações jurídicas. Esta limitação provoca reflexamente na esfera do autorizado, um precário, ficando este com legitimidade para agir sobre essa situação jurídica. A autorização é, por si, um facto legitimador positivo. No entanto não constitui qualquer poder de representação.[644] O autorizado age em nome próprio e não em nome do autorizante.

O autorizado age sempre em nome próprio e não em nome alheio; mesmo quando atua perante terceiros. Se for concedida conjuntamente uma autorização e uma procuração, o autorizado poderá agir em nome do autorizante, no âmbito coincidente dos poderes de representação e da autorização. A legitimidade do autorizado com representação é delimitada por esta zona de coincidência entre procuração e autorização (ou outra relação subjacente adequada).

Se for concedida uma autorização, mas não uma procuração, o autorizado apenas pode agir em nome próprio; se agir em nome alheio a atuação será ineficaz, porque ilegítima. Agirá em representação sem poderes. Do conjunto de ambos os negócios – autorização e procuração –, resulta a legitimidade e licitude plenas do ato praticado em nome alheio, pelo menos no que respeita a matérias disponíveis.

A procuração, só por si, não atribui legitimidade ao representante para agir eficazmente. Se agir só com base na procuração, sem autoriza-

---

[644] Nem mesmo de representação indireta, como alguma doutrina considera – LUIGI CARIOTA FERRARA, *Diritti Potestativi, Rappresentanza, Contratto a Favore di Terzi*, em *Rivista di Diritto Civile*, VI, 351-362, CEDAM, Padova, 1960, *"Diritti"*, pág. 252-254.

ção (ou outra relação subjacente adequada), estará a agir em abuso de representação.

A autorização, só por si, não atribui poder de representação. Se agir em nome alheio, o autorizado atuará em representação sem poderes.

Deste modo, a autorização pode constituir uma relação subjacente à procuração. Do conjunto de ambas resulta legitimidade para praticar o ato representativo.

Da autorização resultam, nestes casos, os critérios de exercício do poder de representação. A autorização não cria qualquer obrigação do autorizado agir de determinado modo. Antes limita-se a abrir uma possibilidade de atuação. Não se trata de um negócio que force a atuação em determinado sentido, trata-se de um negócio que apenas deixa aberta uma possibilidade de atuação. Embora seja um precário, é uma situação ativa. Enquanto, por exemplo no mandato, o negócio força não só o modo de atuar mas ainda a iniciativa da atuação, a autorização pode modelar a atuação do autorizado mas sem forçar a iniciativa de atuação.

O autorizado tem a liberdade de praticar ou não o ato, não estando sequer obrigado a atuar. Mas se decidir atuar, tem de conformar a atuação dentro dos limites da autorização. Não por estar obrigado a fazê-lo, mas por apenas lhe ser possível agir legitimamente dentro desses limites. Qualquer atuação fora desses limites será ineficaz (e eventualmente ilícita), pelo que, por exclusão de partes, apenas pode agir no sentido definido pela autorização. Como tal, a autorização é hábil para modelar o exercício de poderes representativos, podendo constituir uma relação subjacente à procuração.

Uma procuração que tenha como relação subjacente uma autorização importa para o procurador a legitimidade para praticar os atos autorizados que sejam abrangidos pelo poder de representação. Caso ambos os negócios sejam outorgados no mesmo ato, a zona de coincidência de ambos os negócios é total, pelo que o procurador terá legitimidade para praticar todos os atos constantes da procuração.

Se António assinar um documento no qual consta *constituo meu procurador Bento a quem confiro os poderes para vender o meu automóvel, autorizando-o a celebrar o negócio pelo preço e condições que melhor entender*, a coincidência entre procuração e autorização constitutiva é total, pelo que Bento tem legitimidade para vender o automóvel, por qualquer preço e condições, sendo o negócio sempre legítimo e lícito. Bento poderia vender ou não o automóvel. E, caso o vendesse, poderia decidir livremente o preço.

Se António assinar um documento no qual consta *constituo meu procurador Bento a quem confiro os poderes para vender o meu automóvel, autorizando-o a celebrar o negócio por um preço não inferior a* €5.000,00, a coincidência entre procuração e autorização constitutiva mantém-se total, pois ambos os negócios, procuração e autorização constitutiva, têm a mesma fonte e não faz sentido afirmar que a concessão de poderes foi ilimitada e só a autorização está limitada.

Mas, se no documento assinado por António constar *constituo meu procurador Bento a quem confiro os poderes para vender o meu automóvel*, e em paralelo António assinar outro documento no qual constar *autorizo Bento a vender o meu automóvel desde que por preço não inferior a* €5.000,00, já não se verifica coincidência entre procuração e autorização constitutiva. Neste caso, Bento é livre de vender ou não o automóvel de António. Se não vender não incumpre qualquer obrigação. Mas se o vender não pode aceitar preço inferior a €5.000,00. Se Bento vender o automóvel a Carlos por €4.000,00 não incumpre qualquer obrigação, mas age sem legitimidade e ilicitamente.

O negócio poderá, eventualmente, produzir os seus efeitos na esfera de António se Carlos beneficiar do regime do art. 269º do Código Civil. Neste caso, como o ato de Bento produz efeitos representativos, António perde a propriedade do automóvel recebendo apenas €4.000,00. Bento poderá responder por ter violado o direito de propriedade de António tendo causado um dano cujo valor será determinado nos termos gerais. O dano não será necessariamente de €1.000,00. Ao violar o limite da autorização constitutiva, Bento age sem legitimidade no que respeita à totalidade da venda. Não tendo respeitado o limite imposto, não adquire um precário, não tendo legitimidade para vender. Por esta razão, o valor do dano será o resultado da diferença entre o valor recebido e o valor que teria permanecido no património de António se o automóvel não tivesse sido vendido. Mas caso Carlos conhecesse ou devesse conhecer o teor da autorização constitutiva, já o negócio seria plenamente ineficaz.

A autorização constitutiva é apta para operar como uma relação subjacente à procuração, modelando o comportamento do procurador, sem o obrigar a agir.

Tradicionalmente refere-se que a procuração tem tipicamente como negócio subjacente o mandato.[645] No entanto, embora exista uma clara relação entre ambos os negócios, estruturalmente o negócio que tipicamente apresenta maior adequação para constituir uma relação subjacente à procuração é a autorização.[646] A procuração é um negócio unilateral, pelo que se torna perfeito, constituindo o poder de representação na esfera do procurador, independentemente da sua aceitação. Para que a procuração tenha uma relação subjacente desde o momento da sua perfeição, é necessário que esta relação resulte de um negócio unilateral. De outro modo, o momento de perfeição da procuração e do negócio que constitui a relação subjacente poderiam ser diferentes. A autorização constitutiva, sendo tipicamente unilateral, pode ser outorgada e tornar-se perfeita em simultâneo com a procuração. Podem mesmo ser ambas celebradas em simultâneo, com base na mesma declaração.

Os contratos que constituem relação subjacente à procuração não têm esta coincidência estrutural com a procuração, sendo necessário condicionar a eficácia da procuração à perfeição do negócio que constitui a relação subjacente de modo a evitar uma prévia eficácia da procuração relativamente ao negócio subjacente.

A questão não é meramente académica. Entre o momento da perfeição da procuração e o momento da perfeição do negócio que constitui a relação subjacente é possível ao procurador ter legitimidade para agir em representação de acordo com o regime do abuso de representação.[647] Ou seja, mesmo que ainda não exista relação subjacente, o procurador pode agir eficazmente em representação. No caso da outorga simultânea de procuração e autorização limita-se muito a existência de procurações

---

[645] São também referidos frequentemente outros negócios – LUIGI MOSCO, *La Rappresentanza Voluntaria nel Diritto Privato*, Casa Editrice Dott. Eugenio Jovene, Nápoles, 1961, cit. "*La Rappresentanza*", pág. 145.

[646] GIUSEPPE MIRABELLI, *Commentario del Codice Civile, Libro IV, Tomo II, Titolo II, Dei Contratti in Generale*, UTET, Torino, 1958, cit. "*Commentario*", págs. 272-274, configura a autorização, o poder e a faculdade, como três aspectos diversos do fenómeno da representação: a autorização corresponde ao que o titular concede (do seu ponto de vista), o poder corresponde àquilo que é concedido ao representante (do ponto de vista deste), e a faculdade ao que resulta (legitimidade).

[647] Admitindo-se a aplicação do regime do abuso de representação também aos casos em que falta a relação subjacente.

sem relação subjacente. É mais provável a existência de relação subjacente sem procuração do que o inverso. Apesar desta tipicidade estrutural, o negócio que naturalmente constitui a relação subjacente à procuração é o mandato. Tal resulta da evolução histórica e mesmo legislativa de mandato e procuração. Mas tal não significa que sejam os dois negócios com maior proximidade estrutural.

A proximidade estrutural entre procuração e autorização constitutiva pode ser melhor apreciada numa questão tradicional: a chamada *procuração isolada*.[648] Caso no qual é outorgada uma procuração aparentemente desacompanhada da celebração de um negócio que constitua a sua relação subjacente. É uma questão que está normalmente relacionada com a questão da abstração da procuração.

Esta questão está relacionada com a autonomização da procuração face ao mandato. Esta operação foi feita no âmbito do Direito Comercial, onde a eficácia abstrata de uma procuração estaria em harmonia com os usos do comércio, exigida pela especial necessidade de tutela do tráfego jurídico. Não significa que não exista uma relação subjacente à procuração, mas apenas que esta seria normalmente irrelevante para a legitimidade do procurador para praticar atos em representação. A relação subjacente é relevante apenas se os terceiros a conhecerem, mas não nos demais casos. Ou seja, normalmente a procuração funciona num regime de abstração. Só quando o terceiro conheça a relação subjacente é que esta é causalmente relevante. Assim é no comércio, assumindo-se a relação intersubjetiva típica como verificada entre comerciantes no exercício do seu comércio. O comércio não funciona se os intervenientes estiverem sujeitos à invocação de exceções causais que não conhecem sempre que negoceiam com representantes.[649] E esta questão é tão mais importante quanto uma parte substancial do comércio é exercida em representação.[650] Não pelo comerciante pessoalmente, mas por outrem em sua

---

[648] LUMINOSO, *Mandato, Comissione, Spedizione*, Giuffrè, Milano, 1984, cit. *"Mandato"*, pág. 38, aceita expressamente a procuração isolada, embora afirme que na prática é um fenómeno raro.

[649] ROSCOE T. STEFFEN, *Agency – Partnership*, em *a Nutshell*, West Publishing co., St. Paul – Minnesota, 1977, cit. *"Agency"*, pág. 143.

[650] O comércio não funcionaria sem a representação e institutos próximos – MARKESINIS e MUNDAY, *An Outline of the Law of Agency*, Butterworths, Londres, 1979, cit. *"Agency"*, pág. 3.

representação, quer sejam mandatários, trabalhadores, agentes, caixeiros ou outros.[651]

A chamada abstração da procuração é algo de natural no comércio. O seu regime pode ser mais ou menos abstrato, mas não causa perplexidade. Com a passagem do tipo base da procuração do âmbito do comércio para o do Direito Civil, a abstração da procuração torna-se mais difícil de compatibilizar com os princípios deste ramo do Direito.[652] A influência da relação subjacente torna-se mais relevante, passando a constituir a regra em lugar da exceção. A abstração é um regime que não é natural no Direito Civil.[653] Neste ramo do Direito a regra geral é a da plena causalidade.

Esta separação entre causalidade e abstração não é relativa à existência ou inexistência de causa, mas à relevância ou irrelevância desta e de outros factos (eventualmente negócios) para o negócio em apreciação.[654] Uma procuração isolada é uma procuração que não tem relação com outro negócio. É uma procuração sem relação subjacente. Não é uma procuração que funciona abstratamente. A questão da causalidade ou abstração apenas se coloca se existir outro negócio relacionado, podendo então suceder que haja maior ou menor influência relevante entre os negócios. Se não existir outro negócio relacionado com o negócio em análise não é possível haver influência relevante, pelo que não tem sentido discutir a causalidade ou abstração.

Como tal, a questão tem dois níveis. O da procuração isolada e o da procuração sem relação subjacente aparente.

---

[651] TULIO ASCARELLI, *Appunti di Diritto Commerciale*, 2ª edição, Foro Italiano, Roma, 1933, cit. *"Apunti"*, págs. 102-125. A questão é ainda mais relevante se for considerada a chamada representação orgânica das sociedades comerciais, o que aumenta a quantidade de atos representativos.

[652] Em que a regra é a da causalidade – MENEZES CORDEIRO, *Tratado II*, cit. págs. 102. Segundo PAULA COSTA E SILVA, *Posse ou Posses?*, 2ª ed., Coimbra Editora, Coimbra, 2005, cit. *"Posse"*, cit., pág. 13, referido-se à questão da eventual abstração da posse, considera que esta choca com a cultura jurídica (do Direito Civil).

[653] PAIS DE VASCONCELOS, *Teoria Geral*, cit., págs. 281-284.

[654] VAZ SERRA, *Negócios Abstractos, Considerações Gerais – Promessa ou Reconhecimento de Dívida e Outros Actos*, em Boletim do Ministério da Justiça, nº 83, págs. 5-67, Lisboa, 1959, cit. *"Negócios Abstractos"*, pág. 5, OLIVEIRA ASCENSÃO, *Direito Civil, Vol. III*, cit., págs, 152-158, em particular, pág. 157, e 162-172 e MENEZES CORDEIRO, *Créditos Documentários*, ROA, ano 67, 2007, págs. 81-102, cit. *"Créditos Documentários"*, págs. 95-96.

A procuração é, como já afirmámos, um negócio incompleto. Ela é estruturalmente incompleta, pois constitui o poder de representação, mas não apresenta critérios para o seu exercício. O poder de representação existe para ser exercido e, para tanto, são necessários critérios. Como tal, a procuração isolada é algo de juridicamente incompleto. Constitui um poder que implica uma potência formal de atuação, mas que substancialmente não contém critério de exercício.

No Direito nacional, quer no Comercial, quer no Civil, exige-se uma relação subjacente. Em ambos os diplomas fundamentais[655] o regime do negócio fonte do poder de representação pressupõe a existência de uma relação subjacente ao poder de representação, que opera em conjunto com este poder e da qual resultam os critérios de exercício desses poderes. O Direito nacional não aceita como normal uma procuração estruturalmente isolada, sem uma relação subjacente, que seja eficaz. O regime de abstração ou causalidade da procuração pode permitir a sua eficácia, mas não significa a admissibilidade estrutural da inexistência de relação subjacente.

É possível, tanto na procuração comercial como na procuração civil, o funcionamento abstrato da procuração, embora tal suceda com maior grau de possibilidade e probabilidade no caso da procuração comercial. Ou seja, só quando a causa (relação subjacente) é irrelevante é que a falta de causa (relação subjacente) não impede a legitimidade representativa do procurador, pela verificação de outro facto legitimador positivo.

Normalmente quem outorga uma procuração pretende que os poderes de representação dela decorrente possam ser usados pelo procurador. Pode suceder que ainda não tenha sido constituída a relação subjacente, ou pode suceder um problema patológico. Mas o facto de não ser aparente uma relação subjacente não significa que se esteja perante uma verdadeira procuração isolada. O titular da situação jurídica declara a sua vontade de tal modo que, da interpretação desta declaração resulta uma procuração. Mas o que sucede quando alguém declara que constitui a favor de outrem poderes de representação, nada mais declarando, nem celebrando outro negócio que fique subjacente? Se, por exemplo,

---

[655] No Código Civil o art. 269º; no Código Comercial o art. 242º (embora seja ainda apenas referido o mandato e não a procuração face à antiguidade do Código, aprovado apenas vinte e dois anos depois da autonomização das figuras operada por LABAND).

António assinar um documento no qual consta *confiro a Bento os poderes para me representar na venda do meu automóvel*? Só face a um caso concreto, perante a efetiva declaração e com todas as circunstâncias inerentes, será possível afirmar qual o seu resultado. No entanto, pode afirmar-se que é possível que uma autorização resulte também, tacitamente da declaração que consubstancia a procuração.

Ou seja, numa situação normal da vida, se alguém confere procuração a outrem confere também, tacitamente, a autorização para exercer esses poderes. A menos que existam razões para concluir que o declarante não queria autorizar o exercício dos poderes representativos, por exemplo por ter outorgado a procuração em erro, por pretender celebrar um contrato de mandato ou de trabalho, ou outra razão relevante, da outorga da procuração resulta *com toda a probabilidade* a autorização para exercer os poderes representativos.

Nem sempre assim será. Por exemplo, no caso da outorga da procuração a favor de um advogado não resulta tacitamente uma autorização, uma vez que esta é normalmente associada a um mandato. Também no comércio normalmente assim sucederá, pois normalmente a procuração é também associada a um mandato (frequentemente de gerente de comércio). Nestas situações, a outorga da procuração não implica a outorga de autorização, pelo que enquanto o mandato não for celebrado, a procuração está isolada (transitoriamente).[656] Apenas se pode considerar que da outorga da procuração resulta tacitamente uma autorização se resultar com toda a probabilidade que o representado pretende que os poderes sejam usados (o que será o mais normal) e que pretende que o procurador não fique obrigado a exercer esses poderes.

A outorga tácita de autorização resultante da outorga de uma procuração não deve ser confundida com a outorga expressa de autorização com procuração, mas de um modo pouco visível. Sucede por vezes que no documento no qual se outorgam poderes de representação e que contém a indicação de se tratar de uma procuração, se autoriza a utilização dos poderes de representação. Normalmente surge uma expressão no sentido de constituir alguém procurador a quem se confere determinados poderes ficando autorizado a praticar esses atos, ou expressão equivalente.

---

[656] Embora, no que respeita ao comércio, o regime do art. 234.º possa impedir o isolamento da procuração, fazendo nascer o mandato com a outorga da procuração.

Por vezes estas expressões passam despercebidas, sendo interpretadas como integrando a concessão dos poderes de representação. No entanto, tal não sucede necessariamente assim. Nos casos em que constem expressões como as referidas e não havendo elementos para considerar que existe uma relação subjacente diferente, deve considerar-se que se está perante uma autorização. Pode ser uma situação diferente, pois sucede também por vezes que expressões que indiciam a celebração são usadas quando a relação subjacente não é uma autorização (sendo, por exemplo, um mandato).

Nos casos em que a procuração e a autorização são celebradas em conjunto forma-se uma unidade negocial, sendo celebrado um negócio unilateral misto de tipo múltiplo, com base na procuração e na autorização constitutiva unilateral. Sendo ambas as figuras unilaterais, a liberdade que o autorizante tem de estipular o conteúdo está limitada não só pelo regime do art. 457º do Código Civil, mas também pelo funcionamento do mecanismo da legitimidade, pelo que o nível de complexidade a que podem ascender é bastante limitado. Mas, apesar destas limitações, o negócio unilateral misto de autorização constitutiva, expressa ou tácita, com procuração tem a maior importância, pois permite a utilização dos poderes de representação sem que exista qualquer vinculação nesse sentido.

Analisadas as relações entre a procuração e a autorização existe já matéria suficiente para a distinção dos dois negócios.

A principal distinção é relativa à eficácia dos negócios. A procuração possibilita a atuação em nome alheio com o direcionamento dos efeitos dos atos praticados para a esfera do *dominus*, constituindo um poder de representação; a autorização constitutiva limita os meios de defesa de situações jurídicas, constituindo um precário, possibilitando a atuação em nome próprio sobre situações do autorizante.

A autorização é um dos negócios que podem constituir uma relação subjacente à procuração. No entanto as semelhanças entre ambos podem levar a uma dificuldade de distinção entre eles, criando a aparência de se estar perante uma procuração isolada quando, em verdade, se está perante uma procuração cuja relação é uma autorização.

Procuração e autorização são causa de duas situações diferentes – o poder de representação e o precário – cuja titularidade conjunta é necessária.[657]para a legitimidade representativa.[658] Pode, no entanto, a outorga expressa de uma procuração implicar a outorga tácita de uma autorização, tal como a outorga expressa de uma autorização pode implicar a outorga tácita de uma procuração.

Mas a autorização não causa, por si, o poder de representação, nem dela resulta legitimidade representativa. E a procuração não causa, por si, o precário, nem dela resulta a legitimidade representativa. É do conjunto de ambas[659] que resulta a legitimidade representativa.[660]

Pode haver autorização constitutiva com representação, ou sem representação, tal como pode haver representação com autorização constitutiva ou sem autorização constitutiva.

O procurador age em nome alheio enquanto o autorizado age em nome próprio. Nos casos em que o autorizado tem legitimidade para afetar diretamente a esfera do autorizante, os dois negócios encontram-se relativamente próximos. Ambos permitem a atuação com eficácia direta na esfera alheia. Mas, na procuração, o *dominus* fica como parte no ato praticado, enquanto na autorização é parte o agente e não o *dominus*. Por outro lado, na procuração, o agente tem de agir em nome alheio (*contemplatio domini*) sob pena de não se verificar a vinculação do *dominus*. Na autorização, o agente tem de agir em nome próprio sob pena de não se verificar a vinculação do *dominus*[661]. Na procuração todo o ato (toda a eficácia do ato) é imputada ao *dominus*. Na autorização, pode ser imputada toda ou parte da atuação.

---

[657] Embora não seja a única conformação possível, existindo várias outras situações hábeis para, em conjunto com o poder de representação, permitir a legitimidade representativa.
[658] NATOLI, *La Rappresentanza*, Giuffrè, Milano, 1977, cit. "*Rappresentanza*", pág. 105. Contra, SIMONE MALVAGNA, *Sulla Natura Giuridica della Rappresentanza*, Rivista di Diritto Civile, XXVIII, págs. 257-305, Società Editrice Libraria, Milano, 1936, cit. "*Sulla Natura*", pág., 305, que defende a causa puramente legal do efeito representativo.
[659] Embora não seja o único a causar legitimidade representativa.
[660] Desde que não se verifiquem limitações relevantes da autonomia privada.
[661] LUIS DÍEZ-PICAZO, *La Representación en el Derecho Privado*, Civitas, Madrid, 1992, cit. "*Representación*, págs. 130-131, sem tomar posição, considera que a autorização em sentido estrito se caracteriza por ser um ato através do qual uma pessoa confere a outra o poder para realizar negócios jurídicos em nome próprio, mas com efeitos diretos na esfera do autorizante. Firma ainda que esta conceção de autorização apenas é compatível com uma conceção de representação que exija a atuação em nome alheio.

As diferenças entre procuração e autorização constitutiva não permitem a sua indistinção, mas é necessário reconhecer as proximidades entre ambas. Em concreto, a distinção pode revelar-se problemática. Só do reconhecimento das suas diferenças e proximidades pode resultar a plena compreensão de qualquer dos dois negócios.

4. Autorização, ratificação e aprovação

A principal característica que distingue a autorização, por um lado, e a ratificação e aprovação, por outro, é manifesta e não deixa espaço para coincidências. A autorização é sempre prévia ou simultânea com o momento da prática do ato autorizado, enquanto a ratificação e a aprovação são sempre posteriores[662] ao ato a que se referem.[663]

A questão mais relevante para a presente análise não consiste na distinção da autorização relativamente a estas figuras, mas antes na determinação de qual das duas figuras – ratificação e aprovação – opera *a posteriori* em moldes análogos aos da autorização.

A principal fonte do regime da ratificação é o art. 268º do Código Civil, relativo à ratificação da atuação representativa sem poderes. Conforme consta desta disposição, o ato praticado em nome de outrem, sem poderes de representação, mas que seja ratificado vincula o representado.

No art. 269º do Código Civil faz-se uma remissão para o art. 268º, nos casos em que, havendo abuso de representação, a outra parte conhecia ou devia conhecer o abuso.

A aparente simplicidade do regime, esconde uma estrutura complexa de factos legitimadores positivos, que apenas pode ser trazida à luz atra-

---

[662] Menezes Cordeiro, *Da Confirmação no Direito Civil*, Almedina, Coimbra, 2008, cit. "*Da Confirmação*", pág. 127 e Maria Cândida do Amaral Kroetz, *A Representação Voluntária no Direito Privado*, Editora Revista dos Tribunais, São Paulo, 1997, cit. "*Representação*", pág. 97. Contra, Cesare Luigi Gasca, *Trattato della Compra-Vendita Civil e Commerciale*, Vol. I, 2ª ed., UTET, Torino, 1914, cit. "*Compra-Vendita*", págs. 184-185

[663] Pessoa Jorge, *O Mandato*, cit., págs. 397-399, inclui a autorização, a ratificação e a aprovação numa figura ampla de autorização, sendo a ratificação, e a aprovação, autorizações *a posteriori*. No âmbito da gestão de negócios, Almeida Costa, *Obrigações*, cit., págs. 486-488. Menezes Cordeiro, *A Representação no Código Civil: Sistema e Perspectivas de Reforma*, em *Comemorações dos 35 Anos do Código Civil e dos 25 Anos da Reforma de 1977*, Vol. II, *A Parte Geral do Código e a Teoria Geral do Direito Civil*, Coimbra Editora, Coimbra, 2006, cit. "*Representação no Código Civil*", págs. 398-399, considera-as como figuras próximas da representação.

vés da análise de exemplos de situações que, embora apresentados de um modo abstrato, permitem analisar os vários problemas que existem e as respetivas soluções.

Podem suceder várias situações. O agente pode não ser titular do poder de representação, nem existir qualquer relação subjacente. Alguém pratica um ato em nome de outrem, sem nada que o suporte juridicamente. Nesta situação, mesmo que o agente tivesse o poder de representação, não teria legitimidade para praticar o ato em representação. Para ter legitimidade necessitaria de ser titular de uma posição numa relação subjacente que admitisse a prática do ato (a par de um nível suficiente de autonomia privada).

Podem também suceder que o agente não tenha o poder de representação, mas exista uma relação subjacente. Esta situação ocorre com frequência em casos nos quais o agente confunde a relação subjacente com a procuração, praticando atos em representação antes de ser outorgado o poder de representação e nos casos em que exista uma procuração, mas em que esta é ineficaz (por exemplo, na procuração nula por falta de forma legalmente exigida). O agente atua de modo conforme com a relação subjacente, mas sem que seja titular do poder de representação. Este é o único caso no qual apenas falta o poder de representação, para que o agente tivesse legitimidade para praticar o ato em representação.

Podem ainda ocorrer outros casos nos quais existe poder de representação. O agente pode ter o poder de representação, e não existir uma relação subjacente, quer por já ter sido outorgada a procuração mas ainda não ter sido celebrado o negócio que constitui a relação subjacente (que, por vezes, está ainda em negociação), quer por simplesmente se tratar de uma procuração outorgada para o caso de vir a ser celebrado um negócio subjacente. O agente pode ter o poder de representação num caso em que existe uma relação subjacente, mas este exercer o poder de representação de modo desconforme com a relação subjacente.

Em ambos, o agente não tem, regra geral, legitimidade para praticar o ato. A procuração não opera, só por si, como facto legitimador positivo. Poderá ter legitimidade decorrente de outro facto legitimador positivo (nomeadamente do regime do art. 269º do Código Civil no caso de o terceiro não conhecer nem dever conhecer o abuso).

Quando uma pessoa age em nome de outrem sem poder de representação, o representado pode ratificar o ato. A ratificação provoca, *a posteriori*, mas com efeito retroativo, o efeito de vinculação da pessoa em nome de quem o agente praticou o ato.[664] Não se trata de uma concessão retroativa de poder de representação, mas sim de uma ratificação que torna certa a situação jurídica.[665] A ratificação não é um facto legitimador positivo. Quando alguém age em nome de outrem sem poder de representação (nem outro facto legitimador positivo) não tem legitimidade para provocar a vinculação da pessoa em nome de quem age.

Mas a legitimidade é algo que apenas releva no momento do ato. O facto legitimador pode existir já em momento anterior, mas apenas é relevante para a legitimidade com a prática do ato. A eficácia representativa decorrente de um ato que ocorre após o ato representativo, mesmo que se trate de uma eficácia retroativa, não implica uma legitimidade retroativa. Não se trata de atribuir ao agente legitimidade para a prática de um ato após a prática desse ato, de modo retroativo.

Como vimos, a legitimidade é o resultado de um juízo que incide sobre a situação jurídica do titular e o seu nível de autonomia privada. Se o agente for titular de uma posição jurídica que inclua a possibilidade de praticar esse ato, e se tiver um nível de autonomia privada que lhe inclua a liberdade de agir nessa situação, terá legitimidade para a prática.

Mesmo que o ato tenha sido praticado sem legitimidade, pode ser eficaz. No caso da ratificação, o ato praticado em nome de outrem sem poderes de representação foi praticado sem legitimidade. A ratificação provoca a eficácia do ato, mas não a aquisição superveniente e retroativa de legitimidade. A eficácia do ato ratificado sobre a esfera jurídica da pessoa em nome de quem foi praticado resulta da vontade desta. O titular da esfera jurídica afetada declara aceitar a eficácia vinculativa retroativa do

---

[664] Raúl Guichard Alves, *Notas*, cit., págs. 9-15, considera que apesar das proximidades entre ratificação e procuração, aquela não consiste numa procuração *a posteriori com* efeitos retroactivos.

[665] Mauro Orlandi, *Falsus Nuntius e Falsus Procurator*, em *Rivista di Diritto Civile*, XLI, págs. 347-378, CEDAM, Padova, 1995, "*Falsus Nuntius*", pág. 375, considera a ratificação como um caso de negócio de acertamento. Umberto Navarrini, *Trattato Teorico-Pratico di Diritto Commerciale, Vol. II*, reimp. Fratelli Boca Editori, Torino, 1920, cit. "*Trattato Teorico*", pág. 189, afirma que a ratificação nada mais é que uma procuração sucessiva. Para Lina Bigliazzi Geri, Umberto Breccia, Francesco D. Busnelli e Natoli, *Diritto*, cit., pág. 574, a ratificação é um requisito de eficácia do ato. O ato existe e é válido, mas para a sua plena eficácia falta a ratificação.

ato.[666] Ou seja, ratifica o ato, assim se verificando a sua eficácia típica na esfera jurídica a que foi dirigido.

A ratificação, pelo titular da esfera jurídica afetada, faz intervir no ato o seu titular. Ou seja, faz intervir no ato a pessoa que tem legitimidade para modificar a esfera jurídica à qual foi dirigido o ato. Esta interferência – que se traduz num negócio que tem como fim receber os efeitos do ato *ab initio* – acarreta a admissibilidade jurídica da atuação.[667]

Embora a legitimidade traduza a admissibilidade jurídica da atuação, não é a única expressão dessa admissibilidade. A legitimidade é especialmente dirigida à admissibilidade da atuação no instante em que se verifique. Posteriormente a esse instante, há outras figuras que traduzem a admissibilidade *a posteriori*. Entre estas encontra-se o efeito da ratificação. A afirmação da retroatividade do efeito da ratificação, significa que a imputação do ato à esfera do dono do negócio é retroativa ao momento da prática do ato, tanto quanto é possível ao Direito.[668] Mas não significa que o agente adquira, retroativamente, legitimidade para o ato que já praticou, tendo então praticado o ato com legitimidade.

Significa que do ponto de vista jurídico, embora o ato tenha sido praticado sem legitimidade (por falta de poderes de representação), deve ser considerado – *a posteriori* – como se houvesse sido praticado no exercício

---

[666] CESARE BERTOLINI, *La Ratifica degli Atti Giuridici nel Diritto Privato Romano*, Vol. I, L. Pasqualucci, Roma, 1889, cit. "*La Ratifica*", págs. 68-88.

[667] NATOLI, *Rappresentanza (Diritto Privato)*, em *Enciclopedia del Diritto*, XXXVIII, Giuffrè, 1958, cit. "*Rappresentanza (dir. priv.)*", pág. 484, considera que com a ratificação o interessado se apropria dos efeitos de um contrato (não se verificando uma sanação de um vício do negócio), assumindo a posição de parte numa relação que lhe é estranha e não foi por ele provocada. Efetivamente, embora existam casos de representação sem poderes que resultem de atuações do procurador fora do âmbito dos poderes de representação, existem casos de atuação representativa sem poderes nas quais o *dominus* não esperava qualquer atuação do falso representante, em que o *dominus* é totalmente estranho à atuação. WALTER D'AVANZO, *Rappresentanza (Diritto Civile)*, em *Novissimo Digesto Italiano*, XIV, UTET, Torino, 1957, cit. "*Rappresentanza (dir. civ.)*", pág. 828, também considera a ratificação como um negócio através do qual o *dominus* se apropria do ato praticado pelo representante. Mas, desta vontade de apropriação, retira ainda uma desresponsabilização do representante sem poderes, ou seja, inclui na ratificação a aprovação da atuação representativa sem poderes. FRANCESCO GALGANO, *Diritto Privato*, CEDAM, Padova, 1981, cit. "*Diritto*", pág. 286, considera que a ratificação sana a falta originária de poderes de representação.

[668] Ou seja, sempre limitada aos efeitos jurídicos.

de poderes de representação, procedendo-se à adaptação da realidade jurídica em conformidade. É uma questão de aproveitamento do ato. Não é uma questão de aquisição de legitimidade.

A ratificação resolve o problema causado pela falta de poderes de representação, mas não do mesmo modo. Não é uma procuração retroativa, nem um negócio de concessão retroativa de poderes de representação. Também não é um facto legitimador positivo, como vimos, pois não é dirigido à aquisição de legitimidade.

É um negócio que, *a posteriori*, e com eficácia retroativa, provoca um efeito sucedâneo ao do poder de representação.[669] A falta de poderes do agente é substituída pela ratificação. Qualquer consequência negativa da falta de poderes de representação é impedida pela ratificação.

Estas consequências negativas consistiriam, apenas, na ineficácia da imputação do ato à esfera do dono do negócio. Ou seja, embora o ato tivesse sido praticado em nome do dono do negócio, o mundo do Direito não fica modificado nesse sentido. No mundo do Direito, o ato não teria sido imputado ao dono do negócio. Com a ratificação, verifica-se essa imputação com eficácia retroativa.

Mas só as consequências da falta dos poderes de representação são corrigidas pela ratificação. A ratificação não corrige as consequências da falta de legitimidade do representante, mas apenas da falta de poderes de representação. Como tal, só na medida em que a falta de legitimidade se dever a falta de poder de representação é que será corrigida pela ratificação. As consequências da falta de legitimidade representativa, decorrentes da falta, ou desrespeito, pela relação subjacente, e decorrentes da falta de autonomia privada não são corrigidas pela ratificação.

Para que o agente tenha legitimidade representativa necessita de ser titular do poder de representação e de uma posição na relação subjacente da qual resulte o critério e modo de exercício desse poder.[670] Nos casos

---

[669] ANA Mª COLÁS ESCANDÓN, *La Ratificación*, Editorial Comares, Granada, 2000, cit. "*La Ratificación*", pág. 175, após análise da figura e regime da ratificação, conclui que a figura é semelhante à procuração, com a única especificidade de ser outorgada *a posteriori*, concedendo legitimidade retroativamente para a prática do ato.

[670] Neste sentido, PAOLO PAPPANTI-PELLETIER, *Rappresentanza*, cit., págs. 116-118. O Autor não aceita que uma autorização integrativa possa ser a relação subjacente à procuração e afirma ter muitas dúvidas que uma autorização constitutiva possa ocupar essa posição. A legitimidade representativa é o equivalente – tanto quanto tal pode existir – à *authority* do *agente*,

em que o agente não é titular do poder de representação, mas é titular de uma posição na relação subjacente,[671] a ratificação resolve todo o problema. O ato não só é eficaz relativamente ao representado, como a atuação do representante está conforme com a relação subjacente. Nos casos em que o agente não é titular do poder de representação, nem existe um negócio do qual resulte uma relação subjacente, a ratificação provoca a eficácia do ato relativamente ao representado, mas não a sua licitude.

O representado, ao ratificar o ato quer que os efeitos sejam imputados à sua esfera jurídica, mas isso não significa que não pretenda exercer meios de defesa contra essa atuação. O representado pode ratificar o ato, mas pretender ser indemnizado pelos danos causados pela sua prática. A ratificação implica necessariamente a desativação de todos os meios de defesa na parte em que impeçam a vinculação do representado. Mas os restantes meios de defesa não são afetados pela ratificação, podendo o representado exercer esses meios de defesa.

Esta possibilidade é mais patente quando o representado declara expressamente ratificar e não aprovar, o ato. Embora o representado receba (retroativamente) os efeitos do ato, mantém a disponibilidade dos meios de defesa da situação jurídica afetada pelo ato praticado (que não sejam logicamente incompatíveis com a receção dos efeitos do ato). Assim, o ato praticado em nome de outrem, sem poderes de representação nem relação subjacente, que apenas seja ratificado sem aprovação é eficaz relativamente ao representado, mas este mantém a generalidade dos meios de defesa e pode exercê-los contra o agente, mesmo tendo ratificado o ato. O mesmo sucede nos casos em que embora exista relação subjacente, o agente a tenha violado ao praticar o ato representativo. A mera ratificação do ato nesta situação não importa a falta de meios de defesa que possam ser exercidos contra o agente.

A ineficácia do ato praticado em nome de outrem resultante da mera falta de poderes de representação é retroativamente sanada pela ratificação. Mas a falta ou violação da relação subjacente não é afetada pela ratificação. Para que suceda, é necessário que o representado declare vincu-

---

na figura anglo-saxónica da *agency* – sobre o modo de ver a *authority*, sua função e características, FRIDMAN, *The Law of Agency*, 4ª ed., Butterworths, Londres, 1976, cit. "*Agency*", págs. 13 e segs e MARKESINIS e MUNDAY, *Agency*, págs. 5 e segs.

[671] E o ato respeite a relação subjacente.

lativamente que não quer exercer os meios de defesa inerentes à situação jurídica sobre a qual recaiu o ato representativo. O negócio jurídico que tem este conteúdo é a aprovação.[672]

A aprovação da atuação do representante implica a desativação dos meios de defesa da situação jurídica afetada, posteriormente à prática do ato, em regra com efeitos retroativos. Ou seja, mesmo que o ato fosse ilícito no momento da sua prática, após a aprovação deixam de vigorar os meios de defesa relativamente àquele ato, sendo o ato lícito, pois deixa de estar desconforme com o Direito, em regra desde o momento da sua prática.

Ratificação e aprovação são ambos relevantes para a prática de atos em nome alheio. E podem ambos ser relevantes para o mesmo ato.[673] A ratificação no que respeita à falta de poderes de representação (falta absoluta, ou violação do âmbito dos poderes); a aprovação no que respeita à falta de relação subjacente (falta absoluta ou violação da relação).

Nos casos em que o ato é praticado em nome alheio, sem poderes de representação (ou fora do âmbito dos poderes) e sem relação subjacente, a correção da atuação necessita da ratificação e da aprovação do ato. Só se o ato for ratificado e aprovado é que será análogo a um ato praticado com legitimidade representativa.

A aprovação, embora possa ser expressa, resulta normalmente tácita da ratificação. Normalmente, resulta com toda a probabilidade que quem ratifica quer aprovar. Ou seja, normalmente quem quer receber os efeitos do ato, aceita também o comportamento do representante e não pretende reagir contra esse comportamento. Mas não necessariamente, podendo resultar das circunstâncias que se trata de uma mera ratificação, ou podendo mesmo o ato ser expressamente não aprovado.[674]

---

[672] O caso mais típico de aprovação é relativa à atuação do gestor de negócios. Neste caso, que inclui um regime legal específico, o dono do negócio renuncia a qualquer pretensão contra o gestor e reconhece o direito deste a reembolsos e indemnizações – MENEZES CORDEIRO, *Da confirmação*, cit. pág. 128.

[673] JOSÉ LUIS FERNÁNDEZ LOZANO, *La Representación*, em *Instituciones de Derecho Privado*, Tomo I, Vol. 2, págs. 535-923, Civitas, Madrid, 2003, cit. "*La Representación*", pág. 774, entende que as duas incidem sobre diferentes aspetos do mesmo ato.

[674] É possível ratificar sem aprovar, aprovar sem ratificar, não aprovar nem ratificar e aprovar e ratificar – neste sentido, PESSOA JORGE, *O Mandato*, cit., págs. 398-399.

Após esta análise da ratificação e da aprovação é possível integrá-las com a autorização constitutiva. No que respeita à aprovação, tanto esta como a autorização constitutiva provocam uma desativação dos meios de defesa do titular de uma situação jurídica relativamente a um ato de terceiro. No entanto, enquanto a autorização constitutiva é prévia ou simultânea ao ato, a aprovação é posterior ao ato. Já no que respeita à ratificação, esta é especificamente destinada a fazer cessar a ineficácia causada pela falta de poderes de representação.[675]

Analisadas as figuras deste modo, pode parecer que a aprovação está relacionada com a autorização constitutiva do mesmo modo como a ratificação está relacionada com a procuração. Ambas seriam a correspondente funcional *a posteriori* de uma figura que devia suceder *a priori*. Mas tal não corresponde absolutamente à realidade, pois a ratificação implica também a desativação de alguns meios de defesa da situação jurídica afetada pelo ato ratificado. De outro modo não seria possível que o ato ratificado fosse eficaz na esfera jurídica do representado. A mera eficácia representativa implica que o ato afete determinada situação jurídica. Não é logicamente possível afirmar que a ratificação apenas possibilita que os efeitos do ato ratificado afetem a esfera do representado, no sentido de nela produzir os seus efeitos típicos, mas mantendo-se em simultâneo a possibilidade de recurso a meios de tutela jurídica para impedir essa mesma eficácia. Como tal, a mera ratificação produz alguns efeitos sobre os meios de defesa da situação jurídica afetada. Assim, se o titular ratificar mas não aprovar o ato, não pode, por exemplo, pedir em Tribunal que o ato não o vincule.

Embora exista uma grande semelhança estrutural entre a autorização e a aprovação, existe também alguma semelhança estrutural com a ratificação. Pode-se afirmar que o negócio que, operando *a posteriori*, é funcionalmente equivalente à autorização é a aprovação.[676] Enquanto a ratificação apresenta essa relação essencialmente com a procuração, mas integrando parcialmente elementos equivalentes à autorização.

---

[675] MENEZES CORDEIRO e MANUEL CARNEIRO DA FRADA, *Da Inadmissibilidade da Recusa de Ratificação por "Venire Contra Factum Proprium"*, Separata de *O Direito*, Ano 126, III-IV, 1994, págs. 677-715, cit. *"Da Inadmissibilidade"*, pág. 696.
[676] Neste sentido, também, BETTI, *Teoria Generale*, cit., págs. 589-590 e AURICCHIO, *Autorizzazione*, cit., pág. 503.

A AUTORIZAÇÃO

    O mesmo sucede com a autorização integrativa. Nesta, o autorizado age sempre sobre a sua própria esfera jurídica. Nunca há uma modificação da direção dos efeitos do ato praticado. O ato é praticado pelo autorizado para produzir efeitos na esfera do autorizado. Se o ato for praticado sem a autorização integrativa legalmente exigida, dependerá do regime legal aplicável saber se o vício ainda pode ser sanado. Em alguns casos a falta de autorização integrativa provoca uma nulidade típica, pelo que o problema não é suscetível de resolução. Noutros, provoca a anulabilidade do ato, pelo que em regra se permite a sua confirmação. Mas, pode apenas provocar a ineficácia do ato. Nestas situações, se a Lei não impedir, o ato pode ser aprovado. Não se trata de uma ratificação mas de uma aprovação. A aprovação do ato praticado não importa qualquer modificação na imputação do ato, mas apenas a sua eficácia superveniente na própria esfera jurídica a que os efeitos eram inicialmente dirigidos.
    A ratificação, opera no caso de falta de prática do ato pelo legal representante, enquanto a aprovação opera no caso de falta de autorização integrativa.
    Assim, a ligação estrutural entre ratificação e representação e entre aprovação e autorização, mantém-se quer na representação, voluntária e legal, quer na autorização, constitutiva e integrativa.

VII
Tipos de negócios autorizativos

1. Direito Civil – o contrato de autorização gestória
Como vimos, a autorização constitutiva não tem um tipo legal de referência. E, no caso estruturalmente típico – autorização unilateral constitutiva de um precário – a simplicidade da estrutura implica uma simplicidade de regime que foi já analisado. No entanto, embora tenham sido feitas referências ao contrato de autorização constitutiva, a sua estrutura não foi nunca tratada de um modo sistemático.

Para tanto, importa centrar a análise num tipo negocial de contrato de autorização constitutiva. Faltando este tipo no Direito Civil, com o inerente regime cujo desenvolvimento permite a celebração por referência, importa tomar como centro da análise um tipo social de contrato de autorização constitutiva que seja construído sobre um tipo legal de referência: o contrato de autorização gestória.[677]

O contrato de autorização gestória é um contrato legalmente atípico, que é estruturado sobre o contrato de mandato[678] mas com uma adaptação fundamental: em lugar do agente ficar *obrigado* a praticar os atos, fica *autorizado* a praticá-los.

---
[677] BETTI, *Teoria Geral*, cit., tomo III, pág. 264, embora considere que a autorização tem normalmente uma função meramente negativa (de excluir a ilicitude do ato autorizado), aceita que esta possa *ser coordenada com uma finalidade gestória*.
[678] Como negócio gestório prototípico – ADELAIDE MENEZES Leitão, *"Revogação Unilateral" do Mandato, Pós-Eficácia e Responsabilidade pela Confiança*, em *Estudos em Homenagem ao Prof. Doutor Inocêncio Galvão Telles*, Vol. I, págs. 305-346, Almedina, Coimbra, cit. *"Revogação Unilateral"*, pág. 311.

Se António e Bento celebrarem um contrato de autorização gestória, ficam vinculados ao conteúdo do contrato, mas Bento (o autorizado) não fica vinculado a título principal à realização de uma prestação. Fica, antes, autorizado a praticar os atos, mas sem vinculação a praticá-los. Tal como o mandato, é um contrato gestório, pelo que a atividade de Bento será desenvolvida (tipicamente) no interesse e por conta de António. Mas se não praticar os atos não se incumpre qualquer obrigação, nem pode ser responsabilizado. É este o núcleo central do contrato de autorização gestória.

A primeira dificuldade com se depara consiste na qualificação do contrato. Existem casos em que as partes procedem elas mesmas à correta qualificação do contrato. No entanto, há muitas situações nas quais as partes não procedem a qualquer qualificação do contrato, ou erram na qualificação.

O contrato deve ser qualificado como de autorização gestória nos casos em que tem como fim a gestão de posições jurídicas do autorizante, sem que o autorizado esteja obrigado a proceder a essa gestão. Se esse for o conteúdo convencionado, o contrato deve ser qualificado como de autorização gestória e não como mandato.

A distinção de qualificação entre o contrato de autorização gestória e a autorização constitutiva unilateral funda-se na existência, ou não, de conteúdo contratual. Como tal, é necessário aferir da existência de mais elementos para além da autorização propriamente dita. O fim gestório do negócio, só por si, não implica a qualificação do mesmo como contrato. É possível construir uma autorização constitutiva unilateral que tenha como fim a gestão de uma posição jurídica do autorizante, sem que dela resultem obrigações, nem que seja necessária uma natureza contratual por imposição dos mecanismos da legitimidade. Basta para tanto, por exemplo, que se limite a autorização constitutiva unilateral à prática de atos de administração que tenham como fim o lucro patrimonial. Só a prática destes atos beneficia da legitimidade, pelo que todos os outros sofrerão as consequências da falta de legitimidade, sem que, no entanto, o autorizado esteja obrigado a praticar os atos autorizados.

Também não é suficiente, para qualificar o negócio como de autorização gestória, que a autorização seja contratual. Existem autorizações contratuais que pouco diferem de uma autorização constitutiva unilateral. É o caso, por exemplo, da autorização constitutiva onerosa. Esta pode ser igual a uma autorização constitutiva unilateral, sendo apenas contratual por causa da fixação do preço. Mesmo que esta autorização se destine à gestão de património alheio, tal não implica necessariamente a qualificação como contrato de autorização gestória.

A qualificação de um negócio como contrato de autorização gestória implica mais. Exige não só o fim gestório do negócio, mas também que seja possível concluir da vontade das partes que pretendem que a sua relação seja semelhante à resultante dum contrato de mandato, mas sem a obrigação de praticar atos.

Embora as partes tenham liberdade de fixar o conteúdo do contrato, nem sempre o fazem. São muito frequentes os casos em que as partes apenas fixam o núcleo central do negócio, ou mesmo apenas os seus efeitos principais. Tudo o mais resulta tacitamente ou implicitamente do que foi declarado, supletivamente da Lei ou das regras e princípios gerais de Direito.

Nos contratos legalmente típicos a integração do regime jurídico é feita por recurso ao tipo legal. Mas nos contratos atípicos o recurso a regimes legais é mais complexo e exige uma análise concreta do negócio em causa.[679]

O contrato de autorização gestória é um contrato legalmente atípico, pelo que a integração do seu regime jurídico nem sempre é fácil. Acresce que muitas vezes é confundido com um mandato típico, com a subsequente utilização direta e sem adaptações do seu regime, o que não respeita a vontade das partes.

No entanto, são muito frequentes os casos de contratos tidos como mandato, mas nos quais as partes acordam que o mandatário não está obrigado a praticar os atos. Este elemento de atipicidade no mandato, importa a alteração da sua qualificação de contrato de mandato para contrato de autorização gestória.

Um contrato não pode ser qualificado como de mandato quando não está estipulada a obrigação de praticar os atos. A qualificação de um contrato é fundamentalmente dirigida à determinação do seu regime jurídico. Quando o contrato é qualificado como típico, aplica-se o regime

---

[679] PAIS DE VASCONCELOS, *Contratos Atípicos*, cit., especialmente págs. 230-243 e 315- 375 e PINTO DUARTE, *Tipicidade e Atipicidade dos Contratos,* Almedina, Coimbra, 2000, cit. *"Tipicidade"*, especialmente págs. 121-149.

desse tipo; quando o contrato é qualificado como atípico, é necessário integrar o regime no modo mais adequado à vontade das partes e ao Direito. Embora os nomes atribuídos pelas partes ao contrato e a seus elementos sejam relevantes, não são determinantes. Só qualificando devidamente o contrato de autorização gestória se pode integrar o seu regime de um modo compatível com a vontade das partes e adequado aos fins que estas pretendem ver satisfeitos com a execução do contrato.

A alteração do contrato de mandato decorrente da substituição da obrigação do agente pela autorização ao agente, altera mais do que a mera qualificação do contrato. Altera o regime legal do contrato de mandato. Este não pode ser aplicado diretamente ao contrato de autorização gestória, necessitando de um esforço de adaptação.

O contrato de autorização gestória é um contrato misto de tipo múltiplo.[680] É construído pela junção de um tipo de contrato de autorização e de um tipo de contrato de mandato. No entanto, embora qualitativamente se verifique uma equivalência de tipos, o mesmo não sucede quantitativamente. O tipo do contrato de mandato encontra-se legislado como tipo, e socialmente positivado. Beneficia de uma evolução histórica e científica muito desenvolvida. Por outro lado, o tipo do contrato de autorização não é um tipo legal, e está ainda envolto em grande incerteza.

Quando celebram um contrato de autorização gestória, as partes normalmente querem algo semelhante a um mandato, mas sem obrigação de atuação. Ou seja, colocam ambos os contratos em níveis qualitativos equivalentes, independentemente das diferenças fundamentais entre a autorização e a obrigação. Esta vontade permite a sua qualificação como contrato misto de tipo múltiplo. No entanto, a maior completude, certeza e conhecimento do regime do mandato, fazem com que seja este o tipo negocial base. O contrato de autorização gestória é, como tal, um contrato misto que se encontra entre o tipo múltiplo e o tipo combinado. Um contrato no qual a determinação do seu regime jurídico pode ser feita a partir do regime jurídico do mandato, mas sem nunca esquecer a importância central da autorização. Embora o ponto de partida prático para a concretização do regime jurídico seja o mandato, ambos, o man-

---

[680] PAIS DE VASCONCELOS, *Contratos Atípicos*, cit., págs. 226-230.

dato e a autorização, constituem tipos de referência e devem ser considerados como tal.

A concretização do regime jurídico do contrato de autorização gestória deve ser feita por aplicação analógica do regime do mandato, considerando sempre como núcleo do contrato a autorização.[681] Tratando-se de uma aplicação analógica, as diferenças entre o regime legal típico e o regime concreto do contrato são maiores ou menores conforme o grau de analogia.

No contrato de autorização gestória, a parte mais relevante para a determinação do grau de analogia é a modificação imposta pela inclusão da autorização. As parcelas de regime do mandato que se fundamentam nas características da obrigação do mandatário, sofrem grandes alterações pela sua exclusão do contrato e respetiva inclusão da autorização. As parcelas de regime que sejam independentes das características da obrigação do mandante podem sofrer modificações menos graves, quase insignificantes, ou mesmo não sofrer alterações.

Assim, o núcleo autorizativo do contrato de autorização gestória implica não só a inaplicabilidade de várias disposições legais do mandato, como alterações a várias disposições legais. O método mais adequado para proceder à concretização do regime jurídico do contrato de autorização gestória por recurso ao regime do mandato nos casos em que estas alterações são necessárias é o da analogia. Nem a combinação, nem a absorção, conseguem proceder às adaptações necessárias ao regime legal do mandato, de modo a aplicá-lo ao contrato de autorização gestória, em respeito pela vontade das partes. Apenas a analogia tem a flexibilidade que permite proceder a essas alterações, mantendo o respeito pela vontade das partes.[682]

Importa pois proceder à análise do regime supletivo do mandato, aferindo da sua eventual aplicabilidade ao contrato de autorização gestória por analogia, como modo de concretização do regime jurídico do contrato de autorização gestória, enquanto negócio atípico.

A norma do art. 1157º do Código Civil não é aplicável ao contrato de autorização gestória. Sendo uma definição do contrato de mandato, natu-

---

[681] Sobre a analogia como método de concretização do regime de contratos atípicos, PAIS DE VASCONCELOS, *Contratos Atípicos*, cit., págs. 230-243.
[682] PAIS DE VASCONCELOS, *Contratos Atípicos*, cit., págs. 242-243.

ralmente não pode ser aplicada a um outro contrato, mesmo que partilhe o seu regime jurídico. Em particular no caso concreto no qual a parte do contrato de mandato que é relevante para a definição do mesmo é a que não tem aplicação ao contrato de autorização gestória.

Por um lado, como já se referiu, o contrato de autorização gestória não constitui qualquer obrigação de praticar atos. Por outro lado, os atos a praticar no contrato de autorização gestória podem ser jurídicos ou materiais. O mandato apenas abrange atos jurídicos, fruto da sua evolução histórico-jurídica, em especial, face à existência de outros negócios próximos como é o caso dos contratos de prestação de serviços, de trabalho, de depósito ou empreitada. Todo este conjunto de tipos de contratos, incluindo o mandato, foram-se autonomizando e especializando ao longo da história, com a correspondente partilha de fins e funções. O contrato de autorização gestória, não tem uma evolução semelhante. O mandato, e os demais tipos contratuais próximos, evoluíram como negócio obrigacional, beneficiando da evolução da teoria dos contratos. Teoria esta que foi elaborada fundamentalmente sobre o contrato obrigacional, que é atualmente o paradigma do contrato.[683]

Já o contrato de autorização gestória tem como tipo base um negócio unilateral, evoluindo estruturalmente para um contrato e daí para um contrato obrigacional, mas cujo elemento principal é não obrigacional.

Enquanto os contratos obrigacionais para a prática de atos foram evoluindo e dividindo-se em vários tipos de contratos, os contratos não obrigacionais para a prática de atos mantiveram-se por evoluir. Conforme o tipo de obrigações de atos a praticar temos o contrato de mandato, o contrato de depósito, o contrato de empreitada e o contrato de transporte, entre outros. São vários os casos de contratos obrigacionais para prática de atos, não existindo um único contrato paradigmático, mas vários paradigmas especiais, conforme o tipo e natureza dos atos a praticar.

Mas, no caso dos contratos não obrigacionais, a falta de evolução e de divisão entre vários tipos, permite considerar o contrato de autorização gestória como o paradigma, aplicando-se a atos de qualquer natureza, jurídicos ou materiais.

---

[683] Sobre o assunto, ANTUNES VARELA, *Das Obrigações em Geral*, vol. I, 10ª ed., Almedina, Coimbra, 2000, cit., *"Obrigações – I"*, págs. 436-441.

Associada a estão questão encontra-se a problemática da prática de atos por conta de outrem. No mandato os atos são praticados por conta do mandante. Isto significa que os atos são praticados com o fim de, em última análise, integrarem a esfera jurídica do mandante. Se o mandato for com representação, os atos produzirão efeitos diretamente na esfera jurídica do mandante. Se o mandato for sem representação será necessária a transferência para a esfera jurídica daquele.

No contrato de autorização gestória a situação é diferente do mandato. Através do contrato de autorização gestória alguém autoriza outrem a praticar atos sobre posições jurídicas suas, sendo em consequência constituída legitimidade para tal. Como tal, só nos casos em que o autorizado interfere na esfera jurídica do autorizante é que se está no âmbito típico do contrato de autorização gestória. Quer o faça com base numa autorização de estrutura unilateral, ou com base numa autorização com natureza de direito subjetivo.

O efeito autorizativo apenas é relevante para atuações do autorizado sobre posições jurídicas do autorizante. Como tal, toda a atuação produz efeitos na esfera jurídica do autorizante, porque toda a atuação se verifica na sua esfera. Não faz sentido uma autorização para praticar atos perante terceiros em posições que não sejam do autorizante, por exemplo comprando mercadorias num mercado, com a subsequente obrigação de transferi-las para o autorizante. Um contrato com este conteúdo não é uma verdadeira autorização. Neste caso o comprador por conta de outrem não só não está obrigado a comprar, como não precisa da autorização para ter legitimidade para comprar. O autorizado sempre poderia praticar os atos, por iniciativa própria, tendo para tanto legitimidade. Um contrato com este conteúdo não tem como elemento uma autorização. É, antes, caracterizado por uma pessoa ficar obrigada a receber os atos que o outro pratique, e pela obrigação deste de transferir os atos praticados. No fundo, é um contrato através do qual uma das partes se obriga a ficar com determinadas situações que o outro adquira. O agente não está obrigado a praticar os atos, mas se os praticar tem de os transferir e o outro tem de os receber.

Já será uma autorização se o ato praticado pelo autorizado se refletir diretamente na esfera do autorizante. Se, sendo o ato praticado em nome próprio do autorizado, produzir efeitos diretamente na esfera do autorizante.

A AUTORIZAÇÃO

Por exemplo, António que pretende ir ao mercado, sabendo que Bento tem um pequeno lago em sua casa, pergunta-lhe se não quer que lhe traga uns peixes para o lago. Bento concorda e pede a António que lhe faça esse favor. António não está obrigado a comprar os peixes. Age por favor, e não por obrigação. As partes não têm vontade de obrigar António a comprar os peixes por conta de Bento, de tal modo que Bento lhe possa exigir que os compre e que caso não o faça possa sofrer qualquer consequência negativa. No entanto, se António comprar os peixes, Bento fica obrigado a pagar a António as despesas que teve com a aquisição dos peixes. E António fica obrigado a transferir e entregar esses peixes.

Neste caso, António não carece da autorização de Bento para adquirir os peixes. Compra-os para si e transfere-os para Bento. Num segundo caso – em que compra os peixes em nome próprio, mas diretamente para Bento – já carece de autorização, pois afeta a esfera jurídica deste.

O contrato ficou perfeito logo com o acordo. Não se pode afirmar que se trata de um contrato de mandato, mas que a aceitação de António apenas se verifica quando este compra os peixes, pois assim será falseada a vontade das partes. O que as partes pretendem é celebrar um negócio que, sendo jurídico, corresponde no essencial a uma relação de favor. Este contrato tem em comum com o mandato ser dirigido à prática de atos em nome próprio por conta de outrem. Em comum com a autorização tem a inexistência da obrigação de praticar os atos.

No entanto, o contrato é diferente do mandato porque não existe obrigação de prática dos atos, e é diferente da autorização, pois não é necessário constituir legitimidade a favor da parte que atua e por não se agir sobre situações jurídicas da outra pessoa. Trata-se, como tal, de um contrato diferente de ambos, não sendo nem um contrato de mandato, nem um contrato de autorização, embora seja próximo de ambos.[684]

No contrato de autorização gestória, os atos autorizados têm sempre uma conexão muito estreita com o autorizante. São atos que, pela sua mera prática, provocam uma interferência na esfera jurídica do autorizante. Os atos são praticados sobre posições jurídicas do autorizante, na esfera deste. E são sempre praticados por sua conta.

---

[684] Diferentemente, NATTINI qualifica o caso como constituindo uma autorização – *Il Negozio*, cit., págs. 489-490.

Também a questão da prática em nome próprio ou em nome alheio é diferente no contrato de autorização gestória e no contrato de mandato. No contrato de mandato, o mandatário pode agir em nome próprio ou em nome do mandante. No contrato de autorização gestória, a questão só se coloca quanto a atos jurídicos. Diferentemente do contrato de mandato, o contrato de autorização gestória pode ser para a prática de atos materiais, caso em que não existe uma atuação nominativa. Nos atos jurídicos já se coloca a questão.

Outra questão que se pode colocar é a da aplicabilidade da norma do art. 1158º, nº1 do Código Civil ao contrato de autorização gestória. Esta norma estatui presunções de gratuitidade ou onerosidade do mandato. Estas presunções fundam-se numa experiência específica do mandato. Quando alguém se obriga a praticar atos jurídicos, sem que se acorde se o faz onerosamente ou não, a situação normal é diferente caso o mandatário seja um profissional.

Se o mandatário fizer da prática dos atos a sua profissão, o que é normal é que apenas aceite obrigar-se se for pago. É essa a sua profissão, pelo que não faz sentido, como regra, que a exerça gratuitamente. Assim, presume-se neste caso que o mandato é oneroso.

Já quando o mandatário não faz da prática dos atos a sua profissão o que é normal é que o faça por outras razões que não a obtenção de dinheiro. A maior parte das vezes será motivado por amizade, por relações familiares ou pela simples vontade de ajudar. Como tal, nestes casos presume-se que o mandato é gratuito.

No contrato de autorização gestória não existe obrigação de praticar os atos. A falta de obrigação de praticar os atos faz com que o autorizado os possa praticar ou deixar de praticar livremente. Não sofre consequências por deixar de os praticar, pelo que se a certo momento entender que o exercício dos atos lhe está a ocupar muito tempo, ou que já não quer praticá-los, pode fazê-lo. O baixo nível de vinculação do contrato de autorização gestória inverte a lógica das presunções do art. 1158º, nº 1, do Código Civil.

As presunções do art. 1158º, nº 1, do Código Civil apoiam-se numa situação na qual alguém está obrigado a praticar os atos. Celebrado o contrato, o mandatário não se pode recusar a praticar os atos pois está obrigado. Faz sentido que, se é essa a sua profissão, apenas tenha aceite celebrar o contrato se for para ganhar dinheiro. Caso contrário teria declarado que era gratuito. Se aceitou celebrar o contrato por favor, amizade, simples vontade de ajudar um terceiro, ou qualquer outra razão altruísta, não faz sentido retirar dessas motivações típicas uma vontade de ganhar dinheiro. Se não exerce essa profissão, mas queria à mesma ganhar dinheiro, teria de declará-lo e acordá-lo, pois não é essa a situação típica.

As presunções do art. 1158º, nº 1, do Código Civil, fundam-se numa experiência prática adquirida com o mandato. Não com a autorização, não correspondendo a qualquer prática corrente neste negócio. Deste modo, não é aplicável ao contrato de autorização gestória a norma do art. 1158º, nº1, do Código Civil. Assim, embora o contrato de autorização gestória possa ser gratuito ou oneroso, não é possível presumir a sua onerosidade, razão pela qual, na falta de acordo deva ser considerado gratuito.

Outro problema é o da aplicabilidade do art. 1158º, nº2 do Código Civil, relativo à questão da determinação do preço do contrato de autorização gestória oneroso, no qual as partes não procederam à sua fixação por acordo. Esta norma, ao estatuir os critérios para ajuste da retribuição do mandato, é aplicável não só ao mandato, mas a todos os contratos de prestação de serviços que não beneficiem de regras próprias para esse efeito, por imposição do art. 1156º do Código Civil. O contrato de autorização gestória não é um contrato de mandato, nem de prestação de serviços, pelo que o art. 1158º, nº 2 do Código Civil não lhe é aplicável diretamente, nem mesmo *ex vi* art. 1156º do Código Civil. O mesmo sucede com o art. 883º do Código Civil. Esta disposição é aplicável a vários contratos *ex vi* art. 939º do Código Civil. No entanto, o art. 939º do Código Civil apenas estatui a aplicação do regime da compra e venda a outros contratos onerosos pelos quais se alienem bens ou se estabeleçam encargos sobre eles. O contrato de autorização gestória não é um contrato de alienação de bens, nem cria encargos sobre bens.

No entanto, sendo o contrato de autorização gestória um contrato atípico, construído sobre o contrato de mandato é possível proceder à aplicação analógica do art. 1158º, nº 2 do Código Civil. Embora não se trate de um mandato, é construído com base nesta figura. Acresce que nada no contrato de autorização gestória impede a aplicação do art. 1158º, nº 2 do Código Civil. O recurso sequencial a tarifas profissionais, usos e juízos de equidade, permite determinar o preço no contrato de autorização gestória oneroso. A norma é específica para a determinação de um preço num contrato no qual uma pessoa pratica atos por conta de outrem. Característica que ambos os contratos partilham. Embora a probabilidade de alguém fazer da prática dos atos a sua profissão seja maior no mandato, nada impede que tal suceda no contrato de autorização gestória. Quanto ao recurso aos usos, será também mais fácil a sua existência no mandato que no contrato de autorização gestória. Mas já a equidade opera de igual modo em ambos os contratos. Nesta conformidade, a norma do art. 1158º, nº2 do Código Civil é aplicável ao contrato de autorização gestória.

A norma do art. 1159º do Código Civil estabelece regras de interpretação do mandato, com reflexos sobre o seu conteúdo. Segundo esta disposição, o mandato geral apenas abrange atos de administração ordinária, enquanto o mandato especial abrange os atos mencionados, mais todos os necessários para a prática desses atos. Deste modo, evita-se a necessidade de proceder a uma listagem exaustiva dos atos abrangidos pelo mandato, refletindo-se o que é a prática comum. Por outro lado, evita-se a existência de mandatos gerais de disposição. A limitação do mandato geral aos atos de administração, destina-se a evitar uma ampliação indevida do seu conteúdo, com todos os riscos inerentes. Assim, os atos que vão para além da mera administração devem ser referidos no mandato, ou devem ser necessários para a prática de atos de disposição que constem já no mandato. O que importa uma maior segurança jurídica.

A aplicação analógica desta disposição implica a divisão do contrato de autorização gestória em dois sub-tipos, como sucede com o mandato: o contrato de autorização gestória geral e o contrato de autorização gestória especial. A problemática que suporta o art. 1159º do Código Civil é idêntica no mandato e no contrato de autorização gestória. Em ambas as situações verifica-se o problema de permitir uma figura geral que abranja todos os atos possíveis. Em ambas, os riscos são inaceitáveis. A diferença fundamental entre os contratos – existência ou não de obrigação – não afeta a problemática. Ambos os casos implicam a existência de legitimidade de outrem, que não o titular de uma esfera jurídica, para a afetar. Num caso o agente está obrigado a afetá-la, enquanto no outro apenas está autorizado. No entanto, o risco não decorre da obrigação em si, mas da legitimidade para afetar a esfera jurídica alheia.

A Ordem Jurídica não pode aceitar a concessão a outrem de legitimidade para afetar plenamente a esfera jurídica de outrem. Como tal, ou o contrato é geral, apenas incluindo atos de mera administração, ou é especial, caso em que os atos abrangidos têm de ser referidos (ou resultar como necessários para a prática de atos referidos).

Assim, a norma do art. 1159º do Código Civil é aplicável analogicamente ao contrato de autorização gestória, apenas com diferenças terminológicas.

No que respeita à norma do art. 1160º, do Código Civil, esta é relevante para saber se existem várias obrigações, uma de cada mandatário, ou se existe apenas uma obrigação. A norma evita a aplicação, salvo acordo contrário, do regime das obrigações solidárias. Por outro lado, estabelece a diferença face ao regime do mandato comercial, em particular face à regra do art. 244º do Código Comercial. No que respeita ao contrato de autorização gestória é possível aplicar a norma do art. 1160º do Código Civil. A legitimidade é aferida pessoa a pessoa. Ao ser celebrado o contrato de autorização gestória é constituída legitimidade na esfera jurídica do autorizado, quer este fique titular de um direito de intervir na esfera do autorizante, quer apenas beneficie de um precário. Embora o art. 1160º do Código Civil se refira à obrigação do mandato, é possível adaptá--lo à autorização, aplicando-se por analogia, pelo que a norma estatuirá que sendo celebrado um contrato de autorização gestória com vários autorizados, todos terão legitimidade para agir, exceto se do contrato resultar que apenas podem agir conjuntamente. Neste caso, para haver legitimidade será necessário que os autorizados atuem conjuntamente. A utilidade da norma resulta da inexistência de uma disposição legal sobre a solidariedade em situações não obrigacionais. Não existe um regime legal equivalente ao dos arts. 512º e segs. do Código Civil, para situações não obrigacionais. Em lugar de procurar proceder a uma aplicação analógica deste regime ao contrato de autorização gestória, é preferível fazer primeiro uma aplicação analógica do regime do mandato. Este integra o contrato, pelo que tem uma maior proximidade com a vontade das partes, permitindo atingir um regulamento mais adequado.

A norma do art. 1161º do Código Civil tem um conteúdo da maior importância no mandato, pois fixa o conteúdo das obrigações acessórias do mandatário, nomeadamente de seguir as instruções do mandante, de prestar informações, de prestar contas e de entregar o que recebeu em execução do mandato.

No regime jurídico do mandato, estas obrigações estão todas ligadas à obrigação principal de praticar determinados atos jurídicos. A questão que se coloca no que respeita à aplicabilidade ao contrato de autorização gestória consiste em saber se a ligação à obrigação de praticar os atos é incindível, ou se estas obrigações podem ser autonomizadas e compatibilizadas com uma autorização.

A primeira obrigação é a de seguir as instruções do mandante. No contrato de mandato típico, a atuação é feita não só por conta do mandante, mas também no seu interesse.[685] Este é não só o caso típico do mandato, como também o paradigma da construção do regime jurídico do mandato. No mandato, a prossecução do interesse do mandante opera como critério de determinação do sentido de execução da obrigação de atuação do mandatário. A estrutura de interesses integra a estrutura do negócio.

A relevância da estrutura de interesses para o regime do negócio é mais patente nos negócios gestórios, nos quais uma parte atua por conta de outrem. Sendo um negócio celebrado com determinada estrutura de interesses, devem as partes respeitá-la. Principalmente como critério para a concretização de atuações. Estas, no caso de não estarem detalhadamente concretizadas no contrato – a hipótese mais comum –, devem ser concretizadas de acordo com a estrutura de interesses de modo a respeitá-la. Não só considerando os fins que integram os interesses relevantes, mas ainda o grau de utilidade que a atuação apresenta para a prossecução desses fins.

No caso dos negócios celebrados no interesse exclusivo de uma parte, essa parte domina o interesse, podendo aperfeiçoar e concretizar o seu conteúdo. Para esse efeito o mandante pode emitir instruções como modo de concretizar o seu interesse e de modelar o conteúdo da obrigação de atuação do mandatário.

O mandatário deve praticar atos que sejam úteis para atingir os fins do mandante, ou seja, deve agir no interesse do mandante. A concretização dos fins cabe em regra ao mandante. Não só porque os fins são seus, mas porque é ele que os conhece melhor. Para tanto, transmite instruções ao mandatário que podem ser genéricas, limitando-se a melhorar a indicação de um fim a atingir (por exemplo num mandato para venda de um bem, instruir para *vender pelo melhor preço possível*), ou podem ser específi-

---

[685] JANUÁRIO GOMES, *Em Tema*, cit., pág. 91.

cas (no mesmo exemplo, instruir para *vender por* €5.000,00), indicando os concretos atos a praticar sem fazer uma referência expressa ao fim.

No contrato de autorização gestória não existe a obrigação de atuação. Mas existe, como em todos os negócios, uma estrutura de interesses. O contrato de autorização gestória é celebrado para a prática de atos. Atos estes que serão úteis para atingir determinados fins das partes. A questão que se coloca é a de saber qual o interesse relevante para o contrato de autorização gestória. Tal como o mandato, este é um negócio que estabelece uma atuação por conta de outrem. Esta característica é suficiente para se poder concluir que tipicamente o interesse relevante é o do autorizante. Sendo toda a atuação, em última análise, dirigida à sua esfera jurídica, tipicamente os atos deverão ser úteis para o titular da esfera jurídica afetada.

Assim, tal como sucede no mandato, no caso de um contrato de autorização gestória celebrado no interesse do autorizante, o autorizado deve obedecer às instruções daquele. Mas, uma vez que não está obrigado a agir, as instruções apenas são relevantes para as atuações efetivas. Ou seja, o autorizado não está obrigado a agir, mas se agir deve respeitar as instruções do autorizante. É pois aplicável analogicamente ao contrato de autorização gestória o art. 1161º, al. a) do Código Civil.

Como tal, no contrato de autorização gestória o autorizante, em lugar de modificar o âmbito da autorização, pode recorrer à obrigação do autorizado de respeitar as instruções para, assim, modelar o seu comportamento. No entanto, o autorizado fica apenas vinculado pela obrigação. Se agir em violação da obrigação sofrerá as respetivas consequências, mas o ato não será ilegítimo.

O contrato de autorização gestória, tal como o contrato de mandato, pode ser celebrado com outras configurações de interesses. Face à sua estrutura, é frequente a existência de interesse comum das partes. No mandato, o mandatário age obrigado. No contrato de autorização gestória o autorizado age voluntariamente, sem para tal estar obrigado.

Numa visão prática: para o autorizado celebrar o contrato e praticar os atos, terá um qualquer interesse. Não só na celebração do contrato, mas também na prática dos atos, pois de outro modo, apesar de o ter celebrado, não praticará os atos. No entanto, esta é apenas uma visão prática da questão, e não toma em consideração a relevância da configuração do interesse.

A razão para as partes celebrarem um contrato de autorização gestória, em vez de celebrarem um mandato, consiste, frequentemente, em o contrato de autorização gestória estar ligado a um outro negócio que motiva as partes a celebrá-lo, especificamente por não ter a obrigação de atuação. Este outro contrato poderá estar unido ao contrato de autorização gestória, ou formar com ele um único negócio misto, pelo que não significa que esse outro negócio constitua uma verdadeira relação subjacente. A relação entre os dois negócios não necessita de ser estrutural. Sucede apenas que ambos operam como instrumentos para atingir os efeitos pretendidos pelas partes.

Pode suceder que o contrato de autorização gestória seja celebrado só no interesse do autorizado. Tal não significa que não exista um interesse do autorizante, mas apenas que este não é relevante para o contrato de autorização gestória. Normalmente esta situação ocorre por o interesse do autorizante já estar satisfeito, deixando assim de ser relevante.

Uma das dificuldades que se levanta nesta questão resulta da flexibilidade da autorização contida no contrato de autorização gestória. Como já se referiu, o elemento de autorização do contrato pode ser unilateral ou contratual, podendo, ou não, ter natureza de direito subjetivo, o que influencia a sua estrutura de interesses. Por outro lado, o contrato de autorização gestória pode ser um negócio autónomo, pode estar ligado com outros negócios com relevância para a determinação da estrutura de interesses e pode mesmo ter uma relação subjacente. É da combinação destas características do contrato de autorização gestória que resulta a estrutura de interesses relevantes e que, como tal, resulta se o contrato de autorização gestória é celebrado no interesse do autorizante, do autorizado, ou de ambos, e ainda se são relevantes interesses de terceiros.

Tendencialmente, os contratos de autorização gestória, nos quais a autorização tenha natureza de direito subjetivo, são casos de interesse relevante do autorizado.[686] A titularidade de um direito subjetivo de pra-

---

[686] Por exemplo no caso da acessão imobiliária autorizada (MENEZES CORDEIRO, *Boa Fé*, cit., pág. 474) e no caso da autorização para prolongamento de edifício sobre terreno alheio (JOSÉ ALBERTO GONZÁLEZ, *Restrições de Vizinhança (de Interesse Particular)*, 2ª edição, Quid Juris, Lisboa, 2010, cit. *"Restrições"*, pág. 205, nota 636), que são negócios mais ou menos complexos, regulando a atuação e afetando as posições das partes no que respeita à boa fé do autorizado e à existência de um direito subjetivo deste.

ticar os atos implica, tipicamente, a existência de interesse próprio, específico, objetivo e direto nessa prática.

Embora o direito subjetivo não possa ser confundido com interesses que com ele estejam relacionados, é verdade que existe uma estreita relação entre ambos. Por outro lado, a opção das partes de estruturar a autorização como direito subjetivo, com toda a complexidade inerente, incluindo possibilidade de defesa da posição do autorizado perante o autorizante, implica, com grande tendência, ou que já existia um interesse do próprio autorizado proveniente de outro negócio, ou a criação desse interesse através da celebração do contrato de autorização gestória.

Esta tendência é muito forte, embora não afaste situações de titularidade de um direito subjetivo à prática dos atos sem interesse do autorizado na prática dos atos. Usualmente isso sucede por o interesse ser de terceiro, sendo incluído no contrato de autorização gestória o direito de praticar os atos, mas no interesse desse terceiro. Mas também pode suceder que as partes acordem num direito subjetivo sendo o interesse exclusivamente do autorizante. Por vezes isso resulta de uma vontade esclarecida das partes, mas por vezes resulta de uma falta de conhecimento, sendo feita referência a um direito de praticar os atos e acordado todo um regime inerente, mas sem que isso traduza um efetivo interesse de outrem que não o autorizante.

Nos casos de autorização unilateral integrada num contrato de autorização gestória, o autorizado não tem, normalmente, um interesse relevante na prática dos atos.

Tipicamente a autorização unilateral traduz o interesse do autorizante. Ao limitar-se a produzir uma paralisação dos meios de defesa do autorizante, sem que o autorizado tenha direito de os praticar, a autorização unilateral consiste num exercício da posição jurídica afetada pelo autorizante. É um modo de exercício dessa posição pelo próprio titular. A utilidade da prática dos atos nestes casos é usualmente dirigida a fins do autorizante, pelo que o autorizado não tem um interesse relevante.

Mas isso não significa que não possa suceder. Pode ser celebrado um contrato de autorização gestória com um elemento de autorização unilateral no qual o autorizado tenha um interesse próprio na prática dos atos. Embora seja mais típico que, nessas situações, o autorizado tenha direito a praticar os atos, nada impede que, mesmo sendo titular de um interesse relevante, a autorização seja estruturalmente unilateral (embora incluída numa autorização gestória).

Assim, a tipicidade de um interesse relevante do autorizado é, em regra, maior no caso de ter um direito a agir do que no caso de beneficiar de um precário. O interesse pode resultar do contrato de autorização gestória, de um contrato subjacente, ou de um complexo negocial. Como tal, apenas é possível identificar um interesse do autorizado caso a caso.

Nas situações em que existam outros interesses para além do interesse do autorizante, e nas quais apenas exista interesse do autorizado, a aplicabilidade do art. 1161º, al. a) do Código Civil é diversa. Sendo o interesse partilhado por várias partes, ou existindo vários interesses, as instruções do autorizante não podem operar como modo de concretização do interesse. Apenas tem legitimidade para dar instruções o titular do interesse que as suporta. Nestes casos, havendo vários titulares, as instruções têm de ser dadas por todos esses titulares.

Se existirem vários interessados, mas nenhum for o autorizado, estes podem dar instruções conjuntas ao autorizado, que está vinculado a segui-las, nos termos adaptados do art. 1161º, al a) do Código Civil.

Mas se um dos interessados for o autorizado, por exemplo no caso de um contrato de autorização gestória no interesse comum de autorizante e autorizado, este não está sequer vinculado a segui-las. Neste caso o autorizante não tem o poder de dar instruções, faltando-lhe a correspondente legitimidade. Como tal, o autorizado é livre de as seguir ou não. Caso opte por segui-las, a sua vontade integrada com a do autorizante, implica a legitimidade das instruções. Não com base na vontade do autorizante, mas de ambos.

Segundo o art. 1161º, al b) do Código Civil, o mandatário está obrigado a prestar as informações pedidas pelo mandante relativas à gestão. Por um lado, esta obrigação permite ao mandante informar-se convenientemente de modo a poder dar instruções. Por outro lado, pelo menos nos casos em que os atos incidem diretamente na esfera jurídica do mandante, permite-se a este tomar conhecimento da situação atual da sua esfera jurídica, face à atuação do mandatário.

Ambas as razões se justificam no contrato de autorização gestória.

Na medida em que o autorizado estiver obrigado a seguir as instruções do autorizante, está também obrigado a prestar informações úteis à emissão dessas instruções.

A AUTORIZAÇÃO

Mas, acima de tudo, uma vez que no contrato de autorização gestória os atos autorizados são praticados na esfera jurídica do autorizante, verifica-se sempre a necessidade deste poder tomar conhecimento do que está a suceder com a sua própria esfera jurídica. Como tal, no contrato de autorização gestória, mesmo nos casos em que o autorizante não tenha o poder de dar instruções, tem o direito de pedir informações.

O mesmo sucede com a aplicabilidade das alíneas c) e d) do art. 1161º do Código Civil. Estas duas disposições são casos específicos de prestação de informação, pelo que se aplicam também ao contrato de autorização gestória.

A única parte que levanta problemas de aplicabilidade, relativamente ao contrato de autorização gestória, é a obrigação do mandatário, que não executou o mandato, de comunicar ao mandante a razão da não execução. Diferentemente do mandato, no contrato de autorização gestória o autorizado não está obrigado a executar os atos autorizados.

Estando o mandatário obrigado a praticar os atos justifica-se que, caso não os pratique, esteja obrigado a informar a razão desse comportamento. Pode tratar-se de uma situação de incumprimento do contrato, mas pode também tratar-se de uma situação de impossibilidade, de falta de meios, ou outra.

No caso do contrato de autorização gestória, o autorizado pode livremente praticar ou não os atos. A razão para não praticar os atos pode ser a mera vontade do autorizado. Não estando obrigado a praticar os atos poderia não fazer sentido obrigá-lo a informar a razão de não os praticar. Em especial porque o autorizante não pode contar com essa prática como o faz o mandante face aos atos do mandatário. Por outro lado, o autorizante pode sempre pedir informações ao autorizado sobre a sua atuação – alínea b) do art. 1161º do Código Civil – pelo que pode perguntar ao autorizado a razão da abstenção de prática dos atos, estando então este obrigado a informá-lo.

O que não se justifica, face à não obrigatoriedade da prática dos atos pelo autorizado, é que este esteja obrigado a, por sua iniciativa, informar a razão de não terem sido praticados os atos. O autorizado está obrigado a informar que não praticou os atos, mas apenas está obrigado a informar a razão se lhe for perguntado pelo autorizante.

A aplicabilidade da alínea e) do art. 1161º do Código Civil é já uma questão diferente, pois não é relativa à prestação de informações.

A obrigação do mandatário, de entregar ao mandante aquilo que recebeu em execução do mandato e o que sobrou da sua execução, é uma obrigação característica do mandato, por ser um contrato gestório. Numa situação em que alguém encarrega outra de lhe gerir parte do seu património, terminada essa gestão deve ser devolvido o que tiver sobrado da gestão. Muitas vezes o que sobra são os próprios lucros da gestão.

O contrato de autorização gestória é também um contrato gestório. Embora o autorizado não esteja obrigado a gerir, se agir pratica atos de gestão. Como tal, o problema da devolução do que sobrar no final da gestão existe tal como sucede no mandato. Por esta razão o art. 1161º, al. e) do Código Civil é aplicável ao contrato de autorização gestória.

A norma do art. 1162º do Código Civil é apenas parcialmente aplicável ao contrato de autorização gestória. Não estando o autorizado obrigado a praticar os atos abrangidos pelo contrato de autorização gestória, não se justifica a aplicabilidade analógica de uma norma legal que lhe atribua a possibilidade de não executar o contrato, pois isso já resulta do contrato.

O autorizado executa ou não o contrato de autorização gestória conforme entender. Mesmo após o início da gestão autorizada não está obrigado a mantê-la. A obrigação de gestão é típica do mandato,[687] mas não do contrato de autorização gestória. Podem ser celebrados contratos nos quais o autorizado não esteja obrigado a gerir mas que, caso inicie essa gestão não possa deixar de o fazer. Mas estes contratos não são contratos de autorização gestória típicos, mas contratos de autorização gestória nos quais a relevância do contrato de mandato é maior. São casos nos

---

[687] E da gestão de negócios – art. 466º, nº 1 do Código Civil – uma vez que esta figura, embora tenha como requisito a falta de *autorização*, é moldada sobre o mandato. A falta de *autorização* a que se refere o art. 464º do Código Civil não deve ser interpretada como a falta de uma efetiva autorização, mas como falta de legitimidade (independentemente da razão dessa falta) para agir sobre esfera jurídica alheia. As dificuldades que o recurso à expressão *autorização* causam no estudo da gestão negócios estão patentes em JÚLIO MANUEL VIEIRA GOMES, *A Gestão de Negócios, Um Instituto Jurídico numa Encruzilhada*, separata do Vol. XXXIX do suplemento ao *Boletim da Faculdade de Direito da Universidade de Coimbra*, Coimbra, 1993, cit. "A Gestão", págs. 63-87. Nas suas palavras – pág. 87 – *o requisito da "falta de autorização" é* [...] *singularmente controverso, mesmo tendo em conta ser já o instituto da gestão de negócios, globalmente, marcado pela incerteza e pela disputa*. MARIA HELENA DINIZ, *Curso de Direito Civil Brasileiro*, 3º volume, *Teoria das Obrigações Contratuais e Extracontratuais*, 14ª ed., Editora Saraiva, São Paulo, 1999, cit. "Obrigações Contratuais", pág. 325, e ORLANDO GOMES, *Contratos*, cit., pág. 386, consideram imprescindível a falta de autorização representativa.

A AUTORIZAÇÃO

quais, depois de iniciada a gestão, tudo sucede como se fosse um mandato típico. No contrato de autorização gestória típico nada sucede como se fosse um mandato típico, o que causa a dificuldade de concretização do seu regime. Por esta razão, a parte do art. 1162º do Código Civil que estatui a possibilidade do mandatário deixar de executar o mandato não é aplicável ao contrato de autorização gestória.

A parte do art. 1162º do Código Civil relativa à possibilidade de o mandatário se afastar das instruções recebidas constitui já uma questão diferente. Vimos já em que medida são aplicáveis, ao contrato de autorização gestória, as normas relativas à obrigação de prestar informações do contrato de mandato. Na medida em que essa obrigação exista, existe também o problema de saber se o autorizado se pode afastar das instruções.

Enquanto no caso da possibilidade de inexecução dos atos, o autorizado ou os pratica ou não os pratica; no caso do afastamento das instruções o autorizado pratica os atos de modo diferente ao que foi instruído. O autorizado não está obrigado a praticar os atos, mas se decidir praticá-los deve respeitar as instruções do autorizante (pelo menos quando existe essa obrigação).

A prática dos atos não é feita em execução de uma obrigação, mas o respeito pelas instruções é. Como tal, havendo instruções, e não sendo respeitadas, verifica-se o incumprimento de uma obrigação. A questão de saber em concreto se um afastamento das instruções respeita o art. 1162º do Código Civil é sempre complexa. Contudo, não é essa a questão em apreciação.

O que se pretende saber é se é possível aplicar o art. 1162º do Código Civil ao contrato de autorização gestória. Nesta matéria, as razões de ser do art. 1162º do Código Civil relativas ao mandato verificam-se também no caso do contrato de autorização gestória. Também neste caso podem surgir circunstâncias em que não é possível comunicar ao autorizante em tempo útil informações relevantes. Caso sucedam, o autorizado pode não executar os atos (contrariamente ao mandante que estaria obrigado a fazê-lo). Mas não faz sentido exigir que se abstenha de agir nestes casos. A ser assim, o art. 1162º do Código Civil apenas estatuiria a possibilidade de não atuação do mandatário. Mas não o faz; permite-lhe não agir ou agir de modo desconforme às instruções. O mesmo deve suceder no contrato de autorização gestória. A inexistência de uma obrigação do autorizado de agir implica a inaplicabilidade do art. 1162º do Código Civil nessa parte, sendo apenas aplicável na parte relativa à atuação desconforme às instruções.

O valor do silêncio estatuído no art. 1163º do Código Civil, é uma questão complexa. Esta disposição estatui, nos casos nela previstos, que o silêncio tem valor de aprovação.

De acordo com o art. 1163º do Código Civil, o silêncio é relevante como aprovação da atuação do mandatário. Está em causa o valor do silêncio do mandante no caso de o mandatário comunicar a execução ou inexecução do mandato. A aprovação da conduta do mandatário é relevante para efeitos de cumprimento do mandato. Aprovada a conduta, considera-se que o mandatário cumpriu a sua obrigação, independentemente de violar os limites do mandato ou as instruções. Constitui-se um ónus do mandante se pronunciar dentro do prazo estabelecido nos usos, ou de acordo com a natureza do assunto. Se nada disser dentro desse prazo considera-se a atuação aprovada.

A aprovação do comportamento do mandatário é da maior relevância face ao regime do cumprimento das obrigações. Aprovado o comportamento, mesmo que se tenha verificado uma violação do mandato, não são aplicáveis as consequências negativas do incumprimento das obrigações. Nomeadamente, não há lugar a responsabilidade obrigacional.

No caso da autorização, não existe obrigação de atuação, pelo que não se suscita a questão do cumprimento da obrigação de atuação. Mas podem existir obrigações acessórias com relevo. Como tal, embora a questão do art. 1163º do Código Civil não seja relevante para o caso específico do elemento autorizativo, pode já o ser para obrigações acessórias.

No que respeita à autorização, a norma do art. 1163º do Código Civil pode ser relevante. Esta norma é aplicável, quer o mandatário viole as instruções, quer viole os limites do mandato. No caso da violação de instruções, estas podem existir em qualquer um dos contratos. Os seus regimes são obrigacionais nos dois contratos. Como tal, a violação das instruções pode provocar a aplicação do regime do não cumprimento das obrigações. A haver aprovação da atuação do autorizado, é excluída qualquer consequência de um eventual não cumprimento de instrução.

No caso de a atuação violar os limites do mandato, a situação fundamental é a mesma que se verifica na autorização. O mandato não só constitui a obrigação de praticar os atos, como constitui a legitimidade para os praticar. Quando o mandatário age em violação dos limites do mandato, pode agir sem legitimidade. Embora seja mais conspícua a consequência obrigacional da violação dos limites do mandato, esta não é a única consequência possível. Nos casos em que a atuação do mandatário incide sobre a esfera jurídica do mandante, se aquele violar os limites do mandato, atua sem legitimidade.

Também no contrato de autorização gestória, se o autorizante violar os limites da autorização, atuará sem legitimidade. Nestes casos, o problema fundamental é o mesmo em ambos os negócios – a atuação sem legitimidade – pelo que é possível aplicar analogicamente ao contrato de autorização gestória o art. 1163º do Código Civil para situações de violação dos limites da autorização. Assim, praticados os atos e comunicada essa prática, se o autorizante se mantiver em silêncio por tempo superior àquele em que teria de se pronunciar, segundo os usos ou, na falta destes, de acordo com a natureza do assunto, consideram-se os atos aprovados, com as consequências *supra* referidas.

A norma do art. 1164º do Código Civil é parcialmente aplicável ao contrato de autorização gestória. Segundo esta disposição, o mandatário fica obrigado ao pagamento de juros de mora calculados sobre as quantias que recebeu do mandante, ou por conta deste, em três situações. Estas três situações têm como elemento comum traduzir uma retenção indevida do dinheiro pelo mandatário. O mandatário devia entregar, devolver, ou aplicar o dinheiro e não o fez.

Nas duas primeiras situações, os juros são contados a partir do momento em que o mandatário devia entregar ou devolver essas quantias. Também no contrato de autorização gestória o autorizado está obrigado a entregar ou remeter quantias ao autorizante. Embora não esteja obrigado a praticar os atos, tendo-os praticado fica obrigado a devolver as quantias, quer entregando-as, quer remetendo-as. Se não o fizer a partir de determinado momento fica obrigado a pagar juros de mora sobre essa quantia. A razão de ser da disposição em causa, nestes dois casos, é idêntica no contrato de mandato e no contrato de autorização gestória, pelo que este regime é aplicável.

O caso da parte final do art. 1164º do Código Civil é o mais problemático. Neste, o mandatário que não aplique o dinheiro conforme instruído pelo mandante fica obrigado ao pagamento de juros de mora. No entanto, no contrato de autorização gestória o autorizado não está obrigado a praticar os atos, pelo que não está obrigado a aplicar o dinheiro conforme instruções do autorizante, pois pode simplesmente não o aplicar.

Em regra, se aplicar o dinheiro terá de o fazer de acordo com as instruções do autorizante; mas não está obrigado a aplicá-lo. Uma vez que o art. 1164º do Código Civil regula casos de retenção indevida do dinheiro, não é possível afirmar que nesta terceira situação exista uma retenção indevida do dinheiro, pois não existe a obrigação de o aplicar. Poderá o autorizante solicitar a devolução do dinheiro que, caso não seja feita, dará então lugar à aplicação do art. 1164º do Código Civil.

Como tal, a parte do art. 1164º do Código Civil que estatui a obrigação de pagar juros de mora a partir da data em que o dinheiro devia ser aplicado conforme instruído não é aplicável ao contrato de autorização gestória, embora o autorizante possa exigir a devolução do dinheiro.

A norma do art. 1165º do Código Civil é aplicável ao contrato de autorização gestória. O núcleo autorizativo do contrato de autorização gestória é compatível com a aplicabilidade do art. 1165º do Código Civil. Tal como sucede no mandato, o contrato de autorização gestória é um contrato gestório, de atuação por conta de outrem, que pode ser com ou sem representação. A inexistência de uma obrigação de atuação não influencia a possibilidade de substituição ou de recurso a auxiliares. Esta possibilidade é fundamentalmente uma questão de vontade das partes e de relevância contratual das relações pessoais entre as partes. Ambas estão salvaguardadas pela aplicação analógica do regime do art. 264º do Código Civil, que apenas permite a substituição com o acordo do mandante ou se tal possibilidade resultar do negócio.

No que respeita ao recurso a auxiliares, com menor relevância para as relações pessoais entre as partes,[688] é em regra permitido se o contrário não resultar do negócio ou da natureza dos atos. O mesmo sucede com o contrato de autorização gestória. O autorizado pode em regra usar auxiliares expecto se o contrário resultar da autorização, ou de outro negócio com relevância para a mesma, ou se da natureza dos atos autorizados.

Não se trata, neste caso, de recurso a auxiliares para cumprimento de obrigações, pois o autorizado não está obrigado a praticar os atos. No entanto, a possibilidade de recurso a auxiliares não está limitada ao cum-

---

[688] Pois mantém-se o controlo (e a responsabilização) da atuação ao mandatário.

primento de obrigações. O próprio art. 264º do Código Civil permite ao procurador o recurso a auxiliares, sendo que o poder de representação não é uma obrigação, e que o procurador não tem de estar obrigado a praticar os atos.

A substituição do autorizado apenas pode ser feita com o acordo do autorizante, ou se essa possibilidade for acordada no contrato de autorização gestória ou noutro negócio relevante para este. Caso se verifique a substituição do autorizado, aplica-se o regime do art. 264º, nº 2 e nº 3 do Código Civil.

A aplicabilidade da norma do art. 1166º do Código Civil está relacionada com o regime do seu art. 1160º.

Nos casos em que, segundo o art. 1160º do Código Civil os mandatários devem agir conjuntamente, estatui o art. 1166º do Código Civil que, apesar de a atuação ser conjunta, a responsabilidade não é solidária. No mandato, as normas destes artigos são relativas ao cumprimento conjunto da obrigação e à não responsabilidade solidária por incumprimento da obrigação. No contrato de autorização gestória a questão não se coloca nestes termos. Não existe responsabilidade por não cumprimento da obrigação de atuação, pois esta obrigação não existe.

No entanto, existem obrigações acessórias que podem ser incumpridas e dar lugar a responsabilidade obrigacional. Nestes casos, a norma do art. 1166º do Código Civil pode ser aplicada ao contrato de autorização gestória. Esta deve operar em conjunto com a do art. 1160º do Código Civil. Aliás, a problemática da solidariedade a que o art. 1166º do Código Civil dá resposta apenas existe por causa do art. 1160º do Código Civil. O art. 1166º do Código Civil estabelece uma divisão entre a obrigação e a responsabilidade. Mesmo que as partes acordem que os mandatários devem agir conjuntamente, este acordo não importa a responsabilidade solidária. Para que exista responsabilidade solidária, neste caso, é necessário um acordo específico. A mesma questão pode surgir no contrato de autorização gestória. A ser acordado que os autorizados devem agir conjuntamente, apenas haverá responsabilidade solidária se houver um acordo específico nesta matéria.

O art. 1167º do Código Civil tem várias alíneas que serão analisadas uma a uma.

A aplicabilidade da norma relativa à alínea a) do art. 1167º do Código Civil depende da natureza jurídica do elemento autorizativo do contrato de autorização gestória. A obrigação do mandante de fornecer ao mandatário os meios necessários para a execução do mandato está relacionada com a obrigação do mandatário de praticar os atos. De tal modo que, enquanto o mandante não cumprir esta obrigação, o mandatário pode abster-se de praticar os atos – art. 1168º do Código Civil. Por outro lado, o mandatário pode exigir a entrega desses meios, para poder cumprir a sua obrigação.

Sucede, no entanto, que no contrato de autorização gestória não existe obrigação do autorizado praticar os atos. Este pode nem sequer ter o direito de agir, resultando apenas legitimidade para tal do precário de que é titular.

A questão de o autorizado ter o direito de exigir ao autorizante os meios para praticar os atos autorizados não pode estar dependente de uma obrigação do autorizado de praticar atos, pois esta não existe. Mas, por maioria de razão, se o mandatário, que está obrigado a agir, tem direito a exigir a entrega dos meios, o autorizado titular de um direito subjetivo de agir também deve ter esse direito. O autorizado não está obrigado a agir; antes tem o direito de agir. Se decidir agir, poderá necessitar de meios na disponibilidade do autorizante, que está obrigado a facultar-lhos.

Nos casos em que o autorizado apenas é titular de um precário, já a questão é diferente. Nestes casos o autorizado não tem nem obrigação, nem mesmo o direito de agir. A questão tem, como tal, características diferentes. Nos casos em que do contrato de autorização gestória apenas resulta para o autorizado uma autorização unilateral, a estatuição de um direito de exigir ao autorizante os meios para a prática dos atos, equivaleria a transformar essa autorização num direito subjetivo. Passaria a ser titular de uma posição jurídica ativa dotada de meios de defesa próprios, que como tal não é precária. É, portanto, fundamental saber se a vontade das partes consiste em que o autorizado apenas tenha um precário, ou tenha um direito subjetivo a agir. No primeiro caso não tem direito a exigir a entrega dos meios, enquanto no segundo tem esse direito.

Assim, a alínea a) do art. 1167º do Código Civil apenas é aplicável ao contrato de autorização gestória, se o autorizado tiver um direito subjetivo a agir. Se apenas tiver um precário – se o negócio apenas desativar os meios de defesa do autorizado – não terá esse direito.

A norma da alínea b) do art. 1167º do Código Civil é aplicável ao contrato de autorização gestória no caso de este ser oneroso.

Neste caso, o autorizado fica obrigado a pagar e ainda a constituir provisão segundo os usos. Embora a alínea b) do art. 1167º do Código Civil seja aplicável, são poucos os usos que abrangem autorizações. No entanto, esta aplicação analógica opera para a concretização do regime de um contrato misto. As regras do mandato são aplicáveis considerando o elemento de mandato existente no contrato de autorização gestória. Por esta razão, serão também aplicáveis ao contrato de autorização gestória, com as devidas adaptações, os usos que nesta matéria seriam aplicáveis ao mandato.

No que respeita às normas das alíneas c) e d) do art. 1167º do Código Civil, estas justificam-se no mandato, pois o mandatário age por conta do mandante. Agindo o mandatário por conta do mandante, a transferência dos atos para este inclui toda a posição jurídica, abrangendo certas despesas e prejuízos, e não só atos que se obrigou a praticar. No contrato de autorização gestória sucede o mesmo. O autorizado age por conta do autorizante. Embora possa não agir no interesse deste, age sempre por sua conta. Como tal, a aplicabilidade das regras das alíneas ora em causa ao contrato de autorização gestória é justificável.

No que respeita à norma do art. 1168º do Código Civil, tal como já se referiu, não se justifica a aplicabilidade ao contrato de autorização gestória. No contrato de autorização gestória o autorizado não está obrigado a agir. Como tal, não carece do regime do art. 1168º do Código Civil para poder não agir. Essa possibilidade resulta do próprio contrato, pelo que o autorizado pode sempre não agir. É indiferente a razão da suspensão da atuação do autorizado. Quer o autorizante esteja em mora, quer não esteja, o autorizado pode agir ou não livremente. E pode suspender ou mesmo cessar livremente a sua atuação. Como tal a norma do art. 1168º do Código Civil não é aplicável ao contrato de autorização gestória.

A norma do art. 1169º do Código Civil encontra-se ligada à norma do art. 1167º do Código Civil, apenas se justificando a sua aplicação nos casos em que esta for aplicável. Nos casos em que o autorizante está obrigado perante o autorizado, e em que exista mais do que um autorizante, sendo a autorização no interesse comum, as obrigações dos autorizantes perante o autorizado serão solidárias. Sendo o contrato de autorização gestória no interesse comum, justifica-se a solidariedade das obrigações dos autorizantes de modo análogo que sucede no mandato no interesse comum.

As obrigações afetadas pela norma em questão são do autorizante e não do autorizado. Embora o autorizado não esteja obrigado a agir, quer o mandante, quer o autorizante, podem estar obrigados a várias prestações. Nesta matéria as diferenças entre ambos os contratos não são fundamentais. Embora possam resultar mais obrigações para o mandante do que para o autorizante, ambos estão obrigados perante a outra parte. Como tal, a norma do art. 1169º do Código Civil é analogicamente aplicável ao contrato de autorização gestória.

O art. 1170º, nº 1 do Código Civil é uma exceção à regra geral da irrevogabilidade unilateral dos contratos. A regra do art. 1170º, nº 1 do Código Civil é aplicável ao mandato no interesse exclusivo do mandante, pelo que a figura correspondente será o contrato de autorização gestória no interesse exclusivo do autorizante.

A razão de ser da revogabilidade do mandato[689] mantém-se no contrato de autorização gestória e não é contrariada pela inexistência da obrigação do autorizado de praticar os atos. No que respeita ao interesse do autorizante a questão é idêntica à do mandante; e no que respeita ao autorizado a questão da livre revogabilidade seria, quando muito, reforçada pelo facto de não existir essa obrigação.[690]

Apesar de tudo, e no que respeita ao autorizado, pode levantar-se a questão de saber se se justifica a sua possibilidade de revogação do negócio, não estando obrigado a executá-lo. Se não está obrigado a praticá-lo, que interesse terá na revogação do contrato de autorização gestória?

No entanto, a resposta é afirmativa. Embora o autorizado não esteja obrigado a praticar os atos, mantém interesse na revogabilidade do negócio. Não faria sentido, por comparação com a situação existente no mandato, que o autorizado por não estar obrigado a executar o negócio não se

---

[689] Segundo JANUÁRIO GOMES, *Em Tema*, cit., págs. 96-100, a razão de ser da livre revogabilidade pelo mandante consiste na natureza de contrato de gestão no interesse do mandante, e a razão de ser da livre revogabilidade pelo mandatário consiste num resquício da ligação com a procuração, em especial com a livre renúncia do procurador ao poder de representação.
[690] Especialmente no que respeita à livre revogabilidade pelo mandatário. JANUÁRIO GOMES, *Em Tema*, pág. 100, critica a extensão da livre revogabilidade ao mandatário por influência da livre renúncia do procurador, com fundamento em o procurador não ter assumido contratualmente um dever; também o autorizado não assumiu contratualmente um dever, pelo que o grau de proximidade à renúncia do procurador é superior na livre revogabilidade pelo autorizado, do que na livre revogabilidade pelo mandatário,

pudesse desvincular do mesmo. Note-se que o facto de não existir a obrigação de praticar os atos não significa que não existam outras obrigações, cuja vigência pode ser da maior importância para o autorizado. A situação, neste caso, é muito diferente da autorização constitutiva unilateral. Não se trata apenas da reposição dos meios de defesa do autorizante, mas de todo um regime contratual, com influência direta em ambas as esferas jurídicas. Como tal, o art. 1170º, nº 1 do Código Civil é aplicável ao contrato de autorização gestória.

O art. 1170º, nº 2 do Código Civil é também aplicável ao contrato de autorização gestória. Nesta matéria as semelhanças entre o mandato e a autorização constitutiva unilateral justificam a aplicação ao contrato de autorização gestória. Sendo a autorização constitutiva unilateral irrevogável quando outorgada no interesse do autorizado ou de terceiro, também o contrato de autorização gestória o deve ser. Especialmente considerando que o contrato de autorização gestória é construído com grande apoio no mandato e na autorização constitutiva unilateral. Tendo ambas as figuras o mesmo regime, não existe qualquer razão para não o aplicar.

A disposição do art. 1171º do Código Civil nasce da tradição do mandato. Sendo nomeado um novo mandatário para a prática dos mesmos atos entende-se que se pretende substituir o mandatário e não cumular mais um mandatário. No mandato, em que o mandatário está obrigado a praticar os atos, a existência de uma nova pessoa obrigada a praticar os mesmos atos pode causar graves dificuldades. Em particular no que respeita aos atos que apenas podem, por natureza, ser praticados uma vez (por exemplo, vender a casa do mandante), e aqueles que convém que apenas sejam praticados uma vez (por exemplo, comprar um automóvel para o mandante). Nestes casos, ambos os mandatários iriam fazer o que estivesse ao seu alcance para praticar os atos, o que poderia conduzir a uma incompatibilidade de atuações por conta do mandante.

Por outro lado, o cumprimento por um dos mandatários, poderia conduzir ao incumprimento por parte do outro (eventualmente não culposo). A existência de uma regra com uma presunção de revogação do mandato no caso de celebração de novo contrato para os mesmos atos é plenamente justificada. Caso o mandante tenha diferente intenção, basta que o declare no segundo mandato, mantendo-se assim ambos em vigor.

No caso do contrato de autorização gestória não se coloca a questão do incumprimento por parte de um autorizado em resultado do cumprimento do outro, pois não existe obrigação de prática dos atos. O contrato de autorização gestória apenas constitui um precário ou um direito subjetivo à sua prática, com a inerente legitimidade, mas não uma obrigação.

Continua, no entanto, a colocar-se a questão da existência de duas pessoas com legitimidade para praticar os atos. Esta situação pode provocar o mesmo tipo de incompatibilidade de atuação que pode suceder no mandato. Embora o contrato de autorização gestória não levante as mesmas questões relativas ao cumprimento de obrigações que surgem no mandato, noutras questões a semelhança que se verifica justifica a sua aplicabilidade. Assim, em regra, a autorização a outra pessoa para a prática dos mesmos atos importa a revogação do primeiro contrato de autorização gestória a partir do momento em que a celebração do segundo contrato seja conhecida pelo autorizado.

No que respeita ao art. 1172º do Código Civil, este deve ser dividido em duas partes. Uma composta pelos casos das alíneas a) a c) e outro composto pela alínea d). A diferença entre estes dois conjuntos reside na sua ligação à existência de obrigação do mandante.

As alíneas a) a c) do art. 1172º do Código Civil, não estão ligadas a qualquer obrigação de prática dos atos por parte do mandatário. No caso da alínea a), há lugar a indemnização por revogação do mandato se as partes o acordarem. Este acordo tanto pode existir num mandato, como num contrato de autorização gestória. A inexistência de obrigação de prática dos atos é irrelevante para este acordo, apenas sendo relevante o acordo de indemnização.

A alínea b) é uma consequência natural do acordo de irrevogabilidade, ou renúncia à revogabilidade. Esta disposição não constitui a obrigação de indemnizar, pois esta já existia com fundamento no incumprimento da obrigação de não revogar.

Mesmo nos casos de irrevogabilidade natural, a declaração de revogação pode causar prejuízos à parte contrária. Por outro lado, a irrevogabilidade do mandato, quando exista acordo nesse sentido, para além de natural, é obrigacional, pelo que a prática de um ato contrário implica a violação da obrigação.

No contrato de autorização gestória sucede o mesmo. Se as partes acordarem a irrevogabilidade do contrato de autorização gestória, independentemente de este ser ou não naturalmente irrevogável, a revogação implica o incumprimento da obrigação, podendo dar causa a responsabilidade obrigacional.

A alínea c) do art. 1172º do Código Civil, respeita aos casos de mandato oneroso com uma duração determinada (por termo certo ou incerto) que sejam revogados pelo mandante sem a antecedência adequada. A questão é independente da existência da obrigação do mandatário. Encontra-se, antes, ligada à natureza onerosa do mandato e à sua duração. Embora o mandato seja, em regra, livremente revogável por qualquer parte, o que é especial face à regra geral da irrevogabilidade unilateral dos contratos, esta disposição reflete a proteção do interesse do mandatário no recebimento do preço nos casos em que podia contar, com alguma certeza, com determinada duração do mandato. Embora permita a livre revogação do mandato pelo mandante, estatui o dever de indemnizar.

O contrato de autorização gestória também pode ser oneroso e ser celebrado sujeito a um termo certo ou para a duração de certo assunto. Coloca-se, portanto, a mesma questão que existe no mandato. Como tal, as alíneas a) a c) do art. 1172º do Código Civil são aplicáveis ao contrato de autorização gestória.

A alínea d) do art. 1172º do Código Civil é a única que tem uma ligação estrutural com a obrigação do mandatário. Embora essa ligação não seja referida, e não seja aparente, existe. Justifica-se a obrigação de indemnização do mandatário perante o mandante no caso de revogação do mandato por aquele sem a devida antecedência, porque o mandante conta com a prática dos atos. Ao contratar um mandato, o mandante quer que o mandatário fique obrigado a praticar os atos, de tal modo que o possa exigir. O mandante conta que o mandatário pratique os atos e, se não praticar, poderá exigir que o faça e responsabilizá-lo pelo incumprimento. Naturalmente que o mandante também deve contar com a possibilidade de o mandatário revogar o mandato. Mas, nesse caso, a revogação deverá será feita com adequada antecedência, de modo a dar ao mandante tempo para reorganizar o assunto. Como tal, o mandante pode contar com a prática dos atos salvo se o mandatário revogar o mandato com a devida antecedência. E pode organizar a sua vida de acordo com essa expectativa.

Mas no contrato de autorização gestória isto não sucede. O autorizante não pode nunca contar com a prática dos atos, pois o autorizado não está obrigado a praticá-los. Comparando os dois contratos, fica patente a ligação entre a alínea d) do art. 1172º do Código Civil e a existência de obrigação do mandatário. Pois, se o mandatário não estivesse obrigado a praticar os atos, o mandante não poderia contar com a sua prática de tal modo que a abstenção de prática lhe possa causar prejuízos. Não existe um direito a que os atos sejam praticados e nem mesmo uma legítima expectativa do autorizante que possa fundar uma obrigação de indemnização.

Como tal, embora as alíneas a) a c) do art. 1172º do Código Civil sejam aplicáveis ao contrato de autorização gestória, a alínea d) não o é.

A norma do art. 1173º do Código Civil traduz uma regra de legitimidade. Existindo vários mandantes, e sendo o mandato no interesse comum destes, apenas pode ser revogado por todos. Sendo vários os mandantes, integram todos a mesma parte numa situação de contitularidade. O que a norma estatui é a necessidade de intervenção de todos os contitulares para extinção da situação jurídica. A regra corresponde ao regime normal da contitularidade, no que respeita à extinção total da situação titulada e apenas se justifica face à livre revogabilidade do mandato. Se o contrato não fosse livremente revogável, nem atuando todos os mandantes em conjunto poderiam revogá-lo; sendo livremente revogável, a regra evita dúvidas sobre se a legitimidade pertence a cada um ou a todos conjuntamente.

Ou seja, no caso do mandato, face ao regime do art. 1170º do Código Civil, justifica-se plenamente esta regra. E, uma vez que o art. 1170º do Código Civil é também aplicável ao contrato de autorização gestória, a questão coloca-se também no que respeita a este contrato, pelo que o regime do art. 1173º do Código Civil lhe é também aplicável.

O art. 1174º do Código Civil reflete a natureza *intuitu personae* típica do contrato de mandato. As relações de confiança pessoal nas quais tipicamente assenta a celebração do mandato justificam a solução do art. 1174º do Código Civil. No contrato de autorização gestória estamos perante as mesmas relações de confiança pessoal. Aliás, tendencialmente a confiança do *dominus* no agente será superior. O autorizante permite a atuação do autorizado sem que este fique obrigado. Como tal, se quiser contar com a atuação fundar-se-á apenas na confiança de que o autorizado pratique os atos. Por esta razão, justifica-se a aplicabilidade desta disposição ao contrato de autorização gestória.

O mesmo sucede no art. 1175º do Código Civil. Tal como no mandato, o contrato de autorização gestória pode ser celebrado no interesse do autorizado ou de um terceiro. A inexistência de obrigação de agir não impede a aplicabilidade do art. 1175º do Código Civil. Este regime resulta da estrutura de interesses que pode existir no mandato. Embora não seja o regime típico, o mandato pode ser celebrado também no interesse do mandatário ou de terceiro. Nestes casos, o interesse do mandante não é o único. Caso o mandante morra, os interesses do mandatário ou de terceiro mantêm-se em vigor, justificando-se a manutenção em vigência do contrato.

A situação é idêntica no contrato de autorização gestória no que respeita à estrutura de interesses e à sua relevância para a vigência do negócio. Por esta razão, a norma do art. 1175º do Código Civil é aplicável analogicamente ao contrato de autorização gestória.

O art. 1176º do Código Civil não é aplicável ao contrato de autorização gestória. No contrato de autorização gestória, não existindo obrigação de praticar o ato, o autorizante não pode contar com essa prática como algo devido. Embora não se faça referência expressa à obrigação do mandatário de praticar os atos, esta disposição apenas se justifica face à sua existência.

No caso de caducidade do contrato de autorização gestória por morte, interdição ou inabilitação do autorizado, não existe razão para impor aos herdeiros do autorizado a prática de quaisquer atos. Por um lado, não existe no contrato de autorização gestória uma obrigação de prática dos atos, pelo que não faz sentido impor aos herdeiros do autorizado a prática de quaisquer atos, mesmo que só as providências adequadas.

Por outro lado, quando o autorizante celebra o contrato de autorização gestória não fica a contar com a prática dos atos como sucede com o mandante. O mandante pode contar com a prática dos atos, tanto quanto se pode contar com o cumprimento de uma obrigação. Mas o autorizante não pode contar com essa prática, pois o autorizado é livre de os praticar.

O mesmo se pode dizer no que respeita ao dever de os herdeiros informarem o mandante da morte do mandatário, da sua interdição ou inabilitação. Não existe nenhuma razão para impor aos herdeiros um dever autónomo de informar o autorizante. Os herdeiros estão abrangidos pelo dever geral de informação estatuído no art. 573º do Código Civil. Mas, inexistindo uma obrigação de prática de atos e não podendo o autorizante contar com a sua prática pelo autorizado, não se justifica impor esse dever autónomo aos herdeiros do autorizado. De outro modo, embora nem o autorizado, nem os seus herdeiros, estivessem obrigados a praticar quaisquer atos, os herdeiros seriam responsáveis perante o autorizante se não o informassem de sua iniciativa.

Não faz sentido um nível de exigência tão elevado no que respeita à informação da morte, interdição ou inabilitação, num contrato em que não existe obrigação de agir. Em especial quando pode ser aplicado o art. 573º do Código Civil, por iniciativa do autorizante.

Por identidade de razão, o mesmo sucede no que respeita ao nº 2 do art. 1176º do Código Civil, pelo que o art. 1176º do Código Civil não é aplicável ao contrato de autorização gestória.

O art. 1177º do Código Civil é aplicável ao contrato de autorização gestória. Embora na disposição em causa se faça referência expressa à obrigação de agir dos mandatários, a razão de ser não é a obrigação em si, mas a pluralidade de mandatários com obrigação de agir conjuntamente e na natureza pessoal das relações entre as partes. O art. 1177º do Código Civil é uma das disposições que traduz a natureza *intuitu personae* do contrato de mandato típico. Havendo vários mandatários com a mesma obrigação, a morte de um deles implica uma quebra, pelo menos parcial, da confiança que caracteriza as relações entre as partes. Especialmente no caso de a obrigação ser conjunta. No caso de a obrigação ser solidária, a solidariedade aponta tipicamente para relações de confiança autónomas com cada um dos mandatários.

No contrato de autorização gestória, embora não exista obrigação de agir, tipicamente verificam-se as mesmas relações de confiança que existem no mandato. Como tal, se existirem vários autorizados, mas que apenas possam agir conjuntamente, aplica-se o art. 1177º do Código Civil.

Os arts. 1178º e 1179º do Código Civil são ambos aplicáveis ao contrato de autorização gestória, com as devidas adaptações. A questão da relação do contrato de autorização gestória com a representação é da maior importância. Os atos autorizados no contrato de autorização gestória podem não afetar terceiros. Neste caso, a representação é irrelevante, pois tudo se passa entre o autorizante e o autorizado.

Mas, no caso de os atos autorizados pelo contrato de autorização gestória afetarem terceiros, a representação apresenta grande relevância. Embora a autorização seja relevante também em situações sem poder de representação – por exemplo, no caso do art. 771º do Código Civil.

O art. 1178º, nº 1 do Código Civil, remete para o art. 258º e seguintes do Código Civil, sendo a sua função mais relevante a de reforçar a distinção entre mandato e procuração. Assegura assim a autonomia do instituto da representação, sendo esta regulada pelo seu regime jurídico próprio, mesmo que integrada com um mandato. Deste modo, se o autorizado receber poderes para agir em nome do autorizante, serão aplicáveis os arts. 258º e seguintes do Código Civil.

A importância da distinção entre a representação (ou a procuração) e a autorização é ainda maior que no caso do mandato. A distinção entre mandato e representação ou procuração é algo já adquirido. No entanto, o mesmo não sucede com a autorização.

Justifica-se, como tal, a aplicabilidade do art. 1178º, nº1 do Código Civil ao contrato de autorização gestória, por existirem as mesmas razões que no caso do mandato, mas reforçadas. A inexistência de obrigação de prática de atos do autorizado é irrelevante para efeitos de possibilidade de existência de poderes de representação, pelo que a disposição é aplicável ao contrato de autorização gestória, constituindo um sub-tipo: o contrato de autorização gestória com representação.

O nº 2 do art. 1178º do Código Civil estatui que caso tenham sido outorgados poderes de representação o mandatário fica obrigado a agir em nome do mandante. Assim, em regra, tendo os necessários poderes de representação, o mandatário não pode optar por não os usar, agindo em nome pessoal mas por conta do mandante. Não só está obrigado a agir, como está obrigado a fazê-lo em nome do mandante.

O mandatário fica obrigado a agir em nome do mandante, pelo que os efeitos dos atos praticados produzem-se diretamente na esfera jurídica deste. Assim o mandante sabe, à partida, que o mandatário agirá em seu nome, e que os atos praticados pelo mandatário produzirão efeitos diretamente na sua esfera jurídica, sem necessidade de atos posteriores. Deste modo evita o risco de o mandatário não lhe transferir os efeitos dos atos, ou a incerteza da data a partir do qual receberá os efeitos dos atos praticados pelo mandatário.

No contrato de autorização gestória o autorizado não está obrigado a agir. Mas, se lhe forem outorgados poderes de representação, a aplicabilidade desta disposição implica que o autorizado, se decidir agir, terá de o fazer em nome e representação do autorizante. Não pode optar por agir em nome pessoal ou em nome do autorizante. Mesmo não existindo obrigação de agir, a disposição mantém a razão de ser no contrato de autorização gestória.

Em ambos os casos é importante para o dono do negócio saber que os atos vão produzir efeitos diretamente na sua esfera jurídica e que o agente atuará em seu nome. Assim, quando o contrato de autorização gestória for celebrado com poderes de representação, o autorizado, caso decida praticar os atos deve praticá-los em nome do autorizante.

A aplicabilidade do art. 1179º do Código Civil ao contrato de autorização gestória com representação justifica-se como reflexo da prática comum. Nesta, o mandato e o contrato de autorização gestória são frequentemente informais sendo, no entanto, a procuração formal.[691] Esta circunstância faz com que seja extremamente frequente a revogação ou renúncia à procuração como modo de extinção tácita da relação subjacente. Por outro lado, sendo o negócio – mandato ou contrato de autorização gestória – com representação, e tendo o agente obrigação de agir em nome do dono do negócio, a revogação ou renúncia à procuração impossibilita a sua execução pontual. O problema é o mesmo no mandato e no contrato de autorização gestória. Como tal, o art. 1179º do Código Civil deve ser aplicado a este contrato.

A aplicabilidade do art. 1180º do Código Civil ao contrato de autorização gestória levanta questões específicas. Tal como sucede no mandato, paralelamente ao tipo do contrato de autorização gestória com representação existe o tipo do contrato de autorização gestória sem representação. Por um lado, existem contratos de autorização gestória nos quais se autoriza a prática de atos diretamente na esfera jurídica do autorizante, mas sem afetarem terceiros. Nestes casos não existe representação, mas trata-se de uma figura diversa do mandato sem representação. Este – o mandato sem representação – pressupõe a prática de atos em nome próprio por conta alheia,[692] mas perante terceiros. Já o contrato de autorização gestória, não tendo beneficiado da evolução histórica do mandato, é mais abrangente, incluindo a prática de atos que não são incluídos no mandato, mas noutros contratos próximos.

No que respeita ao art. 1180º do Código Civil, importa relacioná-lo com o art. 1178º do Código Civil.

---

[691] Mesmo quando tal não é exigido por Lei.
[692] Pessoa Jorge, *O Mandato*, cit., págs. 157-195 (em especial 188-195).

A AUTORIZAÇÃO

No art. 1180º do Código Civil estatui-se a não representação da atuação do mandatário em nome próprio. Ou seja, esta disposição contém uma norma que, tal como a do art. 1178º, nº 1 do Código Civil se destina a manter a clareza da distinção entre mandato e representação, mas neste caso de sentido contrário à anterior. O art. 1180º do Código Civil estatui as consequências da atuação em nome próprio, o que apenas se justifica pela indistinção entre mandato e representação que se verificou no passado.

O contrato de autorização gestória sem representação apresenta diferenças face ao mandato sem representação. O autorizado age sempre sobre situações jurídicas do autorizante e por isso carece da autorização. Um caso típico de mandato sem representação é o de o mandatário comprar uma coisa em nome próprio num mercado, para depois a transferir para o mandante. Neste caso, o mandato constitui a obrigação de o mandatário agir deste modo.

Mas, no contrato de autorização gestória sem representação tal não sucede. A atuação do autorizado na compra da coisa no mercado, de tal modo que integra a sua esfera jurídica, é irrelevante para o contrato de autorização gestória. Para o autorizado poder fazer essa compra não precisa do contrato de autorização gestória, não precisa que o autorizante lhe conceda legitimidade. Estes casos típicos de mandato, não têm correspondência no contrato de autorização gestória.

O autorizado pode agir sem representação no contrato de autorização gestória, em casos de autorização para a prática de atos materiais e em atos jurídicos que não envolvam terceiros. Pode ainda o autorizado, em alguns casos, agir em nome próprio perante terceiros, com eficácia direta na esfera do autorizante. Serão casos nos quais a atuação perante os terceiros pode ser feita por outra pessoa que não o autorizante, sendo necessária uma autorização. Caso beneficie desta autorização, poderá agir em nome próprio, mas produzindo o ato efeitos na esfera jurídica do autorizante. Assim sucede, por exemplo, no caso dos arts. 770º e 771º do Código Civil, em que o cumprimento da obrigação perante terceiro autorizado a recebê-la extingue a obrigação.[693]

---

[693] CHIARA ABATANGELO, *Sulla Struttura della Delegazione*, em *Rivista di Diritto Civile*, XLVII, nº 4, 1ª parte, 463-475, CEDAM, Padova, 2001, cit. *"Delegazione"*, págs. 473-474, distingue conforme o autorizado atue no interesse próprio ou no interesse do autorizante. No nosso

Mesmo nos casos em que o autorizado age em nome próprio perante terceiros, não adquire posições jurídicas. Pode adquirir o domínio de facto sobre bens que lhe são entregues, em nome próprio. Mas não adquire as posições jurídicas, pois age em nome próprio sobre situações do autorizante com legitimidade decorrente do contrato de autorização gestória.

O art. 1180º do Código Civil não é, como tal, aplicável como regra[694] ao contrato de autorização gestória, o mesmo sucedendo com o art. 1181º.

Já no que respeita ao art. 1182º do Código Civil, que estatui o dever do mandante assumir as obrigações contraídas na execução do mandato pelo mandatário, a questão é diferente.

Embora, na autorização gestória, o autorizado atue sobre posições jurídicas do autorizante, pode suceder que para a sua prática contraia obrigações em nome próprio. Não se trata de obrigações cuja fonte seja o ato a praticar, antes de obrigações necessárias à prática desses atos. Esta situação é análoga à que sucede no mandato sem representação, embora corresponda apenas a um dos casos do mandato sem representação. Justifica-se assim a aplicabilidade do art. 1182º do Código Civil ao contrato de autorização gestória, embora com um âmbito mais reduzido do que sucede no mandato.

A aplicabilidade do art. 1183º do Código Civil ao contrato de autorização gestória levanta duas questões: a questão relativa à responsabilidade do autorizado pela falta de cumprimento dos terceiros com quem tenha

---

caso, o regime legal evita a necessidade do acordo, sendo suficiente um ato unilateral. TULLIO ASCARELLI, *Teoria Geral*, cit., pág. 231, considera este um caso de título impróprio. VAZ SERRA, *Títulos de Crédito*, separata do *Boletim do Ministério da Justiça*, nºs 60-61, Lisboa, 1956, cit. *"Títulos"*, pág. 6 (nota 1-a), considera este um caso de título de legitimação que não é um título de crédito. LEITE DE CAMPOS, *O Contrato a Favor de Terceiro*, 2ª edição, Almedina, Coimbra, 1991, cit. *"O Contrato"*, pág. 65, considera que o autorizado não pode exigir a prestação sendo-lhe apenas lícito recebê-la. LUÍS MENEZES LEITÃO, *Direito das Obrigações*, vol. II, 10ª ed., Almedina, Coimbra, 2016, cit. *"Obrigações II"*, pág. 142 (nota 326) sobre o art. 770º do Código Civil considera que a autorização concede legitimidade geral. Sobre os problemas da autorização para efeitos do art. 770º do Código Civil no âmbito do contrato de agência, PAULO MOTA PINTO, *Aparência de Poderes de Representação e Tutela de Terceiros, Reflexão a Propósito do Art. 23º do Decreto-Lei nº 178/86, de 3 de Julho*, em *Boletim da Faculdade de Direito*, Vol. LXIX, págs. 587-645, Universidade de Coimbra, Coimbra, 1993, cit. *"Aparência"*.

[694] A problemática da autorização para prática, perante terceiros, em nome próprio do autorizado, de atos que produzam efeitos diretamente na esfera do autorizante, será abordada *infra*.

contratado e a questão relativa à responsabilidade do autorizado nesse caso, se conhecia ou devia conhecer a insolvência desses terceiros.

No contrato de mandato sem representação, o mandatário não é, em regra, responsável pela falta de cumprimento dos terceiros com que contratou. A irresponsabilidade do mandatário pelo incumprimento dos terceiros justifica-se por aquele ter agido por conta do mandante. Segundo esta norma, o risco de incumprimento dos terceiros inerente à atuação do mandatário corre por conta do mandante.

No caso do contrato de autorização gestória, sendo celebrados contratos pelo autorizado e caso se verifique o incumprimento por parte dos terceiros, nada justifica uma maior responsabilização do autorizado do que do mandante. Sendo o contrato de autorização gestória construído sobre o mandato, apenas se justificava a não aplicação da norma se uma razão específica do contrato de autorização gestória impedisse o seu funcionamento. Mas tal não se verifica. O nível de risco da atuação por conta de outrem em nome próprio, no caso do incumprimento pelos terceiros, é idêntico no caso de se atuar por obrigação ou com base numa autorização. Como tal, é aplicável ao contrato de autorização gestória a primeira parte do art. 1183º do Código Civil.

A segunda parte do art. 1183º do Código Civil levanta questões a que importa atender. A responsabilização do mandante no caso de incumprimento da parte com quem contrata, se conhecesse ou devesse conhecer a insolvência desta, está ligada à obrigação de atuação. O mandatário está obrigado a agir. Essa obrigação deve ser cumprida de boa fé e com a diligência exigível a um bom pai de família. A celebração de contratos com pessoas que sabe insolvente, ou que tinha o dever de saber que estavam insolventes, implica um cumprimento defeituoso da obrigação de atuação. Não se trata já de uma mera questão de risco de incumprimento – sempre existente – mas da celebração de contratos com quem se sabia, ou devia saber, que estava insolvente. É já uma questão de cumprimento defeituoso da obrigação, com a inerente responsabilização do mandatário.

No contrato de autorização gestória não existe obrigação de atuação. Esta inexistência da obrigação de agir causa dificuldades na determinação do regime jurídico de exercício da autorização. Não sendo uma obrigação, a primeira solução aparente é a da inaplicabilidade do regime jurídico das obrigações. A ser assim, o autorizado não estaria abrangido pelo regime jurídico das obrigações, em particular do cumprimento defeituoso e da responsabilidade obrigacional.

A questão é problemática. Não existe um regime que regule, em específico, o modo de exercício das posições jurídicas em geral. Existem algumas, poucas, regras relativas ao exercício de posições jurídicas, mas que regulam o exercício de modo parcelar.

Por outro lado, não existe um regime geral do cumprimento do contrato. O legislador optou por regular o cumprimento das obrigações, tomando como paradigma do contrato o contrato obrigacional. E embora este contrato seja efetivamente o paradigmático, a opção por regular as obrigações deixou de fora alguns contratos não obrigacionais. O regime do art. 939º do Código Civil pode abranger alguns contratos não obrigacionais, mas não abrange todos, pois ficam de fora todos os contratos não obrigacionais gratuitos, os contratos não obrigacionais que não importem alienação ou estabelecimento de encargos sobre bens, e ainda os contratos não obrigacionais que sejam desconformes com a natureza do contrato de compra e venda, ou que estejam em contradição com as disposições do contrato de compra e venda. Assim, apenas existe um regime geral estruturado no que respeita ao cumprimento das obrigações. A obrigação do mandatário é regulada em primeiro plano pelo contrato e pelas regras legais do contrato de mandato, mas sendo aplicável supletivamente o regime jurídico geral das obrigações.

A autorização não é um direito de crédito, mesmo nos casos em que a autorização se encontra estruturada como direito subjetivo. Não existe uma vinculação à realização de uma prestação e um direito de a exigir. A autorização é sempre legitimadora. Ou seja, o autorizado pode sempre praticar o ato, pois tem legitimidade para tanto e não carece de colaboração do autorizante. Nos casos em que a autorização é estruturada como um direito subjetivo, este é potestativo, pelo que o autorizado passa a ter o direito de praticar atos diretamente na esfera jurídica do autorizante, aí produzindo efeitos, por sua exclusiva vontade, sem necessidade de colaboração do autorizante. Não lhe é, como tal, aplicável diretamente o regime jurídico das obrigações.

A questão consiste em saber qual o regime jurídico aplicável ao exercício de posições jurídicas não obrigacionais. Em particular, saber se, mesmo não existindo uma obrigação de agir que possa ser defeituosamente cumprida através da celebração de contratos com pessoas que o autorizado saiba, ou deva saber, que estão insolventes, é possível responsabilizá-lo pelos danos causados ao autorizante.

Embora o autorizado não esteja obrigado a agir, isso não quer dizer que possa agir de modo desleal, de má fé ou causando mais dano do que o necessário. A atuação do autorizado, como exercício jurídico, está sempre sujeita às regras e princípios gerais de Direito.

Como tal, não pode, em regra, praticar atos sabendo à partida que estes serão prejudiciais ao autorizante; nomeadamente praticar atos com pessoas que sabe estarem insolventes, a menos que o autorizante concorde.

O mesmo sucede se, embora não soubesse que estavam insolventes, tivesse a obrigação de, com um mínimo de diligência, conhecer a situação de insolvência. Pode aceitar-se que o grau de diligência de um autorizado possa não ser o mesmo de um mandatário, mas não se pode aceitar que não tenha qualquer dever de diligência. O autorizado não está obrigado a praticar os atos, mas caso os pratique deve agir dentro do que é imposto pelas regras e princípios gerais de Direito. Nomeadamente, não podendo agir de má fé, nem sem respeitar o dever geral de zelo e diligência nas atuações por conta alheia. A segunda parte do art. 1183º do Código Civil, como expressão destas regras e princípios gerais de Direito, é aplicável ao contrato de autorização gestória.

A norma do art. 1184º do Código Civil permite, sob certas condições, uma certa autonomia patrimonial na esfera jurídica do mandatário, que não responde pelas dívidas deste.

A norma ora em causa não está relacionada estruturalmente com a obrigação típica do contrato de mandato. Antes, e como resulta do próprio texto da disposição, está relacionada com a atuação por conta de outrem em nome próprio, cujos efeitos se produzem na esfera do mandatário sendo necessário proceder à sua transferência para a esfera do mandante.

Esta distinção entre esferas patrimoniais destina-se a permitir o bom funcionamento do mandato sem representação típico, pois de outro modo os mandantes correriam o risco de suportar o passivo dos mandatários, o que seria incomportável para os mandantes e, com grande probabilidade, esvaziaria a figura de grande parte da sua utilidade prática.

O fundamento da norma em causa é, pois, permitir uma certa autonomia patrimonial na esfera do mandatário, de modo a evitar que esses bens tenham de responder pelas dívidas do mandatário só por terem transitado pela esfera jurídica deste, quando foram sempre destinados à esfera jurídica do mandante.

A norma é parte do regime da atuação por conta de outrem em nome próprio. Não tem nenhuma relação específica com a obrigação do mandatário de praticar os atos. Apenas se exige que se trate de bens adquiridos por conta do mandante, em nome próprio, existindo a obrigação de os transmitir a este.

No contrato de autorização gestória se o mesmo problema surgir – passagem de posições pela esfera do autorizado – deve aplicar-se o mesmo regime.

Em regra a questão não surge, pois a atuação é em nome próprio do autorizado, mas os efeitos produzem-se diretamente na esfera do autorizante. Como tal, em regra, o art. 1184º do Código Civil não é aplicável ao contrato de autorização gestória. Mas numa situação análoga, sendo o contrato de autorização gestória construído com base no regime legal do contrato de mandato que apenas é modificado nas partes em que a substituição de uma obrigação por uma autorização, a norma deve ser aplicada.

O contrato de autorização gestória é um contrato com elementos de mandato e com elementos de autorização. A norma em causa é um elemento do mandato, que não sofre modificações no contrato de autorização gestória, pelo que opera sem alterações.

2. Direito Comercial – o contrato estimatório (*venda à consignação*)

A análise da autorização centrada num tipo negocial de Direito Comercial levanta questões específicas.

Por um lado, o Direito Comercial é caracterizado por uma estrutura de princípios autónoma face ao Direito Civil. Por outro lado, a dinâmica da atividade comercial faz com que uma parte substancial dos contratos comerciais sejam legalmente atípicos, embora socialmente (ou comercialmente) típicos.

Tal como no Direito Civil, não existe um tipo legal paradigmático de contrato autorizativo. Existe, no entanto, um tipo social de contrato de autorização, com grande implantação no comércio, um *nomen* fixado na prática, e longa história:[695] o contrato estimatório.[696] O contrato estimatório pode mesmo ser considerado como um dos casos mais significativos de autorização no Direito Comercial.[697]

O contrato estimatório tem como núcleo fundamental[698] uma autorização constitutiva para a alienação de bens móveis.[699] O *tradens* consigna determinados bens móveis ao *accipiens*, por um valor acordado (estimado), que este fica autorizado a vender em nome próprio, devendo devolver os bens não vendidos e o preço estimado dos demais.[700] Assim, por exemplo, António (*tradens*) entrega a Bento (*accipiens*) mil garrafas de vinho, acordando o valor unitário de €3,00 *(aestimatio)*. Acordam que Bento fica com as garrafas durante três meses na sua loja e que terminado esse prazo deverá pagar o valor das garrafas que não devolver.

Em Portugal, o contrato estimatório é um contrato legalmente atípico,[701] não tendo merecido até à data a positivação legislativa[702] como

---

[695] Sobre a evolução do contrato estimatório no Direito Romano, Santos Justo, *Direito Privado Romano – II, (Direito das Obrigações)*, 3ª ed., Coimbra Editora, Coimbra, 2008, cit. *"Direito Privado Romano – II"*, págs. 102-104.

[696] Sobre a relação entre autorização e contrato estimatório, Vincenzo Farina, *L'Autorizzazione*, cit., em especial págs. 29-46 e Rocío Diéguez Oliva, *Eficacia*, cit., págs.196-200. Sobre o contrato estimatório, Maria Eugénia Rodriguez Martínez, *Contrato Estimatorio*, cit., em especial págs. 35-51.

[697] Neste sentido, Vincenzo Farina, *L'Autorizzazione*, cit., pág. 29.

[698] Mas não exclusivo – Vincenzo Farina, *L'Autorizzazione*, cit., pág. 35.

[699] Gastone Cotinno, *Del Contratto Estimatorio, Della Somministrazione*, em *Commentario del Codice Civile*, Livro IV, Arts. 1556-1570, Nicola Zanichelli Editore– Foro Italiano, Bolonha – Roma, 1970, cit. *"Del Contrato"*, pág. 1; Domenico Barbero, *Sistema del Diritto Privato Italiano*, Vol. II, 6ª ed., UTET, Torino, 1965, cit. *"Sistema"*, pág. 333; Carlo Giannattasio, *Contrato Estimatorio*, em *Enciclopedia del Diritto*, X, págs. 87-95, Giuffrè, Varese, 1962, cit. *"Contrato"*, pág. 89.

[700] Betti, *Teoria Generale*, cit., págs. 567-568. Messineo, *Istituzioni di Diritto Privato*, 3ª ed., CEDAM, Padova, 1941, cit. *"Istituzioni"*, págs. 508-509; Galgano, *Diritto Commerciale, L'Impreditore*, Zanichelli, Bolonha, 1982, cit. *"L'Impreditore"*, págs. 248-249; Giuseppe Auletta e Niccolò Salanitro, *Diritto Commerciale*, 15ª ed., Giuffrè, Milano, 2006, cit. *"Diritto"*, págs. 418-419 Giuseppe Ferri, *Manuale di Diritto Commerciale*, UTET, Torino, 1952, cit. *"Manuale"*, págs. 480-481; Nicola Stolfi, *I Contratti*, cit., págs. 407-412 Por vezes é usada a expressão *contrato de consignação* para referir o contrato estimatório.

[701] Já no Direito Romano era um "contrato inominado" – Santos Justo, *Direito Privado Romano*, cit., pág. 102.

[702] Em Itália (arts. 1556º a 1558º do Código Civil) e no Brasil (arts. 534º-537º do Código Civil), o contrato estimatório tem previsão e regulamentação legal expressa.

sucedeu noutros países. É, no entanto, um contrato celebrado com alguma frequência, por vezes com a designação de contrato de venda à consignação ou de venda à condição.[703]

O contrato estimatório apresenta uma utilidade muito específica no Direito Comercial, especialmente no que diz respeito a negócios com algum risco mercantil. Concilia o interesse do *tradens* em promover a venda das suas mercadorias, com o interesse do *accipiens* de as vender lucrativamente, mas sem ficar obrigado a fazê-lo.

Pelo lado do *tradens*, este coloca os bens no comércio (entregando-os ao *accipiens*), beneficiando da estrutura comercial do *accipiens*, da sua experiência, conhecimento, clientela e toda a atividade. Mas não perde a propriedade dos bens consignados. Pelo lado do *accipiens*, este obtém bens para vender sem ter de financiar a aquisição dos bens, sem ter de os adquirir e sem ficar vinculado a comprá-los. E, se conseguir vender os bens por preço superior ao estimado, fica com essa margem de lucro, pois apenas está obrigado a pagar ao *tradens* o preço estimado.[704]

O *tradens* corre o risco da não venda dos bens (embora os receba de volta) e o risco de não pagamento do *accipiens*. O *accipiens* corre todos os riscos das coisas que lhe forem entregues enquanto estiverem consignadas e o risco comercial da venda, nomeadamente o risco de não conseguir vender a coisa por preço superior ao estimado[705] e o risco de não pagamento pelos compradores.

O contrato estimatório pode funcionar como um contrato de distribuição comercial,[706] mas de um modo diferente da generalidade dos contratos de distribuição. Embora possa ser usado para o produtor distribuir as suas mercadorias através de um distribuidor profissional, podendo mesmo ter grande estabilidade temporal, diferentemente dos restantes contratos de distribuição comercial, o distribuidor (*accipiens*) não está

---

[703] PESSOA JORGE, *O Mandato*, cit., pág. 254.
[704] PESSOA JORGE, *O Mandato*, cit., pág. 254.
[705] GASTONE COTINNO, *Del Contrato*, cit., págs. 1-3 e 61-63.
[706] E de intermediação, JOSÉ ANTONIO ÁLVAREZ CAPEROCHIPI, *El Mandato y la Comisión Mercantil*, Editorial Comares, Granada, 1997, cit. "*Mandato*", pág. 47

obrigado a promover a venda,[707] sendo livre de vender ou não os bens.[708] Também não há uma integração empresarial, nomeadamente com partilha de métodos de venda.

Embora se possa afirmar que o contrato estimatório é mais típico da atividade comercial, a falta de tipificação legal dificulta a sua qualificação como ato de comércio.[709] Os casos mais comuns de contrato estimatório verificam-se entre produtores de bens e distribuidores grossistas, mas podem ainda ser celebrados entre produtores ou distribuidores grossistas e retalhistas, sendo normalmente apontado como exemplo o mercado livreiro.[710] No entanto, é frequente no comércio de bens com alto risco comercial (joias, obras de arte, automóveis de coleção) que os comerciantes apenas aceitem receber mercadorias dos seus fornecedores *à consignação*, ou seja, com base num contrato estimatório.

Por um lado evitam a necessidade de investimento inicial e a aquisição de propriedade. Por outro lado, em lugar de auferirem uma comissão percentual, ou um montante pré-acordado, ficam com a margem que consigam negociar. Esta característica é especialmente relevante com mercadorias cujo valor é muito volátil, e nas quais um comerciante experiente pode obter ganhos muito superiores ao valor estimado.

Face à sua estrutura, o contrato estimatório é normalmente celebrado entre comerciantes, ou com um comerciante na posição de *accipiens*. Como tal, em regra é um ato subjetivamente comercial.[711]

Sendo um contrato legalmente atípico, levanta-se o problema da integração do seu regime. O tipo social do contrato estimatório é composto pelo acordo segundo o qual uma parte *(tradens)* entrega à outra *(accipiens)* bens móveis (mantendo a propriedade dos mesmos), por tempo limitado,

---

[707] Sobre a obrigação de promoção do distribuidor e a sua relevância para a categoria dos contratos de distribuição, ANTÓNIO PINTO MONTEIRO, *Do Regime Jurídico dos Contratos de Distribuição Comercial*, em *Estudos em Homenagem ao Prof. Doutor Inocêncio Galvão Telles*, vol. I, págs. 565-577, Almedina, Coimbra, 2002, cit. *"Do Regime"*, págs. 574-577.

[708] GIUSEPPE AULETTA e NICCOLÒ SALANITRO, *Diritto*, cit., pág. 418.

[709] É um contrato naturalmente comercial, na designação de JOSÉ A. ENGRÁCIA ANTUNES, *Contratos Comerciais, Noções Fundamentais*, em *Direito e Justiça*, Vol. Especial, Universidade Católica, Lisboa, 2007, cit. *"Contratos"*, pág. 26.

[710] DOMENICO BARBERO, *Sistema*, cit., pág. 333.

[711] Embora por vezes seja celebrado entre não comerciantes.

estimando as partes um preço, correndo o risco dos bens pelo *accipiens*[712], ficando o *accipiens* autorizado – mas não obrigado – a promover a venda e a vender os bens em nome próprio, pelo preço e demais condições que entender, e obrigando-se a, terminado o prazo acordado, pagar o preço estimado dos bens que não devolver, ficando o *tradens* obrigado a não vender ou transmitir os bens a terceiro na pendência do contrato.[713]

Tipicamente, o contrato estimatório é um contrato subjetivamente comercial de autorização. E é um contrato que pode ser qualificado como gestório. Nos negócios gestórios, uma pessoa atua no interesse e por conta da outra, agindo de modo a que os efeitos dos seus atos sejam direta ou indiretamente dirigidos à esfera da outra parte. O contrato estimatório respeita esta característica, mas modificada. O autorizado (*accipiens*) atua no interesse de ambos e por conta de ambos.

No que respeita ao interesse de ambos, os atos (vendas) celebrados pelo *accipiens* são úteis aos fins de ambos. O *tradens* obtém a venda dos seus bens e o preço estimado; o *accipiens* fica com a margem de lucro entre o preço estimado e o preço de venda. Ambos têm interesse nas vendas realizadas em execução do contrato estimatório.

No que respeita à atuação por conta de ambos, os atos (vendas) celebrados pelo *accipiens* produzem efeitos diretos na esfera jurídica de ambos. Os efeitos reais das vendas verificam-se diretamente na esfera do *tradens* que é o proprietário dos bens consignados; os efeitos obrigacionais verificam-se diretamente na esfera do *accipiens* que é a parte vendedora nos contratos de compra e venda celebrados em execução do contrato estimatório. Como tal, os contratos de compra e venda celebrados entre o *accipiens* e os terceiros compradores, através dos quais são transmitidos bens dos *tradens*, são destinados a produzir efeitos sobre a esfera de ambos.

Contudo, como se viu, nem é um típico contrato gestório, nem é um típico contrato de distribuição. E, acima de tudo, o seu núcleo não é o de um contrato obrigacional. O núcleo do contrato estimatório é uma autorização constitutiva ao *accipiens* para venda em nome próprio de bens

---

[712] Francisco Vicent Chuliá, *Introducción al Derecho Mercantil*,19ª ed., Tirant lo Blanch, Valência, 2006, cit. *"Derecho Mercantil"*, pág. 856.
[713] Pessoa Jorge, *O Mandato*, cit., pág. 253-255.

do *tradens*[714]. A integração do regime faz-se por recurso ao tipo social e às regras e princípios gerais de Direito. Não existe nenhum contrato comercial legalmente típico que possa operar como tipo de referência para efeitos de integração do seu regime.

O contrato estimatório tem pontos de contacto com os contratos de mandato (mandato, comissão e agência), com a compra para revenda e com o depósito.[715] No entanto, é essencialmente diferente destes contratos,[716] pois não existe obrigação de vender, de promover a venda, de procurar interessados para a venda, ou outra análoga. O autorizado não está obrigado a vender, a promover a venda,[717] a procurar interessados na venda, nem a realizar qualquer prestação. O autorizado é livre na sua atividade.

No que respeita à compra para revenda, no contrato estimatório o *accipiens* não compra os bens. Os bens nunca ficam propriedade deste, nem transitam pelo seu património. A propriedade dos bens transmite-se diretamente do *tradens* para o terceiro comprador. Não existe uma dupla transmissão.[718]

No que respeita ao depósito, no contrato estimatório não existe uma obrigação de guardar a coisa para a devolver quando pedida.[719] O *tradens* consigna as coisas ao *accipiens*, mas não para que este as guarde. Não é essa a vontade de qualquer das partes. As coisas são entregues para que sejam vendidas, e não para que sejam guardadas. Não é possível fazer equiparar as duas situações sem um grave desrespeito pela vontade das partes.

---

[714] Neste sentido, Vincenzo Farina, *L'Autorizzazione*, cit., pág. 35.

[715] Carlo Giannattasio, *Contrato*, cit., págs. 88-90 e 94. Sobre a distinção de figuras afins, Gastone Cotinno, *Del Contrato*, cit., págs. 3-18.

[716] Pessoa Jorge, *O Mandato*, cit., pág. 254.

[717] Como sucede na agência, António Pinto Monteiro, *Contrato de Agência*, 7ª ed., Almedina, Coimbra, 2010, cit. *"Agência"*, pág. 50 e Romano Martinez, *Contratos Comerciais – Apontamentos*, Principia, Cascais, 2001, cit. *"Contratos Comerciais"*, págs. 16-17.

[718] Contra, Giovanni Balbi, *Il Contrato Estimatorio*, 2ª ed., UTET, Torino, 1960, cit. *"Il Contrato Estimatorio"*, pág. 49.

[719] Sobre a problemática da relação entre a consignação do bem no contrato estimatório e o depósito, Vittorio Neppi, *Il Contrato Estimatorio e Il Commercio Odierno*, Tadei, Ferrara 1926, cit. *"Contrato Estimatorio"*, págs. 179-199. Sobre os deveres em geral do depositário, Menezes Cordeiro, *Da Compensação no Direito Civil e no Direito Comercial*, Almedina, Coimbra, 2003, cit. *"Da Compensação"*, págs. 216-218.

Embora as atuações materiais sejam parcialmente equivalentes no depósito e no contrato estimatório, o significado jurídico desses atos é essencialmente diferente. Aliás, segundo o art. 406º do Código Comercial, se o depositário puder usar as coisas (por exemplo, para as vender), cessa o contrato de depósito que fica substituído pelo que corresponder ao acordo das partes. Resulta, como tal, do próprio regime do contrato de depósito a sua incompatibilidade com o contrato estimatório.

O mesmo sucede com o eventual recurso ao contrato de autorização gestória. O contrato de autorização gestória, embora seja uma autorização constitutiva, é um tipo contratual social construído com referência no contrato de mandato adaptado para uma autorização. O contrato estimatório é um tipo contratual que nasceu da prática mercantil, sem referência com o mandato. Nasceu paralelamente com o contrato de mandato; não é um contrato de mandato modificado para autorização, mas um contrato que nasceu como autorização.

Mas, se as diferenças do contrato estimatório face à compra para revenda e ao depósito são muito relevantes, já no que respeita ao contrato de mandato o menor grau de diferença exige uma análise mais profunda, razão pela qual é necessário considerar as diferenças entre os tipos negociais, especialmente no que respeita à sua estrutura fundamental: obrigação ou autorização.

De entre os tipos de mandato comercial o que mais se aproxima do contrato estimatório é o contrato de comissão, pois em ambos os contratos o agente atua em nome próprio. Na comissão, o agente obriga-se a praticar os atos, agindo em nome próprio, sem invocar o nome do mandante. Isto é o que mais caracteriza o contrato de comissão; é o seu indício principal.

O contrato estimatório não é um contrato de mandato, é uma autorização.[720] O *accipiens* é livre de agir, não estando vinculado perante o *tradens* a vender, a promover a venda e nem mesmo a tentar vender.[721] Vende se quiser, quando quiser, a quem quiser e nas condições que quiser.[722] É o

---

[720] Mas não se confunde com esta, conforme afirma VINCENZO FARINA, *L'Autorizzazione*, cit., pág. 45.
[721] Neste sentido, GIOVANNI BALBI, *Il Contrato Estimatorio*, cit., págs. 46-47, VINCENZO FARINA, *L'Autorizzazione*, cit., pág. 45 e PESSOA JORGE, *O Mandato*, cit., pág. 255.
[722] GASTONE COTINNO, *Del Contrato*, cit., pág. 31

accipiens que domina integralmente a atuação comercial. Por outro lado, independentemente do que acontecer aos bens consignados, a obrigação do *accipiens* consiste em pagar o preço estimado dos bens não devolvidos no final do prazo. Se não conseguir devolver o bem está obrigado a pagar o preço estimado, se não quiser pagar o preço estimado tem de devolver o bem.[723]

Mas, mesmo que se tentasse recorrer ao regime legal do contrato de comissão, tal não seria possível.

O art. 266º do Código Comercial contém uma definição do tipo contrato de comissão, que, tratando-se de uma definição de um tipo negocial diferente, não é aplicável ao contrato estimatório. O art. 267º do Código Comercial remete supletivamente para o regime do mandato comercial, razão pela qual será analisado a final. O art. 268º do Código Comercial é inútil no contrato estimatório. O contrato de comissão é um mandato, atuando o comissário por conta do mandante. O negócio é do mandante, agindo o comissário como um gestor de negócio alheio com fundamento contratual. No entanto, age em nome próprio ficando como parte no negócio, e não sendo parte o mandante. A norma do art. 268º do Código Comercial impede a criação de relações jurídicas diretas entre o mandante e os terceiros com quem o comissário contrate. Estas apenas se verificam entre mandante e comissário, e entre comissário e terceiros.

A estrutura do contrato estimatório é diferente. Embora o *tradens* tenha interesse nas vendas e estas produzam alguns efeitos na sua esfera jurídica, o *accipiens* não gere negócio alheio no sentido em que o comissário o faz. O negócio das vendas é do *accipiens* e não do *tradens*. Nenhum sentido faz estatuir que tudo sucede como se o negócio fosse do *accipiens* porque o negócio é efetivamente dele. O *accipiens* é parte nos contratos de compra e venda que celebre com terceiros, e não se coloca a questão da transmissão dos contratos de compra e venda para o *tradens*. Por esta

---

[723] É discutível se se trata de uma obrigação alternativa de pagar o preço ou devolver o bem, ou se se trata de uma obrigação de pagar o preço com faculdade alternativa de entregar a coisa – CARLO GIANNATTASIO, *Contrato*, cit., pág. 90 – ou se se trata de figuras próximas – DOMENICO BARBERO, *Sistema*, cit., págs. 333-334. A falta de obrigação do agente afasta o contrato estimatório dos casos típicos de contrato de distribuição – ANTÓNIO PINTO MONTEIRO, *Direito Comercial, Contratos de Distribuição Comercial*, Almedina, Coimbra, 2009, cit. "*Contratos de Distribuição*", pág. 73.

razão, a norma do art. 268º do Código Comercial não é compatível com o contrato estimatório.

O art. 269º do Código Comercial é irrelevante face ao plano de risco típico do contrato estimatório. Todo o risco comercial dos contratos de compra e venda celebrados pelo *accipiens* e o risco de perecimento ou desaparecimento das coisas correm por sua conta.[724] Se este não devolver um bem ao *tradens* no termo do contrato por qualquer causa deve pagar o preço estimado. É indiferente que não devolva a coisa porque a vendeu, porque foi furtada, porque desapareceu, porque pereceu, porque a ofereceu, porque decidiu ficar com ela, ou qualquer outra razão. E é indiferente que, tendo vendido a coisa, receba ou não o preço, tenha acordado ou não um pagamento a crédito, a tenha vendido por preço superior ou inferior ao estimado, o preço seja em euros ou noutra moeda, a moeda se depreciou ou valorizou, etc. A não devolução da coisa importa a obrigação de pagar o preço estimado.

O art. 269º do Código Comercial é relativo a questões específicas do contrato de comissão que não se verificam no contrato estimatório. Aliás, são a negação do contrato estimatório. Um contrato supostamente estimatório, no qual o risco do negócio corre pelo *tradens*, mas que por acordo pode correr pelo *accipiens*, não é um contrato estimatório.

A norma do art. 269º do Código Comercial não é aplicável ao contrato estimatório. O mesmo sucede com o art. 270º do Código Comercial. O § 1º é contrário à estrutura do contrato estimatório, conforme *supra* referido. Os §§ 2º e 3º não são aplicáveis pois o contrato estimatório apenas opera para venda de bens móveis do *tradens* e não para compra de bens para este.

O art. 271º do Código Comercial é incompatível com o plano de risco do contrato estimatório. Do plano de risco pressuposto pelo art. 271º do Código Comercial, e da alteração a este plano de risco estatuída, resulta uma transferência de parte do risco do mandante para o comissário (agente). No entanto, no contrato estimatório esse risco corre já integralmente pelo *accipiens* (agente) pelo que a norma é incompatível com este contrato.

---

[724] Contrariamente, no contrato de comissão, o risco não corre tipicamente pelo agente – José Alberto Vieira, *O Contrato de Concessão Comercial*, Coimbra Editora, Coimbra, 2006, cit. "*Concessão Comercial*", pág. 59.

O art. 272º do Código Comercial é também incompatível com o contrato estimatório. Se o *accipiens* vender a pessoas insolventes, o plano de risco típico deste contrato implica que pague o preço estimado, tal como sucede se o comprador não pagar por qualquer razão ou, por exemplo, se os bens forem oferecidos em lugar de vendidos.

O art. 273º do Código Comercial tem como fim a prestação de informações relevantes para o mandante conhecer o conteúdo da posição jurídica que adquire. Mas no contrato estimatório estas informações são irrelevantes. O interesse do *tradens* consiste em receber o preço estimado (ou os bens). É indiferente se estes foram vendidos a prazo ou não, porque o pagamento do preço estimado é independente do pagamento do preço da venda. Por esta razão, a disposição em causa não é aplicável ao contrato estimatório.

O art. 274º do Código Comercial é relativo a atos que poderiam traduzir um conflito de interesses do comissário na celebração de negócios consigo mesmo. Nos casos do art. 274º do Código Comercial, estando o preço de venda dos bens fixado em bolsa ou mercado, o comissário pode celebrar negócio consigo mesmo. Neste caso não há risco de o comissário fixar um preço que lhe seja mais favorável, sendo em contrapartida desfavorável ao mandante. Mas, no contrato estimatório não existe conflito de interesse no caso de negócio consigo mesmo. O *accipiens* está obrigado a pagar o preço estimado. A norma do art. 274º do Código Comercial é incompatível com a estrutura do contrato estimatório.

O art. 275º do Código Comercial regula situações nos quais o comissário exerce a atividade perante diferentes mandantes e em que se levantam problemas de identificação do proprietário dos bens. Estatui-se a obrigação do comissário de distinguir os bens por contra-marca.

O regime faz sentido no contrato de comissão, em que o negócio pertence ao mandante sendo a atividade do comissário exercida no interesse e por conta do mandante. Neste contrato o mandante exerce a sua atividade própria através do comissário. Embora o comissário exerça a atividade em nome próprio *como se o negócio fosse seu*, podendo usar a sua marca, mantém-se a ligação à atividade do mandante através da contra-marca. Assim, os bens vendidos têm a marca do mandante, embora sejam vendidos pelo comissário em nome próprio.

O contrato estimatório não tem como função o exercício da atividade através de outrem. Nesta matéria existe uma maior proximidade do contrato estimatório com o contrato de compra para revenda do que com o contrato de comissão.

O *tradens* pretende vender os bens e receber o seu preço. O *accipiens* pretende ter bens para vender, mas sem os pagar se não os vender, ficando com a margem de lucro. Também não quer ficar com os bens que não vender, nem quer ser o proprietário dos bens. Mas, em lugar de as partes acordarem um contrato de compra para revenda com faculdade de resolver na parte respeitante aos bens não vendidos, acordam um contrato estimatório. O negócio é do *accipiens* aproveitando o *tradens* a atividade daquele para colocar os seus bens no mercado. Embora possa suceder que o *accipiens* apenas comercialize bens de um único *tradens*, poderá negociar diferentes bens de vários *tradens*, e bens destes em conjunto com bens seus. A marca dos bens, e toda a identificação dos bens pode ser do *accipiens*.

Em resumo, no contrato de comissão o comitente quer manter a sua ligação aos bens, a menos que o comissário os consiga vender; no contrato estimatório o *tradens* quer desligar-se dos bens (vendê-los), a menos que o *accipiens* os devolva. Como o negócio não é dirigido à esfera do *tradens* e a transmissão de propriedade se verifica no momento da venda ao terceiro, é em regra indiferente ao *tradens* que os bens sejam comercializados com a sua marca ou não. Os bens que não forem devolvidos serão pagos. Se não forem devolvidos porque foram vendidos, a propriedade transmite-se ao terceiro adquirente e o *accipiens* fica obrigado a pagar o preço estimado. Se não forem devolvidos porque o *accipiens* os misturou com outros bens e não os consegue identificar para os separar e devolver, fica obrigado a pagar o preço estimado e, caso não os tenha vendido adquire a propriedade dos mesmos.

Como tal, a obrigação de identificação dos bens consignados por contra-marca não é compatível com a estrutura, função e interesses do contrato estimatório, não sendo aplicável o art. 275º do Código Comercial ao contrato estimatório. O mesmo sucede com a norma do art. 276º do Código Comercial. A preocupação de autonomização dos bens conforme o respetivo proprietário apenas é relevante no contrato de comissão. O *accipiens* não é o dono dos bens vendidos, mas é o dono do negócio. As duas normas referidas apenas fazem sentido num negócio em que o agente não é o dono do negócio. A questão é a mesma também no art. 277º do Código Comercial. Os créditos não são do *tradens* mas do *acci-*

piens. Este não recebe pagamento por conta de qualquer *tradens*, nem a sua obrigação de pagamento está dependente do pagamento dos compradores, pelo que é irrelevante se recebeu um pagamento por conta de uma venda ou de outra venda; se não devolve bens (por exemplo, por os ter vendido) está obrigado a pagar o preço estimado, quer o comprador pague, quer não pague.

No que respeita à aplicação das disposições referentes ao mandato comercial, *ex vi* o art. 267º do Código Comercial, sucede o mesmo. Das disposições do mandato comercial resultam regras incompatíveis com o tipo negocial do contrato estimatório. Este funda-se numa autorização para venda de bens móveis e não numa obrigação para prática de atos de comércio. Esta característica torna incompatíveis e inaproveitáveis os arts. 231º e 235º do Código Comercial, que apenas operam face a uma obrigação.

O *accipiens* não recebe qualquer pagamento ou retribuição do *tradens*. Fica, antes, com a margem que conseguir obter entre o preço estimado e o preço de venda dos bens. Esta característica torna os arts. 232º e 246º do Código Comercial incompatíveis com o contrato estimatório e, como tal, inaproveitáveis, pois estabelecem um regime de remuneração do agente que não respeita o sistema do contrato estimatório.

No contrato estimatório, o *accipiens* fica autorizado[725] a vender os bens pelo preço e condições que melhor entender, sendo livre de os vender ou não, de promover ou não a sua venda e, mesmo, decidir nada fazer. Por outro lado, corre todos os riscos do negócio e do perecimento ou desaparecimento dos bens. O dono do negócio é o *accipiens* e não o *tradens*. Esta característica impede o recurso aos arts. 233º, 234º, 236º, 237º, 238º, 239º, 240º, 241º, 242º, 243º e 247º do Código Comercial, que apenas operam perante uma obrigação.

No contrato estimatório os bens móveis são entregues fisicamente ao *accipiens* pelo que não é possível celebrar dois contratos estimatórios para venda dos mesmos bens, em simultâneo com duas pessoas diferentes. O art. 244º do Código Comercial apenas é relevante em atividades que, pela natureza das coisas, possam ser praticadas em paralelo por duas pessoas. Tal não sucede no contrato estimatório, o que não permite a aplicabilidade a este contrato da norma referida.

---

[725] BIANCA, *Contratto*, cit., pág. 69 e SANTORO-PASSARELLI, *Dottrine Generali del Diritto Civile*, 9ª ed., Casa Editrice Dott. Eugenio Jovene, Napoli, 1989, cit. *"Diritto Civile"*, pág. 268.

Também o art. 247º do Código Comercial é inaplicável ao contrato estimatório. Neste, todas as despesas e o risco da comercialização dos bens correm pelo *accipiens*, abrangendo o contrato apenas a venda de bens móveis do *tradens*. O art. 247º do Código Comercial apenas faz sentido se as despesas da atuação correrem por conta do proprietário dos bens ou se a atividade puder consistir na compra de mercadorias, o que é o contrário do que sucede no contrato estimatório.

A concretização do regime do contrato estimatório não resulta, como tal, do recurso a outros tipos legais, mas apenas ao tipo social e às regras e princípios gerais de Direito.

Mas a atipicidade legal do contrato estimatório implica que, no Direito nacional, o seu regime tenha uma diferença substancial face ao que sucede noutros ordenamentos.[726] A celebração do contrato estimatório não importa uma limitação da situação jurídica do *tradens* que exclua a legitimidade deste para transmitir o bem. Embora este entregue o bem ao *accipiens*, o autorize a vendê-lo, e se obrigue a não o alienar na pendência do contrato, no Direito nacional o *tradens* mantém a disponibilidade do bem, podendo aliená-lo. Mesmo recorrendo a tipos negociais próximos, não resulta esta limitação.

Nenhum tipo contratual legal que seja próximo do contrato estimatório inclui a proibição do titular alienar os bens na pendência do contrato, ou por qualquer modo lhe retira a legitimidade para os alienar.

O contrato estimatório é, de certo modo, o paradigma do contrato de autorização no Direito Comercial. É um paradigma por ser o contrato que mais se apoia numa autorização; é um paradigma por ser o contrato com o tipo social mais desenvolvido, mais estudado e com mais história;

---

[726] Por exemplo, em Itália – artº 1558º do Codice Civil – e no Brasil – art. 537º do Código Civil, o proprietário não tem legitimidade para alienar os bens consignados na pendência do contrato estimatório. A inserção do regime do contrato estimatório no *Codice Civile*, resulta da integração das matérias de Direito Comercial no *Codice Civile* de 1942 – Mauro Capelletti, John Henry Merryman e Joseph M. Perillo, *The Italian Legal System*, Stanford University Press, Stanford, Califórnia, 1967, cit. "*The Italian*", págs. 225-226. A questão da integração de matérias de Direito Comercial no Código Civil italiano de 1942 continua a levantar questões no que respeita aos reflexos ao nível da autonomia do Direito Comercial – Luca Bottaro, *L'Autonomia del Diritto Commerciale*, em *Rivista del Diritto Commerciale e del Diritto Generale delle Obbligazione*, Ano C, parte Prima, págs. 421-431, Casa Editrice Dr. Francesco Vallardi, Padova, 2002, cit. "*L'Autonomia*", págs. 421-431.

é um paradigma por ser o contrato de autorização menos influenciado por outros tipos contratuais e, como tal, mais puro enquanto autorização constitutiva.

3. A autorização para alienação

A autorização para alienação é um tema tradicional do estudo da autorização.[727] No entanto a verdadeira questão não é relativa à figura da autorização para alienação, mas antes à eficácia direta na esfera do autorizante de atos praticados em nome próprio pelo autorizado perante terceiros. A autorização para alienar não é mais que um exemplo. Pode ser usado como um exemplo paradigmático, mas não pode ser confundido com a questão em si.

O efeito legitimador típico da autorização resulta da paralisação dos meios de defesa do titular e da reflexa constituição da possibilidade de atuação na esfera do autorizante: o precário.[728] É a posição de precário do autorizado que importa, para si, a legitimidade para agir sobre a esfera do autorizante. Mas, poderá o precário ser para alienação de um bem do autorizante, ou para aquisição de um bem para o autorizante, ou para modificar um contrato que o autorizante celebrou com outra pessoa? O que acontece se, por exemplo, António autorizar Bento a vender em nome próprio a sua televisão?

Em consequência deste precário, Bento tem legitimidade para agir em nome próprio sobre a esfera do autorizante. Mas o ato a praticar – o contrato de compra e venda – afeta também a esfera jurídica do comprador (Carlos). A questão de legitimidade no que respeita à compra e venda consiste em saber quem são as pessoas que devem intervir no negócio para que este produza a sua eficácia típica.

Para que se transmita o direito de propriedade de uma pessoa para outra é necessário que ambas tenham legitimidade para afetar esse direito. Ambas têm de ser titulares de posições jurídicas que incluam a possibilidade de afetar o direito de propriedade (uma parte) e de afetar a própria esfera jurídica (a outra parte), e ambas têm de ter um nível suficiente de autonomia privada para agir. Na normalidade das situações, o

---

[727] Vaz Serra, *Delegação*, em *Boletim do Ministério da Justiça*, nº 72, págs. 97-187, Lisboa, 1958, cit. "*Delegação*", pág. 101.
[728] Podendo, eventualmente, ser um direito subjetivo.

proprietário aliena o direito de propriedade a outrem, que adquire esse direito de propriedade. A alienação do direito de propriedade implica a afetação em bloco de todo este direito. Para que a dinâmica da atuação da pessoa possa incidir sobre a totalidade da situação, é necessária a titularidade da totalidade da própria situação ou de uma posição que possibilite afetá-la. Só assim o Direito reconhecerá como correta a ação.

No que respeita à aquisição do direito de propriedade, esta implica a afetação da esfera jurídica do adquirente. A esfera jurídica é parte do ser jurídico da pessoa, sendo formada pela titularidade global de uma pessoa. Inclui a titularidade de tudo o que seja jurídico, quer seja ativo, passivo, ou neutro, independentemente da natureza, estrutura e regime dos seus elementos. É o todo absoluto e abstrato que inclui as partes concretas; não é uma mera soma de todas as partes, mas o espaço onde todas se verificam. É uma realidade absolutamente compreensiva e abrangente no que respeita a cada pessoa.

A esfera jurídica não pertence à pessoa; integra a pessoa. A titularidade da esfera jurídica[729] possibilita afetá-la e o mesmo sucede com posições que incluam uma possibilidade jurídica de afetar esfera alheia. Como tal, cada pessoa tem a possibilidade estática de afetar a sua própria esfera jurídica, pois tudo o que fizer – em regra – afeta a própria pessoa. Pode ainda uma pessoa afetar a esfera jurídica de terceiro se for titular de uma posição que inclua essa possibilidade. O que se disse vale não só para a afetação do direito de propriedade através da sua transmissão, mas para todos os efeitos do contrato.

Assim, num contrato de compra e venda devem, em regra, ser partes o proprietário e o adquirente. Estas pessoas têm legitimidade para fazer com que o contrato que em conjunto celebram produza os seus efeitos típicos. Se o contrato de compra e venda for celebrado pelo proprietário e por pessoa que não o comprador, faltará legitimidade[730] a este para afetar a esfera do comprador, pelo que o contrato não produzirá todos os seus efeitos. Se o contrato de compra e venda for celebrado pelo comprador e por pessoa que não o proprietário, faltará legitimidade a este para afetar a esfera do vendedor, pelo que o contrato não produzirá todos os

---

[729] Independentemente de se considerar a esfera jurídica como uma situação ou não.
[730] ANTÓNIO JOSÉ PAISANA, *Da Venda de Coisa Alheia*, polic., Lisboa, 1946-1947, cit. *"Da Venda"*, pág. 95.

seus efeitos. Em ambas as situações a falta de legitimidade decorre da falta de titularidade.

A autorização constitutiva possibilita ao autorizado afetar a esfera do autorizante tendo legitimidade para praticar os atos autorizados. No caso da autorização constitutiva para alienação, esta possibilita ao autorizado celebrar, por exemplo, um contrato de compra e venda na posição de vendedor, praticando todos os atos inerentes. O autorizado não sofrerá a reação negativa dos meios de defesa do autorizante, pelo que a sua atuação será juridicamente possível.

Neste caso, intervêm no contrato de compra e venda duas pessoas, uma com legitimidade para o celebrar na posição de vendedor e outra para o celebrar na posição de comprador. Não existe qualquer problema de legitimidade. Pode o contrato ser celebrado em nome próprio por uma pessoa autorizada por outra de tal modo que os efeitos se verifiquem na esfera dessa pessoa. Não se procede a uma transmissão de efeitos, ou de posição contratual. O agente exerce uma posição do autorizante.

Assim, na autorização para alienação o agente (autorizado) exerce em nome próprio a posição de proprietário, vendendo a coisa, e afetando a esfera jurídica do autorizante no que respeita à totalidade do contrato. De modo análogo, na autorização para aquisição, o agente (autorizado) exerce em nome próprio a posição de comprador.

Em ambos os casos o agente não exerce posições próprias. Ele age diretamente sobre o direito de propriedade do vendedor ou sobre a esfera jurídica do comprador, exercendo as relativas posições.

A plena eficácia típica do contrato resulta da intervenção das duas pessoas com a necessária legitimidade. Não necessariamente do anterior e futuro proprietários, mas das duas pessoas com legitimidade para afetar as esferas jurídicas destes. Tipicamente serão as mesmas pessoas, mas poderão ser pessoas autorizadas por estas, ou outras com legitimidade para o fazer.

Em resultado, pode uma pessoa (autorizado) celebrar um negócio em nome próprio mas dirigido diretamente a esfera jurídica alheia.[731] Embora o autorizado seja parte no negócio, todos os efeitos se repercu-

---

[731] No mesmo sentido, MENGONI, *Aquisto a Non Domino*, em *Digesto delle Discipline Privatistiche*, I, págs. 69-82, UTET, Torino, 1987, cit. "*Non Domino*", págs. 70-71 e 80-81, mas associando à autorização a boa fé.

tem na esfera jurídica de outrem. Para tanto é necessário que atue com autorização para o fazer e que do contrato resulte que os efeitos se destinam ao autorizante.

Os efeitos que respeitem ao contrato verificar-se-ão diretamente na esfera do autorizante. Aqueles que de acordo com o contrato forem dirigidos à esfera jurídica do autorizante, mas não forem abrangidos pela autorização constitutiva, serão ineficazes por ilegitimidade, e não afetarão a esfera jurídica deste. Os efeitos que, segundo o contrato, não forem dirigidos à esfera do autorizante, mas que sejam abrangidos pela autorização, verificar-se-ão na esfera do autorizado.

Pode ainda o autorizado celebrar, em nome próprio, um negócio que produza efeitos na sua própria esfera jurídica, mas em que alguns efeitos se produzam diretamente na esfera do autorizante. Assim, por exemplo, Bento pode celebrar com Carlos um contrato de compra e venda da televisão de António, autorizado por este. O contrato é celebrado entre Bento e Carlos que são parte no contrato e entre quem se constituem as obrigações típicas do contrato; mas o direito de propriedade transmite-se diretamente da esfera de António para a esfera de Carlos, sem passar pela esfera de Bento.

A ineficácia da atuação sobre esfera alheia é uma consequência da falta de legitimidade. É uma consequência da falta de titularidade de uma posição que o Direito considere relevante para afetar essa esfera.[732] Se o agente tiver um direito ou uma obrigação de agir sobre a esfera do titular, a sua atuação será legítima. O mesmo sucede se tiver um precário. No que respeita em exclusivo à titularidade de uma posição que confira legitimidade para afetar esfera jurídica alheia, releva o conteúdo dessa posição e não a sua natureza. O titular do direito de propriedade pode ter legitimidade para o alienar; mas também pode ter o autorizado, o credor pignoratício, e o cônjuge administrador, por exemplo.

A autorização constitutiva pode permitir que uma pessoa pratique atos em nome próprio que afetam diretamente a esfera jurídica alheia, legítima e licitamente.

---

[732] Eventualmente, poderá ser um problema de limitação da autonomia privada do agente.

Assim sucede, como se viu, no contrato estimatório.[733] Neste, o *accipiens* age em nome próprio, ficando parte nos contratos de compra e venda das coisas consignadas. Mas os efeitos reais dos contratos produzem-se diretamente na esfera do *tradens*. O direito de propriedade transmite-se diretamente deste para o comprador, nunca passando pela esfera jurídica do *accipiens*.

No Direito Civil, e apesar da aparência que resulta do regime da venda de coisa alheia, sucede o mesmo. O Código Civil proíbe a venda em nome próprio de coisa alheia, como própria, sem legitimidade.[734] Mas esta proibição apenas abrange o caso referido; não abrange vários outros casos,[735] entre os quais todos os casos de venda de coisa alheia com legitimidade para o fazer. O que se pretende proibir são os casos de venda por pessoa que, não podendo provocar eficazmente a transmissão da propriedade, celebra o negócio invocando que a coisa é sua e, assim, cria a aparência de poder provocar a transmissão da propriedade.[736]

Os casos de falta de legitimidade por falta de titularidade de uma posição jurídica suficiente provocam, como regra, a ineficácia do contrato. No caso do regime dos arts. 892º e segs. do Código Civil, optou-se por referir expressamente a nulidade como consequência, estatuindo um regime jurídico especial. Esta opção foi tomada por razões de prevenção de determinadas atuações,[737] não por razões técnicas.[738] Não se

---

[733] E, por exemplo, como se verá *infra*, no caso de venda por um comproprietário de parte especificada do bem comum com a autorização dos restantes comproprietários.

[734] Capelo de Sousa, *Teoria Geral do Direito Civil*, Vol. I, Coimbra Editora, Coimbra, 2003, cit. *"Teoria Geral"*, pág. 257, inclui a venda de coisa alheia entre os exemplos de ilegitimidade.

[735] Diogo Bártolo, *Venda de Bens Alheios*, em *Estudos em Homenagem ao Prof. Doutor Inocêncio Galvão Telles*, Vol. IV, págs. 383-436, Almedina, Coimbra, 2003, cit. *"Venda"*, págs. 385-393. Um caso particular, face ao regime do art. 893º do Código Civil é constituído pela venda de coisas futuras alheias – Lino Salis, *La Compra-Vendita di Cosa Futura*, CEDAM, Padova, 1935, cit. *"Compra-Vendita"*, págs. 191-193.

[736] Sobre a relevância da boa fé para o regime da venda de bem alheio Menezes Cordeiro, *Boa Fé*, cit., págs. 497-505.

[737] Inocêncio Galvão Telles, *Contratos Civis*, em *Boletim do Ministério da Justiça*, vol. 83, págs. 114 e segs., 1959, cit. *"Contratos Civis"*, págs. 125-129, opta pela invalidade da venda de bens alheios por razões que se prendem com uma tomada de posição face à atuação do vendedor – "não se estimulam desonestos ou aventureiros a tentativas de intromissão ilícita na órbita alheia" –, ao "perigo de aparências enganosas" (pág. 127). No entanto, defende que a consequência da falta de legitimidade é a ineficácia e não a nulidade (pág. 126). Paulo Olavo

trata de verdadeira nulidade, mas de uma invalidade atípica, ou mista.[739] O regime está construído para proteger o terceiro de boa fé, que acreditou que poderia tornar-se proprietário do bem e, como tal, aceitou pagar um preço. O engano que decorre de alguém, sem legitimidade para o fazer, vender uma coisa como própria, sendo esta alheia, é proscrito pelo Direito Civil.[740]

Assim, nos casos em que o vendedor, não sendo o titular do direito de propriedade, esteja este autorizado, pelo titular, a vender em nome próprio, pode celebrar o negócio validamente.[741] Se o fizer a propriedade do

---

CUNHA, *Venda de Bens Alheios*, em *Revista da Ordem dos Advogados*, Ano 47, 1987, págs. 419-472, cit. "*Venda*", pág. 450, justifica a opção do legislador face à "gravidade da infração e à importância dos interesses em jogo".

[738] Embora existam razões técnicas para usar o termo nulidade como referente principal. O negócio é inválido e é ineficaz, o que é característico da nulidade; no entanto o grau de ineficácia não é característico da nulidade típica, pois nesta o negócio não produz qualquer efeito típico. Contudo existe uma proximidade entre o regime de validade e eficácia da venda de bens alheios que justifica a sua qualificação como um caso de nulidade, mas atípica. É um regime com elementos suficientemente próximos da nulidade para se puder usar esta como regime de referência, na medida em que se tenham em consideração as diferenças face à nulidade típica. Contra YARA MIRANDA, *Venda*, cit., págs. 142-143, para quem, mesmo no regime do Código Civil, a venda de bens alheios é válida mas ineficaz.

[739] CUNHA GONÇALVES, *Da Compra e Venda no Direito Comercial Português*, 2ª edição, Imprensa da Universidade, Coimbra, 1924, cit. "*Compra*", págs. 228-229 e *Comentário ao Código Comercial Português*, Vol. III, Empreza Editora J. B., Lisboa, 1918, cit. "*Comentário ao Código Comercial*", pág. 22, defendia que o contrato não era nulo mas antes resolúvel por incumprimento. Também ROMANO MARTINEZ, *Direito das Obrigações (parte especial), Contratos*, 2ª edição (5ª reimp.), Almedina, Coimbra, 2014, cit. "*Contratos*", págs. 114-115, considera tratar-se de uma figura atípica. FERREIRA DE ALMEIDA, *Transmissão Contratual da Propriedade – Entre o Mito da Consensualidade e a Realidade de Múltiplos Regimes*, Themis, Ano VI, nº 11, 2005, cit. "*Transmissão*", pág. 15, defende que o regime efetivo não consiste senão numa *ineficácia parcial do contrato na sua componente translativa*. YARA MIRANDA, *Venda*, cit., pág. 141 considera não se tratar de nulidade, pois o contrato produz pelo menos um efeito que consiste na constituição da obrigação do vendedor adquirir a propriedade, o que entende ser incompatível com a nulidade.

[740] Segundo MEDICUS, *Bürgerliches Rechts*, 19ª ed., Carl Heymanns, Köln – Berlin – Bonn – München, 2002, cit. "*Bürgerliches Rechts*", nº 566, pág. 368, a alienação de coisa por não possuidor pode ser feita com autorização do possuidor tido como proprietário, com fundamento na boa fé.

[741] YARA MIRANDA, *Venda de Coisa Alheia*, Themis, Ano VI, nº 11, 2005, pág.118, cit. "*Venda*", embora sem distinguir entre mandato e autorização, considera que na venda de coisa alheia como alheia por mandatário agindo em nome próprio, *o problema está em saber se a autorização concedida ao mandatário é uma forma de legitimar o vendedor a dispor do bem*.

bem transmite-se diretamente para o comprador. Não pode, posteriormente, o autorizante vir reivindicar a coisa do comprador como se fosse sua.[742] O mesmo acontece no mandado sem representação para transmissão direta,[743] mas neste caso o vendedor está obrigado a vender.

No Direito Comercial, em que a venda de bens alheios como próprios sem legitimidade é corrente, opera apenas o normal regime da legitimidade: o ato é ineficaz no que respeita à transmissão da propriedade.[744] O titular do direito de propriedade continua a beneficiar dos meios de tutela da sua situação jurídica. Como tal, se o vendedor celebrar o negócio sem ser titular de uma situação jurídica que lhe atribua legitimidade,[745] o ato será ineficaz; mas não será inválido.[746] Neste caso, se o vendedor beneficiar de uma autorização do titular, o contrato de compra e venda será não só válido como eficaz. Se não beneficiar de uma posição jurídica que lhe atribua legitimidade, deverá adquirir a propriedade do bem – art. 467º, nº2, § único do Código Comercial. Mesmo neste caso poderá, em lugar de adquirir a propriedade do bem, obter do titular a aprovação do negócio.

Da autorização constitutiva pode resultar legitimidade para praticar atos perante terceiros em nome próprio com efeitos diretos na esfera do autorizante.[747]

---

[742] Como afirma YARA MIRANDA, *Venda*, cit., pág. 116, *é mais que uma questão de justiça económico-social, é uma questão de segurança jurídica e de lógica do sistema*.
[743] PESSOA JORGE, *O Mandato*, cit., págs. 356-357 e DIOGO BÁRTOLO, *Venda*, cit., págs. 398-399 e 424-427. Embora, face ao regime do Código Civil, tipicamente o mandato sem representação opere como uma dupla transmissão, tal não exclui que possa também operar como uma transmissão directa, quando tal resulte do contrato.
[744] YARA MIRANDA, *Venda*, cit., pág. 137.
[745] Por exemplo uma autorização ou uma obrigação.
[746] Concordamos com VINCENZO FARINA, *L'Autorizzazione*, cit., págs. 33-34, quando afirma que é necessário uma prévia admissibilidade jurídica da prática de atos em nome próprio sobre esfera alheia perante terceiros para se poder admitir que uma autorização possa provocar eficaz e validamente esse efeito, e não o inverso.
[747] BIANCA, *Contratto*, cit., págs. 69-71. Segundo MARIA HELENA BRITO, *A Representação sem Poderes, Um Caso de Efeito Reflexo das Obrigações*, Revista Jurídica, nº 9 e 10, Jan./Jun. 1987, Associação Académica da Faculdade de Direito de Lisboa, cit. "*A Representação sem Poderes*", pág. 2, *é norma acolhida em vários sistemas jurídicos que os actos praticados por uma pessoa só podem, em princípio, vincular uma outra, se esta lhes der o seu assentimento.*

VIII
Alguns casos de autorização

O estudo da autorização apresenta relevância, não só pela sua importância prática, mas ainda porque a sua ligação à legitimidade faz com que, de certo modo, seja um bom campo para o estudo da legitimidade e da licitude. A autorização, em ambas as modalidades, marca uma fronteira entre o exercício legítimo e o ilegítimo, entre o ato lícito e o ilícito. A sua proximidade aos limites do Direito é tal que, especialmente nos casos de autorização constitutiva que não têm previsão legal, numa primeira apreciação não aparentam ser Direito. Surge camuflada como ato de convivência social, por exemplo, se António convidar Bento para ir ver um programa de televisão a sua casa. A aparente simplicidade e normalidade social desta situação esconde a complexidade da sua estrutura jurídica. Os atos de Bento, ao entrar em casa de António, ao sentar-se numa cadeira, e ao aproveitar-se da televisão deste, por exemplo, apenas são legítimos e lícitos porque foi autorizado. Os mesmos atos praticados sem a autorização resultante do convite de António seriam ilegítimos e ilícitos.

Esta natural vivência da autorização constitutiva com os limites do Direito implica uma grande utilidade para a ciência do Direito, permitindo melhor conhecimento do Direito em áreas de grande sensibilidade. Mas, a utilidade da autorização não é limitada à ciência. A autorização não é mera figura técnica, sem uma específica e direta utilidade social. Muito pelo contrário. A autorização é algo de normal na sociedade. Corresponde a uma prática corrente e antiga, inerente à pessoa e à sociedade.

No que respeita à autorização constitutiva, é frequente que alguém pretenda permitir a outrem praticar determinado ato, mas sem pretender que essa pessoa fique obrigada. De outro ponto de vista, é frequente que alguém esteja disponível para praticar determinado ato, mas não se queira obrigar a fazê-lo.

No que respeita à autorização integrativa, o recurso a esta como modo de proteger pessoas é uma opção corrente do legislador. Quer seja por reconhecer que determinada pessoa necessita de proteção na tomada de certas decisões e que beneficiará da assistência de outra pessoa, quer seja porque reconheça que uma determinada pessoa careça de ser protegida relativamente ao comportamento de outra pessoa.

No entanto, a dispersão terminológica e sistemática é de tal modo ampla, que uma das dificuldades da autorização consiste na sua qualificação. Nem sempre os sujeitos de uma relação usam o termo autorização, e por vezes nada dizem, ou o teor das suas declarações é aparentemente tão diferente de uma autorização que se torna problemático qualificar o ato. E por vezes é a Lei que no seu texto usa uma terminologia que dificulta a qualificação da figura legislada.

A qualificação pode ser feita apenas com critérios puramente científicos, de origem dogmática. Mas a utilidade para a qualificação da fixação de pré-conceitos, que permitam uma qualificação de duplo grau, não só facilita o processo de qualificação como permite uma eficácia qualificativa muito superior. Normalmente estes pré-conceitos resultam da evolução histórica das figuras e do estudo que foi feito das figuras, e continua a ser feito. Assim, por exemplo, no que respeita ao contrato de compra e venda, embora possa sempre surgir um ou outro caso cuja qualificação seja mais complexa, em regra a qualificação é simples. Quem qualifica estudou a teoria do contrato de compra e venda, e estudou vários casos de contratos de compra e venda, quer reais quer hipotéticos. Já no que respeita ao contrato de mandato e à procuração, é conhecida a evolução conjunta de ambas as figuras, com a sua recente autonomização (no séc. XIX). Embora atualmente o esforço de qualificação esteja já facilitado, é fácil de observar entre a segunda metade do séc. XIX e a primeira do séc. XX alguma instabilidade técnica dos conceitos, com os inerentes reflexos na qualificação e consequências para o regime jurídico. No entanto, hoje a questão está ultrapassada, sendo mandato e procuração qualificados como diferentes negócios jurídicos, e específicos regimes jurídicos, podendo vigorar em conjunto, mas não necessariamente.

No caso da autorização falta a fixação de casos paradigmáticos que auxiliem a qualificação. Em especial, faltam casos paradigmáticos que ajudem a ultrapassar a indefinida terminologia legal. Casos que permitam uma qualificação ou não como autorização, independentemente do nome com que sejam referidos na Lei. Procurar-se-á, de seguida, analisar alguns casos de modo a saber se são ou não autorizações e, assim, procurar aprofundar o conhecimento desta figura.

1. Limitações de direitos de personalidade *post mortem* (art. 71º, nº 2 do Código Civil)

Como vimos, as limitações aos direitos de personalidade são autorizações constitutivas. A questão foi já tratada e não será repetida. No entanto, existe um caso especial relativo às limitações de direitos de personalidade que importa agora apreciar: as chamadas limitações de direitos de personalidade *post mortem*.

A figura tem previsão legal expressa no art. 71º do Código Civil. Importa agora procurar saber se este caso é também uma autorização ou não.

Morta a pessoa, os seus direitos subjetivos de personalidade deixam de poder valer enquanto tal. A pessoa morta não pode ter direitos.

A morte da pessoa altera a situação. Por um lado, surge uma necessidade social de respeito pelos mortos. Trata-se de uma evolução da necessidade de respeito pelos vivos, embora pela natureza das coisas[748] não tenha um conteúdo igual. O bom funcionamento da sociedade exige um determinado nível de respeito pelos mortos. Por outro lado, nem só a pessoa tem interesse nos seus bens de personalidade. Existem normalmente terceiros que também têm interesse nesses bens. Tipicamente as pessoas referidas no art. 71º, nº 2 do Código Civil têm interesse nesses bens, pelo menos em que esses bens não sejam violados.

As pessoas referidas no art. 71º, nº 2 do Código Civil, pelas relações que mantêm com a pessoa em causa (enquanto viva) sentem essas viola-

---

[748] Sobre a natureza das coisas, PAIS DE VASCONCELOS, *A Natureza das Coisa*s, em Estudos em Homenagem ao Professor Doutor Manuel Gomes da Silva, Coimbra Editora, Coimbra, 2001, págs. 707 a 764, cit. *"Natureza das Coisas"*, *passim*,

ções como violações dirigidas a si mesmas, por vezes ainda mais do que se fossem violados os próprios bens de personalidade.[749]

Em vida da pessoa, o Direito protege os bens de personalidade através de um direito subjetivo. Mas não protege os interesses que os terceiros têm nesses bens de personalidade. Não se trata de interesses da pessoa que são partilhados por estes terceiros, mas antes de interesses específicos dos próprios terceiros. Embora esses interesses tipicamente existam, estando viva a pessoa apenas a esta cabe a sua proteção e uso. Não faria sentido que existissem regimes simultâneos de proteção, pois poderia suceder que a pessoa não se importasse com determinada violação, mas os terceiros sim, o que poderia implicar um conflito de interesses. Como tal, enquanto for viva uma pessoa, os terceiros não têm qualquer forma de proteção jurídica dos seus interesses pessoais nos bens de personalidade de outrem, por mais importantes ou intensos que sejam.

Quando uma pessoa morre, perde o interesse nos seus bens de personalidade.[750] Mas os terceiros não perdem o interesse que tinham no respeito pelos bens de personalidade dessa pessoa pelo facto de ter morrido. Quando muito o conteúdo do interesse pode resultar modificado, pela diferente natureza da situação, passando a ser mais relevante a memória que têm pela pessoa morta, deixando de existir alguns interesses e passando a existir outros. Mas continuam a ser titulares de interesses próprios.

O regime da chamada proteção *post mortem* dos direitos de personalidade é o reflexo das consequências da morte da pessoa. Por um lado, morta uma pessoa, nasce uma necessidade de assegurar o respeito por determinados elementos que integravam os bens de personalidade: o respeito pelos mortos. Trata-se de uma necessidade social e não de uma necessidade pessoal do morto. Por outro lado, morta a pessoa, esta deixa de ser um impedimento à tutela dos interesses dos terceiros.

De acordo com o regime referido, certos terceiros (indicados no art. 71º nº 2 do Código Civil), passam a ver os seus interesses protegidos.[751]

---

[749] LEITE DE CAMPOS, *O Estatuto Jurídico da Pessoa depois da Morte*, em *Pessoa Humana e Direito*, págs. 55-63, Almedina, Coimbra, 2009, cit. "*O Estatuto*", pág. 61.
[750] O que não significa que, em vida, não pretendesse que fossem protegidos após a sua morte, mas apenas que estando morto, deixa de poder ser titular dos bens e de ter interesse neles.
[751] Contra, CAPELO DE SOUSA, *O Direito Geral*, cit., págs. 192-193.

Estes terceiros tinham já, tipicamente,[752] interesse em bens de personalidade da pessoa que morreu, enquanto esta era viva. Mas não eram protegidos enquanto a pessoa era viva. Em vida de uma pessoa, a proteção dos seus interesses nos seus bens de personalidade exclui a proteção dos interesses que outras pessoas possam ter nesses mesmos bens. Quando essa pessoa morre, algumas pessoas (as referidas no art. 71º, nº 2 do Código Civil), passam a ter os seus interesses protegidos.[753]

Estas pessoas passam a beneficiar de um regime de proteção dos seus interesses em bens de personalidade do *de cujus* que, pela sua natureza, não se extingam com a morte. Este mecanismo de proteção dos interesses das pessoas referidas no art. 71º, nº 2 do Código Civil assegura, até certa medida, a necessidade social de respeito pelos mortos.

Ao atribuir a determinadas pessoas uma proteção de interesses que são tendencialmente coincidentes com os interesses da sociedade, o regime de proteção *post mortem* dos direitos de personalidade atinge os seus fins. As pessoas indicadas no art. 71º, nº2 do Código Civil são as tipicamente melhor colocadas para proteger os interesses sociais. Não só porque têm uma perceção mais acentuada da violação, mas também porque a sociedade aceita melhor comportamentos que poderiam objetivamente ser considerados como violadores do respeito pelos mortos, se estes forem também aceites por estas pessoas. Não significa que toda a tutela do respeito pelos mortos lhes seja atribuída. Para os casos mais graves e que devem ser protegidos mesmo que beneficiem da aceitação dessas pessoas, existem instrumentos de tutela penal.

A proteção *post mortem* dos direitos de personalidade tem, portanto, uma dupla finalidade: a proteção da exigência social de respeito pelos mortos e a proteção da exigência privada de respeito pelos mortos. Trata-se de um misto de Ordem Pública e Ordem Privada mas em que o exercício dos mecanismos de tutela é atribuído em exclusivo a determinadas pessoas. Ou seja, a Ordem Jurídica reconhece a tutela de interesses

---

[752] Embora em concreto a situação possa ser diferente.
[753] LEITE DE CAMPOS, *O Estatuto*, cit., págs. 61-62, embora considere que são protegidos no interesse do *de cujus*, ou principalmente no interesse deste. No mesmo sentido, HÖRSTER, *A Parte Geral do Código Civil Português, Teoria Geral do Direito Civil*, Almedina, Coimbra, 1992, cit. "*A Parte Geral*", pág. 261-262.

a determinadas pessoas e assim consegue proteger também interesses sociais relevantes para a estabilidade social.

Estas pessoas – o cônjuge sobrevivo, qualquer descendente, ascendente, irmão, sobrinho ou herdeiro do falecido – são titulares de uma situação jurídica que inclui a possibilidade de recurso aos meios de tutela *post mortem* dos anteriores direitos de personalidade do falecido, que não sejam naturalmente incompatíveis com a morte.[754]

As pessoas referidas no art. 71º, nº 2 do Código Civil são titulares de uma situação jurídica. Embora o texto da lei refira que estes têm legitimidade, essa legitimidade é o resultado da titularidade da situação em causa, integrada com a sua autonomia privada. Não se trata de uma legitimidade sem titularidade de uma situação jurídica. Não se trata de uma mera legitimidade processual, mas de uma legitimidade substantiva, que resulta da situação jurídica concreta face ao ato a praticar.

A chamada tutela *post mortem* dos direitos de personalidade é confiada a essas pessoas integrada na tutela dos seus próprios interesses, nomeadamente ao respeito pela memória do falecido.[755]

As pessoas referidas no art. 71º, nº 2 do Código Civil são titulares de uma situação jurídica que se traduz em determinados interesses, em determinados bens jurídicos que tipicamente têm, serem protegidos por vários mecanismos jurídicos e por poderem agir no Direito sobre esses interesses de acordo com a sua vontade dentro dos limites do Direito. São titulares de direito subjetivo de personalidade ao respeito pelos seus mortos.[756]

Importa agora saber qual a natureza do consentimento a que faz referência o art. 71º, nº 3 do Código Civil.

O regime *post mortem* dos direitos de personalidade tem, entre outras, uma consequência com relevo para a presente questão. Morto o titular, não se extingue a proteção de todos os bens de personalidade que eram protegidos pelos direitos de personalidade. Em vida da pessoa, os bens de personalidade eram protegidos no âmbito da proteção dos interesses

---

[754] Não inclui, pela natureza das coisas a vida ou a integridade física do *de cujus*; existe no entanto, um regime de proteção da integridade do cadáver, que embora análogo à proteção da integridade física, não é equivalente.
[755] MENEZES CORDEIRO, *Tratado IV*, cit. pág. 543.
[756] PAIS DE VASCONCELOS, *Direito de Personalidade, cit., págs. 120-122.*

da pessoa; morta a pessoa, os bens de personalidade são protegidos no âmbito da proteção dos interesses das pessoas referidas no art. 72º, nº2 do Código Civil. A proteção mantém-se embora com outra conformação.

Ao manter-se a proteção desses bens, estes não passam a bens sem proteção jurídica. A atuação de um terceiro sobre esses bens implica a violação da esfera jurídica das pessoas referidas no art. 71º, nº 2 do Código Civil, pois o agente afeta a posição jurídica destes. Por um lado, o agente em causa não tem legitimidade para praticar esses atos. Por outro lado, se os praticar podem as pessoas referidas no art. 71º, nº 2 do Código Civil recorrer aos meios de defesa ao seu dispor para proteção dos seus interesses.

O consentimento referido no art. 71º, nº 3 do Código Civil é uma autorização constitutiva, operando de modo análogo ao que se verifica no caso das limitações voluntárias aos direitos de personalidade.

O consentimento será declarado pelo titular – de acordo com o art. 71º, nº 2 do Código Civil – provocando uma restrição dos meios de defesa do bem de personalidade em causa e provocando reflexamente a aquisição da titularidade da posição de beneficiário de autorização e, em conjunto com a autonomia privada dessa pessoa, a legitimidade para a prática do ato.

O autorizado fica, assim, titular de um precário para agir sobre determinado bem, afetando os interesses das pessoas referidas no art. 71º, nº 2 do Código Civil. O consentimento para prática de atos que afetem um bem de personalidade após a morte da pessoa é, como tal, uma autorização constitutiva.

2. Autorizações judiciais ao curador (art. 94º do Código Civil)

Segundo o art. 94º do Código Civil ao curador provisório aplica-se subsidiariamente o regime do mandato geral. Como tal, o curador provisório está obrigado a praticar os atos de administração ordinária relativos ao ausente.

O curador não está, no entanto, obrigado a praticar atos que não sejam de mera administração. E, em regra, não o pode fazer. A sua posição enquanto curador provisório inclui a possibilidade (e obrigação) de praticar os atos de administração, mas não inclui a possibilidade de praticar atos de alienação ou oneração que não sejam de mera administração. Caso pratique atos de alienação ou oneração que não sejam de mera administração, os atos sofrerão as consequências da falta de legitimidade, sendo ineficazes e ilícitos.

No entanto, o art. 94º, nº, 3 do Código Civil, estatui que o curador do ausente[757] pode alienar ou onerar bens imóveis, objetos preciosos, títulos de crédito, estabelecimentos comerciais e quaisquer outros bens cuja alienação ou oneração não constitua ato de administração com autorização judicial.[758]

Numa primeira apreciação, a autorização referida no art. 94º, nº 3 e 4 do Código Civil pode aparentar ser uma autorização integrativa. É uma autorização judicial e é concedida a pessoa titular de uma posição suficiente para ter legitimidade para praticar atos sobre a esfera de outrem.

No entanto, a questão é mais problemática. Embora o curador do ausente seja titular de poderes funcionais que lhe atribuem legitimidade para agir sobre a esfera jurídica do ausente, o âmbito destes poderes funcionais está limitado ao regime do mandato geral (art. 94º, nº 1 do Código Civil). Tal significa que a sua posição apenas lhe permite a prática de atos de administração ordinária. Para a prática destes atos o curador do ausente não carece de autorização. Mas a prática dos atos elencados no art. 94º, nº 3 do Código Civil não está incluída nos seus poderes. Se os praticar estará a agir sobre esfera jurídica alheia, sem legitimidade para o fazer. Nestes casos o curador age sem poderes, e não em abuso dos poderes que tem.

A concessão da autorização judicial amplia o âmbito da posição jurídica do curador. A posição que era construída sobre a do mandatário geral, passa a incluir a prática de atos especiais. Não se limita a permitir o exercício de um poder que o curador do ausente já era titular, mas sim de uma constituição da possibilidade de atuação[759]. A diferença em rela-

---

[757] A disposição aplica-se quer ao curador provisório, quer ao curador definitivo, *ex vi* art. 110º do Código Civil.

[758] Esta autorização apenas pode ser concedida se o ato tiver como fim evitar a deterioração ou ruína dos bens, solver dívidas do ausente, custear benfeitorias necessárias ou úteis ou outras necessidades urgentes.

[759] PIRES DE LIMA e ANTUNES VARELA, *Código Civil Anotado*, Vol. I, 4ª ed., Coimbra Editora, Coimbra, 1987, cit. *"Código Civil Anotado"*, anotação ao art. 94º, pág. 120 referem que a exigência de autorização judicial se assemelha a uma forma de assistência destinada a fiscalizar a atividade do curador, no interesse do ausente. Parece-nos, no entanto, que o fim da exigência da autorização vai mais além de uma fiscalização simples. Para estabelecer uma fiscalização

ção ao que normalmente sucede nos casos de autorização constitutiva consiste na concessão por decisão judicial, em vez de ser concedida por declaração de vontade do titular.

Esta autorização constitutiva é judicial e, como tal, não negocial. Mas o efeito é o mesmo: a limitação dos meios de defesa da posição do ausente, com a reflexa constituição de um precário. Este precário passa a integrar a posição do curador provisório e é, como tal, um precário funcional.

Com fundamento no precário funcional que recebe, o curador provisório terá legitimidade para praticar o ato. Mas não estará obrigado, podendo decidir livremente se o pratica ou não, dentro dos critérios de atuação de um curador. Caso decida não o praticar, não pode ser responsabilizado pela inação, uma vez que não está obrigado a agir.

Concedida a autorização judicial, pode o curador provisório decidir não praticar o ato. Se entender que o deve praticar, terá legitimidade para o fazer, mas a autorização não o vincula à prática. A sua posição de curador provisório – na qual é integrada a autorização – vincula-o a determinados deveres que o pode forçar a agir. Mas a autorização judicial nunca força a agir, nem modifica os critérios da sua atuação.

O curador provisório não é livre de agir ou não, pois esta liberdade não é compatível com as funções exercidas. Mas, no que respeita exclusivamente à autorização judicial, apenas resulta para o curador uma possibilidade de agir, pelo que tudo se passa como se fosse livre de agir.

A autorização ao curador provisório para praticar atos de alienação ou oneração que não sejam de mera administração, é uma autorização constitutiva não negocial, concedida por um não titular (o Tribunal).

3. Autorização para exercício de profissão, arte ou ofício por menor (art. 127º, nº 1 al. C) do Código Civil)

Como regra, os menores são incapazes de exercício. A incapacidade de exercício dos menores provoca uma limitação à sua autonomia pri-

---

simples bastaria uma autorização integrativa, na qual o curador teria o poder de atuar, mas necessitaria da autorização judicial. No caso do art. 94º do Código Civil, o curador não tem o poder, necessitando de pedir ao Tribunal a concessão de poderes, caso a caso. O sistema instituído pelo art. 94º do Código Civil vai assim muito além da mera fiscalização da atuação. Cabe ao Tribunal, caso a caso, e dentro dos fundamentos legais, decidir-se pela concessão, ou não, da autorização judicial.

vada, mas não tem reflexos sobre a titularidade das situações jurídicas do menor. O menor é titular das situações jurídicas, mas não tem autonomia privada suficiente que lhe permita ter legitimidade para praticar atos no âmbito dessas situações. A falta de legitimidade do menor implica uma consequência especial, sendo os atos praticados pelo menor anuláveis.

Os atos relativos a posições jurídicas do menor são, regra geral, praticados pelos seus representantes, normalmente os pais. Existem, no entanto, atos para os quais o menor tem capacidade de exercício, não sofrendo limitações à sua autonomia privada nessa matéria. Estes casos, regra geral, resultam da estatuição de uma norma específica, independentemente de uma qualquer autorização, que exclui a prática de determinados atos do âmbito da incapacidade, ficando assim o menor com um nível normal de autonomia privada nessa matéria.

No entanto, no caso do art. 127º, nº 1, al. c) do Código Civil, a limitação do âmbito da incapacidade do menor depende de uma autorização dos pais. Segundo consta da disposição referida, a concessão desta autorização tem como efeito a excecional validade do ato, constando ainda da sua epígrafe que se trata de uma exceção à incapacidade do menor. A norma que resulta da disposição importa a legitimidade do menor para praticar pessoal e livremente atos jurídicos relativos à profissão, arte ou ofício que o menor tenha sido autorizado a exercer, ou no seu exercício. Beneficiando da autorização o menor pode praticar pessoalmente os atos, tendo um nível suficiente de autonomia privada para o fazer.

Como tal, a autorização para o menor exercer uma profissão, arte ou ofício é uma autorização integrativa. A concessão da autorização provoca um levantamento da restrição da autonomia privada do menor que era causada pela aplicação do regime da incapacidade de exercício por menoridade. Mas o menor continua sem capacidade de exercício para esses atos. A capacidade é uma figura abstrata que opera relativamente a categorias de atos. A legitimidade, por sua vez, é concreta, operando face a cada ato.[760] Para a capacidade não interessa (diretamente) se a pessoa pode ou não praticar aquele ato concreto, mas apenas uma categoria de

---

[760] Falzea, *Voci*, cit., pág. 172-174.

atos. A questão de saber se a pessoa pode ou não praticar um concreto ato, é uma questão de legitimidade.[761]

O menor que tenha sido autorizado a exercer uma profissão (e como tal a praticar todos os atos inerentes a essa profissão), continua a sofrer uma incapacidade de exercício para exercer outras profissões, caso contrário poderia exercer qualquer profissão e não aquela que foi autorizada.

O que sucede é um levantamento da restrição à autonomia privada relativamente aos atos autorizados. Embora a autorização seja dirigida diretamente ao exercício de uma profissão, inclui todos os atos inerentes. Relativamente a estes o menor, embora continue a ser incapaz de exercício para exercer uma profissão, pode praticá-los legítima, lícita e validamente.

A autorização não torna o menor capaz. Segundo a norma do art. 127º, nº 1, al c) do Código Civil, a autorização para o exercício da profissão repõe o nível de autonomia privada de tal modo que a liberdade do menor seja reconhecida como eficaz, mas apenas no que respeita ao exercício autorizado, já não no restante.

Mas, caso a autorização seja revogada, a norma deixará de repor o nível de autonomia privada do menor, deixando este de poder ter legitimidade. O menor é sempre incapaz para o exercício de uma profissão. A estatuição da norma não o torna capaz, dá-lhe legitimidade.

Diferente é o caso das als. a) e b) da mesma disposição. Nestes, o menor nunca sofre uma restrição do seu nível de autonomia privada. Estes são verdadeiros casos de exceção à genérica incapacidade de exercício do menor. A incapacidade de exercício do menor não é total, mas é definida genericamente. Em lugar de se estatuir relativamente a que atos o menor é incapaz de exercício, a Lei estatui uma incapacidade genérica, indicando quais as categorias de atos que não são abrangidas.

4. Consentimento do lesado (art. 340º do Código Civil)

O consentimento do lesado, regulado no Código Civil no art. 340º, é uma figura usualmente tratada a propósito da ilicitude, em particular no que respeita à sua relevância para a responsabilidade civil.[762] A integração

---

[761] Neste sentido, ROSÁRIO RAMALHO, *Tratado de Direito do Trabalho, Parte II – Situações Laborais Individuais*, 5ª ed., Almedina, Coimbra, 2014, cit. *"Direito do Trabalho"*, pág. 127.
[762] Neste sentido MENEZES CORDEIRO, *Tratado V*, cit. pág. 486.

A AUTORIZAÇÃO

sistemática e a sua relevância no campo da responsabilidade civil a isso conduzem.

Importa agora analisar o consentimento do lesado de modo a procurar saber se é uma figura exclusivamente destinada a evitar a ilicitude da atuação consentida, ou se tem uma relação mais próxima com a autorização.

No caso do consentimento do lesado, nada consta expresso no art. 340º do Código Civil relativamente à legitimidade. A disposição apenas se refere expressamente à não ilicitude do comportamento. Mas esta circunstância não significa que não exista uma fundamental questão de legitimidade. A questão da legitimidade pode colocar-se na prática de todo e qualquer ato. Quando os atos afetam situações jurídicas de terceiros a questão da legitimidade coloca-se com maior relevância. O problema subjacente ao consentimento do lesado é a prática de atos por uma pessoa sobre uma situação jurídica da titularidade de outrem.[763] Em particular, a prática de atos lesivos dessa situação.

A primeira questão que se pode colocar consiste em procurar saber se a falta de ilicitude do ato consentido é um efeito do consentimento ou um efeito da Lei. Ou seja, saber se o consentimento é uma figura que exprime, na sua essência, a autonomia do titular, ou se é uma figura heterónoma.

O consentimento do lesado tem origem numa declaração prévia do titular da situação a ser lesada. Nesta declaração, o titular afirma que permite a outrem praticar determinados atos lesivos. Caso essa possibilidade esteja na sua disponibilidade.[764] importa saber se a declaração provoca a aquisição de um direito a lesar.

Se assim fosse nenhum sentido faria o art. 340º do Código Civil. Quando alguém tem o direito de lesar outrem não há qualquer necessidade de afirmar a não ilicitude do seu comportamento. O consentimento

---

[763] No caso do consentimento penalmente relevante, no qual as preocupações de danosidade social inerentes ao Direito Penal têm uma particular relevância, a questão da titularidade do bem protegido e das respetivas consequências coloca-se de um modo específico. Sobre o consentimento penalmente relevante, COSTA ANDRADE, *Consentimento e Acordo em Direito Penal*, Coimbra Editora, Coimbra, 2004, cit. *"Consentimento"*, cit. págs. 358-361.

[764] Para algumas situações de indisponibilidade para efeitos de consentimento, MENEZES CORDEIRO, *Tratado V*, cit. pág. 487.

limita-se a provocar a não ilicitude do comportamento do lesante, sem que se tenha direito a lesar.

Por outro lado, a figura do consentimento do lesado, tal como resulta expresso no art. 340º do Código Civil, está estruturada unilateralmente.[765] Não é necessária qualquer aceitação do lesante. Cabe ao lesado, e apenas ao lesado, decidir e declarar o consentimento. A partir do consentimento, e independentemente da vontade do lesante, a atuação não é ilícita.

O ato lesivo é praticado por quem o Direito aceita, apesar de não ter direito a praticá-lo. O Direito não reage negativamente ao ato consentido, mesmo sendo lesivo. Ou seja, do consentimento do lesado resulta para o lesante uma posição jurídica que lhe confere a possibilidade de praticar o ato lesivo sem sofrer as consequências negativas da lesão de uma situação jurídica alheia.[766]

De tudo isto resulta que o consentimento do lesado é uma autorização constitutiva. É um negócio jurídico através do qual uma pessoa restringe os meios de defesa da sua própria situação jurídica face a uma atuação prevista de outrem, provocando reflexamente na esfera deste a aquisição de uma posição de beneficiar da restrição dos meios de defesa. O ato consentido – ou autorizado – é um ato legítimo e lícito.

Importa agora procurar saber se o consentimento do lesado é um caso especial de autorização constitutiva, ou se é uma normal autorização constitutiva. Uma autorização constitutiva é, não só, um facto legitimador positivo como impede que o ato seja ilícito por causa da violação da situação jurídica do autorizante. Um ato que viole uma situação jurídica alheia é ilícito. Nos casos em que a ilicitude se verifique apenas com este fundamento, a autorização constitutiva impede a ilicitude, pois a atuação passa a ser aceite pelo Direito. Deixa de haver uma atuação violadora de uma situação alheia, mas antes uma atuação autorizada que afeta uma situação alheia.

Tal como resulta do art. 340º, nº 1 e 2 do Código Civil, o consentimento do lesado não apresenta especialidades. Os efeitos ao nível da legi-

---

[765] Neste sentido MENEZES CORDEIRO, *Tratado V*, cit. pág. 487.
[766] Também MENEZES CORDEIRO, *Tratado V*, cit. págs. 487-488, considera que, subjacente ao consentimento do lesado, se encontra a possibilidade do titular de uma situação jurídica permitir ingerências nessa situação.

timidade e da licitude são os mesmos, e o modo de funcionamento é o mesmo. O consentimento do lesado nenhuma especialidade apresenta nesta matéria, sendo qualificável como mera autorização constitutiva.

Pode ainda levantar-se a questão de saber se a natureza dos atos autorizados no consentimento do lesado é especial e se a figura é específica para esses atos. O art. 340º do Código Civil refere-se a atos lesivos de direitos de outrem. Efetivamente, mesmo interpretando extensivamente a disposição de modo a incluir os atos lesivos de situações jurídicas de outrem (quer sejam direitos subjetivos ou não), importa saber se a natureza lesiva dos atos importa a especialidade da figura.

Existem atos que, embora violando situações jurídicas alheias, não são lesivos. Atos que não causam qualquer efeito negativo na situação, sem contar, naturalmente, com a sua mera violação. Mesmo que se interpretasse a disposição no sentido de apenas abranger atos efetivamente lesivos, esta interpretação não traria qualquer especialidade. Seria irrelevante para efeitos de legitimidade ou de licitude que o ato fosse lesivo ou não. Havendo uma autorização constitutiva o ato seria lícito e legítimo, quer fosse ou não lesivo e quer se chamasse ou não consentimento. Para que o consentimento do lesado possa ser considerado como uma figura especial necessita de ter algo que o diferencie estruturalmente da generalidade das autorizações constitutivas nomeadamente no seu regime jurídico.

Como vimos, nem o nº 1, nem o nº 2 do art. 340º do Código Civil apresentam qualquer especialidade relativamente a uma típica autorização constitutiva. No entanto, já o nº 3 tem um elemento de regime jurídico especial. Esta disposição estatui uma presunção de consentimento do lesado nos casos em que a lesão se deu no interesse do lesado e de acordo com a sua vontade presumível.

Pode não se saber se houve uma efetiva declaração de consentimento ou não, mas ao presumir-se que houve declaração, tudo sucede como se esta tivesse efetivamente sucedido. Assim, o efeito autorizador é o mesmo que resultaria de uma declaração. A diferença está na causa da declaração que não resulta de uma declaração efetiva de vontade (independentemente de ser expressa ou tácita), mas antes de uma declaração presumida de vontade.

Esta presunção é uma especialidade de regime que permite a autonomização do consentimento do lesado face à generalidade das autorizações constitutivas. Embora seja autorização constitutiva, é uma autorização constitutiva especial no que respeita à presunção. No demais aplica-se o regime típico das autorizações constitutivas.

Como tal, a qualificação de uma autorização constitutiva conhecidamente celebrada como sendo ou não um caso de consentimento do lesado é irrelevante. Quer seja ou não uma situação de consentimento do lesado o regime será o mesmo.

O que é relevante é saber em que casos se pode presumir o consentimento do lesado.

Antes de mais, apenas se pode presumir o consentimento se não se souber se houve ou não consentimento. Tratando-se de uma presunção, o conhecimento do consentimento ou da sua falta ilide a presunção. O consentimento do art. 340º, nº 3 do Código Civil não deve ser considerado como uma ficção. A inserção sistemática no art. 340º do Código Civil, a letra da disposição – referindo-se a um consentimento – e a exigência de respeito pelo interesse do lesado e pela sua vontade presumível implicam um nível de respeito pelo lesado incompatível com uma ficção. Sendo uma presunção, é possível ao lesado demonstrar a falta de consentimento, ou a existência de um consentimento mas com diferente conteúdo.

Em segundo lugar, é necessário que a lesão já tenha ocorrido. Embora o consentimento do lesado seja uma autorização e, como tal, seja anterior ou simultânea ao ato autorizado, a presunção de consentimento do lesado é posterior ao ato autorizado. Verificado o ato lesivo, presume-se que este foi praticado ao abrigo do consentimento do titular lesado. Como tal, o consentimento do lesado tem eficácia retroativa, produzindo os seus efeitos no momento da lesão, de modo a que esta seja lícita e legítima. A presunção em si opera com a lesão mas o seu efeito, que consiste em presumir que houve declaração de consentimento, verifica-se em momento anterior à lesão. Não se trata de uma presunção de aprovação do titular, mas de uma presunção de que houve prévio consentimento.

É ainda necessário que o ato lesivo seja praticado no interesse do lesado, sendo útil para o fim de um homem normal e que respeite a sua vontade presumível. A lesão deve, como tal, ser instrumental para um determinado fim, não podendo ser uma lesão totalmente autónoma. Por outro lado, e não havendo qualquer restrição legal, o fim tanto poderá ser um fim subjetivo conhecido do lesado, como um fim objetivo do lesado, recorrendo-se para tal ao critério do bom pai de família. Já no que respeita à vontade, é a própria letra da lei que estabelece a necessidade de respeito pela vontade presumível, pelo que esta deve ser aferida por critérios objetivos.

Nestes casos, pode presumir-se o consentimento do lesado, sendo o conteúdo autorizado o mesmo do ato lesivo. Assim, a lesão não só é relevante para provocar a presunção, como estabelece o âmbito da limitação dos meios de defesa do direito lesionado e estabelece, reflexamente, o âmbito da posição de beneficiário da autorização de que o autorizado fica titular.

Ou seja, o consentimento do lesado é uma típica autorização constitutiva unilateral. Enquanto negócio jurídico efetivo, é sempre prévio ao ato lesivo. Quando posterior ao ato lesivo – à lesão – é uma aprovação e não uma autorização.

A especialidade que justifica alguma autonomia do *consentimento do lesado* é a criação de base legal de uma presunção.

O consentimento do lesado é, como tal, uma autorização constitutiva unilateral especialmente dirigida a atos lesivos, cuja única parcela de regime especial consiste na possibilidade da sua presunção. No restante, segue o regime geral das autorizações constitutivas unilaterais ou das aprovações.

5. Autorização para venda de bens a filhos ou netos (art. 877º do Código Civil)

Segundo o art. 877º do Código Civil a venda a filhos ou netos carece do consentimento dos demais filhos ou netos. Os filhos ou netos não são titulares do direito real vendido, pelo que não seria necessária a sua intervenção no negócio se não existisse uma norma como a do art. 877º do Código Civil. No entanto, os filhos ou netos são potenciais herdeiros do vendedor, pretendendo a Lei proteger a sua posição de herdeiros no caso de venda a outros filhos ou netos de modo a diminuir o risco de fraude às regras sucessórias, em especial no que respeita às regras de colação.

Segundo consta do art. 877º, nº 2, a venda feita sem o consentimento exigido pelo nº 1 é anulável. Ou seja, a Lei exige a prestação de consentimento por terceiros para a prática de um ato pelo titular, no âmbito da sua titularidade, sob pena de invalidade do ato e de restrições à plena eficácia do ato, com o fim de proteger interesses desses terceiros. Ao exigir este consentimento o art. 877º do Código Civil limita a liberdade do titular de exercer plenamente a sua posição jurídica, sem afetar a situação em si. O que resulta limitado pelo art. 877º do Código Civil é a liberdade de exercício do titular e, em consequência, a sua autonomia privada.

Sem o consentimento dos filhos ou netos, o titular não tem legitimidade para vender. E, vendendo sem esse consentimento, o titular pratica um ato desvalioso. Ou seja, a venda em violação do art. 877º, nº 1 do Código Civil importa a falta de legitimidade do agente e a invalidade do ato. Embora teoricamente se pudesse justificar a nulidade, a Lei optou pela anulabilidade do ato. As relações familiares entre o titular e os terceiros protegidos justificam esta opção. Como tal, embora em regra a falta de legitimidade do agente importe a ineficácia do ato, no caso em apreço apenas importa um grau menor de ineficácia, associado à anulabilidade.

O consentimento para venda a filhos ou netos opera, assim, como um facto legitimador positivo com relevância ao nível da autonomia privada. Deve, como tal, ser qualificado como uma autorização integrativa, operando como instrumento de tutela dos interesses dos filhos ou netos.

6. Autorização para casamento de menores

Segundo o art. 1600º do Código Civil tem capacidade para celebrar casamento quem não sofrer um impedimento matrimonial. O termo incapacidade é usado com significado amplo, abrangendo quer incapacidades de gozo, quer de exercício.

Um dos impedimentos – impedientes – é a falta de autorização dos pais ou tutor para o casamento de menor (com mais de dezasseis anos). Segundo os arts. 132º, 133º, 1604º, al. a), 1612º, e 1649º do Código Civil, o casamento de menor com mais de dezasseis anos que não tenha sido autorizado não produz plenamente o efeito emancipatório. O menor que case nestas circunstâncias apenas fica emancipado quanto à sua pessoa e quanto aos bens que lhe advenham a título oneroso após o casamento.

Desde os dezasseis anos que o menor é titular da possibilidade de casar – tendo capacidade de gozo para tal.[767] Mas, entre essa data e a maioridade, o menor sofre uma incapacidade de exercício. Esta provoca uma limitação da autonomia privada do menor no que respeita à celebra-

---

[767] PEREIRA COELHO e GUILHERME DE OLIVEIRA, *Curso de direito da Família*, vol. I, 4ª ed., Coimbra Editora, Coimbra, 2008, cit. "*Curso I*", pág. 265.

ção do casamento.[768] A exigência legal de autorização para a celebração de casamento é necessária para obter um nível suficiente de autonomia privada que permita a legitimidade do menor para celebrar o casamento. Faltando a autorização, o menor não terá legitimidade para celebrar o casamento. No entanto, em lugar de uma plena ineficácia do ato, o art. 1649º do Código Civil estatui uma ineficácia parcial. O ato produz todos os seus efeitos, com exceção do efeito emancipatório no que respeita aos bens que leve para o casal ou que lhe advenham gratuitamente após o casamento.

Esta autorização opera como um mecanismo de suprimento da incapacidade de exercício do menor através da assistência dos pais ou tutor. Como em todos os casos de incapacidade de exercício dos menores, a intenção do regime consiste em proteger o menor das suas próprias atuações, numa altura em que este tem, tipicamente, um menor domínio da vontade e perceção da realidade. No caso concreto da autorização para casamento de menores, o objeto da proteção é o património do menor e não a sua pessoa. A Lei considera que o menor, embora possa já ter capacidade natural para reger a sua pessoa, não terá ainda a capacidade para discernir corretamente as razões que possam levar outrem a querer casar consigo. Tem ainda como fim evitar a fraude à Lei praticada pelo menor, que case com intenção de obter capacidade de exercício sobre o seu património à data do casamento, ou que obtenha posteriormente a título gratuito, nomeadamente por via sucessória.

O art. 1612º do Código Civil atribui aos pais que exerçam poder paternal, ao tutor, ou ao conservador do registo civil, a função de verificar se o menor tem suficiente capacidade natural para se casar e, assim, ficar plenamente emancipado.

A autorização para casamente do menor é uma autorização integrativa. Opera como elemento da previsão das normas relativas ao casamento de menores, que assim repõem o nível de autonomia privada do menor.

---

[768] Segundo PEREIRA COELHO e GUILHERME DE OLIVEIRA, *Curso I*, cit., págs. 264-264, a falta de autorização, sendo um impedimento impediente, traduz uma *proibição legal de contrair casamento*.

7. Autorização para uso de nome do ex-cônjuge (arts. 1677º-B e 1677º-C)

O direito ao nome é um direito de personalidade. É mesmo um dos direitos mais marcantes da individualidade da pessoa e, como tal, tem uma grande relevância sociocultural. O nome é constituído pelo nome próprio e pelos apelidos, sendo protegidos quer a totalidade do nome, quer partes do nome usadas correntemente. Naturalmente que podem existir várias pessoas com o mesmo nome ou que usem normalmente apenas parte do seu nome coincidente com a parte do nome que outros usam. Como tal a proteção do nome não inclui a sua exclusividade.

No que respeita ao nome patronímico,[769] segundo o art. 1677º do Código Civil, com o casamento os cônjuges podem acrescentar ao seu nome até dois apelidos do outro cônjuge. Esta disposição traduz o que é prática corrente no caso do casamento em que, mantendo-se o nome, é adotado um (ou mais) apelidos como apelido de família, assim estabelecendo um apelido comum a todos os membros da família.[770] O art. 1677º não exige consentimento do titular do nome para que o outro cônjuge possa usá-lo e adicioná-lo ao seu próprio nome. A Lei limita-se a criar este direito, e assumir que o outro cônjuge concorde com esse direito, como é uso corrente. A vontade do titular resulta da própria vontade de casar, sendo a possibilidade de modificação do nome uma parte (possível) do casamento.[771]

Embora no caso do casamento não seja exigido consentimento específico do outro cônjuge para juntar apelidos deste ao próprio nome, já a manutenção do apelido em caso de divórcio levanta questões relevantes para o estudo da autorização. Segundo o art. 1677º-B, nº 1 do Código Civil, em regra perde-se o apelido recebido do outro cônjuge, exceto se este consentir na manutenção desse apelido.

---

[769] PEREIRA COELHO e GUILHERME DE OLIVEIRA, *Curso I*, cit., pág. 359.

[770] O preceito do art. 1677º do Código Civil que surge na sequência da revisão de 1977 do Código Civil, aproveita o essencial do anterior art. 1675º do Código Civil de 1966, ampliando--o apenas a ambos os cônjuges em respeito pela nova Constituição. Mas, na substância, a existência de um apelido de família mantém-se, embora com regras diferentes.

[771] O problema pode, contudo, colocar-se se a adoção do apelido do outro cônjuge for feita já na constância do matrimónio, em especial se o for contra a vontade do outro cônjuge. Quanto à possibilidade de a adoção de apelidos do outro cônjuge ser feita na constância do matrimónio – PEREIRA COELHO e GUILHERME DE OLIVEIRA, *Curso I*, cit., pág. 360.

A questão apresenta alguma complexidade. Substancialmente, os apelidos integravam o nome de um cônjuge e não do outro. Foram juntos ao nome do outro cônjuge com o fim de estabelecer um apelido comum a todos os membros da família, identificando-os como uma família. Trata-se de uma receção pelo Direito da prática corrente de há séculos, tendo apenas o Direito regulado essa prática, em particular, e nos tempos mais recentes, no que concerne ao respeito do regime legal pelo princípio da igualdade dos cônjuges.

Estes apelidos fazem parte do nome do cônjuge que já os tinha antes do casamento. Integram o seu direito subjetivo de personalidade ao nome.

Mas a integração dos apelidos de um cônjuge no próprio nome do outro cônjuge faz com que aquele tenha um direito subjetivo de personalidade sobre o seu "novo" nome, tal como resultou da adição dos apelidos. É esse o nome que passou a usar, perante si e perante os outros, para se identificar. O nome, tal como resultou modificado, passou a integrar a realidade daquela pessoa. Passou a ser parte da sua pessoa e a ser protegido pelo direito de personalidade. Ou seja, estes apelidos passam a integrar o nome de ambos os cônjuges, e a ser abrangidos pelo direito ao nome de ambos os cônjuges.

Apesar de estes apelidos integrarem o direito de personalidade ao nome do cônjuge que os recebeu, o divórcio provoca a modificação do nome através da extinção dessa parte do nome, exceto se houver consentimento do outro cônjuge. Como tal, com o divórcio, o direito ao nome resulta modificado heteronomamente. É uma imposição legal que limita o direito ao nome. Mesmo que a pessoa tenha usado esse nome (com os apelidos do cônjuge) de tal modo que apenas seja reconhecível perante esse nome, em regra o direito não aceita a continuação do uso desse nome.

Este regime traduz uma perceção substancial de pertença do apelido ao cônjuge que o *partilhou*. Embora tecnicamente o nome do cônjuge seja de ambos, e seja protegido pelo Direito, os apelidos do outro cônjuge são algo que se mantém ligado ao cônjuge (que alterou o seu nome) através do casamento. Extinto o casamento pela morte, esses apelidos mantêm-se, pois o casamento seguiu o seu curso normal. Extinto o casamento por divórcio, normalmente por desavenças entre os cônjuges, o domínio principal sobre esses apelidos do cônjuge que os tinha antes do casamento é tutelado de modo primordial.

Nos casos em que o cônjuge não quer manter os apelidos do outro cônjuge, não se levantam problemas com a modificação do nome que resulta do art. 1677º-B do Código Civil. Esta disposição limita-se a traduzir essa vontade de, em caso de divórcio, voltar ao nome de solteiro. Esta é a situação típica em caso de divórcio, sendo essa a solução adotada pela Lei.

Mas, no caso de o cônjuge, apesar do divórcio, pretender manter o seu nome tal como está, o problema é diferente.

Como resulta do acima referido, a questão da manutenção do nome é relativa à titularidade do nome (com os apelidos do cônjuge) e não relativa ao mero exercício ou uso desse nome. Ela consiste, como tal, em saber se a situação jurídica de que o cônjuge é titular, mantém com o divórcio a sua configuração ou não. Não é um problema de legitimidade para exercer a posição de titular. No que respeita ao exercício, não se trata de saber se pode usar o nome (apelidos) do cônjuge, mas se pode usar o seu próprio nome. Como tal, o problema não consiste em saber se pode ou não usar o nome. Se o cônjuge for titular do nome não é necessária autorização ou consentimento para o usar. Se não for titular não se coloca a questão da autorização ou de consentimento.

O consentimento para manutenção dos apelidos do outro cônjuge não é um facto legitimador positivo.

Não se trata de uma situação em que o titular autoriza o uso dos seus apelidos por um terceiro (autorização constitutiva). Do consentimento resulta a manutenção da integração dos apelidos no nome e não uma mera desativação dos meios de defesa do titular dos apelidos que possibilita ao ex-cônjuge ter legitimidade para os usar. O ex-cônjuge fica (ou mantém--se) titular de um nome com os apelidos que recebeu no casamento.

Não se trata de uma situação na qual o titular carece de autorização para exercer a sua posição jurídica (autorização integrativa). O problema é de ter ou não a titularidade da situação jurídica e não de a poder exercer.

Não é nem uma autorização constitutiva nem uma autorização integrativa.

Por um lado, apesar da aparência que pode resultar da opção pelo termo *consentimento* que por vezes indicia tratar-se de uma autorização unilateral, a manutenção dos apelidos em caso de divórcio tem causa contratual e não unilateral. Para que se verifique o efeito de manutenção dos apelidos é necessário o acordo de vontades entre ambos os cônjuges.

O consentimento unilateral, só por si, não é suficiente para a manutenção dos apelidos. Se fosse, podia um cônjuge forçar a manutenção dos seus apelidos pelo outro cônjuge. Embora do texto da Lei possa parecer resultar que o consentimento é um ato unilateral, trata-se de um contrato no qual é necessário o encontro de vontades entre o cônjuge que quer manter os apelidos e o outro cônjuge, que consente na sua manutenção.

Por outro lado, o efeito deste contrato é a continuação na esfera jurídica do consentido de um direito que este já tinha. Esse direito que teve causa no casamento (*ex vi* art. 1677º, nº1 do Código Civil) passa a ter causa contratual.

Como tal, a manutenção dos apelidos referido no art. 1677º do Código Civil resulta de um contrato celebrado entre ambos os cônjuges para valer para o período do divórcio e que mantém o direito a manter no seu nome os apelidos do outro, tal como sucedia na constância do matrimónio, substituindo a causa legal do art. 1677º, nº1 do Código Civil, por uma causa contratual. O consentimento é o *nomen* típico dado à declaração de vontade do cônjuge, podendo esta declaração ser substituída por decisão judicial de autorização.

No entanto, estas figuras não são verdadeiras autorizações. São figuras semelhantes, mas não são destinadas essencialmente a operar como factos legitimadores positivos. São, antes, figuras destinadas a manter e regular a manutenção do apelido de um cônjuge pelo outro cônjuge em caso de divórcio, evitando o funcionamento do regime legal supletivo que estatui a perda desses apelidos.

8. Consentimento conjugal

O problema do consentimento conjugal está intimamente ligado à legitimidade[772] e, como tal, à problemática da autorização.

O casamento provoca alterações ao nível da esfera patrimonial de ambos os cônjuges. Com a celebração do casamento podem passar a existir bens próprios exclusivos de cada membro do casal, bens de ambos os cônjuges em contitularidade e bens de ambos em comunhão de mão

---

[772] Pereira Coelho e Guilherme de Oliveira, *Curso I*, cit., págs. 384-385 e Duarte Pinheiro, *O Direito da Família Contemporâneo*, 5ª ed., reimp., AAFDL Editora, Lisboa, 2015, cit. "*Família*", pág. 539.

comum.[773] Cada uma destas situações pode implicar consequências diferentes ao nível da legitimidade para a prática de ato.

A especificidade do casamento[774] leva o legislador a procurar alterar essas consequências, de modo a compatibilizá-las com o casamento e com o que devem ser as relações entre os cônjuges. Para tanto impõe regras que modificam o funcionamento normal da legitimidade, estatuindo regimes especiais de titularidade, administração, alienação e oneração dos bens, exigindo ainda declarações de consentimento em várias situações.

O caso mais específico é o da comunhão de mão comum que pode resultar do casamento.[775]

A comunhão é um tipo de contitularidade qualitativa, por oposição à contitularidade típica que é quantitativa. Na comunhão, todos os contitulares – ou titulares em comunhão – são titulares de uma única posição jurídica que incide sobre a totalidade quantitativa do objeto dessa posição.[776] No entanto, as posições de todos os contitulares são qualitativamente diferentes, mas compatibilizadas. Ou seja, por um lado, não é possível quantificar a posição de cada titular – ela incide sobre a totalidade. Por outro lado, todas as posições são compatíveis umas com as outras. Como não são quantificáveis não é possível proceder à sua soma nem divisão. As posições são qualitativas.

O modo de funcionamento da legitimidade para a prática de atos de administração ou de disposição.[777] tal como decorreria da normal operação do Direito, sem interferência legal, implicaria a necessidade de inter-

---

[773] Conforme afirmam PEREIRA COELHO e GUILHERME DE OLIVEIRA, *Curso I*, cit., pág. 367, *se cada um dos cônjuges fosse dono dos bens que adquirisse e se cada um dos donos administrasse os bens que lhe pertencessem, não haveria necessidade de prever um regime especial sobre "administração dos bens dos cônjuges" – as normas do direito civil chegariam*

[774] Sobre a unificação dos cônjuges numa unidade juridicamente dinâmica JUAN JOSÉ GARCÍA FAÍLDE, *El Bien de los Conyuges*, em *Relevância Jurídica do Consentimento Matrimonial*, Universidade Católica Editora, Lisboa, 2001, cit. *"El Bien"*, págs. 41-61.

[775] SOFIA HENRIQUES, *Estatuto Patrimonial dos Cônjuges, Reflexos da Atipicidade do Regime de Bens*, Coimbra Editora, Coimbra, 2009, cit. *"Estatuto Patrimonial"*, págs. 325-328.

[776] OLIVEIRA ASCENSÃO, *Direito Civil, Vol. III*, págs. 137-138 e SANTOS JUSTO, *Direitos Reais*, 2ª ed., Coimbra Editora, Coimbra, 2010, cit. *"Reais"*, pág. 304.

[777] Sobre a distinção entre atos de administração e de disposição, TOMAS AGUILERA DE LA CIERVA, *Actos de Administración, de Disposición y de Conservación*, Editorial Montecorvo, Madrid, 1973, cit. *"Actos"*, em especial págs. 47-158.

venção de todos os titulares em comunhão de mão comum[778] de modo a obter um âmbito suficiente de incidência do ato para que se verifique a eficácia típica. Ou seja, sendo o ato dirigido a produzir efeitos sobre a totalidade do direito, é necessário que todos os titulares do direito intervenham no ato.

A obtenção de legitimidade para a prática de um ato exige a coincidência de autonomia privada e titularidade de uma posição jurídica que inclua a possibilidade de prática desse ato, para, através da liberdade, poder imprimir dinâmica ao Direito. Titularidade de uma posição jurídica que defina um campo de incidência dessa dinâmica de atuação. Esse campo tem de estar sobre o seu domínio jurídico, conforme o ato que pretende praticar. No caso da comunhão de mão comum, o problema consiste em nenhum dos titulares dominar uma posição jurídica. O domínio é conjunto e não parcelar. Tal como apenas existe uma única posição jurídica da qual todos são titulares em conjunto, existe também um único campo que todos dominam em conjunto. Esta característica da comunhão de mão comum faz com que, quando o ato for praticado pelos titulares,[779] apenas esteja verificado o nível adequado de titularidade se todos os titulares atuarem[780] ou, pelo menos, atuarem uns e os outros possibilitarem essa atuação.

Este regime, se valesse como regra, tornaria o exercício prático de posições em comunhão muito complexo, pois exigiria como regra que, numa comunhão, ou agissem todos os titulares, ou agisse um ou mais, mas com uma prévia autorização constitutiva. Cada vez que se pretendesse praticar um ato seria sempre necessário que todos contactassem uns com os outros, discutissem o assunto e decidissem. Existe, no entanto, um regime de fonte legal que regula a comunhão de mão comum, e que implica modificações substancias sobre o regime que resultaria antes de Lei.

---

[778] Tomas Aguilera de la Cierva, *Actos*, cit., pág. 214.
[779] E não por outra pessoa que seja, por qualquer razão, titular de uma posição jurídica que possibilite afetar integralmente a situação de comunhão – para evitar a dispersão da análise, será apenas objeto de estudo a prática de atos pelos titulares.
[780] José Henrique Pierangeli, *O Consentimento do Ofendido na Teoria do Delito*, 3ª ed., Revista dos Tribunais, 2001, cit. *"Consentimento"*, pág. 133.

O Código Civil no seu art. 1404º estatui, como regra, a aplicabilidade do regime da compropriedade à comunhão de quaisquer outros direitos. A norma desta disposição importa que o regime da compropriedade se aplica não só a situações de contitularidade típica, mas ainda a situações de comunhão de mão comum. Face às diferenças entre a comunhão de mão comum e a compropriedade, a aplicação do regime deve ser feita analogicamente. Como tal, existem algumas especificidades, resultantes das diferenças entre a figura da compropriedade – que é uma contitularidade típica – e a comunhão de mão comum.

Para o presente assunto, importa antes de mais, analisar a legitimidade para praticar atos de administração e atos de disposição sobre bens em comunhão de mão comum, face à aplicabilidade analógica do regime da compropriedade.[781]

A prática de atos de administração sobre bens em compropriedade é regulada pelo art. 1407º do Código Civil, que no seu nº 1, remete para o art. 985º do Código Civil, respeitante à prática de atos de administração da sociedade.

A norma do art. 985º, nº1, do Código Civil estatui que, salvo acordo diferente, todos os sócios têm poder de administrar a sociedade. Caso algum se oponha ao ato de outro, cabe à maioria decidir (nº2 do art. 985º do Código Civil).[782] Esta norma pode ser aplicada à comunhão de mão comum, sem alterações de substância, pois não existem diferenças relevantes entre as figuras que o exijam.

Numa situação de comunhão de mão comum, aplicando-se o regime geral, e salvo acordo[783] dos titulares, todos têm poder de administrar.[784] Esta norma implica uma modificação ao regime dogmático da legitimidade em situações de comunhão de mão comum acima referido. É a Lei que provoca a legitimidade de todos os titulares em comunhão, que não existiria se não fosse a Lei. Deste regime legal resulta para todos a titularidade do poder de administrar, como integrante da sua posição de

---

[781] Em sentido semelhante, CASTRO MENDES, *Direito da Família*, Associação Académica da Faculdade de Direito de Lisboa, Lisboa, 1990/1991, cit. *"Família"*, págs. 125-126.
[782] Maioria que é qualificada pelo art. 1407º, nº 1, segunda parte.
[783] JOSÉ ALBERTO VIEIRA, *Direitos Reais*, Coimbra Editora, Coimbra, 2008, cit. *"Reais"*, págs. 375-376.
[784] JOSÉ ALBERTO VIEIRA, *Reais*, cit., págs. 374-375.

titulares em comunhão. Com base neste poder cada um dos titulares em comunhão pode administrar o bem comum sem necessidade de intervenção dos demais na prática do ato.[785] Pode, assim, um titular ter legitimidade para praticar atos que afetam a esfera jurídica de todos.[786]

Podem, no entanto, os demais titulares opor-se à prática do ato, caso em que a decisão sobre a sua prática cabe à maioria. Esta possibilidade de oposição integra o regime jurídico do poder de administração. Não se trata de um poder simples, mas de uma figura com alguma complexidade. Mas, mesmo neste caso, se a maioria aprovar a prática do ato, pode um único titular praticar um ato que afeta a esfera jurídica de todos os titulares, mesmo contra a vontade de alguns.

Verifica-se clara diferença face ao que seria o regime geral de legitimidade para a prática de atos. Nestes casos, a legitimidade potencial de cada titular é, em muito, superior àquela que resultaria da mera operação dogmática da legitimidade. É possível que um único titular tenha legitimidade para praticar um ato que afeta as esferas jurídicas de todos sem a intervenção dos demais e mesmo contra a vontade de alguns. Mas a especialidade deste regime resulta de fonte legal. No caso da comunhão de mão comum, a simples vontade maioritária não seria suficiente para aquisição da legitimidade, carecendo de um regime legal que o possibilite; trata-se de um ato essencialmente autónomo mas com influência heterónoma.

No que respeita à legitimidade para a prática de atos de disposição em situação de compropriedade, o art. 1408º, n.º 1, do Código Civil, estatui que o comproprietário pode dispor de toda a sua quota na comunhão ou de parte dela, e que não pode, sem consentimento dos restantes titulares alienar nem onerar parte especificada da coisa comum.

A norma que resulta da primeira parte da disposição não é aplicável à comunhão de mão comum. Na comunhão de mão comum não existem quotas no sentido desta norma. Os titulares em comunhão não são titulares de quotas, ou de partes quantitativas do todo, com exclusivo relativamente aos restantes titulares. Não existindo quotas (neste sentido), não é possível aplicar, nem por analogia, esta norma. Existem posições individuais de cada titular, mas não são quantitativas, pelo que incidem sobre

---

[785] CARVALHO FERNANDES, *Reais*, cit., págs. 353-354, embora referindo-se à compropriedade.
[786] Na medida em que não sofra uma restrição ao seu nível de autonomia privada.

toda a situação. Como tal, em matéria de legitimidade para a prática de atos de disposição sobre a posição de um único titular, numa situação de comunhão de mão comum, rege o regime geral dogmático, pelo que se exige a intervenção de todos os titulares, quer através da prática do ato em conjunto por todos, quer por alguns autorizados pelos demais.

No que respeita à segunda parte da disposição, a exigência de consentimento dos restantes titulares para a disposição de parte especificada do bem comum, importa antes de mais considerar que, numa situação de contitularidade, as quotas são quantitativas, mas ideais. Como tal, embora cada quota corresponda em abstrato (idealmente) a uma parte do todo, não corresponde a uma parte concreta (especificada) do todo. Assim, metade da propriedade de um prédio rústico com mil metros quadrados, não significa propriedade sobre os quinhentos metros mais a Norte, por exemplo. A prática de um ato de alienação por um dos contitulares relativamente a uma parte do todo incide, necessariamente, sobre a posição dos demais contitulares, pois a posição de cada um, sendo quantitativa, incide sobre a totalidade do bem. Como tal, a posição de um contitular não é suficiente para ter legitimidade para alienar parte especificada do todo, uma vez que este ato é dirigido a ser eficaz sobre as posições dos demais contitulares. Não existindo regime especial que atribua ao contitular um poder de, através de um ato seu, vincular os demais contitulares, este carecerá de legitimidade para alienar parte especificada do bem comum. Mas, caso beneficie do consentimento dos demais contitulares, terá já legitimidade para praticar o ato. Neste caso, a restrição aos meios de defesa dos outros contitulares impedem uma reação negativa contra o ato praticado, permitindo a sua eficácia na esfera de cada um dos demais contitulares. O consentimento dos demais contitulares, previsto no art. 1408º, nº 1, segunda parte do Código Civil, é uma autorização constitutiva.[787]

Assim, pode um contitular autorizado pelos restantes praticar, em nome próprio, ato de alienação de parte especificada da coisa, afetando diretamente a esfera jurídica de todos os contitulares.

Na comunhão de mão comum, como já se referiu, não existem quotas. Há vários titulares, mas sem que a titularidade incida sobre quotas. Mas

---

[787] A sua falta provoca a ilegitimidade do ato – JOSÉ ALBERTO VIEIRA, *Reais*, cit., págs. 378-379.

o problema da existência de vários titulares é idêntico na contitularidade e na comunhão de mão comum. Também na comunhão de mão comum, não existe correspondência direta entre a titularidade da situação e uma parte concreta e específica do bem. A separação entre a titularidade e o bem é ainda maior do que na contitularidade típica. Nesta, a cada quota corresponde uma parte do total, pelo que é possível proceder a uma especificação correspondente entre o bem e as quotas. É, aliás, isso que sucede no art. 1408º, nº1, segunda parte, do Código Civil. Tendo um contitular, por exemplo, uma quota de um quarto, poderá ser-lhe atribuído um quarto do bem. Mas na comunhão de mão comum, a inexistência de quota integra a natureza da situação. A posição de cada contitular não é quantificável, pelo que não é possível proceder a uma especificação de um bem atribuindo uma parte real do mesmo a um contitular em comunhão por conta da sua quota, sem que isso importe a extinção da comunhão de mão comum. Poderá, quando muito, converter-se uma comunhão de mão comum em contitularidade e proceder então a uma especificação (ou proceder-se a toda a operação num único ato). Mas, mantendo-se a comunhão, não é possível como regra proceder à especificação do bem e atribuição de parte do mesmo. Como tal, a segunda parte do art. 1408º, nº 1 do Código Civil, também não é aplicável à comunhão de mão comum.

No entanto, em matéria de casamento existem regras especiais de legitimidade para a prática de atos sobre a esfera patrimonial dos cônjuges,[788] quer se trate de posições da titularidade de apenas um cônjuge, dos dois cônjuges em contitularidade ou dos dois cônjuges em comunhão de mão comum. Essas regras especiais, referem-se, por vezes, ao consentimento, pelo que importa proceder a uma análise dessas regras com relevância para o tema da autorização.

A) O ART. 1678º, Nº 2, AL. G) DO CÓDIGO CIVIL

O art. 1678º, nº 2 do Código Civil estatui várias situações de administração de bens exclusivamente por um dos membros do casal.[789] É usual atribuir-se a esse membro do casal o *nomen* de cônjuge administrador.

---

[788] MARIA HELENA DINIZ, *Curso de Direito Civil Brasileiro*, 5º volume, *Teoria das Obrigações Contratuais e Extracontratuais*, 17ª ed., Editora Saraiva, São Paulo, 2002, cit. *"Família"*, pág. 183, também reconduz a questão à legitimidade.

[789] PEREIRA COELHO e GUILHERME DE OLIVEIRA, *Curso I*, cit., pág. 410.

Embora possa suceder que exista apenas um cônjuge administrador, qualquer um dos dois cônjuges o pode ser, e em simultâneo, sobre bens ou conjuntos diferentes de bens. Como tal, não existe necessariamente no casal um único cônjuge que desempenhe as funções de administrador. É face a cada bem que importa aferir quem é "cônjuge administrador", sendo útil para definir as posições jurídicas de cada um dos cônjuges relativamente a cada um dos bens.

A figura do cônjuge administrador apresenta características com grande relevância ao nível da legitimidade. Por um lado, ao cônjuge administrador é atribuída legitimidade para praticar determinados atos que não teria se não fosse essa qualidade. Mas, por outro lado, a existência desta figura implica que o outro cônjuge – o que não administra – não tenha legitimidade para praticar esses atos, mesmo nos casos em que é o exclusivo titular da posição jurídica administrada. Nestes casos, o cônjuge não administrador[790] perde a autonomia privada para praticar os atos. Embora se mantenha titular do bem em causa, deixa de ter legitimidade para praticar atos de administração sobre ele. A relevância da figura do cônjuge administrador verifica-se, não só pela concessão de legitimidade, mas pela possibilidade de exclusão da legitimidade do outro cônjuge para praticar atos sobre bens de que é único titular.

Importa agora analisar a questão da legitimidade do cônjuge administrador no art. 1678º, nº2, al. g) do Código Civil. A posição de cônjuge administrador pode ser relevante para efeitos de legitimidade para atos que tenham por objeto bens próprios do cônjuge administrador, de atos sobre bens comuns do casal e ainda de atos sobre bens próprios do cônjuge não administrador.

No caso de prática de atos sobre posições jurídicas do próprio cônjuge administrador, não se verificam alterações ao nível da legitimidade. Embora os factos legitimadores sejam diferentes – titularidade do bem ou titularidade da posição de cônjuge administrador – a legitimidade para a prática de atos de administração mantém-se. O cônjuge administrador tinha legitimidade antes do casamento, por ser o titular da posição afetada, e tem legitimidade na constância do matrimónio, por ser o cônjuge administrador. Note-se que, na constância do matrimónio, a qualidade

---

[790] Mas que é titular.

de cônjuge administrador de determinada posição jurídica pode sofrer modificações subjetivas. Caso tal suceda, poderão verificar-se modificações no que respeita ao concreto membro do casal com legitimidade para agir sobre esse bem. No entanto, analisada em abstrato a posição do cônjuge administrador, que é o exclusivo titular da posição, conclui-se que sempre teria legitimidade para a prática de atos de administração sobre essas posições jurídicas,[791] embora com base em factos legitimadores diferentes.

Quanto à legitimidade para a prática de atos de administração sobre bens comuns do casal, tratando-se de bens cuja titularidade constitui uma comunhão de mão comum, a aplicação do regime geral do art. 985º, nº 1 do Código Civil, implicaria para ambos os cônjuges igual poder de administrar. No entanto, o regime do art. 1678º, nº2 do Código Civil, estatui um regime diferente.

De acordo com este regime, o cônjuge não administrador não tem legitimidade para praticar atos de administração. A diferença, no que respeita às consequências ao nível da legitimidade, entre o regime do art. 1678º, nº 2 do Código Civil e o regime do art. 985º, nº 2 do Código Civil, não consiste verdadeiramente na atribuição de legitimidade ao cônjuge administrador. Este sempre teria legitimidade para praticar atos de administração, por ser um dos titulares em comunhão de mão comum. É no que respeita ao outro cônjuge que se verifica a grande diferença uma vez que este, apesar de ter o poder de administrar esses bens, está impedido de o exercer e, como tal, não tem legitimidade para o fazer. No que respeita à legitimidade para a prática de atos de administração, sobre bens comuns do casal, a especialidade do regime do art. 1678º, nº 2 do Código

---

[791] A figura de *administrador*, como referindo-se a uma pessoa que administra certo bem é normalmente associada a quem administra um bem alheio. No entanto, efetivamente, *administrador* é o *nomen* atribuído a quem é titular de um poder de administração. Como tal, o caso mais corrente de *administrador* é a pessoa que é titular de uma situação jurídica que inclua no seu âmbito poderes de administração, como sucede, por exemplo, com o proprietário. A figura do *cônjuge administrador* refere-se a quem é titular de poderes de administração de bens que integram a posição de cônjuge. No caso agora em análise, a pessoa seria administrador antes do casamento por ser o proprietário, e administrador na constância do matrimónio por ser cônjuge e se encontrar na posição de cônjuge administrador. Ou seja, seria sempre administrador, mas os poderes de administração integravam diferentes situações jurídicas. Sobre esta questão, Tomas Aguilera de la Cierva, *Actos*, cit., em especial págs. 306-312.

Civil consiste na imposição de um cônjuge não administrador, a quem é restringida a autonomia privada de tal modo que está, em regra,[792] impedido de exercer os poderes de administração inerentes à situação jurídica de que é titular, que teria de acordo com o regime geral da comunhão de mão comum.

A figura do cônjuge administrador, com exclusiva legitimidade para a prática de atos de administração sobre bens que integram a comunhão de mão comum do casal, implica um regime especial de administração dos bens comuns, com influência na autonomia privada do cônjuge não administrador, que tem naturais reflexos na legitimidade de cada um para a prática desses atos.

Importa agora analisar a legitimidade para a prática de atos de administração sobre bens próprios do cônjuge não administrador, pelo cônjuge administrador, face ao regime do art. 1678º nº 2 do Código Civil. Sendo um dos cônjuges titular exclusivo de certos bens, em regra, apenas este poderia ter legitimidade para praticar atos de administração. No entanto, o art. 1678º, nº 2 do Código Civil retira ao cônjuge titular a liberdade de praticar atos de administração, impedindo assim que este tenha legitimidade para os praticar. Por outro lado, é atribuído ao cônjuge administrador a titularidade de um poder de administração, com a consequente possibilidade de ter legitimidade para praticar esses atos. O que o art. 1678º, nº 2 do Código Civil provoca nestes casos, é uma inversão da legitimidade do casal, por comparação com a que resultaria da aplicação do regime geral da legitimidade, pelo que o art. 1678º, nº 2 do Código Civil é da maior importância para a questão da legitimidade dos membros do casal.

No que respeita ao estudo da autorização, a parte mais relevante do art. 1678º, nº 2 do Código Civil, é a sua alínea g).

Segundo esta disposição, o cônjuge administrador tem a administração dos bens próprios do outro cônjuge se o cônjuge titular lhe conferir esse *poder* por mandato. Pode levantar-se uma questão importante relativa à alínea g) do art. 1678º, nº 2 do Código Civil que consiste em saber se quando o texto refere a outorga de um *poder* através de mandato significa necessariamente um contrato de mandato, ou se pode ser interpretada

---

[792] Esta restrição à sua autonomia privada não abrange os casos do art. 1679º do Código Civil.

como uma autorização. Fará sentido exigir que, numa relação de casamento, o cônjuge administrador tenha de estar obrigado a praticar os atos? Ou será suficiente que esteja autorizado a praticar atos de administração sobre determinados bens para que seja considerado como cônjuge administrador desses bens, com aplicação do inerente regime jurídico?

No casamento, é frequente suceder que um cônjuge, de acordo com a vontade do outro cônjuge, administre certos bens próprios deste. É normal que assim suceda. No entanto, a exigência que consta literalmente na lei de que essa administração seja feita com base num contrato de mandato não parece, de início, ser de aceitar como exclusiva. Tanto é possível que a administração de bens seja feita com base num mandato, como com base numa autorização. Sendo os bens próprios de um cônjuge este pode limitar-se a autorizar a prática de atos pelo outro cônjuge que, assim, passará a ter legitimidade. Aliás a celebração de um contrato de mandato entre os cônjuges será sempre algo de raro. A vontade de criar uma relação obrigacional entre os cônjuges para a prática de atos de administração, com todo o regime inerente, é algo que usualmente não é compatível com a prática do casamento. O mais frequente será a autorização conferida por um cônjuge ao outro para que administre bens próprios seus, sem que exista vontade de constituir obrigações de prática desses atos.

Para responder à questão é fundamental considerar os efeitos da norma do art. 1678º, nº2, al. g) do Código Civil. Esta não atribui ao cônjuge mandatário legitimidade para praticar os atos de administração objeto do mandato. Esse efeito resulta especificamente do contrato de mandato, que constitui na esfera deste uma obrigação de praticar os atos que, em conjunto com a sua autonomia privada, provoca a legitimidade para os praticar. O efeito da norma consiste em retirar ao cônjuge mandante a legitimidade para praticar os mesmos atos. A celebração de um contrato de mandato entre os cônjuges para a prática de atos de administração sobre bens próprios do cônjuge mandante atribui ao cônjuge mandatário a qualidade de cônjuge administrador desses bens, com a inerente legitimidade exclusiva para os praticar. Como tal, o cônjuge mandante – e titular – deixa de ter autonomia privada suficiente para exercer a sua posição de titular e praticar esses atos, deixando de ter legitimidade para os praticar. Considerando este efeito, não é possível interpretar o art. 1678º, nº 2 al. g) do Código Civil como podendo aplicar-se também a uma autorização.

Ao celebrar este contrato de mandato, o cônjuge titular perde a legitimidade para praticar esses atos, mas pode contar com a sua prática por parte do cônjuge administrador, que está obrigado a fazê-lo. Pode mesmo exigi-la. Mas, se tal sucedesse com uma autorização, não poderia contar com essa prática. O mandatário está obrigado a praticar o ato, mas o autorizado não está. Se a autorização excluísse a legitimidade do cônjuge titular, este não poderia praticar os atos, nem exigir que fossem praticados pelo cônjuge autorizado. Diversamente do que ocorreria numa normal situação de autorização constitutiva, em que o autorizante mantém plena liberdade de praticar o ato, neste caso deixa de ter essa liberdade.

Mesmo que esta autorização fosse livremente revogável,[793] a posição do cônjuge titular seria sempre de uma inaceitável dependência face ao cônjuge autorizado. A única solução para a prática dos atos seria revogar[794] a autorização e praticá-los pessoalmente.

O art. 1678º, nº2, al. g) do Código Civil não deve, como tal, ser interpretado no sentido de abranger também a concessão de autorização pelo cônjuge titular.[795]

Isto não significa que não seja possível a outorga de autorizações entre os cônjuges. Mas apenas que a autorização não é abrangida pelo regime do art. 1678º, nº2, al. g) do Código Civil, pelo que o cônjuge autorizado não é, nessa matéria, cônjuge administrador, mantendo o cônjuge titular legitimidade em paralelo com a legitimidade do cônjuge autorizado que resulta da autorização.

---

[793] Como se exige que suceda no caso do mandato – CRISTINA DIAS, *Do Regime da Responsabilidade por Dívidas dos Cônjuges – Problemas, Críticas e Sugestões,* Coimbra Editora, Coimbra, 2009, cit. "*Do Regime*", pág. 554.

[794] Também no mandato se exige que este seja revogável – DUARTE PINHEIRO, *Família*, cit., págs. 539-540 e 552-554.

[795] Apesar de a norma equivalente do Código Civil de Seabra, o art. 1117º, se referir expressamente ao consentimento do marido a favor da mulher e não ao mandato. A expressão "consentimento" do art. 1117º do Código Civil de Seabra era interpretado como mandato e não como autorização, mantendo, no entanto, o marido a possibilidade de praticar os atos – AUGUSTO LOPES CARDOSO, *A Administração dos Bens do Casal,* Almedina, Coimbra, 1973, cit. "*A Administração*", pág. 69.

B) O ART. 1678º, Nº 3, DO CÓDIGO CIVIL

O nº 3 do art. 1678º do Código Civil tem duas partes. Na primeira, a disposição estatui o casamento como facto legitimador positivo para a prática de atos de administração ordinária sobre os bens comuns do casal, nas situações que não estejam abrangidas pelo nº 2 do art. 1678º do Código Civil. Para tanto não é exigida qualquer autorização por parte do outro cônjuge. A legitimidade resulta da titularidade das posições jurídicas que têm causa no próprio regime jurídico do casamento: ambos os cônjuges são titulares de um poder de praticar atos de administração sobre bens comuns que não estejam abrangidos pela administração exclusiva de um dos cônjuges.

A norma em si é especial no que respeita à atribuição ao casamento da natureza de facto legitimador positivo, relativamente à norma geral de administração de bens em comunhão. É por ser membro do casal, e não por ser mero titular do bem em comunhão, que o cônjuge tem poderes de administração e, consequentemente, pode ter legitimidade para praticar os referidos atos. O regime é diferente da regra geral de legitimidade para situações de comunhão de mão comum. Nomeadamente no que respeita à inexistência de regras relativas a situações de desacordo entre os membros do casal.

A segunda parte da referida disposição é a que apresenta maior interesse para o estudo da autorização. Nesta, exige-se o consentimento de ambos os cônjuges para a prática dos restantes atos de administração sobre os bens comuns do casal. A expressão consentimento é usada várias vezes no Código Civil, com vários significados. É, pois, fundamental procurar interpretar o art. 1678º, nº 3 do Código Civil de modo a procurar conhecer o sentido da expressão em causa.

O Código Civil prevê expressamente uma figura denominada consentimento conjugal, existindo mesmo regras gerais aplicáveis aos consentimentos conjugais – art. 1684º do Código Civil. Este consentimento conjugal consiste – numa primeira análise – numa declaração de concordância prestada por um cônjuge à prática de um ato pelo outro cônjuge.

Mas, quando o art. 1678º, nº 3 do Código Civil refere a necessidade do consentimento de ambos os cônjuges, não é possível interpretar a disposição no sentido de ser apenas necessária uma declaração de consentimento conjugal por parte de ambos os cônjuges, uma simples declaração de concordância com a prática do ato. Para que o ato seja praticado é logicamente necessário que, pelo menos, um dos cônjuges pratique o ato. Nenhum ato pode ser praticado pelos cônjuges apenas com o consentimento conjugal de ambos. É necessário que um dos cônjuges pratique o ato propriamente dito, podendo então exigir-se apenas o consentimento conjugal do cônjuge que não pratique o ato.

O termo "consentimento", constante da disposição legal em causa, também não deve ser interpretado como exigindo a prática do ato por ambos os cônjuges. A ser este o sentido, a disposição legal reporia o regime normal da legitimidade em situações de comunhão: a exigência da prática do ato por ambos os titulares em comunhão. Não seria aplicável o regime da comunhão que resulta do art. 1407º do Código Civil, mas um regime que tornaria ainda mais difícil a obtenção de legitimidade para prática de atos de mera administração. Esta situação não seria compatível com as restantes disposições com relevância para a legitimidade dos cônjuges para praticarem atos sobre bens do casal.

A intenção do legislador foi claramente a de criar um regime jurídico que permita, em determinados casos, a qualquer um dos cônjuges praticar atos sobre bens comuns do casal.[796] No presente caso, e face ao teor da norma da primeira parte do art. 1678º, nº 3 do Código Civil, resulta patente que se trata de um destes casos. Na primeira parte atribui-se a ambos um poder de praticar sozinhos determinados atos de administração ordinária sobre bens comuns. Neste caso, cada cônjuge pode praticar o ato em nome próprio e desacompanhado do outro cônjuge, afetando as esferas jurídicas de ambos. A segunda parte tem como diferença a exigência de consentimento conjugal, caso esses atos não sejam de administração ordinária.

O consentimento referido na segunda parte do art. 1678º, nº 3 do Código Civil é um caso de consentimento de um cônjuge à prática de atos pelo outro cônjuge, ou seja, de consentimento conjugal. Não é uma exigência de prática do ato por ambos os cônjuges, mas antes de prática por um cônjuge com o consentimento do outro. Assim, se o ato for um contrato, apenas um dos cônjuges é parte no contrato, limitando-se

---

[796] PEREIRA COELHO e GUILHERME DE OLIVEIRA, *Curso I*, cit., pág. 369, consideram existir uma intenção do legislador da reforma de 1977 de se estatuir uma administração conjunta, ficando ambos os cônjuges como cônjuges administradores.

o outro cônjuge a consentir a celebração desse contrato, mas produzindo o contrato efeitos na esfera de ambos no que respeita ao bem comum.

Isto não significa que não possam ambos os cônjuges praticar o ato,[797] ficando ambos como parte. Caso o façam poderão beneficiar de toda a eficácia desse ato. Se este for um contrato de compra e venda ambos os cônjuges ficarão como partes no contrato, produzindo o contrato os seus efeitos típicos relativamente a ambos. Se o contrato for celebrado por um cônjuge com o consentimento do outro, só o primeiro será parte. Assim, por exemplo, embora os efeitos reais de transmissão do direito de propriedade do bem comum afetem ambos os membros do casal, os efeitos obrigacionais do contrato apenas afetarão o cônjuge que celebra o contrato.

Ao referir a necessidade de consentimento de ambos os cônjuges, o Código Civil está a exigir, no mínimo, que o ato seja praticado por um dos cônjuges e consentido pelo outro, não excluindo a hipótese de ambos os cônjuges praticarem conjuntamente o ato. Deste modo permite-se a prática do ato por apenas um cônjuge, mas garante-se a concordância dos dois cônjuges na sua prática. Para o presente estudo interessa a situação de prática do ato por apenas um dos cônjuges com o consentimento do outro cônjuge.

A questão subjacente ao art. 1678º, nº3 do Código Civil é relativa à comunhão de mão comum: os cônjuges são titulares dos bens em comunhão de mão comum.

Caso não existisse regime de fonte legal, numa comunhão de mão comum para que um ato pudesse ser legítimo seria necessário que fosse praticado por ambos os cônjuges. Face ao regime do art. 1407º do Código Civil, qualquer um dos cônjuges teria o poder de praticar atos de administração sobre bens da comunhão (mesmo que não fossem de mera administração), salvo oposição do outro (caso em que só com autorização judicial poderia praticar o ato, pois apenas existem dois cônjuges). Ou seja, o regime geral do art. 1407º do Código Civil atribui a ambos os cônjuges o poder de praticar atos de administração (ordinária ou não) sobre bens comuns do casal, atribuindo ao outro o poder de oposição à prática.

---

[797] Cristina Dias, *Do Regime*, cit., pág. 627, que distingue os casos de atos praticados por ambos os cônjuges dos atos praticados por um dos cônjuges com consentimento do outro.

Mas o art. 1678º, nº3 do Código Civil altera este regime. Na primeira parte – atos de administração ordinária – ambos os cônjuges são titulares do poder de praticar atos de administração sobre bens comuns do casal, mas sem possibilidade de oposição. Assim, qualquer cônjuge, desde que tenha um nível suficiente de autonomia privada, tem legitimidade para praticar atos de administração ordinária sobre bens comuns do casal.[798] Mesmo que o outro cônjuge se oponha, mantém-se a legitimidade para a prática do ato, e a plena eficácia do ato caso este já tenha sido praticado. A oposição poderá causar problemas quanto ao casamento em si, mas não quanto à legitimidade para praticar o ato. Na segunda parte – atos de administração extraordinária – um cônjuge apenas pode praticar o ato com o consentimento do outro cônjuge. Esta parte da norma exclui o poder de prática de atos de administração extraordinária sobre bens comuns. Sendo os bens comuns, não se trata de uma limitação à liberdade atuação de um titular como modo de proteger o outro titular. O que sucede é a inaplicabilidade do regime estatuído pela primeira parte da norma e do regime do art. 1407º do Código Civil.

O regime do art. 1678º, nº3, segunda parte do Código Civil é o regime geral de base dogmática. É o regime que resulta da inaplicabilidade de qualquer regime legal especial. É o regime que resulta da mera operação da legitimidade. O que sucede nos casos do art. 1678º, nº3, segunda parte, do Código Civil é a mera exigência de intervenção de todos os titulares em comunhão na prática do ato, ou a prática por um, consentida pelo outro, de tal modo que este tenha a possibilidade de agir sem sofrer a reação dos meios de proteção da situação do outro cônjuge. Ou seja, exige-se a prática do ato por todos os titulares do direito, ou por um titular que beneficie de uma autorização constitutiva.

Nos três casos referidos – regime de base dogmática, regime do art. 1407º e regime do art. 1678º, nº3, segunda parte – não existe qualquer questão de liberdade de exercício da posição jurídica do cônjuge agente. A restrição à sua atuação – exigência do consentimento – resulta apenas de este não ser o titular único da situação jurídica afetada, o que em geral impede a sua legitimidade.[799] O consentimento conjugal exigido pelo art.

---

[798] Exceto sobre os bens referidos no art. 1678º, nº2 do Código Civil.
[799] E a não existir outro facto legitimador positivo relevante.

1678º, nº3, segunda parte, do Código Civil opera ao nível da titularidade e não traduz qualquer proibição ou restrição legal de atuação.

Um ato de administração extraordinária sobre um bem comum do casal[800] praticado por um único cônjuge sem consentimento conjugal é um ato praticado sem legitimidade.[801]

O consentimento conjugal a que se refere o art. 1678º, nº3, segunda parte é, como tal, uma autorização constitutiva.

c) O ART. 1682º, Nº 1, DO CÓDIGO CIVIL

O nº 1 do art. 1682º do Código Civil trata da questão da legitimidade[802] para praticar atos de alienação ou oneração, que não constituam administração ordinária, sobre bens móveis comuns cuja administração pertença a ambos os cônjuges. Se o ato for de administração ordinária qualquer cônjuge tem legitimidade para os praticar. Mas no caso de não ser, é exigido o consentimento de ambos os cônjuges.

A regra geral no que respeita à legitimidade para alienar posições numa situação de comunhão de mão comum, se for desconsiderado todo o regime legal, consiste na exigência de atuação conjunta de todos os titulares em comunhão. A alienação ou oneração da situação jurídica abrange toda a situação, pelo que incide necessariamente sobre a posição do outro titular.

O presente caso apresenta alguma analogia com o regime do art. 1408º do Código Civil, embora não suficiente para permitir a sua aplicação analógica. Não no que respeita à alienação da quota de um titular numa situação de contitularidade, uma vez que na comunhão de mão comum não existem quotas quantitativas. Antes no que respeita à exigência de consentimento dos restantes consortes para a disposição ou oneração de parte especificada da coisa comum. Estes atos incidem sobre a posição de todos os contitulares, de modo semelhante ao que sucede nos casos do

---

[800] Fora dos casos do art. 1678º, nº 2 do Código Civil.
[801] PEREIRA COELHO e GUILHERME DE OLIVEIRA, *Curso I*, cit., págs. 396-397, consideram que o consentimento conjugal se destina, em regra, a validar os atos do outro cônjuge quando este não tem legitimidade para os praticar. No mesmo sentido, CRISTINA DIAS, *Do Regime*, cit., pág. 627 e AUGUSTO LOPES CARDOSO, *A Administração*, cit., pág. 255.
[802] CRISTINA DIAS, *Do Regime*, cit., pág. 595 também considera esta uma questão de legitimidade e não de capacidade.

art. 1682º, nº1, do Código Civil, em que se exige o consentimento. Também nesta situação, a atuação de um cônjuge ao alienar ou onerar coisa móvel comum incide sobre a posição de ambos os cônjuges.

O problema é, em traços gerais, o mesmo do art. 1678º, nº 3, segunda parte, do Código Civil. Os cônjuges são titulares, como parte integrante da sua posição de cônjuges, do poder de praticar em nome próprio atos de alienação ou oneração de bens móveis comuns, que não são de mera administração. Mas, tal como conformado pelo art. 1682º, nº 1 do Código Civil, este poder só por si não é suficiente para ter legitimidade para praticar o ato. O poder não se sobrepõe à posição jurídica do outro cônjuge enquanto titular, em comunhão de mão comum, do bem móvel. O consentimento conjugal é necessário, em conjunto com o poder já referido, para a obtenção da legitimidade para praticar o ato.

A distinção fundamental face ao caso do art. 1678º, nº3, segunda parte, é relativa à diferente categoria de atos abrangidos. Mas, no essencial a questão é a mesma: o estatuto conjugal importa a titularidade de poderes que permitem praticar determinados atos sobre bens comuns do casal em nome próprio, embora em determinados casos esses poderes não se sobreponham aos meios de defesa da posição jurídica do outro cônjuge.

O consentimento conjugal do art. 1682º, nº 1 do Código Civil é, como tal, uma autorização constitutiva.

D) O ART. 1682º, Nº 3, DO CÓDIGO CIVIL

O nº 3 do art. 1682º do Código Civil, levanta questões diferentes das que foram já abordadas relativamente aos arts. 1678º, nº3, segunda parte e 1682º, nº1 do Código Civil.

Esta disposição opera como norma especial relativamente ao art. 1682º, nº 2 do Código Civil, que abrange atos de alienação ou oneração, entre vivos, de bens móveis próprios ou comuns que o agente tenha a administração nos termos do art. 1678º, nº 1 e nº 2, alíneas a) a f). Trata-se de uma das normas que configuram a posição do cônjuge administrador, mas relativamente a atos de alienação ou oneração. De um modo resumido, e embora o *nomen* da posição seja cônjuge administrador, a disposição faz integrar nessa posição poderes de alienação e oneração dos bens administrados, a par dos poderes de administração.

O nº 3 agora em análise é especial para os móveis que, integrando o conjunto referido no nº 2 do mesmo artigo, sejam utilizados conjunta-

A AUTORIZAÇÃO

mente por ambos os cônjuges na vida do lar ou como instrumento comum de trabalho (primeira alínea da referida disposição), e os pertencentes exclusivamente ao cônjuge que os não administra, salvo tratando-se de ato de administração ordinária (segunda alínea da referida disposição).

A alínea a) do nº 3 do art. 1682º do Código Civil diz respeito à alienação ou oneração de móveis utilizados conjuntamente por ambos os cônjuges na vida do lar ou como instrumento comum de trabalho.

O conjunto dos bens formado pela zona de intersecção entre o âmbito do art. 1682º, nº2 e o nº3, al. a)[803] é composto pelos bens móveis próprios do cônjuge que os administra mas que são usados conjuntamente por ambos os cônjuges na vida do lar ou como instrumento comum de trabalho (art. 1678º, nº 1 do Código Civil); pelos bens móveis que um cônjuge receba como provento pelo seu trabalho, quer sejam próprios ou comuns, mas que sejam usados conjuntamente por ambos os cônjuges na vida do lar ou como instrumento comum de trabalho (art. 1678º, nº 2, al. a) do Código Civil); pelos bens móveis comuns levados para o casamento por um cônjuge, ou por este adquiridos a título gratuito depois do casamento, bem como dos sub-rogados em lugar dele (sendo como tal, administrados por este cônjuge), mas que são usados conjuntamente por ambos os cônjuges na vida do lar ou como instrumento comum de trabalho (art. 1678º, nº 2, al. c) do Código Civil); pelos bens móveis que tenham sido doados ou deixados a ambos os cônjuges, quer integrem o património comum do casal, quer fiquem em contitularidade, com exclusão da administração do outro cônjuge (salvo se se tratar de bens doados ou deixados por conta da legítima desse outro cônjuge) – (art. 1678º, nº 2, al. d) do Código Civil); pelos bens móveis exclusivamente utilizados como instrumento de trabalho por um cônjuge (que os administra), mas que sejam usados conjuntamente por ambos os cônjuges na vida do lar, quer sejam comuns, quer sejam próprios do outro cônjuge (art. 1678º, nº 2, al. e) do Código Civil); e pelos bens móveis próprios do cônjuge que se encontre impossibilitado de exercer a administração por se achar em

---

[803] Que inclui atos de alienação ou oneração que sejam de mera administração e de administração extraordinária – DUARTE PINHEIRO, *Família*, cit., págs. 563-564.

lugar remoto ou não sabido ou por qualquer outro motivo[804] que sejam usados pelo cônjuge presente no trabalho ou no lar[805].

O conjunto dos bens formado pela zona de intersecção entre o âmbito do art. 1682º, nº 2 e o nº 3, al. b) do Código Civil, é composto pelos bens móveis que apesar de serem provento do trabalho de um dos cônjuges (e que os administra de acordo com a alínea a) do art. 1678º, nº 2 do Código Civil) sejam propriedade exclusiva do outro cônjuge[806]; a quota na contitularidade em bens móveis[807], pertença exclusiva de um cônjuge, mas administrada pelo outro nos termos do art. 1678º, nº 2, al. d) do Código Civil; pelos bens móveis próprios de um cônjuge que sejam usados exclusivamente pelo outro cônjuge como instrumento de trabalho, sendo por este administrados nos termos do art. 1678º, nº 2, al. e) do Código Civil.

Nestes casos é necessário o consentimento conjugal do outro cônjuge ou o seu suprimento judicial[808].

Como se pode concluir, nem todos os casos abrangidos pelo art. 1678º, nº 1 e nº 2, al. a) a f) são abrangidos pelo art. 1682º, nº 3, al. a) do Código Civil. Assim sucede, nomeadamente, com a al. b) do art. 1678º, nº 2 do Código Civil, uma vez que os direitos de autor não são bens móveis, nem existe uma analogia com o domínio material que é possível exercer sobre bens móveis e com toda a publicidade e aparência daí resultante que permita estender o regime aos direitos de autor.

O mesmo sucede no caso do art. 1682º, nº 3, al. b) do Código Civil. Verifica-se esta situação, nomeadamente, com os casos do art. 1678º, nº 1 e nº 2 do Código Civil, que se referem a bens comuns, ou próprios do cônjuge administrador, pois nestes casos a alínea b) do art. 1682º, nº 3 do Código Civil nunca é aplicável.

---

[804] Desde que não tenha sido conferida procuração com relação subjacente bastante para administração desses bens.
[805] Este caso levanta questões específicas, que serão analisadas abaixo. A inclusão deste conjunto de bens apenas significa que integram formalmente a zona de intersecção entre o art. 1678º, nº 1 e 2, al. a) a f) do Código Civil e o art. 1682º, nº 3, al. a) do Código Civil.
[806] O que exige um regime de bens do casal atípico.
[807] Que tenham sido doados ou deixados a ambos os cônjuges com exclusão da administração daquele, salvo se se tratar de bens doados ou deixados por conta da legítima desse outro cônjuge.
[808] Art. 1684º, nº 3 do Código Civil.

Um problema específico é o que resulta da alínea f) do art. 1678º, nº 3 do Código Civil. Esta disposição é logicamente incompatível com o art, 1682º, nº 3, al. b) do Código Civil. Não faz qualquer sentido exigir o consentimento conjugal de uma pessoa que está impossibilitada de administrar os bens. Se o titular dos bens está impossibilitado de os administrar, também não lhe vai ser possível outorgar um consentimento conjugal a favor do cônjuge administrador para este poder alienar ou onerar esses bens.

Como tal, os casos da alínea f) do art. 1678º, nº 3 do Código Civil são diferentes dos demais, uma vez que apenas há lugar a suprimento judicial do consentimento conjugal no art. 1684º, nº 3 do Código Civil.

Os bens que integram o conjunto acima referido podem ser próprios de cada um dos cônjuges, bens em contitularidade, ou ainda bens comuns do casal.

No caso de os bens serem próprios, a regra geral conduziria à legitimidade exclusiva do titular para praticar atos de alienação ou oneração, independentemente de o bem ser administrado por outra pessoa. Sendo o bem próprio de um cônjuge, o outro não seria titular de qualquer situação jurídica que abrangesse o bem e que incluísse a possibilidade de praticar atos sobre o mesmo. Como tal, este não teria legitimidade para praticar atos sobre esse bem. Por sua vez, o cônjuge titular do bem teria, em princípio,[809] legitimidade para o alienar ou onerar.

O estatuto conjugal inclui, no entanto, poderes de alienação e oneração destes bens na posição do cônjuge administrador, nos casos dos bens do art. 1678º, nº 1 e nº 2, als. a) a f) do Código Civil.

Cônjuge administrador é, como tal, uma expressão que não traduz a plenitude da posição a que se refere.[810] A posição jurídica do cônjuge administrador inclui não só poderes de administração mas poderes de alienação e oneração, o que pode influenciar a legitimidade para praticar atos de alienação e oneração de bens.

O art. 1682º, nº 3 do Código Civil exige o consentimento conjugal de ambos os cônjuges para a prática destes atos. Sendo bens próprios, estes podem pertencer ao cônjuge administrador ou ao não administrador.

---

[809] Se não sofresse uma restrição relevante da autonomia privada.
[810] Embora não exista qualquer razão para a mudar.

Nos casos da alínea a), sendo o cônjuge administrador o titular dos bens, este teria legitimidade para praticar os atos. No entanto, é-lhe exigido que beneficie de um consentimento do outro cônjuge. Este não é titular dos bens, de qualquer posição sobre os bens, mas usa-os na vida do lar ou como instrumento de trabalho. Usando esses bens no lar ou como instrumentos de trabalho tem neles interesse, por serem úteis para a vida do lar ou para o trabalho. Este interesse é protegido pelo Direito através da exigência do seu consentimento para que o outro cônjuge os possa alienar. Assim, pelo menos, fica defendido o interesse em manter os bens dentro da família. Mas não fica com a possibilidade de dispor dos bens. Apenas pode impedir ou permitir a disposição dos bens pelo cônjuge titular, não tendo ele próprio poderes de disposição.

Como tal, a exigência de consentimento conjugal para que o cônjuge administrador que é titular dos bens os possa alienar ou onerar estatuída pela alínea a) do art. 1682º, n.º 3 do Código Civil, implica uma restrição à autonomia privada do titular. Este, embora se mantenha como único titular dos bens, não pode exercer poderes que integram essa posição. Neste caso o consentimento conjugal é uma autorização integrativa, tutelando o interesse do outro cônjuge nos bens.

Apenas o cônjuge administrador pode alienar estes bens, mas carece do consentimento conjugal.

Não sendo o cônjuge administrador o titular dos bens, a situação é diferente. Estes casos, embora pudessem também ser analisados no âmbito da alínea a) são especialmente regulados pela alínea b) do art. 1682º, n.º 3 do Código Civil.[811] O problema da prática de atos de alienação ou oneração, pelo cônjuge administrador sobre os bens acima referidos que sejam da exclusiva titularidade do outro cônjuge, corresponde à previsão da alínea b), pelo que se justifica que a análise se inicie por esta disposição.

Nestes casos, é da posição de cônjuge administrador, e do poder de alienar e onerar os bens que resulta do art. 1682º, nº2 do Código Civil, que este obtém a legitimidade para praticar esses atos. Não sendo titular de outra situação jurídica que inclua poderes de alienação e oneração dos

---

[811] A alínea b) não exige que os bens sejam usados conjuntamente pelos cônjuges pelo que, nos atos que não sejam de mera administração, abrange todos os casos da alínea a) do art. 1682º, nº3 do Código Civil.

bens, é exclusivamente esta a posição que, integrada com a autonomia privada do cônjuge administrador, vai constituir legitimidade. Porém, em paralelo com a posição do cônjuge administrador, também o outro cônjuge tem legitimidade para praticar atos de alienação e oneração dos bens com fundamento na posição de que é titular (tipicamente o direito de propriedade) e na sua autonomia privada.

Ou seja, existem dois titulares de poderes de alienação e oneração dos bens. Um com fundamento na posição de cônjuge administrador (art. 1682º, nº 2 do Código Civil) e outro com fundamento numa situação jurídica autónoma. Não se verifica um caso de contitularidade, uma vez que embora existam dois titulares, estes são titulares de situações jurídicas diferentes.

No entanto, o exercício da posição jurídica por qualquer um dos titulares, que consista na alienação ou oneração dos bens, afeta a esfera jurídica do outro. Caso o bem seja alienado por um dos dois (cônjuge administrador ou cônjuge titular), o outro vê a sua posição extinta. Caso o bem seja onerado por um dos dois (cônjuge administrador ou cônjuge titular), o outro passa a ser sujeito passivo da oneração constituída.

A questão, nesta situação, é de legitimidade. Ou seja, saber até que medida os poderes de alienação ou oneração que integram a posição jurídica de cada um são suficientes para afetar diretamente a esfera jurídica do outro. A questão surge especialmente no que respeita aos poderes do cônjuge administrador que, sendo de fonte legal, poderiam ter eficácia heterónoma sobre o outro cônjuge. Da interpretação conjunta do art. 1682º, nº2 e nº 3 do Código Civil, resulta que estes poderes não têm eficácia sobre a esfera jurídica do cônjuge não administrador que seja titular do bem. Esta conclusão resulta expressamente da alínea b) que exige nestes casos o consentimento conjugal deste cônjuge.[812]

Ambos – cônjuge titular e cônjuge administrador – são titulares de posições que incluem a possibilidade de alienar os bens. Um é proprietário do bem; o outro é administrador do bem e recebe esse poder do art. 1682º, nº2 do Código Civil. Mas o cônjuge titular está impedido de alienar os bens sem o consentimento do cônjuge administrador, e o cônjuge administrador está impedido de alienar os bens sem o consentimento do

---

[812] Exceto nos casos em que os atos constituam mera administração, caso em que o poder de alienação ou oneração resulta já do art. 1678º do Código Civil.

cônjuge titular. Ambos sofrem uma restrição à sua liberdade de atuação que apenas é levantada pelo consentimento conjugal.

O consentimento conjugal exigido no art. 1682º, nº 3, al. B) do Código Civil é uma autorização integrativa. Opera para proteção do interesse do cônjuge autorizante nos bens, quando o outro cônjuge pretenda exercer os poderes inerentes à sua posição (de proprietário ou de cônjuge administrador conforme o caso). Quer o cônjuge titular quer o cônjuge administrador podem alienar ou onerar os bens, mas necessitando de consentimento conjugal.

Existe ainda um caso, embora de verificação pouco frequente, que consiste na alienação ou oneração de bens móveis usados conjuntamente por ambos os cônjuges na vida do lar, ou como instrumento comum de trabalho, pertencentes exclusivamente ao cônjuge que os não administra, tratando-se de ato de administração ordinária. Este é um caso pouco frequente pois face aos casos do art. 1678º, nº 2, als. a) a f), do Código Civil, será pouco frequente um bem ser abrangido. No entanto, caso se verifique, a legitimidade para o cônjuge o alienar ou onerar fica limitada pela exigência de consentimento conjugal, que é uma autorização integrativa.

Se se tratar de bens comuns do casal, a alínea b) do art. 1682º, nº 3 do Código Civil não é aplicável. Esta limita expressamente a sua aplicação ao caso da prática de atos sobre móveis pertencentes exclusivamente ao cônjuge que não os administra, não sendo possível aplicá-la a casos nos quais os bens são comuns. A questão fica, como tal, resumida ao art. 1682º, nº 3, al. a) do Código Civil e à relação com o regime geral da comunhão de mão comum.

Pertencendo os bens móveis a ambos os membros do casal, em comunhão de mão comum, a regra geral no que respeita à alienação ou oneração exigiria a prática do ato por todos os titulares. Os casos abrangidos pela presente questão são os relativos a bens móveis comuns que um cônjuge receba como provento pelo seu trabalho mas que sejam usados conjuntamente por ambos os cônjuges na vida do lar ou como instrumento comum de trabalho (art. 1678º, nº 2, al. a) do Código Civil), bens móveis comuns levados para o casamento por um cônjuge, ou por este adquiridos a título gratuito depois do casamento, bem como dos sub-rogados em lugar dele (sendo com tal, administrados por este cônjuge), mas que são usados conjuntamente por ambos os cônjuges na vida do lar ou como instrumento comum de trabalho (art. 1678º, nº2, al. c) do Código Civil), a bens móveis comuns que tenham sido doados ou deixados a ambos os cônjuges com exclusão da administração do outro cônjuge (salvo se se tratar de bens doados ou deixados por conta da legítima desse outro cônjuge) usados conjuntamente por ambos os cônjuges na vida do lar ou como instrumento comum de trabalho – (art. 1678º, nº 2, al. d) do Código Civil), e bens móveis comuns exclusivamente utilizados como instrumento de trabalho pelo cônjuge administrador mas que sejam usados conjuntamente por ambos os cônjuges na vida do lar, (art. 1678º, nº 2, al. e) do Código Civil). Nestes casos, o art. 1682º, nº 3, al. a) exige o consentimento conjugal para a prática de atos de alienação ou oneração dos bens pelo cônjuge administrador.

O art. 1682º, nº 3, al. a) do Código Civil, protege o interesse do cônjuge não administrador em usar os bens no lar ou no trabalho. Embora estes bens sejam comuns, a exigência do consentimento não opera ao nível da titularidade, mas antes da autonomia privada. O poder do cônjuge administrador, de alienar ou onerar os bens móveis comuns que administra com fundamento no art. 1678º, nº 2, als. a), c), d) e e) do Código Civil, é vinculativo relativamente ao outro cônjuge titular. Sucede, no entanto, que para proteção do interesse que esse cônjuge tem nos bens, é necessário o seu consentimento. Este consentimento é uma autorização integrativa. Nestes casos a alienação ou oneração dos bens pode ser feita pelo cônjuge administrador, mas com consentimento conjugal.

E) O ART. 1682º, Nº 4, DO CÓDIGO CIVIL

Segundo o art. 1682º, nº 4 do Código Civil, em caso de prática de ato de alienação ou oneração gratuita sobre bens móveis comuns, pelo cônjuge administrador mas sem o consentimento do outro cônjuge, a variação de valor será imputada na sua meação, exceto se for uma doação remuneratória ou donativo conforme aos usos sociais. *A contrario* se o cônjuge administrador beneficiar do consentimento do outro cônjuge, a variação de valor será imputada às esferas patrimoniais de ambos.

A norma procede pois a uma imputação à esfera de um ou de ambos os cônjuges da variação económica resultante da prática de determinados atos. No entanto, nada estatui sobre a eficácia do ato relativamente à alienação ou oneração do bem. Aliás, a norma pressupõe que se verificou uma alienação ou oneração eficaz, pois de outro modo não havia uma variação de valor. Esta resulta de o bem ter sido alienado ou onerado eficazmente. Por essa razão, a norma do art. 1682º, nº 4 do Código Civil não afeta os poderes de alienação ou oneração do cônjuge administrador.

A norma do art. 1682º, nº 4 do Código Civil só se aplica a casos nos quais o cônjuge administrador tenha poderes de alienação ou oneração de bens móveis comuns sob administração de ambos os cônjuges que constituam administração ordinária (art. 1682º, nº 1 do Código Civil, *in fine*)[813] e de atos de alienação ou oneração dos bens móveis a que se refere o art. 1682º, nº 2 do Código Civil (mas não dos referidos no nº 3). Só nestes casos se levanta a questão do art. 1684º, nº 4 do Código Civil. São casos nos quais um cônjuge consegue agir sobre bens comuns do casal, desacompanhado do outro cônjuge.

Os poderes do cônjuge administrador que resultam das normas referidas, no que respeita às categorias de atos listadas no art. 1684º, nº 4 do Código Civil, são limitados. Por um lado, possibilitam a alienação ou oneração de bens comuns pelo cônjuge administrador. Este tem legitimidade para alienar ou onerar o bem e, assim, agir em nome próprio afetando também a esfera jurídica do cônjuge não administrador. O património comum fica diminuído pela saída ou oneração do bem, pelo que a esfera jurídica do cônjuge não administrador fica modificada. Por outro lado, a lei provoca uma automática imputação da variação de valor à esfera do cônjuge agente, passando a integrar a sua meação. Ou seja, tem legitimidade para, sem consentimento, afetar os bens que integram o património comum, mas não o valor da meação do outro cônjuge. O ato do cônjuge administrador é dirigido ao património comum e, como tal, às esferas jurídicas de ambos os membros do casal. Mas as mudanças provocadas pelo ato não são as típicas. O seu poder não é suficiente para provocar todas as modificações que, tipicamente, resultariam de uma alienação ou oneração de um bem comum do casal.

Caso pratique o ato, sofrerá a reação dos meios de defesa do cônjuge não administrador, que se mantêm em vigor. Ou seja, a reação do regime do art. 1684º, nº 4 do Código Civil.

Os atos gratuitos de alienação ou oneração de bens comuns praticados pelo cônjuge administrador, sem consentimento conjugal, são parcialmente ineficazes, pois este apenas tem legitimidade para parte dos

---

[813] Atos de administração ordinária que consistam na alienação ou oneração de móveis comuns cuja administração caiba aos dois cônjuges.

efeitos.[814] A plena legitimidade exige o consentimento conjugal. Só assim adquirirá uma posição jurídica que lhe possibilite a prática dos referidos atos, de tal modo que provoquem todos os efeitos típicos. Em consequência, o consentimento conjugal referido no art. 1682º, nº 4 do Código Civil é uma autorização constitutiva, da qual resulta um precário a favor do cônjuge administrador. Sendo concedida a autorização constitutiva, o mecanismo de defesa do art. 1684º, nº 4 do Código Civil não será aplicável, podendo o agente praticar o ato em nome próprio, com plena eficácia típica sobre a esfera de ambos os membros do casal.

F) OS ARTS. 1682º-A E 1682º-B DO CÓDIGO CIVIL

Os arts. 1682º-A e 1682º-B do Código Civil estatuem a necessidade de consentimento de ambos os cônjuges para a prática de determinados atos relativos a imóveis, estabelecimentos comerciais, ou à casa de morada de família.

A questão, no art. 1682º-A do Código Civil, é relativa à proteção da manutenção de determinados bens no património da família, pela importância que têm para a estabilidade desta.[815] O modo como se atinge a proteção consiste em exigir o consentimento de ambos os cônjuges, independentemente de o bem ser próprio ou comum, independentemente de o ato ser de mera administração, de administração extraordinária, e independentemente de ser um ato de alienação, ou de oneração. Ou seja, a preocupação com a proteção da estabilidade familiar é posta num nível superior ao da preocupação com questões técnicas, operando com critérios práticos e utilitários. Esta apenas tem como exceção o regime da separação de bens, no qual os cônjuges não pretenderam estabelecer um património comum, querendo antes manter uma autonomia patrimonial. Mesmo neste caso, porém, mantém-se a preocupação relativamente à casa de morada de família, em que o problema não é relativo à importância económica que certos bens têm para a estabilidade familiar, mas antes a importância da casa de morada de família, como sede da família, centro geográfico unificador da mesma.[816]

---

[814] Exceto nos casos de doação remuneratória ou de donativo conforme aos usos sociais.
[815] CRISTINA DIAS, *Do Regime*, cit., págs. 616-623.
[816] DUARTE PINHEIRO, *Família*, cit., pág. 566-567.

A intenção do art. 1682º-A do Código Civil, consiste em impedir a prática do ato, apenas o permitindo se ambos os cônjuges concordarem com essa prática, independentemente de quem for o titular do bem; quer o bem seja próprio, quer seja comum; quer seja administrado por um cônjuge, quer seja administrado por ambos os cônjuges. A intenção não consiste em atribuir, retirar ou modelar a titularidade de poderes para praticar atos. A intenção consiste em, independentemente de quem tiver um poder de praticar o ato, apenas o poder praticar com o consentimento do outro cônjuge.

Pretende-se uma uniformização da necessidade de consentimento conjugal que seja completamente autónoma da titularidade. Ou seja, abandona-se a titularidade como modo de regular o comportamento, e modela-se a liberdade de atuação.

O cônjuge que tem uma possibilidade de atuação apenas a pode exercer com o consentimento conjugal. Quer a possibilidade, poder, direito ou outra situação, resulte da propriedade do bem, por exemplo, quer da posição de cônjuge administrador, apenas pode ser exercida com consentimento do outro cônjuge. O ato apenas será reconhecido como praticado pela pessoa juridicamente correta se tiver sido consentido pelo outro cônjuge. A titularidade de uma situação jurídica, que possibilite a prática de atos, não resulta, nem é afetada, pelo art. 1682º-A do Código Civil. A norma desta disposição não dá, nem tira, poderes de administração ou alienação. Apenas permite, ou impede, o seu exercício. Os poderes de administração, alienação ou oneração resultam de outras causas. Podem resultar da titularidade do direito de propriedade ou da posição de cônjuge administrador, por exemplo. Só as pessoas que forem titulares dessas situações jurídicas poderão praticar os atos. Mas só o poderão fazer se, para além desses poderes, beneficiarem do consentimento conjugal. A sua autonomia privada sofre uma limitação que os impede de agir sem consentimento conjugal.

O consentimento conjugal do art. 1682º-A do Código Civil é uma autorização integrativa.

G) O ART. 1683º, Nº 2 DO CÓDIGO CIVIL

O art. 1683º, nº 2 do Código Civil exige, para o repúdio da herança ou legado, o consentimento conjugal do cônjuge que não seja titular da posição de herdeiro ou legatário. Não se trata, nesta matéria de uma questão de titularidade, mas antes de autonomia privada. O art. 1683º, nº 2 do Código Civil, restringe a autonomia privada do cônjuge herdeiro ou legatário, impedindo-o de repudiar a herança ou legado, exceto se o regime de bens do casal for o da separação.[817] O consentimento conjugal, neste caso, opera como um ato necessário ao preenchimento da previsão da norma. Existindo consentimento conjugal, cessa a restrição à autonomia privada, podendo o cônjuge herdeiro ou legatário repudiar a herança ou legado. Como tal, o consentimento conjugal previsto no art. 1683º, nº 2, do Código Civil é uma autorização integrativa.

H) O ART. 1684º DO CÓDIGO CIVIL

Os arts. 1684º e 1687º do Código Civil estabelecem as regras gerais aplicáveis ao consentimento conjugal. No entanto, mesmo quando conjugadas com as regras de cada um dos casos de consentimento conjugal previstos na lei, não formam senão uma parcela de regime jurídico, não sendo suficientes para se poder afirmar que se está perante um tipo legal. A parcela de regime legislada, mesmo integrando as disposições legais referentes aos vários casos de consentimento conjugal, não permite uma celebração por referência, de tal modo que implique a vigência de um regime legal completo. Trata-se antes de uma parte do tipo. O tipo negocial apenas resulta da integração entre a parcela de regime legal expressa nas disposições referentes ao consentimento conjugal, com o restante regime jurídico que resulta da integração dogmática.[818]

O art. 1684º do Código Civil estatui a especialidade do consentimento conjugal, a sua forma, e a possibilidade de suprimento judicial. A especialidade do consentimento conjugal justifica-se por razões de segurança jurídica e para possibilitar uma melhor reflexão sobre o ato a autorizar.[819]

---

[817] No mesmo sentido, Sofia Henriques, *Estatuto Patrimonial*, cit., págs. 328-331, segundo a qual *aqui se sacrificar a liberdade pessoal de aceitar ou repudiar a herança ou legados à eventual perda económica para a família* (págs. 330-331).

[818] O art. 1687º do Código Civil é analisado *infra*.

[819] Pereira Coelho e Guilherme de Oliveira, *Curso I*, cit., pág. 396.

Apesar de o consentimento conjugal ter de ser especial para os atos a praticar, pode ser expresso ou tácito.[820] A especialidade do ato não se confunde com o modo de manifestação da vontade.

São, aliás, muito frequentes os casos de consentimento conjugal tácito que são outorgados pela mera presença do cônjuge autorizante. Mesmo no caso de atos autorizados formais, verifica-se frequentemente consentimentos conjugais que resultam da simples assinatura do cônjuge autorizante, no documento de suporte do ato praticado, sem qualquer declaração por parte daquele. O cônjuge autorizante limita-se a assinar o documento, resultando com toda a probabilidade o consentimento conjugal a esse ato.

Não são, no entanto, casos de consentimento conjugal tácito aqueles nos quais o cônjuge, após tomar conhecimento da prática do ato, se comporta de modo que resulte, com toda a probabilidade, que concorda com o mesmo. O consentimento conjugal, como autorização, é sempre prévio à prática do ato. Não existem consentimentos conjugais – nem autorizações – posteriores ao ato. Mesmo nos casos de consentimento conjugal formal, posterior ao ato, com indicação expressa de se tratar de consentimento conjugal, a expressão em causa não conduz à qualificação do ato nesse sentido. Poderão, eventualmente, ser qualificados como outro negócio ou ato jurídico que tenha como efeito o aproveitamento do ato praticado, por exemplo de aprovação, mas nunca de consentimento conjugal.[821]

No que respeita à forma, estatui o art. 1684º, nº 2 do Código Civil uma remissão para o regime da forma da procuração, aplicando-se, como tal, o art. 262º do Código Civil e os art. 116º a 118º do Código do Notariado com as devidas adaptações. A forma do consentimento conjugal depende, como tal, da forma do ato a praticar pelo cônjuge autorizado. A remissão para o regime de procuração resulta da proximidade das duas figuras. Ambas são unilaterais, e ambas respeitam à prática de outros atos.

---

[820] PEREIRA COELHO e GUILHERME DE OLIVEIRA, *Curso I*, cit., pág. 396. AUGUSTO LOPES CARDOSO, *A Administração*, cit., págs. 261-264.
[821] Em sentido idêntico, CRISTINA DIAS, *Do Regime*, cit., págs. 628-629, que considera que seria útil a possibilidade de suprimento judicial da ratificação do ato, retirando a sua possibilidade de regras de registo.

O suprimento judicial do consentimento conjugal constitui um caso de substituição na prática do ato, neste caso por parte do Tribunal.[822] O suprimento do consentimento conjugal, regulado nos arts. 1425º e 1426º do Código de Processo Civil, enquanto decisão judicial, é sempre um ato jurídico não negocial.

O suprimento judicial do consentimento importa a cessação da necessidade do consentimento conjugal para a obtenção do efeito pretendido, quer este se verifique ao nível da titularidade, quer se verifique ao nível da autonomia privada. Encontrando-se estatuída a possibilidade de suprimento do consentimento conjugal no art. 1684º, nº 3 do Código Civil, a decisão judicial produz efeitos de substituição da declaração de vontade do cônjuge.

Nos casos em que o consentimento conjugal tem natureza de autorização integrativa, esta passa a ser substituída na previsão da norma pela decisão de suprimento judicial. A legitimidade continua a decorrer de uma norma de fonte legal, mas a norma passa a ter como fonte a disposição legal conjugada com o art. 1684º, nº 3 do Código Civil. Não é a decisão do processo de suprimento judicial do consentimento conjugal que atribui legitimidade, antes operando esta como elemento da previsão da norma.

Nos casos em que o consentimento conjugal tem natureza de autorização constitutiva, o efeito legitimador que resultava negocialmente da autorização passa a resultar dos efeitos que a decisão judicial provoca nos meios de defesa do titular.

I) O ART. 1685º, Nº 3, AL. B) DO CÓDIGO CIVIL

O art. 1685º, nº 3, al. b) do Código Civil prevê expressamente um caso de autorização. Diversamente das restantes disposições analisadas, em que

---

[822] O suprimento do consentimento conjugal apenas tem lugar quando se trata de uma autorização. Nos casos em que a Lei se refere à expressão "consentimento conjugal", mas em que a concreta figura não é uma autorização – constitutiva ou integrativa – não é possível o suprimento. Assim sucede nos casos do art. 1691º, nº 1, al. a) do Código Civil, conforme análise *infra*. Ou seja, só nos casos em que se trata de uma questão de falta de legitimidade é possível proceder ao suprimento judicial do consentimento conjugal. Também no sentido da inadmissibilidade de suprimento do consentimento conjugal no caso de atos em que não estão em causa questões de legitimidade – PEREIRA COELHO e GUILHERME DE OLIVEIRA, *Curso I*, cit., pág. 397.

a expressão usada é *consentimento*, nesta disposição recorre-se ao termo *autorização*.

A disposição *mortis causa* de bens comuns por um cônjuge não afeta a comunhão conjugal. A eficácia do ato sobre a titularidade dos bens apenas se verifica com a extinção da comunhão conjugal. Nesse momento já não existe comunhão conjugal, mas apenas a comunhão pós-conjugal, que é destinada a ser partilhada, extinguindo-se enquanto tal. No entanto, tratando-se de uma comunhão, e mesmo sendo destinada a ser partilhada, esta segue o regime das comunhões de mão comum. Como tal, em regra, não é possível a um contitular alienar um bem sem a intervenção dos demais. A sua titularidade na comunhão não abrange a integralidade da situação jurídica afetada e, caso pratique o ato, irá afetar a esfera jurídica do outro titular em comunhão. O ato, de acordo com as regras gerais, seria ineficaz enquanto ato de alienação por falta de legitimidade do disponente para o praticar. O art. 1685º nº 2 do Código Civil traduz esta ineficácia alienatória do ato, mas aproveita o ato, causando uma conversão *ex lege* do mesmo.[823] Em lugar do beneficiário do ato alienatório ver a sua esfera jurídica modificada, pela aquisição *mortis causa* da situação jurídica referente ao bem comum em causa, adquire *mortis causa* o direito de exigir o pagamento do valor correspondente. Aproveita-se, assim, o ato praticado de um modo que, sendo parcialmente conforme à vontade do agente, é compatível com o respeito pela esfera jurídica do outro titular do bem. O direito à obtenção da quantia incidirá sobre a herança e, como tal, o disponente tem legitimidade para a afetar.

Mas, no nº 3 do art. 1685º, do Código Civil, o ato pode ser eficaz relativamente ao outro cônjuge, se beneficiar da autorização deste. Esta é uma autorização constitutiva. A sua outorga, em conjunto com os demais elementos já referidos, importa a legitimidade dum cônjuge para provocar a alienação *mortis causa* de um bem comum e, assim, afetar a posição do outro cônjuge. Não se trata de consentimento conjugal típico, mas de autorização constitutiva *mortis causa*. A posição jurídica de beneficiário desta autorização integra, com a morte do cônjuge agente, a herança, sendo então relevante para a prática do ato de alienação do bem a favor do terceiro contemplado.

---

[823] Pereira Coelho e Guilherme de Oliveira, *Curso I*, cit., pág. 402 (em especial nota 104) e Sofia Henriques, *Estatuto Patrimonial*, cit., pág. 324.

J) O ART. 1691º, Nº 1, AL. A) DO CÓDIGO CIVIL
Segundo o art. 1691º, nº 1, al. a) do Código Civil, são da responsabilidade de ambos os cônjuges as dívidas contraídas antes ou depois do casamento por um cônjuge com o consentimento do outro cônjuge. O efeito da responsabilização implica a afetação do património comum do casal como garantia da dívida e, na falta ou insuficiência, o património próprio de cada cônjuge solidariamente.

A disposição refere duas situações de prática do ato. O ato pode ser praticado por ambos os cônjuges (ou futuros cônjuges), ou pode ser praticado por um, com o consentimento do outro. É neste segundo caso que se pode levantar a questão da autorização. Da disposição resulta que a posição do cônjuge agente inclui a possibilidade de praticar atos em nome próprio, que afetam a esfera jurídica do outro cônjuge. Ou seja, nesta situação o ato vincula apenas o cônjuge agente, mas ambos ficam responsáveis pelo pagamento da dívida, de acordo com o regime do art. 1695º do Código Civil. Não se trata de uma vinculação do outro cônjuge ao ato praticado, mas apenas a sua responsabilização pelo pagamento da dívida.

Este é um caso de autorização constitutiva para responsabilização. Sendo concedida a autorização, fica o cônjuge autorizado titular de um precário que possibilita afetar a esfera daquele através da sua responsabilização. O autorizado, agindo em nome próprio, mas devidamente autorizado, pode ter legitimidade para afetar a esfera jurídica do cônjuge autorizante ficando também este responsável pela dívida.

Trata-se de uma autorização constitutiva limitada. Dela apenas resulta a possibilidade de responsabilizar o cônjuge autorizante pela dívida; nada mais. Mas nada impede a concessão de uma autorização constitutiva com um âmbito mais abrangente, que inclua outros efeitos. No entanto, nada se dizendo, tipicamente a autorização constitutiva será referente à norma em causa e, como tal, será limitada à legitimidade para responsabilizar.

K) O ART. 1687º DO CÓDIGO CIVIL
O regime do consentimento conjugal tem como principal especialidade a inclusão de regras sobre as consequências da falta da autorização. Este regime, com fonte no art. 1687º do Código Civil, abrange a prática de atos de alienação ou oneração de bens, sem o devido consentimento conjugal.

A questão principal consiste na dificuldade de compatibilização do nº 1 com o nº 4 do art. 1687º do Código Civil.[824] O nº 1 refere-se aos atos praticados *contra o disposto* nos nº 1 e nº 3 do artigo 1682º, no artigo 1682º-A, no art. 1682º-B e no nº 2 do artigo 1683º do Código Civil. A parte final da disposição permite concluir que o agir *contra o disposto* consiste na prática de atos sem o consentimento conjugal exigido nas disposições citadas. A disposição salvaguarda ainda a aplicabilidade do regime do nº 4, que manda aplicar, à alienação ou oneração de bens próprios do outro cônjuge feita sem legitimidade, o regime da alienação de coisa alheia.

O nº 1 do art. 1687º do Código Civil estatui a anulabilidade dos atos, enquanto o nº 4 estatui a aplicabilidade das regras sobre alienação de coisa alheia.

Do confronto das duas disposições resulta que o nº 1 do art. 1687º do Código Civil é aplicável a atos relativos a bens comuns e próprios do cônjuge que pratica os atos, enquanto o nº 4 é aplicável à prática de atos sobre bens próprios do outro cônjuge. Em ambos os casos o nº 1 e nº 3 do artigo 1682º, o artigo 1682º-A, o art. 1682º-B ou o nº 2 do artigo 1683º do Código Civil exigiriam o consentimento conjugal.

A situação não é a mesma se o ato for praticado por um titular do direito afetado (exclusivo ou em comunhão de mão comum), ou se for praticado por alguém que não é titular desse direito.

A prática do ato por um cônjuge titular[825] que não tem legitimidade,[826] leva à aplicação do regime de anulabilidade do art. 1687º, nº1, do Código Civil.[827] Este regime pode implicar a plena eficácia do ato, o que sucederá com frequência, mesmo com falta de legitimidade. Mas esta plena eficácia justifica-se por o ato ser praticado por um titular, e pelo equilíbrio entre o fim de proteção do cônjuge cujo consentimento foi omitido[828] e do terceiro.

---

[824] PEREIRA COELHO e GUILHERME DE OLIVEIRA, *Curso I*, cit., págs. 398-399, criticam a redação do art. 1687º, nº 4 do Código Civil, por *não deixar perceber claramente quais os casos a que se aplica a sanção legal*.

[825] Exclusivo ou em comunhão de mão comum.

[826] Quer sendo o único titular, quer sendo um titular em comunhão de mão comum.

[827] Seguindo uma tradição que vem já do Código Civil de Seabra – AUGUSTO LOPES CARDOSO, *A Administração*, cit., pág. 345.

[828] Independentemente da causa – e respetiva razão – da necessidade do consentimento conjugal.

Se o cônjuge que pratica o ato não for titular do bem, sendo esse bem próprio do outro cônjuge, a falta de consentimento conjugal tem outras consequências.

Neste caso, a falta de titularidade de uma posição jurídica apta a constituir legitimidade é diferente. Não se trata de completar o conjunto de vontades dos titulares da posição jurídica, ou de levantar uma restrição à autonomia privada do titular. Trata-se de uma alienação ou oneração de bem alheio, pelo que a mera anulabilidade do art. 1687º, nº 1 do Código Civil não se justifica. Por mais importante que a proteção do terceiro que contrate com um membro do casal seja, não deve, tanto quanto possível, prejudicar o titular. De outro modo, tudo sucederia como se todos os bens do casal fossem comuns, pois permitir-se-ia a um membro do casal agir eficazmente sobre bens do outro membro do casal,[829] se este não tivesse conhecimento do ato durante três anos.

Importa, como tal, saber quais são as regras sobre alienação de coisa alheia para as quais remete o art. 1687º, nº4, do Código Civil.

No Código Civil encontram-se positivados dois regimes jurídicos relativos à alienação de coisa alheia: o regime da venda de coisa alheia (arts. 892º a 904º do Código Civil),[830] e o regime da doação de coisa alheia (art. 956º do Código Civil). Conforme o ato abrangido pelo art. 1687º, nº 4 do Código Civil for oneroso ou gratuito, deve considerar-se a remissão como feita para o regime jurídico da venda de coisa alheia ou da doação de coisa alheia.

No que respeita aos atos onerosos, porém, existe uma limitação importante. O art. 904º do Código Civil estatui que o regime da venda de bens alheios, com fonte nos arts. 892º a 904º do Código Civil, apenas se aplica à venda de bens alheios como próprios,[831] não se aplicando à venda de bens alheios como alheios.[832] A invalidade da venda de bens alheios resulta da existência do elemento de engano que consiste na venda ser feita como se os bens fossem próprios e por isso com legitimidade. Não

---

[829] Nos nº 1 e nº 3 do artigo 1682º, no artigo 1682º-A, no art. 1682º-B e no nº 2 do artigo 1683º do Código Civil.
[830] CASTRO MENDES, *Família*, cit., pág. 140, indica apenas este como regime aplicável.
[831] Eventualmente, como bens futuros.
[832] Esta situação não sucede no regime da doação de bens alheios, que se aplica independentemente da doação ser feita sobre bens alheios como próprios ou como alheios.

é possível aplicar este regime a uma venda de bens alheios como alheios, pois falta, em absoluto, o elemento de engano essencial à invalidade. Como tal, a remissão do art. 1687º, nº 4 do Código Civil para as regras da alienação de coisa alheia, quando relativa a alienação ou oneração de bem alheio como bem alheio, não incide no regime da venda de bens alheios dos arts. 892º a 904º do Código Civil.

As regras aplicáveis a este caso serão as regras gerais de Direito relativas à ilegitimidade do ato.[833] Caso um cônjuge pratique um ato de alienação ou oneração de um bem próprio do outro cônjuge, como bem próprio do outro cônjuge, para cuja prática fosse necessário consentimento conjugal (de acordo com as disposições referidas no nº 1 do art. 1687º, do Código Civil), o ato será ineficaz.

A ineficácia resulta da ilegitimidade da atuação, por falta de titularidade de uma posição jurídica suficiente para a prática do ato.

Assim, as regras para as quais remete o art. 1687º, nº 4 do Código Civil são as dos arts. 892º a 904º quando se trate de ato oneroso praticado como se o bem fosse próprio; as relativas à ineficácia quando se trate de venda de bens alheios, sem legitimidade, mas em que a outra parte conhece a ilegitimidade; ou as do art. 956º quando se tratar de ato gratuito. Mas não só.

As regras supra referidas são o objeto da remissão do art. 1687º, nº 4 do Código Civil, se os atos praticados forem civis. Mas se os atos praticados forem objetivamente comerciais, as regras objeto da remissão da disposição referida são outras. A importância destas regras para o regime do consentimento conjugal resulta de parte dos atos poderem ser objetivamente comerciais. Por exemplo, os atos referidos no art. 1682º-A, nº1, al. b) do Código Civil serão com grande probabilidade comerciais, pois incidem sobre um estabelecimento comercial.

O regime objeto da remissão do art. 1687º, nº 4 do Código Civil, no que respeita aos atos de alienação ou oneração objetivamente comerciais onerosos é o do art. 467º, nº 2 do Código Comercial, segundo o qual a venda de bens alheios como próprios, mesmo sem legitimidade, não é

---

[833] Eventualmente as regras da venda de bens futuros, se assim forem considerados, por aplicação do art. 893º do Código Civil. A situação poderá suceder, por exemplo, se o cônjuge agente e a contraparte contarem com uma transmissão do bem a favor daquele.

desvaliosa[834]. O negócio é válido, mas o efeito transmissivo do direito real fica dependente da aquisição de legitimidade do alienante[835].

As consequências da falta de legitimidade por omissão de consentimento conjugal não são todas expressamente reguladas pelo art. 1687º do Código Civil. De acordo com o seu texto, esta disposição apenas abrange os casos de atos de alienação ou oneração. Não abrange os atos de administração, para a prática dos quais é necessário consentimento conjugal, como sucede no art. 1678º, nº 3, segunda parte. Importa, como tal, saber qual a consequência da prática dos atos referidos, com omissão do consentimento conjugal.

Não existindo qualquer preceito análogo ao art. 1687º do Código Civil aplicável à prática dos atos de administração supra referidos, as consequências da omissão do consentimento conjugal seriam as que resultam da aplicação das regras gerais de Direito.

Sendo o ato relativo a um bem comum e exigindo o art. 1678º, nº 3 do Código Civil o consentimento do outro cônjuge, a sua falta implicaria a ilegitimidade para a prática do ato. Como tal, os atos ora em apreciação seriam ineficazes, por ilegitimidade.

Mas, este regime levanta uma nova questão.[836] Contrapondo-se este regime com o regime do art. 1687º do Código Civil, resulta que a prática de atos sem o necessário consentimento conjugal tem consequências diferentes conforme sejam atos de administração ou de alienação. O problema resulta de os atos de administração terem um regime mais gravoso do que os atos de alienação. Embora as aparências indiciem no sentido contrário, efetivamente a prática de um ato de administração extraordinária sobre um bem comum do casal tem consequências mais graves que a prática de um ato de alienação.

A prática de um ato de alienação ou oneração sem o necessário consentimento conjugal é anulável, conforme estatuído pelo art. 1687º, nº 1 do Código Civil. Como tal, o ato produz efeitos até ser anulado, estabilizando a sua eficácia – positiva ou negativa – o mais tardar apenas três anos após a prática do ato. Acresce que apenas pode ser anulado a pedido do cônjuge cujo consentimento foi omitido, ou dos seus herdeiros. Este

---

[834] PAULO OLAVO CUNHA, *Venda*, cit., pág. 462.
[835] PAULO OLAVO CUNHA, *Venda*, cit., págs. 450, 462 e 463.
[836] Também DUARTE PINHEIRO, *Família*, cit., págs. 568-569, levanta a mesma questão.

regime especial, permite por um lado proteger o cônjuge cujo consentimento foi omitido, que assim poderá obter a anulação do ato ou não, conforme melhor lhe convier. Protege ainda o terceiro, pois o prazo em que deve ser pedida a anulação do ato é muito curto, ficando o terceiro com a situação estabilizada de modo mais célere. Assim, quando alguém contrata com um membro do casal sabe que, embora possa existir algum problema de falta de consentimento, a sua omissão apenas poderá ser relevante durante um período de tempo relativamente curto.

O outro membro do casal, dentro dos três anos seguintes à prática do ato, terá seis meses após o conhecimento para decidir se prefere anular o ato, mesmo que isso levante problemas internos no casal, ou se prefere manter a eficácia do ato – quer por concordar com o mesmo, quer por preferir manter a paz conjugal, quer por qualquer outro motivo.

Este regime de anulabilidade justifica-se plenamente por o ato ser praticado por um membro do casal. O casal, embora não tenha personalidade jurídica própria, atua frequentemente na realidade como uma unidade orgânica. Por outro lado, normalmente não é possível ao terceiro saber se houve ou não consentimento conjugal, ou se o bem é próprio ou comum, se é usado pelos dois membros do casal como instrumento de trabalho ou de vida doméstica, etc. Deste modo, embora se proteja o cônjuge cujo consentimento foi omitido das atuações ilegítimas do outro cônjuge, também se protege o terceiro de atuações de um membro de um casal sobre cuja vida interna ele pouco saberá. Assim se evita a criação de um clima de desconfiança, no qual as pessoas teriam receio de contratar com pessoas casadas, pois o risco de invalidade ou ineficácia do ato seria muito elevado e difícil de controlar.

Aplicando o regime geral, se fosse praticado um ato sobre um bem comum, que não consistisse na alienação ou oneração desse bem, mas fosse um ato de administração extraordinária, o ato seria ineficaz. A falta de legitimidade decorrente da omissão do consentimento conjugal levaria, por aplicação do regime geral, à ineficácia do ato, pois a Ordem Jurídica não reconheceria ao ato os seus efeitos típicos.

Como ato ineficaz, este não produziria efeitos *ab initio* contrariamente aos atos anuláveis que produzem efeitos *ab initio*. Como ato ineficaz, a sua ineficácia seria de conhecimento oficioso, pelo que qualquer pessoa interessada poderia pedir uma declaração de ineficácia, devendo os Tribunais declará-lo oficiosamente, por contraposição à anulabilidade do art. 1687º, nº 1, do Código Civil, cuja legitimidade para pedir a anulação é muito restrita. Por último, como ato ineficaz, a sua ineficácia poderia ser declarada a qualquer tempo, enquanto a anulação deve ser pedida, o mais tardar, até três anos após a prática do ato. Podendo o prazo ser mais curto se o conhecimento do ato suceder nos dois anos e meio após a prática do ato, acrescendo que a anulação do ato tem de ser declarada.[837]

Embora a falta de consentimento conjugal nos casos referidos no art. 1698º, nº1 do Código Civil cause a invalidade do ato, enquanto a falta de consentimento conjugal no caso do art. 1678º, nº 3, pareça apenas provocar a sua ineficácia, o que indicia uma situação mais grave no primeiro caso, a gravidade das consequências das sanções em ambos os casos é inversa à gravidade aparente dos atos.

Se, por exemplo, um cônjuge alienar um imóvel comum sem consentimento conjugal, o ato será anulável, mas o pedido de anulação apenas poderá ser feito pelo outro cônjuge (ou seus herdeiros) no prazo máximo hipotético de três anos após a prática do ato, sendo entretanto produzidos todos os efeitos típicos do ato. Efeitos estes que, se o ato não for anulado, se estabilizarão.

Mas, se o mesmo cônjuge der de aluguer o automóvel comum da família para participar numa competição de todo o terreno, o contrato de aluguer será ineficaz, sendo a ineficácia de conhecimento oficioso e podendo a questão ser levantada a qualquer momento.

Não existe qualquer justificação para as consequências dos atos de administração extraordinária serem mais gravosas que a dos atos de alienação ou oneração.

No que respeita à proteção do cônjuge cujo consentimento foi omitido, nenhuma razão há para a diferença de regime. No caso de o ato ser

---

[837] CRISTINA DIAS, *Do Regime*, cit., pág. 632 (e, na mesma página, nota 1152), considera que *é absolutamente irregular num sistema que assenta na plena capacidade dos cônjuges anular as obrigações contratuais assumidas pelo outro, sem que este ou o terceiro tenham legitimidade para arguir a anulabilidade*. A posição da Autora, segundo parece, resulta de o cônjuge com legitimidade para pedir a anulação do ato não ser parte no ato. No entanto, embora a anulabilidade como consequência da ilegitimidade possa ser pouco comum, a legitimidade do cônjuge cujo consentimento não foi prestado para anular o ato segue a regra geral do art. 287º do Código Civil, pois é o interessado (ou a pessoa a quem a defesa do interesse foi incumbida) na necessidade do consentimento conjugal que tem legitimidade para pedir a anulação segundo o art. 1687º, nº 1 do Código Civil.

de alienação ou oneração, tem de agir em seis meses após o conhecimento (no máximo três anos após a prática do ato). Mas, se for um ato de administração extraordinária, que não consista na alienação ou oneração, nada tem de fazer para que o ato não produza os efeitos típicos, podendo invocar a ineficácia a qualquer tempo.

O cônjuge cujo consentimento foi omitido carece mais de proteção quando corre o risco de perder o bem, ou de o ver onerado. Quando isso não sucede, embora careça de proteção, não existe qualquer razão para que a proteção seja superior

No que respeita à proteção do terceiro, esta influencia o prazo curto da anulabilidade do art. 1687º do Código Civil. Este prazo curto, permite-lhe ao contratar com um membro do casal, ter a situação estabilizada, o mais tardar, após três anos, produzindo o ato efeitos até que fosse anulado (se o fosse). Acresce que apenas corria o risco de o cônjuge cujo consentimento foi omitido, ou os seus herdeiros, pedirem a anulação. Mais ninguém o poderia fazer. Caso os atos de administração extraordinária fossem ineficazes, o terceiro não estaria protegido. O ato nunca produziria efeitos jurídicos; mesmo que o bem lhe fosse entregue, podia ser-lhe exigido de volta a qualquer momento; e o pedido de declaração de ineficácia do ato poderia ser feito pelo próprio cônjuge contratante.[838]

E não se pode afirmar que o terceiro precisa de mais proteção quando adquire o bem (ou quando beneficia da sua oneração), do que quando beneficia de um ato de administração extraordinária. A importância específica do negócio para as partes apenas pode ser aferida caso a caso. Não se pode dizer que para o terceiro é mais importante adquirir o bem, do que beneficiar deste sem o adquirir, com base num ato de administração extraordinária. Nem mesmo tendencialmente. Aliás, é vulgar as pessoas preferirem beneficiar de algo sem o adquirir, pelo que a equiparação de gravidade e de necessidade de proteção de ambas as situações é ainda mais premente.

Como tal, a ineficácia que resultaria da aplicação das regras gerais sobre legitimidade contraria de modo inaceitável o sistema de proteção do cônjuge cujo consentimento foi omitido e do terceiro. Os atos de administração extraordinária sobre bens comuns do casal, que não con-

---

[838] Correndo o risco de uma eventual exceção de abuso de direito ser, ou não procedente.

sistam na alienação ou oneração, e que sejam praticados por um cônjuge sem o necessário consentimento conjugal, não podem ser ineficazes.

Neste caso, existe uma lacuna oculta. Verifica-se uma clara omissão de regulação específica destes atos. Essa omissão importaria a aplicação do regime geral da legitimidade, que gera a ineficácia do ato. A ineficácia do ato cria uma situação de grave inconsistência sistemática, face ao regime do art. 1687º do Código Civil. Esta inconsistência sistemática não respeita os fins do regime do consentimento conjugal, não só no que respeita à proteção do cônjuge cujo consentimento é necessário, mas também no que respeita à proteção dos terceiros.

A lacuna torna-se mais evidente quando se compara a redação original das disposições relevantes, com a redação atual. Na versão original do Código Civil, apenas se exigia o consentimento conjugal para efeitos de legitimidade para a prática de atos nos arts. 1682º, nsº 2 e 3 e no art. 1683º, nº 2. Estas disposições sofreram alterações em 1977, mas no geral mantiveram-se. A revisão de 1977, adicionou duas novas disposições com exigência de consentimento conjugal – os art. 1682º-A e 1682º-B – e alterou uma disposição que passou a exigir o consentimento conjugal – o art. 1678º, nº 3. A intenção do legislador encontra-se expressa no preâmbulo do Decreto-Lei nº 496/77, de 25 de novembro, no ponto 15, e consistiu em tentar fazer coincidir a legitimidade para a administração de bens com a legitimidade para a alienação ou oneração de bens. Mas a coincidência da legitimidade não se pode verificar se não se verificar também a coincidência (ou pelo menos uma equivalência) das consequências da falta de legitimidade.

Como tal, a omissão da referência ao art. 1678º, nº3, no art. 1687º, nº1, resulta de uma lacuna, que apenas fica oculta por existir um regime jurídico geral da legitimidade. Esta lacuna deve ser integrada pela aplicação aos atos praticados em violação do art. 1678º, nº 3, segunda parte do regime do art. 1687º, nº 1 do Código Civil.

Assim, o art. 1687º, nº 1 do Código Civil deve ser aplicado aos casos do nº 1 e nº 3 do artigo 1682º, no artigo 1682º-A, no art. 1682º-B e no nº 2 do artigo 1683º do Código Civil, e ainda no caso do art. 1678º, nº 3, segunda parte do Código Civil, abrangendo também atos de administração.[839]

---

[839] Duarte Pinheiro, *Família*, cit., págs. 568-569.

IX
Conclusões

A autorização é um ato jurídico especificamente destinado a provocar, direta ou indiretamente, a obtenção de legitimidade pelo autorizado. A autorização opera como título de legitimação.

A autorização pode constituir uma posição jurídica na esfera jurídica do autorizado que lhe permite agir em nome próprio sobre a esfera do autorizante (autorização constitutiva), ou pode ser relevante para a reposição do nível de autonomia privada do autorizado de modo a que este tenha liberdade, que sem ela não teria, para agir sobre a sua própria esfera jurídica (autorização integrativa).

A autorização constitutiva é relevante para a legitimidade do autorizado para agir sobre a esfera do autorizante; a autorização integrativa é relevante para a legitimidade do autorizado para agir sobre a sua própria esfera jurídica.

A autorização constitutiva é tipicamente um negócio jurídico unilateral, do qual resulta reflexamente para o autorizado um precário. Caso o negócio seja mais complexo, poderá ser um contrato, podendo mesmo o autorizado ter um direito subjetivo a agir sobre a esfera jurídica do autorizante.

A autorização integrativa é tipicamente um ato jurídico não negocial, operando como um elemento necessário ao preenchimento de uma norma jurídica que reduz o nível de autonomia privada do autorizado. Pode, dependendo do caso, ser integrada com outros conteúdos negociais, resultando então um negócio misto de ato não negocial e negocial.

A autorização é uma figura distinta, mas próxima, do mandato e da procuração. Não constitui uma obrigação de atuação, mas antes tipicamente um precário, embora possa dar origem a um direito de atuação. Não funda uma atuação em nome alheio, mas uma atuação em nome próprio. Pode um contrato ser misto de mandato e autorização, ficando o agente obrigado a praticar uns atos e com a possibilidade de praticar outros. Pode um negócio ser misto de procuração e autorização, ficando o agente com legitimidade para afetar a esfera alheia em nome alheio.

A autorização é distinta da aprovação e da ratificação, pois é sempre prévia ao ato autorizado, enquanto aquelas lhe são posteriores.

BIBLIOGRAFIA

ABATANGELO, Chiara
— *Sulla Struttura della Delegazione*, em *Rivista di Diritto Civile*, XLVII, nº 4, 1ª parte, 463--475, CEDAM, Padova, 2001, cit. *"Delegazione"*.

ABREU, António José Teixeira de
— *Lições de Direito Civil Português*, T. I, França Amado – Editor, Coimbra, 1898, cit. *"Lições"*.

ABREU, Luís Vasconcelos
— *A Parte Subjectivamente Complexa, Uma Aproximação ao seu Conceito e Regime de Direito Substantivo*, em *Estudos em Honra do Professor Doutor Oliveira Ascensão*, Vol. I., págs. 357-378, Almedina, Coimbra, 2008, cit. *"A Parte"*.

AHRENS, Heinrich
— *Curso de Direito Natural ou de Philosophia do Direito Segundo o Estado Actual da Sciencia em Allemanha*, tradução de Francisco Candido de Mendonça e Mello, Typographia da Viuva Rodrigues, Lisboa, 1844, cit. *"Curso"*.

AISA, Luis Riera
— *Autorización*, em *Nueva Enciclopedia Jurídica*, tomo III, págs. 157-168, Francisco Seix, Barcelona, 1951, cit. *"Autorización"*.

ALARCÃO, Rui
— *Breve Motivação do Anteprojecto sobre o Negócio Jurídico na Parte Relativa ao Erro, Dolo, Coacção, Representação, Condição e Objecto Negocial*, Boletim do Ministério da Justiça, nº 138, págs. 71-122, 1964, cit. *"Breve Motivação"*.

ALBUQUERQUE, Pedro de
— *Autonomia da Vontade e Negócio Jurídico em Direito da Família (Ensaio)*, em *Cadernos de Ciência e Técnica Fiscal*, 146, Centro de Estudos Fiscais, Lisboa, 1986, cit. *"Autonomia"*.

— *A Representação Voluntária em Direito Civil (Ensaio de Uma Reconstrução Dogmática)*, Almedina, Coimbra, 2004, cit. *"Da Representação"*

ALMEIDA, Carlos Ferreira de

— *A Doação e a Dádiva*, Themis, Ano IX, nº 17, 2009, págs. 5-18, cit. *"A Doação"*.

— *Texto e Enunciado na Teoria do Negócio Jurídico*, Almedina, Coimbra, 1992, cit. *"Texto e Enunciado"*.

— *Transmissão Contratual da Propriedade – Entre o Mito da Consensualidade e a Realidade de Múltiplos Regimes*, Themis, Ano VI, nº 11, 2005, págs. 5-17,cit. *"Transmissão"*,

ALMEIDA, Vasco Duarte de

— *Sobre o Valor da Dignidade da Pessoa Humana*, em *Revista da Faculdade de Direito da Universidade de Lisboa*, vol. XVVI, nº1, Coimbra Editora, Lisboa, 2005, cit. *"Dignidade"*.

ALVES, Raúl Guichard

— *Da Relevância Jurídica do Conhecimento no Direito Civil*, Universidade Católica Portuguesa, Porto, 1996, cit. *"Da Relevância"*.

— *Notas sobre a Falta e Limites do Poder de Representação* em *Revista de Direito e Estudos Sociais*, XXXVII, págs. 3-54, Lex, Lisboa, 1995, cit. *"Notas"*.

ANDRADE, Manuel A. Domingues de

— *Teoria Geral da Relação Jurídica*, 3ª reimpressão, Almedina, Coimbra, 1972, cit. *"Teoria Geral"*.

ANDRADE, Manuel da Costa

— *Consentimento e Acordo em Direito Penal*, Coimbra Editora, Coimbra, 2004, cit. *"Consentimento"*.

ANTUNES, José A. Engrácia

— *Contratos Comerciais, Noções Fundamentais*, em *Direito e Justiça*, Vol. Especial, Universidade Católica, Lisboa, 2007, cit. *"Contratos"*.

— *Os Títulos de Crédito*, Coimbra Editora, Coimbra, 2009, cit. *"Títulos"*.

ARAÚJO, Fernando

— *Teoria Económica do Contrato*, Almedina, Coimbra, 2007, cit. *"Teoria"*.

AROCA, Juan Montero

— *De la Legitimación en el Proceso Civil*, Bosch, Barcelona, 2007, cit. *"Legitimación"*.

ARONNE, Ricardo

— *Propriedade e Domínio, Reexame Sistemático das Noções Nucleares de Direitos Reais*, Renovar, Rio de Janeiro, 1999, cit. *"Propriedade"*.

ASCARELLI, Tullio

— *Appunti di Diritto Commerciale*, 2ª edição, Foro Italiano, Roma, 1933, cit. *"Apunti"*.

— *Introduccion al Derecho Comercial y Parte General de las Obligaciones Comerciales*, Ediar, Buenos Aires, 1947, cit. *"Introducion"*.

— *Teoria Geral dos Títulos de Crédito*, tradução de Nicolau Nazu, Livraria Académica – Saraiva & Cia., São Paulo, 1943, cit. *"Teoria Geral"*.

ASCENSÃO, José de Oliveira
— *Direito Civil, Reais*, 5ª ed., Coimbra Editora, Coimbra, 2000, cit. *"Reais"*.
— *Direito Civil, Teoria Geral*, Vol. I, *Introdução, As Pessoas, Os bens*, Coimbra Editora, Coimbra, 2ª edição, 2000, cit. *"Direito Civil, Vol. I"*.
— *Direito Civil, Teoria Geral*, VOL. II, *Acções e Factos Jurídicos*, Coimbra Editora, Coimbra, 2ª edição, 2003, cit. *"Direito Civil, Vol. II"*.
— *Direito Civil, Teoria Geral*, Vol. III, *Relações e Situações Jurídicas*, Coimbra Editora, Coimbra, 2002, cit. *"Direito Civil, Vol. III"*.
— *Direito Civil, Sucessões*, 5ª ed. revista, Coimbra Editora, Coimbra, 2002, cit. *"Sucessões"*.
— *Efeitos da Falência sobre a Pessoa e Negócios do Falido*, separata da Revista da Ordem dos Advogados, ano 55 – III, Lisboa, 1995, cit. *"Efeitos"*.
— TEORIA GERAL DO DIREITO CIVIL, vol. III, tít., IV, polic., Lisboa, 1983/1984, cit. *"Teoria Geral, Vol. III, tít. IV"*.

ATAÍDE, Rui
— *A Responsabilidade do "Representado" na Representação Tolerada – Um Problema de Representação sem Poderes*, AAFDL, Lisboa, 2008, cit. *"A Responsabilidade"*.

AULETTA, Giuseppe
— *Diritto Commerciale*, 15ª ed., Giuffrè, Milano, 2006, (ver também: Niccolò Salanitro) cit. *"Diritto"*.

AURICCHIO, Alberto
— *Autorizzazione, Diritto Privato*, em *Enciclopedia del Diritto*, IV, págs. 502-509, Giuffrè, Varese, 1959, cit. *"Autorizzazione"*.

AYNÈS, Laurent
— *Cours de Droit Civil*, T. IV, *Les Obligations*, 5ª ed., Éditions Cujas, Paris, 1994, (ver também: Philippe Malaurie) cit. *"Cours"*.

BALBI, Giovanni
— *Il Contrato Estimatorio*, 2ª ed., UTET, Torino, 1960, cit. *"Il Contrato Estimatorio"*.

BANOND, Isabel
— *Liberdade e Medioevo Jus-Político Português no Contexto do Pensamento Polítivo Internacional*, em *Revista da Faculdade de Direito da Universidade de Lisboa*, Vol. XLVIII, págs. 67-119, Coimbra Editora, Coimbra, 2007, cit. *"Liberdade e Medioevo"*.

BARBERO, Domenico
— *Sistema del Diritto Privato Italiano*, VOL. II, 6ª ed., UTET, Torino, 1965, cit. *"Sistema"*.

BÁRTOLO, Diogo
— *Venda de Bens Alheios*, em *Estudos em Homenagem ao Prof. Doutor Inocêncio Galvão Telles*, Vol. IV, págs. 383-436, Almedina, Coimbra, 2003, cit. *"Venda"*.

BAZZANI, Stefano
— *Precario*, em *Digesto delle Discipline Privatistiche*, XIV, págs. 146-148, UTET, Torino, 1996, cit. *"Precario"*.

BENTO XVI
— *Caritas in Veritate*, Libreria Editrice Vaticana, Vaticano, 2009, cit. *"Caritas"*.

BERTOLINI, Cesare
— *La Ratifica degli Atti Giuridici nel Diritto Privato Romano*, Vol. I, L. Pasqualucci, Roma, 1889, cit. *"La Ratifica"*.

BETTI, Emílio
— *Diritto Processuale Civile, Apunti delle Lezioni Tenute nell'Anno 1931-1932*, Giuffrè, Milano, 1932, cit. *"Diritto 1932"*.
— *Diritto Processuale Civile Italiano*, 2ª ed., Foro Italiano, Roma, 1936, cit. *"Diritto 1936"*.
— *Teoria General del Negocio Juridico*, 2ª ed., tradução da primeira edição de 1943 por A. Martin Perez, Editorial Revista de Derecho Privado, Madrid, 1959, cit. *"Teoria General – 1943"*.
— *Teoria Generale del Negozio Giuridico*, Reimpressão da 3ª reimpressão da 2ª edição de 1950, Edizione Scientifiche Italiane, Nápoles, 1994, cit. *"Teoria Generale"*.

BIANCA, C. Massimo
— *Diritto Civile, III, Il Contratto*, Giuffrè, Milano, 1987, cit. *"Contratto"*.
— *Le Autoritá Private*, Casa Editrice Dott. Eugenio Jovene, Napoli, 1977, cit. *"Autoritá"*.

BILLIAU, Marc
— *Traité de Droit Civil, Les Efects du Contrat*, 2ª ed., LGDI, 1994, (ver também: Jacques Ghestin e Christophe Jamin), cit. *"Traité"*.

BISEGNA, Ulderico
— *Tolleranza (Atti di)*, em *Novissimo Digesto Italiano*, XIX, UTET, Torino, 1973, cit. *"Tolleranza"*.

BONETTI, Paolo
— *Precario (Diritto Romano e Intermedio)*, em *Novissimo Digesto Italiano*, XIII, págs. 557-558, UTET, Torino, 1966, cit. *"Precario"*.

BONIFACIO, Franco
— *Delegazione (Diritto Romano)*, em *Novissimo Digesto Italiano*, V, págs. 325-327, UTET, Torino, 1960, cit. *"Delegazione"*.

Bosch, María José Bravo
— *La Responsabilidad de la Actividad Mercantil Terrestre en el Derecho Romano*, em *Anuario da Facultade de Dereito da Unviversidade da Coruña*, vol. 10, 2006, págs. 99 a 110, cit: *"Responsabilidad"*.

Bottaro, Luca
— *L'Autonomia del Diritto Commerciale*, em *Rivista del Diritto Commerciale e del Diritto Generale delle Obbligazione*, Ano C, parte Prima, págs. 421-431, Casa Editrice Dr. Francesco Vallardi, Padova, 2002, cit. *"L'Autonomia"*.

Breccia, Umberto
— *Diritto Civile, 1.2., Fatti e Atti Giuridici*, UTET, Torino, 1986, (ver também: Lina Bigliazzi Geri, Francesco D. Busnelli e Natoli), cit. *"Diritto"*.

Bronze, Fernando José
— *Lições de Introdução ao Direito*, Coimbra Editora, Coimbra, 2002, cit. *"Introdução"*.

Brito, António José de
— *O Possível e o Real*, em *Valor e Realidade*, INCM, 1999, cit. *"O Possível"*.

Brito, Joaquim Maria Rodrigues de
— *Philosophia do Direito*, 2ª ed., Imprensa da Universidade, Coimbra, 1871, cit. *"Philosophia"*.

Brito, Maria Helena
— *A Representação nos Contratos Internacionais – Um Contributo para o Estudo do Princípio da Coerência em Direito Internacional Privado*, Almedina, Coimbra, 1999, cit. *"A Representação"*.
— *A Representação sem Poderes, Um Caso de Efeito Reflexo das Obrigações*, Revista Jurídica, nº 9 e 10, Jan./Jun. 1987, Associação Académica da Faculdade de Direito de Lisboa, cit. *"A Representação sem Poderes"*.

Brox, Hans
— *Allgemeiner Teil des BGB*, 23ª ed., Carl Heymanns, Köln – Berlin – München, 1999, cit. *"Allgemeiner Teil"*.

Busnelli, Francesco D.
— *Diritto Civile, 1.2., Fatti e Atti Giuridici*, UTET, 1986, (ver também: Umberto Breccia, Lina Bigliazzi Geri e Natoli), cit. *"Diritto"*.

Callegari, Dante
— *I Titoli di Credito nel Diritto Civile*, em *Rivista di Diritto Civile*, XXI, págs. 313-353, Società Editrice Libraria, Milano, 1929, *"I Titoli"*.

Camilleri, Enrico
— *Le Promesse Unilaterali*, Giuffrè, Milano, 2002, *"Le Promesse"*.

Campos, Diogo Leite de
— *A Génese dos Direitos da pessoa*, em *Nós – Estudos sobre o Direito das Pessoas*, págs. 13-55, Almedina, Coimbra, 2004, cit. *"A Génese"*.
— *A Subsidiariedade da Obrigação de Restituir o Enriquecimento*, Almedina, Coimbra, 1974, *"A Subsidiariedade"*.
— *O Contrato a Favor de Terceiro*, 2ª edição, Almedina, Coimbra, 1991, cit. *"O Contrato"*.
— *O Direito e os Direitos da Personalidade*, em *Nós – Estudos sobre o Direito das Pessoas*, págs. 109-133, Almedina, Coimbra, 2004, cit. *"O Direito"*.
— *O Estatuto Jurídico da Pessoa depois da Morte*, em *Pessoa Humana e Direito*, págs. 55-63, Almedina, Coimbra, 2009, cit. *"O Estatuto"*.
— *Lições de Direitos da Personalidade*, 2ª ed., Coimbra Editora, Coimbra, 1995, cit. *"Lições"*.
Canaris, Claus-Wilhelm
— *A Liberdade e a Justiça Contratual*, em *Contratos: Actualidade e Evolução*, págs. 49-66, Coimbra Editora, Porto, 1997, cit. *"A Liberdade"*.
Candian, Aurelio
— *Atto Autorizzato, Atto Materiale Lecito, Atto Tollerato, Contributto alla Teoria dell'Atto Giuridico*, em *Scritti Giuridici in Onore di Carnelutti*, vol. III, págs. 453-485, CEDAM, Padova, 1950, cit. *"Atto Autorizzato"*.
Caldentey, J. Ladaria
— *Legitimación y Aparencia Jurídica*, Bosch, Barcelona, 1952, cit. *"Legitimación"*.
Caperochipi, José Antonio Álvarez
— *El Mandato y la Comisión Mercantil*, Editorial Comares, Granada, 1997, cit. *"Mandato"*.
Cappelletti, Mauro
— *The Italian Legal System*, Stanford University Press, Stanford, Califórnia, 1967, (ver também: John Henry Merryman e Joseph M. Perillo), cit. *"The Italian"*.
Cardoso, Augusto Lopes
— *A Administração dos Bens do Casal*, Almedina, Coimbra, 1973, cit. *"A Administração"*.
Carnelutti, Francesco
— *Il Danno e il Reato*, impressão do segundo milhar (primeira edição em 1926), CEDAM, Padova, 1930, cit. *"Il Danno"*.
— *In Tema de Legittimazione ad Agire per Accertamento di Simulazione di un Contratto di Riassicurazione*, em *Stuti di Diritto Processuale*, vol. 3, (primeira publicação do artigo na *Rivista di Diritto Processuale Civile*, 1932, II, pág. 92), CEDAM, Padova, 1939, cit. *"In Tema"*.

— *Legittimazione a Comprare*, em *Rivista del Diritto Commerciale e del Diritto Generale delle Obbligazione*, Ano XXXIII, parte Prima, págs. 502-505, Casa Editrice Dr. Francesco Vallardi, Padova, *1935*, cit. "*Legittimazione a Comprare*".

— *Legittimazione processuale del Fallito*, em *Rivista di Diritto Processuale Civile*, Vol, XV, parte II, págs. 281-289, CEDAM, Padova, 1938, cit. "*Legittimazione*".

— *Lezioni di Diritto Processuale Civile*, Vol. I, *Introduzione, Parte Prima*, reimpressão da primeira edição de 1920, CEDAM, Padova, 1926, cit. "*Lezioni I*".

— *Lezioni di Diritto Processuale Civile*, Vol. II, *La Funzione del Processo do Cognizione, Parte Prima*, reimpressão da primeira edição de 1922, CEDAM, Padova, 1926, cit. "*Lezioni II*".

— *Lezioni di Diritto Processuale Civile*, Vol. VII, *Processo de Esecuzione, III*, CEDAM, Padova, 1931, cit. "*Lezioni VII*".

— *Teoria Generale del Reato*, CEDAM, Padova, 1933, cit. "*Reato*".

— *Teoria Generale del Diritto*, 3ª ed., Soc. Ed. Del "Foro Italiano", Roma, 1951, cit. "*Teoria Generale*".

— *Teoria Geral do Direito*, tradução da 1ª edição italiana, de 1940, por Rodrigues Queiró e Artur Anselmo de Castro, Arménio Amado Editor, Coimbra, 1942, cit. "*Teoria Geral*".

Carpio, Juan Manuel Badenas

— *Apoderamiento y Representación Voluntaria*, Aranzadi, Pamplona, 1998, cit. "*Apoderamiento*".

Carraro, Luigi

— *Contributo alla Dottrina dell'Autorizzazione*, em *Rivista Trimestrale di Diritto e Procedura Civile*, Ano I, Giuffrè, Milano, 1947, págs. 282-314, cit. "*Contributo*".

Carresi, Franco

— *Autonomia Privata nei Contratti e negli altri Atti Giuridici*, em *Rivista di Diritto Civile*, III, págs. 265-276, CEDAM, Padova, 1957, "*Autonomia Privata*".

— *Precario (Diritto Civile)*, em *Novissimo Digesto Italiano*, XIII, págs. 558-560, UTET, Torino, 1966, cit. "*Precario*".

Carvalho, Pedro Pitta e Cunha Nunes de

— *Omissão e Dever de Agir em Direito Civil*, Almedina, Coimbra, 1999, cit. "*Omissão*".

Cataudela, Antonio

— *I Contratti*, G. Giappichelli Editori, Torino, 1990, cit. "*I Contratti*".

Chuliá, Francisco Vicent

— *Introducción al Derecho Mercantil*, 19ª ed., Tirant lo Blanch, Valência, 2006, cit. "*Derecho Mercantil*".

CÍCERO, Marco Túlio
— *Paradoxa ad Marcum Brutum (Paradoxa Stoicorum)*, circa 46 a.C., (Mark O. Webb, Cicero's Paradoxa Stoicorum: A New Translation with Philosophical Commentary, polic., Texas, Estados Unidos da América, 1985, cit. *"Paradoxa Stoicorum"*).

CIERVA, Tomas Aguilera de la
— *Actos de Administración, de Disposición y de Concervación*, Editorial Montecorvo, Madrid, 1973, cit. *"Actos"*.

COELHO, Francisco Manuel de Brito Pereira
— *A Renúncia Abdicativa no Direito Civil (Algumas Notas Tendentes à Definição do seu Regime)*, Coimbra Editora, Coimbra, 1995, cit. *"A Renúncia"*.

COELHO, Francisco Pereira
— *Curso de direito da Família*, vol. I, 4ª ed., Coimbra Editora, Coimbra, 2008, (ver também: Guilherme de Oliveira), cit. *"Curso I"*.

COLLAÇO, Isabel Maria Tello de Magalhães
— *Da Legitimidade no Acto Jurídico*, polic., Lisboa, 1948, cit. *"Da Legitimidade"*.

COLONNA, Arturo
— *Intervento del Fallito nei Giudizi Fallimentari (art. 699 Cod. Comm.)*, em *Rivista di Diritto Processuale Civile*, Vol, XV, parte II, págs. 136-150, CEDAM, Padova, 1938, cit. *"Intervento"*.

CORDEIRO, António Menezes
— *A Posse: Perspectivas Dogmáticas Actuais*, reimp. da 3ª ed., Almedina, Coimbra, 2004, cit. *"A Posse"*.
— *A Representação no Código Civil: Sistema e Perspectivas de Reforma*, em *Comemorações dos 35 Anos do Código Civil e dos 25 Anos da Reforma de 1977*, Vol. II, *A Parte Geral do Código e a Teoria Geral do Direito Civil*, Coimbra Editora, Coimbra, 2006, cit. *" Representação no Código Civil"*.
— *Créditos Documentários*, ROA, ano 67, 2007, págs. 81-102, cit. *"Créditos Documentários"*.
— *Da Boa Fé no Direito Civil*, Almedina, Coimbra, 1997, cit. *"Boa Fé"*.
— *Da Compensação no Direito Civil e no Direito Comercial*, Almedina, Coimbra, 2003, cit. *"Da Compensação"*.
— *Da Confirmação no Direito Civil*, Almedina, Coimbra, 2008, cit. *"Da Confirmação"*.
— *Da Inadmissibilidade da Recusa de Ratificação por "Venire Contra Factum Proprium"*, separata de O Direito, Ano 126, III-IV, 1994, págs. 677-715, (ver também: Manuel Carneiro da Frada), cit. *"Da Inadmissibilidade"*.
— *Direitos Reais*, Reprint 1979, Lex, Lisboa, 1993, cit. *"Direitos Reais"*.

— *Do Contrato de Franquia («Franchising»)*, ROA, Ano 48, 1988, págs. 63-84, cit "*Franquia*".
— *Os Direitos de Personalidade na Civilística Portuguesa*, em *Estudos em Homenagem ao Prof. Doutor Inocêncio Galvão Telles*, Vol. I, págs. 21-45, Almedina, Coimbra, cit. "*Direitos de Personalidade*".
— *Teoria Geral do Direito Civil*, 2º vol., Associação Académica da Faculdade de Direito de Lisboa, Lisboa, 1987, cit. "*Teoria Geral – II*".
— *Tratado de Direito Civil Português, I, Parte Geral, Tomo IV*, Almedina, Coimbra, 2005, cit. "*Tratado – I – T. IV*".
— *Tratado de Direito Civil*, vol. I, Almedina, Coimbra, 4ª ed., 2012, cit. "*Tratado I*".
— *Tratado de Direito Civil*, vol. II, Almedina, Coimbra, 4ª ed., 2014, cit. "*Tratado II*".
— *Tratado de Direito Civil*, Vol. IV, Almedina, Coimbra, 3ª ed., 2011, cit. "*Tratado IV*".
— *Tratado de Direito Civil*, vol. V, Almedina, Coimbra, 2ª ed., 2015, cit. "*Tratado V*".

CORREIA, Ferrer
— *A Procuração na Teoria de Representação Voluntária*, em *Boletim da Faculdade de Direito*, Vol. XXIV, págs. 253-293, Universidade de Coimbra, Coimbra, 1948, cit. "*A Procuração*".

COSTA, Mário Júlio de Almeida
— *Direito das Obrigações*, 12ª ed., Almedina, Coimbra, 2009, cit. "*Obrigações*".

COTTINO, Gastone
— *Del Contratto Estimatorio, Della Somministrazione*, em *Commentario del Codice Civile*, Livro IV, Arts. 1556-1570, Nicola Zanichelli Editore – Foro Italiano, Bolonha – Roma, 1970, cit. "*Del Contrato*".

CRISTAS, Maria de Assunção Oliveira
— *Transmissão Contratual do Direito de Crédito, do Carácter Real do Direito de Crédito*, Almedina, Coimbra, 2005, cit. "*Transmissão*".

CUNHA, Paulo Olavo
— *Cheque e Convenção de Cheque: Acerca da Preponderância da Subscrição Cambiária sobre a Relação Contratual Existente entre o Banqueiro e o seu Cliente*, Almedina, Coimbra, 2009, cit. "*Cheque*".
— *Direito das Sociedades Comerciais*, 5ª ed., reimp., Almedina, Coimbra, 2014, cit. "*Direito das Sociedades*".
— *Venda de Bens Alheios*, em *Revista da Ordem dos Advogados*, Ano 47, 1987, págs. 419-472, cit. "*Venda*".

CUPIS, Adriano de
— *Os Direitos de Personalidade*, Livraria Morais, Lisboa, 1961, cit. "*Direitos de Personalidade*".

D'Avanzo, Walter
— *Rappresentanza (Diritto Civile)*, em *Novissimo Digesto Italiano*, XIV, UTET, Torino, 1957, cit. *"Rappresentanza (dir. civ.)"*.

Dias, Augusto Silva
— *Os Criminosos são Pessoas? Eficácia e Garantias no Combate ao Crime Organizado*, em *Tratado Luso-Brasileiro da Dignidade Humana*, 2ª ed., Quartier Latin, São Paulo, 2009, cit. *"Os Criminosos"*.

Dias, Cristina M. Araújo
— *Do Regime da Responsabilidade por Dívidas dos Cônjuges – Problemas, Críticas e Sugestões*, Coimbra Editora, Coimbra, 2009, cit. *"Do Regime"*.

Díez-Picazo, Luis
— *La Representación en el Derecho Privado*, Civitas, Madrid, 1992, cit. *"Representación*.

Diniz, Maria Helena
— *Curso de Direito Civil Brasileiro*, 1º volume, *Teoria Geral do Direito Civil*, 15ª ed., Editora Saraiva, São Paulo, 1999, cit. *"Teoria Geral"*.
— *Curso de Direito Civil Brasileiro*, 2º volume, *Teoria Geral das Obrigações*, 13ª ed., Editora Saraiva, São Paulo, 1999, cit. *"Obrigações"*.
— *Curso de Direito Civil Brasileiro*, 3º volume, *Teoria das Obrigações Contratuais e Extracontratuais*, 14ª ed., Editora Saraiva, São Paulo, 1999, cit. *"Obrigações Contratuais"*.
— *Curso de Direito Civil Brasileiro*, 5º volume, *Teoria das Obrigações Contratuais e Extracontratuais*, 17ª ed., Editora Saraiva, São Paulo, 2002, cit. *"Família"*.

Drago, Diogo Nogueira Celorico
— *Actos Abstractos e Circulação de Valores Mobiliários*, em *Direito dos Valores Mobiliários*, Vol. V., Coimbra Editora, Coimbra, 2004, cit. *"Actos Abstractos"*.

Duarte, Maria Luísa
— *Introdução ao Estudo do Direito, Sumários Desenvolvidos*, reimp, Associação Académica da Faculdade de Direito de Lisboa, Lisboa, 2006, cit. *"Introdução"*.

Duarte, Rui Pinto
— *Efeitos da Declaração de Insolvência quanto à Pessoa do Devedor*, em *Novo Direito da Insolvência*, separata da *Revista Themis*, edição especial, Lisboa, 2005, cit. *"Efeitos"*.
— *Tipicidade e Atipicidade dos Contratos*, Almedina, Coimbra, 2000, cit. *"Tipicidade"*.

Dworkin, Ronald
— *Taking Rights Seriously*, Duckworth, 7ª ed., Londres, 1994, cit. *"Taking Rights"*.

Egusquiza, Maria Ángeles
— *La Configuración Jurídica de las Obligaciones Negativas*, Bosch, Barcelona, 1990, cit. *"La Configuración"*.

ENNECCERUS, Ludwig
— *Derecho Civil (Parte General)*, Vol. II, Parte II, 39ª ed, tradução de Blas Pérez Gonzalez e José Alguer, Bosch, Barcelona, (ver também: Nipperdey), cit. *"Derecho – II – II"*.

ESCOTO, João Duns
— *Tratado do Primeiro Princípio*, tradução de Mário Santiago de Carvalho, Edições 70, 1998 (obra original de c. 1298-1308), cit.*"Tratado"*.

ESCADÓN, Ana Mª Colás
— *La Ratificación*, Editorial Comares, Granada, 2000, cit. *"La Ratificación"*.

FAÍLDE, Juan José García
— *El Bien de los Conyuges*, em *Relevância Jurídica do Consentimento Matrimonial*, Universidade Católica Editora, Lisboa, 2001, cit. *"El Bien"*.
— *En Torno al Consentimiento Matrimonial*, em *Relevância Jurídica do Consentimento Matrimonial*, Universidade Católica Editora, Lisboa, 2001, cit. *"En Torno"*.

FALZEA, Angelo
— *Voci di Teoria Generale del Diritto*, Giuffrè, Milano, 1970, cit. *"Voci"*.

FARINA, Vincenzo
— *L'Autorizzazione a Disporre in Diritto Civile*, Edizioni Schientifiche Italiane, Nápoles, 2001, cit. *"L'Autorizzazione"*.

FERRI, Giovanni B.
— *Interpretazione, Autonomia Privata e Realtà Sociale*, em *Rivista del Diritto Commerciale e del Diritto Generale delle Obbligazione*, Ano XCIII, parte Prima, págs 715-736, Casa Editrice Dr. Francesco Vallardi, 1995, Padova, cit. *"Interpretazione"*.
— *Il Negozio Giuridico*, CEDAM, Padova, 2002, cit. *"Il Negozio"*.
— *Il Negozio Giuridico Tra Libertà e Norma*, Maggiolo Editore, Rimini, 1990, cit. *"Libertà e Norma"*.

FERRI, Giuseppe
— *Manuale di Diritto Commerciale*, UTET, Torino, 1952, cit. *"Manuale"*.

FERRI, Luigi
— *L'Autonomia Privata*, Giuffrè, Milano, 1959, cit. *"L'Autonomia"*.

FESTAS, David de Oliveira
— *Do Conteúdo Patrimonial do Direito à Imagem – Contributo para um Estudo do seu Aproveitamento Consentido e Inter Vivos*, Coimbra Editora, Coimbra, 2009, cit. *"Do Conteúdo"*.

FERNANDES, Luís A. Carvalho
— *Da Renúncia dos Direitos Reais*, separata de *O Direito*, nº 138, III, Almedina, Coimbra, 2006, cit. *"Da Renúncia"*.

— *Direito Civil (Teoria Geral)*, vol. I., polic., Lisboa, 1979, cit., "*Teoria Geral I (1979)*".
— *Efeitos Substantivos da Declaração de Falência*, separata de *Direito e Justiça*, vol. IX, tomo II, 1995, cit. "*Efeitos*".
— *Lições de Direitos Reais*, 5ª ed., em *Quid Juris?*, Lisboa, 2007, cit. "*Reais*".
— *Teoria Geral do Direito Civil*, vol. I., 5ª ed., Universidade Católica, Lisboa, 2009, cit. "*Teoria Geral – I*".
— *Teoria Geral do Direito Civil*, vol. III., polic., Lisboa, 1975, cit., "*Teoria Geral III (1975)*".

FERRARA, Luigi Cariota
— *Diritti Potestativi, Rappresentanza, Contratto a Favore di Terzi*, em *Rivista di Diritto Civile*, VI, 351-362, CEDAM, Padova, 1960, "*Diritti*".

FERREIRA, Vasco Taborda
— *Da Causa, no Acto Jurídico e na Atribuição Patrimonial*, polic., Lisboa, 1945, "*Da Causa*".
— *Do Conceito de Causa dos Actos Jurídicos*, Tip. Silvas, Lisboa, 1946, "*Do Conceito*".

FLUME, Werner
— *Allgemeiner Teil des Bürgerlichen Rechts, Zweiter Band, Das Rechtsgeschäft*, 3ª ed., Springer, Berlin – Heidelberg – New York, 1979, cit. "*Das Rechtsgeschäft*".

FRADA, Manuel Carneiro da
— *Da Inadmissibilidade da Recusa de Ratificação por "Venire Contra Factum Proprium"*, Separata de *O Direito*, Ano 126, III-IV, 1994, págs. 677-715, (ver também: António Menezes Cordeiro), cit. "*Da Inadmissibilidade*".
— *Teoria da Confiança e Responsabilidade Civil*, Almedina, Coimbra, 2004, "*Teoria da Confiança*".

FREITAS, Pedro Caridade
— *Ensaios Clínicos*, em *Estudos em Homenagem ao Prof. Doutor Inocêncio Galvão Telles*, Vol. IV, págs. 341-354, (ver também: António Pedro Barbas Homem) cit. "*Ensaios Clínicos*".

FRIDMAN
— *The Law of Agency*, 4ª ed., Butterwoths, Londres, 1976, cit. "*Agency*".

FRIED, Charles
— *Contract as Promise, A Theory of Contractual Obligation*, Harvard University Press, Cambridge – London, 1981, cit. "*Contract as Promise*".

GAILLARD, Emmanuel
— *Le Pouvoir en Droit Privé*, Economica, Paris, 1985, cit. "*Le Pouvoir*".

GALANTE, Fátima
— *Da Tutela da Personalidade, do Nome e da Correspondência Confidencial*, Quid Juris, 2010, cit. "*Da Tutela*".

Galgano, Francesco
— *Diritto Commerciale, L'Impreditore*, Zanichelli, Bolonha, 1982, cit. *"L'Impreditore"*.
— *Diritto Privato*, CEDAM, Padova, 1981, cit. *"Diritto"*.
Galvão, Sofia
— *Introdução ao Estudo do Direito*, 5ª ed., Lex, Lisboa, 2000, (ver também Marcelo Rebelo de Sousa), cit. *"Introdução"*.
Garcia, Maria Glória
— *Princípio da Igualdade: Da Uniformidade à Diferenciação ou A Interminável História de Caim e Abel, Dois Irmãos Marcados pela Diferença*, em *Estudos Sobre o Princípio da Igualdade*, Almedina, Coimbra, 2005, cit. *"Princípio da Igualdade: Da Uniformidade"*.
— *Princípio da Igualdade: Fórmula Vazia ou Fórmula "Carregada" de Sentido?*, em *Estudos Sobre o Princípio da Igualdade*, Almedina, Coimbra, 2005, cit. *"Princípio da Igualdade: Fórmula"*.
Gasca, Cesare Luigi
— *Tratatto della Compra-Vendita Civile e Commerciale*, Vol. I, 2ª ed., UTET, Torino, 1914, cit. *"Compra-Vendita"*.
Gella, Agustín Vicente y
— *Introducción al Dereceho Mercantil Comparado*, 2ª ed., Editorial Labor, Barcelona, 1934, cit. *"Introducción"*.
Geraldes, João de Oliveira
— *Tipicidade Contratual e Condicionalidade Suspensiva Voluntária*, polic., Lisboa, 2007, cit. *"Tipicidade"*.
Geri, Lina Bigliazzi
— *Diritto Civile, 1.2., Fatti e Atti Giuridici*, UTET, 1986, (ver também: Umberto Breccia, Francesco D. Busnelli e Natoli), cit. *"Diritto"*.
Ghestin, Jacques
— *Traité de Droit Civil, Les Efects du Contrat*, 2ª ed., LGDI, 1994, (ver também: Christophe Jamin e Marc Billiau), cit. *"Traité"*.
Giannattasio, Carlo
— *Contrato Estimatorio*, em *Enciclopedia del Diritto*, X, págs. 87-95, Gouffrè, Varese, 1962, cit. *"Contrato"*.
Giudice, Pasquale del
— *Storia del Diritto Italiano, Vol. II, Fonti: Legislazione e Scienza Giuridica dal Secolo Deciosesto ai Giorni Nostri*, reimpressão da edição de 1923, Sauer & Auvermann KG/Livreria O. Gozzini, Frankfurt/Main e Firenze, 1969, cit. *"Storia"*.

Gomes, Andreia Sofia Esteves
— *A Dignidade da Pessoa Humana e o seu Valor Jurídico Partindo da Experiência Constitucional Portuguesa*, em *Tratado Luso-Brasileiro da Dignidade Humana*, 2ª ed., Quartier Latin, São Paulo, 2009, cit. *"A Dignidade"*.

Gomes, Júlio Manuel Vieira
— *A Gestão de Negócios, Um Instituto Jurídico numa Encruzilhada*, separata do Vol. XXXIX do suplemento ao *Boletim da Faculdade de Direito da Universidade de Coimbra*, Coimbra, 1993, cit. *"A Gestão"*.

Gomes, Orlando
— *Contratos*, 18ª edição, Editora Forense, Rio de Janeiro, 1999, cit. *"Contratos"*.

Gomes, Manuel Januário da Costa
— *O (in)sustentável peso do aval em livrança em branco prestado por sócio de sociedade para garantia de crédito bancário revolving*, in Cadernos de Direito Privado, nº 43, julho/setembro de 2013, págs. 15-46, cit. *"Aval em Livrança"*.
— *Contrato de Mandato*, reimp., Associação Académica da Faculdade de Direito de Lisboa, Lisboa, 2007, cit. *"Mandato"*.
— *Em Tema de Revogação do Mandato Civil*, Almedina, Coimbra, 1989, cit. *"Em Tema"*.

Gonçalves, Luís da Cunha
— *Da Compra e Venda no Direito Comercial Português*, 2ª edição, Imprensa da Universidade, Coimbra, 1924, cit. *"Compra"*.
— *Da Propriedade e da Posse*, Ática, Lisboa, 1952, cit. *"Da Propriedade"*.
— *Comentário ao Código Comercial Português*, Vol. III, Empreza Editora J. B., Lisboa, 1918, cit. *"Comentário ao Código Comercial"*.

Gonçalves, Nuno Baptista
— *Do Negócio sob Condição (Estudo de Direito Civil)*, Edições Castilho, Lisboa, 1995, cit. *"Negócio sob Condição"*.

González, José Alberto
— *Restrições de Vizinhança (de Interesse Particular)*, 2ª edição, Quid Juris, Lisboa, 2010, cit. *"Restrições"*.

Gordillo, Antonio
— *La Representación Aparente (Una Aplicación del Principio General de Protección de la Apariencia Jurídica)*, Universidad de Sevilla, Salamanca, 1978, cit. *"Representación"*.

Goulart, Valéria Diez Scarance Fernandes
— *"Indignidade" da "Pessoa" Humana, Direito Penal do Inimigo e Aspectos Correlativos*, em *Tratado Luso-Brasileiro da Dignidade Humana*, 2ª ed., Quartier Latin, São Paulo, 2009, cit. *"Indignidade"*.

Gouveia, Jaime
— *Direitos Reais*, Livraria Morais, Lisboa, 1935, cit. *"Direitos Reais"*.

Greco, Paolo
— *Delegazione (Diritto Civile)*, em *Novissimo Digesto Italiano*, V, UTET, Torino, 1960, cit. *"Delegazione"*.

Gregoraci, Beatriz Fernández
— *La Representación Indirecta*, Aranzadi, 2006, cit. *"Representación"*.

Gregory, William A.
— *The Law of Agency and Partnership*, 2ª ed., West Publishing co., St. Paul – Minnesota, 1990, (ver também: Harold Gill Reuschlein), cit. *"Agency"*.

Heinrichs, Helmut
— *Palandt, Bürgerliches Gesetzbuch*, 56ª ed., Beck, Munique, 1997, cit. *"Palandt-Heinrichs"*.

Henriques, Paulo Alberto Videira
— *A Desvinculação Unilateral "Ad Nutum" nos Contratos Civis de Sociedade e de Mandato*, Coimbra Editora, Coimbra, 2001, cit. *" Desvinculação"*.

Henriques, Sofia
— *Estatuto Patrimonial dos Cônjuges, Reflexos da Atipicidade do Regime de Bens*, Coimbra Editora, Coimbra, 2009, cit. *"Estatuto Patrimonial"*.

Hobbes, Thomas
— *Leviathan*, Penguin Books, Londres, 1987, cit. *"Leviathan"*.

Homem, António Pedro Barbas
— *Ensaios Clínicos*, em *Estudos em Homenagem ao Prof. Doutor Inocêncio Galvão Telles*, Vol. IV, págs. 341-354, (ver também: Pedro Caridade Freitas) cit. *" Ensaios Clínicos"*.
— *O Justo e o Injusto*, Associação Académica da Faculdade de Direito de Lisboa, Lisboa, 2001, cit. *"O Justo"*.

Hörster, Heinrich Ewald
— *A Parte Geral do Código Civil Português, Teoria Geral do Direito Civil*, Almedina, Coimbra, 1992, cit. *"A Parte Geral"*.

Hübner, Hans
— *Allgemeiner Teil des Bürgerlichen Gesetzbuches*, de Gruyter, Berlim – Nova Iorque, 1984, cit. *"Allgemeiner Teil"*.

Huvelin, Paul
— *Études d'Histoire du Droit Commercial Romain (Histoire Externe – Droit Maritime)*, obra póstuma publicada por Henry Lévy-Bruhl, Requeil Sirey, Paris, 1929, cit. *"Études d'Histoire"*.

IBBA, Carlo
— *Rappresentanza Commerciale, Rappresentanza di Diritto Comune e Registro delle Imprese*, em *Rivista di Diritto Civile*, XLVI, 2ª parte, 145-165, CEDAM, Padova, 2000, *"Rappresentanza"*.

IRÁKULIS, Nerea
— *El Régimen Jurídico Unificado de la Comisión Mercantil y el Mandato en el Derecho de Obligaciones y Contratos*, Editorial Dykinson, Madrid, 2006, (ver também, Elena Leiñena) cit. *"El Régimen"*.

IRTI, Natalino
— *Sul Concetto di Titolarità (Persona Fisica e Obbligo Giuridico)*, Rivista di Diritto Civile, XVI, págs. 501-531, CEDAM, Padova, 1970, *"Titularità"*.

JAMIN, Christophe
— *Traité de Droit Civil, Les Efects du Contrat*, 2ª ed., LGDI, 1994, (ver também: Jacques Ghestin e Marc Billiau), cit. *"Traité"*.

JHERING, Rudolph von
— *Mitwirkung für Fremde Rechtsgeschäfte*, em *Jherings Jahrbücher für die Dogmatik des bürgerlichen Rechts*, Bd.I, págs. 274-350, 1857, e Bd. II, págs. 67-179, 1858, cit. *"Mitwirkung"*.

JORGE, Fernando de Sandy Lopes Pessoa
— *A Protecção Jurídica da Aparência no Direito Civil Português*, polic., Lisboa, 1951-1952, cit. *"Aparência"*.
— *O Mandato sem Representação*, Ática, Lisboa, 1961, cit. *"O Mandato"*.
— *Lições de Direito das Obrigações*, Associação Académica, Lisboa, 1975-1976, cit. *"Obrigações"*.

JUSTO, A. Santos
— *Direito Privado Romano – I, (PArte Geral)*, Coimbra Editora, Coimbra, 2000, cit. *"Direito Privado Romano – I"*.
— *Direito Privado Romano – II, (Direito das Obrigações)*, 3ª ed., Coimbra Editora, Coimbra, 2008, cit. *"Direito Privado Romano – II"*.
— *Direitos Reais*, 2ª ed., Coimbra Editora, Coimbra, 2010, cit. *"Reais"*.

KANT, Immanuel
— *Metafísica dos Costumes, Parte I, Princípios Metafísicos da Doutrina do Direito*, tradução de Artur Mourão, Edições 70, Lisboa, 2004, cit. *"Metafísica"*.

KARLI, Pierre
— *O Cérebro e a Liberdade*, tradução de Fátima e Carlos Gaspar, Instituto Piaget, Lisboa, 1995, cit. *"O Cérebro e a Liberdade"*.

KAUFMANN, Arthur
— *A Problemática da Filosofia do Direito ao Longo da História*, em *Introdução à Filosofia do Direito e à Teoria do Direito Contemporâneas*, tradução da 6ª edição por Marcos Keel e Manuel Seca de Oliveira com revisão e coordenação científica de António Manuel Hespanha, Fundação Calouste Gulbenkian, Lisboa, 2002, cit. *"A Problemática"*.

KIMEL, Dori
— *From Promise to Contract, Towards a Liberal Theory of Contract*, Hart, Oxford, 2005, cit. *"From Promise to Contract"*.

KING, Peter
— *Duns Scotus on Possibilities, Powers and the Possible*, in *Potentialität und Possibilität, Modalaussagen in Der Geschichte Der Metaphysik*, Fromann-Holzboog, 2001, cit. *"Possibilities"*, PÁGS. 179-199.

KROETZ, Maria Cândida do Amaral
— *A Representação Voluntária no Direito Privado*, Editora Revista dos Tribunais, São Paulo, 1997, cit. *"Representação"*.

LABAND, Paul
— *Die Stellvertretung bei dem Abschluss von Rechtsgeschäften nach dem allgemeinen Deutschen Handelsgesetzbuch*, em *Zeitschrift für das gesamte Handels und Wirtschaftsrecht*, Bd, 10, 1866, págs. 183 e segs., cit. *"Stellvertretung"*.

LAMEGO, José
— *Discussão sobre os Princípios Jurídicos*, em *Revista Jurídica*, nº4, págs. 103-119, Associação Académica da Faculdade de Direito de Lisboa, Lisboa, Out./Dez. 1985, cit. *"Princípios"*.

LARENZ, Karl
— *Allgemeiner Teil des Bürgerlichen Rechts*, 9ª ed., C. H. Beck, München, 2004, (ver também Manfred Wolf), cit. *"Allgemeiner Teil"*.
— *Metodologia da Ciência do Direito*, 3ª ed., tradução da 6ª edição alemã por José Lamego, Fundação Calouste Gulbenkian, Lisboa, 1997, cit. *"Metodologia"*.

LECOMPTE, Henri
— *Essai sur la Notion de Faculté en Droit Civil*, Recueil Sirey, Paris, 1930, cit. *"Faculté"*.

LEIÑENA, Elena
— *El Régimen Jurídico Unificado de la Comisión Mercantil y el Mandato en el Derecho de Obligaciones y Contratos*, Editorial Dykinson, Madrid, 2006, (ver também, Nerea Irákulis) cit. *"El Régimen"*.

LEITÃO, Adelaide Menezes
— *Normas de Protecção e Danos Puramente Patrimoniais*, Almedina, Coimbra, 2009, cit. *"Normas"*.

— "*Revogação Unilateral*" *do Mandato, Pós-Eficácia e Responsabilidade pela Confiança*, em *Estudos em Homenagem ao Prof. Doutor Inocêncio Galvão Telles*, Vol. I, págs. 305-346, Almedina, Coimbra, cit. "*Revogação Unilateral*".

LEITÃO, Luís Menezes

— *A Responsabilidade do Gestor Perante o Dono do Negócio no Direito Civil Português*, Almedina, Coimbra, 2005, cit. "*A Responsabilidade*".

— *Direito das Obrigações*, Vol. II, 10ª ed., Almedina, Coimbra, 2016, cit. "*Obrigações II*".

LIMA, Pires de

— *Código Civil Anotado*, Vol. I, 4ª ed., Coimbra Editora, Coimbra, 1987, (ver também: João de Matos Antunes Varela), cit. "*Código Civil Anotado*".

LOCKE, John

— *Dois Tratados do Governo Civil*, tradução de Miguel Morgado, Edições 70, Lisboa, 2006, cit. "*Dois Tratados*".

LORENZI, Valeria di

— *La Rappresentanza nel Diritto Tedesco, Excursus Storico sulla Dottrina*, em *Rappresentanza e Gestione*, págs. 72-93, CEDAM, 1992, cit. "*La Rappresentanza*".

LOZANO, José Luis Fernández

— *La Representación*, em *Instituciones de Derecho Privado*, Tomo I, Vol. 2, págs.535-923, Civitas, Madrid, 2003, cit. "*La Representación*".

LUMINOSO, Angelo

— *Il Conflitto di Interessi nel Rapporto di Gestione*, em *Rivista di Diritto Civile*, LIII, págs. 739-768, CEDAM, Padova, 2007, "*Il Conflitto*".

— *Mandato, Comissione, Spedizione*, Giuffrè, Milano, 1984, cit. "*Mandato*".

MAJO, Adolfo di

— *Le Promesse Unilaterali*, Giuffrè, Milano, 1989, cit. "*Le Promesse*".

MALAURIE, Philippe

— *Cours de Droit Civil, T. IV, Les Obligations*, 5ª ed., Éditions Cujas, Paris, 1994, (ver também: Laurent Aynès) cit. "*Cours*".

MALVAGNA, Simone

— *La Teoria del Negozio Astratto*, Rivista di Diritto Civile, XXVII, págs. 43-63, Società Editrice Libraria, Milano, 1935, cit. "*La Teoria*".

— *Sulla Natura Giuridica della Rappresentanza*, Rivista di Diritto Civile, XXVIII, págs. 257-305, Società Editrice Libraria, Milano, 1936, cit. "*Sulla Natura*".

MARQUES, J. Dias

— *Noções Elementares de Direito Civil*, 7ª edição, com a colaboração de Paulo de Almeida, Lisboa, 1992, cit. "*Noções*".

MARQUES, J. P. Remédio
— *Acção Declarativa à Luz do Código Revisto,* 2ª edição, Coimbra Editora, Coimbra, 2009, cit. "*Acção Declarativa*".

MARKESINIS
— *An Outline of the Law of Agency,* Butterworths, Londres, 1979, (ver também: Munday), cit. "*Agency*".

MARTÍNEZ, Maria Eugénia Rodríguez
— *Contrato Estimatorio y Transmissión de la Propiedad,* Editorial Aranzadi, Pamplona, 2008, cit. "*Contrato Estimatorio*".

MARTINEZ, Pedro Romano
— *Contratos Comerciais – Apontamentos,* Principia, Cascais, 2001, cit. "*Contratos Comerciais*".
— *Da Cessação do Contrato,* 3ª ed., Almedina, Coimbra, 2015, cit. "*Da Cessação*".
— *Direito das Obrigações (parte especial), Contratos,* 2ª edição (5ª reimp.), Almedina, Coimbra, 2014, cit. "*Contratos*".

MARTINEZ, Soares
— *Filosofia do Direito,* Almedina, Coimbra, 1991, cit. "*Filosofia*".

MEDICUS, Dieter
— *Bürgerliches Rechts,* 19ª ed., Carl Heymanns, Köln – Berlin – Bonn – München, 2002, cit. "*Bürgerliches Rechts*".
— *Allgemeiner Teil des BGB,* 3ª ed., C. F. Müller, Heidelberg, 1988, cit., "*Allgemeiner Teil*".

MELLO, Marcos Bernardes de
— *Teoria do Fato Jurídico (Plano da Existência),* 8ª ed., Editora Saraiva, São Paulo, 1998, cit. "*Teoria – Existência*".
— *Teoria do Fato Jurídico, Plano da Validade,* 2ª ed., Editora Saraiva, São Paulo, 1997, cit. "*Teoria – Validade*".

MENDES, João de Castro
— *Direito Civil (Teoria Geral),* volume I, Associação Académica da Faculdade de Direito de Lisboa, Lisboa, 1967, cit. "*Direito Civil I (1967)*.
— *Direito Civil (Teoria Geral),* volume I, Associação Académica da Faculdade de Direito de Lisboa, Lisboa, 1978 (reimp. 1995), cit. "*Direito Civil I (1978)*".
— *Direito Civil (Teoria Geral),* volume III, Associação Académica da Faculdade de Direito de Lisboa, Lisboa, 1968, cit. "*Direito Civil III (1968)*.
— *Direito da Família,* Associação Académica da Faculdade de Direito de Lisboa, Lisboa, 1990/1991, cit. "*Família*".

MENGONI, Luigi
— *Aquisto a Non Domino*, em *Digesto delle Discipline Privatistiche*, I, págs. 69-82, UTET, Torino, 1987, cit. *"Non Domino"*.

MERRYMAN, John Henry
— *The Italian Legal System*, Stanford University Press, Stanford, Califórnia, 1967, (ver também: Mauro Cappelletti e Joseph M. Perillo), cit. *"The Italian"*.

MESQUITA, José Andrade
— *Direitos Pessoais de Gozo*, Almedina, Coimbra, 1999, cit. *"Direitos"*.

MESQUITA, Manuel Henrique
— *Obrigações Reais e Ónus Reais*, Almedina, Coimbra, 1990, cit. *"Obrigações Reais"*.

MESSINEO, Francesco
— *Istituzioni di Diritto Privato*, 3ª ed., CEDAM, Padova, 1941, cit. *"Istituzioni"*.

MICELI, Maria
— *Studi sulla «Rappresentanza» nel Diritto Romano*, Vol. I., Milano, Giuffeè, 2008, cit. *"Studi"*.

MIRABELLI, Giuseppe
— *Commentario del Codice Civile, Libro IV, Tomo II, Titolo II, Dei Contratti in Generale*, UTET, Torino, 1958, cit. *"Commentario"*.
— *L'Atto non Negociale nel Diritto Privato Italiano*, Casa Editrice Dott. Eugenio Jovene, Napoli, 1955, cit. *"L'Atto"*.

MIRANDA, Jorge
— *A Dignidade da Pessoa Humana e a Unidade Valorativa do Sistema de Direitos Fundamentais*, em *Tratado Luso-Brasileiro da Dignidade Humana*, 2ª ed., Quartier Latin, São Paulo, 2009, cit. *"A Dignidade"*.

MIRANDA, Yara
— *Venda de Coisa Alheia*, em *Themis*, Ano VI, nº11, 2005, págs. 111-144, cit. *"Venda"*.

MIRANDOLA, Pico della
— *On the Dignity of Man*, tradução de Charles Glenn Wallis, Paul J. W. Miller e Douglas Carmichale, Bobbs-Merril, Indianapolis, 1977, cit. *"On the Dignity of Man"*.

MONCADA, Cabral
— *Lições de Direito Civil, Parte Geral*, vol II, 3ª ed., Atlântida, Coimbra, 1959, cit. *"Lições"*.

MONTEIRO, António Pinto
— *Contrato de Agência*, 7ª ed., Almedina, Coimbra, 2010, cit. *"Agência"*.
— *Direito Comercial, Contratos de Distribuição Comercial*, Almedina, Coimbra, 2009, cit. *"Contratos de Distribuição"*.

— *Do Regime Jurídico dos Contratos de Distribuição Comercial*, em *Estudos em Homenagem ao Prof. Doutor Inocêncio Galvão Telles*, vol. I, págs. 565-577, Almedina, Coimbra, 2002, cit. *"Do Regime"*.
— *Teoria Geral do Direito Civil*, Coimbra Editora, Coimbra, 2005, 4ª ed., (ver também: Carlos Alberto da Mota Pinto e Paulo Mota Pinto), cit. *"Teoria Geral"*.

MONTEIRO, Washington de Barros
— *Curso de Direito Civil, 5º volume, Direito das Obrigações, 2ª Parte*, 31ª ed., Saraiva, São Paulo, 1999, cit. *"Obrigações"*.

MOREIRA, Guilherme Alves
— *Instituições do Direito Civil Português*, Vol. I, Parte Geral, Imprensa da Universidade, Coimbra, 1907, cit. *"Instituições"*.

MOSCO, Luigi
— *La Rappresentanza Voluntaria nel Diritto Privato*, Casa Editrice Dott. Eugenio Jovene, Nápoles, 1961, cit. *"La Rappresentanza"*.

MOTA, Helena
— *Do Abuso de Representação – Uma Análise da Problemática Subjacente ao Artigo 269º do Código Civil de 1966*, Coimbra Editora, Coimbra, 2001, cit. *"Do Abuso"*.

MUNDAY
— *An Outline of the Law of Agency*, Butterworths, Londres, 1979, (ver também: Markesinis), cit. *"Agency"*.

MÚRIAS, Pedro Ferreira
— *Regulações do Dono, uma Fonte de Obrigações*, em *Estudos em Homenagem à Professora Doutora Isabel de Magalhães Collaço*, vol. II, págs. 255-293, Almedina, Coimbra, 2002, cit. *"Regulações"*.

NATOLI, Ugo
— *Diritto Civile, 1.2., Fatti e Atti Giuridici*, UTET, 1986, (ver também: Umberto Breccia, Francesco D. Busnelli e Lina Bigliazzi Geri), cit. *"Diritto"*
— *La Rappresentanza*, Giuffrè, Milano, 1977, cit. *"Rappresentanza"*.
— *Rappresentanza (Diritto Privato)*, em *Enciclopedia del Diritto*, XXXVIII, Giuffrè, 1958, cit. *"Rappresentanza (dir. priv.)"*.

NATTINI, Angelo
— *Il Negozio Autorizzativo*, em *Rivista del Diritto Commerciale e del Diritto Generale delle Obbligazioni*, Vol X, parte I, pags. 485-491, Casa Editrice Dottor Francesco Vallardi, Milano, 1912, cit. *"Il Negozio"*.
— *La Dottrina Generale della Procura, La Rappresentanza*, Società Editrice Libraria, Milano, 1910, cit. *"La Dottrina"*.

NAVARRINI, Umberto
— *Trattato Elementare di Diritto Commerciale*, Vol. I, 5ª ed., UTET, Torino, 1937, cit. "*Trattato*".
— *Trattato Teorico-Pratico di Diritto Commerciale*, Vol. II, reimp. Fratelli Boca Editori, Torino, 1920, cit. "*Trattato Teorico*".

NEPPI, Vittorio
— *Il Contrato Estimatorio e Il Commercio Odierno*, Tadei, Ferrara 1926, cit. "*Contrato Estimatorio*".

NIPPERDEY, Hans Carl
— *Derecho Civil (Parte General)*, Vol. II, Parte II, 39ª ed, tradução de Blas Pérez Gonzalez e José Alguer, Bosch, Barcelona, (ver também: Ludwig Enneccerus), cit. "*Derecho – II – II*".

NETO, Luísa
— *O Direito Fundamental à Disposição Sobre o Próprio Corpo (A Relevância da Vontade na Configuração do seu Regime)*, Coimbra Editora, Coimbra, 2004, cit. "*Direito Fundamental à Disposição*".

OBERDIEK, Hans
— *Tolerance, Between Forbearance and Acceptance*, Rowman & Littlefield Publishers, Maryland – Oxford, 2001, cit. "*Tolerance*".

OCKHAM, Guilherme de
— *Opus nonaginta dierum* (JOHN KILCULLEN e JOHN SCOTT, *A Translation of William of Ockham's "Work of Ninety Days"*, The Edwin Mellen Press, Lewinston – Queenston -Lampeter, 2001), cit. "*OND*".

OHLY, Ansgar
— *"Volenti non fit Iniuria" Die Einwilligung im Privatrecht*, Mohr Siebeck, Tübingen, 2002, cit. "*Eniwilligung*".

OLIVA, Rocío Diéguez
— *Eficacia Real y Obligacional de la Representación Indirecta*, Tirant lo Blanch, Valencia, 2006, cit. "*Eficacia*".

OLIVEIRA, Guilherme de
— *Curso de Direito da Família*, vol. I, 4ª ed., Coimbra, Coimbra, 2008, (ver também: Pereira Coelho), cit. "*Curso I*".

ORLANDI, Mauro
— *Falsus Nuntius e Falsus Procurator*, em *Rivista di Diritto Civile*, XLI, págs. 347-378, CEDAM, Padova, 1995, "*Falsus Nuntius*".

OTERO, Paulo
— *Direito Constitucional Português, Vol. I, Identidade Constitucional,* Almedina, Coimbra, 2010, cit. *"Direito Constitucional I",*
— *Disponibilidade do Próprio Corpo e Dignidade da Pessoa Humana,* em *Estudos em Honra do Professor Doutor Oliveira Ascensão,* vol I, págs. 107-138, Almedina, Coimbra, 2008, cit. *"Disponibilidade".*
— *Instituições Políticas e Constitucionais,* Vol. I, Almedina, 2007, cit. *"Instituições".*
— *Personalidade e Identidade Pessoal e Genética do Ser Humano: Um Perfil Constitucional da Bioética,* Almedina, Coimbra, 1999, cit. *"Personalidade e Identidade".*
— *Personalidade: um Repensar do seu Início?,* em *Tratado Luso-Brasileiro da Dignidade Humana,* 2ª ed., Quartier Latin, São Paulo, 2009, cit. *"Personalidade".*

PAISANA, António José
— *Da Venda de Coisa Alheia,* polic., Lisboa, 1946-1947, cit. *"Da Venda".*

PAIVA, Vicente Ferrer Melo
— *Reflexões Sôbre os Sete Primeiros Títulos do Livro Único da Parte I do Projecto do Codigo Civil Portuguez do Sr. António Luiz de Seabra,* Imprensa da Universidade, Coimbra, 1859, cit. *"Reflexões".*

PALMA, Maria Fernanda
— *A Justificação por Legítima Defesa como Problema de Delimitação de Direitos,* Associação Académica da Faculdade de Direito de Lisboa, Lisboa, 1990, cit. *"A Justificação".*

PAPANTI-PELLETIER, Paolo
— *Cooperazione e Rappresentanza,* em *Rappresentanza e Gestione,* CEDAM, 1992, cit. *"Cooperazione e Rappresentanza".*
— *Rappresentanza e Cooperazione Rappresentativa,* Giuffrè, Milano, 1984, cit. *"Rappresentanza".*

PÉDAMON, Michel
— *Le Contrat en Droit Allemand,* 2ª edição, L.G.D.J., Paris, 2004, cit. *"Le Contrat".*

PERILLO, Joseph M.
— *The Italian Legal System,* Stanford University Press, Stanford, Califórnia, 1967, (ver também: Mauro Cappelletti e John Henry Merryman), cit. *"The Italian".*

PIERANGELI, José Henrique
— *O Consentimento do Ofendido na Teoria do Delito,* 3ª ed., Revista dos Tribunais, 2001, cit. *"Consentimento".*

PINHEIRO, Jorge Duarte
— *O Direito da Família Contemporâneo,* 4ª ed., reimp., AAFDL Editora, Lisboa, 2015, cit. *"Família".*

PINTO, Carlos Alberto da Mota
— *Teoria Geral do Direito Civil*, Coimbra, 1973, cit. "*Direito Civil*".
— *Teoria Geral do Direito Civil*, 4ª ed., Coimbra Editora, Coimbra, 2005, (ver também: António Pinto Monteiro e Paulo Mota Pinto) cit. "*Teoria Geral*".
— *Teoria Geral da Relação Jurídica*, Almedina, Coimbra, 1966/1967, cit. "*Relação Jurídica*".

PINTO, Eduardo Vera-Cruz
— *Curso Livre de Ética e Filosofia do Direito*, Principia, 2010, cit. "*Ética*".

PINTO, Paulo Mota
— *Aparência de Poderes de Representação e Tutela de Terceiros, Reflexão a Propósito do Art. 23º do Decreto-Lei nº 178/86, de 3 de Julho*, em *Boletim da Faculdade de Direito*, Vol. LXIX, págs. 587-645, Universidade de Coimbra, Coimbra, 1993, cit. "*Aparência*".
— *Declaração Tácita e Comportamento Concludente no Negócio Jurídico*, Almedina, Coimbra, 1995, cit. "*Declaração Tácita*".
— *Teoria Geral do Direito Civil*, Coimbra Editora, Coimbra, 2005, 4ª ed., (ver também: Carlos Alberto da Mota Pinto e António Pinto Monteiro) cit. "*Teoria Geral*".

PINTO, Rui
— *Direitos Reais de Moçambique*, Almedina, 2006, cit. "*Direitos Reais*".

PROENÇA, José Carlos Brandão
— *A Resolução do Contrato no Direito Civil, Do Enquadramento e do Regime*, Coimbra Editora, Coimbra, 2006, cit. "*A Resolução*".

PUGLIATTI, Salvatore
— *L'Atto di Disposizione e il Trasferimento dei Diritti*, em *Studi sulla Rappresentanza*, (primeira publicação do artigo em 1927 em *Annali dell'Instituto di Scienze Giuridiche, Economiche, Politiche e Sociali della R. Università di Messina, I*), Giuffrè, Milano, 1965, cit. "*L'Atto*".

RAJNERI, Eleonora
— *Il Principio dell'Apparenza Giuridica*, Università degli Studi di Trento, Trento, 2002, cit. "*Apparenza*".

RAMALHO, Maria do Rosário Palma
— *Contrato de Trabalho e Direitos Fundamentais da Pessoa*, em *Estudos em Homenagem à Professora Doutra Isabel de Magalhães* Collaço, vol. II, págs. 393-415, Almedina, Coimbra, 2002, cit. "*Contrato de Trabalho*".
— *Tratado de Direito do Trabalho, Parte II – Situações Laborais Individuais*, 5ª ed., Almedina, Coimbra, 2015, cit. "*Direito do Trabalho*".

REUSCHLEIN, Harold Gill
— *The Law of Agency and Partnership*, 2ª ed., West Publishing co., St. Paul – Minnesota, 1990, (ver também: William A. Gregory), cit. *"Agency"*.

REYNOLDS, F. M. B.
— *Bowstead on Agency*, 15ª ed., Sweet & Maxwell, Londres, 1985, cit. *"Agency"*.

RIBEIRO, Joaquim de Sousa
— *O Problema do Contrato – As Cláusulas Contratuais Gerais e o Princípio da Liberdade Contratual*, Almedina, Coimbra, 1999, cit. *"O Problema"*.

ROCCO, Alfredo
— *Diritto Commerciale, Parte Generale*, S. A. Fratelli Treves Editori, Milano, 1936, cit. *"Diritto"*.

RODRIGUES, Manuel
— *A Posse, Estudo de Direito Civil Português*, 3ª ed., Almedina, Coimbra, 1980, cit. *"A Posse"*.

ROPPO, Enzo
— *O Contrato*, tradução de Ana Coimbra e M. Januário C. Gomes, Almedina, Coimbra, 1988, cit. *"O Contrato"*.

REGO, Margarida Lima
— *Contrato de Seguro e Terceiros*, Coimbra Editora, Coimbra, 2010, cit. *"Contrato de Seguro"*.

REI, Maria Raquel
— *Da Expectativa Jurídica*, separata da *Revista da Ordem dos Advogados*, págs. 149-180, ano 54, I, Lisboa, 1994, cit. *"Da Expectativa"*.

SACCO, Rodolfo
— *Autonomia nel Diritto Privato*, em *Digesto delle Discipline Privatistiche*, I, págs. 517-523, UTET, Torino, 1987, cit. *"Autonomia"*.
— *Possesso (dir. priv.)*, em *Enciclopedia del Diritto*, XXXIV, págs. 491-519, Giuffrè, Varese, 1985, cit. *"Possesso"*.

SALANITRO, Niccolò
— *Diritto Commerciale*, 15ª ed., Giuffrè, Milano, 2006, (ver também: Giuseppe Auletta) cit. *"Diritto"*.

SALIS, Lino
— *La Compra-Vendita di Cosa Futura*, CEDAM, Padova, 1935, cit. *"Compra-Vendita"*.

SALOMONI, Alessandra
— *La Rappresentanza Voluntaria*, CEDAM, Padova, 1997, cit. *"La Rappresentanza"*.

SANDT, Carole Van de
— *L'Acte de Disposition*, Éditions Universitaires Fribourg Suisse, Fribourg, 2000, cit. *"La Rappresentanza"*.

SANTORO-PASSARELLI, Francesco
— *Dottrine Generali del Diritto Civile*, 9ª ed., Casa Editrice Dott. Eugenio Jovene, Napoli, 1989, cit. *"Diritto Civile"*.

SANTOS, António Marques dos
— *Algumas Considerações sobre o Direito e a Língua ou A Ignorância dos Juristas não Aproveita a Ninguém*, separata da *Scientia Iuridica*, Setembro-Outubro, 2001, Tomo L, nº 291, cit. *"Algumas Considerações"*.

SANTOS, Delfim
— *Direito, Justiça e Liberdade, A Propósito do Congresso Internacional de Filosofia em Amesterdão*, em *Boletim do Ministério da Justiça*, nº 10, 1949, cit. *"Direito"*.

SANTOS, Eduardo dos
— *Curso de Direitos Reais*, I, polic., Lisboa, 1983, cit. *"Reais"*.

SELL, Edward
— *Agency*, The Foundation Press, Mineola, 1975, cit. *"Agency"*.

SERRA, Adriano Paes da Silva Vaz
— *Contratos a Favor de Terceiro, Contratos de Prestação por Terceiro*, em *Boletim do Ministério da Justiça*, nº 51, págs. 29-230, Lisboa, 1955, cit. *" Contratos a Favor de Terceiro"*.
— *Delegação*, em *Boletim do Ministério da Justiça*, nº 72, págs. 97-187, Lisboa, 1958, cit. *" Delegação"*.
— *Gestão de Negócios*, separata do *Boletim do Ministério da Justiça*, nº 66, Lisboa, 1955, cit. *"Gestão de Negócios"*.
— *Negócios Abstractos, Considerações Gerais – Promessa ou Reconhecimento de Dívida e Outros Actos*, em *Boletim do Ministério da Justiça*, nº 83, págs. 5-67, Lisboa, 1959, cit. *"Negócios Abstractos"*.
— *Títulos de Crédito*, separata do *Boletim do Ministério da Justiça*, nºs 60-61, Lisboa, 1956, cit. *"Títulos"*.

SERVERA, Pedro Grimalt
— *Ensayo sobre la Nulidad del Contrato en el Código Civil, Revisión Crítica de la Categoria de la Anulabilidad*, Editorial Comares, Granada, 2008, cit. *"Ensayo"*.

SICCHIERO, Gianluca
— *Tolleranza*, em *Digesto delle Discipline Privatistiche*, XIX, págs. 371-385, UTET, Torino, 1999, cit. *"Tolleranza"*.

SILLANI, Chiara Tenella
— *Possesso e Detenzione*, em *Digesto delle Discipline Privatistiche*, XIV, págs. 8-41, UTET, Torino, 1996, cit. *"Precario"*.

SILVA, Manuel Duarte Gomes da
— *Conceito e Estrutura da Obrigação*, reimp., Centro de Estudos de Direito Civil, Lisboa, 1971, cit. *"Conceito e Estrutura"*.
— *Esboço de uma Concepção Personalista do Direito*, Separata da *Revista da Faculdade de Direito da Universidade de Lisboa*, Vol. XVII, Lisboa, 1965, cit. *"Esboço"*.
— *O Dever de Prestar e o Dever de Indemnizar*, Livraria Cruz, Lisboa, 1944, cit. *"O Dever de Prestar"*.

SILVA, Paula Costa e
— *As Operações de Venda a Descoberto de Valores Mobiliários*, Coimbra Editora, Coimbra, 2009, cit. *"Venda a Descoberto"*.
— *Acto e Processo – O Dogma da Irrelevância da Vontade na Interpretação e nos Vícios do Acto Postulativo*, Coimbra Editora, Coimbra, 2003, cit. *"Acto"*.
— *Posse ou Posses?*, 2ª ed., Coimbra Editora, Coimbra, 2005, cit. *"Posse"*.
— *Repensando a Transmissão da Coisa ou Direito em Litígio*, Coimbra Editora, Coimbra, 2009, cit. *"Transmissão da Coisa"*.
— *Sociedade Aberta, Domínio e Influência Dominante*, em *Revista da Faculdade de Direito da Universidade de Lisboa*, Vol. XLVIII, págs. 39-66, Coimbra Editora, Coimbra, 2007, cit. *"Sociedade Aberta"*.

SOUSA, Marcelo Rebelo de
— *Introdução ao Estudo do Direito*, 5ª ed., Lex, Lisboa, 2000, (ver também: Sofia Galvão), cit. *"Introdução"*.

SOUSA, Miguel Teixeira de
— *A Legitimidade Singular em Processo Declarativo*, em *Boletim do Ministério da Justiça*, 292, págs. 53-116, 1980, cit. *"A Legitimidade"*.
— *O Concurso de Títulos de Aquisição da Prestação – Estudo Sobre a Dogmática da Pretensão e do Concurso de Pretensões*, Almedina, Coimbra, 1988, cit. *"O Concurso"*.

SOUSA, Capelo de
— *O Direito Geral de Personalidade*, Coimbra Editora, Coimbra, 1995, cit. *"O Direito Geral"*.
— *Teoria Geral do Direito Civil*, Vol. I, Coimbra Editora, Coimbra, 2003, cit. *"Teoria Geral"*.

STEFFEN, Roscoe T.
— *Agency – Partnership*, em *a Nutshell*, West Publishing co., St. Paul – Minnesota, 1977, cit. *"Agency"*.

STOLFI, Mario
— *La Procura Irrevocabile*, Rivista di Diritto Civile, XXV, págs. 313-374, Società Editrice Libraria, Milano, 1933, cit. *"La Procura"*.

STOLFI, Nicola
— *Diritto Civile, Vol. IV, I Contratti Speciali*, UTET, Torino, 1934, cit. *"I Contratti"*.

TALAMANCA, Mario
— *Delega (Diritto Romano)*, em *Enciclopedia del Diritto*, XI, págs. 918-923, Giuffrè, Varese, 1962, cit. *"Delega"*.

TAVARES, André Ramos
— *Princípio da Consubstancialidade Parcial dos Direitos Fundamentais na Dignidade do Homem*, em *Revista da Faculdade de Direito da Universidade de Lisboa*, págs. 313-331, vol. XLVII, nsº1 e 2, Coimbra Editora, Lisboa, 2006, cit. *"Princípio"*.

TEIXEIRA, Braz
— *Sentido e Valor do Direito – Introdução à Filosofia Jurídica*, 2ª ed., INCM, Lisboa, 2000, cit. *"Sentido e Valor"*.

TELLES, Inocêncio Galvão
— *Contratos Civis*, em *Boletim do Ministério da Justiça*, vol. 83, págs. 114 e segs., 1959, cit. *"Contratos Civis"*.
— *Dos Contratos em Geral*, 1ª ed., Coimbra Editora, Coimbra, 1947, cit. *"Contratos – 1947"*.
— *Dos Contratos em Geral*, 2ª ed., Coimbra Editora, Lisboa, 1962, cit. *"Contratos – 1962"*.
— *Dos Contratos em Geral*, 4ª ed., Coimbra Editora, Coimbra, 2002, cit. *"Contratos – 2002"*.
— *Teoria Geral da Relação Jurídica*, apontamentos coligidos pelos alunos Fernando Manuel Mendes Leal e Fernando Pessoa Jorge, Vol. II, polic., Lisboa, 1947-1948, cit. *"Teoria Geral"*.

TELLES, Miguel Galvão
— *Direitos Absolutos e Relativos*, em *Estudos em Homenagem ao Prof. Doutor Joaquim Moreira da Silva Cunha*, Faculdade de Direito de Lisboa, Lisboa, 2005, cit. *"Direitos Absolutos"*.

THIELE, Wolfgang
— *Die Zustimmungen in der Lehre vom Rechtgeschäft*, Carl Heymanns, KÖLN – BERLIN – BONN – MÜNCHEN, 1966, cit. *"Die Zustimmungen"*.

THULLIER, Béatrice
— *L'Autorisation, Étude de Droit Privé*, L.G.D.J., Paris, 1996, cit. *"L'Autorisation"*.

THUR, Andreas von
— *Derecho Civil, Teoria General del Derecho Civil Aleman*, vol. II2, (tradução por Tito Ravà), Depalma, Buenos Aires, 1947, cit. *"Derecho Civil – II – 2"*.

VARELA, João de Matos Antunes
— *Código Civil Anotado*, Vol. I, 4ª ed., Coimbra Editora, Coimbra, 1987, (ver também: Pires de Lima), cit. *"Código Civil Anotado"*.
— *Das Obrigações em Geral*, vol. I, 10ª ed., Almedina, Coimbra, 2000, cit., *"Obrigações – I"*.

VASELLI, Mario
— *Documenti de Legittimaziones e Titoli Impropri*, Giuffrè, Milano, 1958, cit. *"Documenti*.

VASCONCELOS, Pedro Leitão Pais de
— *Sociedades Comerciais Estrangeiras*, Almedina, Coimbra, 2015, cit. *"Sociedades"*.
— *A Procuração Irrevogável*, 2ª ed., Almedina, Coimbra, 2016, cit. *"Procuração"*.

VASCONCELOS, Pedro Pais de
— *A Natureza das Coisas*, em Estudos em Homenagem ao Professor Doutor Manuel Gomes da Silva, Coimbra Editora, Coimbra, 2001, págs. 707 a 764, cit. *"Natureza das Coisas"*.
— *A Participação Social nas Sociedades Comerciais*, 2ª ed., Almedina, Coimbra, 2006, cit. *"A Participação Social"*.
— *Contratos Atípicos*, 2ª ed., Almedina, Coimbra, 2009, cit. *"Contratos Atípicos"*.
— *Direito de Personalidade*, Almedina, Coimbra, 2006, cit: *"Direito de Personalidade"*.
— *Direitos Destacáveis – O Problema da Unidade e Pluralidade do Direito Social*, em *Direito dos Valores Mobiliários*, Vol. I, págs. 167-176, Coimbra Editora, Coimbra, 1999, cit: *"Direitos Destacáveis"*.
— *Teoria Geral do Direito Civil*, 8ª edição, Almedina, Coimbra, 2015, cit: *"Teoria Geral"*.
— *Títulos de Crédito*, Associação Académica da Faculdade de Direito de Lisboa, Lisboa, 1999, cit: *"Títulos"*.

VECCHIO, Giorgio del
— *Lições de Filosofia do Direito*, tradução da 7ª edição italiana por António José Brandão, revista por Cabral de Moncada, 2ª ed., Arménio Amado, Coimbra, 1951, cit. *"Lições"*.

VELASCO, José Ignacio Cano Martínez de
— *La Exteriorización de los Actos Jurídicos: su Forma y la Protección de su Aparencia*, Bosch, Barcelona, 1990, cit. *"La Exteriorización "*.
— *La Renuncia a los Derechos*, Bosch, Barcelona, 1986, cit. *"La Renuncia"*.

VIEIRA, José Alberto
— *Direitos Reais*, Coimbra Editora, Coimbra, 2008, cit. *"Reais"*.

— *O Contrato de Concessão Comercial*, Coimbra Editora, Coimbra, 2006, cit. *"Concessão Comercial"*.

VILLELA, João Baptista

— *Revisitando as Universalidades*, em *Estudos em Homenagem ao Professor Doutor Inocêncio Galvão Telles*, vol. IV, págs. 21-42, Almedina, Coimbra, 2003, cit. *"Universalidades"*.

WITZ, Claude

— *Droit Privé Alemand, 1. Actes Juridiques, Droits subjectifs*, Litec, Paris, 1992, cit. *"Droit Privé"*.

WOLF, Manfred

— *Allgemeiner Teil des Bürgerlichen Rechts*, 9ª ed., C. H. Beck, München, 2004, (ver também, Karl Larenz), cit. *"Allgemeiner Teil"*.

ZADEH, Lotfi A.

— *Fuzzy Sets*, em *Information and Control*, 8, 1965, págs. 338-385, cit. *"Fuzzy Logic"*.

— *Toward a Theory of Fuzzy Information Granulation and its Centrality in Human Reasoning and Fuzzy Logic*, em *Fuzzy Sets and Systems*, vol. 90, 1997, págs. 111-127, cit. *"Granulation"*.

— *Toward Extended Fuzzy Logic – A First Step*, em *Fuzzy Sets and Systems*, Vol. 160, nº 21, 2009, págs. 3175-3181, cit. *"Toward FLe"*.

ZANNINI, Pierluigi

— *Comodato, Precario, Comodato-Precario: Maneggiare com Cura*, em *Rivista di Diritto Civile*, LII, nº1, págs. 83-92, CEDAM, Padova, 2007, *"Comodato"*.

ZITELMANN, Ernst

— *Ausschluss der Widerrechtlichkeit*, Archiv für die civilistische Praxis, 99, 1906, cit., *"Ausschluss"*.

ÍNDICE IDEOGRÁFICO

Abstração: 280-283, 286, 287, 292, 293--294.
Actio de in rem verso: 260.
Actio de pecúlio: 260.
Actio exercitoria: 258-260.
Actio quod iusso: 260.
Actio tributoria: 260.
Actio institoria: 258-263, 267.
Aprovação: 9, 298, 301, 303-306, 327, 366, 381, 382, 417, 430.
Ato jurídico: 89, 144, 213, 215-217, 418, 429.
Ato jurídico misto: 116, 223, 429, 430.
Atos materiais e jurídicos: 169-171.
Autodeterminação: 24, 46, 73, 146.
Autonomia privada: 41, 42, 50-52, 55--57, 61-62, 65-73, 76-79, 82-89, 92--101, 109-114, 122, 129-132, 134-135, 137-138, 141-146, 150, 152-156, 167--168, 178, 198, 212-217, 221-228, 233--237, 240, 242-245, 247, 251-253, 270-271, 275, 277-278, 286, 288, 299-300, 302, 360, 372-373, 376--377, 383-384, 390, 392, 395, 397--398, 403, 409-410, 412, 415-416, 418, 422, 429.
Autorização ao menor para exercício de profissão, arte ou ofício: 85, 241--242, 246, 252-253, 375-377.
Autorização constitutiva: 9, 134, 141--174, 176-179, 181, 183-216, 225-226, 233, 239, 243-246, 248-249, 267--273, 289-292, 296-298, 302, 305-309, 334, 348, 351, 353, 360, 362--363, 366-369, 373, 375, 379-382, 387, 390, 393, 399, 403-405, 414, 418-420, 429.
Autorização gestória: 129, 204, 307--326, 328-348, 353.
Autorização integrativa: 9, 134-135, 141--142, 212, 214-218, 221-256, 267--268, 273, 302, 306, 368, 374-376, 383-384, 387, 409, 411-412, 415-416, 418, 429.
Autorização judicial ao curador: 373--375.

Autorização *omnibus*: 167-168.
Autorização para alienação de bem alheio: 136, 364, 422-423.
Autorização para casamento de menores: 383-384.
Autorização para uso de nome de ex--cônjuge: 385-388.
Autorização para venda de bens a filhos ou netos: 382-383.
Autorizzazione: 5, 124, 134.
Beneficial owners: 266-267.
Caducidade: 102, 184-187, 191-194, 239--242, 338.
Capacidade de exercício: 27, 29-30, 57--58, 60, 86, 94-95, 126, 142, 375-377, 383-384.
Casamento de menores (v. autorização para casamento de menores)
Compropriedade (v. contitularidade)
Condição: 117, 148, 172-176, 184-185, 233-237, 239-240, 349.
Cônjuge administrador: 58, 363, 394--399, 405, 407-415.
Consentimento conjugal: 388-428.
Consentimento conjugal para administração de bens próprios do outro cônjuge: 394-400, 421.
Consentimento conjugal para alienação ou oneração da casa de morada de família: 244, 248, 253, 414-415.
Consentimento conjugal para alienação ou oneração de estabelecimento comercial: 414-415.
Consentimento conjugal para alienação ou oneração de imóveis: 414-415, 426.
Consentimento conjugal para alienação ou oneração de móveis: 404- 414.
Consentimento conjugal para arrendamento: 414-415.
Consentimento conjugal para contrair dívidas: 420.
Consentimento conjugal para disposição de bem *post mortem*: 418-419.
Consentimento conjugal para repúdio de herança ou legado: 415-416.
Consentimento do lesado: 129, 377-382.
Contitularidade: 110, 153-158, 337, 388-389, 391, 393-394, 404, 406-408, 410.
Contrato estimatório: 128, 269, 347--359.
Denúncia: 209-210, 254-256.
Detenção: 120.
Direito subjetivo: 11, 15-18, 22, 24, 31--34, 39-40, 68, 72, 89, 99, 122, 130, 137-138, 149-151, 180, 182-185, 188, 193-194, 208, 296, 313, 321-322, 331, 335, 345, 360, 370, 372, 386, 429.
Direitos de personalidade: 8, 12-25, 99--100, 117-118, 122, 141, 369-373.
Discernimento: 167-168, 217.
Domínio: 16-24, 55, 84, 88, 90-91, 100, 120-121, 151-152, 183, 194, 215-216, 247, 253, 255, 343, 386, 390, 407.
Efeitos reflexos: 109, 112-115, 117, 145--147, 162-163, 172, 188, 192-193, 207--208, 212, 226, 243.
Eficácia: 32-36, 38, 41, 57-58, 60, 62, 65, 67, 74-76, 87-88, 106-107, 110--112, 129-131, 136, 148, 156-159, 172--173, 185, 208-210, 222-223, 227-

-237, 242, 278-287, 291-297, 300-307, 342, 348, 360, 362-365, 368, 381-384, 390, 393, 402-403, 410, 412, 414, 419, 421, 423-428.
Ermächtigung: 63, 124, 126-127, 138.
Especialidade do consentimento conjugal: 416-417.
Factos legitimadores: 63-64, 78-98, 114, 136-137, 147, 183, 202, 212, 215, 227, 241, 243, 245, 270, 283-285, 288, 294, 298, 299, 300, 302, 379, 383, 387-388, 395-396, 400, 403.
Forma da autorização: 227-230, 258, 267, 276, 299, 416-417.
Forma do consentimento conjugal: 416-417.
Gerente de comércio: 257, 262-267, 295.
Gestão (v. autorização gestória)
Heterodeterminação: 151.
Igualdade: 49-51, 65-67, 84, 87-88, 93-94, 96, 112, 145, 213, 215, 386.
Inação: 100-106, 115-117, 164-166, 375.
Institor: 258-259.
Integralidade: 175, 214, 233-234, 419.
Interesse: 31-37, 41-42, 52-56, 64, 132, 135, 194-199, 202-206, 216-217, 231, 243-249, 255, 267-268, 276, 308, 319-323, 332-338, 349, 351, 354, 356, 369-371, 380-381, 400, 409, 411-412.
Legitimazione: 30, 54.
Legitimidade: 7-9, 25-141.
Liberdade: 30, 39, 44-55, 63, 65-67, 71-98, 110-113, 132, 145-146, 152, 168, 175, 209-210, 213, 215-217, 223, 225, 253-254, 271, 289, 296, 300, 309, 375, 377, 383, 390, 397, 399, 403, 411, 415-416, 429.
Licitude: 55, 74-75, 107, 121, 136, 165, 171, 178-179, 205, 288, 303, 367, 380.
Limitação voluntária aos direitos de personalidade: 12-27, 118.
Limitação voluntária aos direitos de personalidade *post mortem*: 369-373.
Mandato: 9, 123-125, 129, 133-136, 170, 203-204, 257, 261-274, 280-282, 291-296, 307-347, 352-354, 358, 368, 373-374, 397-399, 429-430.
Mandato para administração de bens próprios do outro cônjuge (v. consentimento conjugal para administração de bens próprios do outro cônjuge)
Meios de tutela: 21-24, 31-33, 101, 113-114, 121-122, 146, 174, 179, 186, 194, 197, 271, 305, 366, 372.
Modo: 173, 177.
Negociabilidade: 106, 114-115, 144, 215, 222-225, 231-232, 239, 267.
Negócio jurídico: 28, 51-52, 59, 87, 89, 95-99, 106, 115-118, 122-123, 145, 148, 151, 162, 177, 207, 209, 215-224, 228-229, 233, 237, 239, 244, 262, 288, 304, 379, 382, 429.
Negócio misto: 116, 180-181, 202, 264, 296, 310, 321, 332, 429-430.
Negócio unilateral (v. unilateralidade negocial)
Negozio autorizativo, 125.
Nulidade: 38, 52, 58, 60, 62, 64, 78, 156, 227-230, 299, 306, 364-365, 383.
Obrigação de *pati*: 20-21, 143.
Offshores: 265-267.

Omissão pura (v. inação)
Operação: 217-221.
Outorga: 152-167, 178, 190-195, 200, 202, 215-216, 225-227, 232, 239, 242, 245, 251, 267, 272, 274-276, 291, 294-297, 397, 399, 419.
Pacto de preenchimento: 149-150, 202.
Personalidade jurídica: 13-14, 18, 46, 70, 83-85, 425.
Poder: 11, 18, 31, 33, 38-42, 53-57, 60-62, 67, 72-74, 89-92, 99-100, 113-114, 117, 123, 126-128, 130-135, 137-138, 142, 149, 153, 155, 183, 203, 205, 208, 212, 216, 242, 261, 263, 267-268, 271-272, 274-289, 291, 294, 296-297, 299-303, 323-324, 330, 333, 339, 374-375, 384, 391-393, 396-397, 400-403, 405, 408-410, 412-413, 415.
Posição jurídica: 68-82, 89-102, 107-116, 122, 136, 141-142, 145-151, 153-154, 162-166, 173-174, 179, 183, 188-194, 199, 207-212, 214-216, 227, 241, 252, 300, 308, 322, 331-332, 356, 364, 366, 373-374, 379, 383, 387, 389, 390, 395-396, 403, 405, 408, 410, 414, 419, 422-423, 429.
Possibilidade (v. possível)
Possível: 56, 74, 90-92, 100, 117-118, 123, 130, 133, 214.
Potência de atuação: 73-74, 93-98, 117, 212-214, 236, 278-279.
Praepositio: 257-261.
Precário: 106, 119-123, 132, 135, 141, 145-151, 163, 167-184, 187-195, 198, 204, 207-208, 212, 271-273, 288-290, 296-297, 307, 318, 323, 331, 335, 360, 363, 373, 375, 414, 420, 429-430.
Precarium: 120.
Preço: 173, 176, 202, 205, 238, 250, 269-270, 289-290, 308-309, 316, 336, 348-358.
Preposição: 257-267, 280-281.
Princípios: 15, 18, 45-52, 56, 65-67, 70, 73, 84, 88, 92, 112, 114, 130, 132, 135, 175, 178, 203, 208-211, 213, 215, 254-256, 283, 293, 309, 346-347, 352, 359, 386.
Procuração: 9, 124-125, 127-128, 133, 138, 147, 167, 203, 208, 257, 263-264, 267, 273-300, 302, 305, 333, 340-341, 368, 407, 417, 429-430.
Ratificação: 7, 9, 63, 126-128, 134, 136, 165, 298-306, 417, 430.
Renúncia: 16, 115, 194-197, 207-209, 252-254, 304, 333, 335, 341.
Resolução: 204-206, 249-252.
Revogabilidade da limitação voluntária aos direitos de personalidade: 15, 20-21.
Revogação: 121, 192-204, 206, 210, 237, 242-249, 251-252, 333-336, 341.
Sanções pela falta de consentimento conjugal: 420-428.
Suprimento do consentimento conjugal, 407-408, 416-418.
Termo: 172, 184-185, 192-193, 200, 222, 233, 237, 240, 256, 336.
Titularidade: 17-34, 37, 41-42, 44, 52-57, 59-65, 68-83, 86-117, 121-123, 127, 130-138, 141-156, 159-161, 165-166, 169-171, 174-176, 178-179, 183-185, 187-189, 191, 194, 207-208, 212,

214-217, 226-227, 233-235, 238, 241, 244, 245-249, 256, 267-268, 270-271, 277-279, 281, 283-285, 288, 296, 299-305, 317-323, 331, 359-366, 372-376, 378-379, 381-383, 387, 389-400, 403-405, 408-412, 415-423.

Tolerância: 20-22, 103-123, 129, 145, 164-166.

Unilateralidade negocial: 144-152, 160-166, 172-183, 187-212, 232, 238, 268, 291, 296, 308-313, 322, 331-324, 388.

Uso de nome de ex-cônjuge (v. autorização para uso de nome de ex-cônjuge)

Valores: 14-15, 29, 45-51, 66, 82-83, 94, 209.

Venda à consignação (v. contrato estimatório)

Venda de bens a filhos ou netos (v. autorização para venda de bens a filhos ou netos)

Venda de bens alheios (v. autorização para alienação de bens alheios)

Vollmacht: 124.

ÍNDICE GERAL

I. INTRODUÇÃO	7
II. O PROBLEMA	11
1. Exemplo do problema: limitação de direitos de personalidade	12
III. LIBERDADE, TITULARIDADE E LEGITIMIDADE	27
1. Legitimidade e capacidade	27
2. A evolução da ideia de legitimidade	30
A) O trabalho de Carnelutti e da doutrina italiana	30
3. Liberdade	44
A) A legitimidade em Portugal	51
4. Autonomia privada	65
5. Titularidade	68
6. Legitimidade	73
7. Legitimidade e factos legitimadores	78
A) Factos legitimadores positivos	80
i. Factos legitimadores positivos e autonomia privada	82
ii. Factos legitimadores positivos e titularidade	89
B) Factos legitimadores negativos	92
i. Factos legitimadores negativos e autonomia privada	92
ii. Factos legitimadores negativos e titularidade	96
IV. DA LEGITIMIDADE À AUTORIZAÇÃO	99
1. Legitimidade	99
2. Inação	100

3. Tolerância 103
4. Precário 119
5. Autorização 123

V. AS AUTORIZAÇÕES 141
1. Autorização constitutiva 142
   A) Negociabilidade da autorização constitutiva 144
   B) Outorga da autorização constitutiva 152
   C) Conteúdo da autorização constitutiva 167
   D) A extinção da autorização constitutiva 183
      i. Caducidade 184
      ii. Revogação 192
      iii. Resolução 204
      iv. Renúncia 207
      v. Denúncia 209
2. Autorização integrativa 212
   A) Negociabilidade da autorização integrativa 215
   B) Outorga da autorização integrativa 225
   C) Conteúdo da autorização integrativa 233
   D) Extinção da autorização integrativa 239
      i. Caducidade 239
      ii. Revogação 242
      iii. Resolução 249
      iv. Renúncia 252
      v. Denúncia 254

VI. AUTORIZAÇÃO E FIGURAS PRÓXIMAS 257
1. Autorização e preposição 257
2. Autorização e mandato 267
3. Autorização e procuração 273
4. Autorização, ratificação e aprovação 298

VII. TIPOS DE NEGÓCIOS AUTORIZATIVOS 307
1. Direito Civil – o contrato de autorização gestória 307
2. Direito Comercial – o contrato estimatório (*venda à consignação*) 347
3. A autorização para alienação 360

VIII. ALGUNS CASOS DE AUTORIZAÇÃO 367
1. Limitações de direitos de personalidade *post mortem* (art. 71º, nº 2 do Código Civil) 369
2. Autorizações judiciais ao curador (art. 94º do Código Civil) 373
3. Autorização para exercício de profissão, arte ou ofício por menor (art. 127º, nº1 al. C) do Código Civil) 375
4. Consentimento do lesado (art. 340º do Código Civil) 377
5. Autorização para venda de bens a filhos ou netos (art. 877º do Código Civil) 382
6. Autorização para casamento de menores 383
7. Autorização para uso de nome do ex-cônjuge (arts. 1677º-B e 1677º-C) 385
8. Consentimento conjugal 388
   A) O art. 1678º, nº 2, al. g) do Código Civil 394
   B) O art. 1678º, nº 3, do Código Civil 400
   C) O art. 1682º, nº 1, do Código Civil 404
   D) O art. 1682º, nº 3, do Código Civil 405
   E) O art. 1682º, nº 4, do Código Civil 412
   F) Os arts. 1682º-A e 1682º-B do Código Civil 414
   G) O art. 1683º, nº 2 do Código Civil 415
   H) O art. 1684º do Código Civil 416
   I) O art. 1685º, nº 3, al. b) do Código Civil 418
   J) O art. 1691º, nº 1, al. a) do Código Civil 420
   K) O art. 1687º do Código Civil 420

IX. CONCLUSÕES 429

BIBLIOGRAFIA 431
ÍNDICE IDEOGRÁFICO 461